ŒUVRES
DE
TURGOT

III

Remerciements

*L'Institut Coppet tient à remercier les donateurs de ce projet
pour en avoir permis la réalisation :*

Mathieu LAINE

Michel GUCHOT ~ Johan RIVALLAND ~ Luc MARCO
~ Matthieu GILLE ~ Laurent JACQUOT.

GUSTAVE SCHELLE (ÉD.)

ŒUVRES DE TURGOT

ET DOCUMENTS LE CONCERNANT

Tome troisième

Paris, 2018
Institut Coppet

ŒUVRES DE TURGOT

ET DOCUMENTS LE CONCERNANT

TROISIÈME PARTIE

TURGOT INTENDANT DE LIMOGES (1761-1774)
(*Suite*)

LE PRÉSENT VOLUME S'ÉTEND DE 1768 À 1774

Abréviations.

D. P.	Œuvres de Turgot, édition Du Pont de Nemours.
D. D.	Œuvres de Turgot, édition Daire et Dussart.
B. N.	Bibliothèque Nationale.
A. L.	Archives du Château de Lantheuil.
A. N.	Archives Nationales
A. H. V.	Archives de la Haute-Vienne.
A. Cor.	Archives de la Corrèze.
A. C.	Archives du Calvados.
S. D.	Sans date.

Les notes de Turgot sont indiquées par des chiffres ; celles de l'éditeur, par des lettres.

1768.

95. — LA TAILLE.

I. — *Avis sur l'imposition pour l'année 1769.*

[D. P., V, 226.]

(Situation de la Province. — Augmentation générale des impôts en 1768. — Gelée exceptionnelle. — Retards dans les recouvrements. — Nécessité d'un soulagement.)

Limoges, 16 août.

Le brevet de la taille de l'année prochaine, 1769, a été arrêté à la somme de 1 942 293 l. 2 s. Celui de la présente année avait été de la même somme. Mais le Roi ayant bien voulu accorder, par un arrêt postérieur à l'expédition des commissions des tailles de 1768, une diminution de 220 000 l., l'imposition effective n'a été que de 1 722 293 l. 2 s. ; en sorte que, si l'on imposait en 1769 la somme de 1 942 293 l. 2 s., qui sera portée par les commissions, il y aurait une augmentation réelle de 220 000 l. [a] …

Quoique la récolte de cette année ne soit pas tout à fait aussi abondante que l'avaient fait espérer les premières apparences des grains et des vignes, elle est cependant assez bonne, surtout dans la partie du Limousin, pour qu'on ne soit pas en droit de se plaindre.

Il s'en faut bien cependant que nous nous croyions par là dispensés de représenter, de la manière la plus forte, le besoin qu'a cette province d'obtenir un soulagement effectif sur ses impositions.

Elle a un premier titre pour l'attendre des bontés de S. M., dans la surcharge qu'elle éprouve depuis longtemps, et dont nous avons, il y a

---

[a] Nous retranchons les détails sur l'état des récoltes.

déjà deux ans, mis la démonstration sous les yeux du Conseil, dans un Mémoire très détaillé [a].

Nous nous reprocherions de ne pas en rappeler le résultat chaque année, jusqu'à ce que nous ayons été assez heureux pour obtenir de la justice et de la bonté du Roi la suppression d'une surcharge aussi évidemment prouvée.

Nous ne transcrirons point les détails que ce Mémoire contient, et nous y référons, ainsi qu'aux nouvelles preuves que nous y avons ajoutées dans notre Avis sur les impositions des années dernières. Nous répéterons seulement que nous croyons avoir démontré dans ce Mémoire, de la manière la plus claire, deux choses l'une, que les fonds taillables de cette généralité payent au Roi, en y comprenant les vingtièmes, de 40 à 50 p. 100 du revenu des terres, ce qui est à très peu près autant qu'en retirent les propriétaires ; l'autre, que cette charge est incomparablement plus forte que celle que supportent les provinces voisines et la plus grande partie des autres provinces du Royaume.

Pour ramener les impositions de la généralité de Limoges à la même proportion que celle des autres provinces, c'est-à-dire pour qu'elle ne payât au Roi qu'une somme égale à la moitié de ce que retirent les propriétaires, il faudrait une diminution effective de plus de 700 000 l., dont la moitié serait portée sur la taille, et l'autre moitié sur les impositions accessoires. Nous n'avons pas espéré, ni même osé demander, une aussi forte diminution, mais au moins nous eût-il paru juste et nécessaire de ne point faire participer une province déjà aussi surchargée aux augmentations que les besoins de l'État ont forcé d'ajouter à l'imposition totale du Royaume ; par là, elle eût été rapprochée de la proportion générale.

Elle aurait eu d'autant plus besoin de ne pas partager l'augmentation générale survenue en 1768, que la récolte de 1767 a été, à tous égards, une des plus fâcheuses qu'on ait vues de mémoire d'homme, surtout en Limousin. Tout avait manqué à la fois : les seigles, les fourrages, les vins, les fruits et même les châtaignes. Les seuls blés noirs avaient fourni une ressource pour la nourriture des paysans, et ont empêché les seigles de monter à un prix exorbitant.

Les pertes occasionnées par la gelée du 19 avril 1767 et des jours suivants ont détruit, dans une très grande partie de la Province, presque tout le revenu des propriétaires. La justice aurait exigé qu'on leur eût remis la plus grande partie des impositions ; mais l'augmentation effective qui a eu lieu au dernier département, malgré la bonté qu'eut S. M.

---

[a] *Mémoire sur la surcharge des impositions dans la Généralité et sur la grande et la petite culture*, ci-dessus, II, p. 395.

d'accorder à la Province un moins-imposé de 220 000 l., a cependant été de 123 518 l. 9 s. 1 d. Cette augmentation, disons-nous, n'a pas permis d'avoir à la situation des propriétaires souffrants tout l'égard qu'elle exigeait ; en sorte qu'ils ont à la fois supporté, et la perte de leur revenu, et une augmentation sensible sur leurs impositions. Les productions de la terre sont, il est vrai, plus abondantes cette année ; mais on doit sans doute considérer que leurs impositions de l'année dernière, n'ayant pu être acquittées sur un revenu qui n'existait pas, n'ont pu l'être que par anticipation sur les revenus de cette année, qui ne pourraient y suffire s'ils étaient chargés d'une imposition plus forte ou même égale. Il ne faut pas détruire, par des impositions anticipées, le peu qu'il y a de capitaux. Le soulagement que les circonstances n'ont pas permis de leur accorder au moment du fléau dont ils ont été frappés, ils osent le réclamer comme une dette, de la bonté du Roi, comme un secours nécessaire pour leur donner les moyens de réparer leurs forces épuisées. Nous osons représenter, en leur nom, que le retour des productions de la terre au taux de la production commune ne sera pas pour eux une abondance véritable et ne fera que remplir le vide des productions de l'année dernière.

Nous sommes d'autant plus en droit d'insister sur un pareil motif de justice que M. le Contrôleur général sait combien la généralité de Limoges a été, de tout temps, arriérée sur le payement de ses impositions et combien elle a besoin qu'un soulagement effectif la mette en état de s'acquitter. Il nous fit à ce sujet un reproche l'année dernière [a] auquel nous fûmes très sensible, et nous l'aurions été infiniment davantage, si nous l'avions mérité par la moindre négligence. Nous trouvâmes un motif de consolation dans l'occasion que ce reproche nous donna de lui démontrer, en nous justifiant, que la véritable cause de retard qu'on observe dans les recouvrements de cette province depuis un très grand nombre d'années, et longtemps avant que nous fussions chargé de son administration, n'est autre que la surcharge même qu'elle éprouve sur ses impositions ; surcharge telle qu'il ne lui reste, après ses impositions payées, que ce qui est absolument nécessaire pour entretenir sa culture et soutenir la reproduction dans l'état de médiocrité auquel elle est réduite depuis longtemps.

D'où il résulte qu'aussitôt que les besoins de l'État obligent à augmenter la masse des impôts, la Province, qui payait déjà jusqu'au dernier terme de la possibilité, se trouve dans une impuissance physique de payer l'augmentation, laquelle tombe en arrérages, dont la masse grossit d'année en année jusqu'à ce que des circonstances plus heureuses per-

---

[a] Nous n'avons pas trouvé ailleurs trace de ce reproche.

mettent de diminuer les impôts. Ce fut l'objet d'une lettre très longue et très détaillée que nous eûmes l'honneur d'écrire à ce ministre le 16 octobre 1767, et que nous accompagnâmes d'un tableau destiné à lui mettre sous les yeux la marche et l'analyse des recouvrements dans la généralité de Limoges depuis 1754 jusqu'en 1767 [a]. Nous prenons la liberté de le supplier de se faire remettre sous les yeux cette lettre et ce tableau avec le présent Avis. Nous y démontrions que depuis un très grand nombre d'années, et bien antérieurement à notre administration, l'imposition qui s'assied chaque année n'est à peu près soldée qu'à la fin de la troisième année, en sorte que, pendant le cours d'une année, les redevables payent une somme égale à l'imposition commune d'une année ; mais une partie de cette somme seulement est imputée sur les impositions de l'année courante, une autre partie sur les impositions de l'année précédente, et une autre partie encore sur les impositions de l'année antérieure à celle qui précède immédiatement l'année courante.

Il n'y a que deux moyens imaginables de rapprocher les termes des recouvrements de l'époque de l'imposition : l'un serait de forcer les recouvrements de façon que les contribuables fussent contraints de payer à la fois, et la totalité de l'imposition courante, et les arrérages des années antérieures ; nous doutons qu'aucun homme puisse faire une semblable proposition, qui tendrait à doubler effectivement la somme à payer par la Province dans une année. Nous sommes très assuré que le cœur paternel du Roi la rejetterait, et nous croyons fermement que l'exécution en serait physiquement impossible. L'autre moyen, plus doux et le seul vraiment possible, est de procurer à la Province un soulagement effectif assez considérable pour qu'en continuant de payer annuellement ce qu'elle paye, c'est-à-dire tout ce qu'elle peut payer, elle acquitte peu à peu les anciens arrérages, en avançant de plus en plus sur les impositions de l'année courante. Ce parti paraît d'autant plus indispensable à prendre, qu'outre le retard ancien et constant dont nous venons de parler, qui consiste à ne payer qu'en trois ans la totalité des sommes imposées chaque année, la Province n'a pu encore achever d'acquitter les arrérages extraordinaires qui se sont accumulés depuis 1757 jusqu'en 1763 inclusivement, c'est-à-dire pendant tout le temps qu'a duré la guerre ou l'augmentation des impositions qui en a été la suite.

La seule vue du tableau des recouvrements envoyé à M. le Contrôleur général démontre que ce retard extraordinaire n'a pu avoir d'autre cause que l'excès de la demande sur le pouvoir de payer, et que cet

---

[a] Nous n'avons pu retrouver, ni cette lettre, ni ce tableau (*Du Pont*).

excès n'a cessé de s'arrérager chaque année en s'accumulant pendant tout le temps qu'il a duré.

Depuis 1764, la suppression du troisième vingtième et la liberté accordée au commerce des grains ont mis la Province en état de se rapprocher du cours ordinaire des recouvrements ; mais la masse des arrérages accumulés est encore très forte, et la Province, nous osons le répéter, ne peut s'en libérer qu'autant que le Roi voudra bien venir à son secours, en diminuant d'une manière effective et sensible la masse de ses impositions.

Pour résumer tout ce que nous venons d'exposer, trois considérations nous paraissent solliciter, de la manière la plus puissante, les bontés de S. M. en faveur de la généralité de Limoges.

La première est la surcharge ancienne et toujours subsistante de cette généralité relativement à ses facultés et par comparaison à l'imposition des autres provinces, surcharge que nous avons établie d'une manière démonstrative par un Mémoire présenté au Conseil en 1766.

La seconde est la misère où la mauvaise récolte de 1767, une des plus fâcheuses qu'on ait vues de mémoire d'homme, a réduit les habitants de cette province, la perte immense que les propriétaires ont soufferte sur leur revenu, l'impossibilité où l'augmentation de l'imposition en 1768 a mis de les soulager d'une manière proportionnée à leur situation, et le besoin absolu qu'ils ont d'un secours effectif pour les mettre en état de respirer après tant de malheurs.

La troisième, enfin, est la masse d'arrérages forcés qui se sont accumulés sur le recouvrement des impositions pendant le cours de la dernière guerre, et qu'on ne peut espérer d'éteindre qu'en facilitant aux contribuables les moyens de s'acquitter sur le passé en modérant les impositions présentes.

Tant de motifs si forts nous paraîtraient suffisants pour devoir déterminer à saisir ce moment, afin de rendre une pleine justice à la généralité de Limoges, en la remettant à sa proportion naturelle relativement aux autres provinces, c'est-à-dire en lui accordant une diminution effective de 600 000 l., partagée entre la taille et les impositions ordinaires. Mais, si la circonstance des malheurs extraordinaires qui ont aussi affligé quelques autres provinces par les suites de la mauvaise récolte de 1767, nous empêche d'insister sur cette demande, nous osons du moins supplier S. M. de vouloir bien procurer à la généralité de Limoges un soulagement effectif en lui accordant sur le moins-imposé une diminution plus forte que celle de l'année dernière, qui était de 220 000 l.

II. — *Supplément à l'avis précédent.*

[D. P., V, 236.]

Limoges, 17 octobre.

(Dans ce nouvel avis, Turgot rappelle la mauvaise récolte de 1767, signale que des accidents, orage du 16 août et pluies continuelles, ont depuis lors compromis la récolte de 1768 et les semences, de sorte que l'on peut craindre la disette pour 1769. Il insiste pour obtenir une diminution d'au moins 300 000 livres, bien que l'état de modérations pour accidents ne s'élève qu'à 38 000 livres, mais lorsqu'une province entière a souffert dans la majeure partie de ses récoltes, il n'est plus possible, dit-il, de tenir compte seulement des accidents particuliers.)

III. — *Lettre à l'Intendant d'Auvergne (De Monthyon).*

[A. Puy-de-Dôme, C. 2830. — Bulletin de la Société des Lettres de Tulle, 1913 : communication de M. Marion, professeur au Collège de France.]

(La taille de propriété et la taille d'exploitation.)

Limoges, 2 décembre.

J'ai à vous demander pardon, mon cher confrère, d'avoir un peu tardé à remplir l'engagement que j'avais contracté avec vous de répondre à la question que vous m'avez proposée sur la différence du partage de la taille entre le propriétaire et le colon, qu'a fixée la Déclaration du 12 avril 1762, pour l'Auvergne et pour le Limousin.

En Auvergne, la taille du propriétaire est la moitié du plein tarif, égale à la taille de l'exploitant. En Limousin, la taille de propriété n'est que le tiers du plein tarif ou la moitié de la taille d'exploitation. Vous me demandez quel est, suivant moi, le meilleur des deux usages, ou en d'autres termes, quel est, de ces deux absurdités, la moins absurde ? Je vous répondrai sans hésiter que l'usage du Limousin, quoique très mauvais, l'est beaucoup moins que celui d'Auvergne et voici mes raisons :

Je suppose que vous n'en êtes pas à douter qu'il ne soit souverainement injuste ou plutôt souverainement absurde de taxer un cultivateur exploitant comme exploitant. Un cultivateur, comme tel, n'a rien qui puisse payer l'impôt. Il n'a que la part dans les produits de la terre que lui laisse le propriétaire pour lui rembourser ses frais et lui payer son salaire ; or, comment un impôt pourrait-il être pris sur des frais ? Il faudrait donc que la culture fût diminuée d'autant, car ces frais sont indispensables, puisqu'on les fait ; ils sont une condition *sine qua non* du produit. L'impôt ne peut pas être pris sur le salaire ; car il faut que le cultivateur vive ; il faut qu'il ait sa subsistance ; il faut qu'il ait à lui le profit qui l'engage à cultiver, à prendre ce métier-là plutôt qu'un autre ; et n'ayez pas peur qu'il en ait trop ; s'il exigeait ce trop, un autre viendrait bientôt offrir au propriétaire un marché plus avantageux. Il n'y a que le revenu qui puisse payer l'impôt. Or, qu'est-ce que le revenu ? C'est le produit de la terre, déduction faite des frais et du salaire de celui qui la fait produire ; or, ce surplus des frais et des salaires du cultivateur, la concurrence des cultivateurs l'assure au propriétaire. Demander au cultivateur un impôt, ce n'est pas faire autre chose que d'augmenter ses frais du montant de cet impôt, et ces nouveaux frais, il faut bien qu'il les reprenne, comme les anciens, sur le produit de la terre, et la part qu'il en laisse au propriétaire sera d'autant diminuée. C'est donc le propriétaire seul qui paye ce qu'on imagine faire payer au cultivateur. Il ne faut pas conclure de là qu'il soit égal de faire payer le cultivateur ou le propriétaire ; il est, au contraire, aisé de prouver que le parti de faire payer le cultivateur est extrêmement nuisible au cultivateur, au propriétaire et au Roi, mais cette discussion nous écarterait trop. Je m'arrête à ce point que c'est le propriétaire qui paye tout ce qu'on impose sur le cultivateur. Cette vérité est si grossièrement palpable que jamais on n'aurait imaginé de taxer le cultivateur dans aucun pays, sans le privilège qu'avait la noblesse en France de ne point payer d'impôt ; autre absurdité que le Gouvernement n'a pas osé attaquer de front. Taxer le cultivateur était un moyen d'éluder ce privilège, et ce moyen s'est établi par degrés sous prétexte de taxer les profits de l'exploitation, comme si ces profits étaient fixés autrement que par la convention et comme si l'augmentation des frais ne devait pas changer la convention. Il faut toute l'inconsidération de notre ancienne noblesse française pour s'être laissée prendre à un piège si grossier, mais l'aveuglement sur cela a été tel que, dans les pays de petite culture où les frais de la terre se partagent par moitié entre le propriétaire et le colon, l'on vous dit sérieusement que la moitié des fruits du propriétaire noble ne doit rien payer et que celle du métayer est seule sujette à l'imposition. C'est cette belle idée qui a donné naissance au partage de la taille par moitié entre le propriétaire et le métayer, lorsque tous deux étaient taillables. Ce partage, au reste, n'a été introduit qu'avec la taille tarifée. Les collecteurs, gens grossiers, avaient négligé cette théorie et ils taxaient le fermier d'un gentilhomme à peu près autant que le propriétaire roturier qui faisait valoir une terre de même valeur. On en use encore ainsi dans la plus grande partie des provinces de grande culture, et comme presque toutes les terres y sont affermées, que le grand nombre des propriétaires un peu considérables ne résident point, l'on n'y avait point songé avant l'opération de M. de Sauvigny [a], adoptée en 1767 par M. de L'Averdy, à distinguer la taille de propriété de celle d'exploitation. La distinction a été faite plus anciennement dans nos provinces, mais je ne la crois pas antérieure aux premiers essais de taille tarifée.

Il est assez bizarre, en apparence, qu'en même temps qu'il est évident que tout devrait être payé par le propriétaire, on ait cependant raison de soutenir que ç'a été une très mauvaise opération que de reporter sur le propriétaire une portion de la taille que supportait le colon. Cette bizarrerie disparaît quand on envisage l'effet de ce partage.

D'abord, il est clair que l'on donne par là un privilège à la noblesse qu'elle n'avait point, puisque l'on soulage ses colons de la moitié ou du tiers de l'imposition. Ce dont elle est soulagée retombe sur les biens possédés par les propriétaires taillables.

Mais ce n'est là qu'un faible objet en comparaison de la suppression du tiers ou de la moitié de la taille sur tous les biens dont les propriétaires ne résident point. En vain les règlements prescrivent-ils de taxer ces propriétaires dans le lieu de leur résidence pour les biens qu'ils possèdent dans d'autres paroisses. La plupart viennent à bout de l'éluder, parce qu'il est impossible que les habitants d'une communauté connaissent les biens possédés hors de leur communauté. De plus, il y a un moyen encore plus simple d'éluder cette taxe, c'est de demeurer dans une ville considérable. La taille, dans ces villes, s'impose arbitrairement et porte presque entièrement sur les commerçants et les artisans ; les propriétés des bourgeois ne sont point connues et on ne juge de leurs facultés que par leur dépense apparente. Voilà donc tous les fonds possédés par des nobles, ou par les bourgeois des grandes villes et même par une grande partie des bourgeois résidant hors de la paroisse où sont leurs biens, quoique dans la campagne, exemptés du tiers ou de la moitié de l'imposition.

Si cela était entièrement général, la chose reviendrait au même point que si tous les fonds étaient uniquement taxés sur la tête de l'exploitant et d'après un même tarif. Mais d'abord, tous les petits propriétaires résident et sont écrasés parce que la part des nobles et de ceux qui ne résident pas est répartie tant sur eux que sur les simples exploitants, et qu'ils sont taxés au double de ceux-ci ou à une moitié en sus. Il résulte encore de là que tout propriétaire d'un bien de campagne a un intérêt de ne pas résider sur son bien et de se faire bourgeois d'une ville ; ce qui éloigne la consommation des campagnes et diminue, par conséquent, le revenu des terres, et ce qui, dans des provinces où il n'y a pas d'entrepreneurs de culture, c'est-à-dire de fermiers riches, prive les

---

[a] Intendant de Paris.

campagnes de toute espèce de richesse et par conséquent de toute espèce d'amélioration ; car il est certain que dans l'état de misère et d'abrutissement où sont les cultivateurs dans nos provinces, l'agriculture ne peut s'y améliorer que par les dépenses et l'intelligence des propriétaires riches et instruits. Or, tout éloigne ces propriétaires de la résidence : corvées, milice, collecte, syndicat, taille de propriété. Quand on l'aurait fait exprès, on n'aurait pas fait pis.

Voilà, mon cher confrère, un éloge complet du partage qu'on a fait, dans tous les systèmes de taille tarifée, de la taille des fonds en deux parties, l'une appelée taille d'exploitation imposée sur le cultivateur dans le lieu de de la situation du fonds et l'autre appelée taille de propriété qui est réputée imposée sur le propriétaire dans le lieu de sa résidence.

Vous pouvez, je crois, en conclure que plus cette taille de propriété sera considérable et plus elle sera mauvaise et que, par conséquent, l'usage de l'Auvergne est plus mauvais que celui du Limousin dans le rapport de trois à deux, ce qu'il fallait démontrer. On remédierait à un des inconvénients en imposant la taille de propriété dans le lieu de la situation des biens, mais cet arrangement laisserait toujours subsister l'augmentation du privilège de la noblesse.

Adieu, mon cher confrère, voilà une bien longue lettre, écrite bien à la hâte, pleine de choses bien communes et que vous savez probablement mieux que moi. Regardez-les comme une preuve de l'envie que j'ai de faire ce que vous désirez de moi. Ne vous étonnez pas cependant si je suis quelquefois paresseux à répondre à de pareilles questions. Vous savez que, dans notre métier, on a rarement le loisir d'écrire six pages de suite.

Je vous embrasse et vous souhaite par-dessus toutes choses une bonne santé.

96. — LETTRES À DU PONT DE NEMOURS.

XXVIII. — (L'abbé Baudeau. — La goutte. — Mme Geoffrin.)

Il y a longtemps que je vous ai vu, mon cher Du Pont ; cependant j'ai plusieurs choses à vous dire.

1° Je voulais arranger un dîner avec vous et le nouveau prélat polonais [a]. J'avais compté vous proposer demain jeudi, mais j'ai peur qu'il ne soit trop tard et que l'un ou l'autre ne soit engagé. Voyez ce-

---

[a] L'abbé Baudeau, nommé prévôt mitré en Pologne.

pendant si cela vous convient, ou vendredi, ou samedi, ou dimanche, ou lundi, mais venez me dire ou faites-moi dire à temps le jour que vous choisirez, car, comme la goutte m'a repris et que je ne mange point, vous ne trouveriez rien à manger si je n'étais averti. Ce n'est pas que vous personnellement ne trouviez un poulet quand vous voudrez.

2° Mme Geoffrin [a] voudrait ravoir sa lettre pour un jour ou deux et, si vous ne l'avez pas brûlée, vous me ferez plaisir de me la confier. Elle m'a dit que vous pouviez être tranquille sur l'usage qu'elle veut en faire.

Adieu, je vous embrasse. Ne m'oubliez pas pour mon exemplaire de la *Physiocratie* que vous m'avez promis de changer, ni pour la médaille de M. de Saint-Péravy où son nom doit être gravé.

XXIX. — (Les *Éphémérides du citoyen*. — Franklin. — L'*Avis au peuple*, de Baudeau. — La Rivière. — Abeille.)

Limoges, 5 août.

J'ai reçu, mon cher Du Pont, votre nouveau volume [b] dont je suis fort content à la réserve :

1° De votre note sur M. Buisson [c]. Je trouverais très mauvais qu'un incendié me présentât ainsi requête par la voie de l'impression et cela me paraît déplacé en soi.

2° De la manière dont vous affirmez que M. Franklin [d] est un prosélyte de la science et cela sur la périlleuse parole de M. de Mirabeau. Pour annoncer au public les opinions d'un homme comme M. Franklin, il faut, ou en être chargé par lui, ou être bien sûr de son fait. Vous n'êtes pas guéri encore à beaucoup près de l'esprit de secte. Je trouve d'ailleurs que vous n'avez pas assez profité de l'occasion pour traiter un peu en grand la question des colonies, en relevant bien des aveux de M. Franklin qui ne s'accordent nullement avec les vrais principes [e].

J'ai lu la lettre qui est au commencement du volume. Je souhaite pour M. D. [f] qu'elle ne soit pas de lui.

Je vous ai envoyé pour l'abbé Baudeau un paquet par la voie de M. de Montigny ; je crains qu'il ne l'ait pas reçu, car ni lui ni vous ne m'avez répondu. J'attends pourtant ce que celui-ci m'a promis pour

---

[a] Mme Geoffrin, née Rodet (1699-1777), dont le célèbre salon était rue Saint-Honoré.

[b] Le volume VII de l'année 1768 des *Éphémérides du citoyen* dont Du Pont avait pris la direction.

[c] Fermier du Soissonnais qui demandait un secours pour perte de récoltes au successeur du chevalier Méliand, l'intendant de Morfontaine.

[d] Dans une note qui précédait la traduction de l'interrogatoire subi par Franklin à la Chambre des Communes en février 1766 au sujet des impôts en Amérique.

[e] Franklin admettait l'établissement de droits à l'importation au profit de la métropole.

[f] Cette lettre renferme une flatterie au Dauphin, fils de Louis XV.

joindre à l'*Avis au peuple* qui serait distribué sans cela. Dites-lui bien des choses de ma part. On me mande que son affaire est arrangée [a]. Comment l'est-elle ? Quand part-il pour aller en Pologne et combien de temps y restera-t-il ? En vous aidant dans la suite pour les *Éphémérides*, il vous donnerait le moyen de concilier cette besogne avec celle du Limousin. Répondez-moi, je vous prie, sur tout cela.

J'ai su que M. de La Rivière [b] n'avait point encore remis ce que je lui ai prêté. Cela m'a fâché pour deux raisons : l'une, que je crains qu'il ne l'ait prêté ; l'autre, que quelques personnes à qui je voulais le faire lire en ont été privées. Pressez-le, je vous prie, de le faire remettre chez M. de la Fleuterie [c], ainsi que je l'en ai prié. Adieu, je vous embrasse.

Je ne vous ai pas assez dit combien je suis content du ton que vous prenez sur la liberté de la presse [d], sur le droit d'aubaine, sur le droit d'émigration, sur la liberté du commerce des grains dans l'annonce des trois lettres [e], de vos extraits du *Gouvevneur* [f], et surtout d'Abeille [g] dont vous avez fait un excellent morceau qui est le contrepied du sien et cela, sans qu'il puisse s'en fâcher. Dieu veuille qu'on vous laisse continuer sur ce ton. Je vous écris directement, afin d'éviter les retards qu'occasionne peut-être l'adresse de M. de Montigny.

XXX. — (Voyage de Du Pont avec le duc de Saint-Mégrin. — Les *Discours* de Poivre. — De Butré.)

Limoges, 30 août.

Je vous écris à Aix, mon cher Du Pont, mais comme ma lettre n'y arrivera que dans huit jours et qu'il y en a déjà quinze que vous m'avez écrit, je prends la précaution de vous adresser encore ce double-ci de ma lettre à Toulouse, où vous ne pouvez pas éviter de passer. J'ai écrit à Mme Du Pont d'envoyer mon mémoire à M. de la Fleuterie, commissaire au Châtelet, et non à M. Feutry ; la méprise était de conséquence, car il y a un M. Feutry, poète, et ingénieur [h], qui n'aurait su ce que cet envoi aurait signifié.

[a] Sa nomination de prévôt mitré.
[b] Le Mercier de la Rivière.
[c] Commissaire au Châtelet.
[d] À propos d'ordonnances de Charles III, roi d'Espagne.
[e] Lettres des Présidents des Parlements de Grenoble et d'Aix au Contrôleur général et Circulaire de Turgot aux officiers de police de sa généralité du 15 février 1766, ci-dessus, II, p. 415.
[f] *Le Gouverneur ou Essai sur l'Éducation*, par M. D. L. F. (probablement de la Fleuterie), ci-devant gouverneur de leurs A. S. les princes ducs de Sleswig-Holstein-Gottorp, in-12.
[g] *Faits qui ont influé sur la cherté des grains, en France et en Angleterre*, broch. 48 p. (par Abeille).
[h] Feutry (1720-1789), auteur de nombreuses poésies, la plupart imitées de l'anglais, était avocat au Parlement de Douai et non ingénieur.

Vous m'auriez fait un grand plaisir de me marquer en détail l'ordre de votre voyage, la route que vous suivez, les lieux par où vous passerez, si c'est de Toulouse ou de Bordeaux que vous vous rendrez à Limoges et dans quel temps vous comptez y arriver. J'ai d'autant plus besoin de savoir tout cela que tous les arrangements du Contrôleur général me forcent de faire mon département un mois plus tôt qu'à l'ordinaire. Je serai pourtant certainement à Limoges les dix derniers jours de septembre, mais j'irai dans les commencements d'octobre faire mon département à Angoulême. Je serai au désespoir de ne pas profiter d'une occasion aussi agréable de faire connaissance avec M. le duc de Saint-Mégrin [a]. Vous ne me marquez pas si je puis espérer de le posséder quelques jours.

Si son projet était de passer, comme je le présume, dans ses terres de Saintonge, nous pourrions nous réunir à Angoulême et de là, nous rendre ensemble à Limoges vers le 12 ou le 15 octobre. De grâce, écrivez-moi un peu à l'avance de ces arrangements, car je ferai l'impossible pour y faire cadrer les miens.

Puisque vous avez perdu ma copie du *Discours* de M. Poivre, je compte bien que vous m'en rendrez une autre. À l'égard de celui qu'il a prononcé au Conseil supérieur, il n'est pas bon et c'est pour cela que je ne l'ai point montré.

Je doute toujours beaucoup que M. de Butré puisse travailler utilement [b]. Nous le verrons, mais sur toute chose, ne vous engagez pas trop avec lui.

Adieu, je vous embrasse et vous attends avec impatience.

XXXI. — (Voyage de Du Pont.)

Limoges, 27 septembre.

Je n'ai aucune nouvelle de vous, mon cher Du Pont, quoique je vous aie écrit à Aix et à Toulouse. Ce retard me fait espérer que votre voyage se sera prolongé et qu'au lieu d'arriver ici à la fin de septembre, vous y arriverez au milieu d'octobre. J'aurais un véritable chagrin que vous y arrivassiez pendant les dix ou douze jours que je vais passer à Angoulême où je serai le 1er octobre. Si vous pouvez m'y adresser un mot de lettre de Bordeaux, pour me marquer le temps précis de votre arrivée à Limoges, vous me ferez un très grand plaisir, et vous me délivrerez de la crainte où je suis de manquer cette occasion de faire con-

---

[a] Saint-Mégrin, puis duc de La Vauguyon (1747-1828), ministre des Affaires étrangères en 1789, avec qui voyageait Du Pont.

[b] Aux *Éphémérides*.

naissance avec M. le duc de Saint-Mégrin. Si j'avais été le maître de retarder mon département, je ne me serais pas exposé à ce risque.

Adieu, mon cher Du Pont, je n'ai que le temps de vous assurer de toute mon amitié.

XXXII. — (Voyage de Du Pont. — Le Contrôleur général Maynon d'Invau.)

Angoulême, 11 octobre.

Je reçois, mon cher Du Pont, votre lettre du 29 et je ne puis vous dire tout mon regret de ne point vous attendre à Angoulême, d'où je suis obligé de partir demain. Voici mes raisons : 1° M. Fargès, intendant de Bordeaux [a], doit arriver chez moi vers le 15 ; 2° le régiment de Condé vient s'établir à Limoges le 17 et je suis obligé d'y être quelques jours auparavant pour être sûr que tout sera prêt ; 3° j'ai demandé des chevaux sur la route d'ici à Limoges, pour pouvoir m'y rendre. Ces chevaux, étant pris des postes de la route de Toulouse, ne peuvent pas rester à m'attendre inutilement. Je ne me consolerais pas de ce contre-temps, si je pouvais croire que vous arrivassiez demain, mais je sais assez que ces sortes d'itinéraires des gens qui voyagent pour voir se prolongent toujours, en sorte que, même pouvant attendre, j'attendrais peut-être encore longtemps : je pars donc à mon grand regret, mais avec l'espérance que M. le duc de Saint-Mégrin ne me privera pas du plaisir dont il m'a flatté, d'avoir l'honneur de le posséder quelques jours à Limoges, où je compte toujours qu'il vous déposera pour quelque temps. Je vous laisse le soin de lui témoigner tout mon regret de ne pas profiter aussi du temps qu'il veut passer à Angoulême et de l'engager à me donner le plus de temps qu'il pourra à Limoges.

Je ne sais si vous savez que, d'Angoulême à Limoges, il n'y a point de poste et que vous aurez peut-être peine à avoir des chevaux. Si, en arrivant à Angoulême, vous m'envoyiez un exprès en me marquant le jour de votre départ, la voiture dans laquelle vous voyagez et le nombre de chevaux qu'il vous faut, je pourrais envoyer des relais sur la route au moyen desquels, en prenant des chevaux de poste à Angoulême, jusqu'au premier relais, vous pourriez venir à Limoges en un jour. Pour faciliter tous ces arrangements, vous pourriez vous adresser à Angoulême à mon subdélégué qui vous procurerait un exprès et prendrait les arrangements nécessaires pour vous faire fournir des chevaux pour les premiers relais en partant d'Angoulême. Je ne vous parle pas du nou-

---

[a] De Fargès, que persécuta l'abbé Terray.

veau Contrôleur général [a] ; vous le connaissez ; il est homme de mérite, mais je le trouve bien courageux.

Adieu, je vous embrasse en attendant le plaisir de vous voir. Voici une lettre qui m'a été adressée ici pour vous.

XXXIII. — (Voyage de Du Pont.)

Limoges, 18 octobre.

Je suis fort embarrassé, mon cher Du Pont, sur ce que je ferai d'un paquet à votre adresse qu'on m'envoie d'Angoulême. En l'y renvoyant, il n'y sera que le 21 et, si votre itinéraire n'avait souffert aucun changement, vous devriez en être reparti pour venir ici ; mais je vous avoue qu'étant accoutumé aux retards des voyageurs qui voyagent pour voir, je crois que le plus sûr est de vous faire repasser le paquet qui me paraît à sa grosseur devoir contenir un volume des *Éphémérides*. Si vous êtes parti pour Limoges, le paquet sera revenu le lundi 23. Adieu, je vous embrasse bien vite, car je n'ai pas un instant pour causer avec vous.

XXXIV. — (Retour de Du Pont à Paris. — Sa situation personnelle.)

Limoges, 22 novembre.

Que je vous plains, mon pauvre voyageur, et que je crains qu'en essuyant le plus abominable temps qu'on puisse avoir à essuyer, vous n'ayez encore le désagrément d'arriver au moins aussi tard que par la litière. Je me repens d'avoir été moins opiniâtre que vous. Dieu veuille que, du moins, votre santé ne soit pas altérée de tant de fatigue et de froid ; j'espère que vous m'en donnerez des nouvelles de la route.

Desmarets vous envoie aujourd'hui votre malle ; il a fallu y laisser votre clé parce qu'on ne plombe point à Limoges [b]. Avez-vous emporté avec vous le papier que vous lui aviez donné à copier ? Il craint qu'il ne soit perdu.

L'ami, chez qui vous devez souper aujourd'hui, compte que vous irez manger une dinde aux truffes chez son frère qui a une maison de campagne à Fleuri [c]. Le marquis de Mirabeau y est encore ; vous ferez d'une pierre deux coups. Vous serez invité, ou pour mieux dire averti du jour.

---

[a] Maynon d'Invau.
[b] Pour les douanes, le Limousin était une province réputée étrangère.
[c] Au Val-Fleuri, près Meudon ; le marquis de Mirabeau y avait une maison de campagne.

Dites, je vous prie, mille choses de ma part aux économistes de l'*École d'Orléans* qui me rappellent l'*École de Milan*, quoiqu'il y ait bien de la différence quant à l'objet.

J'ai beaucoup réfléchi sur l'objet des craintes qui vous agitaient [a] ; je pense à présent que si elles vous inquiètent toujours et que vous y voyez le moindre fondement, le meilleur parti à prendre, c'est de vous adresser tout droit à M. d'Invau et de lui demander conseil. Il vous le donnera peut-être plus froidement que M. D. M. [b] D'ailleurs, il vaut mieux avoir affaire à Dieu qu'à ses saints.

Ne m'oubliez pas pour Rustan ; pour la gravure de mes armes en bois, je vous enverrai deux modèles pour la grandeur seulement. Comptez toujours sur mon amitié, portez-vous bien et soyez aussi heureux que je le désire. Adieu, mon cher Du Pont.

XXXV. — (Retour de Du Pont à Paris. — Brochures de l'abbé Baudeau. — *Lettre de M. de… Conseiller au Parlement de Rouen*, par Du Pont.)

Limoges, 25 novembre.

Où êtes-vous, pauvre malheureux, n'êtes-vous pas resté dans quelque bourbier ou du moins dans quelque sale auberge, en attendant le retour du beau temps ? Je ne puis m'empêcher de regretter qu'il n'y ait un bon règlement pour défendre de se mettre en marche par un mauvais temps. Je l'aurais fait exécuter avec une rigueur qui vous eût été fort utile.

Je vous renvoie la *Lettre à l'abbé Baudeau* que je trouve fort bien à l'exception d'un morceau que j'ai crayonné et qui m'a paru un peu choquant pour son amour-propre d'auteur. J'ai reçu un paquet à votre adresse que j'ai ouvert par réflexion, parce que j'ai vu qu'il contenait des livres et que je me suis rappelé que vous aviez demandé pour moi l'*Avis au peuple* [c]. Je ne me suis pas trompé ; j'ai trouvé deux *Avis*, avec et sans cartons, et une *Lettre sur les émeutes populaires* [d]. Je me flatte que vous n'êtes pas inquiet de vos secrets si vos lettres en contiennent, mais ma curiosité n'a point résisté aux listes de souscripteurs [e]. J'ai trouvé celle des *gratis* grossie de beaucoup d'articles que vous pouvez et devez vous dispenser de continuer et dont plusieurs sont relatifs à la position

---

[a] Quant à la situation administrative de Du Pont.

[b] Trudaine de Montigny.

[c] *Avis au peuple sur son premier besoin* par l'abbé Baudeau, paru d'abord dans les *Éphémérides*, 1768, t. 1 et s.

[d] Par Baudeau.

[e] Aux *Éphémérides du citoyen*.

de l'abbé Baudeau. Il y en a qui ne demanderaient pas mieux que de payer ; par exemple, l'archevêque de Toulouse [a], M. Helvétius, etc. Je n'ai point vu Mme Blondel parmi les souscripteurs payants. J'ai cependant souscrit pour elle entre vos mains ; du moins, il me semble en être sûr.

J'ai été enchanté de la *Lettre sur les émeutes*, et je vous prie de vérifier s'il en a été envoyé chez moi 150 exemplaires, ainsi que de la *Lettre du gentilhomme de Languedoc* [b] et de l'*Avis aux honnêtes gens* [c]. Si cela n'a pas été fait, envoyez-moi celle sur les émeutes par la poste, en feuilles et en plusieurs paquets. Je ne vous écris pas à Orléans parce que, quoique vous ayez été sûrement retardé, j'imagine que ce courrier le sera aussi beaucoup. J'attendrai des nouvelles de votre arrivée pour vous envoyer votre rescription.

On vous enverra directement votre dinde aux truffes [d] et l'on vous marquera chez qui vous devez l'aller prendre.

Adieu, mon cher Du Pont, portez-vous bien et comptez toujours sur mon amitié. Envoyez-moi, si vous avez le temps, ce qui se fera sur les blés ; on me mande des choses bien étranges des Parlements de Rouen et de Paris [e] mais vous savez sûrement tout cela mieux que moi.

XXXVI. — (Les *Éphémérides du Citoyen*. — Le commerce des grains. — Placards contre Choiseul.)

Limoges, 2 décembre.

Vous êtes assurément, mon cher Du Pont, *tenax propositi vir*. Cette qualité est bonne à bien des choses et je vois qu'elle l'a été à vous faire arriver à Orléans, malgré tous les obstacles ; puisque votre santé n'a point souffert du mauvais temps, je vous pardonne votre opiniâtreté. L'abbé de Véri m'a mandé que vous aviez fait aller votre cheval en poste pour le soulager.

Vous avez mal entendu ma lettre : Desmarets n'avait point perdu vos papiers et vous les recevrez en deux paquets que je vous conseille

---

[a] Loménie de Brienne.
[b] *Lettre d'un gentilhomme des États du Languedoc à un magistrat du Parlement de Rouen*, Éphémérides, 1768, VIII.
[c] *Avis aux honnêtes gens qui veulent bien faire*, par Baudeau, *Éphémérides*, 1768, t. X.
[d] *Lettre de M. de… conseiller au Parlement de Rouen à M. de M… premier président*, pamphlet rédigé à Limoges par Du Pont et imprimé par les soins de Turgot. Il fut brûlé par arrêt du Parlement de Rouen. C'était une réponse à une *Lettre de la Chambre des vacations du Parlement de Normandie au Roi pour le supplier de pourvoir incessamment à l'approvisionnement de la Ville*. Le pamphlet était daté du 26 octobre 1768.
[e] Au sujet du pacte de famine.

de demander chez M. de F. [a] et chez son gendre [b]. Pour votre malle, il n'a pas été possible de la faire plomber.

J'ai reçu le tome XI des *Éphémérides* [c] et j'ai vu avec grand plaisir qu'on n'y avait pas mis l'*Examen de l'examen*, mais j'ai trouvé l'extrait du *Magistrat de Rouen* [d] bien maigre ; il fallait une réfutation.

Je joins ici une rescription sur M. Fontaine ; j'aurais mieux aimé qu'elle eût été sur l'extraordinaire des guerres, vous auriez eu moins de chemin à faire. J'ai un peu ri de vos raisonnements sur les dépenses du voyage. Soyez tranquille sur l'avenir ; quant au présent, le moyen le plus naturel d'y pourvoir est de vous faire avoir une gratification. Je ne vous oublierai pas auprès de M. M. [e] et M. d'I. [f]

Vous savez qu'on a décrété un pauvre diable qui avait marchandé la récolte d'un fermier en vert. Voilà apparemment ce que ces Messieurs [g] appellent monopole. Je n'accaparerai sûrement pas leur bon sens, car il est encore bien loin de sa maturité, si jamais il doit y arriver, ce dont je doute très fort.

On dit que les placards [h] continuent ; je ne doute pas que cela fasse redoubler l'espionnage et les patrouilles de nuit. Adieu, mon cher Du Pont, je vous souhaite bien de la santé et bon courage. Mandez-moi si vous tirez quelque chose au clair sur le produit des *Éphémérides* et sur le nombre des souscripteurs.

Desmarets vous dit mille choses ; il est tout honteux du peu de crédit qu'il a dans l'atmosphère [i].

Je vous ai écrit lundi dernier par une occasion particulière. Accusez-moi, je vous prie, la réception de ce paquet et celle des papiers que vous avez confiés à Desmarets.

XXXVII. — (La *Lettre du Conseiller*.)

Limoges, 3 décembre.

Je vous écrivis hier par la poste, mon cher Du Pont ; je profite aujourd'hui d'une occasion pour vous parler plus clairement. La *Lettre* [j] est

---

[a] De Fourqueux.
[b] De Montigny.
[c] De l'année 1768.
[d] *Réponse du magistrat de Normandie au gentilhomme de Languedoc, sur le commerce des blés, des farines et du pain.*
[e] De Montigny.
[f] D'Invau.
[g] Les Parlements.
[h] Contre Choiseul.
[i] Il s'occupait de météorologie.
[j] La *lettre de M. de… conseiller*, etc.

partie par le courrier : 125 exemplaires sous la forme in-f° à M. d'Invau [a] ; 125 sous la forme in-4° à M. de Montigny. Un seul paquet eût été trop gros et trop pesant. Je vous conseille de les retirer, l'un chez M. de Fourqueux, l'autre chez M. de Montigny. Nous attendons les notes qui seront envoyées par le courrier, comme je vous l'ai annoncé par la lettre qui accompagnait une épreuve du *Conseiller*. Il faudra que vous alliez les chercher à l'adresse indiquée. Il ne peut y avoir à cela aucun danger, mais il peut y en avoir dans la distribution des paquets à cause de l'espionnage que doit rendre bien plus vigilant la multitude de placards qu'on affiche contre M. de Choiseul. C'est une raison pour se borner à quelques rues du faubourg Saint-Germain ; la place Vendôme étant un lieu fort passant et en même temps fort propre aux placards, il faudrait, pour cette raison, l'éviter. Je vous recommande aussi l'écriture des adresses. Enfin, à la moindre apparence de danger, il faudra vous confesser à M. de M... [b] ou à M. d'Invau lui-même. Vous savez que celui-ci épouse la seconde fille de M. de Fourqueux ; ce sera encore un moyen que vous aurez pour l'intéresser pour vous.

J'ai gardé 12 exemplaires du *Conseiller*, imprimé sur du papier un peu plus beau ; ainsi, vous pourrez n'en garder aucun chez vous.

Voici un paquet que je vous prie d'envoyer à M. l'abbé Guénée [c], professeur de rhétorique actuel ou ancien, ou au Plessis ou à Lisieux ; je ne vous dirai pas lequel des deux, mais je vous serai obligé de le découvrir par le moyen de quelques-unes de vos connaissances dans le pays latin.

Adieu, mon cher Du Pont, je vous embrasse de tout mon cœur ; n'oubliez pas de m'accuser la réception de l'épreuve et de l'édition.

XXXVIII. — (La poste. — Baudeau. — La *Lettre du Conseiller*.)

Limoges, 16 décembre.

J'ai reçu, mon cher Du Pont, votre lettre de dimanche qui n'était point datée, mauvaise habitude par parenthèse et dont il faut se corriger, parce qu'il peut quelquefois en résulter des inquiétudes sur l'exactitude des courriers. Je suis fort impatient de savoir ce que vous aura dit M. de Fourqueux et j'espère l'apprendre ce soir.

Vous m'étonnez bien par les petits détails que vous m'apprenez sur l'abbé Baudeau ; je ne comprends rien à de pareilles platitudes de sa part.

---

[a] C'est-à-dire sous le couvert de M. D'Invau.
[b] De Montigny.
[c] Érudit (1717-1803), auteur des *Lettres de quelques juifs polonais... à M. de Voltaire* (1769).

J'ai reçu vos épices [a], nous avons les truffes, mais nos cuisiniers disent qu'ils ne peuvent préparer la sauce sans avoir le poisson ou le dindon. Au reste, ce que vous avez envoyé est entièrement conforme pour la qualité et même pour la quotité à l'échantillon que nous avait montré un droguiste qui passait à Limoges.

Comme je n'ai pas de temps à moi ce soir, je me dépêche de finir en vous embrassant de tout mon cœur. Desmarets vous dit mille choses.

XXXIX. — (La *Lettre du Conseiller*. — Indiscrétion de Montigny. — Faiblesse du Gouvernement. — Épigramme sur Joly de Fleury. — Vers métriques.)

Limoges, 20 décembre.

Vous n'êtes point un chêne, mon pauvre ami, vous n'êtes point un roseau, mais vous vous portez comme un charme, et j'aime votre courage autant que je déteste la barbarie des *bœufs tigres* [b] et que je méprise la poltronnerie de ceux [c] qui se laissent donner des coups de pied et des coups de corne par ces animaux aussi stupides que féroces. Soit chêne, soit roseau, soit charme, soit tout autre arbre quelconque, depuis le cèdre jusqu'à l'hysope, je veux leur crier à tous :

Ah ! fuge vicini nimium contagia taxi
Nec propius ramis taxum sine.
De l'if empoisonné fuyez le voisinage
Craignez que vos rameaux ne touchent son feuillage.

ou, comme dit le proverbe, ne dormez point à l'ombre de l'if [d] ; les vilains arbres ne sont bons à rien qu'à nuire, et malheur à ceux qui s'y appuient.

C'est se perdre sans fruit que de faire la guerre avec et pour les poltrons. Mon avis est que vous ne fassiez rien et que même, s'il en est temps encore, vous renonciez à distribuer les premières cartouches [e]. Du moment que votre secret n'est plus entre vos mains [f], et que les gens pour lesquels vous vous sacrifiez [g] ne veulent, ni ne peuvent vous garantir de tous dangers, il y aurait de la folie à courir des risques aussi

---

[a] Allusions à la *Lettre du Conseiller*.
[b] Les Parlementaires.
[c] Trudaine de Montigny, d'Invau et Choiseul.
[d] Allusion à Lefranc de Pompignan qui avait fait des rimes en *if*.
[e] Les exemplaires de la *Lettre du conseiller*.
[f] Il était connu de Montigny qui avait ouvert le paquet de Turgot.
[g] Le gouvernement de Choiseul.

considérables sans espérance de produire aucun bien. Ces gens-là ne voient pas qu'ils se perdent eux-mêmes avec ces tempéraments. Ne sentent-ils pas que leurs adversaires les attendent et que la force qu'on leur laisse acquérir en appelant à eux la populace ᵃ rend leur résistance sur d'autres articles invincible ? Ne sentent-ils pas qu'en insistant dans ce moment sur ces autres articles, eux-mêmes perdent la confiance du public ? Ils recommandent la modération. Plaisante politique ! La modération est bonne dans des temps de discussion tranquille, mais quand des fourbes excitent à plaisir les peuples par des mensonges, il faut bien les démasquer et prouver qu'ils sont des menteurs. On n'a rien fait si on ne leur ôte pas la confiance de ceux qui les regardent comme leurs protecteurs. Je suis très convaincu que le changement que vous proposez de faire à la sauce du dindon ᵇ la rendra insipide et sans force. Ou tout, ou rien, en tout temps ; et dans ce moment-ci, rien, absolument rien. Vous avez affaire à des gens faibles ; ce ne serait rien encore, mais ces gens faibles sont indiscrets et vous seriez connu par eux-mêmes. Vous pouvez être assuré que ces papiers étaient cachetés et cuirassés de façon qu'il était physiquement impossible qu'on les vît, sans une volonté déterminée de les voir. Cette première infidélité ᶜ, toute blâmable qu'elle est, est bien moins fâcheuse que l'imprudence d'en avoir donné trois morceaux au *Dieu mugissant des Égyptiens* ᵈ, sur la bonne foi et la droiture duquel je ne compte pas plus que vous. Que veulent-ils qu'il fasse de ces trois morceaux ? S'il les montre avant la distribution générale, les voilà convaincus d'avoir donné leur aveu à la chose ; mais, bien loin que ce soit un avantage, c'est, au contraire, un motif puissant pour les parties lésées de chercher à se venger, et c'est en même temps un moyen de connaître, sinon juridiquement, du moins par des indications sûres, le but auquel ils peuvent diriger leurs coups. Cette réflexion me déterminerait à votre place à rester tranquille et à serrer toute votre poudre en lieu à l'épreuve de la bombe. Vous n'avez qu'à dire aux gens que la peur vous a pris et, dès qu'ils ne peuvent faire pour vous la guerre défensive, vous ne voulez pas faire l'offensive pour eux. Ce qui m'amuserait beaucoup serait que, vous tenant coi, leurs copies courussent et qu'on s'avisât d'imprimer la chose sans que vous y eussiez la moindre part. Je le voudrais pour la rareté du fait.

 Voilà assez bavardé, je vous répète que mon avis est que vous renonciez à toute espèce d'hostilité et que vous vous réserviez pour des

---

 ᵃ Le Parlement faisait de la popularité à propos des grains et du prétendu pacte de famine.
 ᵇ À la *Lettre du Conseiller*.
 ᶜ Par Montigny.
 ᵈ Il est difficile de savoir à qui Turgot fait allusion.

temps meilleurs. Adieu, mon cher Du Pont, je vous embrasserai avec un grand plaisir et votre courage le mérite bien.

J'ai reçu un portrait de Me Omer [a] dont vous aviez vu un des fragments. Le voici :

> On distingue dans la cohorte noire
> Un homme au teint de couleur d'écritoire
> Qui pérorait anonant, anonant,
> Gesticulait, dandinant, dandinant,
> Et raisonnait, toujours déraisonnant.
> C'était Omer, de pédante mémoire,
> Qui des catins, en tout temps le héros,
> Est devenu l'oracle des dévots.
> Omer, fameux par maint réquisitoire
> Qui, depuis peu, vient d'enterrer sa gloire
> Sous un mortier pour jouir en repos
> De son mérite et du respect des sots [b].

Desmarets vous dit mille choses. À propos de vers, en voici de métriques traduits de Virgile, que je vous applique en vous comparant à un chêne battu des vents ; c'est ainsi que vous vous peignez dans votre lettre et que Virgile peint Énée résistant aux instances de Didon.

> Ac veluti annoso am valido cum robore quercum
> Alpini Boroœ [c].

Outre les trois feuilles C du second traité de l'*Avis au peuple* que vous m'avez envoyées, il me manque une feuille A et une feuille B du troisième traité. Je vous prie de me les envoyer par le premier courrier, pour compléter mes 150 exemplaires.

Les personnes intéressées dans l'affaire que M. de Fourqueux vous a mis à portée de traiter avec M. le Contrôleur général voudraient savoir si vous en avez expliqué à ces MM. tous les tenants et aboutissants depuis l'origine jusqu'au moment où ils en ont entendu parler [d]. Mandez-moi, je vous prie, ce qui en est par le premier courrier.

---

[a] Omer Joly de Fleury, avocat général, nommé président à mortier.

[b] Ces vers sont attribués à Condorcet dans la *Correspondance de Turgot et de Condorcet*, p. 10, mais la lettre de cette correspondance où Condorcet cite les vers est datée du 15 avril 1770 et la lettre à Du Pont est du 20 novembre 1768. L'attribution est donc douteuse ; les vers peuvent être de Turgot.

[c] *Énéide*, IV, 441. La reproduction des vers métriques de Turgot serait sans intérêt.

[d] C'est-à-dire s'ils connaissaient l'intervention de Turgot dans l'impression de la *Lettre du Conseiller*.

XL. — (La *Lettre du Conseiller*. — Projet de réponse du Roi au Parlement. — Les pommes de terre.)

Limoges, 22 décembre.

J'envoie cette lettre par une occasion, mon cher Du Pont, bien fâché de n'avoir pas autre chose à envoyer [a] ; mais je vous l'ai mandé : il faut renoncer à se battre pour des poltrons. Je suis bien aise qu'ils aient tenu leurs chiens en laisse ; ceux-ci sont dûment avertis de ne pas se jeter, lorsqu'ils seront libres, dans le troupeau des bêtes enragées. Envoyez vos papiers chez moi et tenez-vous tranquille ; c'est tout ce que j'ai à vous conseiller.

Votre projet de réponse [b] était excellent et j'avoue que je n'aurais pas pu le faire avec autant de force en conservant autant de modération ; il y a pourtant deux choses qu'il eût fallu corriger, l'une qui concerne les personnes de l'assemblée qui n'auraient même pas pu avoir de *voix consultative qu'autant que le Roi la leur eût donnée*. C'est une grande question de savoir ce qui donne à chaque citoyen voix délibérative et voix consultative ; il est inutile de toucher à ces grandes questions et ici la forme suffisait ; il fallait s'y renfermer. 2° Il n'est pas vrai que les laboureurs dans les dix lieues soient obligés de porter à la Halle de Paris. Il y a plusieurs marchés répandus dans ces dix lieues où ils portent journellement leurs grains. Ce sont les boulangers et marchands auxquels il est défendu d'acheter dans ces dix lieues et ordonné de se pourvoir plus loin, ce qui est également absurde, mais d'une absurdité différente. Je voudrais aussi dans la seconde ligne ôter le mot : *avec douleur*, comme trop onctueux. Il s'en faut bien que je pense qu'une réponse de cette nature doive être si courte et encore moins que ce soit un défaut d'être nette.

Je serais bien curieux de savoir si c'est à l'homme principal [c] que vous avez parlé ou seulement à son beau-père [d]. Je vous ai aussi demandé si vous leur aviez expliqué les moyens qu'avait employés le *Conseiller* pour être moulé et recevoir ses paquets, et de quels instruments il s'est servi [e]. Répondez-moi, je vous prie, sur ces articles. Je vois qu'il n'y a rien de bon à espérer et que les lumières et les bonnes intentions, l'ignorance et la mauvaise volonté sont à peu près la même chose. Il

---

[a] D'autres exemplaires de la *Lettre du Conseiller*.
[b] Aux Représentations du Parlement au Roi. Voir ci-dessous les fragments de Turgot sur les Parlements, n° 97.
[c] D'Invau.
[d] Fourqueux.
[e] L'intervention de Turgot.

faut pleurer sur Jérusalem et se consoler en écrivant pour ce siècle de lumière que nous ne verrons point.

Je vous enverrai le double signé de M. de La Valette [a] si je le reçois ce soir, sinon ce sera pour la poste de demain. Je vous embrasse de tout mon cœur. Desmarets vous dit mille choses.

Nous faisons ici du pain de pommes de terre, avec un tiers de farine de seigle qui est excellent et meilleur à mon goût que celui de pur seigle. Nous en faisons aussi avec du froment. Cette économie serait prodigieuse et même excessive par la diminution qui en résulterait dans la consommation des grains, vu la fécondité de cette production, soit par rapport à la semence qui rend 100 et quelquefois 200 pour un et vu le peu de terrain qu'il faut pour en produire une prodigieuse quantité. Mandez-moi, je vous prie, combien coûte la pomme de terre à Paris en marquant le poids et le volume de la mesure. Je sais qu'on en vend dans les marchés.

XLI. — (La liberté du commerce des grains. — Réponse du Roi au Parlement. — Bruits de changement de ministère. — Barbou. — Saint-Mégrin. — Morellet.)

Limoges, 29 décembre.

Savez-vous, mon cher Du Pont, que je suis inquiet de vous ? Voilà trois courriers que vous ne m'avez point écrit, trois lettres que vous laissez sans réponse, et cela dans des circonstances bien intéressantes. Rassurez-moi, je vous en prie, car je ne vous écris que pour cela. Envoyez-moi aussi la réponse du Roi [b] que je n'ai point vue. Les États du Languedoc vont redemander la liberté indéfinie et réfuter toutes les bêtises des Parlements de Rouen et de Paris.

Suivant ce qu'on me mande de Paris, il pourrait arriver des révolutions si étranges qu'on ne saurait plus où on en est, Dieu surtout [c].

J'espère pouvoir vous rejoindre dans une quinzaine de jours ; en attendant je vous embrasse.

Barbou [d] est assez malade d'une dysenterie ; il a été saigné trois fois ; on ne croit cependant pas qu'il y ait de danger. M. de Saint-Mégrin est-il en Corse ? A-t-il fini son affaire ? Desmarets vous fait mille compliments.

---

[a] Subdélégué de Turgot.
[b] Aux Représentations du Parlement de Paris sur le commerce des grains.
[c] Allusion à un changement de ministère.
[d] Fabricant de papier à Limoges.

Vous savez le désappointement du pauvre abbé Morellet [a] et le terrible coup de corne que lui a donné le bœuf Apis ?

97. — SUR LES PARLEMENTS.

(Fragments)

[A. L., minute.]

1er fragment [b].

15 novembre.

…Un grand moyen surtout de gloire est de se distinguer par les avis les plus violents.

Dès que la multitude entraîne, son esprit est bien moins en garde contre l'intérêt particulier du corps ; on s'accoutume à regarder la gloire et l'intérêt du corps comme un but et on s'y attache sans remords.

Les affaires publiques ont par elles-mêmes un caractère qui prête à toutes sortes de séductions par l'espèce de vague et d'incertitude des principes, bien moins fixes, bien plus susceptibles de variété d'opinions que les choses de justice rigoureuse. On s'accoutume à peser, à balancer des considérations, à les faire céder les unes aux autres et l'intérêt du corps paraît toujours une des plus importantes. On s'accoutume à dire, comme les politiques, qu'il faut avoir égard aux circonstances.

Qui sait même si cette habitude de faire plier les principes aux circonstances n'introduit pas dans la jurisprudence des considérations politiques arbitraires ; si bientôt, il n'est pas avec la justice des accommodements ; si bientôt, ces hommes rigides qui ne savent jamais plier ne sont pas de ces hommes de l'autre monde qui ne sont bons à rien, des gens de système, des gens de cabinet, de ces gens dont le cardinal de Richelieu (ou celui qui, en écrivant son *Testament*, en a si bien gardé le costume) disait que les gens de bien gâtent toutes les affaires.

Tant que la corruption se borne à ce degré, le public ne s'en aperçoit point ; l'enthousiasme qu'excitent les déclamations échauffe celui

---

[a] Morellet cherchait à obtenir une place d'intendant du commerce.
[b] Ces fragments datent de l'époque où les Parlements de Rouen et de Paris faisaient la guerre aux Ministres et en particulier au Contrôleur général Maynon d'Invau, à propos des grains. Turgot voulait aider Du Pont qui préparait sa *Lettre d'un Conseiller au Premier Président de Rouen*, dont il est question dans les *Lettres* ci-dessus.

du public qui élève les magistrats au comble de la gloire ; cette gloire, cette confiance universelle leur donne un pouvoir très réel.

Faut-il alors un grand effort de génie au ministre poussé à bout pour imaginer d'acheter des suffrages devenus si importants. Il n'aura pas l'honneur de l'invention...

2ᵉ fragment.

J'écris ce dernier mot en rougissant. Et plût à Dieu que jamais un pareil soupçon ne fût entré dans l'esprit du public ! Plaise à Dieu qu'il n'acquière jamais une funeste réalité !

C'est à vous, M., que je parle ; c'est dans le sein d'un ami, d'un chef, à qui l'honneur de la magistrature est aussi cher qu'à moi que je dépose une pensée qui, mille fois, a rempli mon cœur d'amertume. Quand je considère l'étendue, la consistance de cette autorité, que les efforts multipliés de notre zèle, la confiance que ce zèle avait inspiré à la nation, enfin le concours de quelques circonstances favorables, ont acquises aux classes du Parlement et qui n'avait cessé d'augmenter par degrés depuis 1750 jusqu'en 1763 ; quand, d'un côté, j'envisage, dans toutes ses suites, l'indépendance que donne à chacun des membres de nos compagnies l'assurance qu'on ne peut en attaquer un, en particulier, sans avoir à combattre non seulement la compagnie entière, mais toutes les Cours souveraines du Royaume, indépendance qu'affermit encore le droit qu'a chacun de nous de n'être jugé que par ses confrères ; quand je pense, en même temps, à la terreur que l'union de toute la magistrature doit inspirer à quiconque pourrait s'opposer à nos prétentions, depuis les derniers employés jusqu'aux chefs mêmes de l'administration ; à la certitude, qu'a tout homme qui se chargerait d'exécuter contre nous des ordres rigoureux, de perdre, et sa fortune, et sa réputation, d'être frappé de l'anathème des lois que nous faisons parler et de l'anathème plus formidable encore de l'opinion publique, sur laquelle notre nombre et notre ancienne considération nous ont donné tant d'influence ; quand j'observe l'impossibilité où est le Souverain lui-même de vaincre notre résistance par aucune voie légale, puisque la volonté du Prince ne peut devenir loi que par l'enregistrement, puisqu'aucune forme ne peut suppléer à cet enregistrement libre, puisque celui qui est fait en lit de justice est anéanti par nos protestations subséquentes, puisque les modifications et les causes de nos arrêts d'enregistrement annulent les dispositions les plus expresses de la volonté du législateur et en arrêtent l'exécution ; quand je réfléchis à cette part dans l'autorité législative, à cette négative absolue et invincible que la fameuse Déclaration du 21 novembre 1763 nous a mis pour ainsi dire en droit de regarder comme avouée par le Gouvernement : Ah ! M., je ne suis point ébloui ! je suis bien plutôt épouvanté de tant de grandeur pour laquelle nous ne sommes pas faits et qui doit enfin nous écraser nous-mêmes. En acquérant un pouvoir qui rend nos suffrages redoutables aux ministres, qu'avons-nous fait, M. ? Nous avons donné un très grand intérêt de nous séduire à des hommes qui ont en main de très grands moyens de séduction ; à ce mot, je vois mes confrères se révolter, et puisse l'âme de tout magistrat s'en indigner, puisse-t-on avoir à dire d'eux tous *Erubuere, salva res est ! Ils rougissent, tout n'est pas perdu !* Mais, M., ce n'est point par ce sentiment intérieur, par ce cri des âmes honnêtes qu'il faut juger les grandes assemblées d'hommes : parce que, dans aucun temps, dans aucun pays, dans aucun corps, les âmes fortes et honnêtes ne composent la pluralité.

Peu d'hommes sont entièrement et déterminément corrompus ; moins d'hommes peut-être encore sont entièrement et déterminément attachés à leur devoir. Le plus grand nombre est formé par les âmes médiocres, balancées entre leurs petits intérêts et la crainte de l'opinion publique, occupées à concilier, comme elles peuvent, ces deux choses, attentives à resserrer les limites du devoir et à se rassurer, par l'exemple, contre les scrupules de l'honneur. Les hommes de cette classe sont vicieux ou vertueux, courageux ou poltrons en troupe. Ils ont le droit précieux de se croire honnêtes et inaccessibles à la séduction, tant qu'on n'a point essayé de les séduire, le droit d'ignorer que leur probité a un taux tant qu'elle n'a pas été mise à l'enchère. Partout où les magistrats seront bornés aux fonctions primitives de leur état, à rendre la justice, à terminer par l'application judicieuse des lois, les dissensions qui naissent entre leurs concitoyens, à maintenir l'ordre public en punissant ceux qui le troublent, leur probité ne sera point exposée à des périls supérieurs aux forces ordinaires et il n'arrivera presque jamais qu'ils puissent être tentés par un intérêt capable de balancer la perte de l'honneur dont leur prévarication serait immédiatement punie. Le particulier le plus puissant et le plus riche ne l'est pas assez pour effrayer des juges indépendants ou pour gagner des hommes au-dessus de l'indigence par leur fortune et soutenus par la considération attachée à leurs places. Si l'on parvient à en séduire un, l'on ne viendra point à bout de séduire la pluralité, parce que le public a un trop grand intérêt d'avoir des juges incorruptibles pour ne pas couvrir un juge corrompu du plus profond mépris, aggravé encore par celui de ses confrères qui s'empresseraient de s'honorer aux yeux du public en se montrant plus sévères que lui.

De là, il résulte que chaque magistrat a sans cesse présente cette loi impérieuse de l'honneur. Il est forcé de se juger d'après elle ; elle s'identifie avec sa conscience. De là, se forme cet esprit de corps qui tient lieu de vertu au plus grand nombre des membres et qui fait regarder, et à eux-mêmes, et au public la sévérité des mœurs et l'exacte intégrité comme le caractère distinctif de leur dignité, qui enfin leur assure le respect des peuples en les accoutumant à se respecter eux-mêmes.

Tout change quand, aux fonctions de juges, les magistrats joignent ou veulent joindre les soins de l'homme d'État.

D'abord, un zèle respectable les porte à se rendre, auprès du trône, les organes des droits du peuple, à réclamer, en faveur des citoyens lésés par des actes d'autorité arbitraires, la liberté que les lois leur assurent, à faire connaître au monarque la liaison intime de l'intérêt de ses sujets et du sien, à lui mettre sous les yeux la peinture touchante des malheurs qu'ils éprouvent à son insu, à lui présenter la vérité qu'il cherche et que tant de gens s'étudient à lui cacher. Alors, les applaudissements, les transports de la reconnaissance éclatent de toutes parts ; le peuple tourne avec attendrissement ses yeux vers ses défenseurs ; la nation les avoue pour ses interprètes et presque pour ses représentants. Alors, les magistrats accoutumés à goûter en paix les douceurs de la considération commencent à connaître la jouissance enivrante de la gloire, récompense délicieuse et méritée sans doute ! Mais premier piège tendu à leur vertu ! Cette gloire si flatteuse devient bientôt l'idole de tous les jeunes magistrats ; toutes leurs vues, toutes leurs études, toutes leurs démarches sont dirigées à ce but unique. La discussion des affaires particulières devient fastidieuse ; on regrette le temps qu'on est obligé de donner à cette fonction subalterne et mécanique ; on brûle de sortir d'un cercle si étroit pour se montrer sur un théâtre plus éclatant. Les grands objets de la police générale, de la conservation des lois fondamentales, de la défense des droits du Prince et de la liberté des sujets absorbent toute l'attention ; les connaissances pénibles, épineuses, sont négligées et l'on ne cultive plus que ces talents brillants qui excitent l'admiration de la multitude et captivent les suffrages.

Cette marche analytique d'un esprit qui discute pied à pied, qui considère les choses sous toutes leurs faces, qui pèse avec scrupule les moyens et les objections, cet examen lent, froid, impartial qui porte sur son objet une lumière tranquille et qui fait naître la conviction semble devoir être le talent propre du juge ; mais ce talent n'est plus d'aucune utilité lorsqu'il est question de persuader une assemblée nombreuse. Le ton modéré de la raison n'est point assez imposant pour y réussir.

Dans la multitude, tous sont pour tous une occasion de distraction ; la légèreté et l'impatience naturelle à chaque homme s'augmentent par une espèce de contagion ; l'attention devient plus pénible et plus rare. Pour fixer les esprits, il faut les émouvoir, les entraîner, les subjuguer ;

il faut déployer tous les pouvoirs de l'éloquence, c'est-à-dire intéresser toutes les passions. Est-ce bien là le moyen d'inspirer toujours aux Compagnies les démarches les plus sages, les plus avantageuses au véritable intérêt du public ? Je m'en rapporte, M., à la connaissance que vous avez du cœur humain, à l'expérience que vous avez des mouvements qui agitent nos Compagnies…

98. — QUESTIONS DIVERSES [a].

I. — *Lettre à Saint-Florentin, pour demander la place de Prévôt des Marchands.*

[A. L., minute.]

Paris, 2 juillet.

Je me suis présenté hier chez vous à Marly où je m'étais rendu pour prendre vos ordres en partant pour Limoges. Je me proposais aussi de vous demander vos bontés pour un objet dont Mme la Comtesse de Maurepas a déjà eu la bonté de vous parler : il s'agit de la place de Prévôt des Marchands. Quoique M. Bignon soit encore loin de la quitter, plusieurs personnes ont déjà fait des démarches et je crois pouvoir sans indiscrétion me présenter. J'ai prévenu M. le Contrôleur général qui m'a dit que vous n'aviez point encore pris d'engagement et qui a bien voulu se charger de vous remettre un mémoire pour moi.

Vous avez connu mon père ; vous comptiez sur son attachement et lui sur vos bontés. La manière dont il a rempli cette place et la mémoire qu'il a laissée à la Ville sont pour moi un motif de la désirer très vivement et forment peut-être un titre que vous pourrez faire valoir auprès du Roi, surtout moi-même travaillant depuis assez longtemps et n'ayant pas démérité par mon travail. Vous n'ignorez pas que mon obéissance aux ordres du Roi, lors de la Chambre Royale [b], m'a, par la suite des événements, exclu de la place d'Avocat général et a même mis obstacle à ce que je prisse la charge de Président à mortier, lorsque mon frère a

---

[a] On trouve aux Archives de la Haute-Vienne les pièces ci-après qu'il serait sans intérêt de reproduire :
10 juin. Ordonnance de Turgot confirmant une délibération de la paroisse de Sadroc et en annulant une autre. (C. 99, 22.)
19 août. Lettre à d'Ormesson au sujet d'exemptions d'impôts demandées par les sieurs de Tournien et de Fortis. (C. 99, 34.)
2 septembre. Lettre à d'Ormesson au sujet de privilèges invoqués par des officiers du Roi. (C. 99, 35.)
[b] Voir tome I, p. 53 et 331.

été forcé par l'état de sa santé de la quitter. Cette circonstance peut engager le Roi à me donner une marque de ses bontés, d'autant plus que toutes les autres places considérables de mon état qu'on regarde comme un avancement ou qui me rapprocheraient de ma famille me sont pour ainsi dire fermées par différentes circonstances qui me sont très étrangères. Ces motifs, M., et les bontés dont vous honoriez mon père, me font espérer que vous voudrez bien me proposer à S. M., lorsque vous travaillerez avec elle pour le choix d'un Prévôt des Marchands et faire valoir les considérations qui peuvent l'engager à me nommer.

II. — *Lettre au contrôleur général Maynon d'Invau pour lui demander un changement de situation.*

[A. L., minute.]

Angoulême, 4 octobre.

J'apprends, M., la retraite de M. de L'Averdy et votre nomination à sa place ; je m'attendais depuis quelques jours à cet événement et je me flatte que vous ne doutiez pas de la part que j'y prends. J'hésite pourtant à vous en féliciter et je m'en rapporte à vous sur la nature du compliment que vos amis doivent vous faire. J'en suis du moins toujours fort aise pour la chose publique, car, si quelqu'un est à portée de tirer les affaires du chaos où elles sont plongées, c'est vous à toutes sortes d'égards, et votre acceptation me donne sur la possibilité de leur rétablissement plus d'espérance que je n'en avais.

Vous êtes bien occupé dans ces premiers moments ; je craindrais qu'il n'y eût de l'indiscrétion à vous parler de moi, si je n'étais pleinement rassuré par les preuves d'amitié que vous m'avez données en différents temps. Vous savez assez quelles ont été et quelles peuvent être mes vues. Elles seraient à présent remplies si vous aviez été en place un an plus tôt. L'occasion est perdue ; mais si quelque événement en faisait renaître une semblable, j'espérerais que vous voudriez bien me conserver la même bonne volonté. J'ai depuis pensé à la place de Prévôt des Marchands, après M. Bignon, et j'avais même fait des démarches auprès de M. de Saint-Florentin et auprès de M. de L'Averdy. Je crois qu'il n'y a rien de décidé, mais que M. de la Michodière a de fortes espérances. Vous concevez les motifs qui me font désirer par préférence cette place et je pense qu'on peut bien, sans trop de faveur, les regarder comme des titres. Si vous croyez pouvoir déterminer le choix sur moi, je vous en serai véritablement obligé. Vous savez d'ailleurs que je me soucie peu de changer d'intendance pour en changer et que je ne désire de places que celles qui peuvent me rapprocher de mes amis, ou me procurer plus de tranquillité, et que je suis même fort éloigné de regarder comme un pis-aller cette tranquillité absolue qu'on se procure toujours quand on veut.

Cette façon de penser ne vous paraîtra pas nouvelle et vous connaissez gens de nos amis qui la partagent. Il y en a un surtout [a] qui est peut-être le plus près de l'effectuer et que je désirerais de tout mon cœur que vous trouvassiez moyen d'arracher à ses projets de retraite. On a été chercher bien loin ce qu'on avait bien près et vous pourriez assurément dire à un de vos amis [b] qu'il a bâti Chalcédoine ayant le rivage de Byzance sous les yeux. Vous voyez de qui je veux parler.

Je reviens à moi, je vous ai exposé ma situation et je remets avec une confiance entière mes intérêts entre vos mains.

Je suis, M., avec le même attachement que dans tous les temps et avec tout le respect que doit un intendant au Contrôleur général, votre très humble.

Réponse de Maynon d'Invau.

19 octobre. — Je compte trop sur votre amitié, M., pour n'être pas persuadé que vous êtes beaucoup plus disposé à me plaindre qu'à me faire compliment sur la place dans laquelle je me trouve. Elle me deviendrait moins désagréable si elle me mettait dans le cas de profiter de quelque occasion pour vous rendre service. S'il s'en présente, vous ne devez pas douter que je ne les saisisse avec grand plaisir.

Je n'ai pas le loisir de vous en dire davantage ; mais vous pouvez compter sur les sentiments que je vous ai voués et dont je vous réitère les assurances sans compliment.

---

[a] Trudaine.
[b] Choiseul.

1769.

99. — LE TRANSPORT DES ÉQUIPAGES ET LE LOGEMENT DES TROUPES.

I. — *Lettre au Contrôleur général.*

[D. P., V, 243.]

(Le transport des équipages. — Inconvénients des marchés conclus pour tout le Royaume. — Réductions à faire.)

Limoges, 10 janvier.

M., il y a déjà quelques années que j'ai pris le parti de faire exécuter à prix d'argent, dans cette généralité, la fourniture des voitures et chevaux pour le *transport des équipages des troupes*, à l'exemple de ce qui se pratiquait depuis plusieurs années en Languedoc et en Franche-Comté. M. l'intendant de Montauban a fait un semblable arrangement à peu près dans le même temps et M. Fargès en a fait autant à Bordeaux, dans le courant de l'année dernière.

Ce n'est pas ici le lieu de m'étendre sur l'avantage de cet établissement, que j'ai tâché de développer assez au long dans une lettre que j'ai écrite à M. de L'Averdy le 19 avril 1765 [a]. Il paraît qu'on en est assez convaincu, et dès lors, M. d'Ormesson était porté à proposer un arrangement général de la même nature pour tout le Royaume.

Le marché que j'ai passé avec un entrepreneur pour cette fourniture, et qui devait durer trois ans, expire au 1er février prochain. Je me disposais à le renouveler lorsque j'ai appris, par une lettre que les entrepreneurs généraux des étapes ont écrite à leur directeur dans cette province, que vous pensiez, en effet, à supprimer dans tout le Royaume la corvée des transports d'équipages de troupes, et que la Compagnie des entrepreneurs des étapes, dont le marché doit être renouvelé cette année, se proposait de réunir les deux entreprises. Les entrepreneurs

---

[a] Voir tome II, p. 374.

chargent même leur directeur de sonder le sieur Michel, entrepreneur de la fourniture des voitures dans ma généralité, pour l'engager à sous-traiter d'eux cette fourniture. L'incertitude où cette lettre me jette m'a empêché de conclure avec le sieur Michel le renouvellement du marché, et je me suis contenté de convenir avec lui qu'il ferait le service jusqu'à ce que je me fusse assuré du parti que vous prendriez.

Je ne puis certainement qu'applaudir au dessein où vous paraissez être de faire effectuer le transport des équipages de troupes à prix d'argent. Tant que le mauvais système de charger les provinces de ce service durera, l'on ne peut rien imaginer de mieux pour en rendre le fardeau moins difficile à supporter ; mais, permettez-moi de vous dire qu'il s'en faut bien que je trouve les mêmes avantages au projet de charger une seule compagnie de cette fourniture dans tout le Royaume. Il me paraîtrait bien plus simple d'autoriser les intendants à faire chacun un marché pour leur département, ainsi qu'en ont usé jusqu'à présent les intendants des provinces où ce service se fait à prix d'argent. J'ai vu d'assez près cette partie pour m'assurer que les détails sans nombre qu'elle exige, ne sauraient être suivis par une seule compagnie qui embrasserait tout le Royaume. Il y a même très peu d'hommes, dans chaque généralité, qui réunissent, à la fortune que suppose une telle entreprise, l'intelligence qui est absolument nécessaire pour la remplir, et je doute que ce petit nombre d'hommes veuillent s'en charger à des prix qui ne leur promettent pas des profits certains ; s'ils consentent à sous-traiter d'une compagnie, il faudra donc ajouter à leur profit particulier celui des entrepreneurs généraux. Or, ce serait une augmentation de dépense en pure perte, quand même on supposerait que le service fût aussi bien fait.

J'ai lieu de croire que cette supposition s'éloigne beaucoup de la vérité, tant par la raison que j'ai déjà touchée de l'excessif détail qu'il entraîne, que par l'exemple de ce qui se passe sous mes yeux pour les étapes. Je suis convaincu que ce dernier service serait infiniment mieux fait et à meilleur marché, s'il était adjugé dans chaque province. Je me rappelle d'avoir écrit, à la fin de 1765, à M. d'Ormesson, une lettre très détaillée dans laquelle j'essayais de lui prouver l'avantage qu'on trouverait à supprimer la compagnie générale, et à faire une adjudication particulière dans chaque province. Je ne trouve pas sous ma main la minute de cette lettre [a] ; sans doute elle aura été gardée dans les bureaux de M. d'Ormesson. Je persiste dans la même façon de penser.

Je sens qu'il est avantageux pour les entrepreneurs que les deux services soient réunis, les magasins de l'étape ne pouvant manquer d'être

---

[a] Nous ne l'avons pas retrouvée (*Du Pont*).

d'un très grand secours pour la nourriture des chevaux nécessaires à la conduite des troupes. Mais, bien loin que l'utilité de cette réunion me paraisse devoir engager à confier à une seule compagnie l'entreprise de la conduite des équipages dans tout le Royaume, je pense que c'en est une pour faire dans chaque province une adjudication particulière des étapes ainsi que des fournitures nécessaires au transport des équipages. Les intendants adjugeraient en même temps les deux services, et je m'en occuperais si vous adoptiez ma proposition, ce que je vous serai infiniment obligé de vouloir bien me faire savoir, lorsque vous serez décidé.

Il y aurait un autre moyen de faire exécuter le service du transport des équipages des troupes qui épargnerait infiniment la dépense, et, qui, en réduisant les détails de la régie à la plus grande simplicité, couperait par la racine une multitude d'abus que les ordonnances les plus sages et l'attention la plus vigilante ne pourront jamais parvenir à empêcher dans le système actuel. Vous savez que les voitures et les chevaux se payent de gîte en gîte et, en réunissant au salaire prétendu compétent que payent les régiments, ce que paye la Province, il en coûte environ 100 sous par cheval à chaque gîte. Par ce moyen, la plus grande partie des effets que transportent les régiments coûtent plus de transport qu'ils ne valent, et souvent il y aurait du profit à les vendre dans le lieu du départ, pour les remplacer par des effets neufs dans le lieu de l'arrivée. C'est un calcul aisé à faire, d'après le nombre des gîtes sur une route un peu longue, et que j'ai fait plus d'une fois. Lorsqu'un invalide va de Paris en Roussillon, et que sa route porte qu'il lui sera fourni un cheval, il en coûterait moins d'acheter le cheval à Paris que de payer tous ceux qui sont fournis sur la route. La chose est si palpable, que certainement l'on n'aurait jamais imaginé de faire le service de cette manière, si on l'avait dès le commencement payé en argent. Mais, comme on l'exigeait en nature, comme on était encore alors dans l'erreur que ce qui coûte au peuple ne coûte rien au Gouvernement, on s'imaginait épargner beaucoup en obligeant les habitants des lieux de passage à faire le service pour rien, ou pour un prix absolument disproportionné à la charge qu'ils supportaient. L'expérience a fait voir que cette prétendue épargne était un fardeau énorme pour ceux sur lesquels il tombait. On a vu que les frais de ce service, converti en argent, étaient, quoique payés très chèrement, un très grand soulagement pour les provinces. En effet, on paye 100 sous par cheval ; un cheval fait à peu près le service d'une paire de bœufs, et il était très commun de voir des propriétaires aimer mieux payer 15 francs, que de faire le service avec leurs bœufs. Vous voyez par là, M., qu'on doit évaluer ce service, dans les provinces où il se fait en nature, à bien plus haut prix que dans celles où tout se paye en argent. Lorsque cette dernière méthode aura été adoptée dans tout le Royaume, le calcul de la dépense, comparé avec le poids des effets transportés, fera sentir, quand on voudra faire cet examen, et le ridicule, j'ose le dire, du système actuel, et la facilité d'y suppléer à beaucoup moins de frais.

Rien n'est plus simple. Parmi les effets qu'un régiment est obligé de transporter, il en faut distinguer de deux sortes. Les uns, et c'est la plus grande partie, ne sont d'aucun usage pendant la route ; il suffit que le régiment les retrouve, lorsqu'il sera arrivé au lieu de sa destination. Pour cela, il suffit que l'officier chargé du détail fasse un marché avec des rouliers à tant du quintal, comme ferait un négociant qui aurait la même quantité d'effets à faire transporter. Cette manière est assurément la plus simple, la plus sûre et la moins dispendieuse. À l'égard des effets dont le régiment a besoin dans sa route, ils ne sont pas en grande quantité ; un ou deux fourgons qui suivraient les régiments suffiraient et au delà pour les porter, et en outre les éclopés. L'on pourrait même en retrancher facilement la caisse militaire, en déposant son montant chez le trésorier du lieu du départ, et prenant une rescription de pareille somme sur le trésorier du lieu de l'arrivée. Ces fourgons seraient un meuble appartenant aux régiments, et les officiers prendraient tels arrangements qu'il leur conviendrait pour les faire conduire avec eux, en louant des chevaux, ou bien en les achetant pour les revendre lorsque la troupe serait arrivée.

À l'égard des cas où il est d'usage de fournir un cheval de selle, ce qu'il y aurait de mieux à faire serait de payer en argent, à ceux auxquels cette fourniture est due, une somme pour leur en tenir lieu, avec laquelle ils s'arrangeraient comme ils le jugeraient à propos. Cette somme serait certainement beaucoup moindre que ce qu'il en coûte aux provinces.

L'épargne qui résulterait d'un pareil arrangement ne consisterait pas seulement dans le moindre prix de la fourniture ; je ne doute pas que la réduction même sur la quantité des fournitures ne formât un objet plus considérable. Certainement, on serait beaucoup plus attentif à n'ordonner ces fournitures qu'en connaissance de cause et pour de bonnes raisons, lorsqu'en même temps on serait dans le cas d'en débourser le prix, qu'on ne l'est lorsque ceux qui les ordonnent n'ont aucun rapport avec ceux qui les payent. Il en résulterait la suppression d'une foule de disputes entre les troupes et les personnes chargées, dans les provinces et dans les villes, des détails de l'administration. Cet avantage et celui de la diminution des détails me paraissent inestimables.

Je ne vois, M., qu'une seule difficulté, à cet arrangement, c'est que, tous les frais devant en être supportés, ou par les régiments, ou par le

Roi, le ministre de la guerre y trouverait une augmentation de dépense dont il ne voudrait probablement pas charger les fonds assignés à son département. Il est encore très facile de lever cette difficulté. En effet, puisque, dans l'état actuel, les provinces payent ce service, il serait naturel qu'elles contribuassent au supplément dont il faudrait, pour les en décharger, augmenter les fonds de la guerre. Les provinces qui font déjà cette fourniture à prix d'argent supportent une imposition pour cet objet, et sans doute vous serez obligé d'ordonner une pareille imposition sur toutes les autres provinces, si vous vous déterminez à suivre le même plan pour tout le Royaume. Comme la dépense sera certainement beaucoup moindre dans celui que je propose, on y subviendrait avec une imposition plus légère, et dès lors elles y trouveraient encore du soulagement.

Si vous goûtiez cette idée, M., vous pourriez en faire la proposition à M. le duc de Choiseul, et en concerter avec lui l'exécution. Je la lui aurais faite moi-même directement, si je n'avais cru plus convenable de vous en prévenir d'abord, et d'attendre que vous m'ayez fait connaître votre façon de penser.

II. — *Circulaire aux officiers municipaux.*

[A. communales de Brive, H. H. 131.]

(Le logement des troupes).

Limoges, 26 juillet.

Je crois devoir vous prévenir, MM., que je viens de donner les ordres nécessaires pour faire exécuter les dispositions de l'Ordonnance du Roi du 1er mars 1768 en ce qui concerne l'état des maisons de votre ville par ordre de numéros et la formation des états de logements des gens de guerre, d'après lesquels le Roi a ordonné que l'assiette des logements soit faite désormais. L'apposition des écriteaux que l'Ordonnance exige, tant à l'extérieur que dans l'intérieur des maisons, ne peut se faire sans quelque dépense, et il sera nécessaire que vous donniez incessamment des ordres pour faire faire ces écriteaux dont le payement sera acquitté par le Receveur des revenus ordinaires de votre ville, d'après les mandements que vous délivrerez à cet effet dans la forme ordinaire.

Il y a déjà quelque temps, MM., que j'ai proposé aux Officiers municipaux de Limoges un arrangement qu'ils ont adopté et qui m'a paru très avantageux pour les habitants sujets au logement. Cet arrangement consiste à faire marché avec un aubergiste ou avec quelque autre particulier qui se charge de fournir aux soldats passants les lits et autres fournitures d'usage à tant par journée de soldat, lorsque le détachement ne passe pas quarante ou cinquante.

J'ai remarqué que ce ne sont pas les logements des troupes, qui passent en corps, à l'occasion desquels je reçois le plus de plaintes ; comme il faut alors que tout le monde loge, chacun se prête à la nécessité, et le fardeau, tombant sur tout le monde, n'excite point les murmures, et il en excite d'autant moins que les passages des Corps entiers étant rares, la charge n'est jamais fort onéreuse. Mais les passages journaliers de soldats, qui marchent seuls ou par petits détachements, fatiguent excessivement les habitants. Rien n'est plus difficile que d'éviter l'arbitraire dans l'ordre qu'on doit suivre pour faire loger chacun à son tour, parce que cet ordre est continuellement dérangé par mille circonstances imprévues, et que l'obscurité qui résulte de ces dérangements, pouvant favoriser beaucoup l'injustice, en fait naître le soupçon.

Le parti de loger ainsi tous les petits détachements à prix d'argent, a donc le double avantage de rendre le passage des troupes moins onéreux aux habitants et d'éviter aux officiers municipaux ce qu'il y a de plus désagréable dans les détails relatifs à l'assiette des logements. Je désire beaucoup pour cette raison que cet établissement puisse se faire dans tous les lieux de passage de la Généralité, ainsi qu'il a déjà lieu dans la ville de Limoges et dans celle de La Rochefoucauld. J'approuverais donc très volontiers la Délibération que votre ville prendrait à ce sujet, et si, comme je n'en doute pas, vous pouvez conclure un marché à peu près semblable à celui qu'a fait la ville de Limoges, je vous serai obligé de m'en faire part le plus tôt qu'il vous sera possible.

Je crois devoir, pour vous faciliter cette opération, joindre à ma lettre un exemplaire du premier marché qu'avait passé la Ville de Limoges.

100. — LA TAILLE.

I. — *Ordonnance sur la nomination des collecteurs* [a].

[Imprimé.]

---

[a] L'Ordonnance porte en tête :
De par le Roi, Anne Robert Jacques Turgot, chevalier et baron de Laune, seigneur de Lastelle, Gerville, Veslis, Le Plessis et autres lieux, conseiller du Roi en ses conseils, maître des requêtes ordinaire de son hôtel, intendant de justice, police, finances, en la généralité de Limoges.

Paris, 15 mai.

(Cette ordonnance ne renfermait aucune disposition absolument nouvelle, mais elle mettait de l'ordre dans une matière où régnaient le désordre et l'arbitraire. Elle prescrivait de dresser, pour la nomination des collecteurs de 1770, des tableaux divisés en plusieurs colonnes (une de plus que le nombre des collecteurs à désigner) et contenant d'abord les noms des habitants taillables exempts de la collecte, avec l'indication des causes d'exemption, ensuite les noms des habitants taillables rangés par ordre de capacité, en commençant par les porte-rôles et en finissant par les habitants les moins aisés et les moins propres à la collecte, ainsi que Turgot l'avait ordonné précédemment.

Le récolement des tableaux devait être effectué dans des assemblées des habitants, les troisième et quatrième dimanches de juillet ; les habitants devaient être rangés dans les tableaux de telle manière que ceux qui n'avaient jamais été collecteurs fussent en tête et les anciens collecteurs à la fin.)

II. — *Circulaire aux commissaires des Tailles sur la répartition du moins-imposé* [a].

[A. Cor.]

Paris, 1er juin.

Vous avez vu, M., par l'article 3 du Mandement des Tailles, que le Roi s'étant déterminé à ne fixer cette année qu'après le département la diminution qu'il a la bonté d'accorder sur le brevet de la taille, ces diminutions doivent être annoncées par des Ordonnances postérieures rendues en faveur des particuliers qui ont éprouvé des accidents auxquels il n'a pas été possible d'avoir égard au département, ou en faveur des paroisses qui doivent participer aux grâces du Roi.

1° La diminution accordée cette année par S. M. monte à 280 000 livres sur le brevet de la taille de la Généralité, c'est-à-dire à 60 000 livres de plus que la Province n'avait obtenu l'année dernière.

2° J'en ai arrêté la répartition en fixant d'abord les diminutions particulières qu'il m'a paru juste d'accorder à quelques contribuables pour cause d'accidents et en répartissant le surplus sur toutes les paroisses au marc la livre de leur taille. Le résultat de cette répartition sera de faire participer tous les contribuables de la Généralité à la diminution, précisément de la même manière qu'ils y auraient participé, si cette diminution avait été répartie au département suivant l'ancien usage.

---

[a] Cette pièce et plusieurs autres nous ont été communiquées par M. Lafarge, auteur de *L'agriculture en Limousin au XVIIIe siècle et l'intendance de Turgot*. Nous ne donnons qu'une partie de la circulaire, celle qui montre le mieux avec quel souci des contribuables Turgot présidait à la répartition des impôts.

3° Mais, pour faire jouir chaque contribuable de la diminution qui lui appartient, il est nécessaire de se livrer à deux opérations assez longues, l'une est la répartition même des diminutions sur chaque cote et l'autre est l'émargement de cette répartition sur les rôles pour en donner connaissance aux contribuables et opérer en même temps leur décharge et celle des collecteurs.

4° L'une et l'autre ne peuvent guère être bien faites que par les Commissaires mêmes chargés de faire les rôles des tailles ; et la première doit précéder la prochaine vérification afin que les Commissaires puissent, en se transportant dans les paroisses, y faire l'application de toutes les diminutions en présence des parties intéressées.

L'objet de la présente lettre est de développer en détail aux Commissaires la manière dont ils doivent procéder à cette double opération.

5° Avant tout, il y a une observation indispensable à faire sur la somme du moins imposé qui doit être distribué aux contribuables d'après les Ordonnances qui vous sont envoyées ; et il est nécessaire de vous avertir que ce moins imposé n'est pas précisément la somme portée par les Ordonnances, mais cette même somme forcée de six deniers pour livre. Voici la raison de ce forcement. L'on impose, comme vous le savez, en sus du principal de la taille une somme de six deniers pour livre au profit des Collecteurs pour frais de recouvrement. Ces six deniers ne leur sont dus qu'à raison de la taille effective, et on ne les imposait véritablement sur ce pied que lorsque le moins imposé se trouvait réparti au département et avant la confection des rôles. Comme cette année, l'on ne pouvait savoir lorsqu'on a fait les rôles quelle serait précisément la quantité du moins imposé dans chaque paroisse, on a imposé les six deniers pour livre à raison du brevet de la taille. Par conséquent, ce brevet se trouvant, par l'effet du moins imposé, diminué de 280 000 livres, il s'ensuit qu'on a imposé les six deniers pour livre de 280 000 livres que les Collecteurs n'auront point à lever ; c'est-à-dire qu'on a imposé 7 000 livres de trop sur toute la Généralité. Cette somme ne peut appartenir aux Collecteurs puisque les taxations ne leur sont dues qu'à raison de leur recouvrement ; elle ne doit point être versée dans les coffres du Roi, puisque les Receveurs des tailles ne sont comptables que des sommes comprises dans le brevet de la taille ; il est donc juste d'en tenir compte aux contribuables, et, pour cet effet, d'en augmenter la somme totale du moins imposé en la forçant de six deniers pour livre. Cette augmentation doit avoir lieu également pour le moins imposé accordé à quelques contribuables par des Ordonnances particulières et sur le moins imposé accordé à la totalité des paroisses.

III. — *Lettre à l'Intendant des Finances (d'Ormesson)
au sujet d'un Arrêt du Parlement.*

[A. H. V., C. 49.]

(Contrainte solidaire, en cas de condamnation d'une communauté non autorisée à plaider.)

Limoges, 22 novembre.

... M. le marquis de Lussac obtint, il y a quelques années, des lettres patentes portant établissement de plusieurs foires de bestiaux dans le bourg de Lussac, éloigné de la ville de Laval-Magnac d'environ quatre lieues. Les habitants de Laval qui ont, dans leur ville, des foires anciennement établies et dans lesquelles il se perçoit un droit d'octroi, en partie au profit de la ville et en partie au profit du collège, craignirent que ces nouvelles foires ne nuisissent aux leurs, et ne les privassent, eux et le collège, du revenu que donne le droit qui s'y lève sur les bestiaux vendus. Ils imaginèrent que cet intérêt leur donnait un droit de s'opposer à l'établissement de toute espèce de foires dans les environs de leur ville, et ils crurent, en conséquence, avoir un titre pour s'opposer à l'enregistrement des lettres patentes obtenues par M. de Lussac. Il fut passé une délibération par laquelle on arrêta de former cette opposition conjointement avec le collège dont l'intérêt était le même que celui de la ville. Cette délibération me fut présentée selon l'usage pour être autorisée. J'examinai les moyens d'opposition et, comme je les trouvai très mal fondés, je déboutai les habitants de leur demande à fin d'autorisation à plaider. Cela n'empêcha pas le collège et les officiers municipaux de poursuivre le procès. Le Parlement les débouta, selon moi avec grande justice, de leur opposition et les condamna en tous les dépens, dont la moitié qui retombait sur le collège, a déjà été payée par le principal. Il n'est pas douteux que l'autre moitié des dépens ne pouvant, faute de l'autorisation nécessaire pour plaider au nom de la communauté, être répétée sur les revenus de la ville ni imposée sur la communauté, doive retomber uniquement sur ceux qui ont signé la délibération. Il n'y a donc pas lieu d'expédier un arrêt pour expédier cette imposition.

Mais, je ne pense pas que le Conseil doive passer sous silence l'irrégularité et l'injustice de l'arrêt par lequel le Parlement a autorisé M. de Lussac à faire contraindre solidairement les quatre principaux habitants, les plus haut cotisés à la taille de la ville de Laval, au paiement des sommes dues tant pour les dépens que pour les autres frais, sauf aux dits quatre habitants à faire faire sur le général des dits habitants de Laval la répartition des dites deux sommes. Cet arrêt est une contravention formelle aux différents règlements et ordonnances qui défendent aux communautés de plaider sans autorisation et qui ordonnent que, faute de cette autorisation, les dépens seront supportés par les délibérants en leur propre et privé nom. L'on ne peut contraindre solidairement les quatre plus haut taxés qu'autant que la communauté pourrait être regardée comme partie au procès. Il est très possible que ces quatre plus haut taxés n'aient point coopéré à la délibération par laquelle on a fait entreprendre à la ville un mauvais procès, et ils ne doivent pas en souffrir. Le Parlement n'a pas pu non plus leur donner le droit de faire faire sur les habitants de Laval la répartition d'une somme que ceux-ci ne doivent point en corps de communauté.

Je crois, M., qu'il est de la plus grande importance de maintenir l'exécution d'une loi sans laquelle les communautés se trouveraient exposées à devenir les victimes de l'esprit de chicane dont leurs chefs pourraient être animés et des mauvais procès qu'on leur ferait sans cesse entreprendre. Ce serait une source de ruine pour les habitants pauvres, et les communautés épuisées par cette voie se trouveraient souvent hors d'état de satisfaire au paiement de leurs impositions. La contravention à cette loi que le Parlement s'est permise par l'Arrêt du 11 juillet me paraît mériter d'autant plus d'attention que j'ai tout lieu de croire qu'elle se tourne en usage. J'ai même ouï dire qu'il avait été rendu de pareils arrêts contre les habitants d'une trentaine de paroisses de l'Angoumois qui ont été condamnées aux dépens d'un grand procès contre M. le comte de Broglie au sujet des *léans* et corvées. Mais, comme elles ne se sont pas plaintes, je n'en ai point de certitude. Quoiqu'il en soit, je pense, M., que pour empêcher cette jurisprudence de se former et la couper dans sa source, il n'y a pas de meilleur moyen que de casser l'Arrêt du 11 juillet et tout autre semblable que le Parlement rendrait pour obliger les habitants d'une communauté, non autorisée à plaider, à payer les dépens. Je crois même que cette forme de prononcer ne devrait pas encore être soufferte quand la communauté aurait été autorisée à plaider. Vous sentez qu'il y a tel procès dont les frais peuvent être tellement au dessus des forces d'une communauté qu'il leur serait impossible d'y satisfaire dans une seule année. J'ai sous les yeux l'exemple d'une paroisse de l'Angoumois condamnée par un arrêt de la Cour des Aides aux dépens d'un procès, lesquels surpassent deux fois la taille qu'elles paient au Roi. Vous savez que la Déclaration du 13 avril 1761 ne permet, dans ces cas, d'imposer sur les communautés que le cinquième de la taille ; il en résulte que les dépens du procès dont il s'agit ne seront payés qu'en dix ans. Or, si les Cours se permettaient d'autoriser immédiatement les parties qui ont gagné leur procès à contraindre solidairement les quatre plus haut taxés, il s'ensuivrait qu'un fardeau, que la loi juge trop fort pour une communauté entière et qu'elle a l'attention de partager en plusieurs années, tomberait tout à la fois sur la tête de quatre particuliers. Comment pourraient-ils n'en être pas accablés et la loi peut-elle abandonner ainsi à une ruine certaine de malheureux citoyens ? ...

Mon avis est donc, M., de casser par un arrêt de propre mouvement celui que le Parlement a rendu le 11 juillet dernier. Peut-être aussi serait-il à propos de fixer encore plus précisément, par une nouvelle loi, la route que les Cours doivent suivre pour faire exécuter les condamnations de dépens prononcées contre les communautés, soit dans le cas où elles ont été valablement autorisées, soit dans le cas où elles ne l'ont pas été. C'est sur quoi je ne puis que m'en rapporter à votre prudence et à ce que vous jugerez convenable de proposer à M. le Contrôleur général.

IV. — *Avis sur l'imposition pour l'année 1770.*

[D. P., V, 253.]

(Menaces de disette.)

7 septembre.

La somme portée par les commissions pour 1770 s'élevait à 1 942 293 l. 2 s., en augmentation de 280 000 livres sur la taille effective.

Nous n'avons cessé, depuis l'année 1766, de rappeler au Conseil que la généralité de Limoges éprouve une surcharge excessive relativement aux facultés de ses habitants et à la proportion connue de l'imposition avec le revenu des fonds dans les autres généralités... et que pour ramener les fonds de cette généralité à la proportion des autres, il faudrait lui accorder une diminution effective de plus de 700 000 livres.

Nous avons plus récemment mis sous les yeux du Conseil, dans une lettre que nous avons eu l'honneur d'écrire à M. d'Ormesson le 27 août dernier, qui accompagne l'état des impositions de la Province, un nouveau motif de justice pour en diminuer le fardeau, en lui démontrant le préjudice qu'elle a souffert, tant par l'excès de la somme à laquelle elle a été fixée pour l'abonnement des droits de courtiers-jaugeurs et d'inspecteurs aux boucheries et aux boissons, abonnement porté au triple du produit des droits, que par le double emploi résultant de ce que les mêmes droits dont cette généralité paye l'abonnement à un si haut prix, ne s'en perçoivent pas moins en nature, dans une très grande partie de la Province, par les commis des fermiers généraux, et dans la ville de Limoges, au profit du corps de ville, qui avait acquis, dans le temps, les offices auxquels ces droits étaient attribués.

Les motifs que nous venons de présenter sont anciens et subsisteraient indépendamment des accidents particuliers et de l'intempérie des saisons. Malheureusement, la mauvaise récolte des grains et l'anéantissement de toutes les espérances auxquelles la continuité des pluies ne permet plus de se livrer sur les récoltes d'automne, sollicitent encore d'une manière plus forte et plus pressante les bontés de S. M. pour les peuples de cette province.

Les pluies excessives qui ont eu lieu pendant l'automne de 1768 avaient déjà beaucoup nui aux semailles ; plusieurs champs n'ont pu être ensemencés, et dans ceux qui l'ont été, les terres, imbibées d'eau et plutôt corroyées que labourées par la charrue, n'ont pu acquérir le degré d'ameublissement nécessaire pour le développement des germes. La sécheresse qui a régné au commencement du printemps n'a pas permis aux jeunes plantes de taller et de jeter beaucoup d'épis. À la fin du printemps, les pluies sont survenues et ont fait couler la fleur des grains ; les seigles surtout ont souffert et, dans toute la partie du Limousin, la récolte, après qu'on aura prélevé la semence, pourra suffire à peine pour nourrir les cultivateurs ; il n'en restera point pour garnir les marchés et fournir à la subsistance des ouvriers de toute espèce répandus dans les campagnes et dans les villes. Le succès des blés noirs et des châtaignes, en fournissant aux cultivateurs et, en général, aux habitants de la campagne la subsistance de plusieurs mois, leur aurait laissé la liberté de vendre une partie de leurs grains ; mais cette ressource paraît leur devoir être enlevée par les pluies, qui n'ont pas cessé de tomber depuis le 15 du mois d'août jusqu'à présent, en sorte que la Province est menacée d'une véritable famine.

La même cause fera perdre la totalité des regains, c'est-à-dire le tiers de la production des prairies. Les vignes, qui donnaient à peu près l'espérance d'une demi-année, et qui, dans les élections d'Angoulême et de Brive, forment une partie considérable du revenu, n'en donneront presque aucun, et l'année 1769 sera peut-être plus malheureuse encore que celle de 1767, une des plus fâcheuses qu'on ait essuyées depuis longtemps ; elle sera même plus malheureuse pour le Limousin qui, du moins, en 1768, n'a pas souffert autant que les provinces du Nord de la cherté des grains, et qui vraisemblablement éprouvera, en 1770, tous les maux qu'entraîne la disette. Les grains sont augmentés dès le moment de la moisson, et le prix a haussé encore depuis : il a été vendu des seigles à 16 livres 10 sous le setier de Paris, et l'augmentation semble devoir être d'autant plus forte, que les pluies menacent de rendre les semailles aussi difficiles que l'année dernière.

On a d'autant plus lieu de craindre une augmentation excessive, que la cherté des transports dans ce pays montueux, où ils ne se font qu'à dos de mulet, rend les secours qu'on peut tirer des autres provinces très dispendieux et très lents, et que le seigle, dont les habitants de la Province font leur nourriture, ne supporte pas le haut prix des voitures, qui augmente sa valeur ordinaire dans une proportion beaucoup plus forte que celle du froment. Le même accroissement dans le prix du transport, qui n'augmenterait le prix du froment que d'un tiers, augmenterait celui du seigle de la moitié. D'ailleurs, le seigle a aussi très mal réussi dans les provinces voisines, qui souffriront cependant un peu moins que le Limousin, parce qu'elles recueillent plus de froment, mais qui ne pourront subvenir à ses besoins.

Le mal serait un peu moins grand si les pluies venaient à cesser : il le serait toujours assez pour rendre les peuples fort malheureux et pour exiger une très grande diminution dans les impositions, d'autant plus que le haut prix des bestiaux qui avait soutenu les recouvrements dans les deux années qui viennent de s'écouler, paraît d'un côté devoir baisser par la cessation des causes particulières qui l'avaient produit, et dont une des principales a été la disette des fourrages en Normandie, de laquelle est résultée la vente forcée d'un plus grand nombre de bœufs normands, et que, de l'autre, l'argent que ce commerce apportait dans la Province sera nécessairement absorbé pour payer les grains qu'elle tirera du dehors, devenus nécessaires à la subsistance des habitants.

En ces tristes circonstances, la Province n'a d'espérance que dans les bontés du Roi [a].

---

[a] On trouve encore aux Archives de la Haute-Vienne les pièces ci-après (C. 99, p. 56, 57, 58, 59) :

15 février. — Ordonnance déboutant Gravelot, etc., d'une opposition à une taxe d'office.

1er mai. — Ordonnance cassant une délibération de la paroisse de Saint-Pardoux au sujet de la nomination irrégulière de préposés perpétuels.

19 mai. — Lettre à Duchéron, gendarme de la garde, au sujet de ses prétentions à des exemptions d'impôts.

19 novembre. — Ordonnance cassant une délibération de la ville de Verteuil.

Et *19 octobre* (C. 141). — Mandement de Turgot et des présidents trésoriers de France aux bureaux de la Généralité et des officiers de l'élection de Limoges, au sujet du rôle de 1770.

Aux Archives de la Corrèze est une lettre du 26 août sur une saisie en suite d'impositions chez un curé à portion congrue. Cette lettre est assez curieuse en ce qu'elle montre la complication des impôts sous l'Ancien régime, mais elle ne présente pas d'intérêt pour l'administration de Turgot.

Aux Archives de Brive est la lettre ci-après adressée à Treilhard, maire de Brive, relativement à son fils, le futur Conventionnel :

Limoges, 26 décembre.

J'ai reçu, M., le mémoire imprimé que vous m'avez adressé. Il ne peut que donner une idée très avantageuse des talents de M. votre fils, et je prends part au plaisir que vous devez sentir de ses succès.

101. — LETTRES À DUPONT DE NEMOURS.

XLII. — (La *Lettre du Conseiller*.)

Limoges, 3 janvier.

J'ai reçu, mon cher Du Pont, vendredi seulement votre lettre du dimanche que j'aurais dû recevoir mercredi. Je l'attendais avec bien de l'impatience.

On n'a point remis votre lettre à Barbou [a], à cause de sa maladie ; mais Desmarets l'a montrée à sa femme qui lui a dit que cela ne souffrirait aucune difficulté, que son mari avait été trompé et vous remplacerait le papier de mauvaise qualité, et qu'il prendrait une autre fois des mesures pour n'être pas dupe de ses fournisseurs.

Adieu, je vous embrasse, en attendant mon retour dont le jour n'est pas encore décidé.

XLIII. — (La *Lettre du Conseiller*. — Le Parlement. — La Réponse du Roi. — Les Conseillers Saint-Vincent et Michaud de Monblin. — L'*Avis aux honnêtes gens*. — Phénomènes à Paris. — Les pommes de terre. — Joly de Fleury.)

Limoges, 4 janvier.

J'ai reçu, mon cher Du Pont, ce matin, une lettre de vous encore sans date et que je présume avoir été retardée d'un courrier puisque vous m'annonciez par celui de Saint-Avel [b] que vous m'écririez pour le mardi. Puisque le *Conseiller* veut absolument se risquer *dias in luminis auras*, je lui donne ma bénédiction ; mais, en ce cas, j'opine à le faire paraître dès à présent sans attendre le recueil par numéros [c], d'autant plus que ce recueil devant être volumineux sera difficile à répandre. Il me semble d'ailleurs que le brillant du Parlement de Paris a si fort éclipsé celui de Rouen [d] que ce qu'on dira à celui-ci sera presque un almanach de l'année passée. Mais c'est le propre des faibles de n'oser s'attaquer au corps d'armée et de sabrer quelques misérables détachements.

Nous causerons sur tous vos projets qui m'ont un peu fait rire. Vraiment, M. le médecin à l'émétique, vous croyez qu'on vous écoute-

---

[a] Imprimeur de la *Lettre du Conseiller*.
[b] Paroisse du Limousin.
[c] Les numéros des *Éphémérides*.
[d] Par leurs Remontrances sur la question des grains.

ra. Donnez-nous des remèdes bénins, anodins, qui endorment le malade jusqu'à ce qu'il meure. Voilà ce qu'il nous faut.

Il s'en faut bien que je trouve la Réponse [a] telle qu'il fallait, elle est faible et sans dignité. Qu'est-ce que la garniture des marchés dont on daigne parler ? Qu'est-ce que l'aisance du laboureur devenue une cause de la cherté actuelle et associée avec les terreurs populaires et les manœuvres des mal intentionnés ? Qu'est-ce que cet appel du Parlement de Paris aux autres Parlements ? Comme si tous les Parlements réunis devaient faire la loi au législateur. Qu'est-ce enfin que le silence sur les états des Halles et de la place Maubert ? Oh ! Quelle différence de cette réponse à votre projet !

Comment M. de Saint-Vincent [b] n'a-t-il pas mis les commissaires dans le cas de l'exclure pour ensuite dénoncer aux Chambres cette exclusion qui aurait été une infraction formelle de toutes les règles connues et un attentat de quelques particuliers sans pouvoirs, contre les droits mêmes du Parlement, et voilà comme l'homme est de glace aux vérités ; il est de feu pour le mensonge.

---

[a] La réponse du Roi au Parlement du 19 décembre 1768 aux Remontrances présentées à la suite de l'Assemblée générale de police tenue le 28 novembre. En voici le texte :
Lu dans la séance du Parlement du 19 :
« Mes lois de 1763 et de 1764 sur la libre circulation des grains ont été applaudies par mon Parlement et reçues avec reconnaissance par mes différentes Cours.
« La cherté du blé, dans ma bonne ville de Paris, a produit un changement dans vos opinions.
« Vous auriez dû cependant remarquer que, malgré l'exportation, l'abondance s'était assez constamment soutenue dans les marchés, preuve que l'exportation n'était pas la cause de l'augmentation du prix.
« Cette augmentation est l'effet des craintes inspirées par les mauvaises saisons, des inquiétudes des esprits faibles ou prévenus, des artifices des gens intéressés ou mal intentionnés, de l'aisance même des laboureurs, cette portion si précieuse de mes sujets.
« Les précautions que j'ai prises ont déjà produit une diminution marquée et j'ai lieu d'attendre qu'elle deviendra de jour en jour plus sensible.
« D'après ces considérations, je ne juge pas à propos de changer une loi en matière aussi délicate, surtout au moment où l'exportation est suspendue par la loi même qui l'autorise.
« Ce changement ne produirait aucun bien et pourrait à l'avenir être nuisible à mes sujets.
« Enfin, cette loi demandée depuis si longtemps et donnée avec tant de réflexion n'intéresse pas seulement le ressort de mon Parlement de Paris ; elle est commune à toutes mes provinces ; tous mes sujets sont également chers à mon cœur et je ne suis occupé que de leur bien général et particulier.
« Je ne pouvais donc me porter à une suspension ou modification quelconque de cette loi qu'autant que mes différentes Cours me représenteraient cette suspension ou modification comme utile à tout mon Royaume.
« Les habitants de ma bonne ville de Paris peuvent toujours compter sur mon attention à prévenir leurs besoins et à les soulager. »
[b] Robert de Saint-Vincent (1725 1799), conseiller au Parlement et fervent janséniste, l'un des chefs de l'opposition parlementaire.

Ce petit ou grand M. de Monblin [a] se montre un bien digne fils de son digne père, le fameux Montaran. Il y a longtemps qu'il est un des grands intrigailleurs des bandes noires [b] auxquelles vous voulez qu'on donne leur congé. Vu l'état actuel, étant donné $(a + b + c + d + e) \times if = 0$, ce projet ne saurait être proposé sérieusement ; mais ce serait une excellente plaisanterie à faire que de publier cet édit avec les remontrances assaisonnées de citations et d'algèbre.

Je ne sais si le *Conseiller* n'aurait pas percé par les mugissements sourds du dieu des Égyptiens [c] ; on me parle d'une réponse au Parlement de Rouen qu'on dit excellente et qu'on n'a pas pu se procurer. J'imagine que c'est de la *Lettre du Conseiller* qu'on a voulu me parler ; c'est une raison pour le laisser courir plus à son aise.

Au moyen des douze exemplaires que l'Archevêque de Toulouse m'a renvoyés de l'*Avis aux honnêtes gens*, vos 130 suffiront à peu près. Vous avez raison de ne plus m'envoyer ce que j'ai à Paris ; il vaut autant que je fasse partir le tout ensemble.

Vous avez à Paris de bien beaux phénomènes : une étoile qui s'éteint [d], une planète qui s'envole, un axe de la terre qui s'incline de cinq degrés de plus et qui, pour rendre le prodige encore plus incroyable, augmente la durée des jours d'hiver au lieu de les diminuer ! Nous n'avons rien de pareil à Limoges et, pour nous consoler de votre supériorité sur nous, nous disons que si la durée des jours est augmentée à Paris, la somme de lumière ne l'est certainement pas.

Le pain mêlé de pommes de terre est très bon ; j'en ai mangé et fait manger à tout le monde à ma table. Mais il n'y a pas de profit, il vaut mieux manger la pomme séparément et diminuer la dose du pain.

Je ne puis comprendre que la police ait eu la bêtise de confirmer les préjugés du peuple ; si c'est *mon cher cousin* qui a fait cette expédition, je n'ai rien à dire, elle est dans l'ordre ; car si l'on mangeait des pommes de terre, le blé ne serait pas si cher, et si le blé n'était plus si cher, les larmes du peuple ne feraient pas un si bel effet dans son pathos et il ne serait pas un aussi grand personnage, il ne serait plus qu'un grand homme de cinq pieds neuf pouces entre *œil et bât*.

Je ne sais ce que j'ai pu vous dire dans ma lettre du 22, d'où vous tirez ces conséquences auxquelles je n'ai point pensé contre l'avantage de nourrir le plus d'hommes avec le moins de terre possible, en ajoutant le

---

[a] Michau de Honblin, conseiller aux enquêtes et fils de l'intendant du commerce Michau de Montaran, avait, à l'Assemblée de police, parlé contre la liberté du commerce des grains et vanté la réglementation.

[b] Le Parlement.

[c] Apis. Voir ci-dessus, p. 26.

[d] Il est difficile de saisir le sens de ces allusions.

mot *bien* nourrir. Cet avantage est incontestable, quoique le passage subit, qui n'attendrait pas les progrès de la population, dût avoir un très grand inconvénient par l'anéantissement des revenus jusqu'à ce que le nombre des consommateurs fût venu remplir le vide ; mais, il en est ainsi de l'augmentation de culture ; il faut que l'augmentation de subsistance et celle de la population se fasse du même pas et s'excite réciproquement par de légères oscillations toujours peu éloignées de l'équilibre, mais c'est ce qui arrivera toujours avec la liberté, mot qui compose à lui seul tout le catéchisme politique.

Je ne vous réponds pas sur l'article de la *voix consultative* [a], les distinctions que vous êtes obligé de faire prouvent suffisamment que ce mot ne doit pas être placé dans une réponse aux Remontrances, où il ne faut rien qui exige des analyses fines, mais de bonnes vérités bien palpables.

Adieu, mon cher Du Pont, je vous embrasse et serai sûrement à Paris du 15 au 20.

Dans les vers de dix syllabes [b], et non dissyllabes corrigés, mettre :

> Qui des catins en son temps le héros.
> S'est fait depuis, souteneur des dévots.

Desmarets vous fait mille compliments.

XLIV. — (Voyage de Turgot.)

Limoges, 10 janvier.

Je ne vous écris, mon cher Du Pont, que pour vous dire de ne plus m'écrire. Je n'arriverai qu'à la fin de la semaine prochaine ; il est inutile que vous veniez au-devant de moi, les mauvais chemins rendant nécessairement le moment de mon arrivée incertain. D'ailleurs, je n'aurai pour vous ni dinde, ni pâté aux truffes. Adieu, je vous embrasse. M. de La Valette est mieux. Desmarets vous fait mille compliments.

XLV. — (L'imprimeur Barbou. — Situation de Du Pont. Les *Éphémérides*. L'*Examen de l'examen*. — Le marquis de Mirabeau. — *Chinki*, par l'abbé Coyer. — D'Angivillier. — Le Dauphin.)

Limoges, 13 janvier.

---

[a] Voir la lettre du 22 décembre.
[b] Sur Omer Joly de Fleury.

Je ne comptais plus vous écrire, mon cher Du Pont, mais vos dernières lettres exigent réponse sur quelques articles ; ainsi je vous dirai :

1° Que j'ai reçu de vous huit lettres seulement ; celle qui me manque est celle du 8 décembre ; encore suis-je persuadé que vous ne l'avez point écrite, car celle qui est partie le 11 et que j'ai sous les yeux me paraît être la seconde que vous m'ayez écrite et non la troisième.

2° Voici la réponse de M. Barbou, celle qui a accompagné votre sixième, ou plutôt de son commis, car il est encore trop malade pour écrire. Elle est telle que vous pouvez la désirer et telle qu'elle devait être. Il fera prendre le mauvais papier par son frère de la rue Saint-Jacques qui saura bien en trouver l'emploi.

3° Je ne pense pas que vous deviez encore vous décourager sur les mauvaises impressions et les coups de corne. Je sonderai moi-même le terrain et j'espère que je pourrai un peu détruire l'idée qu'on avait de vous, si tant est qu'on l'eut. Je certifierai que vous êtes une très bonne tête et qui est très près de la juste température mitoyenne entre l'eau bouillante et le terme de la glace. Je tâcherai aussi d'aiguillonner de mon côté Desmarets. Cet Apis devrait pourtant être bien content de vous dans le nouveau volume [a] dont je suis enchanté.

4° Et non moins enchanté du parti que vous avez pris de donner séparément l'*Examen de l'examen* [b]. Cela s'appelle lever noblement les difficultés ; il est dommage que vous ne puissiez pas aussi donner gratis au public les œuvres prolixes de M. B. [c] Vous y gagneriez, je crois, plus que vos frais. Votre extrait de *Chinki* [d] est très agréable et celui du *Ne quid nimis* un chef-d'œuvre. Il n'y a que la plaisanterie de M. Pincé [e] que je n'aime pas à moins qu'elle n'ait rapport à quelque ouvrage de Forbonnais sous ce nom, auquel cas il aurait fallu une note pour expliquer ce que c'est.

5° Je suis fort aise que vous ayez vu d'Angivillier ; c'est un garçon qui a de l'esprit, des connaissances et une âme très honnête.

6° J'ai été ci-devant opposé à toute dédicace [f], cependant, vu les vents qui soufflent, l'exemple d'Arion est fort tentant et je me range à l'avis du docteur et de M. de Saint-Mégrin, pourvu que la dédicace soit très bien faite et noble sans affectation, chose difficile. Au reste, votre volume ne sera pas publié le 20 janvier et nous aurons encore le temps

---

[a] *Éphémérides*, 1768, t. XII.
[b] Examen du livre intitulé : *Principes sur la liberté du commerce des grains*, in-12, sous l'épigraphe, *Ne quid nimis*.
[c] Le marquis de Mirabeau.
[d] *Chinki, histoire cochinchinoise*, par l'abbé Coyer, joli pamphlet contre les corporations de métiers.
[e] Du Pont avait dit : « On sait que depuis feu M. Pincé, de raisonneuse mémoire, le goût pour trois raisons est depuis longue date dans la famille des *Ne quid nimis*. »
[f] Des *Éphémérides* au Dauphin.

d'en causer. Une dédicace s'imprime fort bien après tout le reste du volume.

Vous m'apprenez que la mouche du coche est une abeille, mais j'y trouve cette différence, c'est qu'avec l'autre mouche, le coche allait, du moins suivant son fidèle historien, Jean de La Fontaine, au lieu que je doute fort que le coche aille avec celle-ci. Cela ne vient pas de la différence des mouches, mais sans doute de la différence des bourbiers ; je plains les pauvres chevaux !

Adieu, mon cher Du Pont, je vous embrasse, et je sens bien vivement tous les témoignages de votre amitié. Mes compliments à Mme Du Pont.

Je me rappelle qu'Arion vivait dans un temps et nous dans un autre. Les naturalistes prétendent que l'animal qui lui fut si utile a beaucoup perdu de ses bonnes qualités et qu'aujourd'hui il n'a plus ni l'oreille aussi sensible, ni le caractère aussi officieux. Le pauvre Arion se noierait sans trouver qui vînt l'aider à nager [a].

XLVI. — (L'*Amabed* de Voltaire.)

Dimanche, à 1 heure de l'après-midi.

Je rentre sans avoir trouvé M. Trudaine qui est parti pour Compiègne. Je lui écris sur-le-champ afin que dans ce voyage, il décide quelque chose ; j'espérais que vous ne seriez pas encore venu ; mais je me suis mis bien en colère contre vous de trouver *Amabed* [b] chez mon portier. Comment ne l'avez-vous pas envoyé cacheté ? Du moins, fallait-il monter et mettre cette brochure sur mon bureau.

Je vous embrasse pourtant, malgré ma colère et vous envoie le mémoire de M. Rivalz que j'ai demandé pour vous. Mille compliments au docteur.

XLVII. — (La *Lettre du Conseiller*.)

Voici, mon cher Du Pont, la *Lettre du Conseiller* de Rouen que vous me redemandez. Je serai aussi fort aise de voir M. Le Trosne et de lui donner à dîner. Vous n'avez qu'à me faire dire le jour qui vous con-

---

[a] Allusion au Dauphin.

Sur la lettre de Turgot est cette note, probablement de Du Pont de Nemours : « Gardez-moi encore celle-ci, mon très cher ami, quoi qu'elle ne puisse guère prêter matière à la fureur des bœufs tigres ». Il est vraisemblable que Du Pont, dans la crainte d'être décrété par le Parlement, confia à un ami les lettres de Turgot.

[b] Par Voltaire.

viendra à tous deux. Je n'ai vu de livres, ni du Parlement de Paris, ni de celui de Grenoble. Je vous embrasse. Mon rhume de cerveau va mieux. Je dîne demain à Châtillon.

La pendule est-elle prête à partir ?

XLVIII. — (Les Remontrances des États du Languedoc.)

Mercredi.

J'ai oublié hier, mon cher Du Pont, de vous demander, pour l'Archevêque de Toulouse, 200 exemplaires des *Remontrances des États du Languedoc*. Vous me ferez plaisir de me les envoyer avec la note du prix.

J'ai vu l'abbé de Mauvoisin qui m'a inquiété sur votre mal de poitrine. Je crains de ne pouvoir aller vous voir. Donnez-moi de vos nouvelles par la petite poste.

XLIX. — (Sartine, lieutenant de police.)

Samedi matin.

J'ai vu M. de Sartine, mon cher Du Pont, il me dit que, malgré les vacances, vous pouviez vous adresser à M. Marin ou à lui pour demander le mandat. Il m'a même dit que vous pouviez venir ce matin chez lui. Je ne sais trop cependant s'il ne vaut pas mieux vous adresser à Marin, à moins que l'audience, en occupant M. de Sartine de beaucoup d'objets, ne le rende moins précautionné. Je vous embrasse.

L. — (Les *Éphémérides*.)

Limoges, 1er Août à 10 heures du soir.

Je reçois, mon cher Du Pont, votre lettre d'avant-hier, et quoique pressé à l'excès, j'y réponds sur-le-champ deux mots en me réservant d'y répondre plus au long de Verteuil.

Je ne veux, dans ce moment, que vous tranquilliser en vous mandant de ne pas être inquiet du moment présent, et que j'y pourvoirai avant que la distribution du mois prochain vous mette dans l'embarras. Je ne sais si je suis bien aise ou fâché que vous ayez écrit à M. Trudaine. Je n'aimerais pas trop que vous lui eussiez cette obligation. J'aimerais encore moins qu'il ne voulût pas la mériter. D'un autre côté, il n'est pas mal qu'il sache positivement votre situation.

Adieu, mon cher Du Pont. Ne perdez point le courage et croyez que vous n'êtes point sans un ami. Je vous embrasse.

LI. — (Situation de Du Pont. — Trudaine. — Paresse de Turgot.)

Verteuil, le 5 août.

Je ne pus, mon cher Du Pont, vous écrire qu'un mot mardi dernier en recevant votre lettre à 10 heures du soir au moment où le courrier de Paris allait partir et où j'allais me coucher, accablé du travail du jour pour me lever à 4 heures du matin et me mettre en route pour ici. Je n'ai pas besoin de vous dire combien j'ai été pénétré de vos deux lettres. Je crains, dans le petit billet que je vous ai écrit, de ne m'être pas assez expliqué pour vous tranquilliser sur le moment présent. Mon projet est d'écrire directement au contrôleur général, mais auparavant je veux récrire à M. Trudaine pour le prier de me marquer ce qu'il a fait, parce qu'il faut bien que je le sache pour en prendre mon texte. Je serais vraiment bien fâché contre lui de n'avoir pas répondu à ma lettre si je ne savais que sa santé a encore empiré à Compiègne et qu'il est parti pour Montigny dans un état inquiétant. Comme, en attendant le succès de ces nouvelles tentatives, je compte vous envoyer par l'abbé de Mably qui est ici et qui doit partir de Limoges le mardi 22, pour arriver à Paris le 28, une petite boîte où il y aura 25 louis. Mais, comme en attendant, il ne faut pas retarder la publication de votre volume, je mande par ce courrier à M. Cornet [a] qui a reçu 180 francs pour moi, prix d'une commission que j'ai faite à Brive, de me les faire passer et, pour cet effet, de vous les remettre sous prétexte que vous avez une occasion pour les envoyer au manufacturier de Brive. Ainsi, vous pouvez aller les prendre chez M. Cornet, lequel demeure rue Saint-Avoye, vis-à-vis la rue du Plâtre. Répondez-moi à Limoges par le premier courrier ; j'y trouverai votre lettre en arrivant. Mandez-moi ce que M. Trudaine vous a répondu. Si, comme la chose serait possible, il avait arrangé votre affaire sur la caisse du Commerce [b], je ne chargerai point l'abbé de Mably des 25 louis, attendu que j'ai aussi un peu besoin d'argent, ayant beaucoup dépensé cette année.

Malheureusement, j'ai plus besoin de temps que d'argent, sans cela, j'aurais un grand plaisir à répondre à la partie sensible de votre lettre qui m'a fait un bien grand plaisir, et à laquelle je réponds du moins bien

---

[a] Notaire de Turgot.
[b] Les *Éphémérides* étaient publiées avec l'appui de l'administration.

du fond de mon cœur, car, j'ai le temps d'avoir un sentiment, si je n'ai pas le temps de l'exprimer.

J'aurais bien des observations à vous faire sur le dernier volume des *Éphémérides* [a] et je suis vraiment fâché de n'en avoir pas le temps. Vous me direz qu'il manque toujours aux paresseux ; je ne l'ai pourtant pas été depuis que je suis ici. Savez-vous que cette paresse est pour moi un vrai malheur et souvent aussi sensible que ceux dont vous vous plaignez. Corrigez-vous-en, direz-vous. Je me le suis bien dit aussi, et c'est là ce qui rend le mal plus sensible, car je n'en connais pas de plus cruel que la honte et les remords et c'est à quoi expose la paresse. Adieu, mon pauvre ami, je vous embrasse de tout mon cœur.

Je vous renvoie la lettre de M. de Fourqueux, apostillée de ma main ; vous en ferez l'usage que vous voudrez.

LII. — (Situation de Du Pont.)

Les Courrières, 20 août.

J'ai reçu, mon cher Du Pont, trois lettres de vous auxquelles toutes mes courses m'ont empêché de répondre. J'ai à peine aujourd'hui le temps de vous dire un mot pour profiter du départ de l'abbé de Mably qui vous porte avec ma lettre 17 louis 1/2, ce qui avec les 180 livres que vous prendrez chez M. Cornet font les 25 louis, car les circonstances me font adopter la réduction que vous proposez, à condition, et non autrement, que vous m'avertirez franchement du moment où vous aurez besoin de davantage. Je m'arrangerai pour que cela ne me gêne pas. J'ai bien peur que vos idées auprès de M. Bertin ne soient très difficiles à conduire à bien, attendu qu'il ne dispose d'aucun fonds et je ne puis d'ailleurs agir un peu efficacement qu'à Paris. Je ferai, au reste, une tentative auprès de M. d'Invau, dût-elle ne rien produire. Je penserais comme vous et je serais moins scrupuleux sur les excédents de capitation, si les revenants bons en étaient versés au Trésor Royal, mais tout est employé pour l'utilité de la Province, et c'est pour cela que j'ai la force de ne vous en rien donner.

Je suis vraiment inquiet de M. Trudaine. Je serais bien affligé de sa perte, et pour moi, et pour la chose publique. Je ne doute pas que M. de Fourqueux ne succède à toutes ses places. Pour vous donner des avis sur les *Éphémérides*, il faudrait du temps et vous voyez à la hachure de mon style que je n'ai pas un instant pour causer avec mes amis, mais j'aurai toujours celui de les aimer. Je tâche de profiter de vos deux avis

---

[a] Tome VI de 1769.

Vale et labora. Je fais assez bien l'un et l'autre depuis quelque temps, et je vous rétorque vos souhaits de tout mon cœur, en vous embrassant.

J'ai vu tous les mémoires, excepté celui de M. Nerva.

LIII. — (Les *Éphémérides.* — La Compagnie des Indes. — L'abbé Morellet. — Mme Du Pont. — Le duc de Lauraguais.)

Limoges, 31 août.

Vous devez avoir des morceaux de M. des Essarts [a] sur des *Analyses des biens fonds et les États de recettes et dépenses* de deux domaines de M. de l'Épine. Vous me ferez plaisir de me renvoyer tout cela.

J'ai reçu à la fois, mon cher Du Pont, vos deux lettres du mardi et du dimanche et votre volume de juillet [b] dont je suis très content, si ce n'est que je suis fâché qu'ayant eu autant de matériaux étrangers vous n'ayez pas un peu regagné d'avance. Je vous exhorte à forcer de rames pour rattraper le courant. J'ai été surtout content de votre morceau sur les *Finances d'Angleterre* ou plutôt sur l'histoire du règne d'Henri second. Le morceau sur les vins est excellent [c]. Comment avez-vous fait pour passer M. G. avant M. B. [d] et comment celui-ci a-t-il pris la remise d'un de ses *Dialogues* [e] à l'ordinaire prochain ? Je vous vois accablé de matières et de matières intéressantes. Cela doit faire venir un peu plus de souscripteurs. Comme l'affaire de la *Compagnie des Indes* [f] intéresse beaucoup le public, vous ferez bien de faire tirer cet article séparément ; cela aura deux utilités, l'une de se bien vendre et l'autre de faire circuler un échantillon des *Éphémérides*. Mais, par cette raison même, je vous recommande d'éviter plus que le feu le jargon économiste, de dire *la justice* tout court et non *la justice par essence,* expression ambitieuse qui ne dit rien de plus quand il s'agit d'applications particulières.

Un autre avis que je ne veux pas oublier, c'est de ne plus parler des feuilles de surérogation que vous donnez dans les *Éphémérides* ; ce petit calcul de désintéressement a l'air d'y mettre de l'importance. À la bonne heure, d'avoir fait la remarque une fois ; mais tous les mois, mais plusieurs fois dans celui-ci, mais parler encore de la scrupuleuse exacti-

---

[a] Boisbedeuil des Essarts.
[b] Il s'agit du volume d'août, approuvé par le censeur le 23.
[c] *Lettres sur la liberté du commerce des vins,* par M. G.
[d] Le marquis de Mirabeau.
[e] *Dialogues entre un enfant et son gouverneur* ; le 3e parut dans les *Éphémérides* d'août 1769.
[f] Révolution dans le commerce des Indes où Du Pont annonce l'arrêt du Conseil du 13 août 1769 qui suspendit la Compagnie et annonça les ouvrages de Morellet, Lauraguais, Necker sur ce sujet.

tude de vos confrères sur le nombre de leurs pages, c'est beaucoup trop assurément.

La *Lettre du Parlement de Grenoble* [a] est bien, mais on peut faire mieux et j'y trouve du verbiage et de ces choses à demi vues qui ne sont ni vraies, ni fausses.

L'abbé Morellet me paraît très malheureux, car le déchaînement contre lui est extrême, et il a l'air d'avoir écrit pour une mauvaise besogne [b]. Je ne crois pourtant pas que l'on ait voulu substituer un nouveau monopole à l'ancien, ni que M. de la Borde [c] soit pour rien là-dedans. Son commerce exclusif des piastres suffit pour lui et les siens et est bien moins risquable ; d'ailleurs, le Contrôleur général n'est nullement bien avec lui. Je crois que toutes ces restrictions [d] qui vous blessent avec raison viennent de ce qu'on n'a pas osé prendre un ton entièrement décidé sur les principes, et aussi de ce que les avis, étant partagés dans le Conseil, on a pris des partis mitoyens. On a voulu procurer aux officiers de la marine de la Compagnie de l'emploi et donner la préférence pour les passeports à ceux qui les emploieraient, et puis, dès qu'il a été question de passeports, le ministre de la Marine a voulu en donner. Les autres restrictions tiennent à l'envie de conserver un fantôme de compagnie. Celle du port de Lorient tient peut-être aux plaintes de la Bretagne qui a représenté que la suppression de la Compagnie ruinait une de ses plus belles villes. Enfin, je crois que celui que vous appelez *mon ami le négatif*, n'a mis dans tout ceci aucune des mauvaises intentions que vous lui supposez, mais que le dépendaillement de l'administration ne permettant pas qu'on embrasse l'ensemble d'aucune besogne pour en faire marcher toutes les parties d'accord, il a manqué la sienne, comme on en a manqué bien d'autres et comme on en manquera encore.

On a trouvé le contrat que vous me demandez ; on en fait l'expédition.

Je vous fais mon compliment sur la grossesse de Mme Du Pont et souhaite que l'enfant naisse sous de meilleurs auspices qu'il n'a été conçu. Qu'il mange du beurre et du miel pour apprendre à rejeter le mal et à choisir le bien et qu'avant qu'il sache l'un et l'autre, les règlements, les privilèges exclusifs, les prohibitions, les impôts indirects et tous les ennemis de Jérusalem soient anéantis et nous l'appellerons

---

[a] Sur le commerce des grains, du 26 avril 1769.
[b] Sur la Compagnie des Indes.
[c] Fermier général.
[d] Dans l'Arrêt de suspension de la Compagnie.

Accelera, spolia detrahe festina prœdari [a]

ce qui ne signifie pas que nous en ferons un financier, mais un destructeur des financiers.

Comme l'amitié ne se mérite que par l'amitié, vous n'avez pas besoin de vous tourmenter pour me faire chanceler sur mes vieux jours. Je suis bien plus sensible au compliment que votre fils fait à mon portrait.

Adieu, mon cher Du Pont, je vous embrasse. Mes compliments à Mme Du Pont.

Encore un mot d'avis, vous semblez annoncer un examen du *Mémoire* de M. de Lauraguais [b]. Je serais fâché que vous vous compromissiez avec cet homme. C'est un fou méchant, avec lequel il ne faut avoir aucun rapport, pas même pour le réfuter, parce que ses sottises ne sont pas contagieuses. Connaissez-vous cet animal dont la ressource est, quand on le poursuit, de lâcher des exhalaisons si puantes que le chasseur le plus déterminé retourne sur ses pas ? M. de Lauraguais lui ressemble beaucoup. La partie de son *Mémoire* qui a été lue à la Compagnie [c] me paraît trop bien faite pour être de la même main que le reste.

Desmarets est encore en Auvergne où il a joint Mme d'Enville.

LIV. — (L'abbé Baudeau. — Les *Éphémérides*. — Quesnay.)

Limoges, 8 septembre.

Je suis fort aise, mon cher Du Pont, d'apprendre le retour de l'abbé Baudeau. Faites-lui je vous prie, mille et mille félicitations de ma part. Je lui dois une lettre depuis qu'il est parti, mais il m'excusera volontiers, car malgré son activité, il est paresseux aussi à sa manière. Les arrangements dont vous me faites part sont plus économiques et plus philosophiques que laconiques et c'est une raison pour que ses amis ne les divulguent pas, car il faut respecter la décence et les lois établies, lors même qu'on n'est pas attaché aux principes qui les ont fait établir, surtout lorsqu'on porte certaine livrée.

---

[a] Turgot n'indique pas de nom de baptême, mais suggère à Du Pont dans quelle direction l'enfant devra être élevé.

[b] De Lauraguais, duc de Brancas (1733-1824), membre de l'Académie des Sciences, avait publié un *Mémoire sur la Compagnie des Indes*, précédé d'un *Discours sur le commerce en général*, Paris, Lacombe, in-4°.

[c] Des Indes.

Le retour de l'abbé peut vous être utile, non seulement du côté pécuniaire, mais aussi du côté littéraire ; il devrait bien vous prêter un coup de collier pour vous remettre au courant et même pour vous mettre en avance de quelques mois.

Je n'ai pas grande foi à la *trisection* nouvelle du Docteur [a]. Pour être bonne, il faut qu'elle soit contraire à l'ancienne qui était fausse, car la trisection est trouvée par l'hyperbole et si la trisection par la règle et le compas ne coïncide pas avec celle-là, ce ne peut être qu'un paralogisme.

Vous aurez incessamment les éclaircissements que vous avez demandés pour un de vos amis.

Adieu, mon cher Du Pont, je vous embrasse bien tendrement. Bien des compliments à Mme Du Pont et mes amitiés au Docteur.

Caillard vous remercie. Desmarets est encore en Auvergne avec Mme d'Enville.

LV. — (La poste. — Baudeau. — Lauraguais.)

Limoges, 29 septembre.

J'ai reçu, mon cher Du Pont, deux lettres de vous par le même courrier, dans l'une desquelles vous vous plaignez d'une lettre de bureau que j'ai signée et qui vous a coûté 3 l. 6 s. de port. Je suis fâché de ce dernier article et ce n'est pas par ma faute. J'avais bien recommandé à M. de Beaulieu de faire une double enveloppe pour M. Trudaine. M. de Beaulieu l'avait bien recommandé au commis qui a fait le paquet. Cela ne prouve-t-il pas qu'il faut faire soi-même jusqu'aux enveloppes de ses lettres ? Et concluez de là comment le gouvernement doit aller, et vous me demandez si je suis content de moi. Je crois qu'on ne le sera que dans la Louisiane, lorsqu'on y sera gouverné par l'ordre naturel. En attendant, on s'obstine à la rendre aux Espagnols et cela retardera un peu l'exécution de vos grands projets. Ceux de l'abbé Baudeau ne sont pas tout à fait si pacifiques, mais il y a une furieuse distance de Cronstadt à Constantinople et la nation Russe n'a pas deux flottes à risquer.

Je vous approuve fort de briser sur toutes les avances de M. de Lauraguais et de vous en tenir à faire paisiblement vos *Éphémérides*. J'attends avec impatience votre nouveau volume.

Ne soyez plus fâché, je vous prie, car je serais fâché de votre fâcherie et d'autant plus qu'elle est injuste. Je vous avais écrit deux jours

---

[a] Quesnay s'était mis à faire des mathématiques et à chercher la trisection de l'angle, c'est-à-dire la quadrature du cercle.

auparavant pour vous-même, et vous savez qu'un intendant a au moins aussi peu de loisirs qu'un journaliste.

Adieu, je vous embrasse bien tendrement.

LVI. — (Les *Éphémérides*. — La Caisse de Poissy. — Le commerce des Indes. — La corvée. — Les faits. — Lauraguais).

Limoges, 17 octobre.

J'ai reçu, mon cher Du Pont, votre lettre du 9 et votre note proscrite [a] que je vous renvoie après en avoir fait tirer copie, car l'explication que vous donniez de la caisse de Poissy est une bonne chose. Il faudra trouver moyen de placer cela quelque part. Je suis fâché pour M. de Sartine qu'il s'oppose à la publication de ce morceau et je vous plains de la commission dont il vous a chargé d'être votre propre censeur. M. de Sartine a au fond de bonnes intentions, mais sur toute chose, il craint de se compromettre. J'ai encore plus regret à votre temps et d'autant plus que je ne goûte pas trop votre manière d'envisager la question du commerce des Indes [b]. Elle n'est pas si neuve que vous le pensez et il y a bien longtemps qu'on a écrit que le commerce des Indes est par lui-même ruineux. Il est vrai qu'on en a donné de mauvaises raisons ; c'est, dit-on, parce que ce commerce se fait en argent. Mais indépendamment de ces raisonnements antiques, l'abbé Morellet a précisément dit comme vous que si le commerce de l'Inde a besoin pour se soutenir de compagnies, c'est-à-dire, s'il n'est pas lucratif par lui-même et indépendamment des secours du gouvernement, il est plus avantageux à l'État qu'il ne se fasse point et qu'on tire les marchandises des autres nations. Vous ne devez pas dire autre chose, car si vous vouliez dire plus, vous sortiriez de la question. La question est et doit être celle de la liberté, et doit être résolue par la liberté. Que le commerce soit lucratif ou non, c'est là l'objet particulier des spéculations du négociant qui saura bien faire ou ne pas faire ce commerce suivant qu'il conviendra à ses intérêts. L'affaire de l'homme d'État est de lui dire : faites ce que vous voudrez ; ce n'est point à lui à examiner si le commerce est bon ou mauvais ; si le commerçant y gagne, il est bon ; s'il y perd, il est mauvais. Dans le premier cas, il se fera ; dans le second, il ne se fera pas. Or, ce que je dis là, l'abbé Morellet l'a dit. Il semblerait, d'après votre lettre, que vous regardez, au contraire, comme la vraie question importante de savoir s'il est avantageux de faire le

---

[a] Par la censure.
[b] Dans le tome VIII de 1769 des *Éphémérides*.

commerce de l'Inde directement. Or, c'est si peu la vraie question que le seul résultat pratique, qui est la liberté, en est indépendant. Si cette considération pouvait influer sur le résultat pratique, il s'ensuivrait qu'au cas où le commerce de l'Inde fût mauvais et désavantageux, il faudrait le défendre. Vous n'admettrez sûrement pas cette conséquence. Donc, votre question, que vous regardez comme la principale, n'a aucune conséquence pratique pour l'homme d'État. Elle n'en a guère que pour le négociant qu'elle doit déterminer à faire ou à ne pas faire le commerce.

J'ai une autre observation à vous faire sur l'article de votre journal [a] où vous avez inséré ma note. Je vous avais bien prié de ne plus disputer sur ma méthode et celle de M. de Fontette [b]. Ne voyez-vous pas que, puisque l'on a entamé cette dispute sur un mot très léger que vous en aviez dit à mon grand regret, l'amour-propre de M. de Fontette a été choqué de la préférence et que, par conséquence, cette dispute, en se prolongeant, ne peut que l'aigrir contre moi plus encore que contre vous.

Je suis aussi un peu fâché que, dans la note sur la Caisse de Poissy, vous avanciez que le commerce des bestiaux ait baissé en Limousin ; il est certain, au contraire, que depuis trois ans, il a été très florissant. Il faut tâcher d'éviter en politique de raisonner par les faits. Les faits sont bien plus difficiles à constater que les principes et souvent le fait faux nuit dans l'esprit du lecteur au principe vrai.

Quelque chose que dise et fasse M. de Lauraguais, tenez-vous à mille lieues de lui, il vaut mieux être son ennemi plus tôt que plus tard, car, en l'étant tout de suite, on n'a du moins à craindre ni trahison, ni abus de confiance, etc., etc., et un ennemi aussi connu que celui-là par son absurdité ne peut être à craindre que par ses noirceurs.

Je suis bien sensible au souvenir de Mme Du Pont ; vous ne me marquez pas ce qu'elle désire de moi.

Adieu, mon cher Du Pont, je vous embrasse.

LVII. — (Accident. — Les *Éphémérides*. — L'abbé Baudeau.)

Limoges, 24 octobre.

Je commence, mon cher Du Pont, pour ne pas l'oublier comme je l'ai déjà fait, par vous dire que j'ai reçu pour vous 58 l. de M. de Nau-

---

[a] *Lettre à M. N... ingénieur des ponts et chaussées, sur l'ouvrage de M. Du Pont qui a pour titre : De l'administration des chemins.* Nous n'avons pu distinguer la note de Turgot du reste de l'article.
[b] Pour la suppression de la corvée en nature.

clas [a], sur quoi M. de Beaulieu a retenu les 15 l. 5 s. pour l'expédition des actes que vous aviez demandés. Reste 43 l. 15 s. que je vous enverrai à Paris, si vous le voulez, ou que je garderai à compte de vos remboursements, si vous l'aimez mieux, sauf à vous les reprêter quand vous voudrez. Maintenant, il faut vous remercier de vos inquiétudes sur mon passage de la Gartempe où je n'ai pas couru le moindre danger, mais bien mon postillon, qui s'est jeté dans l'eau pour sauver mon cheval et ma voiture. Ce n'était point à Monterolle où la Gartempe ne passe pas, ni sur un pont, mais au passage d'un très mauvais bac dans un lieu où cette rivière est assez forte et très rapide ; le bac s'en allait avant que la voiture fût tout à fait entrée. Le cheval attaché à la voiture est tombé dans l'eau et s'y serait noyé si mon postillon n'eût sauté dans la rivière. Je voyais tout cela de l'autre bord. Cette aventure m'eût été fort agréable si elle m'eût procuré votre visite, mais les *Éphémérides* en auraient trop souffert. Il faudrait que l'abbé Baudeau vous aidât de façon à vous faire gagner trois mois d'avance ; alors vous seriez un heureux journaliste, surtout si les souscriptions affluaient un peu.

Je suis fort aise que cet abbé se soit si bien arrangé sans simonie et qu'il l'ait fait sans péché. J'espère que, s'il n'a pu encore vous payer ce qu'il vous doit, cela ne tardera pas longtemps. Je n'entends pas trop comment il voulait que l'Impératrice de Russie rappelât ses troupes ; il avait donc aussi parole du Turc qu'il rappellerait les siennes et des confédérés qu'ils resteraient tranquilles.

Adieu, mon cher Du Pont, je vous embrasse et vous prie de compter toujours sur mon amitié. Bien des compliments à Mme Du Pont.

À propos, si vous m'écrivez dans l'intervalle du mardi 31 au samedi 11, écrivez-moi à Angoulême et non à Limoges. Mais mettez votre lettre à la boîte avant 8 heures du matin, le samedi et le mardi, car vos lettres, faute de cette précaution, sont toujours retardées d'un courrier.

LVIII. — (Les *Éphémérides*. — Le commerce des Indes. — Les Mirabeau. — La guerre entre la Russie et la Turquie. — Maladie de Trudaine.)

Angoulême, 7 novembre.

J'ai reçu, mon cher Du Pont, votre billet du 22 à Brive où j'étais alors. Si j'avais été à Limoges, j'aurais remis sur-le-champ votre lettre à M. Barbou et, comme celui-ci faisait partir une voiture de papier pour M. Gombert, il en aurait destiné quatre balles pour nous. Malgré ce

---

[a] Poujaud de Nauclas.

contretemps, Desmarets, qui l'a vu, m'a dit de sa part que vous auriez votre papier dans le mois de novembre ou, au plus tard, au commencement de décembre. Je vois avec peine que vous êtes arriéré de deux mois, si l'abbé Baudeau ne vous donne un bon coup de collier.

Je persiste à penser que la discussion sur l'avantage du commerce des Indes en lui-même n'est point la question principale à traiter, mais bien une question accessoire, pour répondre à l'objection tant répétée : « mais le commerce des Indes ne peut se faire sans Compagnie ». À quoi deux réponses : 1° le commerce des Indes peut se faire sans compagnie ; 2° il n'est pas nécessaire que le commerce des Indes se fasse et, s'il est vrai que la France en particulier ne puisse faire ce commerce sans compagnie, c'est une preuve démonstrative que ce commerce n'est pas avantageux à la France et qu'il vaut mieux pour elle tirer les marchandises de l'Inde par toute autre voie que par un commerce direct.

Dans la vérité, vous accordez beaucoup trop facilement qu'il faut des places et des comptoirs fortifiés aux Indes pour y faire le commerce ; cette prétendue nécessité est un des prétextes dont se couvre l'esprit de monopole, mais ce prétexte est très frivole et je ne serais pas embarrassé de le démontrer : or, je vois avec peine que vous prenez cette nécessité pour base de vos raisonnements contre le commerce direct aux Indes et que vous en tirez des conséquences auxquelles vous attribuez une vérité absolue au lieu qu'elles n'ont qu'une vérité hypothétique.

J'ai trouvé ici votre lettre du 28. Je savais que le mari de Mlle de Mirabeau [a] avait été rappelé auprès de son père agonisant, précisément comme le prince *Amazan* dans la *Princesse de Babylone* [b]. L'abbé Baudeau pourra remplir le rôle du phénix, et raconter à la princesse les choses curieuses qu'il a vues dans ses voyages et il faut espérer qu'il ne se trouvera dans le cours du roman, ni roi d'Égypte, ni fille *d'affaire*.

À propos de l'abbé Baudeau, voilà les Russes triomphants et la flotte en chemin pour Constantinople. Que dites-vous de ces événements ?

Savez-vous que M. Trudaine va en Languedoc rétablir, s'il se peut, par le changement d'air, sa santé qui dépérit à vue d'œil. Son beau-père [c] fera le travail. J'ai bien peur que son pauvre gendre ne le lui laisse bientôt en propriété et ne revienne jamais de son voyage. Adieu, mon

---

[a] La troisième fille du marquis, qui épousa le 18 novembre le marquis de Cabris.

[b] Roman de Voltaire, dans lequel Amazan, le phénix, le roi d'Égypte et une fille *d'affaire* jouent des rôles.

[c] De Fourqueux.

cher Du Pont, je vous embrasse ; portez-vous bien et ne vous tuez pas comme M. Trudaine.

À propos, que signifie tout ce bel éloge de la Virginie [a] ? Est-ce que vous ne savez pas que cette Virginie est une colonie à nègres ?

LIX. — (Le fils de Du Pont. — La goutte. — Le *Journal du Commerce*, les *Éphémérides*, la *Gazette du Commerce*. — Le commerce des Indes.)

Limoges, 29 novembre.

Je reçois, mon cher Du Pont, votre lettre par laquelle vous m'apprenez qu'il faut débaptiser M. Maher Mal Hal has bas [b]. Vous avez très bien fait d'accepter l'offre que vous a faite M. de Saint-Mégrin et d'y faire céder une chose qui n'était qu'en projet. Vous avez grande raison de penser que je n'en aimerai pas moins le père et n'en ferai pas moins mon possible pour rendre service à l'enfant.

J'ai bien peu de temps pour vous répondre. La goutte qui m'a pris à Angoulême, comme je vous l'ai peut-être mandé, m'enlevant une partie de mon temps, quoiqu'elle soit très légère et que je doive me tenir heureux d'en être quitte à si bon marché.

Je veux pourtant vous dire un mot sur la proposition de MM. du *Journal du Commerce* de réunir les deux privilèges [c]. Je ne vois point du tout que vous soyez sûr de leur succéder *ab intestat*. Ils pourraient s'arranger avec un auteur plus capable que De Grace et Yvon, l'abbé Roubaud par exemple, et il est très sûr que la forme de leur journal est plus propre, surtout si l'on y joint la *Gazette* [d], à attirer un grand nombre de souscripteurs. Je voudrais qu'ils voulussent, en réunissant les deux privilèges, évaluer le vôtre au tiers du total et vous céder, en outre, un tiers en pleine propriété, à la charge, par vous, de vous charger seul de la façon dont vous seriez maître absolu, soit pour le *Journal*, soit pour la *Gazette*, ainsi que des correspondances, détails d'impression, et vous leur rendriez un tiers un produit net. Je trouverais ce marché avantageux à tous égards et très propre à vous mettre au-dessus de vos affaires. Alors, vous pourriez soudoyer un bon traducteur anglais, ainsi que l'abbé Roubaud, pour vos extraits, sans compter les secours de l'abbé Baudeau et d'autres. La *Gazette* pourrait devenir aussi intéressante qu'elle est plate, et je suis persuadé que vous et les anciens pro-

---

[a] *Éphémérides*, 1769, t. VIII : *Lettre de M. H... au sujet d'un pays florissant qui n'a point de villes.*
[b] Le fils de Du Pont.
[c] Celui du *Journal du Commerce* et celui des *Éphémérides du citoyen.*
[d] La *Gazette du Commerce.*

priétaires gagneriez beaucoup à cet arrangement ; bien entendu que vous n'entreriez pour rien dans les dettes antérieures.

Je persiste à penser que les établissements de souveraineté sont parfaitement inutiles pour le commerce des Indes. Vous me feriez trembler par vos prophéties sur la guerre.

LX. — (La goutte. — Les *Éphémérides*. — Écrits de Turgot : les *Collecteurs*, les *Richesses*, les *Foires et marchés*. — L'Épine, Desmarets, Le Trosne, Trudaine.)

Limoges, 1er décembre.

La besogne et la goutte me pressaient si fort, mon cher Du Pont, lorsque je vous ai écrit ma dernière lettre que je ne vous parlai seulement pas de l'état de votre santé. J'avais pourtant un avis bien important à vous donner, c'était de ne point vous obstiner contre cet état de malaise et d'insomnie dont vous m'aviez parlé. Deux jours de mouvement modéré, de dissipation et de repos d'esprit suffisent pour guérir ce mal et on les regagne ensuite avec usure au lieu qu'en s'obstinant à lutter contre la nature, on ne fait rien et l'on risque de se donner une maladie très dangereuse et très peu propre à avancer la besogne.

Autre avis : c'est que, jusqu'à ce que vous ayez rattrapé le courant, de ne rien faire qui exige des recherches, mais bien des extraits qui se fassent *currente calamo* : des extraits des *Saisons*, de *Chinki*... Qu'avez-vous fait de *Zimeo* [a] ? Vous m'allez dire que la faute est faite : « Hé, mon ami, tire-moi du danger, tu feras après ta harangue ». Cela vous est bien aisé à dire à un pauvre goutteux, encore plus accablé de sa besogne que vous. Je ne puis vous donner le morceau sur les *Collecteurs* ; il ne saurait être imprimé ; mais je vous fais un sacrifice en vous envoyant un morceau *sur la richesse*, très imparfait, qui a besoin de développement ; mais il faut se saigner pour ses amis et ce sera pour vous 80 pages. J'y joindrai un morceau sur les *foires et marchés* que vous connaissez et qui n'est qu'un réchauffé de mon article de l'*Encyclopédie*.

Tout cela d'ailleurs aurait besoin d'être extrait et travaillé pour en tirer parti.

M. de l'Épine vous donnera un morceau assez long sur les *solidarités des rentes*.

M. Desmarets un relevé du nombre des journées de voitures sauvées pour la culture depuis que les transports d'équipages de troupes se font par entreprise. Est-ce que M. Le Trosne a perdu sa fécondité ? Il

---

[a] Petit roman de Saint-Lambert sur l'esclavage, publié avec les *Saisons*.

donnait tant de choses au *Journal du Commerce*. Je vous écrirai mardi en vous envoyant par M. de Fourqueux ce que j'aurai de prêt.

Je vous embrasse. J'ai de bonnes nouvelles de M. Trudaine et très bonnes. Voici la réponse de Barbou. Ma goutte va mieux, mais n'est pas finie.

LXI. — (Les *Réflexions sur les richesses*.)

Limoges, 2 décembre.

Voici, mon cher Du Pont, le morceau sur les *richesses* que je vous ai promis ; il n'est pas bon, mais il est long, quoique trop court. Il remplira beaucoup de papier et c'est ce qu'il vous faut. Il contient 101 paragraphes, nombre consacré, comme les 1001, pour ces sortes de choses. De plus, j'y ai ajouté des sommaires marginaux qu'il ne tiendra qu'à vous de mettre en titres, ce qui occupera encore beaucoup d'espace. J'y ai même ajouté une petite préface ; enfin, j'ai fait de mon mieux, bien fâché de ne pouvoir faire mieux. J'ai bien peur de ne pouvoir vous envoyer le mémoire de M. de l'Épine sur les *rentes solidaires* ; il ne sait ce qu'il est devenu. Pour le morceau *sur les foires*, c'est si peu de chose, détaché de l'avis dans lequel il est enchâssé, qu'on ne saurait ce que c'est. Prenez donc le peu que je vous donne et tâchez que l'abbé Baudeau et M. Le Trosne vous en donnent autant ; vous serez tout de suite au courant, pourvu que vous ne vous obstiniez pas à des travaux difficiles. Du remplissage, je vous en prie : un extrait de *Ziméo* avec un éloge des bons Quakers qui viennent de mettre leurs esclaves en liberté. Voilà ce qui vous avancera. Si vous m'en croyez, vous commencerez tout de suite à faire imprimer mon morceau pour le journal de novembre, ou si celui-ci était commencé, pour celui de décembre, cela vous avancerait tout de suite de la moitié d'un journal, car je suis épouvanté de votre retard qui est de près de quatre mois [a]. Donnez-moi une autre lettre que C [b], celle-ci étant connue de bien du monde. De plus, point de panégyrique, je vous prie. Mettez ma préface si elle vous convient, ou ne la mettez pas, vous en êtes le maître.

Faites-moi le plaisir d'en faire tirer à part un cent ou un cent et demi que je payerai pour pouvoir en donner à mes amis. De plus, je veux vous faire valoir tous mes sacrifices ; je n'ai pas renoncé à faire un jour de ce morceau quelque chose de passable. J'avais fait faire, à cet effet,

---

[a] Le tome VIII des *Éphémérides* de 1769, qui devait paraître en septembre, ne fut visé par le censeur que le 13 octobre. Le tome IX, qui devait paraître en octobre, ne fut visé que le 4 décembre.
[b] Lettre dont avaient été signées les communications de Turgot aux *Éphémérides*.

la copie que je vous envoie suivant les principes de l'abbé Morellet [a] : il faut, pour me la remplacer, que vous me fassiez tirer deux exemplaires en papier de Hollande bien collé ; il faudra disposer les pages en format in-4°, mais ne tirer que d'un seul côté, l'autre devant rester blanc, ainsi chaque feuille ne servira que pour une planche. Il est inutile de s'occuper de la disposition des pages, mon projet étant de couper chaque feuille en quatre carrés et d'arranger les pages comme un jeu de cartes. Il faut que chaque page soit au milieu de son carré, afin que j'aie de la marge pour écrire.

Adieu, je vous embrasse. Vous voyez par le style de ma lettre que je suis fort pressé. Le tout vous parviendra sous l'adresse de M. Boutin. Ce circuit est plus court que celui de M. de Fourqueux.

Vous ai-je mandé que M. Trudaine va fort bien ?

LXII. — (Le fils de Du Pont. — Le cérat. — Bruits d'exil de Baudeau. — Les *Éphémérides*. — Desmarets. — La *Défense du siècle de Louis XIV*, par Voltaire.)

Limoges, 12 décembre.

Tous les maux tombent à la fois sur vous, mon pauvre Du Pont ; je suis fâché de n'avoir pas été à portée lorsque votre fils s'est brûlé de vous indiquer un remède excellent contre toute espèce de brûlure, c'est le cérat, c'est-à-dire un onguent de cire et d'huile d'olive qu'on fait fondre ensemble à une chaleur très douce dans une proportion telle que la chaleur de la peau le tienne dans un état de mollesse sans le liquéfier. On l'emploie aussi pour les gerçures sous le nez qu'occasionne le froid et vous en avez peut-être fait plusieurs fois pour cet usage. Il me paraît peu vraisemblable que la simple chaleur de l'eau bouillante ait pu affecter le tendon d'Achille. Ce que je crains plus, c'est qu'on n'ait imprudemment traité la plaie avec de l'eau-de-vie qui, en sa qualité d'astringent, aura pu faire crisper les tendons déjà retirés par la chaleur et qu'il fallait, au contraire, relâcher.

Il ne faut pas à vos maux ajouter des craintes sans fondement. L'exil de l'abbé Baudeau n'est nullement vraisemblable et si cette nouvelle était vraie, ce ne serait pas en qualité d'économiste, mais peut-être comme s'étant mêlé des affaires de Pologne d'une autre manière que notre ministre ne l'eût désiré. Je souhaite que M. d'Invau vous permette d'écrire sur la limitation actuelle du commerce des Indes et je le sou-

---

[a] Turgot explique plus loin ces principes.

haite surtout à cause du dérangement que son refus mettrait dans l'impression de vos feuilles.

J'approuve fort le projet d'imprimer à la fois en trois imprimeries, et il me semble que je vous en ai proposé l'équivalent. Vous devez avoir reçu un paquet de moi, cela peut faire un bon remplissage pour deux volumes. Le mémoire de Desmarets sur les papeteries m'a paru faible et mal écrit ; il faudrait que vous ne vous en servissiez que comme de matériaux. Si vous le voulez, vous l'aurez. Vous aurez aussi quelque chose sur le tort qu'aurait fait à l'agriculture le transport par corvées des équipages des troupes en octobre et novembre 1769.

Je crois que vous ne feriez pas mal de faire imprimer la *Défense du Siècle de Louis XIV* avec un avis honnête pour Voltaire, par lequel vous annonceriez que vous lui répondrez. Vous rempliriez votre volume ; vous vous donneriez du temps pour répondre avec plus de calme et de gaieté. Vos lecteurs verraient avec plaisir un morceau de Voltaire qui vous saurait gré de cette réimpression. Comme je n'ai pas vu la brochure, je ne sais pas si elle est de nature à ne point alarmer les scrupules de Louis [a]. Je serais toujours fort aise de la voir. Adieu, je vous embrasse. Ma goutte n'est pas encore tout à fait passée.

LXIII. — (Le fils de Du Pont. — D'Invau et Terray. — L'abbé Baudeau et le Parlement. — Les *Éphémérides*, la *Gazette du commerce*. — D'Auxiron).

Limoges, 22 décembre.

Quelque envie que j'aie de vous écrire, mon cher Du Pont, je ne sais si je le pourrai, car le courrier presse pour partir. Si Mme Du Pont a déjà eu la petite vérole, elle a bien fait de garder son fils chez elle, mais si elle ne l'a pas eue, il est certain qu'elle court un danger réel de l'avoir dans sa couche. Je présume que cela n'est point à craindre, puisque vous ne m'en parlez pas.

Je crois bien qu'on a assez des critiques du public sans avoir besoin des vôtres. Mais on a raison et cela ne durera pas. Mais que deviendrons-nous, car celui-ci [b] avait de meilleurs principes que les autres qui n'en ont point [c].

---

[a] Le censeur des *Éphémérides*.
[b] d'Invau.
[c] L'abbé Terray.

Il est indigne de ne pas laisser Baudeau se défendre à ses risques, périls et fortune. Messieurs [a] ont donc le privilège exclusif de calomnier.

Il manque à notre volume [b] la feuille I, que je vous prie de m'envoyer. Je vous renverrai la feuille II, qui est double. Je suis fâché de plusieurs choses dans ce volume, mais vous êtes comme le Contrôleur général et il faut que la critique vous donne du répit. Je suis fâché en particulier d'un M. d'Auxiron [c] que vous louez et qui m'a tout l'air d'un homme fort médiocre et fort peu sûr dans ses calculs. N'imprimez point Voltaire et ne lui répondez point ; je vous dirai mes raisons mardi, on vient chercher mes lettres.

Savez-vous que la cherté des grains pourra bien me retenir ici longtemps.

LXIV. — (La mouture économique. — Les *Éphémérides*. — La Compagnie des Indes. — Gournay. — L'esprit de secte. — D'Auxiron, De Parcieux. — Quesnay et sa géométrie. — Le *siècle de Louis XIV*.)

Limoges, 26 décembre.

J'ai oublié, mon cher Du Pont, de vous demander la dernière fois ce que Bucquet [d] ou son commis demanderait pour faire le voyage du Limousin et dans quel temps il pourrait partir pour arranger quelques moulins et les adapter à la mouture économique. J'ai engagé Barbou à disposer ainsi un moulin considérable qu'il a sur la Vienne et je ne doute pas que plusieurs autres propriétaires profitent du séjour que fera dans la province le commis de Bucquet dont j'aurai soin d'annoncer la venue. Le comte de Broglie a fait venir en Angoumois un homme que lui a donné Malisset. Je ne sais laquelle des deux méthodes vaut le mieux.

Vous devez à présent avoir reçu mon morceau ainsi que mes différentes lettres. Si les bruits sur le changement de ministre se réalisent, vous pourrez vous passer de permission pour critiquer l'opération de la Compagnie des Indes. Quand vous serez quitte de toute inquiétude sur la petite vérole de votre fils, je compte que vous me le manderez.

Vous ne doutez pas de la part que je prends à toutes vos inquiétudes. Il y aurait trop de cruauté à critiquer votre dernier volume [e] dans

---

[a] Les membres du Parlement.
[b] Des *Éphémérides*, 1769, vol. IX.
[c] Voir la lettre ci-après.
[d] Bucquet d'un côté, Malisset de l'autre, avaient fait des applications de la mouture économique.
[e] *Éphémérides* de 1769, t. IX.

lequel plusieurs choses m'ont fâché, comme par exemple vos doléances sur Sully, Fénelon et l'abbé de Saint-Pierre, qui m'ont rappelé ces savants qui s'assemblaient tous les ans pour pleurer la mort d'Homère. Il n'y a que M. de Gournay qu'il soit raisonnable de regretter, parce que, suivant le cours de la nature, il serait encore dans la force de l'âge.

Je suis fâché encore que vous repoussiez le reproche du ton de secte [a] de manière à prouver de plus en plus que ce reproche est juste. D'ailleurs, comme il est juste et trop juste, il ne faut pas y répondre, mais travailler à ne le plus mériter. Je suis fâché encore que vous vous pressiez si fort de juger entre M. de Parcieux [b] et M. d'Auxiron [c] qui me paraît, par la tournure de ses raisonnements et par son livre des *Principes de tout gouvernement* un de ces aventuriers qui écrivent sur tout sans rien savoir. Ce qu'il y a de bien sûr, c'est que De Parcieux s'était fort occupé d'une machine à feu et que ce n'est que d'après des calculs probablement plus exacts que ceux de M. d'Auxiron qu'il s'était décidé contre. Je sais que le peu de faits et de raisonnements physiques cités dans votre extrait ne préviennent pas en faveur de l'exactitude de M. d'Auxiron. Est-ce lui qui place Ingrandes en Normandie et qui y a vu une machine à feu ? J'ai vu aussi cette machine à La Chapelle-Montrelais en Bretagne, près d'Ingrandes, entre Nantes et Angers. C'est la même qui avait servi au dessèchement des moëres et dont on s'était dégoûté. Pourquoi se presser si fort de décider sur la parole de gens qu'on ne connaît pas. C'est un peu le défaut de la secte et l'on sait que la critique *sur les faits* n'est pas le fort du Maître, ni de son disciple, l'Ami des hommes.

À propos du Maître, est-il vrai qu'il va faire imprimer sa géométrie [d]. C'est bien là le scandale des scandales ; c'est le soleil qui s'encroûte.

J'ai lu cette *Défense du siècle de Louis XIV* ; vous ne pouvez pas l'imprimer parce qu'il y a plusieurs traits qu'on vous ferait retrancher et que l'auteur serait plus fâché du retranchement que flatté de la réimpression. De plus, vous ne pouvez pas la réimprimer sans y répondre au long et il ne le faut pas, parce que toutes les idées sont confondues dans cet ouvrage, parce qu'il y a mille aveux qui détruisent tout ce que dit l'auteur, parce qu'il contredit mille faits qu'il rapporte dans ses autres ouvrages, parce qu'il argumente par autorité, parce qu'il pose la

---

[a] Dans l'Avertissement, en tête du volume.

[b] De Parcieux (1703-1768), le célèbre auteur du livre *Sur les Probabilités de la vie humaine*.

[c] *Comparaison* (par d'Auxiron) *du projet fait par M. De Parcieux, de l'Académie des Sciences, pour donner des eaux à la Ville de Paris, avec celui que M. d'Auxiron, ci-devant officier d'artillerie et actuellement capitaine réformé à la suite de la Légion de Hainaut.*

[d] *Recherches philosophiques sur l'évidence des vérités géométriques.*

question sur les éloges personnels de Colbert et surtout de Louis XIV. Or, on ne peut répondre à tout cela : 1° sans être un peu long ; 2° sans entrer dans le détail d'une foule de faits sur lesquels il ne faut pas être inexact et sur lesquels on ne peut être exact sans se livrer à des discussions qui vous enlèveraient un temps précieux ; 3° sans faire un peu la satire personnelle de Louis XIV ; 4° enfin, sans désoler Voltaire et sans vous en faire un ennemi cruel. De tout cela, je conclus qu'il faut vous borner à une simple annonce dans laquelle vous annonceriez que vous ne répondez pas parce que vous êtes d'accord sur les points les plus importants, que vous convenez de toutes les grandes choses faites pour les arts, pour les lettres, que M. de Voltaire blâme sûrement comme vous l'esprit réglementaire, les privilèges exclusifs, la révocation de l'Édit de Nantes, la milice et les corvées qui ont été l'objet de votre critique, que le petit nombre de points sur lesquels il peut rester quelque différence dans l'expression, ne vous paraissent point assez importants pour vous engager dans une dispute contre un homme que vous aimez mieux admirer que combattre, etc.

Comme je connais un peu le caractère de l'homme, si vous voulez m'envoyez votre annonce, j'en serai le censeur, et je ne laisserai rien passer qui puisse le choquer.

Voilà bien de la critique : mais vous rendrez justice à l'intention. Je ferai ici la collecte des souscriptions à renouveler. Vous n'avez répondu à aucune de mes lettres, mais je sais trop combien vous avez d'embarras pour vous en faire un reproche.

Je vous embrasse.

102. — VALEURS ET MONNAIES [a].

(Projet d'article.)

[A. L., minute. — D. P, III, 256, avec d'assez nombreuses altérations.]

(Les mesures. — Les diverses espèces de monnaie. — La valeur : pour l'homme isolé ; dans l'échange.)

---

[a] La date de 1769 est douteuse. Turgot cite : 1° *Della moneta*, de l'abbé Galiani, paru en 1750 (reproduit dans la collection du baron Custodi : *Scriptori classici italiani di economica politica*, Milan, 1803-1806, parte moderna, III) ; 2° l'*Essai analytique sur la richesse et l'impôt*, de Graslin, paru en 1767. Mais Turgot (Du Pont, *Mémoires*, 1811, p. 43) destinait son travail au *Dictionnaire du Commerce* de l'abbé Morellet dont le *Prospectus* parut en 1769. Ce dictionnaire ne fut jamais achevé ; les matériaux en furent utilisés par Peuchet pour son *Dictionnaire de Géographie commerçante* (5 vol., 1800).

La monnaie a cela de commun avec toutes les espèces de mesures, qu'elle est une sorte de langage qui diffère, chez les différents peuples, en tout ce qui est arbitraire et de convention, mais qui se rapproche et s'identifie, à quelques égards, par ses rapports, à un terme ou étalon commun.

Ce terme commun qui rapproche tous les langages, et qui donne à toutes les langues un fond de ressemblance inaltérable malgré la diversité des sons qu'elles emploient, n'est autre que les idées mêmes que les mots expriment, c'est-à-dire les objets de la nature représentés par les sens à l'esprit humain et les notions que les hommes se sont formées en distinguant les différentes faces de ces objets et en les combinant en mille manières.

C'est ce fond commun, essentiel à toutes les langues indépendamment de toute convention, qui fait qu'on peut prendre chaque langue, chaque système de conventions adoptées comme les signes des idées, pour y comparer tous les autres systèmes de conventions, comme on les comparerait au système même des idées qu'on peut interpréter dans chaque langue, ce qui a été originairement exprimé dans toute autre, qu'on peut en un mot *traduire*.

Le terme commun de toutes les mesures de longueur, de superficie, de contenance, n'est autre que l'étendue même, dont les différentes mesures adoptées chez différents peuples ne sont que des divisions arbitraires, qu'on peut pareillement comparer et réduire les unes aux autres.

On traduit les langues les unes par les autres ; on réduit les mesures les unes aux autres. Ces différentes expressions énoncent deux opérations très différentes.

Les langues désignent des idées par des sons qui sont en eux-mêmes étrangers à ces idées. Ces sons, d'une langue à l'autre, sont entièrement différents et, pour les expliquer, il faut substituer un son à un autre son : au son de la langue étrangère, le son correspondant de la langue dans laquelle on traduit. Les mesures, au contraire, ne mesurent l'étendue que par l'étendue même. Il n'y a d'arbitraire et de variable que le choix de la quantité d'étendue qu'on est convenu de prendre pour l'unité, et les divisions qu'on a adoptées pour faire connaître les différentes mesures. Il n'y a donc point de substitution à faire d'une chose à une autre ; il n'y a que des quantités à comparer et des rapports à substituer à d'autres rapports.

Le terme commun auquel se rapportent les *monnaies* de toutes les nations est la *valeur* même de tous les objets de commerce qu'elles servent à mesurer. Mais cette valeur, ne pouvant être désignée que par la quantité même des monnaies auxquelles elle correspond, il s'ensuit qu'on ne peut *évaluer* une *monnaie* qu'en une autre *monnaie* : de même qu'on ne peut interpréter les sons d'une langue que par d'autres sons.

Les monnaies de toutes les nations policées étant faites des mêmes matières, et ne différant entre elles, comme les mesures, que par les divisions de ces matières et par la fixation arbitraire de ce qu'on regarde comme l'unité, elles sont susceptibles, sous ce point de vue, d'être réduites les unes aux autres, ainsi que les mesures usitées chez les différentes nations.

Nous verrons, dans la suite, que cette réduction se fait d'une manière très commode, par l'énonciation de leur poids et de leur titre.

Mais cette manière d'évaluer les monnaies par l'énonciation du poids et du titre ne suffit pas pour faire entendre le langage du commerce par rapport aux monnaies. Toutes les nations de l'Europe en connaissent deux sortes. Outre les *monnaies réelles* comme l'écu, le louis, le *crown*, la guinée, qui sont des pièces en métal, marquées d'une empreinte connue, et qui ont cours sous ces dénominations, elle se sont fait chacune une espèce de *monnaie fictive*, qu'on appelle de *compte* ou numéraire, dont les dénominations et les divisions, sans correspondre à aucune pièce de monnaie réelle, forment une échelle commune à laquelle on rapporte les monnaies réelles, en les évaluant par le nombre de parties de cette échelle auxquelles elles correspondent. Telle est en France la livre de compte ou numéraire, composée de vingt sous, et dont chacun se subdivise en douze deniers. Il n'y a aucune pièce de monnaie qui réponde à une livre ; mais un écu vaut trois livres ; un louis vaut vingt-quatre livres ; et l'énonciation de la valeur de ces deux monnaies réelles en une monnaie de compte établit le rapport de l'écu au louis comme d'un à huit.

Ces monnaies de compte n'étant, comme on voit, que de simples dénominations arbitraires, varient de nation à nation, et peuvent varier, dans la même nation, d'une époque à une autre époque.

Les Anglais ont aussi leur livre sterling, divisée en vingt sous ou schellings, lesquels se divisent en douze deniers ou pence. Les Hollandais comptent par florins, dont les divisions ne correspondent point à celles de notre livre.

Nous avons donc à faire connaître, dans la *géographie commerçante*, non seulement les monnaies réelles de chaque nation et leur évaluation en poids et en titre, mais encore les monnaies de compte employées par chaque nation, les rapports de cette monnaie de compte avec les monnaies réelles qui ont cours dans la nation, et le rapport qu'ont entre elles les monnaies de compte des différentes nations.

Le rapport de la monnaie de compte à la monnaie réelle de chaque nation se détermine en énonçant la valeur des monnaies réelles en monnaie de compte du même pays : du ducat en florins, de la guinée en schellings et deniers sterling ; du louis et de l'écu en livres tournois.

Quant au rapport qu'ont entre elles les monnaies de compte usitées chez les différentes nations, l'idée qui se présente d'abord est de le conclure du rapport des monnaies de compte de chaque pays aux monnaies réelles, et de la connaissance du poids et du titre de celles-ci. En effet, connaissant le poids et le titre d'un *crown* d'Angleterre et le poids et le titre d'un écu de France, on connaît le rapport du *crown* à l'écu de France, et sachant combien l'écu vaut de deniers tournois, on en déduit ce que vaut le *crown* en deniers tournois et, comme on sait aussi ce que vaut le *crown* en deniers sterling, on sait que tel nombre de deniers sterling équivaut à tel nombre de deniers tournois et l'on a le rapport de la livre sterling à la livre tournois.

Cette manière d'évaluer les monnaies de compte des différentes nations par leur comparaison avec les monnaies réelles de chaque nation, et par la connaissance du poids et du titre de celles-ci, ne serait susceptible d'aucune difficulté s'il n'y avait des monnaies que d'un seul métal, d'argent, par exemple, ou si la valeur relative des différents métaux employés à cet usage, de l'or, par exemple, et de l'argent, était la même chez toutes les nations commerçantes, c'est-à-dire si un poids quelconque d'or fin, un marc par exemple, valait exactement un nombre de grains d'argent fin qui fût le même chez toutes les nations. Mais cette valeur relative de l'or et de l'argent varie suivant l'abondance ou la rareté relative de ces deux métaux chez les différentes nations.

Si, dans une nation, il y a treize fois plus d'argent qu'il n'y a d'or, et qu'en conséquence on donne 13 marcs d'argent pour avoir un marc d'or, on donnera 14 marcs d'argent pour un marc d'or chez une autre nation où il y aura 14 fois plus d'argent qu'il n'y a d'or. Il suit de là que si, pour déterminer la valeur des monnaies de compte de deux nations où l'or et l'argent n'ont pas la même valeur relative, pour évaluer, par exemple, la livre sterling en livres tournois, on emploie pour terme de comparaison les monnaies d'or, on n'aura pas le même résultat que si l'on se fût servi des monnaies d'argent. Il est évident que la véritable évaluation se trouve entre ces deux résultats ; mais, pour la déterminer avec une précision entièrement rigoureuse, il faudrait faire entrer dans la solution de ce problème une foule de considérations très délicates. Cependant, le commerce d'argent de nation à nation, toutes les négociations relatives à ce commerce, la représentation de la monnaie par les papiers de crédit, les opérations du change, des banques, supposent ce problème résolu.

Le mot de *monnaie*, dans son sens propre, originaire et primitif, qui répond exactement au latin *moneta*, signifie une pièce de métal d'un poids et d'un titre déterminés et garantis par l'empreinte qu'y a fait apposer l'autorité publique. Rapporter le nom, désigner l'empreinte, énoncer le poids et le titre de chaque monnaie des différentes nations en réduisant ce poids au poids de marc, c'est tout ce qu'il y a à faire pour donner une idée nette des monnaies considérées sous ce premier point de vue.

Mais l'usage a donné à ce mot de *monnaie* une acception plus abstraite et plus étendue. On divise les métaux en pièces d'un certain poids ; l'autorité ne garantit leur titre par une empreinte que pour qu'on puisse les employer d'une manière commode et sûre dans le commerce, pour qu'ils y servent à la fois de mesures des valeurs et de gage représentatif des denrées ; il y a plus, l'on n'a songé à diviser ainsi les métaux, à les marquer, à en faire, en un mot, de la *monnaie*, que parce que déjà ces métaux servaient de mesure et de gage commun de toutes les valeurs.

La monnaie n'ayant pas d'autre emploi, ce nom a été regardé comme désignant cet emploi même ; et, comme il est vrai de dire que la monnaie est la mesure et le gage des valeurs, comme tout ce qui est mesure et gage des valeurs peut tenir lieu de la monnaie, on a donné le nom de monnaie dans un sens étendu à tout ce qui est employé à cet usage. C'est dans ce sens qu'on dit que les cauris sont la monnaie des îles Maldives, que les bestiaux étaient la monnaie des Germains et des anciens habitants du Latium ; que l'or, l'argent et le cuivre sont la monnaie des peuples policés ; que ces métaux étaient monnaies avant qu'on eût imaginé d'en désigner le poids et le titre par une empreinte légale. C'est dans ce sens qu'on donne aux papiers de crédit qui représentent les monnaies, le nom de *papier-monnaie*. C'est dans ce sens enfin que le nom de monnaie convient aux dénominations purement abstraites qui servent à comparer entre elles toutes les valeurs et celles même des monnaies réelles, et qu'on dit *monnaie de compte, monnaie de banque*, etc.

Le mot de *monnaie*, en ce sens, ne doit point se traduire par le mot latin *moneta*, mais par celui de *pecunia*, auquel il correspond très exactement.

C'est dans ce dernier sens, c'est comme mesure des valeurs et gage des denrées, que nous allons envisager la *monnaie*, en suivant la marche de son introduction dans le commerce et les progrès qu'a faits chez les hommes l'art de *mesurer les valeurs*.

Avant tout, il est nécessaire de se faire une idée nette de ce qu'on doit entendre ici par ce mot *valeur*.

Ce substantif abstrait, qui répond au verbe *valoir*, en latin *valere*, a dans la langue usuelle plusieurs significations qu'il est important de distinguer.

Dans le sens originaire que ce mot avait dans la langue latine, il signifiait force, vigueur ; *valere* signifiait aussi *se bien porter*, et nous conservons encore en français ce sens primitif dans les dérivés *valide, invalide, convalescence*. C'est en partant de cette acception, où le mot *valeur* signifiait force, qu'on en a détourné le sens pour lui faire signifier le courage militaire, avantage que les anciens peuples ont presque toujours désigné par le même mot, qui signifiait la force du corps.

Le mot *valoir* a pris dans la langue française un autre sens fort usité, et qui, quoique différent de l'acception qu'on donne dans le commerce à ce mot et à celui de *valeur*, en est cependant la première base.

Il exprime cette bonté relative à nos besoins par laquelle les dons et les biens de la nature sont regardés comme propres à nos jouissances, à la satisfaction de nos désirs. On dit qu'un ragoût ne *vaut rien* quand il est mauvais au goût, qu'un aliment ne *vaut rien* pour la santé, qu'une étoffe *vaut mieux* qu'une autre étoffe, expression qui n'a aucun rapport à la *valeur commerçable*, et signifie seulement qu'elle est plus propre aux usages auxquels on la destine.

Les adjectifs *mauvais, médiocre, bon, excellent*, caractérisent les divers degrés de cette espèce de *valeur*. Il est cependant à observer que le substantif *valeur* n'est pas à beaucoup près aussi usité en ce sens que le verbe *valoir*. Mais si l'on s'en sert, on ne peut entendre par là que la bonté d'un objet relativement à nos jouissances. Quoique cette bonté soit toujours relative à nous, nous avons cependant en vue, en y appliquant le mot de *valeur*, une qualité réelle, intrinsèque à l'objet et par laquelle il est propre à notre usage.

Ce sens du mot *valeur* aurait lieu pour un homme isolé, sans communication avec les autres hommes.

Nous considérerons cet homme n'exerçant ses facultés que sur un seul objet ; il le recherchera, l'évitera ou le laissera avec indifférence. Dans le premier cas, il a sans doute un motif de rechercher cet objet : il le juge propre à sa jouissance ; il le trouvera *bon*, et cette bonté relative pourrait absolument être appelée *valeur*. Mais cette *valeur*, n'étant point comparée à d'autres *valeurs*, ne serait point susceptible de mesure, et la chose qui *vaut* ne serait point *évaluée*.

Si ce même homme a le choix entre plusieurs objets propres à ses usages, il pourra préférer l'un à l'autre, trouver une orange plus agréable que des châtaignes, une fourrure meilleure pour le défendre du froid qu'une toile de coton ; il jugera qu'une de ces choses *vaut mieux* qu'une autre ; il comparera dans son esprit, il appréciera *leur valeur*. Il se déterminera en conséquence, à se charger des choses qu'il préfère et à laisser les autres.

Le sauvage aura tué un veau qu'il portait à sa cabane : il trouve en son chemin un chevreuil ; il le tue et il le prend à la place du veau, dans l'espérance de manger une chair plus délicate. C'est ainsi qu'un enfant qui a d'abord rempli ses poches de châtaignes, les vide pour faire place à des dragées qu'on lui présente.

Voilà donc une comparaison de *valeurs*, une *évaluation* des différents objets dans ces jugements du sauvage et de l'enfant ; mais ces évaluations n'ont rien de fixe, elles changent d'un moment à l'autre, suivant que les besoins de l'homme varient. Lorsque le sauvage a faim, il fera plus de cas d'un morceau de gibier que de la meilleure peau d'ours ; mais, que sa faim soit satisfaite et qu'il ait froid, ce sera la peau d'ours qui lui deviendra précieuse.

Le plus souvent, le sauvage borne ses désirs à la satisfaction du besoin présent et, quelle que soit la quantité des objets dont il peut user, dès qu'il en a pris ce qu'il lui faut, il abandonne le reste, qui ne lui est bon à rien.

L'expérience apprend cependant à notre sauvage que, parmi les objets propres à ses jouissances, il en est quelques-uns que leur nature rend susceptibles d'être conservés pendant quelque temps et qu'il peut accumuler pour les besoins à venir : ceux-là conservent leur *valeur*, même lorsque le besoin du moment est satisfait. Il cherche à se les approprier, c'est-à-dire à les mettre dans un lieu sûr où il puisse les cacher ou les défendre. On voit que les considérations qui entrent dans l'estimation de cette *valeur*, uniquement *relative à l'homme* qui jouit ou qui désire, se multiplient beaucoup par ce nouveau point de vue qu'ajoute la prévoyance au premier sentiment du besoin.

Lorsque ce sentiment, qui d'abord n'était que momentané, prend un caractère de permanence, c'est alors que l'homme commence à comparer entre eux ses besoins, à proportionner la recherche des objets, non plus uniquement à l'impulsion rapide du besoin présent, mais à l'ordre de nécessité et d'utilité des différents besoins.

Quant aux autres considérations par lesquelles cet ordre d'utilité plus ou moins pressante est balancé ou modifié, une des premières qui se présente est l'excellence de la chose, ou son aptitude plus ou moins grande à satisfaire le genre de désir qui la fait rechercher. Il faut avouer que cet ordre d'excellence rentre un peu, par rapport à l'estimation qui en résulte, dans l'ordre d'utilité, puisque l'agrément de la jouissance plus vive que produit ce degré d'excellence est lui-même un avantage que l'homme compare avec la nécessité plus urgente des choses dont il préfère l'abondance à l'excellence d'une seule.

Une troisième considération est la difficulté plus ou moins grande que l'homme envisage à se procurer l'objet de ses désirs ; car il est bien évident qu'entre deux choses également utiles et d'une égale excellence, celle qu'il aura beaucoup de peine à retrouver lui paraîtra bien plus précieuse, et qu'il emploiera bien plus de soins et d'efforts à se la procurer. C'est, par cette raison, que l'eau, malgré sa nécessité et la multitude d'agréments qu'elle procure à l'homme, n'est point regardée comme une chose précieuse dans les pays bien arrosés, que l'homme ne cherche point à s'en assurer la possession, parce que l'abondance de cette substance la lui fait trouver sous sa main.

Nous n'en sommes pas encore à l'échange, et voilà déjà la *rareté*, un des éléments de l'*évaluation*. Mais il faut dire que cette estime attachée à la rareté est encore fondée sur un genre particulier d'utilité, car c'est parce qu'il est plus utile de s'approvisionner d'avance d'une chose difficile à trouver, qu'elle est plus recherchée et que l'homme met plus d'efforts à se l'approprier.

On peut réduire à ces trois considérations toutes celles qui entrent dans la fixation de ce genre de valeur relative à l'homme isolé ; ce sont là les trois éléments qui concourent à la former. Pour la désigner par un nom qui lui soit propre, nous l'appellerons *valeur estimative*, parce qu'elle est effectivement, avec une entière précision, le degré d'estime que l'homme attache aux différents objets de ses désirs.

Il n'est pas utile d'appuyer sur cette notion et d'analyser ce que c'est que ce degré d'estime qu'attache l'homme aux différents objets de ses désirs, quelle est la nature de cette *évaluation*, ou le terme unique auquel les *valeurs* de chaque objet en particulier sont comparées, quelle est la numération de cette échelle de comparaison, quelle en est l'unité.

En y réfléchissant, nous verrons que la totalité des objets nécessaires à la conservation et au bien-être de l'homme forme, si j'ose ainsi parler, une *somme de besoins* qui, malgré toute leur étendue et leur variété, est assez bornée.

Il n'a pour se procurer la satisfaction de ces besoins qu'une mesure plus bornée encore de forces ou de facultés. Chaque objet particulier de ses jouissances lui coûte des soins, des fatigues, des travaux et au moins du temps. C'est cet emploi de ses facultés appliquées à la recherche de chaque objet qui fait la compensation de sa jouissance et pour ainsi dire le *prix* de l'objet. L'homme est encore seul ; la nature seule fournit à ses besoins, et déjà il fait avec elle un premier *commerce* où elle ne fournit rien qu'il ne paye par son travail, par l'emploi de ses facultés et de son temps.

Son capital, dans ce genre, est renfermé dans des bornes étroites ; il faut qu'il y proportionne la somme de ses jouissances ; il faut que, dans l'immense magasin de la nature, il fasse un choix, et qu'il partage ce *prix* dont il peut disposer entre les différents objets qui lui conviennent, qu'il les *évalue* à raison de leur *importance* pour sa conservation et son bien-être. Et cette évaluation, qu'est-ce autre chose que le compte qu'il se rend à lui-même de la portion de sa peine et de son temps, ou, pour exprimer ces deux choses en un seul mot, de la portion de ses facultés qu'il peut employer à la recherche de l'objet évalué sans y sacrifier celle d'autres objets également ou plus importants ?

Quelle est donc ici sa mesure des valeurs ? Quelle est son échelle de comparaison ? Il est évident qu'il n'en a pas d'autre que ses facultés mêmes. La somme totale de ses facultés est la seule *unité* de cette échelle, le seul point fixe d'où il puisse partir, et les *valeurs* qu'il attribue à chaque objet sont des parties proportionnelles de cette échelle. Il suit de là que la *valeur estimative* d'un objet, pour l'homme isolé, est précisément la portion du total de ses facultés qui répond au désir qu'il a de cet objet, ou celle qu'il veut employer à satisfaire ce désir. On peut dire, en d'autres termes, que c'est le rapport de cette partie proportionnelle au total des facultés de l'homme, rapport qui s'exprimerait par une fraction, laquelle aurait pour numérateur l'unité et pour dénominateur le nombre de valeurs ou de parties proportionnelles égales que contiennent les facultés totales de l'homme.

Nous ne pouvons ici nous refuser une réflexion. Nous n'avons pas encore vu naître le commerce ; nous n'avons pas encore assemblé deux hommes, et dès ce premier pas de nos recherches nous touchons à une des plus profondes vérités et des plus neuves que renferme la théorie générale des valeurs. C'est cette vérité que l'abbé Galiani énonçait, il y a vingt ans, dans son traité *della Moneta*, avec tant de clarté et d'énergie, mais presque sans développement, en disant que la *commune mesure de toutes les valeurs est l'homme*. Il est vraisemblable que cette même vérité, confusément entrevue par l'auteur d'un ouvrage qui vient de paraître, sous le titre d'*Essai analytique sur la richesse et l'impôt* [a], a donné naissance à sa doctrine de la valeur constante et unique, toujours exprimée par l'unité, et dont toutes les valeurs particulières ne sont que des parties proportionnelles, doctrine mélangée chez lui de vrai et de faux, et qui, par cette raison, a paru assez obscure au plus grand nombre de ses lecteurs.

Ce n'est pas ici le lieu de développer ce qu'il peut effectivement y avoir d'obscur, pour nos lecteurs, dans la courte énonciation que nous venons de faire d'une proposition qui mérite d'être discutée avec une

---

[a] Par Graslin.

étendue proportionnée à son importance ; moins encore devons-nous en détailler dans ce moment les nombreuses conséquences.

Reprenons le fil qui nous a conduit jusqu'à présent ; étendons notre première supposition. Au lieu de ne considérer qu'un homme isolé, rassemblons-en deux : que chacun ait en sa possession des choses propres à son usage, mais que ces choses soient différentes et appropriées à des besoins différents. Supposons, par exemple, que, dans une île déserte, au milieu des mers septentrionales, deux sauvages abordent chacun de leur côté, l'un portant avec lui dans son canot du poisson plus qu'il n'en peut consommer, l'autre portant des peaux au-delà de ce qu'il peut employer pour se couvrir et se faire une tente. Celui qui a apporté du poisson a froid, celui qui a apporté des peaux a faim ; il arrivera que celui-ci demandera au possesseur du poisson une partie de sa provision, et lui offrira de lui donner à la place quelques-unes de ses peaux : l'autre acceptera. Voilà l'*échange*, voilà le commerce.

Arrêtons-nous un peu à considérer ce qui se passe dans cet échange. Il est d'abord évident que cet homme qui, après avoir pris sur sa pêche de quoi se nourrir pendant un petit nombre de jours, passé lequel le poisson se gâterait, aurait jeté le reste comme inutile, commence à en faire cas lorsqu'il voit que ce poisson peut servir à lui procurer (par la voie de l'échange) des peaux dont il a besoin pour se couvrir ; ce poisson superflu acquiert à ses yeux une valeur qu'il n'avait pas. Le possesseur des peaux fera le même raisonnement, et apprendra de son côté à *évaluer* celles dont il n'a pas un besoin *personnel*. Il est vraisemblable que, dans cette première situation, où nous supposons nos deux hommes pourvus chacun surabondamment de la chose qu'il possède, et accoutumés à n'attacher aucun prix au superflu, le débat sur les conditions de l'échange ne sera pas fort vif ; chacun laissera prendre à l'autre, l'un tout le poisson, l'autre toutes les peaux, dont lui-même n'a pas besoin. Mais, changeons un peu la supposition : donnons à chacun de ces deux hommes un intérêt de garder leur superflu, un motif d'y attacher de la valeur : supposons qu'au lieu de poisson, l'un ait apporté du maïs, qui peut se conserver très longtemps ; que l'autre, au lieu de peaux, ait apporté du bois à brûler, et que l'île ne produise ni grain, ni bois. Un de nos deux sauvages a sa subsistance, et l'autre son chauffage, pour plusieurs mois ; ils ne peuvent aller renouveler leur provision qu'en retournant sur le continent, d'où peut-être ils ont été chassés par la crainte des bêtes féroces ou d'une nation ennemie ; ils ne le peuvent qu'en s'exposant sur la mer, dans une saison orageuse, à des dangers presque inévitables ; il est évident que la totalité du maïs et la totalité du bois deviennent très précieuses aux deux possesseurs, qu'elles ont pour eux une grande valeur ; mais le bois que l'un pourra consommer dans un mois lui deviendra fort inutile si, dans cet intervalle, il meurt de faim faute de maïs, et le possesseur du maïs ne sera pas plus avancé, s'il est exposé à périr de froid faute de bois : ils feront donc encore un échange, afin que chacun d'eux puisse avoir du bois et du maïs jusqu'au temps où la saison permettra de tenir la mer pour aller chercher sur le continent d'autre maïs et d'autre bois. Dans cette position, l'un et l'autre seront sans doute moins généreux ; chacun pèsera scrupuleusement toutes les considérations qui peuvent l'engager à préférer une certaine quantité de la denrée qu'il n'a pas à une certaine quantité de celle qu'il a ; c'est-à-dire, qu'il calculera la force des deux besoins, des deux intérêts entre lesquels il est balancé, savoir : l'intérêt de garder du maïs et celui d'acquérir du bois, et celui d'acquérir du maïs et de garder du bois ; en un mot, il en fixera très précisément la *valeur estimative* relativement à lui. Cette *valeur estimative* est proportionnée à l'intérêt qu'il a de se procurer ces deux choses et la comparaison des deux *valeurs* n'est évidemment que la comparaison des deux *intérêts*. Mais, chacun fait ce calcul de son côté, et les résultats peuvent être différents : l'un changerait trois mesures de maïs pour six brasses de bois ; l'autre ne voudrait donner ses six brasses de bois que pour neuf mesures de maïs. Indépendamment de cette espèce d'évaluation mentale par laquelle chacun d'eux compare l'intérêt qu'il a de garder à celui qu'il a d'acquérir, tous deux sont encore animés par un intérêt général et indépendant de toute comparaison ; c'est l'intérêt de garder chacun le plus qu'il peut de sa denrée, et d'acquérir le plus qu'il peut de celle d'autrui. Dans cette vue, chacun tiendra secrète la comparaison qu'il a faite intérieurement de ses deux intérêts, des deux valeurs qu'il attache aux deux denrées à échanger, et il sondera, par des offres plus faibles et des demandes plus fortes, le possesseur de la denrée qu'il désire. Celui-ci, tenant de son côté la même conduite, ils disputeront sur les conditions de l'échange et, comme ils ont tous deux un grand intérêt à s'accorder, ils s'accorderont à la fin : peu à peu chacun d'eux augmentera ses offres ou diminuera ses demandes, jusqu'à ce qu'ils conviennent enfin de donner une quantité déterminée de maïs pour une quantité déterminée de bois. Au moment où l'échange se fait, celui qui donne, par exemple, quatre mesures de maïs pour cinq brasses de bois, préfère sans doute ces cinq brasses aux quatre mesures de maïs ; il leur donne une valeur estimative supérieure ; mais, de son côté, celui qui reçoit les quatre mesures de maïs les préfère aux cinq brasses de bois. Cette supériorité de la *valeur estimative*, attribuée par l'acquéreur à la chose acquise sur la chose cédée, est essentielle à l'échange, car elle en est l'unique motif. Chacun resterait comme il est s'il ne trouvait un intérêt, un profit personnel, à échanger ;

si, relativement à lui-même, il n'estimait ce qu'il reçoit plus que ce qu'il donne.

Mais, cette différence de valeur estimative est réciproque et précisément égale de chaque côté ; car, si elle n'était pas égale, l'un des deux désirerait moins l'échange et forcerait l'autre à se rapprocher de son prix par une offre plus forte. Il est donc toujours rigoureusement vrai que chacun donne *valeur égale* pour recevoir *valeur égale*. Si l'on donne quatre mesures de maïs pour cinq brasses de bois, on donne aussi cinq brasses de bois pour quatre mesures de maïs et, par conséquent, quatre mesures de maïs *équivalent*, dans cet échange particulier, à cinq brasses de bois. Ces deux choses ont donc une *valeur échangeable* égale.

Arrêtons-nous encore. Voyons ce que c'est précisément que cette *valeur échangeable* dont l'égalité est la condition nécessaire d'un échange libre ; ne sortons point encore de la simplicité de notre hypothèse, où nous n'avons que deux contractants et deux objets d'échange à considérer. Ce n'est pas précisément la *valeur estimative* ou, en d'autres termes, l'intérêt que chacun des deux attachait séparément aux deux objets de besoin, dont il comparait la possession pour fixer ce qu'il devait céder de l'une pour acquérir de l'autre, puisque le résultat de cette comparaison pouvait être inégal dans l'esprit des deux contractants : cette première valeur, à laquelle nous avons donné le nom de *valeur estimative*, s'établit par la comparaison que chacun fait, de son côté, entre les deux intérêts qui se combattent chez lui ; elle n'a d'existence que dans l'esprit de chacun d'eux pris séparément. La valeur *échangeable*, au contraire, est adoptée par les deux contractants, qui en reconnaissent l'égalité et en font la condition de l'échange. Dans la fixation de la *valeur estimative*, chaque homme, pris à part, n'a comparé que deux intérêts : les deux intérêts qu'il attache à l'objet qu'il a et à celui qu'il désire avoir. Dans la fixation de la *valeur échangeable*, il y a deux hommes qui comparent et il y a quatre intérêts comparés ; mais, les deux intérêts particuliers de chacun des deux contractants ont d'abord été comparés entre eux à part, et ce sont les deux résultats qui sont ensuite comparés ensemble, ou plutôt débattus par les deux contractants, pour former une *valeur estimative moyenne* qui devient précisément la *valeur échangeable*, et à laquelle nous croyons devoir donner le nom de *valeur appréciative*, parce qu'elle détermine le *prix* ou la condition de l'échange.

On voit, par ce que nous venons de dire, que la *valeur appréciative* — cette valeur qui est égale entre les deux objets échangés — est essentiellement de la même nature que la *valeur estimative* ; elle n'en diffère que parce qu'elle est une *valeur estimative moyenne*. Nous avons vu plus haut que, pour chacun des contractants la valeur estimative de la chose donnée est plus forte que celle de la chose reçue, et que cette différence est précisément égale de chaque côté ; en prenant la moitié de cette différence pour l'ôter à la valeur la plus forte et la rendre à la plus faible, on les rendra *égales*. Nous avons vu que cette égalité parfaite est précisément le caractère de la *valeur appréciative* de l'échange. Cette *valeur appréciative* n'est donc évidemment autre chose que la *valeur estimative moyenne* entre celle que les deux contractants attachent à chaque objet.

Nous avons prouvé que la *valeur estimative* d'un objet, pour l'homme isolé, n'est autre chose que le rapport entre la portion de facultés qu'un homme peut consacrer à la recherche de cet objet et la totalité de ses facultés ; donc, la valeur appréciative dans l'échange entre deux hommes est le rapport entre la somme des portions de leurs facultés respectives qu'ils seraient disposés à consacrer à la recherche de chacun des objets échangés et la somme des facultés de ces deux hommes.

Il est bon d'observer ici que l'introduction de l'échange entre nos deux hommes augmente la richesse de l'un et de l'autre, c'est-à-dire leur donne une plus grande quantité de jouissances avec les mêmes facultés. Je suppose, dans l'exemple de nos deux sauvages, que la plage qui produit le maïs et celle qui produit le bois soient éloignées l'une de l'autre. Un sauvage seul serait obligé de faire deux voyages pour avoir sa provision de maïs et celle de bois ; il perdrait, par conséquent, beaucoup de temps et de fatigue à naviguer. Si, au contraire, ils sont deux, ils emploieront, l'un à couper du bois, l'autre à se procurer du maïs, le temps et le travail qu'ils auraient mis à faire le second voyage. La somme totale du maïs et du bois recueilli sera plus forte et, par conséquent, la part de chacun.

Revenons. Il suit de notre définition de la *valeur appréciative* qu'elle n'est point le rapport entre les deux choses échangées, ou entre le prix et la chose vendue, comme quelques personnes ont été tentées de le penser. Cette expression manquerait absolument de justesse dans la comparaison des deux valeurs, des deux termes de l'échange. Il y a un rapport d'égalité, et ce rapport d'égalité suppose deux choses déjà égales ; or, ces deux choses égales ne sont point les deux choses échangées, mais bien les valeurs des choses échangées. On ne peut donc confondre les valeurs, qui ont un rapport d'égalité, avec ce rapport d'égalité qui suppose deux valeurs comparées.

Il y a, sans doute, un sens dans lequel les *valeurs* ont un rapport, et nous l'avons expliqué plus haut en approfondissant la nature de la valeur estimative ; nous avons même dit que ce rapport pouvait, comme tout rapport, être exprimé par une fraction. C'est précisément l'égalité entre ces deux fractions qui forme la condition essentielle de l'échange, égalité qui s'obtient en fixant la valeur *appréciative* à la moitié de la différence entre les deux *valeurs estimatives*.

Dans le langage du commerce, on confond souvent sans inconvénients le *prix* avec la *valeur*, parce qu'effectivement l'énonciation du prix renferme toujours l'énonciation de la valeur. Ce sont pourtant des notions différentes qu'il importe de distinguer.

Le *prix* est la chose qu'on donne en échange d'une autre. De cette définition, il suit évidemment que cette autre chose est aussi le *prix* de la première : quand on parle de l'échange, il est presque superflu d'en faire la remarque et, comme tout commerce est échange, il est évident que cette expression (le *prix*) convient toujours réciproquement aux choses commercées qui sont également le prix l'une de l'autre [a]. Le prix de la chose achetée, ou si l'on veut les deux prix, ont une valeur égale : le prix vaut l'emplette et l'emplette vaut le prix ; mais le nom de *valeur*, à parler rigoureusement, ne convient pas mieux à l'un des deux termes de l'échange qu'à l'autre. Pourquoi donc emploie-t-on ces deux termes l'un pour l'autre ? En voici la raison, dont l'explication nous fera faire encore un pas dans la théorie des *valeurs*.

Cette raison est l'impossibilité d'énoncer la valeur en elle-même. On se convainc facilement de cette impossibilité pour peu qu'on réfléchisse sur ce que nous avons dit et démontré de la nature de la valeur.

Comment trouver, en effet, l'expression d'un rapport dont le premier terme, le numérateur, l'unité fondamentale, est une chose inappréciable, et qui n'est connue que de la manière la plus vague ? Comment pourrait-on prononcer que la valeur d'un objet correspond à la deux-centième partie des facultés de l'homme, et de quelles facultés parlerait-on ? Il faut certainement faire entrer dans le calcul de ces facultés la considération du temps, mais à quel intervalle se fixera-t-on ? Prendra-t-on la totalité de la vie, ou une année, ou un mois, ou un jour ? Rien de tout cela, sans doute ; car, relativement à chaque objet de besoin, les facultés de l'homme doivent être, pour se les procurer, indispensablement employées pendant des intervalles plus ou moins longs et dont l'inégalité est très grande. Comment apprécier ces intervalles d'un temps qui, en s'écoulant à la fois par toutes les espèces de besoins de l'homme, ne doit cependant entrer dans le calcul que pour des *durées inégales* relativement à chaque espèce de besoin ? Comment évaluer des parties imaginaires dans une durée toujours une, et qui s'écoule, si l'on peut s'exprimer ainsi, sur une ligne indivisible ? Et quel fil pourrait guider dans un pareil labyrinthe de calculs, dont tous les éléments sont indéterminés ? Il est donc impossible d'exprimer la valeur en elle-même ; et tout ce que peut énoncer à cet égard le langage humain, c'est que la *valeur* d'une chose égale la *valeur* d'une autre. L'in-

---

[a] Dans le langage actuel, le *prix* est exclusivement la *valeur d'échange* avec la monnaie.

térêt apprécié ou plutôt senti par deux hommes, établit cette équation dans chaque cas particulier, sans qu'on ait jamais pensé à *sommer* les facultés de l'homme pour en comparer le total à chaque objet de besoin. L'intérêt fixe toujours le résultat de cette comparaison ; mais il ne l'a jamais faite, ni pu faire.

Le seul moyen d'énoncer la *valeur* est donc, comme nous l'avons dit, d'énoncer qu'une chose est égale à une autre en valeur ; ou, si l'on veut, en d'autres termes, de présenter une valeur comme égale à la valeur cherchée. La valeur n'a, ainsi que l'étendue, d'autre mesure que la valeur ; et l'on mesure les valeurs en y comparant des valeurs, comme on mesure des longueurs en y appliquant des longueurs ; dans l'un et l'autre moyens de comparaison, il n'y a point d'*unité fondamentale* donnée par la nature ; il n'y a qu'une *unité arbitraire* et de convention. Puisque, dans tout échange, il y a deux valeurs égales, et qu'on peut donner la mesure de l'une en énonçant l'autre, il faut convenir de l'unité arbitraire qu'on prendra pour fondement de cette mesure ou, si l'on veut, pour élément de la numération des parties dont on composera son échelle de comparaison des valeurs. Supposons qu'un des deux contractants de l'échange veuille énoncer la valeur de la chose qu'il acquiert : il prendra, pour unité de son échelle des valeurs, une partie constante de ce qu'il donne, et il exprimera en nombre, en fractions de cette unité, la quantité qu'il en donne pour une quantité fixe de la chose qu'il reçoit. Cette quantité *énoncera* pour lui la *valeur* et sera le *prix* de la chose qu'il reçoit ; d'où l'on voit que *le prix est toujours l'énonciation de la valeur*, et qu'ainsi, pour l'acquéreur, *énoncer la valeur*, c'est *dire le prix de la chose* acquise. En énonçant la quantité de celle qu'il donne pour l'acquérir, il dira donc indifféremment que cette quantité est la *valeur*, ou le *prix* de ce qu'il achète. En employant ces deux façons de parler, il aura le même sens dans l'esprit, et fera naître le même sens dans l'esprit de ceux qui l'entendent ; ce qui fait sentir comment les deux mots de *valeur* et de *prix*, quoique exprimant des notions essentiellement différentes, peuvent être sans inconvénient substitués l'un à l'autre dans le langage ordinaire, lorsqu'on n'y recherche pas une précision rigoureuse.

Il est assez évident que si un des deux contractants a pris une certaine partie arbitraire de la chose qu'il donne pour mesurer la valeur de la chose qu'il acquiert, l'autre contractant aura le même droit à son tour de prendre cette même chose acquise par son antagoniste, mais donnée par lui-même, pour mesurer la valeur de la chose que lui a donnée son antagoniste et qui servait de mesure à celui-ci. Dans notre exemple, celui qui a donné quatre sacs de maïs pour cinq brasses de bois prendra pour unité de son échelle le sac de maïs, et dira : la brasse de bois vaut quatre cinquièmes du sac de maïs. Celui qui a donné du bois pour le maïs prendra, au contraire, la brasse de bois pour son unité, et dira : le sac de maïs vaut une brasse et un quart. Cette opération est exactement la même que celle qui se passe entre deux hommes qui voudraient évaluer réciproquement, l'un l'aune de France en *vares* d'Espagne, et l'autre la *vare* d'Espagne en aunes de France.

Dans les deux cas, on prend, pour une unité fixe et indivisible, la chose à évaluer, et on l'évalue, en la comparant à une partie de la chose dont on se sert pour évaluer une partie qu'on a prise arbitrairement pour l'unité. Mais, de même que la *vare* d'Espagne n'est pas plus mesure de l'aune de France que l'aune de France n'est mesure de la *vare* d'Espagne, le sac de maïs ne mesure pas plus la valeur de la brasse de bois que la brasse de bois ne mesure la valeur du sac de maïs.

On doit tirer, de cette proposition générale, que, *dans tout échange, les deux termes de l'échange sont également la mesure de la valeur de l'autre terme*. Par la même raison, *dans tout échange, les deux termes sont également gages représentatifs l'un de l'autre*, c'est-à-dire que celui qui a du maïs peut se procurer, avec ce maïs, une quantité de bois égale en valeur, de même que celui qui a le bois peut, avec ce bois, se procurer une quantité de maïs égale en valeur.

Voilà une vérité bien simple, mais bien fondamentale, dans la théorie des valeurs, des monnaies et du commerce. Toute palpable qu'elle est, elle est encore souvent méconnue par de très bons esprits, et l'ignorance de ses conséquences les plus immédiates a jeté souvent l'administration dans les erreurs les plus funestes. Il suffit de citer le fameux *système de Law*.

Nous nous sommes arrêtés bien longtemps sur ces premières hypothèses de l'homme isolé, et de deux hommes échangeant deux objets ; nous avons voulu en tirer toutes les notions de la théorie des valeurs, qui n'exigent pas plus de complication. En nous plaçant ainsi toujours dans l'hypothèse la plus simple possible, les notions que nous en faisons résulter se présentent nécessairement à l'esprit d'une manière plus nette et plus dégagée.

Nous n'avons plus qu'à étendre nos suppositions, à multiplier le nombre des échangeurs et des objets d'échange, pour voir naître le commerce et pour compléter la suite des notions attachées au mot *valoir*.

Il nous suffira même, pour ce dernier objet, de multiplier les hommes, en ne considérant toujours que deux seuls objets d'échange.

Si nous supposons quatre hommes au lieu de deux, savoir, deux possesseurs de bois et deux possesseurs de maïs, on peut d'abord imaginer que deux échangeurs se rencontrent d'un côté, et deux de l'autre, sans communication entre les quatre ; alors, chaque échange se fera à part, comme si les deux contractants étaient seuls au monde. Mais, par cela même que les deux échanges se font à part, il n'y a aucune raison pour qu'ils se fassent aux mêmes conditions. Dans chaque échange pris séparément, la *valeur appréciative* des deux objets échangés est égale de part et d'autre ; mais il ne faut pas perdre de vue que cette *valeur appréciative* n'est autre chose que le résultat moyen des deux *valeurs estimatives* attachées aux objets d'échange par les deux contractants. Or, il est très possible que ce résultat moyen soit absolument différent dans les deux échanges convenus à part, parce que les *valeurs estimatives* dépendent de la façon dont chacun considère les objets de ses besoins, et de l'ordre d'utilité qu'il leur assigne parmi ses autres besoins ; elles sont différentes pour chaque individu. Dès lors, si l'on ne considère que deux individus d'un côté et deux individus de l'autre, le résultat moyen pourra être très différent. Il est très possible que les contractants d'un des échanges soient moins sensibles au froid que les contractants de l'autre ; cette circonstance suffit pour leur faire attacher moins d'estime au bois, et plus au maïs. Ainsi, tandis que, dans un des deux échanges, quatre sacs de maïs et cinq brasses de bois ont une *valeur appréciative* égale, pour les deux autres contractants, cinq brasses de bois n'équivaudront qu'à deux sacs de maïs pour les autres contractants, ce qui n'empêchera pas que, dans chaque contrat, la valeur des deux objets ne soit exactement égale pour les contractants, puisqu'on donne l'une pour l'autre.

Rapprochons maintenant nos quatre hommes, mettons-les à portée de communiquer, de s'instruire des conditions offertes par chacun des propriétaires, soit du bois, soit du maïs. Dès lors, celui qui consentait à donner quatre sacs de maïs pour cinq brasses de bois, ne le voudra plus lorsqu'il saura qu'un des propriétaires du bois consent à donner cinq brasses de bois pour deux sacs de maïs seulement. Mais, celui-ci apprenant à son tour qu'on peut avoir pour la même quantité de cinq brasses de bois quatre sacs de maïs, changera aussi d'avis, et ne voudra plus se contenter de deux. Il voudrait bien en exiger quatre ; mais les propriétaires du maïs ne consentiront pas plus à les donner que les propriétaires du bois ne consentiront à se contenter de deux. Les conditions des échanges projetés seront donc changées, et il se formera une nouvelle *évaluation*, une nouvelle appréciation de la valeur du bois et de la valeur du maïs. Il est d'abord évident que cette appréciation sera la même dans les deux échanges et pour les quatre contractants, c'est-à-dire que, pour la même quantité de bois, les deux possesseurs du maïs ne donneront ni plus ni moins de maïs l'un que l'autre, et que réciproquement les deux possesseurs de bois ne donneront ni plus ni moins de bois pour la même quantité de maïs. On voit, au premier coup d'œil, que si un des possesseurs de maïs exigeait moins de bois que l'autre pour la même quantité de maïs, les deux possesseurs de bois s'adresseraient à lui pour profiter de ce rabais : cette concurrence engagerait ce propriétaire à demander plus de bois qu'il n'en demandait pour la même quantité de maïs : de son côté, l'autre possesseur de maïs baisserait sa demande de bois, ou hausserait son offre de maïs, pour rappeler à lui les possesseurs du bois dont il a besoin, et cet effet aurait lieu jusqu'à ce que les deux possesseurs de maïs en offrissent la même quantité pour la même quantité de bois.

103. — LA CORVÉE DES CHEMINS.

Extrait d'un article des *Éphémérides du Citoyen* [a]
sur la différence entre le système de Fontette et celui de Turgot.

(Dans la généralité de Caen, on a ouvert tant de petits ateliers pour des chemins de traverse que toutes les paroisses ont une tâche de corvée à remplir. Dans la généralité de Limoges, on a préféré d'employer presque tout le travail à la construction des grandes routes qui traversent la Province. Outre que ces routes sont les plus importantes, il y a eu, pour se borner à les établir, une raison fort sérieuse. Les contribuables de la généralité de Limoges sont très pauvres et très surchargés par le taux de l'impôt territorial qui, proportionnellement au revenu, y est beaucoup plus fort que dans aucune autre province du Royaume... Si l'on entreprenait un trop grand nombre de travaux à la fois, on risquerait de deux inconvénients un : ou l'on n'en avancerait notablement aucun, ce qui les rendrait pendant très longtemps presque inutiles et en pure perte, d'autant que les accidents naturels, les pluies, etc., les dégraderaient avant qu'ils fussent achevés... ou, si l'on voulait presser la construction avec vigueur, on en ferait un fardeau trop pesant et au-dessus des forces de ceux qui doivent le supporter. C'est ce qu'on doit

---

[a] On a vu plus haut, p. 64 dans une lettre à Du Pont de Nemours que celui-ci inséra une note de Turgot dans les *Éphémérides du Citoyen* de 1769 (t. VIII, octobre) sur la corvée au milieu d'un article relatif à une brochure anonyme intitulée « *Lettre à M. N... ingénieur des Ponts et Chaussées, sur l'ouvrage de M. Du Pont qui a pour titre De l'Administration des chemins* ».

Cette lettre à M. N... était une réponse à autre lettre que l'ingénieur N... avait précédemment adressée aux *Éphémérides*. Je n'ai pu distinguer la note de Turgot du reste de l'article de Du Pont, mais j'extrais de ce dernier une comparaison du système de Fontette et du système de Turgot. Cette comparaison a de l'intérêt, non seulement au point de vue de l'histoire de la suppression de la corvée des chemins, mais aussi, en raison des rapports personnels de Turgot et de Fontette.

éviter avec beaucoup de soin, car, s'il y a un terme où des chemins valent, par les débouchés qu'ils procurent, plus qu'ils ne coûtent, même par les moyens les plus onéreux et même par la corvée, il est évident qu'il serait possible de les multiplier tant ou de vouloir les exécuter si précipitamment qu'on atteindrait un autre terme où ils coûteraient plus qu'ils ne vaudraient, même en les faisant construire de la manière la moins dispendieuse et la plus avantageuse à tout le monde par des ouvriers que paieraient les propriétaires des terres.

C'est cet inconvénient, dans lequel M. Turgot n'a pas voulu tomber, qui l'a déterminé, très sagement à ce qu'il semble, à ne point aller trop vite. La contribution annuelle pour les chemins, dans les trois provinces de Limousin, d'Angoumois et de Basse-Marche, qui composent la généralité de Limoges, n'a guère monté, depuis qu'elle se paie en argent, que de 130 à 150 000 livres. Il serait très dangereux de la porter plus haut avant que la Province soit enrichie par l'effet même des chemins et surtout par la liberté de s'en servir pour le débit de ses productions ; débit qui a été tant et si longtemps interdit, quant aux grains, par celles de nos lois prohibitives qui sont à peine abolies aujourd'hui et dont il subsiste des traces de fait, quoiqu'elles n'aient plus d'existence de droit ; débit qui est encore gêné, quant aux vins et aux eaux-de-vie, par le privilège exclusif de la sénéchaussée de Bordeaux et par les espèces de corvée, dont les fournitures de la marine ont embarrassé la navigation de la Charente ; débit qui est restreint, quant aux bestiaux, par les entrées de Paris et surtout par l'impôt, de plus de 78 p. 100 que la caisse de Poissy et de Sceaux lève sur les fonds que les bouchers peuvent employer pour fournir à la consommation de la viande dans cette grande ville, laquelle est le principal et presque le seul débouché des bœufs du Limousin, comme les bœufs sont eux-mêmes la production la plus particulièrement propre à cette province ; débit enfin, qui est rançonné, quant à toutes les marchandises et productions quelconques, par les droits de traite qui se paient à Argenton.

De toutes ces raisons, il résulte que l'on ne pouvait faire travailler qu'aux grandes routes dans la généralité de Limoges. Or, si l'on se fût borné à répartir le rachat des corvées sur les seules paroisses qui auraient été dans le cas de souffrir la surcharge de la corvée en nature sur ces routes en raison de la tâche qui leur aurait été adjugée, il est évident que l'on serait tombé dans l'inconvénient de laisser au rachat des corvées la même inégalité et le même arbitraire dans la répartition qui sont inévitables dans la corvée même, et que l'on aurait laissé échapper l'avantage immense de rendre cette contribution beaucoup plus légère pour tous en la répartissant sur tous les taillables de la Province et au marc la livre des autres impositions.

Dans la généralité de Caen, comme toutes les paroisses avaient tous les ans une tâche de corvée, on a pensé qu'il revenait au même de faire racheter à chaque paroisse sa tâche particulière et, en effet, le résultat doit être le même, si l'on est bien assuré de donner tous les ans à chaque paroisse une tâche parfaitement proportionnée à celle que supportent les autres… Il paraît que les ingénieurs de la généralité de Caen ont vaincu cette difficulté pour le moment, car l'*anonyme* [a] nous apprend que la contribution de toutes les paroisses se trouve actuellement à cinq sols pour livre du capital de la taille, taux qui pourrait sembler un peu fort, relativement à beaucoup de provinces, quoiqu'il puisse ne l'être pas trop par rapport aux facultés de la généralité de Caen. Mais cette répartition, exactement proportionnée, qui peut être exécutable à présent, grâce aux soins continuels, à l'attention scrupuleuse, au talent, au zèle, aux lumières et au travail pénible de MM. les ingénieurs de la généralité de Caen, ne sera plus possible quand une partie des chemins utiles seront achevés et qu'il en restera encore une autre à finir, comme cela arrivera sûrement quelque jour. Alors, les paroisses voisines des parties achevées ne se trouveront plus avoir qu'une tâche d'entretien nécessairement médiocre et celles qui seront situées près des parties de chemins imparfaites auront encore une tâche de construction nécessairement considérable, puisqu'il est plus coûteux de faire des chemins que de les entretenir.

L'intérêt des paroisses, situées sur un chemin achevé dans un endroit et impraticable dans un autre, est pourtant le même, soit qu'elles se trouvent à une lieue plus près ou à une lieue plus loin de l'endroit défectueux. Mais, la répartition de la dépense à faire pour remédier à ce mal commun pour toutes deux deviendrait excessivement inégale, si l'on se bornait à faire rembourser par chacune l'adjudication de la tâche dont elle aurait pu être chargée par le système de la corvée en nature. Il en serait de même pour les simples tâches d'entretien quand il ne s'agira que de celles-là. Les paroisses qui se trouveraient auprès des endroits où la pierre serait d'une moins bonne qualité, de ceux où les pluies se rassemblent, de ceux où le fonds n'a pas de solidité, resteraient seules ou presque seules chargées des réparations. Celles qui seraient situées vers les endroits où la route est appuyée sur le roc, où elle serait caillotée d'éclats de granit ou de ces gros silex arrondis que roulent quelques rivières, jouiraient, sans frais, de la dépense et des efforts perpétuels de leurs concitoyens ; cela ne serait, ni économique, ni juste ; aussi M. de Fontette est-il un magistrat trop éclairé pour ne pas pourvoir alors à cet inconvénient. Dès qu'il verra s'approcher une

---

[a] L'auteur de la brochure.

des deux époques qui rendront la chose indispensable, il prendra, sans doute, des arrangements qui feront payer régulièrement et, dans tous les cas, au moins à tous les taillables de la Province, la dépense nécessaire pour les chemins qui servent à l'utilité de toute la Province.

C'est ce que M. Turgot a établi dans la généralité de Limoges, où le rachat que chaque paroisse (qui, selon l'ancien système aurait été dans le cas d'avoir une tâche de corvées en nature) ne fait de cette tâche, en payant l'adjudication qui en a été faite, qu'une formule pour assurer l'emploi des fonds et la perfection de l'ouvrage, puisque chacune de ces paroisses, qui ont été titulairement parties contractantes dans l'adjudication au rabais qui s'est faite de leurs tâches particulières, sont déchargées sur la taille au département, de toute la somme qu'elles ont payée à l'adjudicataire et n'ont plus à supporter que leur quote-part d'un rôle total formé de la réunion de tous les procès-verbaux d'adjudication, ajoutés à la somme totale des autres impositions et répartis avec elle sur la totalité des contribuables. Cet arrangement compense l'inégalité des tâches et des adjudications ; il ferme la porte à l'arbitraire dans la répartition de l'impôt des chemins. S'il était adopté, même dès aujourd'hui dans la généralité de Caen, il épargnerait à MM. les ingénieurs le travail prodigieux, minutieux et toujours inquiétant pour des âmes honnêtes, de distribuer équitablement les tâches de corvée... La contribution partagée au *marc la livre* de la taille sur toute la Province aurait une règle de répartition sûre, légale et la mieux proportionnée qui se puisse avec les facultés des contribuables, du moins dans l'état d'ignorance où l'on est encore sur les véritables règles de la répartition de tout impôt et de la taille même.

Cet arrangement présenterait encore un autre avantage ; les villes taillables sont peuplées d'un grand nombre de propriétaires qui, par divers privilèges, sont exempts de la corvée en nature et qui, cependant, ont autant et, disons mieux, beaucoup plus d'intérêt à la construction des chemins que les cultivateurs qui y sont soumis. Or, la répartition, proportionnée à la taille, fait contribuer ces propriétaires au soulagement de la Province, ainsi que la chose est juste en elle-même et d'autant plus juste que les villes sont le terme naturel où aboutissent les chemins, quoiqu'on ait toujours obligé les campagnes seulement de les construire.

Il nous semble qu'il a été prouvé : 1° que les corvées sont une des plus pernicieuses inventions qui soient sorties... de tête administrante ; 2° que l'apparente économie qu'elles présentent, au premier coup d'œil des hommes ignorants, couvre une dépense, une dégradation et une destruction de richesses aussi réelle qu'excessive ; 3° que les cultivateurs, que les propriétaires des terres, que les bons citoyens, que le

Gouvernement, que les philosophes, que tous les amis du genre humain doivent avoir la plus grande obligation à M. de Fontette pour avoir le premier osé sortir de la routine établie et faire à la généralité de Caen le bien d'y abolir les corvées, malgré les préjugés de ceux mêmes qui devraient retirer le plus d'avantages de cette opération bienfaisante ; 4° qu'on ne doit pas moins de reconnaissance à M. Turgot qui, en adoptant cet exemple si louable, y a joint une méthode où se font si bien remarquer la sagesse également éclairée sur l'ensemble et sur les détails et l'équité scrupuleuse qui distingue son caractère, une méthode propre à prévenir l'arbitraire dans tous les temps...

Il y a environ dix ans que l'abolition des corvées est commencée dans la généralité de Caen. Il y en a six qu'elles n'ont plus lieu dans la généralité de Limoges... Ces essais sur deux grandes provinces et si bien justifiés par la raison et par l'expérience, ont été approuvés et même applaudis par le gouvernement, lequel verrait avec plaisir le zèle de ceux de MM. les Intendants qui voudraient imiter MM. de Fontette et Turgot. Plusieurs y songent...)

104. — QUESTIONS DIVERSES.

I. — *Mémoire sur la gomme élastique* [a].

[A. L, deux minutes et copie. — D. P., IX, 403, avec quelques changements.]

La gomme élastique dont on joint ici un échantillon, est une substance qui, comme un grand nombre de gommes et de résines, découle d'une incision faite à l'écorce de certains arbres, du genre des figuiers ; aussi, lorsqu'elle est récente, ressemble-t-elle à cette liqueur blanche que répandent les figuiers ordinaires lorsqu'on en coupe les jeunes branches, et qu'on appelle *lait de figuier*. Cette liqueur s'épaissit, en se desséchant à l'aide de la chaleur, et devient extrêmement compacte en conservant une très grande souplesse et beaucoup d'élasticité. Elle est impénétrable à l'eau, dans laquelle elle ne peut se dissoudre, à la différence des gommes. Elle ne se dissout pas non plus dans l'esprit de vin, à la différence des résines, et elle résiste à presque tous les dissolvants connus.

---

[a] Turgot fit passer ce Mémoire à Ko, l'un des Chinois pour lesquels il avait rédigé ses *Réflexions sur les Richesses*. Il ne paraît pas que Ko ait fait les commissions dont il fut chargé (Du Pont).

Ces propriétés la rendent propre à une foule d'usages et son état de liquidité, lorsqu'elle découle de l'arbre, donne la facilité de lui faire prendre toutes sortes de formes.

On en fait des bottines impénétrables à l'eau, des balles qui rebondissent avec beaucoup de force, des bouchons qui empêchent toute évaporation, des bouteilles qui conservent les liqueurs sans leur donner aucun goût, et avec lesquelles on les transporte sans craindre les accidents qui brisent les vaisseaux de verre ou de terre, ni les inconvénients de toute espèce qui accompagnent l'usage des vaisseaux de bois. Ces bouteilles, qu'on presse à volonté dans les mains, peuvent servir de seringues.

On en pourrait faire des tuyaux très commodes par leur souplesse et par la facilité de les adapter à toutes sortes de machines sans risquer de laisser échapper l'eau. La chirurgie en ferait les bandages les plus sûrs et les plus commodes pour comprimer les hernies, pour arrêter le sang dans les opérations. Les physiciens s'en serviraient pour fermer le passage à l'air dans la machine pneumatique, pour construire des baromètres portatifs et pour une multitude d'autres usages qui se présenteraient à chaque instant. Si l'on pouvait, avec cette matière, enduire des toiles, on aurait des vêtements et des tentes entièrement imperméables à l'eau et au froid extérieur.

Malheureusement, cette substance est encore très rare. La plus grande partie de celle qu'on peut se procurer se tire de la partie du Brésil la plus voisine de la rivière des Amazones, où les sauvages la préparent d'une manière grossière. Les indiens Mainas lui donnent le nom de *Caoutchouc*.

Le même arbre croit dans la province des Émeraudes, frontière du Pérou, dont les habitants lui donnent le nom de *Hévé*. Ce nom, plus doux que celui de caoutchouc, semblerait devoir être adopté, par préférence, pour désigner cette substance singulière. Puisqu'elle a des propriétés qui la distinguent de toute autre substance, elle doit plutôt être désignée par un nom qui lui soit propre que par une définition incomplète qui ne peut qu'en donner des idées fausses.

Les Indiens, pour faire prendre à cette matière la forme qu'ils veulent lui donner, font des moules de terre grasse, sur lesquels ils étendent avec un pinceau la liqueur laiteuse qui découle de l'arbre. Quand la première couche est sèche, ils en mettent une seconde et ainsi de suite jusqu'à ce que l'ouvrage ait toute l'épaisseur qu'ils veulent lui donner. Pour hâter la dessiccation, ils exposent ordinairement cet ouvrage à la fumée, ce qui contribue peut-être à donner à sa matière la couleur d'un brun sale que nous lui voyons. On retire ensuite de l'intérieur la terre qui a servi à le mouler.

On pourrait, au lieu de terre, se servir de cire, qu'on détacherait ensuite en la faisant fondre ; au moyen d'un fil ciré, on pourrait faire des tuyaux d'un diamètre très fin et l'on retirerait le fil qui aurait servi de moule.

On a découvert depuis peu, dans l'Ile de Madagascar, une espèce de figuier appelé par les Insulaires *finguer*, lequel donne aussi de la gomme élastique qu'on prépare de la même manière que sur les bords de l'Amazone.

On trouve encore, à la Chine, un arbre qui donne cette substance précieuse, et les Chinois paraissent avoir l'art de la préparer d'une manière beaucoup plus parfaite. Ils en font divers ouvrages. Ils savent la teindre et lui donner différentes couleurs. Ils savent mieux faire encore : ils la préparent de manière que, sans rien perdre de sa souplesse, elle a une assez belle transparence jaunâtre, à peu près comme l'ambre jaune ; en sorte qu'à tous les avantages qui la rendent si précieuse, elle joint encore en partie ceux du verre. C'est ce qui a donné l'idée de s'adresser plutôt à la Chine qu'en aucun autre lieu pour se procurer la quantité de gomme élastique qu'on voudrait avoir sous diverses formes, pour faire un grand nombre d'essais.

Voici ce qu'on désirerait :

1° Des plaques de différentes épaisseurs depuis trois lignes jusqu'à la moindre épaisseur possible. Quant à la grandeur, elle peut varier de huit à quinze pouces pour la largeur, et en longueur, depuis un pied jusqu'à sept. Il est bon d'en avoir quelques-unes de longues et propres à faire des bandes qui fassent une ou deux fois le tour du corps. On pourrait vraisemblablement exécuter ces plaques d'une manière très facile en se servant de plaques solides de bois, de verre, de carton, ou de toute autre matière qu'on suspendra par un angle au moyen d'un anneau, et qu'on enduira ensuite de tous les côtés avec le pinceau, comme on le pratique pour les autres moules. On formerait ainsi une espèce de sac composé de deux plaques de gomme élastique, qu'on séparerait en passant un couteau sur la tranche de la plaque solide qui aurait servi de moule, et en réservant, si l'on voulait, un des côtés pour n'avoir qu'une seule plaque d'une dimension double.

2° Si l'on pouvait enduire de cette substance quelques pièces d'étoffe mince et serrée, soit de toile, de fil ou de coton, soit de taffetas, ou autres tissus de soie, cela serait fort à désirer. Pour mettre en état de juger si, par ce moyen, l'on peut se procurer des étoffes impénétrables à l'eau, il faudrait ne donner à l'enduit que la moindre épaisseur possible et que la gomme élastique ne fît qu'imbiber les fils de la toile et en remplir les intervalles pour empêcher l'eau d'y passer. Si même on pouvait, au lieu de toile, enduire quelques feuilles de papier chinois ou autre papier mince de cette matière ou plutôt en imbiber, en guise de colle, du papier ainsi préparé pourrait être d'un grand usage.

3° On voudrait avoir des tuyaux depuis un pied jusqu'à trois ou quatre pieds de longueur et de différents diamètres, depuis un pouce jusqu'au plus petit diamètre qu'on pourra exécuter. L'épaisseur doit être au plus d'une ligne pour les tuyaux d'un pouce de diamètre. Il en faut aussi de plus minces. L'épaisseur doit être moindre, à proportion, pour les moindres diamètres.

4° On ne serait pas fâché d'avoir aussi des cylindres ou baguettes de la même dimension que les tuyaux, mais qui soient pleins.

5° On demande encore des bouteilles, les unes en forme de poires, les autres en forme de ballons de différentes grandeurs, depuis un pied jusqu'à deux ou trois pouces de diamètre, toutes ayant un goulot de quelques pouces de long et d'un diamètre proportionné à la bouteille, de manière cependant que le plus gros goulot ne passe pas deux pouces de diamètre et que le plus petit n'ait pas moins de trois à quatre lignes. Il est bon que les goulots soient garnis d'un anneau un peu saillant comme ceux des bouteilles de verre. À l'égard de l'épaisseur, elle doit être de deux lignes au plus dans les gros ballons, et il est à désirer d'en avoir de différentes épaisseurs, extrêmement minces, même parmi les plus gros ballons, à plus forte raison parmi les petits ; s'il y en avait quelques-uns qui n'eussent que l'épaisseur d'une feuille de papier, cela n'en serait que mieux. Une chose bien essentielle est que tous ces morceaux soient, autant qu'on le pourra, unis et sans ornements. Les Indiens sont dans l'usage d'y dessiner différentes figures en gravant légèrement la superficie extérieure. Ces inégalités ont le double inconvénient d'empêcher que cette superficie ne s'applique exactement contre les différents corps et de diminuer la force de la matière dans les endroits où l'épaisseur est diminuée par l'enfoncement de ces traits.

6° De petites fioles oblongues, de trois pouces de long environ sur un pouce ou même un peu moins de diamètre et terminées à un bout par deux petits tuyaux d'un pouce de long et deux lignes de diamètre environ, le tout à peu près suivant cette figure U. Il serait bon qu'elles fussent assez épaisses, comme d'environ une ligne, et même un peu plus vers le bout opposé aux deux petits goulots. On voudrait un grand nombre de morceaux de cette sorte qui sont destinés à faire des baromètres portatifs.

7° On voudrait encore avoir des bouts de tuyaux fermés par une extrémité en forme de dés à coudre ou de petites timbales, depuis un pouce jusqu'à trois de hauteur. Il faudrait leur donner environ une ligne d'épaisseur. Ces godets ou timbales, dont on envelopperait les bouchons de liège ou même de bois, serviraient à boucher très exactement toutes sortes de vases.

8° On a des raisons de penser que la liqueur laiteuse qui coule de l'incision faite aux arbres dont il s'agit, se conserve très longtemps fluide lorsqu'elle est en grande masse et qu'elle n'est point exposée à l'air ; que, par conséquent, il serait facile d'en transporter en Europe dans des bouteilles de grès ou même dans des barriques. Rien ne serait plus précieux que d'en envoyer de cette manière ; les savants seraient alors en état de tenter sur cette matière toutes sortes d'entreprises.

9° Si ceux qui sont à portée de donner quelques notions sur la manière dont les Chinois préparent cette substance voulaient en prendre la peine, cela serait de la plus grande utilité.

10° Enfin, il serait très désirable de pouvoir multiplier l'arbre qui donne cette substance dans toutes les parties de l'Inde et de l'Amérique, ou même dans les parties méridionales de l'Europe, comme l'Espagne et la Sicile, afin qu'elle devînt un grand objet de commerce, et que l'industrie pût s'exercer de toute part sur cette matière qui présente aux arts, aux sciences, aux besoins de l'humanité tant de moyens nouveaux. Pour cela, il faudrait en semer des graines dans des pots de terre qu'on embarquerait, en recommandant au capitaine de les faire arroser régulièrement ; mais il faudrait être sûr d'avoir un capitaine soigneux, attentif, et qui mît quelque zèle au succès de cette commission.

II. — *La Carte du Limousin.*

Lettres à Cornuau, ingénieur géographe.

[A. L., originaux.]

Paris, 7 mai.

J'ai reçu, M., votre modèle de topomètre sur l'exécution duquel je trouve encore quelques difficultés. Si l'instrument doit être exactement conforme au modèle, je crains que le tout ne soit bien léger et la distance des deux pinnules bien petite, ce qui doit rendre le rayon visuel moins sûr. D'ailleurs, quand l'instrument sera fort loin du bord de la planchette du côté duquel on observe, l'œil se trouvera bien loin de la première pinnule. J'aurais imaginé que la règle mobile devait être beaucoup plus longue et tout l'instrument plus fort. Mandez-moi, si vous pouvez, par le premier courrier, quelles dimensions précises vous croyez devoir donner aux pièces de cet instrument, afin que je puisse y faire travailler en conséquence.

Je suis très parfaitement...

Paris, 22 août.

J'ai reçu, M., votre lettre du 16 et, puisque vous pouvez sans trop vous déranger passer quelques jours à Limoges pour faire terminer sous vos yeux l'arpentement de la paroisse de Soubrebost [a], je serais fort aise que vous puissiez vous y rendre dans le cours de la semaine prochaine lorsque vous aurez fini cette opération. Vous pourrez aller joindre M. Capitaine qui travaille du côté de Chalus [b] et former avec lui votre chaîne de triangles qui doit traverser le Périgord pour se rejoindre à celle de l'Angoumois.

Je suis, très parfaitement M...

La carte du Limousin. — Cette carte fut achevée et publiée sous le successeur de Turgot, avec le titre ci-après :

« Carte de la généralité de Limoges, levée géométriquement, dédiée à Messire J.-B. Nicolas d'Aine... par ses très humbles serviteurs, Cornuau et Capitaine, ingénieurs géographes du Roi (1781). Échelle de 25 000 toises. Paris et Limoges. »

Elle fut tirée à nouveau en 1783, avec dédicace à l'intendant Meulan d'Arbois et signature de Capitaine, seul.

Cornuau a publié de son côté, la même année, la *Carte itinéraire et minéralogique* de la Généralité, en indiquant qu'elle avait été dressée par ordre de l'intendant d'Aine.

Il est à signaler que, dans les *Mémoires sur l'Observatoire de Paris,* publiés en 1810, par Cassini IV (p. 120), celui-ci se plaint des déboires que lui aurait valu la construction de la grande carte de France et dit à ce propos : « Ces avis furent inutiles, plusieurs de MM. les Intendants se crurent aussi bons géographes qu'administrateurs, mais ce qui avait été prédit arriva. La généralité de Limoges, au lieu de nous donner 10 000 livres, en dépensa 100 000 pour le plaisir de faire elle-même sa carte. »

Il est peu probable que la généralité de Limoges ait dépensé une somme aussi considérable et il n'est nullement certain que Cassini eût mieux fait. (Voir à ce sujet la première lettre à Cornuau, tome II, p. 600.)

III. — La Compagnie des Indes.

Lettres à l'abbé Morellet.

[Morellet, Mémoires, I, 174 et s.]

25 juillet.

---

[a] Creuse, canton de Bourganeuf.
[b] Haute-Vienne.

J'ai lu, mon cher abbé, votre ouvrage ᵃ pendant mon voyage, au moyen de quoi j'ai été détourné de la tentation de faire des vers, soit métriques, soit rimés, et j'ai beaucoup mieux employé mon temps. Ce *Mémoire* doit atterrer le parti des directeurs ; la démonstration y est portée au plus haut degré d'évidence. J'imagine cependant qu'ils vous répondront et qu'ils tâcheront de s'accrocher à quelque branche où ils croiront trouver prise ; mais je les défie d'entamer le tronc de vos démonstrations. J'en suis, en général, fort content, quoique j'y trouve quelques petits articles à critiquer, quelques défauts de développements, quelques phrases obscures ; mais tout cela est une suite de la célérité forcée qu'il a fallu donner à la composition et à l'impression et, comme je suis fort loin d'être sans péché, je ne vous jette point de pierres... ᵇ

3 octobre.

J'ai reçu, mon cher abbé, votre réponse à M. Necker ᶜ. Je vous en fais mon compliment de tout mon coeur ; elle m'a fait le plus grand plaisir ; elle est aussi modérée qu'elle peut l'être, en démontrant, aussi clairement que vous le faites, les torts de votre adversaire. Je suis persuadé qu'elle fera revenir le public, et que M. Necker n'aura joui que d'un triomphe passager. C'est lui qui, à présent, aura du mérite à ne pas se brouiller avec vous.

IV. — *La Comète de 1769.*

Lettre à Blostron, maître des requêtes.

[A. L., Minute.]

Limoges, 19 octobre.

Je ne sais comment il s'est fait, M., que j'aie tant tardé à vous remercier de la bonté que vous avez eue de m'adresser les éléments de la

---

ᵃ *Mémoire* que, sur l'invitation du Contrôleur général, Maynon d'Invau, l'abbé Morellet publia, en 1769, contre le privilège de la Compagnie des Indes.
ᵇ « Turgot, dit Morellet, combat ensuite une assertion que j'avais faite, que, le commerce rendu libre, le prix des marchandises indiennes, aux Indes même, n'augmenterait pas pour les acheteurs : c'est une discussion trop abstraite pour que je l'insère ici, et je ne crois pas encore avoir eu tort en ce point. »
ᶜ Necker avait pris la défense de la Compagnie des Indes. Morellet avait répliqué. Malgré cette polémique, tous deux restèrent en relations amicales.

comète. M. Messier [a] a bien voulu me les adresser aussi et je vous serai obligé de vouloir bien lui en faire tous mes remerciements.

Ne trouvez-vous pas assez plaisant que M. de Lalande [b] nous ait donné un premier calcul aussi différent que le second ? Il est vrai qu'il nous a prévenus sur le peu de cas qu'il fait de l'exactitude.

J'aime aussi beaucoup qu'il nous avertisse de ne pas confondre une comète directe avec celle de 1533 qui était rétrograde.

Il me semble qu'on ne parle guère de Vénus [c]. On devrait cependant avoir les résultats des observations du Nord.

Adieu, M., vous connaissez mon inviolable attachement.

105. — LES GÉORGIQUES.

Essai de traduction en vers du premier livre des Géorgiques.

[D. P, IX, 10.]

16 décembre.

[En tête de la publication de ces essais, Du Pont de Nemours a mis un Avertissement où on lit :

« Une des qualités qui attachaient le plus à M. Turgot ceux qui avaient le bonheur de vivre dans son intimité, était le zèle actif et généreux avec lequel il s'occupait des travaux et de la gloire de ses amis. Lorsque l'un ou l'autre d'entre eux avait entrepris un ouvrage digne d'estime, M. Turgot se dérobait à lui-même un temps précieux pour donner des conseils, exposés avec une véritable affection, appuyés de raisons souvent très développées, et soutenus par des exemples ordinairement plus puissants que les raisons.

« Il aimait beaucoup l'abbé Delille, aussi aimable, en effet, par son caractère heureux, sensible et naïf, que justement célèbre par sa versification brillante et vivement frappée. Il le croyait surtout propre à traduire Pope. Mais l'abbé a bien fait de s'opiniâtrer à Virgile...

« Tout en admirant les premiers morceaux que l'abbé Delille avait traduits de ce grand poète et qu'on commençait à lire en société, M. Turgot y aurait voulu moins d'éclat, une littéralité plus habituelle et quelquefois moins recherchée, plus de simplicité, un travail moins apparent, un plus doux abandon.

« C'est afin d'indiquer dans quel esprit il eut désiré que les *Géorgiques*, qui n'étaient encore traduites qu'en partie, le fussent d'un bout à l'autre, qu'il avait fait et donné à Delille, sur le premier, le second et le quatrième chants, les essais que nous allons faire connaître.

« Ils n'ont été communiqués dans le temps qu'à un très petit nombre d'autres amis pour qui M. Turgot voulait bien n'avoir rien de caché...

---

[a] Messier (1730-1817), de l'Académie des Sciences (1770).
[b] Lalande (1732-1807), de l'Académie des Sciences (1753).
[c] Le passage de Vénus sur le soleil avait eu lieu le 3 juin.

« L'abbé Delille [a] crut pouvoir en adopter plusieurs vers, ...et il a, dans d'autres endroits, donné à sa traduction, une précision, une sévérité encore plus grandes.

« M. Turgot ne pouvait supporter que l'on traduisit les poètes en prose. Ces prétendues traductions lui causaient un dégoût insurmontable. Il disait que les meilleures n'étaient, ne pouvaient être que des interprétations, que les autres étaient des assassinats. Mais il exigeait qu'en traduisant en vers des poèmes, on ne composât pas un autre poème que celui dont on s'occupait... »

La traduction de Turgot comprend presque tout le premier livre des *Géorgiques*. Elle ne nous paraît pas offrir assez d'intérêt pour être reproduite [b].]

106. — LA DISETTE DU LIMOUSIN.

Lettres au Contrôleur Général [c].

[A. L., Copies.]

Première lettre.

(Le commerce des grains. — Émeute à Saint-Léonard. — La disette de 1739 et celle de 1769. — Bureaux et ateliers de charité.)

Limoges, 16 décembre.

M., la cruelle situation où se trouvent les peuples de cette province par la cherté des grains et la rareté des subsistances de toute espèce, me fait une loi de mettre leurs besoins sous vos yeux et de solliciter avec les instances les plus vives les secours qu'ils ne peuvent espérer que des bontés du Roi.

J'avais déjà eu l'honneur de vous annoncer mes inquiétudes dès le mois de septembre dernier, en vous adressant mon avis sur l'état des

---

[a] Delille (1738-1813). Sa traduction parut en 1769.

[b] Aux Archives de la Haute-Vienne sont les lettres ci-après, datées de 1769 :

5 septembre. — Lettre aux officiers municipaux de La Rochefoucauld au sujet de l'adjudication des droits d'entrée.

S. D. — Lettre au sujet de la défense de pèlerinages sans permission du Roi et des évêques.

22 novembre. — Lettre à d'Ormesson au sujet d'une réclamation formée par Durand du Boucheron, conseiller à la Cour des Monnaies.

Aux Archives Nationales (0¹, 587) est une lettre au subdélégué de Limoges relative à une question de procédure (Affaire Tralaigue) et par laquelle Turgot explique que, ne croyant pas pouvoir juger cette affaire seul, il a demandé un nouvel arrêt de renvoi pour être autorisé à appeler le nombre de juges nécessaires. Il ne s'agissait, en réalité, que de savoir si un intendant, chargé de l'exécution d'un arrêt, avait qualité pour recevoir une opposition à cette exécution.

[c] Maynon d'Invau fut remplacé le 22 décembre au contrôle général par l'abbé Terray. Ainsi que l'indique le P. S. de la lettre de Turgot, cette lettre ne partit de Limoges que le 22. Elle fut donc reçue par l'abbé Terray.

récoltes et du moins imposé [a]. J'ai rendu compte à M. d'Ormesson, par une lettre postérieure, des funestes effets de la gelée du 4 octobre qui, en détruisant toute l'espérance qu'on pouvait encore conserver du succès des récoltes d'automne, ne justifiait que trop la crainte que je vous avais témoignée d'une disette prochaine. J'ai vu avec douleur que les circonstances ne vous ont pas permis d'avoir aux représentations que je vous ai adressées tout l'égard qu'elles m'avaient paru mériter, et que la diminution accordée à cette généralité est moindre cette année de 30 000 l. que l'année dernière. Mais à l'époque même de ces représentations, j'avoue que je ne connaissais pas toute l'étendue du mal, et je regrette d'autant plus de ne l'avoir pas prévue que j'aurais pris dès lors des précautions qui, aujourd'hui, commencent à être un peu tardives.

Vous savez, M., que la plus grande partie de cette généralité ne produit que du seigle au lieu de froment ; on ne recueille de ce dernier grain que dans les parties les plus fertiles de l'Angoumois et dans quelques paroisses du bas Limousin. Ces deux cantons n'en produisent même qu'une quantité médiocre et insuffisante pour leurs besoins, la plus grande partie des terres étant occupée par des vignes. Le Poitou supplée ordinairement aux besoins de l'Angoumois et du Quercy à ceux du bas Limousin, mais ces secours étrangers n'ont guère pour objet que la nourriture des habitants des villes. Ceux de la campagne ne mangent que très peu de froment ou de seigle ; ils subsistent la plus grande partie de l'année des productions d'une moindre valeur. En Angoumois et en bas Limousin, les paysans vivent principalement de maïs, qu'ils appellent blé d'Espagne ; ceux du Limousin vivent de gros navets appelés raves, de châtaignes, surtout de blé noir, connu sous le nom de sarrasin. Ces productions, qui sont communément assez abondantes, suppléent au vide du froment et du seigle, et il en résulte que ces deux grains sont ordinairement à un prix assez bas parce qu'on en consomme peu.

Cette année a été également stérile dans tous les genres de productions. Les seigles et les froments qui avaient été semés dans la boue ont fort mal réussi ; les pluies du printemps ont fait beaucoup de tort au seigle dont la récolte a été très mauvaise. On s'était flatté en Angoumois que celle des froments serait un peu meilleure, mais au battage, on a reconnu que les épis ne contenaient presque point de grains. Les blés noirs et les châtaignes avaient déjà été très attaqués par les pluies excessives du mois d'août et du mois de septembre. La gelée du 4 octobre a entièrement détruit toutes les châtaignes et tous les blés noirs de la partie montagneuse du Limousin. Les environs de Limoges, qui ont été

---

[a] Avis sur l'imposition de la taille, du 7 septembre 1769, ci-dessus p. 47.

un peu moins maltraités, ont été réduits au tiers de la récolte ordinaire de cette denrée. La même gelée a fait périr les raves et le blé d'Espagne dont le grain n'était pas encore mûr. Depuis ce moment, les grains n'ont pas cessé d'augmenter ; le seigle se vend actuellement à Limoges 21 l. 45 s. les trois setiers, qui font un setier, mesure de Paris. Le froment à Angoulême est environ à 30 l. les trois boisseaux qui font pareillement un setier, mesure de Paris ; mais, dans les autres villes de la Province plus éloignées des secours, il est beaucoup plus cher. Les grains de toute espèce y sont même plus rares qu'en Limousin, et la preuve en est qu'on tire des grains du Limousin pour en porter dans cette partie.

Il est bon de vous observer, M., qu'avant 1765, le prix moyen du seigle en Limousin, n'était guère que de 7 l. 10 s., à 9 l. le setier de Paris, et le prix du froment, dans l'Angoumois, de 11 l. à 14 l. Ces deux derniers prix de 9 l. pour le seigle et de 14 l. pour le froment, étaient même regardés comme un bon prix, favorable aux cultivateurs. Les mauvaises récoltes de 1765 et et de 1767, jointes aux disettes éprouvées dans quelques provinces en 1768, et au mouvement qu'a donné aux grains la liberté rendue au commerce, ont un peu rapproché ces prix de ceux du marché général et les ont fait monter de 10 l. à 12 l. pour le seigle et de 15 l. à 18 l. pour le froment, en sorte que 12 l. pour le seigle et 18 l. pour le froment peuvent être aujourd'hui considérés comme un bon prix au-dessus du prix moyen et très favorable aux cultivateurs. Je suis bien loin de regarder cet enchérissement comme un mal ; il sera au contraire une source de richesses et l'augmentation qu'il a commencé à occasionner dans les salaires, le rendra sans danger pour les ouvriers. À l'égard des habitants de la campagne, tant que les denrées dont ils font leur nourriture ordinaire sont abondantes, ce haussement dans le prix leur est indifférent puisque, même lorsque les seigles étaient au plus bas prix, ils étaient trop pauvres pour en consommer habituellement. En effet, les recherches les plus exactes que j'ai pu faire sur les ressources des paysans non propriétaires, m'ont convaincu que, l'un portant l'autre, ils ne dépensent ou ne consomment pas la valeur de 30 à 35 l. par an.

Vous concevez, M., dans quel excès de misère, des malheureux, pour qui cette situation est un état d'abondance, doivent être plongés, lorsque toutes les ressources de leur subsistance ordinaire leur sont enlevées et que les grains dont ils sont obligés de se passer, dans les années mêmes où ils sont à bas prix, sont montés à un prix excessif et double du prix moyen. Telle est, M., la cruelle position des peuples de cette province.

En 1766, les grains étaient fort chers en Limousin, puisque le seigle y a valu jusqu'à 18 l. le setier, mesure de Paris, et même un peu au-dessus ; mais le prix ne monta aussi haut qu'au mois de février et de mars ; la misère d'ailleurs n'était pas la même dans les campagnes parce que les mêmes grains n'avaient pas manqué. D'ailleurs les provinces voisines n'avaient point été aussi maltraitées ; l'Auvergne, en particulier, et le Bourbonnais pouvaient secourir le Limousin ; mais cette année, le seigle est très cher en Auvergne ; les parties voisines du Berry, du Poitou, du Quercy et du Périgord, n'ont point de grains à nous fournir, et les parties plus éloignées le peuvent encore moins à cause de la difficulté des transports. Pour trouver une année aussi désastreuse que celle-ci, il faut remonter jusqu'en 1739, année où comme en 1769, toutes les récoltes manquèrent et où la misère fut portée à son comble. Les détails que j'apprends à chaque instant, par mes subdélégués et par les curés, me font trop voir combien la ressemblance est exacte ; de tous côtés, on me présente le tableau de la plus excessive misère ; des familles entières sont prêtes à périr. Exactement, la plus grande partie des colons ou métayers ne subsistent que des avances que leur font leurs maîtres dont plusieurs ont l'inhumanité de les renvoyer, dans cette saison où la terre n'exige que peu de travaux pour en prendre d'autres au bout de quelques mois ; ces malheureux accourent de tous côtés sur les routes pour demander de l'ouvrage aux entrepreneurs qui, jusqu'à présent, n'ont pu leur en donner, les fonds ordinaires étant insuffisants.

Je sais que les paysans voisins des villes viennent acheter, des boulangers, le son pour le mêler dans leur pain et tromper ainsi leur besoin par un aliment sans substance.

Un autre indice de l'excessive détresse où se trouve le peuple est la multitude de vols qui se commettent journellement sur les grands chemins et dans les campagnes où l'on force les maisons pendant la nuit.

Le peuple s'échauffe dans les petites villes ; il menace de s'opposer au transport des grains. Je viens d'apprendre dans l'instant que des meuniers et des boulangers de Limoges étant allés chercher quelques setiers de seigle qu'ils avaient acheté à Saint-Léonard, petite ville à cinq lieues d'ici, la populace les avait insultés et battus, en sorte qu'ils ont été obligés de revenir à vide. Mon subdélégué me mande que la populace de cette ville s'ameute depuis quelques jours tous les soirs, au nombre de deux à trois cents personnes, en criant qu'on leur donne du pain et menaçant de mettre le feu aux maisons des bourgeois. Je viens de donner des ordres pour rassembler plusieurs brigades de maréchaussée, afin d'arrêter ce désordre dès le commencement ; mais le mal est trop général ; les préjugés du peuple sont encore trop enracinés partout et la maréchaussée est trop peu nombreuse pour qu'on puisse espérer de contenir partout ce peuple par la crainte si, en même temps, on ne lui présente l'espérance d'un secours prompt et effectif dans son malheur.

Où trouver ce secours, M., si ce n'est dans l'amour du Roi pour ses peuples et dans ses libéralités ? Il a bien voulu l'année dernière faire sentir les effets de sa bonté à ses sujets de Normandie dont la position était certainement moins cruelle, puisque, d'un côté, la Normandie a dans ses richesses une ressource que le Limousin n'a pas, et, de plus, la Normandie est une province baignée par la mer, traversée par la Seine et ouverte de tous côtés par des communications faciles qui la mettent à portée de tous les secours du commerce, tandis que le Limousin est très éloigné de la mer et de toute rivière navigable, que les transports ne s'y font presque qu'à dos de mulet et qu'il ne s'y trouve point de négociants riches qui se livrent à des spéculations sur le commerce des grains.

Je vois, sans sortir de cette province, un exemple encore plus frappant des bontés paternelles du Roi dans les secours qui furent accordés en 1739. Je viens de lire toute la correspondance entre M. Orry et M. de Tourny, alors intendant de cette province, pendant le cours de cette année si ressemblante à celle où nous nous trouvons. Je vois, par les lettres de MM. Orry, de Fulvi et d'Ormesson, qu'outre 166 000 livres que le Roi voulut bien faire prêter du Trésor Royal pour des approvisionnements de grains, il donna en pur don, et pour être distribués dans les paroisses, cent dix milliers pesant de riz, 7 000 livres d'aumônes aux hôpitaux, et 27 000 livres d'argent pour être distribués en partie en aumônes aux vieillards et aux enfants invalides, et employés en partie à faire travailler ceux qui étaient en état de le faire. Indépendamment de ces secours, M. le Contrôleur général voulut bien augmenter les fonds des Ponts et chaussées d'une somme de 90 000 livres qui, avec 70 000 livres, montant de l'état de 1738, les porta à 160 000 livres ; en 1740, ils furent portés à 130 000 livres. En additionnant tous ces secours, je vois que le Roi, d'un côté, prêta à la Province une somme de 166 000 livres et qu'il la gratifia en pur don, en ne comptant le riz que sur le pied de 20 livres le quintal, d'une somme de 146 000 livres.

M. Orry eut de plus l'attention de prescrire aux Receveurs généraux et aux Receveurs des tailles, les plus grands ménagements dans le recouvrement des impositions ; il alla jusqu'à défendre aux Receveurs des tailles de faire aucun frais jusqu'à la récolte contre ceux qui étaient hors d'état d'acquitter leurs impositions et il les autorisa à suspendre l'exécution de leurs traités avec les Receveurs généraux.

Les mêmes besoins demanderaient, M., les mêmes secours, si je ne m'arrêtais qu'au prix actuel des grains. Je pourrais vous dire que les besoins sont plus grands aujourd'hui, puisque je vois par les lettres de M. de Tourny qu'au mois de mars, dans le temps de ses plus vives alarmes, lorsqu'il s'était cru obligé de rendre une Ordonnance pour distribuer les pauvres entre les principaux habitants de chaque lieu, et obliger ceux-ci à les nourrir, les seigles ne montaient qu'à 15 ou 16 livres le setier de Paris [1], tandis qu'il est aujourd'hui, dans le milieu de décembre, au prix de 22 livres. Je ne veux point exagérer des maux qui n'ont pas besoin de l'être. Je vois, dans la correspondance et dans les anciens états, qu'alors le prix moyen ne passait guère 7 livres 10 sols le setier de Paris et qu'ainsi l'augmentation était à peu près du double, c'est-à-dire dans la même proportion que celle que nous éprouvons aujourd'hui, comparée au prix moyen actuel ; mais il faut observer que cette augmentation est plus effrayante au mois de décembre qu'au mois de mars et cette différence dans les époques mérite la plus grande attention, d'autant plus que je vois, par les détails contenus dans les lettres de M. de Tourny, que toutes les circonstances sont d'ailleurs les mêmes.

Les secours, M., doivent être prompts et abondants. Je voudrais pouvoir me flatter de trouver dans les négociants de ce pays-ci des ressources pour les approvisionnements de grains, mais je n'en ai trouvé aucun qui voulût risquer des capitaux dans ce commerce.

J'ai eu beaucoup de peine même à en trouver trois qui ont consenti à donner aujourd'hui des ordres pour faire venir de Hambourg une faible cargaison de 16 tonneaux de seigles au port de Charente, d'où l'on pourra le faire remonter par eau jusqu'à Angoulême et en tirer une partie par terre jusqu'ici ; encore n'ai-je pu les y engager qu'en leur promettant de les garantir de toutes pertes. J'ai cru, M., que la circonstance urgente m'autorisait à prendre sur moi de le leur promettre, sans attendre votre aveu, et je n'ai pas douté que vous ne voulussiez bien l'accorder.

Ce que je regrette le plus, c'est la faiblesse et l'éloignement de ce secours et surtout son incertitude. Le vaisseau peut être arrêté longtemps, ou même périr par les tempêtes ; le grain peut être avarié, et quand il arriverait promptement, il ne remplira qu'une très petite partie du vide. Le grain chargé de tous les frais de transport sera presque aussi cher ici que le grain du pays ; il ne pourra donc point en faire baisser le prix et il aura produit tout le bien qu'on en peut attendre, s'il l'empêche de

---

[1] Il y eut cependant un moment où le seigle monta à 30 livres les trois setiers de Limoges ; mais ce ne fut qu'une crise violente qui ne dura que peu de jours. J'ai lieu de croire qu'elle fut occasionnée par une ordonnance imprudente que rendit M. de Tourny pour obliger tous les particuliers à déclarer la quantité de grains qu'ils avaient, sous peine de confiscation des grains non déclarés.

devenir beaucoup plus cher qu'il ne l'est, et si l'opinion que ce secours sera plus considérable qu'il ne l'est en effet, peut déterminer les propriétaires, qui ont quelques grains, à ouvrir leurs greniers. Je crains même que ce grain, à son arrivée à Angoulême, ne soit déjà trop surchargé de frais pour pouvoir supporter ceux du transport par terre jusqu'à Limoges. Si, pour éviter la perte qui en résulterait, l'on se décide à le faire vendre à Angoulême, tout l'effet de cette emplette sera d'empêcher que l'Angoumois n'affame encore davantage le Limousin en continuant d'en tirer des grains.

Angoulême aurait besoin de secours en froment et malheureusement on ne peut se flatter que cette ville puisse profiter de sa situation sur la Charente pour se secourir elle-même. Une manœuvre odieuse, tramée par quelques négociants ruinés, pour attaquer comme usuriers les principaux capitalistes de cette place (manœuvre dont je vous rendrai compte en détail par une autre lettre [a] et qui méritera toute votre attention) a répandu le discrédit sur cette place et a rendu toute négociation d'argent impossible, au moyen de quoi aucun négociant ne peut se livrer à la moindre spéculation faute de fonds.

J'aurais voulu pouvoir engager les négociants de Limoges à faire une entreprise plus forte et à faire venir des froments de Dunkerque où l'on dit qu'ils sont à plus bas prix qu'ailleurs, mais ils manquent, m'ont-ils dit, de fonds. Les tentatives que j'ai faites du côté de Bordeaux et de La Rochelle n'ont servi qu'à me faire connaître que les grains, par cette voie, seraient revenus à Limoges à un prix plus haut que le prix actuel.

Au défaut des ressources du commerce, il faut bien que l'Administration prenne des mesures pour assurer les approvisionnements ; je sais, M., combien toute opération de ce genre semble d'abord opposée aux principes que vous avez adoptés avec tant de raison sur le commerce de grains ; je sais combien il est à désirer que ce commerce et tout ce qui y a rapport puisse être entièrement oublié de la part du Gouvernement dont toute intervention est dangereuse. S'il fait faire les achats pour son compte, voilà l'Administration transformée en commerçant, exposée à être trompée, par les sous-ordres qu'elle est forcée d'employer, en butte aux soupçons du peuple qui impute à des vues odieuses d'avidité les mesures mêmes prises pour le secourir. Le Gouvernement court encore le risque que les opérations, par lesquelles il cherche à se rendre maître du prix des grains, n'écartent la concurrence des négociants particuliers ; ceux-ci, qui ne peuvent ni ne veulent perdre, n'osent spéculer sur le cours naturel de la denrée parce qu'ils craignent de le voir interverti par des manœuvres indiscrètement bien-

---

[a] Voir ci-dessous p. 141.

faisantes, et il peut arriver de là qu'au lieu de procurer au peuple un soulagement réel, on le prive des secours qu'il aurait reçus du commerce.

Toutes ces choses sont vraies, M., et j'en suis depuis longtemps aussi convaincu que vous-même, mais vous savez aussi qu'avant qu'on puisse voir l'effet plein et entier de la liberté du commerce des grains, il faut non seulement que cette liberté soit établie sans contradiction et sans troubles, soit de la part des magistrats, soit même de la part des peuples, et que les préjugés des uns et des autres ne menacent plus, et la fortune, et l'honneur des négociants qui spéculent sur les grains ; il faut encore que ce changement soit assez affermi, assez notoire, assez ancien même, pour que les négociants y prennent une confiance entière et osent risquer leur fortune sur cette assurance. Il faut même que cette branche de commerce ait eu le temps de se monter en capitaux et en négociants expérimentés, que les magasins, les correspondances, les moyens de communication de toute espèce soient établis.

C'est une révolution qui ne peut s'opérer que lentement et par degrés ; elle doit commencer par les ports de mer et y être consommée avant de se faire sentir dans les provinces de l'intérieur. Nous sommes malheureusement encore éloignés de ce moment et jusqu'à ce qu'il soit venu, l'Administration sera forcée de prendre des mesures pour assurer la subsistance des peuples pendant les années disetteuses, dût-elle s'exposer à quelques-uns des dangers qui peuvent en résulter. Tout ce qu'elle peut faire, c'est de ne négliger aucune des précautions que la prudence peut suggérer pour les traiter.

En écartant les moyens aussi maladroits qu'odieux qu'on employait autrefois, et qui ont été si sagement et si justement proscrits par les deux lois de 1763 et de 1764, je ne vois que deux moyens de fournir cette province de grains. Le premier, est d'avancer des fonds à des négociants sûrs, pour faire faire des achats dont la vente fera rentrer peu à peu ces fonds ; bien entendu que le Roi supportera la perte, s'il y en a. L'autre moyen est de promettre à quiconque fera venir du grain dans la Province, une gratification par setier assez forte pour rassurer les négociants sur la crainte de perdre.

Le premier de ces deux moyens se présente, au premier coup d'œil, comme plus sujet aux inconvénients qu'entraînent toutes opérations de commerce de la part du Gouvernement, à la fraude de la part des sous-ordres, aux soupçons de la part du peuple, au découragement des autres négociants. Ces inconvénients peuvent être en grande partie évités par de sages précautions ; on écarte les fraudes et les abus en s'adressant à des négociants dont la probité et l'intelligence sont bien connues ; quoiqu'il soit difficile de s'assurer entièrement de la probité des hommes, le genre humain n'est pas encore assez malheureux pour que cela soit impossible ; on évite le découragement des négociants en ne vendant qu'au cours du marché sans entreprendre de le faire baisser forcément, et quant aux discours populaires, une réputation connue et la publicité d'un zèle vraiment actif pour soulager la misère publique, les empêchent de naître, ou donnent le droit de les mépriser. Il faut d'ailleurs avouer que ce premier moyen d'assurer les approvisionnements a quelques avantages réels. Lorsqu'on se fait une loi de faire revendre exactement au cours du marché, sans perdre volontairement, le Gouvernement a l'espérance de retrouver la totalité de ses avances ; du moins, il a la certitude de ne perdre que peu, et comme il sait précisément la quantité de grains qu'il a fait venir, il connaît exactement le sacrifice qu'il peut faire. Enfin, dans un pays où le commerce n'est point encore monté, ce moyen paraît devoir être plus sûr et surtout plus prompt.

Le moyen des gratifications a l'avantage de débarrasser l'Administration du soin de suivre les détails des achats et des ventes, de compter avec les négociants et du danger d'être trompé par eux ; il est plus simple, plus noble et plus propre à inspirer une confiance générale, parce qu'il ne suppose ni choix, ni préférence, ni faveur ; il ne peut déranger aucune spéculation, et il les favorise toutes. Le Gouvernement profite des efforts d'une foule de négociants auxquels il n'aurait pu s'adresser, faute de les connaître, et il ne risque point de dépenser sans fruit, puisqu'il ne gratifie que ceux qui ont fourni des secours effectifs. Ces avantages sont compensés, parce que tout le montant des gratifications est un sacrifice absolu qui ne rentrera point au Gouvernement ; c'est, de plus, un sacrifice dont la somme est incertaine et dépend de la quantité plus ou moins grande que les négociants feront venir. Je crois que ce moyen est en soi le meilleur et même le seul qu'on doive adopter dans les circonstances les plus extraordinaires, lorsqu'une fois le commerce des grains sera monté. Vous avez sans doute pensé de même, M., lorsque vous avez fait rendre l'Arrêt du Conseil du 31 octobre 1768 [a].

Mais je crains, je l'avoue, que ce moyen, qui même à présent est très bon à employer, pour approvisionner le Royaume en général, ou des provinces maritimes, ne soit insuffisant et surtout qu'il ne soit trop lent pour subvenir aux besoins d'une province méditerranée, aussi peu à portée que l'est le Limousin des ports de mer et des grandes communications du commerce. Il résulte de cette position que, dans les années d'abondance, les grains trop éloignés des débouchés et ne pouvant y

[a] Arrêt accordant des primes à l'importation.

arriver que surchargés de frais, y sont restés à un prix plus bas que partout ailleurs, que le peuple s'est accoutumé à ce bas prix, que les salaires s'y sont proportionnés de façon que le prix du marché général, le prix commun des ports de mer, serait un prix de cherté où le peuple commencerait à souffrir. Cependant, lorsque la denrée manque, elle ne peut venir que de ces mêmes ports où il faut la prendre à ce même prix du marché général, déjà au-dessus des facultés communes du peuple des provinces méditerranées ; elle ne peut arriver que surchargée de frais de transports qui sont très considérables et, par conséquent, le commerce ne peut l'y porter qu'autant que le prix de la vente s'y soutiendra au taux le plus exorbitant. Il suit de là que l'importation des grains n'est point la vraie ressource de ces provinces méditerranées dans les années disetteuses. Leur salut est plutôt dans les magasins réservés, d'une année sur l'autre, surtout quand la denrée à laquelle le peuple est accoutumé, est le seigle, dont les frais de transport surchargent d'autant plus le prix que ce grain, à poids égal, a beaucoup moins de valeur que le froment. Heureusement que, par une espèce de compensation, il se conserve plus longtemps avec moins de déchet sur la quantité et moins d'altération sur la qualité. Mais, quand les magasins sont épuisés par plusieurs chertés successives et qu'en même temps la privation des autres subsistances augmente la consommation des seigles, comme nous l'éprouvons cette année, il paraît presque impossible qu'un commerce qui n'est point encore monté, remplace le vide. Le haut prix que le grain doit avoir à la vente pour qu'il n'y ait pas de perte, d'un côté, ne présente au peuple qu'un faible soulagement et, de l'autre, effarouche les spéculateurs qui craignent avec raison que l'arrivée d'une quantité considérable de grains dans une province, d'où il ne peut ressortir sans de nouveaux frais très onéreux, n'y fasse baisser tout à coup les prix et ne rendent leur entreprise ruineuse.

Pour contrebalancer ce risque par l'assurance d'une gratification, cette gratification doit être très forte et presque équivalente aux frais de transport depuis les ports jusqu'au lieu où le grain doit être consommé. De plus, et c'est la plus grande objection, avant que vous ayez eu la bonté de m'autoriser à promettre une gratification, avant que l'annonce en ait été répandue, et que les négociants aient, en conséquence, fait leurs spéculations et donné leurs ordres, il s'écoule un temps considérable et bien précieux pour un peuple qui souffre.

Cette considération me fait penser, M., qu'il serait utile de réunir les deux moyens ; d'annoncer une gratification à ceux qui feront venir d'ici au premier juin prochain du froment ou du seigle et, en même temps, en faire venir directement, soit en avançant de l'argent à des négociants, soit en leur garantissant la perte. Je présume que si la gratification est portée au taux où elle doit être, pour donner un encouragement suffisant, la dépense réelle par mesure de grain ne peut pas être plus grande dans la première méthode que dans la seconde et qu'elle sera même un peu moindre en prenant le parti d'avancer de l'argent aux négociants qu'on chargerait des achats.

J'ai déjà eu l'honneur de vous marquer que, sans attendre vos ordres, j'avais déjà engagé trois négociants de Limoges à écrire à Hambourg pour faire venir une cargaison de seigle de 150 tonneaux, mais ce secours est faible et éloigné. Si vous adoptez mes propositions, il deviendra facile de donner plus d'étendue aux commissions, car le défaut de fonds ne l'aurait pas permis, les négociants auxquels je me suis adressé ayant leurs fonds occupés dans leur commerce ordinaire.

Si les avis, que contient la *Gazette du commerce*, étaient fidèles, on pourrait peut-être tirer avec succès des grains de l'Artois, par Dunkerque. Cette voie serait plus courte que celle de Hambourg, mais le secours le plus prompt et peut-être le moins coûteux qu'on puisse se procurer serait celui des grains d'Angleterre, si, comme il y a lieu de l'espérer, la liberté de l'exportation et la gratification à la sortie doivent y être rétablies dans le courant de janvier à la rentrée du Parlement. En effet, de Bristol à Charente, la traversée est très courte, parce que les vaisseaux n'ont point à traverser la Manche. J'ai écrit à M. de Francès, ministre du Roi [a], pour le prier de me donner sur ce point, ainsi que sur les prix, tous les éclaircissements nécessaires, mais vous sentez que je ne pourrai aller en avant que lorsque j'aurai été autorisé par vous et assuré d'avoir des fonds.

À l'égard de la gratification, je me proposerai de la donner uniquement aux grains expédiés par la Dordogne ou par la Charente et qui arriveraient à un des trois ports d'Angoulême sur la Charente, de Souillac sur la Dordogne, et de Saint-Léon sur la Vézère, rivière qui se jette dans la Dordogne. Ce sont les trois lieux les plus à portée où le grain puisse arriver par eau ; et il serait facile d'avoir dans chacun d'eux un homme sûr, pour que la distribution de la gratification se fît sans fraude et sans abus ; peut-être sera-t-il utile de la partager de façon qu'on n'en reçoive que les deux tiers à l'arrivée dans ces trois ports ? L'autre tiers serait réservé pour les menus grains qui pénétreraient plus avant dans le cœur de la Province, dans certains lieux principaux que l'on indiquerait. En effet, une des plus grandes difficultés étant le transport par terre, il semble qu'une partie de la gratification doive être employée à la faire surmonter afin d'assurer des secours à ceux qui en sont les plus éloignés. Au surplus, cet arrangement et ceux qui concernent les formalités

[a] À Londres.

à prescrire pour éviter les fraudes et la quotité de la gratification sont des choses à combiner avec réflexion et à concerter avec les plus habiles négociants.

J'observe, sur l'article des fraudes, que les principales sont bien moins à craindre lorsqu'on fait payer la gratification à l'entrée d'une province aux grains qui y arrivent sur des bateaux chargés au bord des rivières, que quand elle se paye à l'entrée du Royaume dans les ports de mer. En effet, il est impossible que les grains du pays se présentent pour la partager. Il faudrait, pour cela, qu'on les eût précédemment fait descendre au bord des rivières pour les y faire charger sur des gabarres, et les faire remonter, ce qui absorberait plus que la gratification. Il ne serait pas possible, par la même raison, que les mêmes grains se présentassent deux fois pour toucher la gratification ; ces deux fraudes paraissent plus possibles sur les ports de mer où le même grain peut sortir sur un vaisseau et rentrer sur un autre.

Je vous ai déjà prévenu que la quotité de la gratification devrait être forte. Vous l'aviez fixée par l'Arrêt du 31 octobre 1768 à 30 sols par setier de froment, mesure de Paris, 20 sols par setier de seigle, et 10 sols par setier de menu grain jusqu'au premier avril, et à cesser au premier juin. La gratification de 30 sols par setier de froment pourrait suffire en la bornant au seul port d'Angoulême, sans rien ajouter pour le froment qui remonterait en Limousin, parce que ce grain n'y est pas si nécessaire que le seigle.

Quant à ce dernier grain, j'imagine, sans cependant avoir toute mon opinion arrêtée, qu'on pourrait fixer la gratification à 20 sols le setier, mesure de Paris, à l'arrivée dans les trois ports d'Angoulême, de Saint-Léon et de Souillac, en y ajoutant une gratification de 10 sols, payable dans les lieux de l'intérieur du Limousin qu'on indiquerait. Il serait aisé d'éviter toute fraude à ce sujet en ne payant la seconde gratification que sur la représentation d'un certificat de paiement de la première.

Je ne puis que vous indiquer les différentes dispositions qu'on peut faire à cet égard ; si vous approuvez mon idée, je les rédigerai en forme d'Ordonnance que je publierai et, si vous ne jugez pas qu'une Ordonnance de moi fût suffisante, vous pourriez la confirmer par un Arrêt du conseil.

Il est bien difficile de prévoir exactement les sommes nécessaires pour ces opérations. En 1739, M. Orry commença par faire avancer du Trésor Royal 166 000 l. ; le grain est aujourd'hui plus cher dans les ports qu'il ne l'était en 1739, mais comme les avances ne seront nécessaires que pour les secours les plus prompts, et que l'on peut se reposer sur la gratification des approvisionnements ultérieurs, j'imagine que la somme de 100 000 l. pourrait être suffisante ; il est vrai qu'elle ne rentrerait pas tout entière.

Avant de quitter cet article des approvisionnements de grains, je dois vous informer d'une autre précaution que j'ai cru devoir prendre sans attendre même votre autorisation, c'est de charger un homme de confiance d'aller faire une tournée dans la partie du Limousin, qu'on appelle particulièrement la Montagne, où se trouvent les greniers les plus considérables. L'objet de cette tournée est de prendre secrètement des informations sur la quantité de grains actuellement existante, dans cette partie de la Province, et sur les secours qu'on peut en attendre. Je l'ai chargé aussi d'acheter douze ou quinze cents setiers de seigle, mesure de Limoges, c'est-à-dire quatre à cinq cents, mesure de Paris. Mon but est d'employer cet approvisionnement à faire garnir successivement les marchés de Limoges, afin d'entretenir un peu la confiance du peuple et d'engager, s'il se peut, ceux qui peuvent avoir du grain dans leurs greniers de les ouvrir.

Si cette espèce de manœuvre, dont je sens toute la délicatesse, réussit, elle donnera le temps d'attendre les secours plus abondants qui ne peuvent venir que du dehors.

Les détails, dans lesquels je suis entré au commencement de cette lettre, sur la misère des paysans de cette province et sur leur manière de vivre, ont pu vous convaincre d'avance que quelques mesures que l'on prenne pour attirer dans la Province des grains du dehors, et quelque succès qu'elles puissent avoir, ils ne seront ni en assez grande abondance, ni à un prix assez bas, pour que les habitants des campagnes puissent y atteindre ; ils ont besoin de secours plus sûrs et plus à leur portée. Une grande partie sont exactement à l'aumône et, depuis ma lettre commencée, j'ai encore reçu de tous côtés les détails les plus affligeants. La plus grande partie des petits propriétaires, ayant à peine de quoi se nourrir eux-mêmes, mettent dehors leurs bordiers et leurs valets, en sorte que ces malheureux n'ayant ni subsistance, ni moyen d'en gagner, sont réduits au dernier désespoir, eux et leur famille. Nous allons, M. l'évêque [a] et moi, faire nos efforts pour engager les habitants les plus aisés de chaque lieu à établir des espèces de *bureaux de charité* ; mais nous y prévoyons bien des obstacles par le peu de facilités des esprits de ce pays-ci à se prêter à tout arrangement qui n'a pour objet que le bien public. D'ailleurs, ces bureaux, en les supposant établis, ne suppléeront pas au vide réel des moyens de subsistance, et au défaut des salaires résultant de l'économie forcée de tous les petits proprié-

---

[a] Duplessis d'Argentré.

taires. Le Roi est le père de tous ses sujets et c'est de lui qu'ils attendent des secours qu'aucun autre ne peut leur procurer.

Les pauvres se divisent en deux classes : ceux que l'âge, le sexe et les maladies mettent hors d'état de gagner leur vie par eux-mêmes et ceux qui sont en état de travailler. Les premiers doivent seuls recevoir des secours purement gratuits ; les autres ont besoin de salaires et l'aumône la mieux placée, et la plus utile, consiste à leur procurer les moyens d'en gagner. Ce sont ces deux genres de secours, M., que le Roi voulut bien procurer aux peuples de cette généralité en 1739.

Il pourvut à ces deux objets par une somme de 7 000 livres donnée aux hôpitaux et par une somme de 20 000 livres destinée en partie à des aumônes gratuites, et en partie à différents travaux propres à occuper les femmes, les enfants, et les autres travailleurs trop faibles pour être occupés sur les grands ateliers des routes. Il eut de plus la bonté d'envoyer dans la Généralité la quantité de cent dix milliers de riz, qui fut distribué dans les paroisses. Les essais que j'ai fait faire récemment à la maison de Force m'ont convaincu qu'une médiocre quantité de riz fournissait une très grande quantité de nourriture et qu'un homme, par ce moyen, pouvait être nourri suffisamment à moins d'un sol par jour. Vous m'avez autorisé à en acheter pour la maison de Force. J'ai su à cette occasion qu'on en attendait dans le mois de janvier de la Caroline à Bordeaux, une assez grande quantité. Il me reviendra à Limoges à cinq sols la livre et peut-être, en en achetant une très grande quantité à la fois, sur le vaisseau même, l'aurai-je à meilleur marché. Les cent milliers feraient une dépense de 25 000 livres ; mon projet ne serait pas de tout distribuer ; j'en ferais vendre une partie par un négociant de cette ville et cette opération aurait deux effets : l'un, de procurer aux artisans et aux travailleurs une nourriture à bas prix qui diminuerait un peu la consommation des grains ; l'autre, de familiariser le peuple, par l'exemple des aisés, à la nourriture du riz qu'il est assez ordinaire de voir rebuter par ceux qui n'y sont point accoutumés. Par ce moyen, une partie de la somme que vous m'auriez autorisé à avancer pour cet objet rentrerait.

Outre ces secours, le Roi voulut bien encore augmenter de 80 000 livres les fonds des Ponts et Chaussées et les porter de 70 000 à 160 000. C'est, M., un des soulagements les plus effectifs que vous puissiez procurer à cette malheureuse province ; mais il serait de la plus grande importance que ce secours fût donné tout entier dans les premiers mois de l'année. Il cessera d'être nécessaire au mois de juin, parce qu'alors les travaux de la campagne fourniront au peuple assez d'occupations. Je sens qu'il est impossible d'arrêter à présent la distribution des Ponts et Chaussées pour l'année prochaine et que, peut-être, les arrangements pris avec les trésoriers ne permettent pas de forcer les remises au delà des sommes déjà fixées, mais ne serait-il pas possible que vous m'autorisassiez à prendre, pendant les cinq premiers mois de 1770, par des Ordonnances sur les receveurs généraux, les fonds extraordinaires que vous nous destineriez et que vous feriez ensuite remplacer sur les fonds destinés à la caisse des Ponts et Chaussées ; et vous auriez la bonté de porter ceux de la généralité de Limoges, dans la prochaine distribution, à 140 000 livres au lieu de 50 000 livres, à laquelle ils ont été bornés cette année malgré l'urgence des besoins de cette province en ce genre. L'Ingénieur a actuellement pour plus de 100 000 livres de projets approuvés sur les différentes routes ; on n'y travaille pas, uniquement faute d'argent, et sur votre réponse, tous les ateliers pourront être ouverts dans le mois de janvier, c'est-à-dire dans le moment où le besoin en est le plus pressant. Je ne vous cacherai même pas que, dès à présent, j'ai donné ordre aux entrepreneurs des ateliers déjà établis de doubler le nombre de leurs ouvriers. Je ne sais pas sur quoi je les paierai ; mais j'ai compté sur vous et sur les bontés du Roi. Je crois que ce moyen de soulager la Province est d'autant plus fait pour être adopté, qu'au fond, cet argent ne sera employé qu'à des travaux à la charge du Roi et qui doivent tous être exécutés, tôt ou tard. Ce n'est pas un don, mais une simple avance faite en 1770 des mêmes sommes que l'on eût dépensé aux mêmes objets quelques années plus tard, et le commerce gagnera plus à cette avance que le Roi n'y perdra.

Pour me résumer, M., les demandes que j'ai l'honneur de vous faire se réduisent à trois objets :

Aux mesures à prendre pour assurer l'approvisionnement des grains qui manquent dans cette province ;

Aux secours dont les pauvres de la campagne ont le besoin le plus pressant et qu'ils ne peuvent attendre que des bontés du Roi ;

Enfin, au moyen de procurer du travail, d'ici à la fin de mai, à ceux qui manquent de salaires.

Sur le premier point, je vous propose de promettre une gratification par setier de grains importé dans la Généralité, mais cependant de m'autoriser en même temps à avancer quelques sommes à des négociants sûrs pour faire venir des grains qui seront vendus au prix du marché. Je vous propose de consacrer à ces deux objets une somme de 100 000 livres dont la partie employée en avance vous rentrera.

Pour le second objet, je crois qu'il faut au moins une somme de 50 000 livres dont la moitié sera employée en approvisionnements de riz. Il rentrera peut-être quelque chose de cette moitié. Le reste sera distribué en aumônes en partie, et employé en partie, à faire travailler les pauvres des villes.

Enfin, par rapport au troisième objet, le meilleur, et presque le seul moyen que j'imagine, est que vous veuilliez bien accorder à la Province un fonds extraordinaire de 90 000 livres pour les travaux des Ponts et Chaussées, outre le fonds ordinaire de 50 000 livres, et que vous veuilliez bien me faire toucher ce fonds extraordinaire dans les cinq premiers mois de l'année 1770.

J'ajouterai que la manière la plus facile de me faire parvenir ces secours me paraît être de m'autoriser à tirer des ordonnances sur les receveurs généraux du montant de toutes ces sommes, montant ensemble à 250 000 livres, en partageant cette somme en cinq ou six paiements égaux de 48 000 livres, si vous m'autorisez à la tirer en cinq mois, ou de 40 000 livres, si vous aimez mieux qu'elle soit payée en six. Je sens, M., que les besoins de l'État vont vous faire paraître mes demandes bien fortes ; mais je vois de près combien les besoins des peuples leur en rendent les secours nécessaires. Les bontés que le Roi a montrées, dans des occasions semblables, pour différentes provinces m'enhardissent à vous prier de mettre sous ses yeux la malheureuse situation de celle dont il m'a confié l'administration, et ses sentiments paternels pour tous ses sujets ne me permettent pas de douter que ses libéralités ne soient proportionnées à l'étendue de leurs maux.

22 Décembre.

P. S. J'ai différé, M., d'un courrier l'envoi de cette lettre pour pouvoir vous faire part du compte rendu de la tournée dont j'ai l'honneur de vous parler dans cette lettre. Ce compte n'a fait qu'augmenter mes alarmes en m'apprenant que les grains sont encore moins abondants dans cette partie que je ne m'en étais flatté. Les grains y sont déjà si chers qu'en y ajoutant les frais de voiture jusqu'à Limoges, on ne peut espérer aucune diminution et chaque jour ils y augmentent de prix. J'ai cependant donné ordre qu'on achetât douze ou quinze cents setiers qu'un marchand fera filer peu à peu à Limoges pour y faire paraître quelques grains au marché et diminuer l'inquiétude du peuple.

Je reçois aussi continuellement des avis sur l'augmentation de la misère et sur l'inquiétude des peuples dont les têtes s'échauffent de jour en jour.

J'ai fait mention, au commencement de cette lettre, d'un commencement d'émeute à Saint-Léonard. Pour y remédier le plus efficacement, je me suis déterminé à prier le Commandant du régiment de Condé-Cavalerie qui est ici en garnison d'y envoyer un détachement de cinquante hommes ; les choses avaient été portées au point que les séditieux avaient enfoncé avec des haches et des leviers, les portes d'une ferme qui avait quelques setiers de grains et se les étaient partagés entre eux. La présence du détachement a tout calmé. Les principaux chefs ont été arrêtés et sont actuellement entre les mains des officiers de la maréchaussée qui instruisent leur procès.

Je regarde comme un bonheur, dans cette circonstance, qu'il y ait eu un régiment dans la Province.

1770.

107. — LA DISETTE DU LIMOUSIN.

Lettres au Contrôleur général [a].

[A. L., copie.]

Deuxième lettre.

(Le commerce des grains. — Secours aux pauvres.)

9 janvier.

M., j'ai reçu la lettre que vous m'avez fait l'honneur de m'écrire le 30 du mois dernier, en réponse à la mienne du 22, par laquelle je mettais sous vos yeux les malheurs de cette province et je vous demandais les secours dont elle a besoin. Quoique j'eusse demandé moins que le Roi n'avait accordé à la Province en 1739 et que vous m'ayez accordé moins que je n'avais demandé, je sens trop la difficulté des conjonctures pour ne pas sentir tout le prix de ce que vous avez bien voulu faire. Je n'ai point laissé ignorer cette marque des bontés du Roi pour ses peuples ; elle a ranimé l'espérance dans leurs cœurs et les a remplis de reconnaissance. Ils connaissent tout ce qu'ils vous doivent et se félicitent de ce que votre administration s'annonce à eux par un bienfait. Permettez-moi de vous présenter leurs remerciements et d'y joindre les miens.

Puisque vous n'approuvez pas que je dispose des gratifications aux négociants qui feraient venir des grains dans un certain délai, je n'emploierai pas ce moyen et je me bornerai à faire usage des 50 000 l. que vous m'avez autorisé à prendre sur les fonds des recettes générales pour faciliter les approvisionnements ; mais je prendrai la liberté de vous représenter que, malgré ce secours, je n'ai pu obtenir d'aucun négociant de cette ville de faire venir les grains à leurs risques et for-

---

[a] L'abbé Terray. Voir la note *b* de la page 103.

tunes ; tous ceux auxquels je me suis adressé m'ont dit que, ce commerce leur étant étranger, ils ne consentiraient point à y exposer leurs fonds, qu'ils m'offraient tous leurs soins et qu'ils ne demandaient aucun bénéfice, mais qu'ils ne risqueraient point de perdre. Je vois que le détail des frais de transport des grains jusqu'ici les effraie et qu'ils sont persuadés qu'il sera nécessaire de perdre un peu sur les grains qu'on ne peut cependant se dispenser de faire venir pour assurer la subsistance du peuple. Dans ces circonstances, M., j'ai cru que vous ne désapprouveriez pas que j'employasse la somme que vous voulez bien consacrer à cet approvisionnement à faire venir des grains pour le compte du Roi, quoique sous le nom de ces négociants. J'espère, par la voie de Nantes, en avoir très promptement. Les fonds qui rentreront de la vente des premiers chargements serviront à en faire d'autres, tant que le besoin durera, et j'aurai alors l'honneur de vous rendre compte du résultat de toute l'opération. J'espère que, s'il y a de la perte, elle ne sera pas considérable et que la plus grande partie de ces fonds pourra vous rentrer.

J'ai une autre observation à vous faire sur la proportion que met votre lettre entre les deux autres genres de secours que j'avais eu l'honneur de vous indiquer, dont l'un avait pour objet de me mettre en état de donner du travail aux pauvres valides et l'autre de procurer des secours aux infirmes par des achats de riz ; mais je pensais que les sommes à consacrer au premier objet devaient être plus fortes que celles destinées au second. Cependant, par votre lettre, vous bornez à 20 000 livres la somme destinée aux travaux publics, et vous portez à 80 000 livres celle destinée à des achats de riz. J'oserai vous représenter que la première me paraît beaucoup trop faible et la seconde trop forte au point que je suis tenté de croire que votre intention était, au contraire, de destiner 80 000 l. pour les travaux et 20 000 l. pour les achats de riz et que vous avez mis par erreur un nombre à la place de l'autre. Quoi qu'il en soit, je prends la liberté de vous prier de vouloir bien m'autoriser à intervertir cette destination et me laisser maître de me déterminer, d'après les circonstances, à verser sur l'un ou l'autre objet ce que les besoins me paraîtront exiger. Vous n'avez qu'un but : le soulagement réel de la misère des peuples et je suis sûr de remplir vos vues en leur procurant ce soulagement de la manière la plus prompte et la plus effective, d'après les connaissances du local et du moment. Je me ferai un devoir de mettre sous vos yeux l'emploi que j'aurai fait des sommes dont vous voulez bien me confier la disposition et les motifs qui m'auront guidé dans cet emploi ; et je ferai d'ailleurs mon possible pour faire rentrer au Roi la partie de cette somme que vous avez compté n'accorder qu'à titre d'avance.

Troisième lettre.

(Le défaut d'approvisionnements. — La détresse de la Province.)

27 février.

M., j'ai eu l'honneur de vous annoncer, par ma lettre du 16 de ce mois, l'impossibilité que je voyais à ce que le commerce seul et sans secours pût suppléer au manque des subsistances dans cette province et cela, parce qu'il y a une perte évidente à acheter du grain au prix où il est dans les ports pour le faire revendre au cours actuel du Limousin, quoique ce cours soit déjà prodigieusement au-dessus des facultés du peuple. J'ai pris la liberté de vous demander le sacrifice entier des 50 000 l. que vous avez eu la bonté d'accorder pour faciliter le réapprovisionnement.

Par les détails que j'ai reçus depuis, de toutes les parties de la Province, je vois clairement que ce secours sera encore trop faible. Le vide réel de toutes les subsistances se fait sentir partout et le peu de grains étrangers qui ont pu arriver ont été enlevés avec une rapidité qui montre que ces envois n'ont aucune proportion avec les besoins ; aussi ces envois n'ont-ils eu aucune influence sur les prix qui n'ont pas cessé de hausser encore davantage.

Ce qu'il y a de plus triste, c'est que la misère du peuple augmente dans une proportion beaucoup plus grande que le prix des grains. J'ai déjà eu l'honneur de vous en indiquer la raison dans mes premières lettres. Le peuple, dans cette province, et surtout le peuple des campagnes, ne consomme presque point de pain ; sa subsistance est, pendant plus de la moitié de l'année, bornée à des denrées qui n'ont que très peu de valeur, telles que le blé noir, les châtaignes, les raves et le blé d'Espagne. C'est la perte totale de ces mêmes récoltes, bien plus que celle de la récolte des grains, qui cause l'excessive misère de cette province, et malheureusement c'est un vide qu'il n'est pas possible de suppléer. Ces denrées ne sont point habituellement dans le commerce parce que leur prix ne peut supporter les frais de transport. Les grains auxquels il faut recourir et dont la consommation augmente prodigieusement ne peuvent venir du dehors qu'à grands frais, surtout le prix qu'ils ont dans les ports étant déjà fort au-dessus du prix habituel de la Province. Il faudrait, pour que les commerçants pussent en apporter dans les parties intérieures avec profit, que le seigle se vendît 24 à 25 l. au moins le setier de Paris ; or, à l'exception des quatre dernières années, son prix habituel n'est que de 7 l. 10 s. à 9 l. le setier de Paris. La plus grande partie des rentes en grains sont même affermées sur le pied de 7 l. 10 s. ; les salaires du peuple sont fixés d'après ce prix habituel et même dans une proportion encore plus basse, déterminée par la moindre valeur des denrées que le peuple consomme à la place des grains.

Vous pouvez concevoir aisément, M., qu'un peuple aussi pauvre n'est pas en état de mettre au grain un prix proportionné à sa rareté ; ainsi, par un cruel enchaînement, le commerce n'apporte point de secours parce que les grains n'ont pas un prix assez haut pour le dédommager des frais de transport et, malgré l'excès du besoin, les grains ne peuvent monter à ce prix parce que le peuple est dans l'impuissance absolue de les payer.

Il ne faut pas se flatter qu'il y ait beaucoup de greniers que l'arrivée des blés étrangers puisse faire ouvrir. Je sais, par ce que j'ai appris de différents côtés sur le produit des dîmes, que, dans beaucoup d'endroits, les cultivateurs n'ont pas recueilli de quoi semer de nouveau et que, dans le plus grand nombre de paroisses, ils n'ont pas recueilli de quoi subsister jusqu'à la récolte prochaine. On a réparti les pauvres ; on a pourvu à leur nourriture par des contributions dans la plupart des paroisses, en exécution de l'Arrêt du Parlement de Bordeaux [a] ; mais les propriétaires mêmes des biens-fonds, bien loin de pouvoir soulager les autres, n'ont pas assez de grains pour eux et pour leur famille. Il n'est pas de semaine où quelques curés ne m'écrivent qu'ils ont enterré des gens morts de faim.

Tous les secours que j'ai demandés de différents côtés n'arrivent qu'avec lenteur. Je n'ai encore pu recevoir de Bordeaux que très peu de riz, parce qu'un vaisseau qu'on attendait au mois de janvier n'est point encore arrivé. Pour y suppléer en partie, j'ai demandé une quantité considérable de fèves, mais avant que cette aumône et celle du riz aient pu être distribuées dans les paroisses, il se passera encore bien du temps. Les premiers grains partis de Nantes ont été fort retardés et à peine viennent-ils d'arriver à Angoulême.

J'ai pris des mesures pour faire partir du même port, deux ou même trois fois par mois, un bateau de 60 tonneaux. Ce secours sera cher ; mais la circonstance m'a paru trop pressante pour en attendre de plus éloignés. Nos négociants reçoivent toutes les semaines les états du prix dans les ports de Hollande et il résulte de leurs calculs qu'il y aurait encore plus de perte à les en tirer directement qu'à faire des achats à Nantes. Ce dernier parti d'ailleurs a l'avantage d'une plus grande célérité.

[a] Voir ci-dessous n° 109.

Ce n'est que de la mer Baltique, qu'on peut attendre des secours plus abondants et moins onéreux. Je n'ai pas négligé cette voie, mais ses ports étant actuellement fermés par les glaces, ces grains n'arriveront qu'au mois de mai ; ils courront d'ailleurs tous les risques de la mer ; de plus, la Charente et surtout la Dordogne étant sujettes à manquer d'eau, il sera peut-être alors fort difficile de faire remonter ces grains et ils pourront n'arriver que très près de la récolte. Enfin, l'on est obligé de faire d'avance des remises considérables en argent longtemps avant de recevoir aucun grain et, pour peu que la demande soit forte, ces remises absorberont et au delà les fonds que vous m'avez permis de consacrer à cet objet.

Tous ces détails, M., ne vous font que trop connaître le besoin qu'ont les peuples de cette province de secours plus abondants que ceux que vous avez déjà eu la bonté de procurer. Je sais, et j'ai tâché de le leur faire sentir, combien les circonstances où ils ont été donnés en augmentent le prix ; mais leur misère est telle que sans doute l'attendrissement qu'elle excitera en vous l'emportera sur toute autre considération. Mise par vous sous les yeux du Roi, elle leur procurera sans doute de nouvelles marques de sa bonté paternelle ; de quel autre que lui pourraient-ils attendre un soulagement à des maux aussi grands ?

Quelque indiscrétion apparente qu'il y ait dans ma demande, j'ose, M., vous supplier d'ajouter aux premiers secours que vous avez déjà eu la bonté d'obtenir de S. M., une seconde somme de 150 000 livres. Quoique je sente toute l'utilité des travaux publics, les circonstances sont si pressantes que j'emploierai vraisemblablement une très grande partie de cette somme en approvisionnement, soit de grains qui ne peuvent être vendus qu'à perte, soit de riz ou de fèves pour distribuer gratuitement. Il me serait impossible de vous présenter un tableau détaillé de l'emploi que je ferai de cette nouvelle libéralité. Si j'attendais, pour demander de nouveaux secours, que j'eusse pu faire toutes les combinaisons relatives à leur emploi, le temps se passerait et le poids de la misère ne cesserait d'augmenter.

Il y a des circonstances où la sagesse des administrateurs en chef est forcée de laisser une entière liberté sur le détail de l'exécution à ceux qui en sont chargés et qui résident sur les lieux. Celle où la Province se trouve est, je crois, de ce nombre. Je souhaiterais fort avoir pu mériter d'avance cette confiance de votre part ; ce que je puis vous dire, c'est que je ferai tout ce qui dépendra de moi pour que vous ne vous repentiez pas de me l'avoir accordée.

Quoique le besoin soit très pressant, comme à l'exception des remises à faire dans le Nord, on peut prendre des arrangements pour obtenir du temps sur les paiements, je ne vous propose point de m'autoriser à prendre sur-le-champ dans la caisse des receveurs généraux la totalité de 50 000 écus. Vous avez bien voulu m'autoriser à tirer sur l'un 40 000 l. dans les mois de janvier, février et mars de cette année, et en outre 15 000 l. dans les deux mois d'avril et de mai. Je vous propose de partager les nouveaux 50 000 écus en cinq mois à raison de 30 000 l. par mois, dont les deux premiers paiements coïncideront avec les deux paiements de 15 000 l. en avril et en mai, ce qui fera 45 000 l. pour chacun de ces deux mois, et 30 000 l. pour les mois suivants : juin, juillet et août.

Je ne doute pas que, dans des circonstances aussi cruelles et aussi pressantes, non seulement vous n'ayez la bonté d'accorder à la Province ce nouveau secours, mais même que, dans le cas où je trouverai quelque marché à faire pour des subsistances qui exigeât une dépense plus forte que celles auxquelles vous m'avez jusqu'à présent autorisé, vous n'approuvassiez que j'allasse en avant, sans même attendre votre décision plutôt que de manquer l'occasion qui se présenterait.

Quatrième lettre.

(Le Parlement de Bordeaux. — Craintes à Tulle et ailleurs.)

9 mars.

M., j'ai reçu, avec la lettre que vous m'avez fait l'honneur de m'écrire le 3 de ce mois, l'Arrêt du Conseil qui ordonne que, sans s'arrêter à celui du Parlement de Bordeaux du 17 janvier, les propriétaires de grains seront libres de vendre, soit dans les marchés, soit ailleurs, quand, où et de la manière qu'ils aviseront. Cet Arrêt vient d'autant plus à propos que, malgré les espérances que j'avais eues de l'entière inexécution de celui du Parlement de Bordeaux, la conduite imprudente des officiers de Tulle et de quelques autres juridictions a donné lieu à une grande partie des maux que j'avais craints.

La circonstance de l'interruption des chemins par les neiges ayant occasionné un vide sensible dans le marché de Tulle, les officiers de police, non contents de faire publier les défenses portées dans l'Arrêt du Parlement, ont fait une visite dans les maisons de la ville où ils soupçonnaient des grains. Soit qu'il y en eût fort peu, soit que les propriétaires aient trouvé moyen d'éluder leurs recherches, le résultat de cette visite a été de convaincre ces officiers, et malheureusement aussi le public, que ces greniers ne pouvaient pas fournir au peuple la subsistance de trois semaines.

La même opération ayant été faite dans quelques autres villes, et le résultat en ayant été le même, vous pouvez penser, M., quelle terreur s'est répandue dans les esprits et quelle secousse ces nouvelles alarmes ont donné au prix des grains.

Le seigle était le 4 février à Tulle à 22 l. 8 s. le setier, mesure de Paris ; par mes dernières lettres qui sont datées du 1er mars, il était monté à 32 l. Ce prix serait au-dessus des forces du peuple dans les provinces les plus riches. Cette augmentation ne s'est pas bornée à la ville de Tulle et aux environs ; je reçois de tous côtés les nouvelles les plus désolantes ; dans une grande partie de ma généralité, le seigle est à 27 l. le setier de Paris. À Limoges, il n'est qu'à 24 l. et dans les parties les plus intérieures de la Province, dans le canton qu'on appelle la Montagne, qui est la partie la plus abondante en seigle et qui en fournit ordinairement aux autres cantons, il est monté ces jours derniers jusqu'à 21 l.

Dans des circonstances aussi cruelles, M., je ne puis me dispenser de vous renouveler toutes mes instances pour vous conjurer de nous donner de nouveaux secours. J'ai eu l'honneur de vous en faire sentir la nécessité par ma lettre du 27 février ; je la sens encore plus vivement aujourd'hui. Chaque jour ajoute de nouveaux traits au tableau également touchant et terrible de la misère dont je suis témoin et que j'ai la douleur de ne pouvoir soulager efficacement. J'ai fait redoubler les achats de riz et j'y ai joint des fèves pour faire distribuer dans les campagnes par forme d'aumônes, mais la difficulté des voitures rend ce soulagement bien lent. Les travaux, auxquels j'emploie une grande partie des fonds que vous m'avez accordés, ne peuvent suffire qu'à un assez petit nombre d'ateliers, et la misère est si universelle que l'effet de ces travaux est à peine sensible. La demande des grains étrangers a été beaucoup trop faible et je me reproche à présent avec amertume d'avoir trop respecté la loi que vous m'avez imposée de ne point perdre les 50 000 l. que vous aviez destinées à favoriser cette importation. Ma timidité à cet égard et le trop de confiance que j'ai eu dans les envois annoncés par les sieurs Drouin de Saumur et Montaudoin[a] de Nantes m'ont fait perdre un temps irréparable, et les retards de la navigation, tant par mer que sur la Charente, ajoutent encore à mes regrets.

Je vous avoue que, dans des circonstances aussi pressantes, je me tourne de tous les côtés dont je peux attendre des secours sans calculer s'ils sont plus ou moins dispendieux. Je sais à présent qu'il faut perdre et je me tiendrais trop heureux de pouvoir assurer les subsistances quelque prix qu'il en coûtât.

---

[a] Montaudoin de la Touche, voir tome I, p. 539, 641.

Peut-être que le commerce pourrait fournir sans perte des grains s'ils se soutenaient au prix excessif où ils sont à présent ; mais le commerce ne peut spéculer en conséquence qu'autant que cet état durerait, et s'il durait, ce serait le plus grand des malheurs. En vain, cette excessive cherté attirerait les subsistances, puisque les moyens de les payer à un prix aussi excessif manqueraient absolument.

J'ai pris la liberté de vous demander, par ma lettre du 27 février, une somme de 150 000 l., égale à la première que vous avez déjà eu la bonté de m'accorder, et je crains beaucoup qu'elle ne soit encore bien disproportionnée à l'étendue des besoins. Quoique je n'aie point encore reçu votre réponse, je crois que la circonstance est assez pressante pour que je doive la présumer et aller en avant, persuadé que, de façon ou d'autre, vous voudrez bien me fournir les moyens de satisfaire aux engagements que l'urgente nécessité m'aura forcée de prendre.

Je n'ai point de terme assez fort, M., pour vous supplier de venir au secours d'un peuple accablé et d'accorder le supplément de 150 000 l. que j'ai demandé par ma lettre du 27 février et que je vous demande encore par celle-ci.

Cinquième lettre.

(Attroupements et obstacles au commerce des grains.)

13 mars.

M., je n'ai encore que de mauvaises nouvelles à vous donner de l'état des choses dans cette province. Les alarmes occasionnées peut-être en partie par la publication imprudente de l'Arrêt du Parlement que vous avez fait casser, mais en partie aussi par un vide réel que les secours étrangers ne remplacent que trop faiblement et trop lentement, ont fait monter le grain à un prix hors de toute proportion.

Le seigle vaut dans la plus grande partie du Limousin depuis 27 l. jusqu'à 32 l. le setier de Paris. Vous sentez que, dans de pareilles circonstances, les esprits doivent fermenter dans les lieux où le grain est le plus cher ; on se tourne de tous côtés pour en avoir et les lieux d'où on veut le tirer souffrant déjà beaucoup de la cherté, les peuples voient, avec une plus grande inquiétude, ces transports qui augmentent encore chez eux un prix déjà trop fort pour leurs facultés.

J'ai été instruit que, dans plusieurs endroits, la populace commençait à menacer et même à s'attrouper, quoiqu'encore timidement et sans se porter aux premiers excès. J'ai cru devoir prévenir le mal et j'ai profité, comme je l'avais déjà fait une première fois, du séjour que fait ici le régiment de Condé pour demander un détachement de 35 hommes que j'ai envoyé à Meymac, petite ville située dans la Montagne, c'est-à-dire dans le canton de la Province le plus fertile en seigle. La secousse arrivée dans les prix à Tulle et dont j'ai eu l'honneur de vous rendre compte, par une lettre du 9, ayant donné lieu à quelques marchands de Tulle d'aller acheter des grains à Meymac, et les prix ayant haussé dans cette dernière ville à cette occasion, le peuple s'est vivement opposé à ce que les marchands fissent emporter ces grains. L'arrivée du détachement a remis tout dans l'ordre. L'officier qui le commande est prévenu de s'entendre avec les subdélégués pour envoyer du monde partout où l'on verrait la moindre apparence d'émotion et les subdélégués sont avertis de s'adresser à lui.

Je vais aussi demander une compagnie pour l'envoyer à Brive où elle est fort nécessaire, attendu que c'est là que doit aborder une partie des grains étrangers que des négociants font fournir dans la Province et que le peuple de Brive paraît aussi fort disposé à empêcher qu'il n'en sorte.

Ce n'est pas seulement dans cette généralité que les esprits s'échauffent contre le transport des grains ; je viens d'apprendre que le peuple de Souillac, petite ville du Quercy, voisine de Brive, s'était opposé à l'enlèvement des grains qu'on avait tiré du Quercy pour le Limousin. Je sais aussi que du côté d'Aubusson et de Felletin, dans la généralité de Moulins, les peuples ne veulent pas laisser sortir les seigles qu'on y achète pour le Limousin.

Votre intention est certainement, M., que le grain circule dans tout le Royaume avec une entière liberté ; aussi j'espère que vous voudrez bien appuyer auprès de M. de Gourgues et de M. de Pont [a], la prière que je leur fais d'ordonner à leurs subdélégués de prêter main forte pour assurer la liberté du transport des grains achetés pour ma généralité, et même d'approuver qu'en cas de besoin je profite du séjour du régiment de Condé pour y envoyer des détachements comme dans les villes de ma généralité.

Je ne puis, M., vous écrire sur ce triste sujet, sans vous prier de nouveau de proportionner les secours à l'excès de nos besoins, et d'accorder tout ce que j'ai eu l'honneur de vous demander par mes précédentes du 27 février et du 9 mars.

P. S. — Permettez-moi de joindre à cette lettre un morceau du pain que mangent les artisans, et les ouvriers ; je ne dis pas des campagnes

---

[a] Intendants à Montauban et à Moulins.

éloignées, mais de Limoges. Ce pain, dont vous serez effrayé, a coûté deux sols la livre et, d'après le prix actuel du grain, il doit renchérir.

Sixième lettre.

(Sédition à Tulle.)

15 mai.

M., il vient d'arriver à Tulle une espèce de sédition qui s'est annoncée assez vivement et qui aurait même pu avoir des suites graves, si je n'avais pas été à portée d'y envoyer sur-le-champ main forte, en demandant au commandant du régiment de Clermont-Prince un détachement pour l'envoyer dans cette ville.

Depuis quelque temps, les esprits y étaient assez échauffé par le haut prix du grain et par beaucoup de mauvais propos que ce haut prix ne manque guère d'occasionner. À ce sujet de plaintes, s'en joignait un autre fondé sur la réduction de la mesure de Tulle ordonnée, il y a environ dix ans, par le Parlement de Bordeaux. Cette réduction avait déjà occasionné dans le temps une émeute et le peuple de la ville était resté attaché à l'ancienne mesure, s'imaginant apparemment que le prix des grains ne se proportionnerait pas à la mesure. Cette réduction était très avantageuse aux habitants des campagnes qui, ayant des rentes à payer en grains à la mesure de Tulle, se trouvaient fort lésés par l'abus qui s'était introduit d'une mesure trop grande. Cependant, il paraît que ce sont les gens de la campagne qui, au marché du mercredi 9 de ce mois, se sont ameutés et ont voulu forcer à rétablir l'ancienne mesure. Ils ont, en effet, brisé les mesures actuellement en usage et, ayant appris qu'il y avait dans une maison un étalon de l'ancienne mesure, ils en ont enfoncé la porte et se sont procurés cette mesure qu'ils ont portée au marché. Là, ils se sont emparés de quelques voitures de seigle qui se vendait 13 l. le setier à la mesure nouvelle et ils ont forcé les voituriers à le leur livrer à 8 l. sur le pied de la mesure ancienne. Le désordre n'a pas été plus loin ce jour-là ; mais, ils ont annoncé qu'ils reviendraient plus en force au marché du samedi pour visiter les maisons où il y aurait du grain. Il était fort à craindre qu'ils ne fussent secondés dans ce projet par une partie de la populace de la ville ; mais mon subdélégué m'ayant envoyé le jour même un courrier, j'ai pu faire partir le détachement du régiment de Clermont assez tôt, pour qu'en hâtant sa marche, il soit arrivé à Tulle le vendredi au soir ; on avait déjà eu la précaution d'y rassembler plusieurs brigadiers de la maréchaussée.

Je n'ai point encore de nouvelles de ce qui s'est passé au marché du samedi, mais je ne doute pas que tout n'y ait été parfaitement tranquille, d'autant plus que s'il s'y était passé quelque chose, mon subdélégué aurait eu le temps de m'envoyer un courrier. Je suis donc entièrement sans inquiétude, et je vous avoue même que si je vous fais part de cet événement, c'est moins à cause de son importance réelle, qu'afin que vous n'en soyez pas instruit par d'autres qui pourraient peut-être grossir les objets et vous donner des inquiétudes peu fondées.

Le Présidial de Tulle a commencé à instruire une procédure à ce sujet ; cette instruction n'est pas en trop bonne main ; mais je ne crois pas cette affaire assez importante pour proposer de rien changer à la marche ordinaire de la justice.

Septième lettre.

(Les ressources possibles. — Situation de l'Europe. — Demande d'un dépôt de seigle.)

25 octobre.

M., depuis mon retour dans la Province, ma principale et presque unique occupation a été de prendre des connaissances aussi certaines que j'ai pu me les procurer de la quantité des denrées de subsistance et de chercher les moyens les plus prompts de suppléer au vide immense qui s'est développé cette année beaucoup plus tôt que l'année dernière, parce que l'expérience même de cette malheureuse année a rendu plus prévoyant et plus craintif et, par conséquent, a augmenté les alarmes et produit le resserrement des grains. J'ai trouvé le mal porté à un point que je ne pouvais imaginer et il est inconcevable combien l'on a été trompé sur la récolte. Quand je suis parti pour Paris au commencement d'août, on commençait à couper les seigles et on s'applaudissait partout des espérances qu'ils donnaient. Ces espérances se sont réduites à une récolte aussi faible que celle de 1769 dans les bons cantons du Limousin et incomparablement plus faible dans la partie qu'on appelle la Montagne, qui cependant est ordinairement celle de la Province qui fournit le plus de seigle, parce que le terrain ne produit presque aucune autre denrée, n'y ayant pas même de châtaigniers.

Ce n'est point sur des récits et des conjectures vagues que se fondent mes craintes. J'en ai détaillé les fondements dans les états des récoltes et dans mon Avis sur le moins imposé de 1771. C'est surtout d'après les états des dîmes de 1769, comparés à ceux de 1770, que j'en ai jugé, et c'est cette comparaison qui m'a donné ce résultat effrayant.

Les blés noirs n'ont pas mieux réussi que le seigle ; il y en a un peu plus que l'année dernière et aussi un peu plus de châtaignes, quoique plus de la moitié de cette production ait été brûlée par les vents du Midi pendant le mois de septembre ; mais cette faible ressource ne saurait être comparée à la quantité de grains vieux qui restaient dans les greniers de la Province à la fin de l'année dernière, et le vide est certainement plus grand. Si l'on en jugeait par le prix actuel, les grains seraient infiniment plus rares ; car, dans toutes les parties de la Province au-dessus de Limoges et de Tulle, le seigle vaut déjà 30 et 35 livres le setier, mesure de Paris ; il est encore augmenté depuis le départ de mon Avis. L'année dernière, à pareille époque, il ne valait que de 15 à 18 livres. Il ne faut peut-être pas conclure rigoureusement que la différence des quantités suive cette proportion et vraisemblablement elle vient en partie de ce que, l'année dernière, on n'avait pas calculé sur un aussi grand vide au lieu que cette année l'on est averti et l'on se précautionne.

Les propriétaires et les fermiers des dîmes et des rentes seigneuriales, les seuls qui, dans cette province, aient des grains en réserve, trouvant un prix assez favorable, en vendaient, ainsi que quelques propriétaires de domaines pressés d'argent ; aujourd'hui, personne n'a de réserves. Les propriétaires des biens de campagne qui, l'année dernière, ont été obligés d'acheter des grains pour la nourriture de leur famille, de leurs colons et des pauvres, gardent ce qu'ils ont recueilli, tandis que les décimateurs et ceux qui ont pu percevoir leur rente en nature envisagent l'étendue du vide et le long intervalle qui reste à passer jusqu'à la récolte, comptent sur une augmentation excessive et ne veulent vendre à aucun prix. D'un autre côté, tout bourgeois aisé veut s'approvisionner d'avance pour n'être pas exposé à manquer ; aussi la crainte produit l'excès de demande d'un côté, et de l'autre le resserrement de la denrée. Mais cette crainte est fondée, et ce resserrement est l'effet d'un vide réel et constaté.

Ce n'est pas tout. Cette récolte, déjà si mauvaise par la quantité, ne l'est pas moins par la qualité. Dans les cantons les moins maltraités, le seigle est rempli d'ergots, de cette production funeste qui, mêlée avec le pain, le change en poison et occasionne une gangrène érésipélateuse, dans laquelle les membres tombent en pourriture en se séparant du tronc sans même qu'il soit besoin de les couper ; en sorte que ceux qui font usage de ce pain meurent dans des souffrances cruelles ; les autres sont estropiés toute leur vie. Il n'est heureusement pas difficile de séparer ce grain vicié du reste de la masse et je vais faire publier dans les campagnes un Avertissement ᵃ pour instruire le peuple du danger ; mais il en résultera toujours un déchet sensible sur la quantité du grain recueilli. Les seigles de la Montagne ont un autre vice : les grains sont presque entièrement dénués de substance farineuse et la meule ne broie presque que du son ; je ne puis vous donner une idée plus juste de cette misérable production qu'en vous envoyant un échantillon joint à cette lettre. J'en ai reçu de semblables de plusieurs paroisses de la Montagne. Vous ne le verrez pas, M. sans vous attendrir sur le sort des hommes condamnés à cette affreuse nourriture. C'est cependant de ce grain que ces malheureux n'ont pas eu, en 1770, la moitié de la chétive production qu'ils avaient récoltée en 1769. Pour comble de malheur, je viens d'apprendre que ce grain qu'on a semé, faute d'autre, n'a point germé, en sorte que le malheur de cette année influera encore sur le sort de la prochaine.

Une des circonstances les plus tristes dans ce malheur est la situation du canton où il se fait sentir ; c'est peut-être de tout le Royaume celui où il est le plus difficile de faire parvenir des secours par l'éloignement où il est de toute rivière navigable. Les frais de transport sont presque doubles pour les grains apportés à Angoulême ou à Souillac, de ce qu'il en coûte pour le transport de ces deux ports à Limoges d'un côté, et à Tulle de l'autre. À la vérité, l'on a cet avantage cette année que le Périgord et l'Angoumois et les provinces au-dessous du Limousin jusqu'à la mer sont assez bien approvisionnées du froment et du maïs qui fait leur principale nourriture ; mais, si les parties basses du Limousin en peuvent tirer quelque secours, cet avantage est plus que compensé par l'impossibilité de rien tirer de l'Auvergne et des parties limitrophes de la Marche : ces deux provinces qui, l'année dernière, ont versé dans le Limousin des secours immenses en seigle et qui seules, avec les anciennes réserves de la Montagne, ont pu faire subsister l'intérieur du Limousin, souffrent cette année autant que lui, en sorte que je ne puis envisager d'autres ressources pour faire subsister les peuples que d'y faire porter des grains tirés par la Charente et la Dordogne et transportés dans les terres à dos de mulet ou par des voitures à bœufs et vous sentez combien cette surcharge de frais en augmentera le prix.

Tel est, M., le tableau de notre misérable situation ; il s'agit d'examiner les remèdes qu'on peut y apporter.

Deux choses manquent : la denrée et les moyens de la payer ; ce sont deux objets dont il faut s'occuper.

ᵃ Non retrouvé.

Quant à la denrée, les mesures à prendre sont d'autant plus embarrassantes que la récolte du seigle est médiocre dans presque tout le Royaume et que nommément les provinces qui avoisinent le Limousin sont les plus maltraitées. L'on ne peut guère compter sur des seigles nationaux, qu'autant que la province, dont les productions affluent à Nantes, pourra approvisionner ce port très abondamment, car, dans toutes les autres parties, le prix en est déjà trop fort pour que ce grain ne puisse arriver au Limousin qu'à des prix exorbitants. Malheureusement, les circonstances pour en tirer de l'étranger sont infiniment défavorables. La récolte de 1770, suivant toutes les informations que j'ai reçues des différents ports du Nord, a été mauvaise en Pologne et dans toute la basse Allemagne. Le prix des grains y a infiniment haussé, même à Dantzig, en sorte que les mêmes grains qui, l'année dernière, ne revenaient rendus à Limoges que de 24 à 26 livres le setier de Paris, reviendront cette année de 30 à 32 livres, prix exorbitant, mais qui malheureusement paraît devoir subsister et peut-être augmenter. On serait trop heureux que ce prix n'augmentât pas ; toutes les lettres menacent de cette augmentation. En effet, le roi de Prusse a défendu l'exportation dans ses États depuis Memel jusqu'à Stettin ; il tient dans ses mains la clé de toutes les grandes rivières de la Pologne et de l'Allemagne, qui débouchent dans la mer Baltique à l'exception de la Dvina et de la Vistule. Ainsi, son ordonnance prohibitive doit beaucoup influer sur les prix, et déjà ils sont devenus extrêmement chers en Hollande. De plus, les alarmes qui se sont répandues à l'occasion de tous les symptômes de peste qu'on a cru voir se manifester dans les provinces de la Pologne, limitrophes des anciennes frontières de la domination Turque, ont donné lieu de toutes parts à des précautions que j'ai bien de la peine à ne pas croire prématurées, qui gêneront infiniment le commerce et qui apporteront un obstacle presque invincible à toute importation de grains du Nord dans le Royaume ; car vous sentez, M., l'augmentation de frais qui doit résulter du séjour des vaisseaux dans les ports pour la quarantaine ; quand même la nourriture des équipages serait supportée par le Roi, la perte de temps et la privation d'un nouveau frêt pour les propriétaires des navires, le retard des ventes et l'intérêt qui court des capitaux pour les propriétaires des marchandises, l'augmentation des assurances pour le danger plus grand des avaries, sont autant d'accroissements, dans le prix fondamental de la marchandise, qui peuvent changer en perte le profit qu'un négociant attendait de sa spéculation. De plus, l'approvisionnement assujetti à cette quarantaine, peut être rendu entièrement inutile parce que les grains venus par mer, déjà trop susceptibles de s'échauffer par l'entassement dans les vaisseaux, surtout quand la saison est chaude, court un danger évident de s'échauffer encore davantage et de se corrompre entièrement par un plus long séjour dans les vaisseaux ou dans les lazarets. Ces mêmes approvisionnements peuvent encore devenir inutiles par une autre raison et par le seul retardement de leur arrivée au lieu du besoin. Vous savez, M., que les ports de la mer Baltique sont fermés pendant quatre mois par les glaces et que les cargaisons de grains n'en peuvent sortir qu'au printemps, que, par conséquent, elles n'arrivent dans nos ports pour la plus grande partie que dans les mois d'avril, mai et juin ; il faut encore un temps considérable pour les faire parvenir dans l'intérieur des provinces méditerranées ; si, à ces détails indispensables, on ajoute la durée de la quarantaine exigée, les grains arriveront au temps de la moisson, c'est-à-dire lorsqu'on n'en aura plus besoin, lorsque la valeur vénale en sera fort diminuée. Les pertes sur les ventes deviendront énormes et toutes les dépenses du Gouvernement (car il ne faut pas compter qu'aucun négociant se livre à de pareilles spéculations) seront en pure perte.

J'ai cru, M., que l'intérêt de la Province dont l'administration m'est confiée m'autorisait à présenter à M. le duc de La Vrillière ces réflexions, en répondant à la lettre circulaire par laquelle il m'annonce les précautions que le Conseil a jugé à propos d'ordonner contre le danger de la peste. Je prends la liberté de vous envoyer une copie de ma lettre [a] afin que si vous adoptez ma façon de penser vous puissiez en conférer avec lui.

Que serait-ce, M., si à ces obstacles se joignait le fléau d'une guerre maritime dont nous sommes, dit-on, menacés ? On nous flatte que la négociation préviendra cet orage. Si, malheureusement, elle n'avait pas le succès désiré, il faudrait absolument renoncer à tout secours étranger et le Royaume serait borné à ses seules productions dans une année, où, comme vous le savez, la récolte n'a pas été aussi abondante qu'on s'en était d'abord flatté, et où cependant cette récolte doit fournir à trois mois de subsistance de plus que dans les années ordinaires, puisqu'il n'y a pas un seul grain de blé vieux et que les blés nouveaux, qu'on n'entame ordinairement que dans le mois de novembre, ont commencé à être consommés dès les mois de juillet et d'août. Dans cette extrémité, du moins faudrait-il que la circulation intérieure jouît de la plus entière liberté et que le niveau pût s'établir partout sans obstacle. J'ose vous assurer, M., que si l'Arrêt du Parlement qui a renouvelé les dispositions des anciens règlements sur les marchés subsiste, il est physiquement impossible que les provinces se secourent mutuellement avec la rapidité désirable pour qu'aucune ne souffre. Car, comment

---

[a] Non retrouvée.

faire au marché des achats de grains considérables, sans exciter tout d'un coup les plus vives alarmes, sans donner une secousse subite au prix des grains dans le lieu de l'achat et sans soulever, par conséquent, les esprits du peuple, instruit par ses magistrats à traiter tout achat de grains considérable d'usure et de monopole. Mais, je dois insister ailleurs expressément sur cet article et je n'anticiperai point sur les réflexions que j'aurai à vous présenter [a]. Je vous observerai seulement que, sans les difficultés qu'opposera à la circulation ce changement de principes, les froments qu'on aurait tirés du Berry, du Poitou et de l'Angoumois, auraient procuré beaucoup de services à la partie du Limousin qui avoisine ces provinces et y aurait beaucoup diminué la consommation du seigle.

L'effet de tous ces obstacles multipliés sera de rendre les approvisionnements infiniment dispendieux et, quoique l'étendue du pays qu'il faut approvisionner soit moins grande d'un tiers, comme les parties qui manquent le plus sont celles où la voiture est sujette à plus de difficultés et de frais, je n'ose répondre que le fonds de 200 000 livres que vous avez bien voulu me laisser l'année dernière soit suffisant, surtout si les pertes se multiplient par la cherté des premiers achats et les frais excessifs de transport. Je ne vous proposerai cependant point de l'augmenter quant à présent et, quoiqu'il ne soit pas entièrement rentré, à cause du retard des quatre dernières cargaisons arrivées de Dantzig, au commencement de juillet, et qu'il y ait même de la perte, tant à cause de quelques avaries inévitables que parce qu'on en a vendu une partie à 21 livres le setier de Paris (quoique ces grains reviennent à plus de 24), je n'ai point hésité à faire demander en différents ports 1 200 tonneaux de seigle. Il y a déjà un mois qu'il en a été demandé 400 à Dantzig ; on en a aussi demandé 400 à Nantes et 200 à Quimper. Sur l'avis qu'il y en avait 200 de grains du Nord à la Rochelle, on a donné ordre de les acheter. L'on n'a point encore de réponse de cette dernière commission. L'on craint aussi de ne pas recevoir tout ce qu'on a demandé à Dantzig, parce que, des deux cargaisons qu'on a demandées, il y en a une qu'on a demandée en fixant un prix et une seulement pour laquelle les ordres sont illimités. Pour l'avenir, on ne voit guère de ressources que dans le port de Nantes où il est bien à craindre que les prix n'augmentent beaucoup par la multiplicité des demandes.

Il reste, des cargaisons venues l'été dernier, environ 4 000 setiers, mesure de Paris. Ce grain a un peu d'odeur. J'ai beaucoup regretté qu'il soit arrivé si tard et après le moment du besoin. Il a cependant encore été utile ce mois d'août, et lorsque les blés n'étaient pas encore coupés,

---

[a] Voir les *Lettres sur le commerce des grains* ci-dessous, n° 111.

on en a vendu alors assez considérablement. Dans le moment actuel où l'alarme est assez vive, il serait facile de le débiter tout entier très promptement et j'étais convenu avec M. Albert [a] de prendre ce parti, afin de me procurer sur-le-champ la rentrée de tous les fonds quoi qu'avec un peu de perte. Mais j'ai changé d'avis d'après la connaissance que j'ai eue de l'excès des besoins de la Montagne et je me suis décidé à y faire passer sur-le-champ la moitié de cet approvisionnement. Cette précaution m'a paru d'autant plus pressante à prendre que, les chemins de ce canton se trouvant le plus souvent interceptés par les neiges pendant l'hiver, il ne serait peut-être plus temps dans quelques semaines d'y faire passer des secours et les peuples courraient risque d'être abandonnés à la plus cruelle famine. Je me propose, aussitôt que je serai assuré de l'arrivée prompte des grains demandés à la Rochelle, d'envoyer encore une partie de ce qui reste à Limoges ; mais je n'ai pas voulu, dans ce moment de resserrement universel, dégarnir entièrement cette ville. Je ferai passer encore dans la Montagne environ quinze milliers de riz qui me restent des achats que j'avais faits l'année dernière. J'ai fait écrire à Bordeaux et à Nantes pour en demander de nouvelles provisions que je me propose de faire vendre. J'ai en même temps engagé un négociant de Brive, associé du sieur Jauge, de Bordeaux, à faire passer, dans ce moment, 2 000 setiers de seigle, mesure de Paris, à Tulle, en lui garantissant la perte s'il y en avait. Tulle est le marché le plus à portée d'une grande partie de la Montagne et il m'a paru indispensable qu'il fût garni à quelque prix que ce fût. Les mêmes négociants de Brive et de Bordeaux qui ont approvisionné l'année dernière le bas Limousin par la Vézère et la Dordogne me font espérer de continuer cette année ; mais je vois avec peine que toutes leurs spéculations se portent sur Nantes, parce qu'ils n'imaginent pas pouvoir tirer des grains avec avantage ni du Nord, ni de Hollande, ni même d'Espagne.

Il serait bien à désirer, M., qu'en même temps que ces mesures se prennent pour approvisionner nos montagnes par la Dordogne et la Charente, il s'en prît de correspondantes pour approvisionner, par le côté opposé, la partie de l'Auvergne qui fait le revers de ces mêmes montagnes. Je sais que M. de Monthyon s'est fort occupé de faire venir des grains du côté du Languedoc et c'est un point important. Il ne le serait pas moins, ce me semble, que dans la destination des approvisionnements généraux que vous avez projetés pour le Royaume de l'établissement des dépôts que vous comptez faire, vous dirigeassiez

---

[a] Albert, intendant du commerce, chargé au Contrôle général de la correspondance relative aux grains.

vos vues sur Moulins et Clermont, où les grains peuvent facilement remonter par l'Allier et qui sont bien plus à portée qu'Orléans des provinces les plus souffrantes ; un approvisionnement considérable de seigle à Clermont subviendrait aux besoins de la partie de l'Auvergne du côté du Mont-Dore, à ceux des environs d'Aubusson et de Felletin et de toute cette partie de la généralité de Moulins qui s'avance entre l'Auvergne et le Limousin. Les cantons, même les plus reculés du Limousin, tels que les environs d'Ussel, seraient à portée d'en tirer des secours. Cette idée peut mériter que vous la preniez en considération.

Je ne dois pas omettre de vous faire une observation sur l'article des fonds qui doivent servir à nos achats. Je vous ai déjà prévenu qu'une partie de ces fonds ne sont point rentrés ; mais, c'est l'affaire des négociants que j'ai chargés de l'opération d'y suppléer en gagnant du temps par leur crédit ; ainsi, je ne vous demande point, quant à présent, d'augmentation de fonds ; mais, il y a une partie de la dépense qui, dans cette occasion, devient très considérable et qui exige qu'on paye en détail, argent comptant : c'est celle des frais de transport sur les rivières et par terre. Pour ne pas risquer de voir arrêter la marche de nos grains par défaut d'argent, il serait nécessaire que vous eussiez la bonté d'engager les Receveurs généraux à un arrangement qui ne porterait aucun préjudice à leur service. Il consisterait à m'autoriser à faire prendre des fonds dans la caisse du Receveur des tailles de Limoges et à les remplacer par des lettres de change à deux ou trois usances sur quelques banquiers de Paris, tels que MM. Cottin, Bouffé et Daugirard ou tels autres que vous indiqueriez. Ces lettres seraient endossées du sieur François Ardent, négociant de Limoges, dont les deux Receveurs généraux connaissent la fortune et que j'ai chargé de suivre l'opération. Il faudrait que les Receveurs généraux reçussent ces lettres pour comptant du Receveur des tailles de Limoges et vous pourriez les faire recevoir au Trésor Royal ; et, pour qu'aucun service n'en pût être dérangé, on pourrait faire bon de l'intérêt du retard, soit aux Receveurs généraux, soit au Trésor Royal, sur le pied que vous arbitreriez, et cet intérêt ferait partie de la dépense générale de l'opération. Je ne crois pas que cet arrangement pût entraîner aucun inconvénient ; mais, comme sans doute vous jugerez convenable de le concerter avec M. d'Ormesson, j'y reviendrai dans une lettre séparée bornée à ce seul objet.

Il me semble avoir à peu près traité tout ce qui concerne les moyens de procurer des grains à la Province ; mais il s'en faut bien que cette seule précaution suffise pour remédier à l'excès de la misère. De quelque manière qu'on s'y prenne et quand on parviendrait à proportionner la quantité de subsistances aux besoins, elles ne peuvent arriver dans la Province qu'avec des frais exorbitants qui en augmenteront considérablement le prix. Ce prix même est une condition sans laquelle on ne peut pas se flatter qu'il arrive du blé du dehors en quantité suffisante. Or, à ce prix, il n'est pas possible qu'il soit à la portée du plus grand nombre des consommateurs ; ce n'est pas seulement parce que ce prix sera au moins quadruple du prix ordinaire du seigle et dans une disproportion plus grande encore avec celui de la nourriture ordinaire du peuple, c'est surtout parce que la disette de l'année dernière a épuisé toutes les ressources. Il est certain que l'achat des blés au dehors a fait sortir de la Province une très grande quantité d'argent et que cet argent n'a pu rentrer par aucune voie, n'y ayant pas eu plus de denrées vendues au dehors que les années précédentes. Les artisans, les bourgeois mal aisés, les paysans n'ont pu subsister qu'en sacrifiant tout ce qu'ils pouvaient avoir de pécule, tout ce qu'ils avaient pu mettre en réserve des fruits de leur labeur en vendant leurs ustensiles les plus nécessaires et jusqu'à leurs vêtements. Les plus pauvres ont trouvé des ressources dans les contributions que les aisés et les propriétaires ont faites, en conséquence des Arrêts rendus par le Parlement de Bordeaux et par celui de Paris. Le besoin de ces contributions sera encore plus grand cette année et, dès à présent à la fin d'octobre, les prix de subsistance sont, dans tout le Limousin, plus hauts qu'ils ne l'étaient aux mois de février et de mars, lorsqu'on mettait à exécution ce que le Parlement de Bordeaux avait ordonné dès le 17 janvier.

Cependant, je ne sais si on osera donner les mêmes ordres et je ne sais comment les propriétaires pourraient trouver de quoi fournir pendant huit mois encore aux mêmes contributions, dont à peine ils ont pu supporter la charge pendant cinq mois, après avoir été obligés non seulement de consommer toute leur récolte, mais encore d'acheter des subsistances pour nourrir eux, leur famille, leurs domestiques, leurs colons et les pauvres de leurs paroisses. Ils ne sont pas plus en état de procurer des salaires à ceux qui pourraient les gagner que des secours gratuits aux pauvres incapables de travail. Tel est l'état des choses dans le Limousin en général.

Pour la partie de la Montagne, on n'a point d'expression qui puisse rendre l'excès de la misère et l'anéantissement de toute ressource. J'ai proposé, dans mon Avis, d'exempter entièrement cette partie de toute imposition, à la réserve d'un petit nombre de natures de biens qui peuvent avoir donné encore quelque revenu. Peut-être ce soulagement rendrait-il un peu de courage aux propriétaires, peut-être pourrait-on espérer d'eux quelque effort pour venir au secours de la partie du peuple qui ne peut subsister ? Mais cela même est douteux. Peut-être sera-t-il nécessaire que le Roi accorde des secours gratuits, soit en grains, soit en autres subsistances ? Du moins, me paraît-il indispensable d'ouvrir très promptement dans ce malheureux canton des ateliers de travaux qui y répandent de l'argent, et fournissent aux pauvres laborieux la seule occasion qu'ils aient de se procurer des salaires. Vous eûtes la bonté, M., d'accorder l'année dernière 80 000 livres pour cet objet et 20 000 pour aumônes gratuites, en tout 100 000 livres, à prendre en cinq mois sur la caisse des Receveurs généraux. Ce sera bien peu cette année, si vous n'accordez que cette somme, vu l'épuisement des propriétaires et l'impossibilité où ils sont de faire travailler. Je sens tout l'obstacle que les circonstances peuvent mettre à votre bonne volonté ; mais je sens encore plus vivement l'excès des misères que j'ai sous les yeux. Si ce que vous m'accorderez d'abord ne suffit pas, je vous renouvellerai mes instances.

Je devrais peut-être ajouter à cette lettre quelques observations sur la nécessité de prendre des arrangements pour adoucir les poursuites relatives aux recouvrements, en accordant aux Receveurs des quatre élections les plus souffrantes, quelques facilités sur leurs pactes, qui les missent en état de ménager les contribuables, mais je sens combien cet article est en lui-même délicat et susceptible de difficultés. Je me réserve de le traiter expressément avec vous, lorsque j'aurai achevé mes départements dont il me reste encore trois élections à faire. J'espère que j'aurai alors votre décision sur le moins imposé et j'en serai plus en état d'examiner à quel point il pourra être encore nécessaire de se relâcher sur la promptitude des recouvrements.

Cette lettre, M., quoiqu'assez étendue, parce qu'il a fallu vous y rendre un compte exact de l'état des choses, se réduit, quant à l'objet des demandes qu'elle contient, à bien peu d'articles.

Relativement aux approvisionnements, je vous fais observer les obstacles qui se sont accumulés de toutes parts et j'insiste en particulier sur les inconvénients de la quarantaine à laquelle on vient d'assujettir les vaisseaux venant de la mer Baltique. J'ai aussi pris la liberté de les représenter à M. le duc de la Vrillière et je vous envoie copie de la lettre que je lui ai écrite.

Je vous propose de faire concourir, avec les approvisionnements que je m'efforcerai de faire arriver par la Charente et la Dordogne et avec ceux que M. de Monthyon tire du Languedoc, l'établissement d'un des dépôts de grains que vous avez projeté de former et de le composer principalement de seigle.

Je vous propose encore un arrangement pour faciliter le service des approvisionnements dans la partie des transports en autorisant le Receveur des tailles de Limoges à avancer les fonds de sa caisse et à recevoir en échange des lettres sur Paris à deux ou trois usances, dont on bonifiera, si vous le jugez à propos, l'intérêt.

Quant au soulagement qu'exige la misère du peuple, pour le mettre en état de payer le grain au prix exorbitant qu'il aura nécessairement et qu'il a déjà, je me borne à vous demander une somme de 100 000 l., à prendre en cinq mois, pour en employer, comme l'année dernière, la plus grande partie en travaux publics et le reste en aumônes gratuites suivant la nature des besoins.

29 octobre.

P. S. — Depuis cette lettre écrite, tous les détails que j'apprends à chaque instant ne font qu'augmenter mes alarmes ; les pluies continuelles s'opposent à la levée du peu de blé noir qu'on a et dont une partie est encore dans les champs exposée à pourrir et à germer. Les blés d'Espagne, dans les provinces qui nous environnent, peuvent aussi en souffrir beaucoup et tout ce qui diminuera leur bien-être diminuera nos ressources.

J'ai su d'une manière positive que, dans un grand nombre de paroisses, des propriétaires aisés et qui ont plusieurs domaines ne prévoient pas avoir assez de grains pour la subsistance de leurs familles et de leurs colons et qu'ils ont été ou seront obligés d'acheter du grain, en sorte que l'on ne peut compter sur leur superflu pour garnir les marchés et vendre aux peuples des campagnes et aux habitants des villes.

Il n'y a de grain disponible qu'une partie de celui des décimateurs, et ce qui a pu rentrer des rentes en grain dues aux seigneurs ou à leurs fermiers, mais c'est un très petit objet, parce que la modicité de la récolte est telle que peu de censitaires sont en état de payer, surtout dans la Montagne, malgré les frais dont on les accable, nouveau poids ajouté à leur misère ; un grand nombre préfère de payer en argent à une évaluation exorbitante. Ce n'est point exagérer de dire qu'il me paraît inévitable qu'une partie des habitants de ce malheureux canton meure de faim.

Le prix des grains augmente à chaque marché ; il est actuellement, dans presque toute la Montagne, à 36 l. le setier de Paris et l'on ne doute pas qu'il n'atteigne ce prix à Limoges aussitôt que le faible reste des blés venus de Dantzig au mois de juillet sera épuisé.

Les nouvelles du Nord annoncent l'impossibilité absolue d'en tirer aucun secours et ne permettent pas de compter sur les cargaisons demandées à Dantzig.

Il n'y a à Bordeaux que des seigles échauffés qui se vendent jusqu'à 18 et 20 l. le setier de Paris. Les négociants de cette place ne savent où porter leur spéculation et je vois qu'ils ont dirigé toutes leurs demandes sur Nantes et Marans. C'est aussi là que se sont portées les nôtres et il est impossible que toutes les demandes, se réunissant sur ce seul point, n'y produisent très promptement une révolution dans les prix d'autant plus que la récolte des seigles n'y a pas été bonne, ni pour la quantité, si pour la qualité, que, suivant les dernières nouvelles, celle des blés noirs y périclite par les pluies et qu'en conséquence, aucun propriétaire ne veut vendre ses grains.

Dans des circonstances aussi cruelles et ne voyant aucun secours à espérer du dehors, j'ai donné des ordres de multiplier les achats de tous côtés sans regarder au prix et, malgré l'habitude où l'on est dans ce pays de ne vouloir que du seigle, de profiter de l'espèce d'abondance où sont encore les froments et les blés d'Espagne dans la Saintonge et le Poitou pour en faire acheter.

Je vous ai marqué que je ne vous demanderai aucun nouveau fonds pour les approvisionnements et que je ferai mon possible pour que le premier fonds fût suffisant ; à présent, j'en désespère ; mais je ne crois pas devoir m'arrêter par cette considération, ni limiter les achats, persuadé que si je parviens à assurer la subsistance de la Province, j'aurai rempli vos intentions et celles du Roi et que vous ne me refuserez point de nouveaux fonds si, comme je le prévois, je suis obligé de vous en demander.

108. — L'INTÉRÊT DE L'ARGENT.

I. — *Mémoire sur les prêts d'argent* [a].

[a] « Il arriva en 1769, à Angoulême, que des débiteurs infidèles s'avisèrent de faire un procès criminel à leurs créanciers. Turgot regarda cette tentative comme très immorale, et fut effrayé des conséquences qui pourraient en résulter pour le commerce de la Province et de l'État.

« Il crut que la cause, tenant à la haute législation, devait être évoquée au Conseil d'État, et motiva sa demande par le Mémoire suivant, qui détermina en effet l'évocation.

Ce Mémoire a déjà été imprimé deux fois. » (*Du Pont*)

Il fut demandé par une lettre du Contrôleur général du 9 janvier 1770 (A. N.), peut-être concertée entre l'intendant et les bureaux du Contrôle et dont voici le texte :

« Plusieurs particuliers se disant banquiers à Angoulême, représentent, par le mémoire que je vous envoie, qu'un nommé Nouel, s'étant fait craindre, sous prétexte d'une plainte qu'il a rendue contre un d'eux pour raison d'usure dans des négociations d'affaires, exerce, lui et ses adhérents, des vexations inouïes, en les réduisant au point de les faire contribuer des sommes plus ou moins fortes, par forme de restitutions, en sorte qu'il règne parmi les commerçants d'Angoulême un trouble considérable. Ils demandent que vous soyez commis pour connaître de tous les faits dont ils se plaignent et dont ils savent que vous avez déjà pris connaissance par vous-même.

Comme je présume que vous êtes instruit de ce qui s'est passé, je vous prie de me mander ce qui en est, et ce que vous pensez que l'on doit faire pour ramener l'ordre et la tranquillité qui doit régner parmi les commerçants de cette ville ».

Du Pont dit encore :

[*Mémoire sur les prêts à intérêt et sur le commerce des fers*, 1789, in-8°. — D. P., V, 262. — *Mémoire sur les prêts à intérêt*, à la suite de la *Défense de l'usure*, de Bentham, 1828, in-8°.]

I. Occasion du présent mémoire. — Il y a quelques mois qu'une dénonciation faite au sénéchal d'Angoulême contre un particulier qu'on prétendait avoir exigé des intérêts usuraires dans ses négociations d'argent, a excité une fermentation très vive parmi les négociants de cette ville.

Cette fermentation n'a cessé d'augmenter depuis, par la suite qui a été donnée à la procédure, par les nouvelles dénonciations qui ont suivi la première, et par les menaces multipliées de tous les côtés contre tous les prêteurs d'argent.

Ces mouvements ont produit l'effet qu'on devait naturellement en attendre : l'inquiétude et le discrédit parmi les négociants, le défaut absolu d'argent sur la place, l'interruption entière de toutes les spéculations du commerce, le décri de la place d'Angoulême au dehors, la suspension des payements, et le protêt d'une foule de lettres de change. Ces conséquences paraissent mériter l'attention la plus sérieuse de la part du Gouvernement ; et il semble d'autant plus important d'arrêter le mal dans son principe, que si l'espèce de jurisprudence qu'on voudrait établir à Angoulême devenait générale, il n'y aurait aucune place de commerce qui ne fût exposée aux mêmes révolutions, et que le crédit, déjà trop ébranlé par les banqueroutes multipliées, serait entièrement anéanti partout.

II. Objet et plan de ce mémoire. — L'objet du présent Mémoire est de mettre sous les yeux du Conseil un récit de ce qui s'est passé à Angoulême, des manœuvres qui ont été pratiquées et des suites qu'elles ont eues. Ce récit fera sentir les inconvénients qui en résultent et la nécessité d'y apporter un prompt remède.

Pour y parvenir, on essayera d'exposer les principes, d'après lesquels on croit que cette affaire doit être envisagée, et d'indiquer les moyens qui paraissent les plus propres à ramener le calme parmi les négociants d'Angoulême et à garantir dans la suite le commerce, tant de cette ville que des autres places du Royaume, d'un genre de vexations aussi funeste.

« Un curé respectable, qui a publié un très bon livre sur l'intérêt de l'argent paraît, avoir eu connaissance de ce mémoire dont les principes ont été la base de son ouvrage (Du Pont, *Mémoires*). » Il s'agit de l'abbé Gouttes qui a eu communication de l'avis manuscrit de Turgot, et qui en a reproduit plusieurs passages dans sa *Théorie de l'intérêt de l'argent, tirée des principes du droit naturel, de la théologie et de la politique, contre l'abus et l'imputation d'usure*, in-12, 1780. Nous avons utilisé cet ouvrage pour réviser le texte du *Mémoire* de Turgot.

III. Idée générale du commerce d'Angoulême. — Pour donner une idée juste de la manœuvre des dénonciateurs de faits d'usure, pour en faire connaître l'origine, et mettre en état d'apprécier les effets qu'elle a dû produire, il est nécessaire d'entrer dans quelques détails sur la nature du commerce d'Angoulême, et des négociations qui s'y sont faites depuis quelques années. La ville d'Angoulême, par sa situation sur la Charente, dans le point du cours de cette rivière où elle commence à être navigable, semblerait devoir être très commerçante : elle l'est cependant assez peu. Il est probable qu'une des principales causes, qui se sont opposées au progrès de son commerce, est la facilité que toute famille un peu aisée trouve à y acquérir la noblesse en parvenant à la mairie. Il résulte de là que, dès qu'un homme a fait fortune par le commerce, il s'empresse de le quitter pour devenir noble. Les capitaux qu'il avait acquis sont bientôt dissipés dans la vie oisive attachée à son nouvel état, ou du moins, ils sont entièrement perdus pour le commerce. Le peu qui s'en fait est donc tout entier entre les mains de gens presque sans fortune, qui ne peuvent former que des entreprises bornées faute de capitaux, qui sont presque toujours réduits à faire rouler leur commerce sur l'emprunt, et qui ne peuvent emprunter qu'à très gros intérêts, tant à cause de la rareté effective de l'argent, qu'à cause du peu de sûreté qu'ils peuvent offrir aux prêteurs.

Le commerce d'Angoulême se réduit à peu près à trois branches principales : la fabrication des papiers, le commerce des eaux-de-vie, et les entreprises de forges, qui sont devenues très considérables dans ces derniers temps, par la grande quantité de canons que le Roi a fait fabriquer, depuis quelques années, dans les forges de l'Angoumois et du Périgord, situées à peu de distance d'Angoulême.

Le commerce des papeteries a un cours, en général, assez réglé ; il n'en est pas de même de celui des eaux-de-vie : cette denrée est sujette à des variations excessives dans le prix, et ces variations donnent lieu à des spéculations très incertaines, qui peuvent, ou procurer des profits immenses, ou entraîner des pertes ruineuses. Les entreprises que font les maîtres de forges pour les fournitures de la marine exigent de leur part de très grosses et très longues avances, qui leur rentrent avec des profits d'autant plus considérables qu'elles leur rentrent plus tard. Ils sont obligés, pour ne pas perdre l'occasion d'une grosse fourniture, de se procurer de l'argent à quelque prix que ce soit et ils y trouvent d'autant plus d'avantages, qu'en payant la mine et le bois comptant, ils obtiennent une diminution très forte sur le prix de ces matières premières de leurs entreprises.

IV. Origine du haut prix de l'argent à Angoulême. — Il est aisé de comprendre que la circonstance d'un commerce également susceptible de gros risques et de gros profits, et celle d'une place dégarnie de capitaux, se trouvant réunies dans la ville d'Angoulême, il en a dû résulter un taux courant d'intérêt assez haut, et plus fort, en général, qu'il ne l'est dans les autres places de commerce. En effet, il est notoire que, depuis une quarantaine d'années, la plus grande partie des négociations d'argent s'y sont faites sur le pied de huit ou neuf pour cent par an, et quelquefois sur le pied de dix, suivant que les demandes étaient plus ou moins nombreuses, et les risques à courir plus ou moins grands.

V. Banqueroutes récentes à Angoulême ; manœuvres dont elles ont été accompagnées. — Il est encore assez naturel que, dans un commerce tel que je viens de dépeindre celui d'Angoulême, les banqueroutes soient très fréquentes et c'est ce qu'on voit effectivement. Il s'en est fait, depuis quelque temps, deux assez considérables qu'on peut, sans jugement téméraire, regarder comme frauduleuses, et qui paraissent avoir beaucoup de connexité avec les manœuvres des dénonciateurs contre les prêteurs d'argent. Elles avaient été préparées par une autre manœuvre assez singulière. Le nommé T...-P..., un autre T... distingué par le nom de la V... (ce sont deux banqueroutiers), le nommé Nouel, ancien aubergiste d'Angoulême qui, depuis, s'étant jeté dans une foule d'entreprises mal concertées, se trouve réduit aux abois, et deux ou trois autres particuliers s'étaient concertés pour se faire des billets au profit les uns des autres, sans qu'il y eût aucune valeur réelle fournie, mais seulement un billet de pareille somme, signé de celui qui recevait le premier. Ces billets étaient successivement endossés par tous ceux qui trempaient dans cette manœuvre. Dans cet état, le porteur d'un de ces billets s'en servait, ou pour faire des payements, ou pour emprunter de l'argent d'un banquier, ou de tout autre possesseur de capitaux ; celui qui recevait le billet, le voyant revêtu de plusieurs signatures, et n'imaginant pas que tous les signataires pussent manquer à la fois, le prenait sans difficulté. Pour éviter que la manœuvre ne fût découverte, les porteurs de billets avaient l'attention de ne jamais présenter à la même personne les billets qui se compensaient réciproquement. L'un portait à un banquier le billet fait, par exemple, par Nouel au profit de T...-P... et on portait à un autre le billet fait par T...-P... au profit de Nouel. Par ce moyen, les auteurs de cette manœuvre avaient su se former un crédit sans aucun fonds, sur lequel ils faisaient rouler différentes entreprises de commerce. On prétend que T...-P... qui avait déjà fait, il y a quelques années, une première banqueroute, dans laquelle ses créanciers avaient perdu 80 p.

100, avait su, par ce crédit artificiel, se procurer des fonds très considérables avec lesquels il a pris la fuite à la fin de l'été dernier.

VI. Connexité de la manoeuvre des banqueroutiers avec celle des dénonciations de faits d'usure. — Ceux qui avaient eu l'imprudence de donner de l'argent sur ces billets frauduleux ont paru dans la disposition de poursuivre les endosseurs. C'est alors que ceux-ci ont imaginé de se réunir avec quelques autres particuliers ruinés comme eux, et d'intimider ceux qui voudraient les poursuivre, en les menaçant de les dénoncer à la justice comme ayant exigé des intérêts usuraires ; ils ont, en effet, réalisé cette menace, et les troubles arrivés dans le commerce d'Angoulême sont l'ouvrage de cette cabale. Les principaux chefs sont ce nommé Nouel, dont j'ai déjà parlé, un nommé La P..., maître de forge à Bou..., près de Nontron, petite ville du Périgord, un nommé C... M... et plusieurs autres marchands, banqueroutiers ou prêts à l'être. Ces trois particuliers se sont associés avec un procureur nommé T... qui leur sert de conseil et d'agent principal.

VII. Dénonciation du sieur Cambois de Chenensac. — Leur première démarche a été de faire dénoncer par C... M... le sieur Cambois de Chenensac, comme coupable de négociations usuraires. Le procureur du Roi a reçu la dénonciation le 26 septembre dernier. Il s'est rendu partie contre le sieur C..., et un très grand nombre de témoins ont été assignés à sa requête.

VIII. Restitutions imprudemment faites par la famille de Chenensac ; manœuvres odieuses des dénonciateurs. — Le sieur de Chenensac, qu'on dit avoir prêté de l'argent, non seulement à des négociants, mais à différents particuliers, à un taux véritablement excessif, a été intimidé et s'est caché. Sa famille, alarmée et craignant que le sénéchal ne prononçât contre lui des condamnations flétrissantes, a voulu apaiser les dénonciateurs et les témoins, en offrant de restituer l'argent qu'il avait touché au delà du taux fixé par les lois. Cette facilité n'a pas manqué d'encourager la cabale et de multiplier les demandes à l'infini. On dit, mais je n'ai sur cela aucun détail précis, que ceux qui prétendaient avoir quelque témoignage à porter contre le sieur de Chenensac, se présentaient sans preuves, sans registres, qui constatassent, ni les négociations dont ils se plaignaient, ni le montant des intérêts exigés : ils fixaient arbitrairement ce qu'ils voulaient, et la menace de déposer faisait leur titre. Le procureur T... les accompagnait et l'on ne manquait pas de stipuler sa part du butin. On assure que la famille du sieur de Chenensac a déboursé plus de soixante mille livres pour satisfaire l'avidité de ces exacteurs, et que cette somme a absorbé la plus grande partie de la fortune de ce particulier ; mais cette malheureuse famille n'a rien gagné à cette extravagante prodigalité ; et l'on m'a mandé d'Angoulême que ceux dont elle avait payé si chèrement le silence n'en avaient pas moins fait les dépositions les plus fortes lorsqu'ils avaient été assignés comme témoins.

IX. Menaces faites aux autres prêteurs d'argent par la cabale des dénonciateurs. — Encouragés par un pareil succès, les chefs de la cabale n'ont pas manqué de faire usage des mêmes armes contre les autres prêteurs d'argent de la ville d'Angoulême. Nouel et La P..., qui paraissent être les deux plus actifs, ont ameuté de tous côtés ceux qui pouvaient avoir fait des négociations à gros intérêts avec les capitalistes d'Angoulême. J'ai sous les yeux des lettres écrites par La P..., qui prouvent qu'il a cherché jusqu'au fond du Limousin des particuliers qui pouvaient avoir payé de gros intérêts aux prêteurs d'Angoulême, et qu'il leur offrait de conduire leurs affaires. Ce même La P..., qui, ayant fait de grandes entreprises pour la marine, avait été plus qu'un autre dans le cas d'emprunter à gros intérêts, a écrit plusieurs lettres à différents particuliers, par lesquelles il exige d'eux des sommes considérables, en les menaçant de les dénoncer. Il avait écrit entre autres à un nommé Ribière, en lui mandant qu'il lui fallait six sacs de mille francs et qu'on lui remît un billet de 622 livres qu'il avait négocié avec ce Ribière. *Il les faut*, disait-il, *il les faut, etc. J'ai été mis sur le grabat, parce que j'étais maître de forge et honnête homme ; il faut que je tâche de me relever... Il faut finir ce soir à quatre heures*. Je n'ai point vu cette lettre en original, parce que le fils du sieur Ribière, ayant eu l'imprudence, dans le premier mouvement de son indignation, d'aller trouver le sieur de La P..., et de le menacer de voie de fait, celui-ci en a pris occasion de rendre plainte contre lui au criminel, et a depuis accommodé l'affaire en exigeant qu'on lui remît sa lettre, et que Ribière s'engageât à n'en point faire usage contre lui ; mais, comme elle a été ouïe de plusieurs personnes, je suis assuré qu'elle contenait en substance ce que je viens de marquer.

X. Nouvelles restitutions par les prêteurs intimidés ; multiplications des demandes en conséquence. — Plusieurs des prêteurs, ainsi menacés, sont entrés en accommodement, ainsi que la famille du sieur de Chenensac, et cela n'a servi qu'à exciter de plus en plus cette cabale et à multiplier le nombre des demandeurs. Tous ceux qui se sont imaginés avoir été lésés dans quelques négociations d'argent se sont réveillés, et la nuée grossit de jour en jour. On ne se contente pas de demander la restitution des intérêts ou des escomptes pris au-dessus de cinq ou six pour cent, on va jusqu'à demander l'intérêt de ces intérêts : j'en ai eu l'exemple sous les yeux, dans une lettre signée D. C..., laquelle est conçue en ces termes :

« En 1763, le 20 décembre, vous m'avez pris 60 livres sur un billet de 1 000 livres à l'ordre de M. B... endossé par M. C... père. Je vous demande 30 livres de restitution et 18 livres d'intérêt. Si vous ne me les renvoyez, je pars immédiatement après mon déjeuner pour Ruelle, pour chercher le certificat, et, à mon retour, je vous dénonce. Puisque vous m'avez fait la grâce de ne pas vous en rapporter à moi, comptez sur ma parole d'honnête homme. »

On a redemandé à des enfants de prétendues restitutions, pour des affaires traitées avec leurs pères, décédés depuis plusieurs années, et cela sans produire aucun acte, aucun registre, ni aucune autre preuve que la simple menace de dénoncer. Ce trait prouve l'espèce de vertige que le succès des premiers dénonciateurs a imprimé dans les esprits.

Un collecteur, dont le père avait autrefois emprunté de l'argent d'un receveur des tailles, se trouvant arréragé de plus de 2 000 livres sur son recouvrement, a bien eu l'audace de lui écrire qu'il prétendait composer cette somme avec les escomptes que ce receveur avait pris autrefois de lui ou de son père.

L'avidité et l'acharnement des dénonciateurs d'un côté, de l'autre la terreur de tous les négociants prêteurs d'argent, n'ont pu qu'être infiniment augmentées, par la facilité avec laquelle les officiers de justice d'Angoulême ont paru se prêter à ces accusations d'usure.

XI. INFLUENCES FUNESTES DE CETTE FERMENTATION SUR LE CRÉDIT ET LE COMMERCE D'ANGOULÊME. — L'effet des poursuites faites sur ces accusations a dû être et a été le discrédit le plus absolu dans tout le commerce d'Angoulême. L'autorisation donnée à la mauvaise foi des emprunteurs a fermé toutes les bourses des prêteurs, dont la fortune se trouve d'ailleurs ébranlée par cette secousse. Aucun engagement échu ne se renouvelle ; toutes les entreprises sont arrêtées ; les fabricants sont exposés à manquer, par l'impossibilité de trouver aucun crédit pour attendre la rentrée de leurs fonds. J'ai déjà fait mention, au commencement de ce mémoire, de la grande quantité de lettres de change qui ont été protestées depuis ces troubles.

J'ai appris que les marchands qui vendent les étoffes destinées à la consommation de la ville, s'étant adressés, suivant leur usage, à Lyon, pour donner leurs commissions, on leur a répondu qu'on ne ferait aucune affaire avec MM. d'Angoulême qu'avec argent comptant. Ce discrédit influe même sur la subsistance des peuples : les récoltes ayant manqué dans la Province, elle a besoin, pour en remplir le vide, des ressources du commerce. La ville d'Angoulême, étant située sur une rivière navigable, on devait s'attendre qu'elle serait toujours abondamment pourvue, et que ses négociants s'empresseraient de former des magasins, non seulement pour son approvisionnement, mais même pour celui d'une partie de la Province ; mais l'impossibilité, où le discrédit général les a mis de faire aucune spéculation, rend cette ressource absolument nulle.

XII. NÉCESSITÉ D'ARRÊTER LE COURS DE CES VEXATIONS. — Il serait superflu de s'étendre sur les tristes conséquences d'une pareille révolution. C'est un grand mal que le dérangement de toutes les opérations du commerce, l'interruption de la circulation de l'argent, l'alarme répandue parmi les négociants d'une ville et l'ébranlement de leur fortune. C'en est un autre non moins grand que le triomphe d'une cabale de fripons qui, après avoir abusé de la crédulité des particuliers, pour se procurer de l'argent sur des billets frauduleux, ont eu l'adresse plus coupable encore de chercher, dans les lois mal entendues, un moyen non seulement de se garantir des poursuites de leurs créanciers, mais encore d'exercer contre eux la vengeance la plus cruelle, de les ruiner, de les diffamer, et de s'enrichir de leurs dépouilles. Ce succès de la mauvaise foi et cette facilité donnée à des négociants de revenir contre les engagements contractés librement, seraient aussi scandaleux que funestes au commerce, non seulement d'une place, mais de toutes celles du Royaume. Il est donc aussi nécessaire que juste d'apporter à ce mal un remède efficace et d'arrêter le cours d'un genre de vexations aussi odieux, d'autant plus dangereux, qu'il se couvre des apparences du zèle pour l'observation des lois.

XIII. DIFFICULTÉ DE REMÉDIER À CES MAUX. — Mais, par cela même que le mal a, en quelque sorte, sa racine dans des principes, ou des préjugés regardés comme consacrés par les lois, il peut n'être pas facile de se décider sur le remède convenable et sur la manière de l'appliquer.

XIV. VICE DE NOS LOIS SUR LA MATIÈRE DE L'INTÉRÊT DE L'ARGENT ; IMPOSSIBILITÉ DE LES OBSERVER EN RIGUEUR ; INCONVÉNIENTS DE LA TOLÉRANCE ARBITRAIRE À LAQUELLE ON S'EST RÉDUIT DANS LA PRATIQUE. — J'oserai trancher le mot. Les lois reconnues dans les tribunaux sur la matière de l'intérêt de l'argent sont mauvaises ; notre législation s'est conformée aux préjugés rigoureux sur l'usure introduits dans des siècles d'ignorance par des théologiens qui n'ont pas mieux entendu le sens de l'Écriture que les principes du droit naturel. L'observation rigoureuse de ces lois serait la destruction de tout commerce ; aussi, ne sont-elles pas observées rigoureusement : elles interdisent toute stipulation d'intérêt, sans aliénation du capital ; elles défendent, comme illicite, tout intérêt stipulé au delà du taux fixé par les ordonnances du Prince. Et c'est une chose notoire qu'il n'y a pas sur la terre une place de commerce où la plus grande partie du commerce ne roule sur l'argent emprunté sans aliénation du capital, et où les intérêts ne soient réglés par la convention, d'après l'abondance plus ou moins grande de l'argent sur la place, et la solvabilité plus ou moins sûre de l'emprunteur. La rigidité des lois a cédé à la force des choses : il a fallu que la jurisprudence modérât dans la pratique ses principes spéculatifs ; et l'on en est venu à tolérer ouvertement le prêt par billet, l'escompte, et toute espèce de négociation d'argent entre commerçants. Il en sera toujours ainsi toutes les fois que la loi défendra ce que la nature des choses rend nécessaire. Cependant cette position, où les lois ne sont pas observées, mais subsistent sans être révoquées, et sont même encore observées en partie, entraîne de très grands inconvénients. D'un côté, l'inobservation connue de la loi diminue le respect que tous les citoyens devraient avoir pour tout ce qui porte ce caractère ; de l'autre, l'existence de cette loi entretient un préjugé fâcheux, flétrit une chose licite en elle-même, une chose dont la société ne peut se passer, et que, par conséquent, une classe nombreuse de citoyens est obligée de se permettre. Cette classe de citoyens en est dégradée et ce commencement d'avilissement dans l'opinion publique affaiblit pour elle le frein de l'honneur, ce précieux appui de l'honnêteté. L'auteur de l'*Esprit des lois* a très bien remarqué que « quand les lois défendent une chose nécessaire, elles ne réussissent qu'à rendre malhonnêtes gens ceux qui la font ».

D'ailleurs, le cas où la loi est observée, et ceux où l'infraction en est tolérée, n'étant pas spécifiés par la loi même, le sort des citoyens est abandonné à une jurisprudence arbitraire et changeante comme l'opinion. Ce qu'une foule de citoyens pratiquait ouvertement et, pour ainsi dire, avec le sceau de l'approbation publique, sera puni sur d'autres comme un crime ; en sorte que pour ruiner un citoyen qui se reposait avec confiance sur la foi d'une tolérance notoire, il ne faut qu'un juge mal instruis ou aveuglé par un zèle mal entendu.

Les juridictions consulaires admettent les intérêts stipulés sans aliénation du capital, tandis que les tribunaux ordinaires les réprouvent et les imputent sur le capital. Il y a des peines prononcées contre l'usure ; ces peines sont, pour la première fois, l'amende honorable, le bannissement, la condamnation en de grosses amendes ; et, pour la seconde fois, la confiscation de corps et de biens, c'est-à-dire la condamnation à une peine qui entraîne la mort civile, telle que la condamnation aux galères à perpétuité ou le bannissement perpétuel. L'Ordonnance de Blois, qui prononce ces peines, ne fait aucune distinction entre les différents cas que les théologiens et les jurisconsultes ont compris sous la dénomination d'*usure* ; ainsi, à ne considérer que la lettre de la loi, tout homme qui prête sans aliéner le capital, tout homme qui escompte des billets sur la place, tout homme qui prête à un taux au-dessus de l'Ordonnance, a mérité ces peines ; et l'on peut bien dire qu'il n'y a pas un commerçant, pas un banquier, pas un homme intéressé dans les affaires du Roi, qui n'y fût exposé. Il est notoire que le service courant de presque toutes les parties de la finance ne se fait que par des négocians de cette espèce.

Je n'ignore pas que les juridictions consulaires ne prononcent jamais expressément qu'il soit dû des intérêts en vertu de la seule stipulation sur simple billet, sans aliénation du capital ; mais il n'est pas moins vrai que, dans le fait, elles autorisent équivalement ces intérêts, puisque les billets dont elles ordonnent le payement comprennent ordinairement l'intérêt outre le capital, et que les juges-consuls ne s'arrêtent point aux allégations que ferait le débiteur d'avoir compris dans son billet, et le capital, et les intérêts.

On répondra sans doute, et cette réponse se trouve même dans des auteurs de droit, d'ailleurs fort estimables, que les tribunaux ne poursuivent par la voie criminelle que les usures énormes ; mais cette réponse même est un aveu de l'arbitraire, inséparable de toute exécution qu'on voudra donner à cette loi ; car, quelle règle pourra servir à distinguer l'usure énorme et punissable de l'usure médiocre et tolérable ? Ne sait-on pas qu'il y a des usures excessives qu'on est obligé de tolérer ? Il n'y en a peut-être pas de plus forte que celle qu'on connaît à Paris sous le nom de *prêt à la petite semaine* ; elle a été quelquefois jusqu'à 2 sous par semaine pour un écu de 3 livres : c'est sur le pied de 173 livres 1/3 pour 100. Cependant, c'est sur cette usure vraiment énorme que roule le détail des denrées qui se vendent à la halle et dans les marchés de Paris. Les emprunteurs ne se plaignent pas des conditions de ce prêt, sans lequel ils ne pourraient faire ce commerce qui les fait vivre, et les prêteurs ne s'enrichissent pas beaucoup, parce que ce prix exorbitant n'est guère que la compensation du risque que court le capital. En effet, l'insolvabilité d'un seul emprunteur enlève tout le profit que le prêteur peut faire sur trente ; en sorte que, si le risque d'infidélité ou d'insolvabilité de l'emprunteur était d'un sur trente, le prêteur ne tirerait aucun profit de son argent et que, si ce risque était plus fort, il perdrait sur son capital.

Maintenant, si le ministère public est obligé de fermer les yeux sur une usure aussi forte, quelle sera donc l'usure qu'il pourra poursuivre sans injustice ? Prendra-t-il le parti de rester tranquille et d'attendre, pour faire parler la loi, que l'emprunteur qui se croit lésé provoque son activité par une plainte ou une dénonciation ? Il ne sera donc que l'instrument de la mauvaise foi des fripons qui voudront revenir contre des engagements contractés librement et la loi ne protégera que ceux qui sont indignes de sa protection, et le sort de ceux-ci sera plus avantageux que celui des hommes honnêtes, qui, fidèles à leurs conventions, rougiraient de profiter d'un moyen que la loi offre pour les en dégager.

XV. Ce qui se passe à Angoulême est une preuve des inconvénients attachés à l'arbitraire de la jurisprudence. — Toutes ces réflexions s'appliquent naturellement à ce qui se passe à Angoulême, où les juges ont reçu des dénonciations, et instruit une procédure criminelle à l'occasion de prêts auxquels des juges plus familiarisés avec la connaissance des opérations du commerce n'auraient fait aucune attention. Si l'admission de ces dénonciations a donné au commerce une secousse dangereuse, a compromis injustement la fortune et l'honneur des particuliers, a fait triompher la manœuvre odieuse d'une cabale de fripons, ces magistrats ont à dire, pour leur défense, qu'ils n'ont fait que se conformer aux lois, que si l'exécution de ces lois entraîne des inconvénients, c'est au Gouvernement à y pourvoir par l'exercice de la puissance législative, que ce n'est point au juge à les prévoir, que l'exactitude est son mérite, comme la sagesse et l'étendue des vues est celui du législateur. Cette apologie n'est pas sans fondement, et il est certain qu'on ne peut blâmer les juges d'Angoulême que d'après les principes d'une jurisprudence qu'aucune loi n'a consacrée.

XVI. Raisons qui paraissent devoir décider à saisir cette occasion pour réformer la loi ou fixer la jurisprudence. — Faut-il pour cela rester dans l'inaction et voir avec indifférence une fermentation dont les suites peuvent être aussi funestes au commerce ? Je ne puis le penser et je crois, au contraire, que cette occasion doit déterminer le Gouvernement, ou à réformer tout à fait les lois sur cette matière, d'après les vrais principes, ou du moins à fixer, d'une manière à faire cesser tout arbitraire, la jurisprudence qui doit tempérer la rigueur des lois existantes. Je crois enfin que, dans tous les cas, il est juste et nécessaire de venir au secours du commerce et des particuliers, mal à propos vexés par ce qui s'est passé à Angoulême, et de les faire jouir du moins des tempéraments que la jurisprudence générale apporte à la sévérité des lois, et de la liberté qu'elle laisse à cet égard aux opérations du commerce.

XVII. Motifs qui engagent à envisager les vrais principes de cette matière en eux-mêmes, et en faisant abstraction pour le moment des tempéraments que les circonstances peuvent exiger. — Quand je parle de changer les lois et de les ramener entièrement aux vrais principes de la matière, je ne me dissimule point les obstacles que peuvent mettre à cette réforme les préjugés d'une partie des théologiens et des magistrats ; je sens tout ce que les circonstances peuvent commander de lenteur, de circonspection, de timidité même. Ce n'est point à moi à examiner à quel point la théorie doit céder dans la pratique à des ménagements nécessaires ; mais, je n'en crois pas moins utile de fixer entièrement nos idées sur le véritable point de vue sous lequel on doit envisager la matière de l'intérêt de l'argent, et les conventions auxquelles on a donné le nom d'usure. Il faut connaître les vrais principes, lors même qu'on est obligé de s'en écarter, afin de savoir du moins précisément à quel point on s'en écarte, afin de ne s'en écarter qu'autant exactement que la nécessité l'exige, afin de ne pas du moins suivre les conséquences d'un préjugé qu'on craint de renverser, comme on suivrait celles d'un principe dont la vérité serait reconnue.

XVIII. EXAMEN ET DÉVELOPPEMENT DES VRAIS PRINCIPES DU DROIT NATUREL SUR LA MATIÈRE DE L'INTÉRÊT DE L'ARGENT. — C'est d'après ce point de vue que je hasarde d'entrer ici dans une discussion assez étendue, pour faire voir le peu de fondement des opinions de ceux qui ont condamné l'intérêt du prêt fait sans aliénation du capital, et la fixation de cet intérêt par la seule convention. Quoique les lumières des personnes auxquelles ce Mémoire est destiné pussent et dussent peut-être me dispenser d'appuyer sur des raisonnements dont l'évidence est, pour ainsi dire, trop grande, la multitude de ceux qui conservent les préjugés que j'ai à combattre, et les motifs respectables qui les y attachent, m'excuseront auprès d'elles ; et je suis persuadé que ceux dont j'attaque les opinions auront beaucoup plus de peine à me pardonner.

XIX. PREUVE DE LA LÉGITIMITÉ DU PRÊT À INTÉRÊT, TIRÉE DU BESOIN ABSOLU QUE LE COMMERCE EN A ; DÉVELOPPEMENT DE CETTE NÉCESSITÉ. — C'est d'abord une preuve bien forte contre les principes adoptés par les théologiens rigoristes sur la matière du prêt à intérêt, que la nécessité absolue de ce prêt pour la prospérité et pour le soutien du commerce ; car quel homme raisonnable et religieux en même temps peut supposer que la Divinité ait interdit une chose absolument nécessaire à la prospérité des sociétés ? Or, la nécessité du prêt à intérêt pour le commerce et, par conséquent, pour la société civile, est prouvée d'abord par la tolérance que le besoin absolu du commerce a forcé d'accorder à ce genre de négociations, malgré les préjugés rigoureux, et des théologiens, et des jurisconsultes. Cette nécessité est d'ailleurs une chose évidente par elle-même. Il n'y a pas sur la terre une place de commerce où les entreprises ne roulent sur l'argent emprunté ; il n'est pas un seul négociant, peut-être, qui ne soit souvent obligé de recourir à la bourse d'autrui ; le plus riche en capitaux ne pourrait même s'assurer de n'avoir jamais besoin de cette ressource qu'en gardant une partie de ses fonds oisifs, et en diminuant, par conséquent, l'étendue de ses entreprises. Il n'est pas moins évident que ces capitaux étrangers, nécessaires à tout négociant, ne peuvent lui être confiés par les propriétaires qu'autant que ceux-ci y trouveront un avantage capable de les dédommager de la privation d'un argent dont ils pourraient user et des risques attachés à toute entreprise de commerce. Si l'argent prêté pour des entreprises incertaines ne rapportait pas un intérêt plus fort que l'argent prêté sur de bonnes hypothèques, on ne prêterait jamais à des négociants. S'il était défendu de retirer des intérêts d'un argent qui doit rentrer à des échéances fixes, tout argent dont le propriétaire prévoirait avoir besoin dans un certain temps, sans en avoir un besoin actuel, serait perdu pendant cet intervalle pour le commerce ; il resterait oisif dans le coffre du propriétaire qui n'en a pas besoin, et serait anéanti pour celui qui en aurait un besoin urgent. L'exécution rigoureuse d'une pareille défense enlèverait à la circulation des sommes immenses, que la confiance de les retrouver au besoin y fait verser à l'avantage réciproque des prêteurs et des emprunteurs ; et le vide s'en ferait sentir nécessairement par le haussement de l'intérêt de l'argent, et par la cessation d'une grande partie des entreprises de commerce.

XX. Nécessité d'abandonner la fixation de l'intérêt dans le commerce aux conventions des négociants, et au cours des différentes causes qui le font varier ; indication de ces causes. — Il est donc d'une nécessité absolue, pour entretenir la confiance et la circulation de l'argent, sans laquelle il n'est point de commerce, que le prêt d'argent à intérêt sans aliénation du capital, à un taux plus fort que le denier fixé pour les rentes constituées, soit autorisé dans le commerce. Il est nécessaire que l'argent y soit considéré comme une véritable marchandise dont le prix dépend de la convention et varie, comme celui de toutes les autres marchandises, à raison du rapport de l'offre à la demande. L'intérêt étant le prix de l'argent prêté, il hausse quand il y a plus d'emprunteurs et moins de prêteurs ; il baisse, au contraire, quand il y a plus d'argent offert qu'il n'en est demandé à emprunter. C'est ainsi que s'établit le prix courant de l'intérêt ; mais ce prix courant n'est pas l'unique règle qu'on suive, ni qu'on doive suivre pour fixer le taux de l'intérêt dans les négociations particulières. Les risques que peut courir le capital dans les mains de l'emprunteur, les besoins de celui-ci et les profits qu'il espère tirer de l'argent qu'on lui prête, sont des circonstances qui, en se combinant diversement entre elles, et avec le prix courant de l'intérêt, doivent souvent en porter le taux plus haut qu'il ne l'est dans le cours ordinaire du commerce. Il est assez évident qu'un prêteur ne peut se déterminer à risquer son capital que par l'appât d'un profit plus grand, et il ne l'est pas moins que l'emprunteur ne se déterminera à payer un intérêt d'autant plus fort que ses besoins seront plus urgents, ou qu'il espérera tirer de cet argent un plus grand profit.

XXI. LES INÉGALITÉS DU TAUX À RAISON DE L'INÉGALITÉ DES RISQUES N'ONT RIEN QUE DE JUSTE. — Que peut-il y avoir à cela d'injuste ? Peut-on exiger d'un propriétaire d'argent qu'il risque son fonds sans aucun dédommagement ?

Il peut ne pas prêter, dit-on : sans doute ; et c'est cela même qui prouve qu'en prêtant, il peut exiger qu'un profit soit proportionné à son risque. Car, pourquoi voudrait-on priver celui qui, en empruntant, ne peut donner des sûretés, d'un secours dont il a un besoin absolu ? Pourquoi voudrait-on lui ôter les moyens de tenter des entreprises dans lesquelles il espère s'enrichir ?

Aucune loi, ni civile, ni religieuse, n'oblige personne à lui procurer des secours gratuits ; pourquoi la loi civile ou religieuse défendrait-elle de lui en procurer au prix auquel il consent de les payer pour son propre avantage ?

XXII. LA LÉGITIMITÉ DU PRÊT À INTÉRÊT EST INDÉPENDANTE DES SUPPOSITIONS DE PROFIT CESSANT OU NAISSANT. — L'impossibilité absolue de faire subsister le commerce sans le prêt à intérêt n'a pu être méconnue par ceux mêmes qui affectent le plus de le condamner.

La plupart ont cherché à éluder la rigueur de leurs propres principes par des distinctions et des subterfuges scolastiques, de profit *cessant* pour le prêteur, de profit *naissant* pour l'emprunteur ; comme si l'usage que l'acheteur fait de la chose vendue était une circonstance essentielle à la légitimité du prix ; comme si le propriétaire d'un meuble qui n'en fait aucun usage était obligé à l'alternative de le donner ou de le garder ; comme si le prix que le boulanger retire du pain qu'il vend n'était pas également légitime, soit que l'acheteur s'en nourrisse, soit qu'il le laisse perdre.

Si l'on veut que la simple possibilité de l'usage lucratif de l'argent suffise pour en légitimer l'intérêt, cet intérêt sera légitime dans tous les cas, car il n'y en a aucun où le prêteur et l'emprunteur ne puissent toujours, s'ils le veulent, faire de leur argent quelque emploi lucratif.

Il n'est aucun argent avec lequel on ne puisse, ou se procurer un immeuble qui porte un revenu, ou faire un commerce qui donne un profit ; ce n'est assurément pas la peine d'établir en thèse générale que le prêt à intérêt est défendu, pour établir en même temps un principe d'où résulte une exception aussi générale que la prétendue règle.

XXIII. LA LÉGITIMITÉ DU PRÊT À INTÉRÊT EST UNE CONSÉQUENCE IMMÉDIATE DE LA PROPRIÉTÉ QU'A LE PRÊTEUR DE LA CHOSE QU'IL PRÊTE. — Mais ce ne sont point ces vaines subtilités qui rendent légitime le prêt à intérêt ; ce n'est pas même son utilité, ou plutôt la nécessité dont il est pour le soutien du commerce ; il est licite par un principe plus général et plus respectable encore, puisqu'il est la base sur laquelle porte tout l'édifice des sociétés ; je veux dire par le droit inviolable, attaché à la propriété, d'être maître absolu de sa chose, de ne pouvoir en être dépouillé que de son consentement, et de pouvoir mettre à son consentement telle condition que l'on juge à propos. Le propriétaire d'un effet quelconque peut le garder, le donner, le vendre, le prêter gratuitement ou le louer, soit pour un temps certain, soit pour un temps indéfini. S'il vend ou s'il loue, le prix de la vente ou du louage n'est limité que par la volonté de celui qui achète ou qui prend à loyer ; et tant que cette volonté est parfaitement libre, et qu'il n'y a pas d'ailleurs de fraude de la part de l'une ou de l'autre partie, le prix est toujours juste, et personne n'est lésé. Ces principes sont avoués de tout le monde, quand il s'agit de tout autre chose que de l'argent, et il est évident qu'ils ne sont pas moins applicables à l'argent qu'à toute autre chose. La propriété de l'argent n'est pas moins absolue celle d'un meuble, d'une pièce d'étoffe, d'un diamant ; celui qui le possède n'est pas plus tenu de s'en dépouiller gratuitement ; le donner, le prêter gratuitement est une action louable que la générosité inspire, que l'humanité et la charité exigent quelquefois, mais qui n'est jamais de l'ordre de la justice rigoureuse. On peut aussi, ou donner, ou prêter toutes sortes de denrées, et on le doit aussi dans certains cas. Hors de ces circonstances, où la charité exige qu'on se dépouille soi-même pour secourir les malheureux, on peut vendre son argent, et on le vend, en effet, lorsqu'on le donne en échange de toute autre marchandise ; on le vend lorsqu'on le donne en échange d'un fonds de terre ou d'un revenu équivalent, comme quand on le place à constitution ; on le vend contre de l'argent lorsqu'on donne de l'argent dans un lieu pour en recevoir dans un autre, espèce de négociation connue sous le nom de *change de place en place*, et dans laquelle on donne moins d'argent dans un lieu pour en recevoir plus dans un autre, comme, dans la négociation du prêt à intérêt, on donne moins d'argent dans un temps pour en recevoir davantage dans un autre, parce que la différence des temps, comme celle des lieux, met une différence réelle dans la valeur de l'argent.

XXIV. La propriété de l'argent emporte le droit de le vendre et le droit d'en tirer un loyer. — Puisqu'on vend l'argent comme tout autre effet, pourquoi ne le louerait-on pas comme tout autre effet ? Et l'intérêt n'étant que le loyer de l'argent prêté pour un temps, pourquoi ne serait-il pas permis de le recevoir ? Par quel étrange caprice la morale ou la loi prohiberaient-elles un contrat libre entre deux parties qui toutes deux y trouvent leur avantage ? Et peut-on douter qu'elles ne l'y trouvent, puisqu'elles n'ont pas d'autre motif pour s'y déterminer ? Pourquoi l'emprunteur offrirait-il un loyer de cet argent pour un temps si, pendant ce temps, l'usage de cet argent ne lui était avantageux ? Et, si l'on répond que c'est le besoin qui le force à se soumettre à cette condition, est-ce que ce n'est pas un avantage que la satisfaction d'un véritable besoin ? Est-ce que ce n'est pas le plus grand de tous ? C'est aussi le besoin qui force un homme à prendre du pain chez un boulanger ; le boulanger en est-il moins en droit de recevoir le prix du pain qu'il vend ?

XXV. FAUSSES IDÉES DES SCOLASTIQUES SUR LA PRÉTENDUE STÉRILITÉ DE L'ARGENT ; FAUSSES CONSÉQUENCES QU'ILS EN ONT TIRÉES CONTRE LA LÉGITIMITÉ DE L'INTÉRÊT. — Ces notions sont si simples, elles sont d'une évidence si palpable, qu'il semble que les détails dans lesquels on entre pour les prouver ne puissent que les affaiblir en fatiguant l'attention ; et l'on a peine à concevoir comment l'ignorance et quelques fausses subtilités ont pu les obscurcir. Ce sont les théologiens scolastiques qui ont introduit les préjugés qui règnent encore chez beaucoup de personnes sur cette matière. Ils sont partis d'un raisonnement qu'on dit être dans Aristote ; et sous prétexte que l'argent ne produit point d'argent, ils en ont conclu qu'il n'est pas permis d'en retirer par la voie du prêt. Ils oubliaient qu'un bijou, un meuble et tout autre effet, à l'exception des fonds de terre et des bestiaux, sont aussi stériles que l'argent, et que cependant personne n'a jamais imaginé qu'il fût défendu d'en tirer un loyer ; ils oubliaient que la prétendue stérilité de l'argent, si l'on pouvait en conclure quelque chose, rendrait l'intérêt d'un capital aliéné à perpétuité aussi criminel que l'intérêt d'un capital aliéné à temps ; ils oubliaient que cet argent prétendu stérile est chez tous les peuples du monde l'équivalent, non pas seulement de toutes les marchandises, de tous les effets mobiliers stériles comme lui, mais encore des fonds de terre qui produisent un revenu très réel ; ils oubliaient que cet argent est l'instrument nécessaire de toutes les entreprises d'agriculture, de fabrique, de commerce ; qu'avec lui l'agriculteur, le fabricant, le négociant se procurent des profits immenses, et ne peuvent se les procurer sans lui ; que, par conséquent, sa prétendue stérilité dans le commerce n'est qu'une erreur palpable, fondée sur une misérable équivoque ; ils oubliaient enfin, ou ils ignoraient, que la légitimité du prix qu'on retire, soit de la vente, soit du loyer d'une chose quelconque, n'est fondée que sur la propriété qu'a de cette chose celui qui la vend ou qui la loue, et non sur aucun autre principe.

Ils ont encore employé un autre raisonnement qu'un jurisconsulte d'ailleurs très estimable (M. Pothier, d'Orléans), s'est attaché à développer dans son *Traité des contrats de bienfaisance* [a], et auquel je m'arrêterai par cette raison.

XXVI. Autre raisonnement contre la légitimité de l'intérêt, tiré de ce que la propriété de l'argent passe à l'emprunteur au moment du prêt, d'où l'on conclut qu'il ne peut rien devoir au prêteur pour l'usage qu'il en fait. — « L'équité, dit-il, veut que, dans un contrat qui n'est pas gratuit, les valeurs données de part et d'autre soient égales, et que chacune des parties ne donne pas plus qu'elle n'a reçu et ne reçoive pas plus qu'elle n'a donné. Or, tout ce que le prêteur exige dans le prêt au delà du sort principal, est une chose qu'il reçoit au delà de ce qu'il a donné, puisque en recevant le sort principal seulement, il reçoit l'équivalent exact de ce qu'il a donné.

« On peut, à la vérité, exiger pour les choses dont on peut user sans les détruire, un loyer, parce que cet usage pouvant être, du moins par l'entendement, distingué d'elles-mêmes, est appréciable ; il a un prix distingué de la chose : d'où il suit que, lorsque j'ai donné à quelqu'un une chose de cette nature pour s'en servir, je peux en exiger le loyer, qui est le prix de l'usage que je lui en ai accordé, outre la restitution de la chose qui n'a pas cessé de m'appartenir.

« Mais il n'en est pas de même des choses qui se consomment par l'usage, et que les jurisconsultes appellent *choses fongibles*. Comme l'usage qu'on en fait les détruit, on n'y peut pas concevoir un usage de la chose outre la chose même, et qui ait un prix outre celui de la chose ; d'où il suit qu'on ne peut céder à quelqu'un l'usage d'une chose sans lui céder entièrement la chose et lui en transférer la propriété.

« Quand je vous prête une somme d'argent pour vous en servir, à la charge de m'en rendre autant, vous ne recevez de moi que cette somme d'argent et rien de plus. L'usage que vous aurez de cette somme d'argent est renfermé dans le droit de propriété que vous acquérez de cette somme ; ce n'est pas quelque chose que vous ayez outre la somme d'argent, ne vous ayant donné que la somme d'argent et rien de plus ; je ne peux donc exiger de vous rien de plus que cette somme sans blesser la justice, qui ne veut pas qu'on exige plus qu'on a donné. »

M. Pothier a soin d'avertir que ce raisonnement entre dans un argument employé par saint Thomas d'Aquin qui, se fondant sur le même principe, que les choses fongibles, qui font la matière du prêt, n'ont point un usage qui soit distingué de la chose même, en conclut que vendre cet usage en exigeant l'intérêt, c'est vendre une chose qui n'existe pas, ou bien exiger deux fois le prix de la même chose, puisque

---

[a] Pothier (1699-1772).

le principal rendu est exactement l'équivalent de la chose prêtée ; et que, n'y ayant aucune valeur donnée au delà de la chose prêtée, l'intérêt qu'on recevrait au delà en serait un double prix.

XXVII. RÉFUTATION DE CE RAISONNEMENT. — Ce raisonnement n'est qu'un tissu d'erreurs et d'équivoques faciles à démêler.

La première proposition que, dans tout contrat, aucune des parties ne peut, sans injustice, exiger plus qu'elle n'a donné, a un fondement vrai ; mais la manière dont elle est énoncée renferme un sens faux et qui peut induire en erreur. Dans tout échange de valeur contre valeur (et toute convention proprement dite, ou à titre onéreux, peut être regardée comme un échange de cette espèce), il y a un sens du mot *valeur* dans lequel la valeur est toujours égale de part et d'autre ; mais ce n'est point par un principe de justice, c'est parce que la chose ne peut être autrement. L'échange, étant libre de part et d'autre, ne peut avoir pour motif que la préférence que donne chacun des contractants à la chose qu'il reçoit sur celle qu'il donne. Cette préférence suppose que chacun attribue à la chose qu'il acquiert une plus grande valeur qu'à la chose qu'il cède relativement à son utilité personnelle, à la satisfaction de ses besoins ou de ses désirs. Mais cette différence de valeur est égale de part et d'autre ; c'est cette égalité qui fait que la préférence est exactement réciproque et que les parties sont d'accord. Il suit de là qu'aux yeux d'un tiers les deux valeurs échangées sont exactement égales l'une à l'autre, et que, par conséquent, dans tout commerce d'homme à homme, on donne toujours valeur égale pour valeur égale. Mais cette valeur dépend uniquement de l'opinion des deux contractants sur le degré d'utilité des choses échangées pour la satisfaction de leurs désirs ou de leurs besoins : elle n'a en elle-même aucune réalité sur laquelle on puisse se fonder pour prétendre que l'un des deux contractants a fait tort à l'autre.

S'il n'y avait que deux échangeurs, les conditions de leur marché seraient entièrement arbitraires ; et, à moins que l'un des deux n'eût employé la violence ou la fraude, les conditions de l'échange ne pourraient, en aucune manière, intéresser la morale. Quand il y a plusieurs échangeurs, comme chacun d'eux est intéressé à ne pas acheter plus cher de l'un ce qu'un autre consent à lui donner à meilleur marché, il s'établit, par la comparaison de la totalité des offres à la totalité des demandes, une valeur courante qui ne diffère de celle qui s'était établie dans l'échange entre deux hommes seuls, que parce qu'elle est le milieu entre les différentes valeurs qui auraient résulté du débat des contractants pour chaque échange considéré à part. Mais, cette valeur moyenne ou courante n'acquiert aucune réalité indépendante de l'opinion et de la comparaison des besoins réciproques ; elle ne cesse pas d'être continuellement variable, et il ne peut en résulter aucune obligation de donner telle ou telle marchandise pour tel ou tel prix. Le propriétaire est toujours le maître de la garder et, par conséquent, de fixer le prix auquel il consent à s'en dessaisir.

Il est bien vrai que, dans un commerce animé et exercé par une foule de mains, chaque vendeur et chaque acheteur en particulier entre pour si peu dans la formation de cette opinion générale et dans l'évaluation courante qui en résulte, que cette évaluation peut être regardée comme un fait indépendant et, dans ce sens, l'usage autorise à appeler cette valeur courante la vraie valeur de la chose ; mais cette expression, plus commode que précise, ne pouvant altérer en rien le droit absolu que la propriété donne au vendeur sur la marchandise et à l'acheteur sur l'argent, l'on ne peut en conclure que cette valeur puisse servir de fondement à aucune règle morale et il reste exactement vrai que les conditions de tout échange ne peuvent être injustes qu'autant que la violence ou la fraude y ont influé.

Qu'un jeune étranger arrive dans une ville et que, pour se procurer les choses dont il a besoin, il s'adresse à un marchand fripon ; si celui-ci abuse de l'ignorance de ce jeune homme en lui vendant au double de la valeur courante, ce marchand commet certainement une injustice envers ce jeune homme. Mais en quoi consiste cette injustice ? Est-ce en ce qu'il lui a fait payer la chose au double de sa valeur réelle et intrinsèque ? Non ; car cette chose n'a point, à proprement parler, de valeur réelle et intrinsèque, à moins qu'on entende par là le prix qu'elle a coûté au vendeur ; ce qui ne serait pas exact, car ce prix de la façon ou du premier achat n'est point la valeur dans le commerce, ou sa valeur vénale uniquement fixée par le rapport de l'offre à la demande. La même chose qui vaut aujourd'hui dans le commerce un louis, ne vaudra peut-être dans quinze jours que 12 francs, parce qu'il en sera arrivé une grande quantité, ou seulement parce que l'empressement de la nouveauté sera passé. Si donc ce jeune homme a été lésé, c'est par une autre raison ; c'est parce qu'on lui a fait payer 6 livres, dans une boutique, ce qu'il aurait eu pour 3 livres dans une boutique voisine et dans toutes les autres de la ville ; c'est parce que cette valeur courante de 3 livres est une chose notoire ; c'est parce que, par une espèce de convention tacite et générale, lorsqu'on demande à un marchand le prix d'une marchandise, on lui demande le prix courant ; c'est parce que quiconque soupçonnerait le moins du monde la sincérité de sa réponse, pourrait la vérifier sur-le-champ et que, par conséquent, il ne peut demander un autre prix sans abuser de la confiance avec laquelle on s'en est rapporté à lui, sans manquer, en un mot, à la bonne foi. Ce cas rentre donc dans celui de la fraude, et c'est à ce titre seul qu'il est condamnable. On dit et l'on doit dire que ce marchand a trompé, mais non qu'il a volé ; ou, si l'on se sert quelquefois de cette expression, ce n'est que dans un sens impropre et métaphorique.

Il faut conclure de cette explication que, dans tout échange, dans toute convention qui a pour base deux conditions réciproques, l'injustice ne peut être fondée que sur la violence, la fraude, la mauvaise foi, l'abus de confiance, et jamais sur une prétendue inégalité métaphysique entre la chose vendue et son prix.

La seconde proposition du raisonnement que je combats est encore fondée sur une équivoque grossière et sur une supposition qui est précisément ce qui est en question. « Ce que le prêteur exige, dit-on, au delà du sort principal, est une chose qu'il reçoit au delà de ce qu'il a donné, puisqu'en recevant seulement le sort principal, il reçoit l'équivalent exact de ce qu'il a donné. » Il est certain qu'en rendant le sort principal, l'emprunteur rendra précisément le même poids de métal que le prêteur lui avait donné. Mais, où nos raisonneurs ont-ils vu qu'il ne fallût considérer dans le prêt que le poids du métal prêté et rendu, et non la valeur, et l'utilité dont il est pour celui qui prête et pour celui qui emprunte ? Où ont-ils vu que, pour fixer cette valeur, il fallût n'avoir égard qu'au poids du métal livré dans les deux époques différentes, sans comparer la différence d'utilité qui se trouve à l'époque du prêt entre une somme possédée actuellement et une somme égale qu'on recevra à une époque éloignée ? Cette différence n'est-elle pas notoire, et le proverbe trivial *un tiens vaut mieux que deux tu l'auras*, n'est-il pas l'expression naïve de cette notoriété ? Or, si une somme actuellement possédée vaut mieux, est plus utile, est préférable, à l'assurance de recevoir une pareille somme dans une ou plusieurs années, il n'est pas vrai que le prêteur reçoive autant qu'il donne lorsqu'il ne stipule point l'intérêt, car il donne de l'argent et ne reçoit qu'une assurance. Or, s'il reçoit moins, pourquoi cette différence ne serait-elle pas compensée par l'assurance d'une augmentation sur la somme proportionnée au retard ? Cette compensation est précisément l'intérêt de l'argent.

On est tenté de rire quand on entend des gens raisonnables et d'ailleurs éclairés, fonder sérieusement la légitimité du loyer des choses qui ne se consomment point par l'usage, sur ce que « cet usage pouvant être distingué de la chose, du moins par l'entendement, est appréciable » ; et soutenir que « le loyer des choses qui se détruisent par l'usage est illégitime, parce qu'on n'y peut pas distinguer un usage distingué de la chose ». C'est bien par de pareilles abstractions qu'il faut appuyer les règles de la morale et de la probité ! Eh ! non, non les hommes n'ont pas besoin d'être métaphysiciens pour être honnêtes gens. Les règles morales, pour juger de la légitimité des conventions, se fondent, comme les conventions elles-mêmes, sur l'avantage réciproque des parties contractantes, et non sur les qualités intrinsèques et métaphysiques des objets du contrat, lorsque ces qualités ne changent rien à l'avantage des parties. Ainsi, quand j'ai loué un diamant, j'ai consenti à en payer le loyer parce que ce diamant m'a été utile ; ce loyer n'en est pas moins légitime, quoique je rende ce diamant, et que ce diamant ait la même valeur que lorsque je l'avais reçu. Par la même raison, j'ai pu consentir à payer un loyer de l'argent dont je m'engage à rendre dans un certain temps une égale quantité, parce que quand je le rendrai j'en aurai tiré une utilité ; et ce loyer pourra être reçu aussi légitimement dans un cas que dans l'autre, puisque mon utilité est la même dans les deux cas. La circonstance que l'argent rendu n'est pas précisément l'argent qui m'avait été livré, est absolument indifférente à la légitimité du loyer, puisqu'elle ne change rien à l'utilité réelle que j'en ai tirée, et que c'est cette utilité seule que je paye lorsque je paye un loyer. Qu'importe que ce que je rends soit précisément la même chose qui m'avait été livrée, puisque celle que je rends a précisément la même valeur ! Ce que je rends, dans les deux cas, n'est-il pas toujours exactement l'équivalent de ce que j'ai reçu, et si j'ai payé, dans un cas, la liberté de m'en servir durant l'intervalle, en quoi suis-je lésé de la payer dans l'autre ? Quoi ! l'on aura pu me faire payer la mince utilité d'un bijou, d'un meuble, et ce sera un crime de me faire payer l'avantage immense que j'aurai retiré de l'usage d'une somme d'argent pendant le même temps ? Et cela parce que l'entendement subtil d'un jurisconsulte peut, dans un cas, séparer de la chose son usage, et ne le peut pas dans l'autre ! Cela est, en vérité, trop ridicule.

Mais, disent nos raisonneurs (et il faut les suivre dans leur dernier retranchement), l'on ne peut pas me faire payer cet usage de l'argent, parce qu'il était à moi ; j'en étais le propriétaire, parce qu'il est de la nature du prêt des *choses fongibles* que la propriété en soit inséparable, sans quoi elles seraient inutiles à l'emprunteur.

Misérable équivoque encore ! Il est vrai que l'emprunteur devient propriétaire de l'argent considéré physiquement comme une certaine quantité de métal. Mais, est-il vraiment propriétaire de la valeur de cet argent ? Non sans doute, puisque cette valeur ne lui est confiée que pour un temps, et pour la rendre à l'échéance. Mais, sans entrer dans cette discussion, qui se réduit à une vraie question de mots, que peut-on conclure de la propriété que j'ai, dit-on, de cet argent ? Cette propriété, ne la tiens-je pas de celui qui m'a prêté l'argent ? N'est-ce pas, par son consentement, que je l'ai obtenue, et ce consentement, les conditions n'en n'ont elles pas été réglées entre lui et moi ? À la bonne heure, que l'usage que je ferai de cet argent sera l'usage de ma chose, que l'utilité qui m'en reviendra sera un accessoire de ma propriété. Tout cela sera vrai, mais quand ? Quand l'argent sera à moi, quand cette propriété m'aura été transmise ; et quand l'aura-t-elle été ? Quand je l'aurai achetée et payée. Or, à quel prix achèterai-je cette propriété ? Qu'est-ce que je donne en échange ? N'est-il pas évident que c'est l'engagement que je prends de rembourser à une certaine échéance une certaine somme quelle qu'elle soit ? N'est-il pas tout aussi évident que, si cette somme n'est qu'exactement égale à celle que je reçois, mon paiement ne fera pas l'équivalent de la propriété que j'acquiers dans le moment actuel ? N'est-il pas évident que, pour fixer cet équivalent de façon que notre avantage soit égal de part et d'autre, nous devons avoir égard à l'utilité dont me sera cette propriété que j'acquiers et que je n'ai point encore, et à l'utilité dont cette propriété pourrait être au prêteur, pendant le temps qu'il en sera privé ? Le raisonnement des jurisconsultes prouvera si l'on veut que je ne dois pas payer l'usage d'une chose lorsque j'en ai déjà acquis la propriété ; mais il ne prouve pas que je n'aie pu, en me déterminant à acquérir cette propriété, en fixer le prix d'après la considération de cet usage attaché à la propriété. En un mot, l'objection suppose toujours ce qui est en question, c'est-à-dire que l'argent reçu aujourd'hui et l'argent qui doit être rendu dans un an sont deux choses parfaitement égales. En raisonnant ainsi on oublie que ce n'est pas la valeur de l'argent, lorsqu'il aura été rendu, qu'il faut comparer avec la valeur de l'argent au moment où il est prêté ; mais, que c'est la valeur de la promesse d'une somme d'argent, qu'il faut comparer avec la valeur d'une somme d'argent effective. On suppose que c'est l'argent rendu qui est, dans le contrat de prêt, l'équivalent de l'argent prêté, et on suppose en cela une chose absurde, car c'est au moment du contrat qu'il faut considérer les conditions respectives ; et c'est dans ce moment qu'il faut en établir l'égalité. Or, au moment du prêt, il n'existe certainement qu'une somme d'argent d'un côté et une promesse de l'autre. Si on suppose qu'une somme de mille francs et une promesse de mille francs ont précisément la même valeur, on fait une supposition plus absurde encore ; si ces deux choses étaient équivalentes, pourquoi emprunterait-on ?

Il est bien singulier qu'on parte du principe de l'égalité de valeurs qui doit avoir lieu dans les conventions, pour établir un système suivant lequel l'avantage est tout entier pour une des parties, et entièrement nul pour l'autre. Rien n'est assurément plus palpable ; car, quand on me rend, au bout de quelques années, un argent que j'ai prêté sans intérêt, il est bien clair que je n'ai rien gagné, et qu'après avoir été privé de son usage et avoir risqué de le perdre, je n'ai précisément que ce que j'aurais si je l'avais gardé pendant ce temps dans mon coffre. Il n'est pas moins clair que l'emprunteur a tiré avantage de cet argent, puisqu'il n'a eu d'autre motif pour l'emprunter que cet avantage ; j'aurai donc donné quelque chose pour rien, j'aurai été généreux ; mais si, par ma générosité, j'ai donné quelque chose de réel, j'ai donc pu le vendre sans injustice.

C'est faire bien de l'honneur aux sophismes frivoles des adversaires du prêt à intérêt que de les réfuter aussi au long que je l'ai fait. De pareils raisonnements n'ont certainement jamais persuadé personne. Mais quand on est persuadé par le préjugé de l'éducation, par des autorités qu'on respecte, par la connexité supposée d'un système avec des principes consacrés, alors on fait usage de toutes les subtilités imaginables pour défendre des opinions auxquelles on est attaché ; on n'oublie rien pour se faire illusion à soi-même, et les meilleurs esprits en viennent quelquefois à bout.

XXVIII. EXAMEN ET RÉFUTATION DES ARGUMENTS QU'ON TIRE DE L'ÉCRITURE CONTRE LA LÉGITIMITÉ DU PRÊT À INTÉRÊT. — Il est vraisemblable que les jurisconsultes n'auraient pas pris tant de peine pour obscurcir les notions simples du bon sens, si les théologiens scolastiques ne les avaient entraînés dans cette fausse route, et ne leur avaient persuadé que la religion proscrivait absolument le prêt à intérêt. Ceux-ci, pleins de leurs préjugés, ont cru en avoir la confirmation dans le fameux passage de l'Évangile : *mutuum date nihil inde sperantes* ; prêtez, sans en espérer aucun avantage (S. Luc, chap. VI, verset 35).

Des gens de bon sens n'auraient vu dans ce passage qu'un précepte de charité. Tous les hommes doivent se secourir les uns les autres. Un homme riche qui, voyant son semblable dans la misère, au lieu de subvenir à ses besoins, lui vendrait ses secours, manquerait aux devoirs du christianisme et à ceux de l'humanité. Dans de pareilles circonstances, la charité ne prescrit pas seulement de prêter sans intérêt ; elle ordonne de prêter et de donner s'il le faut ; faire de ce précepte de charité un précepte de justice rigoureuse, c'est choquer également la raison et le sens du texte. Ces mêmes théologiens ne prétendent pas que ce soit un devoir de justice de prêter son argent. Il faut donc qu'ils conviennent que les premiers mots du passage *mutuum date* ne renferment qu'un précepte de charité. Or, je demande pourquoi ils veulent que la fin du passage s'entende d'un devoir de justice. Quoi ! le prêt lui-même ne sera pas un précepte rigoureux, et l'accessoire, la condition du prêt, en sera un ? Jésus-Christ aura dit aux hommes : « Il vous est libre de prêter ou de ne pas prêter ; mais si vous prêtez, gardez-vous bien de retirer aucun intérêt de votre argent ; et, quand même un négociant vous en demanderait pour une entreprise dans laquelle il espère faire de grands profits, ce serait un crime à vous d'accepter l'intérêt qu'il vous offre. Il faut absolument, ou lui prêter gratuitement, ou ne lui point prêter du tout. Vous avez, à la vérité, un moyen de rendre l'intérêt légitime : c'est de prêter votre capital pour un temps indéfini, et de renoncer à en exiger le remboursement que votre débiteur vous fera quand il voudra ou quand il pourra. Si vous y trouvez de l'inconvénient du côté de la sûreté, ou si vous prévoyez que vous aurez besoin de votre argent dans un certain nombre d'années, vous n'avez pas d'autre parti à prendre que celui de ne point prêter. Il vaut mieux laisser manquer à ce négociant l'occasion la plus précieuse que de commettre un péché pour la lui faciliter. » Voilà ce que les théologiens rigoristes ont vu dans ces cinq mots, *mutuum date nihil inde sperantes*, parce qu'ils les ont lus avec les préjugés que leur donnait une fausse métaphysique. Tout homme qui lira ce texte sans prévention y verra ce qui y est, c'est-à-dire que Jésus Christ a dit à ses disciples : « Comme hommes, comme chrétiens, vous êtes tous frères, tous amis ; traitez-vous en frères et en amis, secourez-vous dans vos besoins, que vos bourses vous soient ouvertes les unes aux autres, et ne vous vendez pas les secours que vous vous devez réciproquement, en exigeant l'intérêt d'un prêt dont la charité vous fait un devoir. » C'est là le vrai sens du passage en question. L'obligation de prêter sans intérêt et celle de prêter sont évidemment relatives l'une à l'autre. Elles sont du même ordre, et toutes deux énoncent un devoir de charité et non un précepte de justice rigoureuse applicable à tous les cas où l'on peut prêter.

On peut d'autant moins en douter, que ce passage se trouve dans le même chapitre, à la suite de toutes ces maximes connues sous le nom de *Conseils évangéliques*, que tout le monde convient n'être proposés que comme un moyen d'arriver à une perfection à laquelle tous ne sont pas appelés, et qui, même pour ceux qui y seraient appelés, ne sont point applicables, dans leur sens littéral, à toutes les circonstances de la vie : « Faites du bien à ceux qui vous haïssent ; bénissez ceux qui vous maudissent ; si l'on vous donne un soufflet, tendez l'autre joue ; laissez prendre votre habit à celui qui vous ôte votre tunique ; donnez à quiconque vous demande ; et quand on vous ôte ce qui est à vous, ne le réclamez pas. » C'est, après toutes ces expressions, et dans le même discours, qu'on lit le passage sur le prêt gratuit, conçu en ces termes : *Verum tamen diligite inimicos vestros : benefacite, et mutuum date nihil inde sperantes ; et erit merces vestra multa, et eritis filii Altissimi, quia ipse benignus est super ingratos et malos.* « Aimez vos ennemis ; soyez bienfaisants, et prêtez sans en espérer aucun avantage, et votre récompense sera grande, et vous serez les fils du Très-Haut, parce que lui-même fait du bien aux ingrats et aux méchants. » Ce passage, rapporté tout au long, en dit peut-être plus que toutes les discussions auxquelles je me suis livré ; et il n'est pas concevable que personne ne s'étant jamais avisé de regarder les autres maximes répandues dans ce chapitre, et que j'ai citées, comme des préceptes de justice rigoureuse, on s'obstine à vouloir interpréter différemment les expressions qui concernent le prêt gratuit.

Il faudrait trop de temps pour développer avec le même détail les passages de l'Ancien Testament que les théologiens citent encore à l'appui des mêmes préjugés ; on doit les expliquer de la même manière ; et, ce qui le prouve incontestablement, c'est la permission expresse, dans les lois de Moïse, de prêter à intérêt aux étrangers : *Non fœnerabis frati tuo ad usuram, ne pecuniam, ne fruges, ne quamlibet aliam rem, sed alieno.* « Tu ne prêteras point à ton frère à intérêt, ni de l'argent, ni des fruits, ni aucune autre chose, mais à l'étranger. » La loi divine n'a certainement pas pu permettre expressément aux juifs de pratiquer avec les étrangers ce qui aurait été défendu par le droit naturel. Dieu ne peut autoriser l'injustice. Je sais que quelques théologiens ont eu assez peu de bon sens pour dire le contraire. Mais cette réponse, vraiment scandaleuse, ne fait que prouver leur embarras, et laisser à l'objection la force d'une vraie démonstration aux yeux de ceux qui ont des notions saines de Dieu et de la justice.

XXIX. Véritable origine de l'opinion qui condamne le prêt à intérêt. — Il se présente ici une réflexion : comment a-t-il pu arriver que, malgré l'évidence et la simplicité des principes qui établissent la légitimité du prêt à intérêt, malgré la futilité des sophismes qu'on a entassés pour obscurcir une chose si claire, l'opinion qui le condamne ait pu se répandre aussi généralement, et flétrir presque partout le prêt à intérêt sous le nom d'usure ? On conçoit aisément que l'autorité des théologiens rigides a beaucoup contribué à étendre cette opinion et à l'enraciner dans les esprits ; mais comment ces théologiens eux-mêmes ont-ils pu se tromper aussi grossièrement ? Cette erreur a sans doute une cause, et il est important de la développer pour achever d'approfondir le sujet de l'usure, et de le considérer sous toutes les faces.

La source du préjugé des théologiens n'est pas difficile à trouver. Ils n'ont imaginé des raisons, pour condamner le prêt à intérêt, que parce qu'il était déjà flétri par les cris des peuples auxquels les usuriers ont été de tout temps odieux, et il est dans la nature des choses qu'ils le soient. Car, quoiqu'il soit doux de trouver à emprunter, il est dur d'être obligé de rendre. Le plaisir d'être secouru dans son besoin passe avec la satisfaction de ce besoin ; bientôt le besoin renaît, la dette reste, et le poids s'en fait sentir à tous les instants, jusqu'à ce qu'on ait pu s'acquitter ; de plus, on ne prête jamais qu'un superflu, et l'on emprunte souvent le nécessaire ; et, quoique la justice rigoureuse soit entièrement pour le prêteur-créancier, qui ne réclame que ce qui est à lui, l'humanité, la commisération, la faveur penchent toujours pour le débiteur. On sent que celui-ci, en rendant, sera réduit à la misère, et que le créancier peut vivre malgré la privation de ce qui lui est dû.

Ce sentiment a lieu lors même que le prêt a été purement gratuit ; à plus forte raison, lorsque le secours donné à l'emprunteur ne l'ayant été que sous la condition d'un intérêt, il a reçu le prêt sans reconnaissance ; c'est alors qu'il souffre avec amertume et avec indignation les poursuites que fait contre lui le créancier pour l'obliger à rendre.

Dans les sociétés naissantes, lorsqu'on connaissait à peine le commerce, et encore aujourd'hui dans celles où le commerce est peu animé, l'on emprunte peu dans la vue de faire des entreprises lucratives et, par conséquent, l'on n'emprunte que pour satisfaire à un besoin pressant. Il n'y a que le pauvre ou l'homme dérangé qui emprunte et ni l'un ni l'autre ne peuvent rendre qu'en conséquence d'événements heureux, ou par le moyen d'une extrême économie ; par conséquent, l'un et l'autre sont donc souvent insolvables, et le prêteur court des risques d'autant plus grands. Plus le prêteur est dans le cas de perdre son capital, plus il faut que l'intérêt soit fort pour contrebalancer ce risque par l'appât du profit. Il faut gagner, sur l'intérêt qu'on tire du petit nombre d'emprunteurs solides, le capital et les intérêts qu'on perdra par la banqueroute de ceux qui ne le seront pas. Ainsi, plus le besoin qui fait emprunter est urgent, plus l'intérêt est fort.

C'est par cette raison que l'intérêt à Rome était excessif. Celui de 12 p. 100 passait pour très modéré. On sait que cet intérêt de 12 p. 100 a été longtemps en France l'intérêt courant. Avec un intérêt aussi fort, quiconque ne fait pas un emploi prodigieusement lucratif de l'argent qu'il emprunte, quiconque emprunte, pour vivre ou pour dépenser, est bientôt entièrement ruiné et réduit à l'impuissance absolue de payer. Il est impossible que, dans cet état, le créancier qui lui redemande son dû ne lui soit pas odieux. Il le serait, quand même il ne demanderait que la somme précise qu'il a prêtée ; car, à qui ne peut rien payer, il est égal qu'on lui demande peu ou beaucoup ; mais alors le débiteur n'oserait pas avouer cette haine ; il sentirait quelle injustice atroce il y aurait à se faire du bienfait un titre pour haïr le bienfaiteur ; il ne pourrait se cacher que personne ne partagerait une haine aussi injuste et ne compatirait à ses plaintes. Mais, en les faisant tomber sur l'énormité des intérêts que le créancier a exigés de lui en abusant de son besoin, il trouve dans tous les cœurs la faveur qu'inspire la pitié, et la haine contre l'usurier devient une suite de cette pitié : cette haine est d'autant plus générale que le nombre des emprunteurs indigents est plus grand, et celui des riches prêteurs plus petit.

On voit que, dans les dissensions entre le peuple et les grands qui ont agité si longtemps la république romaine, le motif le plus réel des plaintes du peuple était l'énormité des usures et la dureté avec laquelle les patriciens exigeaient le payement de leurs créances. La fameuse retraite sur le Mont-Sacré n'eut pas d'autre cause. Dans toutes les républiques anciennes, l'abolition des dettes fut toujours le vœu du peuple et le cri des ambitieux qui captaient la faveur populaire. Les riches furent quelquefois obligés de l'accorder pour calmer la fougue du peuple et prévenir des révolutions plus terribles. Mais c'était encore un risque de plus pour les prêteurs et, par conséquent, l'intérêt de l'argent n'en devenait que plus fort.

La dureté avec laquelle les lois, toujours faites pour les riches, autorisaient à poursuivre les débiteurs, ajoutait infiniment à l'indignation du peuple débiteur contre les usures et les usuriers : non seulement les biens, mais la personne même du débiteur, étaient affectés à la sûreté de la dette. Quand il était insolvable, il devenait l'esclave de son créancier ; celui-ci était autorisé à le vendre à son profit, et à user à son égard du pouvoir illimité que l'ancien droit donnait au maître sur son esclave, lequel s'étendait jusqu'à le faire mourir arbitrairement. Un tel excès de rigueur ne laissait envisager aux malheureux obérés qu'un avenir plus affreux que la mort, et l'impitoyable créancier lui paraissait le plus cruel de ses ennemis. Il était donc dans la nature des choses que l'usurier, ou le prêteur à intérêt, fût partout l'objet de l'exécration publique, et regardé comme une sangsue avide engraissée de la substance et des pleurs des malheureux.

Le christianisme vint et rappela les droits de l'humanité trop oubliés. L'esprit d'égalité, l'amour de tous les hommes, la commisération pour les malheureux, qui forment le caractère distinctif de cette religion, se répandirent dans les esprits ; le riche fut adouci ; le pauvre fut secouru et consolé. Dans une religion qui se déclarait la protectrice des pauvres, il était naturel que les prédicateurs, en se livrant à l'ardeur de leur zèle, adoptassent une opinion qui était devenue le cri du pauvre, et que, n'envisageant point le prêt à intérêt en lui-même et dans ses principes, ils le confondissent avec la dureté des poursuites exercées contre les débiteurs insolvables. De là, dans les anciens docteurs de l'Église, cette tendance à regarder le prêt à intérêt comme illicite : tendance qui cependant n'alla pas (et il est important de le remarquer) jusqu'à regarder cette opinion comme essentiellement liée avec la foi. Le droit romain, tel que nous l'avons rédigé dans un temps où le christianisme était la seule religion de l'Empire, et dans lequel le prêt à intérêt est expressément autorisé, prouve incontestablement que ce prêt n'était point proscrit par la religion.

Cependant, l'opinion la plus rigide et la plus populaire prit peu à peu le dessus, et le plus grand nombre des théologiens s'y rangea, surtout dans les siècles d'ignorance qui suivirent ; mais, tandis que le cri du peuple contre le prêt à intérêt le faisait proscrire, l'impossibilité de l'abolir entièrement fit imaginer la subtilité de l'aliénation du capital, et c'est ce système qui, étant devenu presque général parmi les théologiens, est devenu aussi celui des jurisconsultes, par l'influence beaucoup trop grande qu'ont eue, sur notre jurisprudence et notre législation, les principes du droit canon.

Dans cette espèce de génération des opinions contraires au prêt à intérêt, on voit que les peuples poursuivis par d'impitoyables créanciers ont imputé leur malheur à l'usure et l'ont regardée d'un œil odieux ; que les personnes pieuses et les prédicateurs ont partagé cette impression et déclamé contre l'usure ; que les théologiens, persuadés par ce cri général que l'intérêt était condamnable en lui-même, ont cherché des raisons pour prouver qu'il devait être condamné, et qu'ils en ont trouvé mille mauvaises, parce qu'il était impossible d'en trouver une bonne ; qu'enfin les jurisconsultes, entraînés par leur respect pour les décisions des théologiens, ont introduit les mêmes principes dans notre législation.

XXX. Affaiblissement des causes qui avaient rendu le prêt à intérêt odieux aux peuples. — Les causes qui avaient autrefois rendu odieux le prêt à intérêt ont cessé d'agir avec autant de force. L'esclavage étant aboli parmi nous, l'insolvabilité a des suites moins cruelles ; elle n'entraîne plus la mort civile ni la perte de la liberté. La contrainte par corps, que nous avons conservée, est à la vérité une loi dure et cruelle pour le pauvre ; mais, la dureté en a été du moins mitigée par beaucoup de restrictions et bornée à un certain ordre de créances. La suppression de l'esclavage a donné aux arts une activité inconnue aux peuples anciens, chez lesquels chaque particulier aisé faisait fabriquer chez lui par ses esclaves presque tout ce dont il avait besoin. Aujourd'hui l'exercice des arts mécaniques est une ressource ouverte à tout homme laborieux. Cette foule de travaux et les avances qu'ils exigent nécessairement présentent de tous côtés à l'argent des emplois lucratifs ; les entreprises de commerce multipliées à l'infini emploient des capitaux immenses. Les pauvres, que l'impuissance de travailler réduit à une misère absolue, trouvent dans le superflu des riches et dans les charités de toute espèce, des ressources qui ne paraissent pas avoir eu lieu chez les peuples de l'antiquité, et qui, en effet, y étaient moins nécessaires, puisque, par la constitution des sociétés, le pauvre, réduit au dernier degré de misère, tombait naturellement dans l'esclavage. D'un autre côté, l'immensité des capitaux accumulés de siècle en siècle par l'esprit d'économie inséparable du commerce et grossis surtout par l'abondance des trésors apportés de l'Amérique, a fait baisser dans toute l'Europe le taux de l'intérêt. De toutes ces circonstances réunies, il a résulté que les emprunts faits par le pauvre pour subsister ne sont plus qu'un objet à peine sensible dans la somme totale des emprunts ; que la plus grande partie des prêts se font à l'homme riche, ou du moins à l'homme industrieux, qui espère se procurer de grands profits de l'emploi de l'argent qu'il emprunte. Dès lors, le prêt à intérêt a dû devenir moins odieux, puisque, par l'activité du commerce, il est devenu, au contraire, une source d'avantages pour l'emprunteur. Aussi, s'est-on familiarisé avec lui dans toutes les villes de commerce, au point que les magistrats et les théologiens mêmes en sont venus à le tolérer. La condamnation du prêt en lui-même, ou de l'intérêt exigé sans aliénation du capital, est devenue une spéculation abandonnée aux théologiens rigoristes, et dans la pratique, toutes les opérations et de commerce et de finance roulent sur le prêt à intérêt sans aliénation du capital.

XXXI. À QUEL GENRE D'USURE SE BORNE AUJOURD'HUI LA FLÉTRISSURE ATTACHÉE AU NOM D'USURIER. — Le nom d'usurier ne se donne presque plus, dans la société, qu'aux prêteurs à la petite semaine, à cause du taux excessif de l'intérêt qu'ils exigent ; à quelques fripiers qui prêtent sur gages aux petits bourgeois et aux artisans dans la détresse ; enfin, à ces hommes infâmes qui font métier de fournir, à des intérêts énormes, aux enfants de famille dérangés, de quoi subvenir à leur libertinage et à leurs folles dépenses. Ce n'est plus que sur ces trois espèces d'usuriers que tombe la flétrissure attachée à ce nom, et eux seuls sont encore quelquefois l'objet de la sévérité des lois anciennes qui subsistent contre l'usure. De ces trois sortes d'usuriers, il n'y a cependant que les derniers qui fassent dans la société un mal réel. Les prêteurs à la petite semaine fournissent aux agents d'un commerce nécessaire les avances dont ceux-ci ne peuvent se passer, et si ce secours est mis à un prix très haut, ce haut prix est la compensation des risques que court le capital par l'insolvabilité fréquente des emprunteurs et de l'avilissement attaché à cette manière de faire valoir son argent ; car, cet avilissement écarte nécessairement de ce commerce beaucoup de capitalistes dont la concurrence pourrait seule diminuer le taux de l'intérêt. Il ne reste que ceux qui se déterminent à passer pardessus la honte et qui ne s'y déterminent que par l'assurance d'un grand profit. Les petits marchands qui empruntent ainsi à la petite semaine sont bien loin de se plaindre des prêteurs, dont ils ont à tout moment besoin et qui au fond les mettent en état de gagner leur vie ; aussi, la police et le ministère public les laissent-ils fort tranquilles.

Les prêteurs sur gages à gros intérêts, les seuls qui prêtent véritablement au pauvre pour ses besoins journaliers, et non pour le mettre en état de gagner, ne font point le même mal que ces anciens usuriers qui conduisaient par degrés à la misère et à l'esclavage les pauvres citoyens auxquels ils avaient procuré des secours funestes. Celui qui emprunte sur gage emprunte sur un effet dont il lui est absolument impossible de se passer. S'il n'est pas en état de rendre le capital et les intérêts, le pis qui puisse lui arriver est de perdre son gage, et il ne sera pas beaucoup plus malheureux qu'il ne l'était. Sa pauvreté le soustrait à toute autre poursuite : ce n'est guère contre le pauvre qui emprunte pour vivre que la contrainte par corps peut être exercée. Le créancier qui pouvait autrefois réduire son débiteur en esclavage y trouvait un profit : c'était un esclave qu'il acquérait ; mais aujourd'hui le créancier sait qu'en privant son débiteur de la liberté, il n'y gagnera autre chose que d'être obligé de le nourrir en prison. Aussi, ne s'avise-t-on pas de faire contracter à un homme qui n'a rien et qui est réduit à emprunter pour vivre des engagements qui emportent la contrainte par corps ; elle n'ajouterait rien à la sûreté du prêteur. La sûreté vraiment solide contre l'homme pauvre est le gage, et l'homme pauvre s'estime heureux de trouver un secours pour le moment sans autre danger que de perdre son gage. Aussi, le peuple a-t-il plutôt de la reconnaissance que de la haine pour ces petits usuriers qui le secourent dans son besoin, quoiqu'ils lui vendent assez cher ce secours. Je me souviens d'avoir été, à La Tournelle [a], rapporteur d'un procès criminel pour fait d'usure. Jamais je n'ai été tant sollicité que je le fus pour le malheureux accusé, et je fus très surpris de voir que ceux qui me sollicitaient avec tant de chaleur étaient ceux-là mêmes qui avaient essuyé les usures qui faisaient l'objet du procès. Le contraste d'un homme poursuivi criminellement pour avoir fait à des particuliers un tort dont ceux-ci, non seulement ne se plaignaient pas, mais même témoignaient de la reconnaissance, me parut singulier et me fit faire bien des réflexions.

XXXII. LES USURIERS QUI FONT MÉTIER DE PRÊTER AUX ENFANTS DE FAMILLE DÉRANGÉS SONT LES SEULS QUI SOIENT VRAIMENT NUISIBLES À LA SOCIÉTÉ ; LEUR VÉRITABLE CRIME N'EST POINT L'USURE ; EN QUOI IL CONSISTE. — Les seuls usuriers qui soient vraiment nuisibles à la société sont donc, comme je l'ai déjà dit, ceux qui font métier de prêter aux jeunes gens dérangés ; mais je n'imagine pas que personne pense que leur crime soit de prêter à intérêt sans aliénation du capital, ce qui, suivant les théologiens et les jurisconsultes, constitue l'usure. Ce n'est pas non plus de prêter à un intérêt plus fort

---

[a] Chambre criminelle du Parlement où les conseillers siégeaient à tour de rôle. Turgot avait été conseiller lay en 1752 (T. I, p. 325).

que le taux légal ; car, prêtant sans aucune sûreté, ayant à craindre que les pères ne refusent de payer et que les jeunes gens eux-mêmes ne réclament un jour contre leurs engagements, il faut bien que leurs profits soient proportionnés à leurs risques. Leur véritable crime est donc, non pas d'être usuriers, mais de faciliter et d'encourager, pour un vil intérêt, les désordres des jeunes gens, et de les conduire à l'alternative de se ruiner ou de se déshonorer. S'ils doivent être punis, c'est à ce titre, et non à cause de l'usure qu'ils ont commise.

XXXIII. LA DÉFENSE DE L'USURE N'EST POINT LE REMÈDE QU'IL FAUT APPORTER À CE DÉSORDRE, ET D'AUTRES LOIS Y POURVOIENT SUFFISAMMENT. — Les lois contre l'usure ne sont donc d'aucune utilité pour arrêter ce désordre, qui est punissable par lui-même ; elles ne sont pas même utiles pour obvier à la dissipation de la fortune des jeunes gens qui ont emprunté de cette manière ruineuse et pour les sauver de leur ruine par la rupture de leurs engagements ; car, sans examiner s'il est vraiment utile que la loi offre, contre des engagements volontaires, des ressources dont il est honteux de profiter (question très susceptible de doute), la loi qui rend les mineurs incapables de s'engager rend superflue toute autre précaution. Ce ne sont pas ordinairement les personnes d'un âge mûr qui se ruinent de cette manière et, en tout cas, c'est à eux et non pas à la loi à s'occuper du soin de conserver leur patrimoine. Au reste, le plus sûr rempart contre la dissipation des enfants de famille sera toujours la bonne éducation que les parents doivent leur donner.

XXXIV. CONSÉQUENCES DE CE QUI A ÉTÉ DIT SUR LES VRAIES CAUSES DE LA DÉFAVEUR DU PRÊT À INTÉRÊT, ET SUR LES CHANGEMENTS ARRIVÉS À CET ÉGARD DANS LES MŒURS PUBLIQUES. — Après avoir prouvé la légitimité du prêt à intérêt par les principes de la matière, et après avoir montré la frivolité des raisons dont on s'est servi pour le condamner, je n'ai pas cru inutile de développer les causes qui ont répandu sur le prêt à intérêt cet odieux et cette défaveur, sans lesquels ni les théologiens ni les jurisconsultes n'auraient songé à les condamner. Mon objet a été d'apprécier exactement les fondements de cette défaveur, et de reconnaître si, en effet, le prêt à intérêt produit dans la société des maux que les lois doivent chercher à prévenir, et qui doivent engager à le proscrire. Il résulte, ce me semble, des détails dans lesquels je suis entré, que ce qui rendait l'usure odieuse dans les anciens temps, tenait plus au défaut absolu du commerce, à la constitution des anciennes sociétés et surtout aux lois qui permettaient au créancier de réduire son débiteur en esclavage, qu'à la nature même du prêt à intérêt. Je crois avoir prouvé encore que par les changements survenus dans le commerce, dans les mœurs et dans la constitution des sociétés, le prêt à intérêt ne produit dans la société aucun mal qu'on puisse imputer à la nature de ce contrat ; et que, dans le seul cas où les pratiques usuraires sont accompagnées de quelque danger réel, ce n'est point dans l'usure proprement dite que résident le crime et le danger, et que les lois peuvent y pourvoir sans donner aucune restriction à la liberté du prêt à intérêt.

XXXV. Conséquence générale : aucun motif ne doit porter à défendre le prêt à intérêt. — Je suis donc en droit de conclure qu'aucun motif solide ne pourrait aujourd'hui déterminer la législation à s'écarter, en proscrivant le prêt à intérêt, des principes du droit naturel qui le permettent. Car, tout ce qu'il n'est pas absolument nécessaire de défendre, doit être permis.

XXXVI. L'intérêt est le prix de l'argent dans le commerce, et ce prix doit être abandonné au cours des événements, aux débats du commerce. — Si l'on s'en tient à l'ordre naturel, l'argent doit être regardé comme une marchandise que le propriétaire est en droit de vendre ou de louer ; par conséquent, la loi ne doit point exiger, pour autoriser la stipulation de l'intérêt, l'aliénation du capital. Il n'y a pas plus de raison pour qu'elle fixe le taux de cet intérêt. Ce taux doit être, comme le prix de toutes les choses commerçables, fixé par le débat entre les deux contractants et par le rapport de l'offre à la demande. Il n'est aucune marchandise pour laquelle l'administration la plus éclairée, la plus minutieusement prévoyante et la plus juste, puisse répondre de balancer toutes les circonstances qui doivent influer sur la fixation du prix et d'en établir un qui ne soit pas au désavantage, ou du vendeur, ou de l'acheteur. Or, le taux de l'intérêt est encore bien plus difficile à fixer que le prix de toute espèce de marchandises, parce que ce taux tient à des circonstances et à des considérations plus délicates encore et plus variables, qui sont celle du temps où se fait le prêt, celle de l'époque à laquelle le remboursement sera stipulé, et surtout celle du risque ou de l'opinion du risque que le capital doit courir. Cette opinion varie d'un instant à l'autre : une alarme momentanée, l'événement de quelques banqueroutes, des bruits de guerre, peuvent répandre une inquiétude générale, qui enchérit subitement toutes les négociations d'argent. L'opinion et la réalité du risque varient encore plus d'un homme à l'autre, et augmentent ou diminuent dans tous les degrés possibles. Il doit donc y avoir autant de variations dans le taux de l'intérêt. Une marchandise a le même prix pour tout le monde, parce que tout le monde la paye avec la même monnaie, et les marchandises d'un usage général, dont la production et la consommation se proportionnent naturellement l'une à l'autre, ont longtemps à peu près le même prix. Mais l'argent dans le prêt n'a le même prix, ni pour tous les hommes, ni dans tous les temps, parce que dans le prêt, l'argent ne se paye qu'avec une *promesse* et que, si l'argent de tous les acheteurs se ressemble, les promesses de tous les emprunteurs ne se ressemblent pas. Fixer par une loi le taux de l'intérêt, c'est priver de la ressource de l'emprunt quiconque ne peut offrir une sûreté proportionnée à la modicité de l'intérêt fixé par la loi ; c'est, par conséquent, rendre impossible une foule d'entreprises de commerce, qui ne peuvent se faire sans risque du capital.

XXXVII. L'INTÉRÊT DU RETARD ORDONNÉ EN JUSTICE PEUT ÊTRE RÉGLÉ PAR UN SIMPLE ACTE DE NOTORIÉTÉ, SANS QU'IL SOIT BESOIN DE FIXER UN TAUX DE L'INTÉRÊT PAR UNE LOI. — Le seul motif raisonnable qu'on allègue pour justifier l'usage où l'on est de fixer le taux de l'intérêt par une loi, est la nécessité de donner aux juges une règle qui ne soit pas arbitraire pour se conduire dans les cas où ils ont à prononcer sur les intérêts demandés en justice, en conséquence de la demeure de payer, ou bien lorsqu'il s'agit de prescrire à un tuteur à quel denier il peut placer l'argent de ses pupilles. Mais tout cela peut se faire sans une loi qui fixe irrévocablement et universellement le taux de l'intérêt. Quoique l'intérêt ne puisse être le même pour tous les cas, cependant il y a un intérêt qui varie peu, du moins dans un intervalle de temps peu considérable, c'est l'intérêt de l'argent placé avec une sûreté à peu près entière, telle que la donne une hypothèque solide, ou la solvabilité de certains négociants dont la fortune, la sagesse et la probité sont universellement connues. C'est à cet intérêt que les juges doivent se conformer et se conforment en effet, lorsqu'ils prononcent sur les demandes d'intérêts judiciaires, ou sur les autorisations des tuteurs. Or, puisque le taux de cet intérêt varie peu et est le même pour tous, il ne faut pas une loi pour le fixer ; il suffit d'un acte de notoriété qu'on peut renouveler chaque année. Quelques notaires et quelques négociants principaux donneraient aux magistrats les lumières nécessaires pour fixer cette notoriété en connaissance de cause. Un acte de cette espèce, fait dans chacune des villes où réside un Parlement, suffirait pour toute l'étendue du ressort.

XXXVIII. L'IMPUTATION DES INTÉRÊTS PRÉTENDUS USURAIRES SUR LE CAPITAL, ET TOUTES LES POURSUITES CRIMINELLES POUR FAIT D'USURE, DEVRAIENT ÊTRE ABROGÉES. — Une conséquence immédiate de l'adoption de ces principes serait l'abrogation de l'usage où sont les tribunaux d'imputer sur le capital les intérêts payés, ou sans aliénation du capital, ou à un taux plus fort que celui de l'Ordonnance.

Une seconde conséquence qu'on en tirerait à plus forte raison, serait la suppression de toute poursuite criminelle sous prétexte d'usure. Ce crime imaginaire serait effacé de la liste des crimes.

XXXIX. Avantages qui résulteraient pour le commerce et la société en général d'une loi entièrement conforme aux principes qui viennent d'être développés. — Le commerce de l'argent serait libre comme doit l'être tout commerce. L'effet de cette liberté serait la concurrence, et l'effet de cette concurrence serait le bas prix de l'intérêt : non seulement, parce que la honte et les risques attachés au prêt à intérêt sont une surcharge que l'emprunteur paye toujours, de même que celui qui achète des marchandises prohibées paye toujours les risques du contrebandier, mais encore parce qu'une très grande quantité d'argent, qui reste inutile dans les coffres, entrerait dans la circulation lorsque le préjugé, n'étant plus consolidé par l'autorité des lois, aurait peu à peu cédé à la raison. L'économie en deviendrait d'autant plus active à accumuler des capitaux, lorsque le commerce d'argent serait un débouché toujours ouvert à l'argent. L'on ne peut aujourd'hui placer l'argent qu'en grosses parties. Un artisan est embarrassé de ses petites épargnes ; elles sont stériles pour lui jusqu'à ce qu'elles soient devenues assez considérables pour les placer. Il faut qu'il les garde, toujours exposé à la tentation de les dissiper au cabaret. Si le commerce d'argent acquérait le degré d'activité que lui donnerait la liberté entière et l'anéantissement du préjugé, il s'établirait des marchands d'argent qui le recueilleraient en petites sommes, qui rassembleraient dans les villes et dans les campagnes les épargnes du peuple laborieux pour en former des capitaux, et les fournir aux places de commerce, comme on voit des marchands ramasser de village en village, jusqu'au fond de la Normandie, le beurre et les œufs qui s'y produisent, et les aller vendre à Paris. Cette facilité ouverte au peuple de faire fructifier ses épargnes serait pour lui l'encouragement le plus puissant à l'économie et à la sobriété, et lui offrirait le seul moyen qu'il ait de prévenir la misère où le plongent les moindres accidents, les maladies ou au moins la vieillesse.

XL. Si des motifs de prudence peuvent empêcher d'établir, quant à présent, par une loi, la liberté entière du prêt à intérêt, cette liberté n'en est pas moins le but auquel l'administration doit tendre, et auquel il convient de préparer les opinions du public. Nécessité de donner dès a présent au commerce une entière sécurité contre l'exécution des lois rigoureuses portées en matière d'usure. — La loi qui établirait ce nouvel ordre de choses est donc aussi désirable que juste, et plus favorable encore au peuple pauvre qu'au riche pécunieux.

Je ne dis pas cependant qu'il faille la rendre à présent.

J'ai insinué que je sentais tous les ménagements qui peuvent être dus au préjugé, surtout à un préjugé que tant de personnes croient lié à des principes respectables.

Mais j'ose dire que cette liberté entière du prêt à intérêt doit être le but plus ou moins éloigné du Gouvernement ;

qu'il faut s'occuper de préparer cette révolution en changeant peu à peu les idées du public, en favorisant les écrits des jurisconsultes éclairés et des théologiens sages qui adopteront une doctrine plus modérée et plus juste sur le prêt à intérêt ;

et qu'en attendant qu'on ait pu atteindre ce but, il faut s'en rapprocher autant qu'il est possible.

Il faut, sans heurter de front le préjugé, cesser de le soutenir, et surtout en éluder l'effet et garantir le commerce de ses fâcheuses influences.

XLI. IL PARAÎT CONVENABLE D'ABROGER PAR UNE LOI TOUTE POURSUITE CRIMINELLE POUR FAIT D'USURE ; MAIS IL EST DU MOINS INDISPENSABLE D'INTERDIRE ABSOLUMENT CETTE ACCUSATION DANS TOUS LES PRÊTS FAITS À L'OCCASION DU COMMERCE OU À DES COMMERÇANTS. — La voie la plus directe pour y parvenir, et celle à laquelle j'avoue que j'inclinerais beaucoup, serait d'interdire entièrement, par une loi, toute poursuite criminelle pour fait d'usure. Je ne crois pas impossible de rédiger cette loi et le préambule qui doit l'annoncer, de façon à conserver tous les ménagements nécessaires pour les principes reçus.

Si cependant on y trouvait de la difficulté, il me paraît au moins indispensable de défendre d'admettre l'accusation d'usure dans tous les cas de négociations d'argent faites à l'occasion du commerce, et dans tous ceux où celui qui emprunte exerce, soit le commerce, soit toute autre profession dans laquelle l'argent peut être employé d'une manière lucrative.

Cette disposition renfermerait ce qui est absolument nécessaire pour mettre le commerce à l'abri des révolutions que pourrait occasionner la diversité des opinions sous le régime arbitraire de la jurisprudence actuelle.

En même temps, elle serait bornée au pur nécessaire et je ne la crois susceptible d'aucune difficulté lorsque, d'un côté, les principes reçus relativement à l'intérêt de l'argent resteront les mêmes quant aux affaires civiles ordinaires qui n'ont point de rapport au commerce et que, de l'autre, on donnera pour motif de la loi la nécessité d'assurer les engagements du commerce contre les abus de la mauvaise foi, et de ne plus faire dépendre d'une jurisprudence arbitraire le sort des négociants autorisés par l'usage constant de toutes les places, usage qu'on ne peut prohiber sans risquer d'interrompre la circulation et le cours ordinaire du commerce.

Il me semble que les idées du public et même celles de tous les tribunaux accoutumés à juger des affaires de commerce, ont déjà suffisamment préparé les voies à cette loi et j'imagine qu'elle n'éprouverait aucune résistance, pour peu que l'on employât d'adresse à la rédiger de façon à paraître respecter les principes précédemment reçus.

XLII. LA LOI PROPOSÉE METTRA LE COMMERCE À L'ABRI DE TOUTE RÉVOLUTION PAREILLE À CELLE QU'IL VIENT D'ÉPROUVER À ANGOULÊME ; MAIS IL EST JUSTE DE POURVOIR AU SORT DES PARTICULIERS MAL À PROPOS VEXÉS. — Si cette proposition est adoptée, elle pourvoira suffisamment à l'objet général de la sûreté du commerce, et le mettra pour jamais à l'abri de l'espèce de révolution qu'il vient d'éprouver dans la ville d'Angoulême ; mais il ne serait pas juste sans doute d'abandonner à leur malheureux sort les victimes de la friponnerie de leurs débiteurs et du préjugé des juges d'Angoulême, puisque leur honneur et leur fortune sont actuellement compromis par les dénonciations admises contre eux et les procédures commencées au sénéchal de cette ville.

XLIII. LE SÉNÉCHAL D'ANGOULÊME N'AURAIT PAS DU ADMETTRE L'ACCUSATION D'USURE POUR DES PRÊTS FAITS À DES MARCHANDS. — Je pense qu'au fond, et même en partant des principes actuels, tels qu'ils sont modifiés par la jurisprudence de la plus grande partie des tribunaux, et surtout de ceux auxquels la connaissance du commerce est spécialement attribuée, les dénonciations des prétendus faits d'usure ne doivent point être admises, et les prêteurs ne doivent point être exposés à des procédures criminelles. Il suffit, pour cela, que les prêts prétendus usuraires et qui ont donné lieu aux dénonciations, aient été faits à des marchands ; dès lors, il est constant, par la jurisprudence universelle de toutes les juridictions consulaires, qu'on ne peut les regarder comme prohibés par le défaut d'aliénation du capital ; il paraît même qu'on en est convaincu au sénéchal d'Angoulême, et que les dénonciateurs eux-mêmes n'osent en disconvenir. Mais ils ont dit, en premier lieu, que plusieurs des capitalistes accusés d'usure ne sont ni commerçants, ni banquiers ; on a même produit des actes pour prouver que le sieur Benoît des Essarts, un des prêteurs attaqués, a déclaré, il y a quelques années, quitter le commerce. Ils ont dit, en second lieu, que les intérêts n'étaient dans le commerce qu'au taux de 6 p. 100 ; et comme les négociations, dénoncées comme usuraires, sont à un intérêt plus considérable, et sur le pied de 9 ou 10 p. 100, ils ont conclu qu'on devait leur appliquer toute la rigueur des lois contre l'usure. Il faut avouer même qu'un grand nombre de prêteurs, entraînés par la terreur qui les avait saisis, ont en quelque sorte passé condamnation sur ce principe, en offrant imprudemment de restituer les sommes qu'ils avaient perçues au-dessus de 6 p. 100 ; mais, malgré cette espèce d'aveu, je ne pense pas que ni l'un ni l'autre des deux motifs allégués par les dénonciateurs puisse autoriser la voie criminelle contre les négociations dont il s'agit.

XLIV. LA QUALITÉ DES PRÊTEURS QUI NE SERAIENT PAS COMMERÇANTS NE PEUT SERVIR DE FONDEMENT À LA VOIE CRIMINELLE. — C'est abord une erreur grossière que d'imaginer que le défaut de qualité, dans un prêteur qui ferait un autre métier que le commerce, puisse changer en rien la nature de l'engagement que prend avec lui un négociant qui lui emprunte des fonds. En effet, ce négociant n'est pas plus lésé, soit que celui qui lui prête fasse le commerce ou ne le fasse pas ; l'engagement de l'emprunteur n'en est pas moins assujetti aux règles de la bonne foi. Si la tolérance qu'on doit avoir et qu'on a pour les stipulations d'intérêt dans les prêts du commerce est fondée sur ce que, d'un côté, les emprunts que fait un négociant ont pour objet de se procurer des profits en versant l'argent dans son commerce, et sur ce que, de l'autre, toute entreprise supposant de grosses avances, il est important d'attirer dans le commerce la plus grande quantité possible de capitaux et d'argent, il est bien évident que ces deux motifs ont exactement la même force, que le prêteur soit ou ne soit pas négociant. Dans les deux cas, son argent n'est pas moins un moyen pour l'emprunteur de se procurer de gros profits, et cet argent n'est pas moins un capital utile versé dans le commerce. Pour savoir si la faveur des négociations du commerce doit être appliquée à un prêt d'argent ou non, c'est donc la personne de l'emprunteur qu'il faut considérer, et non celle du prêteur. Il importe donc peu que le sieur Benoît des Essarts, ou tout autre des capitalistes d'Angoulême, fasse ou ne fasse pas actuellement le commerce, et il n'en saurait résulter, pour les commerçants qui ont emprunté d'eux, aucun prétexte pour revenir contre leurs engagements en les inculpant d'usure, et encore moins pour les attaquer par la voie criminelle.

XLV. LE TAUX DE L'INTÉRÊT AU-DESSUS DE SIX POUR CENT N'A PAS DU NON PLUS DONNER OUVERTURE À LA VOIE CRIMINELLE. — C'est encore une autre erreur d'imaginer qu'il y ait dans le commerce un taux d'intérêt fixe au dessus duquel les négociations deviennent usuraires et punissables.

Il n'est aucune espèce de loi qui ait fixé un taux plutôt que l'autre, et l'on peut même dire qu'à la rigueur il n'y en a aucun de permis, que celui de l'Ordonnance ; encore ne l'est-il qu'avec la condition de l'aliénation du capital. L'intérêt, sans aliénation du capital, n'est que toléré en faveur du commerce ; mais cette tolérance n'est, ni ne peut être, limitée à un taux fixe parce que l'intérêt varie non seulement à raison des lieux, des temps et des circonstances, en se réglant, comme le prix de toutes les autres marchandises, par le rapport de l'offre à la demande, mais encore dans le même temps et le même lieu, suivant le risque plus ou moins grand que court le capital, par le plus ou le moins de solidité de l'emprunteur. L'intérêt se règle dans le commerce par la seule stipulation et, s'il y a, dans les places considérables de commerce, un taux courant de l'intérêt, ce taux n'a lieu que vis-à-vis des négociants reconnus pour bons et solvables ; toutes les fois que le risque augmente, l'intérêt augmente aussi, sans qu'on ait aucun reproche à faire au prêteur. Ainsi, quand même il serait vrai que le taux de l'intérêt fût à Angoulême, suivant le cours de la place, à 6 p. 100, il ne s'ensuivrait nullement que ceux auxquels on aurait prêté à 9 et à 10 p. 100 eussent à se plaindre. Quand il serait vrai que le taux de l'intérêt dans le commerce fût, dans les principales places du Royaume, établi sur le pied de 6 p.100, il ne s'ensuivrait nullement que ce cours fût établi à Angoulême et, dans le fait, il est notoire que, depuis environ quarante ans, il a presque toujours roulé de 8 à 10 p. 100. J'ai suffisamment expliqué, dans le commencement de ce Mémoire, les raisons de ce haut intérêt, et j'ai montré qu'elles étaient fondées sur la nature même du commerce de cette ville.

XLVI. Motifs qui doivent porter à évoquer cette affaire. — Malheureusement, les officiers du sénéchal, en recevant des dénonciations, ont prouvé qu'ils n'adoptent point les principes que je viens de développer et que la vraie jurisprudence sur le prêt en matière de commerce leur est moins connue que la rigueur des lois anciennes. Il y a donc tout lieu de craindre que le jugement qui interviendra ne soit dicté par cet esprit de rigueur et que, le triomphe de la cabale des dénonciateurs étant complet, le trouble qu'ils ont occasionné dans les fortunes et dans le commerce ne soit encore augmenté.

XLVII. Motifs qui doivent détourner d'en attribuer la connaissance à l'intendant. — Dans ces circonstances, il semblerait nécessaire d'ôter à ce tribunal la connaissance d'une affaire sur laquelle on peut croire qu'il cède à des préventions, puisque sans ces préventions l'affaire n'aurait aucune existence ; c'est, par ce motif, que les différents particuliers déjà dénoncés, ou qui craignent de l'être, ont présenté à M. le Contrôleur général un Mémoire qui m'a été renvoyé, et dans lequel ils concluent à ce qu'il me soit donné un arrêt d'attribution pour connaître de cette affaire. Ce serait, en effet, le moyen de leur procurer un juge assez favorable ; et ce Mémoire, dans lequel j'ai expliqué toute ma façon de penser, peut le faire présumer. Je ne pense cependant pas que ce soit une raison pour me charger de ce jugement.

Indépendamment de la répugnance que j'ai pour ces sortes d'attributions, j'observe que les esprits se sont échauffés de part et d'autre dans la ville d'Angoulême à cette occasion, qu'un grand nombre de gens y ont pris parti contre les capitalistes prêteurs d'argent, dont la fortune a pu exciter l'envie, qu'enfin un assez grand nombre des officiers du présidial paraissent avoir adopté cette chaleur. Si c'est un motif pour ôter à ces derniers la connaissance de l'affaire, c'en est un aussi, suivant moi, de ne la point donner à l'intendant de la Province : l'on ne manquerait pas de penser que l'objet de cette attribution a été de soustraire des coupables aux peines qu'ils auraient méritées, et le jugement qui les absoudrait serait représenté comme un acte de partialité.

XLVIII. LE CONSEIL D'ÉTAT EST LE TRIBUNAL AUQUEL IL PARAÎT LE PLUS CONVENABLE DE RÉSERVER LA DÉCISION DE CETTE AFFAIRE. — D'ailleurs, le véritable motif qui doit faire évoquer cette affaire est la liaison qu'elle a avec l'ordre public et l'intérêt général du commerce ; et dès lors, si l'on se détermine à l'évoquer, il semble que ce ne doive pas être pour la renvoyer à un tribunal particulier et en quelque sorte étranger à l'ordre judiciaire, mais plutôt pour la faire décider avec plus d'autorité par un tribunal auquel il appartienne de fixer en même temps et de consacrer, par une sanction solennelle, les principes de sa décision. Je pense qu'il n'y en a point de plus convenable que le Conseil lui-même, surtout si, comme je le crois, il doit être question, non seulement de juger l'affaire particulière des capitalistes d'Angoulême, mais encore de fixer par une loi la jurisprudence sur un point de la plus grande importance pour le commerce général du Royaume.

XLIX. LA PROCÉDURE CRIMINELLE COMMENCÉE PARAÎT EXIGER QUE L'AFFAIRE SOIT RENVOYÉE À UNE COMMISSION PARTICULIÈRE DU CONSEIL CHARGÉE EN MÊME TEMPS DE DISCUTER LA CONVENANCE DE LA LOI PROPOSÉE. — Je prendrai la liberté d'observer que, si cette proposition est adoptée, il paraît convenable de former pour cet objet une commission particulière du Conseil. L'affaire ayant été introduite par la voie criminelle et poursuivie à la requête du procureur du Roi, il est indispensable de la continuer d'abord sur les mêmes errements, et l'on ne peut se passer du concours de la partie publique. Or, on sait qu'il ne peut y avoir de procureur général que dans les commissions particulières. La même commission paraissant devoir naturellement être chargée d'examiner s'il y a lieu de rendre une loi nouvelle sur la matière et d'en discuter les dispositions, l'intérêt général du commerce et l'intérêt particulier des commerçants d'Angoulême ne pourront manquer d'être envisagés et décidés par les mêmes principes.

L. OBSERVATION SUR LA PUNITION QUE PARAISSENT MÉRITER LES AUTEURS DU TROUBLE ARRIVÉ DANS LE COMMERCE D'ANGOU-

LÊME. — En venant au secours du commerce d'Angoulême, il serait bien à souhaiter qu'on pût faire subir aux auteurs de la cabale qui vient d'y porter le trouble, la punition qu'ils ont méritée. Mais, je sens qu'on ne peut rien proposer à cet égard quant à présent ; et, lors même que le tribunal chargé de l'examen de l'affaire aura pris une connaissance exacte de toutes les manœuvres qui ont été commises, je ne sais s'il sera possible de prononcer une peine juridique contre des gens qui, malgré l'odieux de leurs démarches, semblent cependant y avoir été autorisés par des lois expresses, lesquelles n'ont jamais été révoquées. Je ne crois pas qu'on puisse les punir autrement que par voie d'autorité et d'administration, et ce sera à la sagesse du Conseil à décider, après le jugement de l'affaire, s'il convient de faire intervenir l'autorité directe du Roi pour punir ces perturbateurs du commerce.

LI. EXAMEN D'UNE PROPOSITION FAITE PAR LES JUGES CONSULS D'ANGOULÊME TENDANT À L'ÉTABLISSEMENT DE COURTIERS ET AGENTS DE CHANGE EN TITRE. — Avant de terminer ce long Mémoire, je crois devoir m'expliquer encore sur une proposition contenue dans la conclusion qui était jointe au mémoire que m'a renvoyé M. le Contrôleur général, et que je crois avoir fait l'objet d'une demande adressée directement à ce ministre par les consuls d'Angoulême. Elle a pour objet de faire établir à Angoulême des courtiers et des agents de change en titre. C'est, dit-on, pour pouvoir fixer le taux de la place, et prévenir, par là, des troubles semblables à ceux que vient d'éprouver le commerce d'Angoulême.

LII. INUTILITÉ ET INCONVÉNIENTS DE L'ÉTABLISSEMENT PROPOSÉ. — Je suis fort loin de penser qu'un pareil établissement puisse être utile dans aucun cas. Les commerçants peuvent, le plus souvent, faire leurs négociations sans l'entremise de personnes tierces ; et si, dans une place, les opérations de commerce sont assez multipliées pour que les négociants soient obligés de se servir d'agents interposés ou de courtiers, ils sont toujours libres de le faire. Il est bien plus naturel qu'ils confient leurs affaires à des hommes qu'ils ont choisis et auxquels ils ont une confiance personnelle, qu'à des particuliers qui n'auraient d'autre titre à leur confiance que d'avoir acheté l'office de courtier ou d'agent de change. Il est étonnant que les juges-consuls d'Angoulême n'aient pas senti que ces courtiers privilégiés et exclusifs, et les droits qui leur seraient attribués, seraient une surcharge pour leur commerce. L'utilité prétendue dont on veut qu'ils soient pour fixer le cours de la place me paraît entièrement chimérique. Il n'est point nécessaire, comme le suppose l'avocat au Conseil qui a dressé la consultation en faveur des capitalistes d'Angoulême, qu'il y ait un taux de la place fixé par des agents de change ou par une délibération de tous les banquiers, pour autoriser le taux de l'intérêt et justifier les négociations du reproche d'usure. L'intérêt doit, comme je l'ai déjà dit, varier à raison du plus ou du moins de solvabilité de l'emprunteur et il n'en devient pas plus nécessaire, mais plus impossible de le régler.

Le vrai remède aux inconvénients que vient d'éprouver la place d'Angoulême est dans l'interdiction de toute accusation d'usure, à l'occasion de négociations faites par des commerçants.

Il a été un temps où la proposition faite par les juges-consuls d'Angoulême aurait pu être accueillie comme un moyen de procurer quelque argent au Roi ; mais, outre que cette ressource serait infiniment modique, le Conseil est sans doute à présent trop éclairé pour ne pas sentir que, de tous les moyens de procurer de l'argent au Roi, les plus mauvais sont ceux qui surchargent le commerce de frais, qui le gênent par des privilèges exclusifs et surtout qui l'embarrassent par une multitude d'agents et de formalités inutiles. Je ne suis donc aucunement d'avis de créer à Angoulême les charges de courtiers et d'agents de change dont les consuls sollicitent l'établissement.

LIII. CONCLUSION ET AVIS. — Pour me résumer sur l'objet principal de ce Mémoire, mon avis se réduit à proposer d'évoquer au Conseil les accusations d'usure pendantes au sénéchal d'Angoulême, et d'en renvoyer la connaissance à une commission particulière du Conseil, laquelle serait en même temps chargée de rédiger une Déclaration pour fixer la jurisprudence sur l'usage du prêt à intérêt dans le commerce.

II. — *Arrêt du Conseil évoquant l'affaire des banquiers d'Angoulême.*

[L'abbé Gouttes, *L'intérêt de l'argent.*]

24 avril.

Sur la requête présentée au Roi en son Conseil par François Benoît Des Essarts, changeur pour le Roi, et Claude Benoît fils, négociant et banquier à Angoulême, contenant que la faveur du commerce, et la nécessité du crédit sans lequel il ne pourrait se soutenir, ont introduit, chez toutes les nations commerçantes, l'usage d'accorder un bénéfice légitime à tous ceux qui font des négociations de banque, des avances ou prêts d'argent destinés au commerce, que ce bénéfice soit à titre d'escompte ou d'intérêt, ayant pour cause, d'un côté, les risques plus ou moins grands, auxquels le prêteur est exposé, en donnant des valeurs réelles et numéraires pour des billets ou lettres de change, toujours incertains, d'un autre côté, les délais des échanges et la perte des profits qu'il pourrait retirer de ses fonds, on ne peut en contester la justice, ni assigner un taux déterminé dans ce genre de négociations, qui ne peuvent reconnaître pour règle que la concurrence des prêteurs et des emprunteurs, et la confiance plus ou moins grande ou l'opinion de la solvabilité de ceux qui empruntent, que la notoriété de cet usage semblait assurer la tranquillité des suppliants, qui se sont prêtés à de semblables négociations en suivant scrupuleusement le cours de la place, sans prévoir qu'on leur opposerait le principe que tout argent, dont le capital n'est point aliéné irrévocablement, ne peut produire aucun bénéfice ni intérêt légitime dans le commerce, que, malgré la notoriété générale, malgré la nature même et l'usage universel du commerce auquel ce principe ne peut être appliqué sans le détruire, le sieur Ribière de Morinas, maître de forge, demeurant paroisse de Chazonnat, comté d'Angoulême, attaque les suppliants après un silence de plus de quatre ans, sous le prétexte d'un petit nombre de semblables négociations qu'il a librement et volontairement souscrites ; que, dans ce système destructif de tout crédit, et par conséquent de tout commerce, il demande des restitutions considérables sans aucun titre justificatif, et sans autre moyen que l'offre de son affirmation, que sa demande est si évidemment dépourvue de justice, que n'ayant pas fait pour plus de six mille livres de négociations, ni payé à titre d'escompte plus de deux ou trois cents livres, il a la mauvaise foi de répéter 6 754 l. contre le sieur Des Essarts père et 6 703 l. contre son fils, que la requête ayant cependant été répondue d'une Ordonnance de *soient parties appelées*, les suppliants ont été assignés en la Sénéchaussée d'Angoulême par exploit du 1er décembre 1769, qu'ayant intérêt de faire proscrire un système aussi contraire au bien du commerce, ils ont demandé leur renvoi devant les juges destinés par S. M. à connaître des matières de ce genre, et plus particulièrement instruits des usages et de la jurisprudence qui y sont spécialement consacrés, mais que le dit Morinas s'étant fortement opposé au renvoi, les suppliants n'avaient pu obtenir qu'il fut prononcé sur leur déclinatoire, que cependant des considérations très importantes s'élèvent en leur faveur, que cette demande n'est pas seulement leur affaire personnelle, mais intéresse tous les négociants du Royaume, et spécialement toute la généralité de Limoges ; qu'en effet, le dit Morinas nomme dans l'exploit introductif de sa demande, un grand nombre de négociants et annonce qu'ils méditent de se pourvoir par les mêmes voies ; que l'inquiétude, la méfiance et la chute totale du crédit, sont l'effet de cette démarche irrégulière, tous les banquiers ne voulant plus se livrer à des négociations qui peuvent les exposer à des poursuites juridiques, ou compromettre leur fortune ou même leur honneur et leur crédit ; que, de toutes les nations policées et commerçantes, la France est peut-être la seule qui n'ait point de loi positive pour permettre de stipuler un bénéfice légitime sur les négociations et les escomptes des lettres de change et billets de commerce, que, dans cette circonstance où l'intérêt général est compromis, les suppliants estiment que la voie la plus régulière est de s'adresser à S. M., auteur de toute justice et de toute législation, protecteur du commerce, source la plus féconde des richesses de son Royaume. S. M. ne peut permettre qu'une application fausse de principes absolument étrangers au commerce, anéantisse le crédit sans lequel il languirait ou serait détruit : requéraient, à ces causes, les suppliants qu'il plût à S. M. évoquer à soi et à son Conseil les demandes et contestations portées par le sieur Jean Ribière, sieur de Morinas, contre les suppliants en la Sénéchaussée d'Angoulême, par requête et exploit du 1er décembre 1769, ordonner que, sur icelles circonstances et dépendances, les parties procéderont en son Conseil faire défenses de procéder ailleurs, à peine de cassation, mille livres d'amende et de tous dépens, dommages et intérêts et à tous juges d'en connaître et y faisant droit, déclarer ledit Ribière, sieur de Morinas, non recevable et mal fondé dans sa demande ; comme tel, l'en débouter et lui faire défenses d'en faire de pareilles à l'avenir ; et, pour l'indue vexation et l'atteinte portée à l'honneur et à la réputation des suppliants, le condamner en 10 000 livres de dommages et intérêts envers les suppliants, ordonner que l'Arrêt à intervenir sera imprimé, publié et affiché au nombre de 300 exemplaires dans la ville d'Angoulême et partout où besoin sera, aux frais du dit sieur Ribière de Morinas, et le condamner aux dépens. Vu ladite requête signée Lebalme, avocat des suppliants, ensemble la requête et exploit de demande du dit Ribière de Morinas, du 1er décembre 1769, les défenses, exceptions et demande en renvoi au Conseil du 3 mars 1770, vu aussi l'avis du sieur Turgot, intendant et commissaire départi en la généralité de Limoges ; ouï le rapport du sieur abbé Terray, conseiller ordinaire, et au Conseil royal, Contrôleur général des Finances.

Le Roi, en son Conseil, a évoqué et évoque les demandes et contestations portées par l'exploit du 1er décembre 1769, par ledit Ribière de Morinas, en la Sénéchaussée d'Angoulême, contre lesdits Des Essarts père et fils, circonstances et dépendances, lui fait défense de procéder ailleurs qu'au Conseil, à peine de nullité, cassation de procédure, mille livres d'amende et de tous dépens, dommages et intérêts, et à tous juges d'en connaître, ordonne que la dite requête des sieurs Des Essarts père et fils, sera communiquée au dit Ribière de Morinas pour y fournir des réponses dans le délai des règlements, ordonne au surplus S. M., que les dites requêtes, réponses, pièces et mémoires seront remis ès mains du sieur Contrôleur général des Finances, pour être, à son rapport, fait droit aux parties, ainsi qu'il appartiendra et sera le présent

Arrêt exécuté nonobstant oppositions ou autres empêchements quelconques, pour lesquels ne sera déféré.

109. — BUREAUX ET ATELIERS DE CHARITÉ.

I. — *Instruction lue à l'Assemblée de charité de Limoges.*

[D. P., V., 387.]

(Précautions qu'exige la charité. — Sa nécessité. — Contributions volontaires et taxation. — Assemblées et Bureaux de charité. — États des familles indigentes. — Étrangers ; pauvres honteux. — Travaux, ateliers, filatures. — Fondations. — Distributions d'aliments).

11 février.

[En raison de la disette et par arrêt du 17 janvier, enregistré le 23, en la sénéchaussée de Limoges, le Parlement de Bordeaux prescrivit la constitution, dans chaque paroisse, d'assemblées, qui se tiendraient les dimanches, de quinzaine en quinzaine, et où seraient invités les ecclésiastiques, les seigneurs, les bourgeois les plus distingués, afin d'aviser aux moyens de soulager les pauvres, de leur procurer du travail, de les nourrir jusqu'à la récolte, par des contributions dont aucun ordre de citoyens ne serait exempt.

Dans le réquisitoire du procureur général Dudon, qui détermina cet arrêt, étaient ces paroles :

« Il n'est point d'éloges que ne mérite surtout la conduite éclairée, sage et prévoyante de M. Turgot, commissaire départi dans la généralité de Limoges, au zèle et à l'activité duquel cette province doit les secours qu'elle a déjà reçus de la bonté du Roi. »

Le grand et utile concours que le peuple de la généralité de Limoges avait trouvé dans les ateliers de charité fit adopter au Gouvernement cette institution, qui fut étendue sur les autres provinces du Royaume en 1770 et principalement par les soins de M. Albert, alors Intendant du Commerce et chargé du département des subsistances. Depuis ce temps, il y a toujours eu un fonds annuel destiné à ce genre de travail (Du Pont, *Mémoires*, 87).]

La misère qu'occasionne parmi les peuples de cette province la rareté des subsistances n'est que trop connue. Il serait superflu d'en tracer le tableau, puisqu'elle frappe de tous côtés les yeux ; et l'on est persuadé que tous ceux qui, par leurs moyens, sont à portée de soulager les pauvres, n'ont besoin que de consulter leur propre cœur pour se porter avec empressement à remplir un devoir que la religion et l'humanité prescrivent. Mais, dans une circonstance où les besoins sont aussi considérables, il importe beaucoup que les secours ne soient point distribués au hasard et sans précaution. Il importe que tous les vrais besoins soient soulagés, et que la fainéantise ou l'avidité de ceux qui auraient d'ailleurs des ressources, n'usurpe pas des dons qui doivent être d'autant plus soigneusement réservés à la misère et au défaut absolu de ressources, qu'ils suffiront peut-être à peine à l'étendue des maux à soulager. C'est dans cette vue qu'on a rédigé le plan qui fait l'objet de cette instruction.

Il n'est pas possible d'établir dans la distribution des charités cet ordre qui seul peut en étendre l'utilité, si les personnes qui donnent ne se concertent entre elles pour connaître l'étendue des besoins, convenir de la quantité et de la nature des secours, prendre les mesures nécessaires pour les assurer en fixant la proportion dans laquelle chacun devra y contribuer, enfin pour prescrire l'ordre qui doit être observé dans la distribution, et choisir celles d'entre elles qui se chargeront spécialement d'y veiller. Il est donc avant tout indispensable que les personnes aisées et charitables, dans chaque ville, paroisse ou communauté, se réuniront pour former des *assemblées* [a] ou *bureaux de charité*, dont tous les membres conviendront de ce qu'ils voudront donner, et mettront en commun leurs aumônes pour en faire l'emploi le plus avantageux aux pauvres.

On va proposer quelques réflexions : 1° sur la manière de composer ces bureaux et sur la forme de leur administration ; 2° sur les mesures à prendre pour connaître exactement les besoins des pauvres, afin d'appliquer à propos les secours qui leur sont destinés ; 3° sur la manière la plus avantageuse de soulager la misère des peuples, en procurant de l'ouvrage à ceux qui sont en état de travailler, et en restreignant les secours gratuits à ceux que l'âge et les infirmités mettent hors d'état de gagner aucun salaire.

Ce troisième article se subdivisera naturellement en deux parties, dont l'une aura pour objet d'indiquer les différents travaux auxquels on peut occuper les pauvres, et l'autre de proposer les moyens de subvenir à la nourriture de ceux à qui l'on ne peut se dispenser de donner des secours gratuits.

ARTICLE I. — *De la composition des Bureaux de charité, et de la forme de leur administration.*

§ I. — Le soulagement des hommes qui souffrent est le devoir de tous et l'affaire de tous : ainsi, tous les ordres et toutes les autorités se réuniront sans doute avec empressement pour y concourir. Tous les

---

[a] Les assemblées tenaient leurs séances à l'Intendance ; le nombre des laïcs y dépassait celui des membres du clergé (Leroux, *Inventaire*, CXLII).

habitants notables et distingués par leur état, et tous ceux qui jouissent de quelque aisance, doivent être invités à la première assemblée, qui doit se tenir le premier jour de dimanche ou de fête qui suivra la réception de la présente instruction.

Il est naturel que l'invitation se fasse, dans les lieux considérables, au nom des officiers de justice et de police et des officiers municipaux, et dans ceux qui le sont moins, au nom des curés et des seigneurs. L'assemblée doit se tenir dans le lieu où se tiennent ordinairement les réunions de la communauté.

À l'égard de l'ordre de la séance dans les délibérations, il convient de suivre l'usage, qui est dans toutes les villes, que le premier officier de justice préside.

L'objet particulier de celle-ci paraît cependant exiger que cet honneur soit déféré aux évêques dans les villes de leur résidence. Il s'agit d'une œuvre de charité, c'est la partie de leur ministère qui est la plus précieuse : ils doivent sans doute y avoir la principale influence ; l'on doit se faire une loi de déférer à leurs conseils, et de ne rien faire qui ne soit concerté avec eux. MM. les curés doivent, par la même raison, trouver dans les membres des assemblées la plus grande déférence pour leur zèle et leur expérience ; ils doivent même y présider dans les campagnes où il n'y a aucun juge de juridiction.

§ II. — L'assemblée formée aura, pour premier objet de délibération, de convenir de la manière dont sera fixée la contribution de chacun des particuliers. Il y a deux manières de parvenir à cette fixation. L'une est que chacun se taxe lui-même et s'engage à donner la somme qu'il croira devoir donner, en ne considérant que sa générosité et ses moyens [a]. On écrit sur une feuille de papier le nom de celui qui fait son offre, et la somme qu'il s'engage de donner.

Lorsque les personnes charitables sont en assez grand nombre et leur générosité assez étendue pour que ces souscriptions volontaires paraissent suffire à l'étendue des besoins, il est naturel de s'en tenir à ce moyen, qui est tout à la fois le plus noble et le plus doux. Il est vraisemblable que l'exemple des principaux membres excitera une émulation universelle et qu'il n'y en aura point qui ne veuille donner. S'il arrivait que quelqu'un s'y refusât, il se mettrait dans le cas d'être taxé par l'assemblée suivant ses moyens et facultés, et d'être obligé de faire,

---

[a] Sur la liste de souscription s'inscrivirent :

L'évêque de Limoges	500 livres par mois.
Turgot	500 livres — —
Roulhac	240 livres — —
L'abbé de Montesquiou	78 livres — —

(A. H. V., C. 361).

d'une manière moins honorable, ce qu'il n'aurait pas voulu faire par le seul mouvement de sa générosité et de sa charité.

§ III. — L'autre manière de régler la contribution de chacun, est de taxer tous les cotisés à proportion de leurs facultés et d'en former une espèce de rôle. Or, comme il n'est pas possible qu'une assemblée nombreuse discute et compare les facultés de chaque particulier, on est obligé de charger, ou les officiers municipaux de la communauté, ou quelques députés choisis à la pluralité des voix, de faire ce rôle au nom de l'assemblée.

§ IV. — Comme le mal auquel il s'agit de remédier doit naturellement durer jusqu'à la prochaine récolte et, par conséquent, jusqu'au mois de juillet, il sera très avantageux que la contribution, ou purement volontaire, ou répartie par un rôle, soit divisée en cinq payements, dont le premier se fera immédiatement après l'assemblée, et les autres de mois en mois d'ici au mois de juillet.

Il n'est pas possible de connaître, dès le premier moment, l'étendue des besoins à soulager. Si la contribution fixée lors de la première assemblée ne suffisait pas pour les besoins, il serait nécessaire, d'après le compte qui aurait été rendu à l'assemblée suivante, d'augmenter proportionnellement la contribution des autres mois, et de la porter au point où elle doit être pour correspondre à l'étendue des besoins.

§ V. — Il est assez ordinaire que, dans les campagnes, une partie des propriétaires ne résident pas dans les paroisses où ils possèdent des biens, et il est surtout très commun que la résidence des propriétaires des rentes en grains et dîmes soit très éloignée. Il est cependant naturel et juste qu'ils contribuent comme les autres au soulagement des pauvres cultivateurs, de qui le travail seul a produit le revenu dont ils jouissent. On doit sans doute appeler aux assemblées les fermiers, régisseurs ou baillistes, qui perçoivent ces revenus ; et, en cas qu'ils ne se croient pas suffisamment autorisés pour convenir de la contribution des propriétaires qu'ils représentent, l'assemblée alors sera obligée de recourir à la voie du rôle dont il a été parlé ci-dessus (§ III), pour régler la contribution des propriétaires absents dans la même proportion que celle des propriétaires présents, et de se pourvoir pour faire contraindre les régisseurs ou fermiers à payer à la décharge des propriétaires.

§ VI. — Le second objet de la délibération des assemblées est l'ordre qu'elles établiront pour que les secours destinés aux pauvres leur soient distribués de la manière la plus utile pour eux et la moins dispendieuse.

Il ne serait pas possible qu'une assemblée nombreuse suivit par elle-même les détails compliqués d'une pareille opération, et il est indispensable de nommer des administrateurs ou députés pour remplir les différentes fonctions qu'elle exige ; pour se charger en recette des secours qui seront fournis par chaque membre de l'assemblée ; pour en faire l'emploi conformément au plan qui aura été adopté, et pour rendre compte de tout au Bureau assemblé.

Il est nécessaire que, pour recevoir ce compte, l'assemblée détermine les jours où elle se réunira de nouveau, soit tous les mois, soit tous les quinze jours, ou une fois par semaine, suivant que les détails de l'opération plus ou moins multipliés l'exigeront. Du moins, est-il indispensable que, s'il paraît trop difficile de réunir si souvent un aussi grand nombre de personnes, on y supplée en choisissant dans l'assemblée un certain nombre de membres chargés de la représenter, et qui composeront proprement le bureau auquel les députés, chargés de la recette et de la dépense, rendront compte régulièrement.

§ VII. — Il est convenable qu'une seule personne soit chargée de tout le maniement des fonds destinés aux pauvres, et remplisse ainsi les fonctions de trésorier du bureau. Cette fonction, qui demande de l'assiduité et de l'exactitude à tenir des registres de recette et de dépense, n'a rien de commun avec celle de régler la disposition des fonds de la manière la plus avantageuse. Ce sera cette dernière qui exigera le plus de mouvement et d'activité de la part de ceux qui en seront chargés.

§ VIII. — MM. les curés sont, par leur état, membres et députés nécessaires des bureaux de charité pour l'emploi et la distribution des aumônes, non seulement parce que le soin de soulager les pauvres est une des principales fonctions de leur ministère, mais encore parce que la connaissance détaillée que leur expérience et la confiance de leurs paroissiens leur donnent des vrais besoins de chacun d'eux, les rend les personnes les plus éclairées sur l'emploi qu'on peut faire des charités.

Il ne s'ensuit pas néanmoins qu'ils puissent exiger qu'on les charge seuls de cet emploi. Outre qu'ils ont d'autres fonctions qui prennent une partie de leur temps, ils sont trop raisonnables pour ne pas sentir que, les aumônes étant fournies par tous les membres des bureaux de charité, il est naturel que ceux-ci conservent quelque inspection sur la distribution qui en sera faite.

Il convient donc de joindre à MM. les curés quelques personnes considérées par leur place, par leur caractère, par la confiance du public, et auxquelles leur fortune et leurs affaires permettent de s'occuper, avec l'activité et l'assiduité nécessaires, du détail de l'administration des aumônes.

On trouvera certainement dans les villes, parmi les différents ordres de citoyens, des personnes capables de remplir ces vues avec autant de zèle que d'intelligence, et qui se feront un plaisir de s'y livrer. Il est même vraisemblable que, dans la plupart des campagnes il se trouvera quelques gentilshommes et quelques bourgeois charitables, qui pourront se charger, conjointement avec les curés, du soin de soulager les pauvres.

§ IX. — Celui qui sera choisi pour receveur ou trésorier du bureau doit avoir, comme il a été dit, un registre de recette et de dépense dans lequel ces deux articles soient séparés.

Dans le premier, il inscrira régulièrement tout ce qu'il recevra en argent, en grains, ou en autres effets propres au soulagement des pauvres.

Dans la colonne de dépense, il écrira tout ce qu'il délivrera des fonds qu'il aura entre les mains, et il ne devra rien délivrer que sur des billets signés d'un ou de plusieurs députés, ainsi qu'il aura été réglé par le bureau. Ces billets formeront les pièces justificatives de son compte.

§ X. — Il est important que le receveur et les députés chargés de l'emploi des fonds en rendent un compte exact à chaque fois que l'assemblée générale ou le bureau se tiendra ; et il est important que leurs séances soient régulières, tant pour cet objet, que pour s'occuper de tous les arrangements que les circonstances peuvent mettre dans la nécessité de prendre de nouveau, ou de changer.

§ XI. — Il ne paraît pas possible que, dans les grandes villes, un seul bureau puisse suivre tous les détails qu'exigera le soulagement des pauvres. Mais on peut, à la première assemblée, convenir d'en former de particuliers à chaque paroisse, ou bien l'on peut, dans les paroisses trop étendues, former plusieurs bureaux dont chacun ne s'occupera que des détails relatifs au canton de la paroisse qui lui aura été assignée. Peut-être encore trouvera-t-on plus simple et plus praticable de former différents départements, et d'assigner chaque paroisse ou chaque canton à un ou deux députés du bureau général.

ARTICLE II. — *Des mesures à prendre pour connaître l'étendue des besoins que les Bureaux de charité auront à soulager.*

§ Ier. — Donner indistinctement à tous les malheureux qui se présenteraient pour obtenir des secours, ce serait entreprendre plus qu'on ne peut, puisque les fonds ne sont pas inépuisables, et que l'affluence des pauvres, qui accourraient de tous côtés pour profiter des dons offerts sans mesure, les aurait bientôt épuisés. Ce serait, de plus, s'exposer à être souvent trompé, et à prodiguer aux fainéants les secours qui doivent être réservés aux véritables pauvres. Il faut éviter ces deux inconvénients.

§ II. — Le remède au premier est de limiter les soins des bureaux de charité aux pauvres du lieu, c'est-à-dire : dans les campagnes, à ceux de la paroisse ; dans les villes, à ceux de la ville et de la banlieue, non pas uniquement cependant à ceux qui sont nés dans le lieu même ; il est juste d'y comprendre aussi tous ceux qui sont fixés depuis quelque temps dans le lieu, y travaillent habituellement, y ont établi leur domicile ordinaire, y sont connus et regardés comme habitants. Ceux qu'on doit exclure sont les étrangers qui ne viendraient dans le lieu que pour y chercher des secours dus par préférence aux pauvres du lieu même. Ces étrangers doivent être renfermés, s'ils sont vagabonds ; et, s'ils ont un domicile, c'est là qu'ils doivent recevoir des secours de la part de leurs concitoyens, qui seuls peuvent connaître s'ils en ont un besoin réel et si leur pauvreté n'est pas uniquement l'effet de leur fainéantise.

§ III. — L'humanité ne permet cependant pas de renvoyer ces pauvres étrangers chez eux, sans leur donner de quoi subsister en chemin. Voici le moyen d'y pourvoir qui a paru le moins compliqué et le moins sujet à inconvénient. La personne préposée par le Bureau de charité pour ce détail fournira au mendiant étranger sa subsistance en nature, ou à raison d'un sou par lieue, jusque chez lui, si la distance n'est que d'une journée. Elle y joindra un passeport ou certificat portant le nom du mendiant, le nom du lieu d'où on le renvoie et du lieu dont il se dit originaire et où il doit se rendre, le jour de son départ, et mention du secours qu'il aura reçu. Le mendiant, arrivé chez lui, doit présenter son certificat à l'officier de police ou municipal, ou au curé, ou à celui qui sera proposé pour ce soin par le Bureau de charité du lieu, et ce sera à ces personnes à s'occuper de lui procurer des secours ou du travail. Si cet étranger avait plus d'une journée à faire pour se rendre chez lui, l'on se contenterait de lui fournir sa subsistance jusqu'à la résidence du subdélégué le plus prochain, lequel, sur la représentation de son certificat, lui donnerait une route pareille à celle qu'on délivre aux hommes renvoyés des dépôts de mendicité, avec laquelle il se rendrait chez lui en recevant à chaque résidence de subdélégué le secours d'un sou par lieue.

§ IV. — Si cependant cet étranger était attaqué d'une maladie qui le mît hors d'état de se rendre chez lui, il faudrait le faire conduire dans un hôpital à portée pour y recevoir les mêmes secours que les pauvres du lieu. À défaut d'hôpital, les secours doivent lui être fournis par le Bureau de charité, comme aux pauvres mêmes du lieu, jusqu'à ce qu'il soit rétabli et qu'on puisse le faire partir.

§ V. — En excluant ainsi les étrangers, il deviendra plus facile de n'appliquer les secours qu'à propos, et de les proportionner aux vrais besoins. Il faudra cependant du soin et de l'attention, afin d'en connaître exactement l'étendue.

Le moyen le plus simple pour y parvenir est de dresser un état, maison par maison, de toutes les familles qui ont besoin de secours, dans lequel on marquera le nombre de personnes dont est composée chaque famille, le sexe, l'âge, et l'état de validité ou d'invalidité de chacune de ces personnes, en spécifiant les moyens qu'elles peuvent avoir pour gagner de quoi subsister ; car il y a tel pauvre qui peut, en travaillant, gagner la moitié de sa subsistance et de celle de sa famille : il n'a besoin que du surplus. S'il ne manque que d'occasion de travail, le Bureau s'occupera de lui en procurer, et non de lui fournir des secours gratuits. Ces états ne peuvent donc être trop détaillés. Personne n'est autant à portée que MM. les curés de donner les connaissances nécessaires pour les former et, lorsqu'ils n'en seront pas chargés seuls, les commissaires nommés par le Bureau doivent toujours se concerter avec eux.

§ VI. — Dans les très grandes paroisses de ville, qu'on aura jugé à propos de subdiviser en plusieurs cantons soumis chacun à l'inspection d'un Bureau particulier, il sera nécessaire de former l'*état des pauvres* de chaque canton séparément.

§ VII. — La formation de ces états des pauvres est indispensable, non seulement pour connaître l'étendue des vrais besoins et n'être pas trompé dans l'emploi des charités, mais encore pour mettre quelque ordre dans les distributions. Il ne faut pas cependant se dissimuler un inconvénient de ces états, si l'on voulait y comprendre sans exception toutes les personnes qui ont besoin de secours. Il est certain qu'il y en a parmi celles-ci qui n'ont que des besoins momentanés, occasionnés par des circonstances extraordinaires, et dont la misère n'est point connue. Des charités publiques les dégraderaient en quelque sorte au-dessous de l'état dont elles jouissent, et la plupart d'entre elles aimeraient mieux souffrir la plus affreuse misère, que d'être soulagées par cette voie. Ce genre de pauvres est très commun dans les grandes villes. Leur juste délicatesse doit être ménagée, et il n'est pas possible de les comprendre dans les états de pauvres ; cependant, il est à désirer qu'on puisse aussi les soulager. Il ne paraît pas qu'il y ait d'autre moyen d'obvier à cette difficulté, que de destiner sur la masse totale des fonds du Bureau un fonds particulier pour le soulagement des *pauvres honteux*, et d'en confier la distribution à MM les curés, ou avec eux à un ou deux membres du Bureau engagés au même secret qu'eux.

§ VIII. — Il est quelquefois arrivé que, dans des temps difficiles où les *métayers* n'avaient point assez récolté pour leur subsistance, des propriétaires, pour se dispenser de les nourrir, les ont mis dehors, sans doute dans l'espérance que ces malheureux trouveraient des ressources dans les charités publiques. Si ces cultivateurs abandonnés par leurs maîtres étaient compris dans les états de ceux dont les Bureaux de charité se chargeront, ce seul article absorberait une grande partie des fonds qui pourraient être consacrés à cet objet dans les campagnes. Rien ne serait plus injuste. Les cultivateurs doivent trouver des ressources dans les avances ou les dons de leurs maîtres, qui leur doivent ce secours moins encore à titre de charité qu'à titre de justice, et même à ne consulter que leur seul intérêt bien entendu. Ces métayers ne doivent donc point être mis dans l'état des pauvres, et c'est aux maîtres à pourvoir à leur subsistance [a].

Article III. — De la nature des soulagements que les Bureaux de charité doivent procurer aux pauvres.

Il ne faut pas que les Bureaux de charité perdent de vue que les secours destinés à la pauvreté réelle ne doivent jamais être un encouragement à l'oisiveté. Les pauvres se divisent en deux classes, qui doivent être secourues de deux manières différentes. Il y en a que l'âge, le sexe, les maladies, mettent hors d'état de gagner leur vie par eux-mêmes ; il y en a d'autres à qui leurs forces permettent de travailler. Les premiers seuls doivent recevoir des secours gratuits ; les autres ont besoin de salaires, et l'aumône la mieux placée et la plus utile consiste à leur procurer les moyens d'en gagner. Il sera donc nécessaire que, d'après l'état qui aura été formé de ceux qui sont dans le besoin, l'on fasse la distinction des pauvres qui peuvent travailler et de ceux qui ne le peuvent pas, afin de pouvoir fixer la partie des fonds du Bureau qu'il faudra destiner aux divers genres de soulagement qui doivent être appliqués aux uns et aux autres. Ces deux objets du travail à procurer aux uns, et des secours gratuits à fournir aux autres, présentent la subdivision naturelle de cet article, et nous allons en traiter successivement.

Article III : Première partie. — Des différents travaux auxquels on peut employer les pauvres.

§ Ier — Il semble que tous les propriétaires aisés pourraient exercer une charité très utile, et qui ne leur serait aucunement onéreuse, en prenant ce moment de calamité pour entreprendre dans leurs biens tous les travaux d'amélioration ou même d'embellissement dont ils sont susceptibles. S'ils se chargent d'occuper ainsi une partie des pauvres compris dans les états, ils diminueront d'autant le fardeau dont les Bureaux de charité sont chargés, et il y a lieu de penser qu'on pourrait de cette manière employer un grand nombre des pauvres de la campagne.

---

[a] Voir ci-dessous, p. 222.

Les propriétaires, en leur procurant ce secours, n'auraient fait qu'une avance dont ils tireraient un profit réel par l'amélioration de leurs biens.

§ II. — Si les travaux que peuvent faire exécuter les particuliers ne suffisent pas pour occuper tous les pauvres, il faut chercher quelques ouvrages publics où l'on puisse employer beaucoup de bras. Les plus simples et les plus faciles à entreprendre partout sont ceux qui consistent à remuer des terres. Le Roi ayant bien voulu accorder au soulagement de la Province des fonds dont la plus grande partie est destinée, suivant les intentions de M. le Contrôleur général, aux travaux publics et en particulier aux grands chemins, les entrepreneurs ont reçu ordre en conséquence de doubler le nombre des ouvriers sur les différents ateliers des routes, et ils en ont ouvert ou en ouvriront incessamment plusieurs nouveaux. Mais, outre que ces entrepreneurs, faisant travailler pour leur compte, ne peuvent, sans risque de perdre, employer toutes sortes d'ouvriers, quelque nombre d'ateliers qu'on puisse ouvrir sur les grandes routes, il y aura toujours beaucoup de paroisses hors de portée d'en profiter, et les fonds accordés par le Roi ne suffiront pas pour en établir partout où il serait nécessaire. Il est donc à désirer que l'on destine partout une partie des contributions de charité à faire quelques ouvrages utiles, tels que l'arrangement de quelques places publiques, et surtout la réparation de quelques chemins qui facilitent le commerce des habitants.

§ III. — Ces travaux, peu considérables, peuvent être conduits par économie et suivis par quelque personne de bonne volonté qui se charge d'y donner ses soins. Mais il est essentiel qu'ils soient suivis avec la plus grande attention pour prévenir les abus qui peuvent aisément s'y glisser. Il faut s'attendre que plusieurs des travailleurs chercheront à gagner leur salaire en faisant le moins d'ouvrage possible, et que surtout ceux qui se sont quelquefois livrés à la mendicité travailleront fort mal. D'ailleurs, dans un ouvrage dont le principal objet est d'occuper les pauvres, on est obligé d'employer des ouvriers faibles, des enfants, et quelquefois jusqu'à des femmes, qui ne peuvent pas travailler beaucoup. On est donc obligé de partager les ouvriers en différentes classes, à raison de l'inégalité des forces, et de fixer des prix différents pour chacune de ces classes. Il serait encore mieux de payer tous les ouvriers à la tâche, et de prescrire différentes tâches proportionnées aux différents degrés de force ; car il y a des travaux qui ne peuvent être exécutés que par des hommes robustes ; d'autres exigent moins de force : par exemple, des enfants et des femmes peuvent facilement ramasser des cailloux pour raccommoder un chemin et porter de la terre dans des paniers. Mais, quelque parti que l'on prenne de payer à la tâche, ou de varier les prix suivant l'âge et la force, la conduite de pareils ateliers exigera toujours beaucoup d'intelligence et d'assiduité.

§ IV. — On a eu occasion de remarquer un abus qui peut facilement avoir lieu dans les travaux de cette espèce. C'est que des gens, qui d'ailleurs avaient un métier, quittaient leur travail ordinaire pour se rendre sur les ateliers où l'on payait à la journée. Cependant, ces *ateliers de charité* doivent être réservés pour ceux qui manquent d'ailleurs d'occupation. L'on n'a trouvé d'autre remède à cet inconvénient que de diminuer le prix des journées, et de le tenir toujours au-dessous du prix ordinaire.

§ V. — Si les ouvrages qu'on entreprendra ne sont pas de ces ouvrages simples que tout le monde peut conduire, il deviendra nécessaire d'employer et de payer quelque ouvrier principal intelligent, qui servira de piqueur et de conducteur. On trouvera vraisemblablement partout de bons maçons propres à cette fonction. Si la nature de l'ouvrage exigeait un homme au-dessus de cet ordre, et qui sût lever des plans et diriger des travaux plus difficiles, il faudrait, en cas qu'il n'y en ait pas dans le canton, s'adresser à M. l'intendant, qui tâchera d'en procurer.

§ VI. — Il y a des ouvrages utiles qui ne peuvent guère se bien faire que par entreprise, et qui exigent que des gens de l'art en aient auparavant dressé les plans et les devis. Tels sont des chaussées, des adoucissements de pentes et autres réparations considérables aux abords des villes, et quelques chemins avantageux pour le commerce, mais trop difficiles dans l'exécution pour pouvoir être faits par de simples ateliers de charité. De pareils travaux ne peuvent se faire que sur les fonds d'une imposition autorisée par un arrêt du Conseil.

Il y a eu quelques projets de ce genre faits à la requête de plusieurs villes ou communautés. Il y en a beaucoup d'autres qu'on pourrait faire, si les communautés qu'ils intéressent voulaient en faire la dépense. Il serait fort à souhaiter qu'elles s'y déterminassent dans ce moment : ce serait encore un moyen de plus d'occuper un grand nombre de travailleurs, et de répandre de l'argent parmi le peuple. Indépendamment de la diminution qu'il est d'usage d'accorder, lors du département, aux communautés qui ont entrepris de faire à leurs frais ces travaux utiles, et qui réduit presque leur dépense à moitié, M. l'intendant se propose encore, pour procurer plus de facilité, de faire l'avance d'une partie de l'argent nécessaire, afin qu'on puisse travailler dès à présent, quoique les fonds qui seront imposés en vertu des délibérations ne doivent rentrer que longtemps après, et lorsque les rôles seront mis en recouvrement.

§ VII. — Ce qu'il y a de plus difficile est d'occuper les femmes et les filles qui pour la plus grande partie ne peuvent travailler à la terre. Il n'y a guère d'autre travail à leur portée que la *filature*, soit de la laine, soit du lin, soit du coton. Il serait fort à désirer que les Bureaux de charité pussent s'occuper d'étendre ce genre de travail, en avançant des rouets aux pauvres femmes des villes et des campagnes, et en payant dans chaque lieu une fileuse pour instruire celles qui ne savent point encore filer. Il faudrait encore se pourvoir des matières destinées à être filées, et s'arranger à cet effet avec des fabriques ou avec des négocians qui fourniraient ces matières et emploieraient ou vendraient le fil à leur profit. Pour faciliter l'introduction de cette industrie dans les cantons où elle est peu connue, M. l'intendant se propose d'envoyer chez ses subdélégués quelques modèles de rouets, d'après lesquels on pourra en faire. Il destinera aussi volontiers à cet objet une partie des fonds que le Roi a bien voulu accorder pour faire travailler les pauvres. Au surplus, les personnes qui se chargeront de ce détail dans les villes ou dans les campagnes, sont invitées à informer des difficultés qu'elles pourraient rencontrer et des secours qu'elles croiraient nécessaires pour assurer le succès de cette opération, M. Desmarets, inspecteur des manufactures de la Généralité, qui se fera un plaisir de leur faire passer directement, ou par la voie de MM. les subdélégués, les éclaircissements qui lui seront demandés. Il faudra que les lettres lui soient adressées sous le couvert de M. l'intendant.

Article III : deuxième partie. — *De la nature et de la distribution des secours.*

§ Ier. — On peut pourvoir de deux manières à la subsistance des pauvres : ou par une *contribution* dont les fonds soient remis au Bureau de charité pour être employés de la manière qu'il jugera la plus avantageuse, ou par une *distribution des pauvres* entre les personnes aisées, dont chacune se chargerait d'en nourrir un certain nombre, ainsi qu'il a été pratiqué plusieurs fois dans cette province.

§ II. — Cette dernière méthode a quelques inconvénients. Un des plus grands paraît être le désagrément auquel s'exposent les personnes qui se chargent de nourrir ainsi les pauvres, d'avoir à essuyer les murmures de ces sortes de gens, qui sont quelquefois très difficiles à contenter. Un Bureau de charité leur en imposerait vraisemblablement davantage, et personne ne serait importuné de leurs plaintes, dont le peu de fondement serait connu. D'ailleurs, cette méthode de rassembler ainsi les pauvres pour ainsi dire à chaque porte ressemble trop à une espèce de mendicité autorisée. Il est plus avantageux que les secours leur soient donnés dans l'intérieur de chaque famille. Il paraît même qu'on ne peut guère soulager autrement ceux qui n'ont besoin que d'un supplément de secours, et qui sont en état de gagner une partie de la subsistance de leurs familles ; car comment ferait-on pour mesurer les aliments qu'on leur donnerait et les proportionner à leurs besoins ? Vraisemblablement, les personnes qui se seraient chargées d'eux ne penseraient qu'à leur ôter tout prétexte de murmurer, en leur donnant autant de nourriture qu'ils en voudraient, sans pouvoir, ou même sans vouloir exiger d'eux aucun travail, ce qui leur ferait contracter l'habitude de l'oisiveté.

§ III. — Cependant cette méthode peut avoir quelques avantages dans la campagne où peut-être quelques propriétaires trouveraient moins dispendieux de nourrir quelques personnes de plus avec leurs métayers ou leurs valets, que de donner de l'argent ou du grain pour faire le fonds du Bureau de charité. Si quelques paroisses préfèrent cette méthode, il sera toujours nécessaire d'arrêter, d'après l'état des pauvres, un rôle pour fixer le nombre que chaque propriétaire devra nourrir.

§ IV. — Dans le cas, qui paraît devoir être le plus général, où l'on choisira de mettre des fonds en commun pour être employés à la disposition des Bureaux de charité, les offres pourront être faites ou en argent, ou en grains, ou même en autres denrées propres au soulagement des pauvres. Il est vraisemblable que, surtout dans les campagnes, la plus grande partie des contributions se feront en grains.

§ V. — Quand même la plus grande partie des contributions se feraient en argent, il y aurait beaucoup d'inconvénients à distribuer de cette manière les secours destinés à chaque famille. Il n'est arrivé que trop souvent que des pauvres auxquels on avait donné de l'argent pour leur subsistance et celle de leur famille l'ont dissipé au cabaret, et ont laissé leurs familles et leurs enfants languir dans la misère. Il est plus avantageux de donner à chaque famille les denrées dont elle a besoin ; il s'y trouve même une espèce d'économie, en ce que ces denrées peuvent être à meilleur marché pour le Bureau de charité qu'elles ne le seraient pour les pauvres mêmes, qui seraient obligés de les acheter en détail chez les marchands, et de supporter par conséquent le profit que ceux-ci devraient y faire.

§ VI. — On ne pense pas cependant qu'il convienne d'assembler les pauvres pour leur faire des distributions de soupe ou de pain, ou d'autres aliments : ces distributions ont l'inconvénient, qu'on a déjà remarqué, de les accoutumer à la mendicité. Il est d'ailleurs très difficile d'y mettre l'ordre et d'éviter l'abus des doubles emplois, et des pauvres inconnus peuvent se glisser dans la foule.

§ VII. — La voie la moins sujette à inconvénient paraît être que les personnes chargées de veiller à la distribution journalière, soit les curés, soit d'autres députés du Bureau, aient un boulanger attitré pour les secours qui devront être donnés en pain ;

Qu'ils désignent quelque personne intelligente et capable de détail, lorsque l'on jugera plus à propos de faire préparer quelque autre aliment, comme pourraient être du riz ou des légumes ;

Et qu'ils remettent à chaque chef de famille un billet d'après lequel le boulanger, ou les personnes chargées de la distribution des autres aliments, donneront au porteur la quantité qu'il aura été trouvé convenable de lui fournir, soit en pain, soit en autres aliments, soit tous les jours, soit un certain nombre de fois par semaine, ainsi qu'il aura été réglé.

Cette méthode aura l'avantage de pouvoir fixer, sans aucun embarras, la quantité de secours qu'on voudra donner à chaque famille. Il deviendra aussi facile de régler la portion de celui qui sera en état de gagner les trois quarts de sa subsistance, que celle du misérable qui ne peut absolument vivre que de charité.

§ VIII. — Le pain étant, par les malheureuses circonstances où se trouve la Province, une des denrées les plus chères, il serait à souhaiter qu'on pût en diminuer la consommation en procurant aux pauvres d'autres subsistances aussi saines et moins dispendieuses. Vraisemblablement, dans plusieurs campagnes, on pourra faire usage du blé noir.

Le Roi, ayant eu la bonté d'autoriser M. l'intendant à employer des fonds en achat de riz, il en a fait venir une certaine quantité de Bordeaux, et il doit en arriver dans quelque temps encore davantage. Ce grain est susceptible d'être préparé de différentes manières peu dispendieuses ; elles sont expliquées dans un Avis imprimé, dont il sera joint quelques exemplaires à la présente *Instruction*. Il est à désirer que dans chaque lieu quelque personne charitable se charge de faire exécuter celle de ces préparations qui se trouvera être la moins dispendieuse, ou la plus au goût du peuple : les communautés religieuses seraient plus à portée que personne de prendre ce soin. On distribuerait ce riz de la même manière que le pain, sur des billets du curé ou du député du Bureau. Il y aurait beaucoup de désavantage à distribuer le riz en nature, et sans l'avoir fait préparer : la plus grande partie de ceux à qui l'on en donnerait de cette manière ne sauraient pas en tirer parti, et vraisemblablement ils s'en déferaient à vil prix. On a vu, dans des occasions semblables, des paysans donner une livre de riz pour une livre de pain : cependant une livre de riz nourrit au moins quatre à cinq fois autant qu'une livre de pain, parce qu'il se renfle prodigieusement à la cuisson.

§ IX. — Il ne paraît guère possible de payer autrement qu'en argent les ouvriers employés dans les ateliers de charité ; cependant il leur sera vraisemblablement avantageux de profiter de la facilité que donnera la préparation du riz, pour se nourrir à bon marché : il serait par conséquent utile de leur en procurer les moyens. Cela peut se faire de deux manières : ou en chargeant quelque personne de leur vendre du riz préparé au prix courant, ou en leur donnant des billets pour en recevoir de la même manière que les pauvres ; mais, dans ce cas, on aurait l'attention de retenir sur leurs salaires la valeur de ce riz.

§ X. — Le besoin de la subsistance n'est pas le seul qui se fasse sentir : le chauffage dans les villes, le vêtement dans les villes et dans les campagnes, sont encore deux objets dont les Bureaux de charité pourront avoir à s'occuper ; mais on croit inutile d'entrer à ce sujet dans aucun détail.

§ XI. — Il n'est pas possible de s'occuper, quant à présent, de répartir le riz que le Roi a bien voulu destiner au secours des pauvres, la répartition ne peut être faite que d'après l'état connu des pauvres de chaque paroisse. Il est donc nécessaire avant tout que chaque Bureau de charité adresse à M. l'intendant, le plus promptement qu'il sera possible, l'état qui aura été dressé des pauvres de chaque paroisse, et de la quantité de secours à fournir à chacun. Cet état doit être accompagné d'une copie de la délibération par laquelle on se sera fixé aux arrangements qu'on aura cru devoir adopter dans chaque ville ou dans chaque communauté. C'est d'après cet envoi que M. l'intendant déterminera, en connaissance de cause, la répartition des secours dont il peut disposer.

§ XII. — Il y a quelques paroisses dans lesquelles il a été fait des *fondations* pour distribuer, chaque année, aux pauvres une certaine quantité de grains. Différents arrêts du Conseil ont réuni quelques-unes de ces fondations aux hôpitaux voisins, mais elles subsistent encore dans plusieurs paroisses. Le meilleur usage qu'on en puisse faire est de les employer avec les contributions qui seront fournies de la même manière, et suivant les arrangements qui seront pris par le Bureau de charité. Ce serait peut-être même un moyen d'engager le Conseil à laisser subsister ces fondations, au lieu de les réunir aux hôpitaux, que de charger un Bureau de charité, établi à demeure dans la paroisse, d'en faire la distribution d'après les règles qui auront été établies dans l'occasion présente. La protection du Gouvernement serait d'autant plus assurée à ces Bureaux de charité permanents, que leur concours serait infiniment utile au succès des vues qu'a le Conseil pour la suppression totale de la mendicité, lesquelles ne peuvent être remplies qu'autant que les pauvres seront assurés de trouver les secours nécessaires dans la paroisse.

§ XIII. — Dès à présent l'établissement des Bureaux de charité, quoiqu'ils ne doivent avoir lieu que jusqu'à la récolte prochaine, mettra du moins en état de délivrer la Province des vagabonds qui l'infestaient ; car, au moyen de ce que les Bureaux assureront la subsistance à tous les pauvres connus, il ne pourra rester d'autres mendiants que des étrangers sans domicile ou des vagabonds volontaires, et la maréchaussée aura ordre de les arrêter partout où ils se trouveront [a].

II. — *Circulaire aux curés sur les Assemblées de charité.*

[D. P., V, 424.]

Limoges, 10 février.

Vous trouverez, M., joint à cette lettre, un Arrêt du Parlement de Bordeaux, qui ordonne qu'il sera tenu, dans chaque paroisse ou communauté, une assemblée pour délibérer sur les moyens de parvenir au soulagement des pauvres, et que tous les particuliers aisés, habitant, ou possédant des revenus dans les paroisses, seront tenus d'y contribuer à raison de leurs biens et facultés, sans distinction de privilégiés ou non privilégiés. Il ordonne aussi que la contribution des absents sera payée par leurs fermiers, régisseurs ou *baillistes*.

---

[a] Cette *Instruction générale* était accompagnée d'une *Instruction particulière sur différentes manières peu coûteuses de préparer le riz*, contenant :

1° *La préparation générale du riz*, ou la manière de le laver, de le faire cuire et renfler sur le feu, quelque préparation ultérieure qu'on veuille lui donner ; 2° celle du *riz au lait* ; 3° celle du *riz au beurre ou à la graisse* ; 4° celle du *riz au bouillon* ; 5° celle de la *crème de riz* pour les malades ; 6° celle du *riz à la viande* ; 7° celle de la *soupe au riz et au pain*, préparée *à la graisse ou au beurre* ; 8° celle de la *soupe au riz et au pain*, préparée avec *le lait* ; 9° celle du *riz économique*, telle qu'elle était établie, dès l'année 1768, à la paroisse Saint-Roch, à Paris, par les soins du Dr Sallin.

C'était une soupe au riz, au pain, aux pommes de terre et aux légumes, de la nature de celles que fit distribuer (sous le premier Empire) la *Société Philanthropique* de Paris, et qui ne revenait pas plus cher alors. Cette espèce de soupe n'a pu être améliorée pour la qualité, qui était excellente ; mais les lumières d'un savant étranger (Ruhmkorff), qui s'en est spécialement occupé depuis, et qui, en l'adoptant, lui a donné son nom, ont procuré pour sa confection de l'économie dans le combustible.

10° Celle du *riz pour les petits enfants*, telle qu'on la faisait aussi sur la paroisse Saint-Roch ; 11° celle de la *bouillie au riz*.

Toutes ces *Instructions* étaient suivies de l'indication des divers marchands ou négociants chez lesquels on pouvait trouver du riz dans les principales villes de la Province.

Turgot joignit à l'*Instruction* sur ces préparations du riz une autre *Instruction sur la culture des pommes de terre* à la manière irlandaise, et suivant les deux méthodes usitées en France. Il détaillait et développait, dans cette *Instruction*, les différents usages de cette racine bulbeuse, et les avantages de sa culture. Il indiquait aussi les dépôts où l'on en trouverait, tant pour la consommation, que pour la plantation, que l'on avait encore tout le temps de faire.

On voit combien de précautions avaient été prises avec une très sage prévoyance et une prodigieuse activité, sans tourmenter le Gouvernement, sans effrayer la Province (*Du Pont*).

Les mêmes vues qui ont déterminé le Parlement de Bordeaux à rendre cet arrêt m'avaient engagé à concerter, avec M. l'évêque de Limoges, un plan d'Assemblée de charité et de contribution volontaire en faveur des pauvres dans chaque paroisse. Ce plan peut être suivi dans les lieux où la bonne volonté et la charité offriront des secours assez abondants pour subvenir aux besoins des pauvres. Je suis même assuré par la correspondance que j'ai eue à ce sujet avec M. le procureur général, et par les instructions qu'il a données à MM. les officiers des sénéchaussées, que cette voie de contribution volontaire, lorsqu'elle sera suffisante, remplira entièrement les intentions du Parlement.

Je vous adresse, en conséquence, une *Instruction* imprimée sur les moyens de former ces *Assemblées* ou *Bureaux de charité*, et de remplir leur objet. J'ai dû embrasser, dans cette instruction, différents moyens qui peuvent être pris pour soulager les pauvres et, quoique ces moyens ne puissent pas être également appliqués dans tous les lieux, j'ai dû les développer tous, en rédigeant une instruction destinée à être répandue dans toutes les parties de la Province. Mais je sens que c'est principalement dans les villes et dans les lieux considérables que le plan proposé pourra être exécuté dans toute son étendue, et je m'attends qu'il faudra le simplifier et le restreindre au pur nécessaire dans plusieurs paroisses de campagne trop peu considérables, et où il serait trop difficile de trouver des personnes capables de suivre avec exactitude les détails d'une opération compliquée. C'est dans cette vue que je destine une partie de cette lettre à présenter une espèce d'extrait de cette *Instruction* [a] réduit à l'exposition la plus simple des points essentiels qu'on doit exécuter partout, et même dans les communes de la campagne. Il sera cependant utile d'y joindre la lecture de l'instruction même, qui fera mieux connaître l'ensemble de l'opération et les vues qui doivent diriger les personnes chargées de l'exécution.

P. S. — J'ai parlé à la fin de l'*Instruction* des fondations qui ont été faites dans quelques paroisses pour distribuer aux pauvres de l'argent, des grains ou d'autres aumônes, et j'ai observé que ces aumônes ne pouvaient être mieux employées, cette année, qu'en les joignant aux fonds des aumônes des bureaux de charité, à la décharge de ceux qui doivent contribuer pour soulager les pauvres, et dont la contribution serait d'autant diminuée. Je vous prie de me mander, en m'informant du parti qui aura été pris par vos habitants et en m'envoyant l'état de vos pauvres, s'il y a dans votre paroisse quelque aumône annuelle de ce genre : vous voudrez bien me marquer en quoi elle consiste, quelles

---

[a] La reproduction de cet extrait serait sans intérêt.

personnes sont chargées de la payer, si elle est exactement acquittée et, dans le cas où elle ne le serait point, depuis combien d'années le payement en est interrompu ; enfin, par qui et dans quelle forme se fait la distribution de cette aumône. Il y en a quelques-unes qui ont été réunies par le Conseil à des hôpitaux : il ne faut pas omettre d'en faire mention, et je vous prie, en ce cas, de me mander si vous pensez qu'on puisse les employer dans votre paroisse de façon à les rendre plus utiles qu'elles ne le sont, étant réunies aux hôpitaux.

III. — *Circulaire aux subdélégués sur les Assemblées de charité et sur la Mendicité.*

[D. P., V, 438.]

(Envoi de la lettre aux curés du 10 février et de la délibération de l'assemblée de la ville de Limoges du 11 février ci-dessous.)

Limoges, 16 février.

... Vous verrez dans les *Instructions* qu'un des moyens, qui me paraît le plus avantageux pour soulager les pauvres, est de procurer de l'occupation à ceux qui ont la force de travailler. Je propose différents genres d'occupations, tant pour les hommes que pour les femmes. Cet article exige encore une correspondance de chaque paroisse avec moi, laquelle doit passer par vous.

Enfin, comme le renvoi des mendiants étrangers dans leurs paroisses fait partie du projet, qui se lie par là au plan adopté depuis quelque temps par le Conseil sur la suppression de la mendicité, il est encore nécessaire, par cette raison, que l'ensemble des opérations passe continuellement sous vos yeux et sous les miens.

Il est donc indispensable que, dans les paroisses mêmes où l'on aurait déjà commencé à opérer en vertu des ordres donnés par les officiers de justice, l'on s'occupe de répondre aux différents objets que je demande, soit par mon *Instruction*, soit par ma lettre du 10 février [a].

Le premier soin dont vous ayez à vous occuper est, après être convenu de toutes vos démarches avec les officiers de justice, de distribuer les différents paquets que je vous adresse, soit pour les officiers municipaux des villes, soit pour les curés de votre subdélégation. La circonstance est trop pressante, et les envois ont déjà été trop retardés pour attendre les occasions ordinaires, et je vous prie de distribuer les

---

[a] Ci-dessus, p. 199.

paquets par des exprès. Tâchez de choisir des personnes sûres, et mettez-y d'ailleurs toute l'économie que vous pourrez ; je vous ferai rembourser sur-le-champ de la dépense que vous aurez faite à cette occasion.

Outre les paquets destinés aux curés, j'ai cru devoir vous envoyer un assez grand nombre d'exemplaires des *Instructions* et de la *Lettre* afin que vous puissiez en distribuer aux principaux seigneurs et gentilshommes de votre subdélégation qui résident dans les paroisses de la campagne, et que vous croiriez disposés à concourir par leurs soins au succès de l'opération. Cette attention sera surtout nécessaire dans les paroisses où vous sauriez que le curé, soit par défaut de capacité, soit par quelque vice de caractère, ou seulement parce qu'il n'aurait pas la confiance de ses habitants, ne peut seul conduire l'opération et la faire réussir. C'est à votre prudence que je m'en rapporte pour vous assurer de ces circonstances, et pour juger des personnes auxquelles il convient de vous adresser afin de suppléer au défaut de capacité ou de volonté des curés. Dans le cas même où le curé mérite toute confiance, il est toujours utile que les principaux seigneurs ou gentilshommes soient instruits du plan ; mais, sans doute, que les curés leur communiqueront mes instructions, ainsi que je les en ai priés par ma lettre du 10 février.

Dans les villes il est nécessaire de donner aussi mes *Instructions* aux principaux officiers du corps de ville et des juridictions, qui tous doivent coopérer à l'exécution du plan ; vous voudrez donc bien leur en faire part. À l'égard de la Délibération de la ville de Limoges, elle ne peut guère être imitée que dans les villes les plus considérables, et je n'ai pas cru, par cette raison, devoir vous en envoyer un grand nombre d'exemplaires.

J'ai joint à la lettre destinée aux curés de campagne des états à colonne en blanc, qui serviront à former les états des pauvres de leur paroisse. Vous en trouverez aussi d'autres pour dresser les états des pauvres des villes. La forme en est un peu plus compliquée que celle des états relatifs aux pauvres de la campagne, parce que j'ai cru ce détail nécessaire dans les villes ; vous voudrez bien remettre ou faire remettre aux Assemblées ou Bureaux de charité la quantité nécessaire pour en distribuer aux curés de chaque paroisse, afin qu'ils puissent, en les remplissant, présenter un état exact de leurs pauvres. Je vous prie de me rendre compte de ce qui aura été fait, et de veiller à ce qu'un double de ces états me soit renvoyé. Il m'a paru avantageux de faire remplir fictivement quelques-uns de ces états, afin de donner à MM. les curés une idée plus précise de la façon dont ils doivent être remplis. Vous trouverez quelques-uns de ces états fictifs dans votre paquet.

L'article du plan qui concerne le renvoi des mendiants étrangers vous occasionnera une légère augmentation de travail. Vous avez pu voir dans mes instructions que, lorsque ces mendiants sont originaires d'un lieu éloigné de plus d'une journée de celui d'où l'on a jugé à propos de les renvoyer, on ne leur fournira la subsistance que jusqu'à la résidence du subdélégué le plus prochain. Pour qu'ils puissent de là se conduire jusque chez eux, il faudra que vous leur donniez des routes pareilles à celles qu'on donne aux mendiants mis en liberté et renvoyés chez eux avec le secours d'un sou par lieue. Vous ne leur donnerez ce sou par lieue que jusqu'au premier endroit où ils trouveront un subdélégué, et vous vous conformerez à cet égard à ce que je vous ai prescrit par ma lettre du 25 octobre 1768, en vous envoyant mon instruction du 1er août de cette même année, relative à la suppression de la mendicité [a]. Vous trouverez dans votre paquet un certain nombre de routes en blanc, que vous expédierez à ceux qui vous seront renvoyés des paroisses sur la présentation qu'ils vous feront du certificat prescrit par le paragraphe 25 de ma lettre du 10 février, et par le paragraphe 3 de l'art. II de l'*Instruction*.

Je dois vous prévenir encore que, conformément à ce que j'annonce dans ma lettre du 10 février, § 23, j'ai fait passer à M. de Gilibert les ordres que M. le Chancelier et M. de Choiseul m'avaient adressés l'automne dernier pour étendre la capture des mendiants à ceux même qui sont domiciliés. Comme j'étais autorisé à suspendre l'envoi de ces ordres, j'avais différé cet envoi à cause de la misère générale ; mais, dès qu'il aura été pourvu dans chaque paroisse à la subsistance des pauvres du lieu, et que les pauvres étrangers auront été renvoyés chacun chez eux, il n'y aura plus aucun prétexte pour mendier, et ce moment est le plus favorable qu'on puisse prendre pour exécuter complètement les vues du Conseil.

Cependant, je n'ai pas pensé qu'on dût emprisonner indistinctement toutes les personnes qu'on aurait trouvées mendiant ; j'ai, au contraire, mandé à M. le prévôt qu'il convenait de relâcher ceux qui, n'étant point notés comme de mauvais sujets ou des vagabonds incorrigibles, promettraient de ne plus mendier ; et la nouvelle *Instruction* que je me propose d'envoyer sur ce point à toutes les brigades de maréchaussée, leur prescrit de n'emprisonner les domiciliés arrêtés en mendiant dans l'étendue de leur paroisse, qu'après s'être assurés du commencement de l'exécution du plan projeté pour procurer la subsistance aux pauvres et, après s'être concertées avec les curés dans les campagnes, et dans les

---

[a] Nous n'avons pu retrouver ni cette lettre du 25 octobre 1768, ni l'instruction qu'elle accompagnait (*Du Pont*).

villes avec les subdélégués ou les officiers de police. Vous recevrez par le prochain courrier cette Instruction particulière, qu'il n'a pas encore été possible d'imprimer [a].

Si les besoins des paroisses qui auront été reconnus lors des assemblées de charité, et qui seront constatés par les états des pauvres que je demande à chaque curé, me déterminent à leur faire passer quelques portions des secours en riz que M. le Contrôleur général m'a autorisé à faire acheter, vous serez chargé de la distribution de ce riz aux paroisses de votre subdélégation, conformément à l'état que je vous en enverrai, et vous recevrez en même temps un *Avis* imprimé sur les différentes manières d'employer le riz.

Vous verrez, dans la première partie de l'article III de mes *Instructions,* quelles sont mes idées sur les différentes manières d'occuper les pauvres. Si vous avez connaissance de quelque ouvrage utile et qu'on puisse entreprendre promptement dans quelques lieux de votre subdélégation, vous me ferez plaisir de me l'indiquer, et de me faire part en même temps des moyens que vous imaginez qu'on pourrait prendre pour trouver des fonds suffisants. Je sais qu'il y a dans plusieurs petites villes des revenus, assez modiques à la vérité, mais dont les arrérages accumulés depuis longtemps, et laissés entre les mains, ou des fermiers, ou des officiers municipaux auxquels on a négligé d'en faire rendre compte, forment une somme assez considérable, qu'on pourrait employer à des ouvrages utiles et propres à occuper les pauvres ; faites-moi part de ce que vous savez à cet égard. Indépendamment de cette ressource, je vous répète que je me porterai volontiers à aider, ainsi que je l'ai dit dans l'*Instruction*, les communautés qui voudront entreprendre quelque ouvrage utile à leurs frais, soit en leur avançant de quoi travailler dès ce moment sans attendre le recouvrement des sommes qui seront imposées en vertu de leur délibération, soit même en leur accordant quelque secours, lorsque l'ouvrage paraîtra devoir être avantageux au commerce de la Province.

L'occupation des femmes est un objet non moins digne d'attention. J'ai parlé, dans l'*Instruction*, de ce qu'il y aurait à faire pour étendre les filatures dans les campagnes et dans les petites villes. Afin d'y réussir, il est absolument nécessaire de trouver quelque négociant qui fasse filer pour son propre compte, et qui se charge de fournir les matières et même les rouets, ce détail étant trop compliqué pour que je puisse le suivre, ni même le faire suivre de Limoges. Je fournirai cependant volontiers quelques secours pour cette opération, si je puis être assuré qu'ils seront employés utilement. Vous m'obligerez de vous occuper

---

[a] Nous n'avons pas cette *Instruction particulière* (*Du Pont*).

très sérieusement de cet objet, et de vous concerter, soit avec les négociants ou fabricants que vous saurez être à portée de faire filer, soit avec les curés ou autres personnes intelligentes des paroisses où la filature peut s'étendre avec avantage. Vous voudrez bien en même temps me mander l'espèce et la quantité des secours qu'il vous paraîtrait convenable d'accorder ; vous pourrez suivre cette correspondance avec M. Desmarets, ainsi que je l'indique dans l'*Instruction*.

Je ne m'éloignerai même pas de faciliter encore par quelques secours l'introduction des fabriques de siamoises et autres petites étoffes dans les campagnes ou dans les petites villes, si, par la connaissance que vous avez du local, ou par les lumières que vous donneront les négociants auxquels vous vous adresserez, vous vous apercevez que cette idée soit praticable. Je vous prie de me le mander, et d'entrer en même temps dans le détail des moyens que vous jugerez propres à en assurer le succès.

Le *post-scriptum* qui est à la fin de ma lettre du 18 février mérite une attention particulière de votre part, et je vous prie de faire dresser de votre côté un état des paroisses de votre subdélégation dans lesquelles il y a des aumônes régulières et fondées, soit en argent, soit en grains, et de vous mettre, par tous les moyens que vous pourrez imaginer les plus sûrs, en état de remplir ce que je demande aux curés dans ce *post-scriptum*.

Je ne pense pas avoir rien de plus à vous marquer quant à présent sur l'opération du soulagement des pauvres : je ne puis trop vous recommander d'y donner tous vos soins, et de m'instruire exactement du succès qu'elle aura dans les différentes parties de votre subdélégation.

IV. — *Délibération de l'Assemblée de charité de la ville de Limoges.*

11 février.

Aujourd'hui, 11 février 1770, dans la grande salle de l'Intendance, à l'Assemblée de charité convoquée par Mgr l'évêque de Limoges et M. l'intendant :

Après qu'il a été unanimement convenu par l'assemblée de n'observer aucun rang dans l'ordre de la séance et des opinions, Mgr l'évêque a fait une courte exposition des circonstances où la Province se trouve réduite, et particulièrement la ville de Limoges, par la rareté et par la cherté excessive des subsistances en tout genre ; et il a dit que cette situation, connue du Parlement (de Bordeaux) a déterminé cette Cour à rendre, le 17 du mois de janvier dernier, un Arrêt, enregistré le 25 du même mois en la sénéchaussée de Limoges, à l'effet de subvenir aux besoins pressants des pauvres de la Province : après lequel exposé, la lecture de l'Arrêt a été faite par M. Juge, avocat du Roi, et a été suivie de celle d'une *Instruction en forme d'Avis* pour toute la Généralité, par M. l'intendant.

Ensuite, Mgr l'évêque a fait des observations sur l'exécution de l'Arrêt relativement à la ville de Limoges, et il a proposé d'en remplir les vues par la voie des offres volontaires, comme plus honorable et non moins fructueuse que celle de l'imposition.

La chose mise en délibération, il a été arrêté que la voie des offres volontaires serait préférée à tout autre moyen.

Pour y parvenir, Mgr l'évêque a proposé de former un registre sur lequel seront inscrites toutes les offres particulières, payables tant par mois, à commencer le 20 du courant, et à continuer ainsi jusqu'au 20 juin prochain ; en sorte qu'il y aura cinq payements pour cinq mois de subsistance jusqu'à la récolte, ce qui a été adopté par l'Assemblée. Il y a été aussi convenu que ces offres volontaires seront faites à l'instant, en pleine assemblée, par ceux de ses membres qui le jugeront à propos, et qu'elles seront enregistrées sur-le-champ : à l'égard des absents, et de ceux qui, présents, croiront devoir différer, MM. les députés de chaque corps et compagnie formant l'assemblée actuelle, y ont été priés d'avoir un petit registre sur lequel ils recevront, et feront signer les soumissions particulières de chacun des membres du corps qu'ils représentent ; lequel registre, lorsqu'il sera complet, sera remis par lesdits députés à M. l'intendant, pour être joint au registre des offres générales.

Quant aux autres habitants qui n'appartiennent à aucun corps ou compagnie, il sera indiqué par MM. les curés, de concert avec M. le lieutenant-général et avec M. le juge de la cité pour ce qui le concerne, une assemblée dans laquelle lesdits sieurs curés recevront aussi sur un registre les offres particulières qui leur seront faites.

Comme il n'est pas d'usage que les dames se trouvent aux assemblées de paroisse, MM. les curés pourront, chacun dans la leur, indiquer une assemblée particulière, à laquelle seront invitées les dames qui n'ont ni mari, ni représentant dans aucune des assemblées générales ou particulières, et qui y feront leurs offres et soumissions par suite sur le même registre.

MM. les curés ont été aussi priés de se donner la peine de passer chez toutes les personnes aisées de leurs paroisses, qui, à raison de leurs infirmités ou autres empêchements, n'auraient pu se trouver à quelqu'une desdites assemblées ; d'y recevoir pareillement et y faire signer leurs soumissions, en faisant une note de ceux qui auraient été refusants ; et, lorsque leur registre sera complet, ils voudront bien le remettre à Mgr l'évêque, pour être joint aux soumissions générales. Au surplus, on les a invités à convoquer par billets, sous trois jours au plus tard, les personnes qui, conformément aux dispositions ci-dessus, doivent former leur assemblée ; en sorte qu'ils soient en état de remettre, samedi matin, pour le plus tard, leur registre à Mgr l'évêque, le premier bureau devant se tenir le même jour à deux heures de relevée. M. l'intendant a fait une pareille invitation aux députés des corps et compagnies. Quant aux communautés religieuses, Mgr l'évêque s'est chargé de rapporter leurs offres pour le même jour.

Ensuite, Mgr l'évêque a proposé de nommer un trésorier, qui recevra et enregistrera les sommes provenant des offres, et un secrétaire qui rédigera les délibérations dans le *Bureau subsistant* dont on va parler ; ce qui ayant été jugé nécessaire, l'assemblée a nommé pour trésorier M. François Ardent, et pour secrétaire M. Poujaud de Nauclas.

Après quoi, sur la proposition faite par Mgr l'évêque, l'assemblé a formé pour l'administration un *Bureau subsistant*, auquel elle a donné tout pouvoir en son nom, et qui sera composé des personnes spécialement chargées, par leur état et leur place, de procurer le bien et l'utilité publique ; d'un député de chaque corps ou compagnie nombreuse et d'un député de plusieurs corps réunis ensemble, lorsqu'ils seront trop nombreux, de sorte que le Bureau sera composé comme il suit...

MM. les curés ont été invités à se rendre au Bureau toutes les fois qu'ils auront quelques lumières à communiquer, ou quelques représentations à faire relativement aux besoins de leurs paroisses.

Il a été aussi délibéré que le *Bureau*, ainsi formé, s'assemblera chez Mgr l'évêque régulièrement tous les samedis à deux heures après midi ; et, dans le cas d'absence ou d'empêchement, chez M. l'intendant ; et, en cas d'absence ou d'empêchement de l'un et de l'autre chez M. le lieutenant général.

Et pour que le Bureau de charité soit en état de proportionner la distribution de ses fonds au nombre des pauvres, l'assemblée a prié MM. les curés de former trois états, dont le premier contiendra, avec le plus grand détail, le dénombrement des pauvres natifs ou domiciliés depuis six mois dans la ville, faubourgs et banlieue, maison par maison, feu par feu, en observant de distinguer l'âge, le sexe, l'état de validité ou d'invalidité desdits pauvres, et ce, conformément au modèle qui leur sera délivré en blanc, et dont ils rempliront les colonnes.

Le second sera composé des familles honnêtes et indigentes dont, par ménagement, les noms n'y seront pas portés, mais seulement le nombre des personnes, avec une estimation que MM. les curés y joindront des secours qu'ils croient devoir être distribués à chaque famille. Le troisième contiendra le nom des pauvres étrangers qui sont dans le cas d'être renvoyés, et MM. les curés sont priés d'user de la plus grande diligence pour former lesdits états, sans lesquels le bureau de charité ne peut agir.

Pour faciliter leur opération, il sera nommé par les assemblées de leurs paroisses, dans chacune de celles de Saint-Pierre et de Saint-Michel, comme les plus considérables, quatre personnes notables, autres que les membres du bureau de charité, pour servir à MM. les curés de conseils et d'adjoints, tant pour la confection des états et dénombrements des pauvres de la première et de la troisième classe, que pour la distribution des fonds provenant de la caisse de charité destinés pour la première et la seconde classe. À l'égard des autres paroisses moins nombreuses, deux adjoints suffiront.

Mais dans toutes, MM. les curés et leurs adjoints s'assembleront chaque semaine, à l'heure la plus commode pour eux, la veille ou l'avant-veille du jour fixé ci-dessus pour la tenue du bureau général, afin de pouvoir faire entre eux, de concert, les observations nécessaires au soulagement de leurs pauvres, et d'en référer, s'il est besoin, au Bureau général.

Afin d'engager tous les citoyens à faire les plus grands efforts pour le soulagement général des pauvres, il a été convenu qu'il ne serait point fait à Pâques prochain de quête pour l'hôpital mais qu'attendu le préjudice qui résulterait de la suppression de ce secours pour une maison dont la conservation et la subsistance sont si intéressantes pour le public, il sera pris sur les fonds de la caisse de charité une somme égale au produit de la dernière quête, pour être délivrée au receveur de l'hôpital.

V. — *Instructions générales pour les Ateliers de charité* [a].

(Résumé tiré des *Éphémérides du citoyen*.)

[*Éphémérides du citoyen*, 1772, II, 195. — D. P., VI, 52.]

On a borné les Ateliers de charité aux parties de chemins dont la construction ne présente pas de grandes difficultés et peut être exécu-

---

[a] Les *Instructions générales* rédigées par Turgot pour la formation des ateliers de charité n'ont pas été retrouvées. Mais Du Pont en avait fait pour les *Éphémérides du Citoyen* un résumé qui a été inséré dans le volume II, de 1772, et qu'il a reproduit dans les *Œuvres de Turgot* en le modifiant un peu.

On trouve en même temps, dans les *Éphémérides*, une lettre signée : Treilhard, de la Société d'agriculture de Brive, et signalant que le maréchal prince de Soubise, propriétaire du duché de Ventadour, avait donné 6 000 livres en 1771, et autant en 1772, soit le quart du revenu de ses terres dans la province du Limousin, pour être employées aux Ateliers de charité, sur les routes nouvelles entre le Limousin et l'Auvergne.

tée par des travailleurs peu instruits, tels que sont les ouvriers de toute espèce, hommes, femmes et enfants, qui sont dans le cas de s'y présenter. Les parties qui demandent une plus grande capacité ont été adjugées par entreprise à prix d'argent, et au rabais, comme le sont ordinairement tous les chemins à construire dans la généralité de Limoges, depuis que les corvées y sont abolies. Alors, c'est à l'entrepreneur à choisir, instruire, payer et surveiller ses ouvriers, de manière que son chemin soit bon et recevable.

Mais, quand le public est obligé d'être lui-même entrepreneur pour la distribution de charités consacrées à des travaux utiles, on ne peut les choisir d'une espèce trop aisée, afin d'éviter les négligences et les malfaçons, si faciles à introduire dans un ouvrage public qui serait un peu compliqué.

Dans les ateliers composés de plusieurs centaines de travailleurs, il deviendrait impossible de distribuer chaque jour une tâche à chacun. Cette opération trop longue consumerait un temps précieux. Il faut donc, pour abréger, distribuer l'ouvrage en tâches qui puissent occuper plusieurs ouvriers pendant plusieurs jours, et réunir ainsi plusieurs travailleurs sur une même tâche. Mais, pour éviter dans ces réunions les jalousies et les disputes, que l'inégalité des forces et l'inégalité de l'assiduité au travail pourraient occasionner, on donne chaque tâche à une famille entière, qui a l'intérêt commun de faire le plus d'ouvrage possible pour la subsistance commune, et dans laquelle le père occupe chacun selon ses forces, et surveille et contient chacun de ses coopérateurs mieux que le piqueur le plus vigilant. Les conducteurs de travaux, choisis par les ingénieurs ou sous-ingénieurs, les subdélégués ou les commissaires *ad hoc*, qui sont la plupart des gentilshommes voisins, des curés ou des particuliers distingués par leurs lumières et leur zèle, que l'amour du bien public porte à surveiller les ateliers de charité et à concourir au bien qu'ils procurent, ces conducteurs marchandent avec le chef de famille le prix de la tâche dont il se charge. Ce marché peut bien être sujet à quelque erreur, comme le sont ceux des bourgeois qui marchandent avec des ouvriers pour ouvrir des fossés ou faire d'autres travaux de ce genre ; mais une sorte d'expérience, quoique peu éclairée, qu'ont les gens de la campagne, n'y laisse pas de grandes inexactitudes ; et, d'ailleurs, dans le cas d'erreur trop grande ou de lésion, le recours au commissaire de l'atelier est toujours ouvert.

Dans les ouvrages qui consistent en déblais ou transports de terre, les tâches se règlent avec facilité par le nombre des hottées, brouettées, civières ou camions. Il n'est pas même besoin alors d'associer plusieurs travailleurs, quoiqu'il soit toujours bon de le faire par familles. Ceux qui transportent deviennent les piqueurs naturels de ceux qui piochent ; à chaque voyage, le manœuvre reçoit du préposé une marque de cuir destinée à cet objet, et selon la convention, on lui délivre pour un certain nombre de marques ou de voyages, ce qu'on appelle dans le pays un *marreau* ; le mot français est *méreau*.

Ces méreaux sont une espèce de monnaie de cuir, qui a été imaginée pour empêcher que le père ne dissipât au cabaret le salaire destiné à la subsistance de sa famille, comme cela arrivait trop souvent dans ce pays ignorant, misérable, abruti, lorsqu'on y payait en argent les ouvriers qui se présentaient aux ateliers de charité.

Il y a quatre sortes de méreaux. Celui qu'on nomme du n° 4 est empreint de quatre fleurs de lis. Il vaut une espèce de pain connu en Limousin sous le nom de *tourte*, et qui pèse vingt livres.

Le méreau n° 3, qui ne porte que trois fleurs de lis, ne vaut qu'une demi-tourte ou un pain de 10 livres.

Le méreau n° 2, qui n'a que deux fleurs de lis, est reçu par le boulanger pour un quart de tourte ou 5 livres.

Enfin le n° 1 ne vaut qu'une livre de tourte et ne sert que pour les appoints.

Les marques qui certifient le nombre des voyages sont d'une forme différente, et ne peuvent être confondues avec les méreaux.

Le subdélégué, ou le commissaire de l'atelier, fait avec un boulanger voisin un marché pour qu'il cuise la quantité de pain nécessaire au nombre d'ouvriers qui s'y réunissent, et qu'il le leur délivre pour des méreaux ; et, en rapportant ces méreaux au caissier, le pain dont il constate la fourniture est payé au boulanger selon le prix qui a été arrêté avec lui, conformément à celui du grain.

Afin que ce marché ne dégénère pas en privilège exclusif, qui pourrait autoriser des infidélités ou des négligences dans la fourniture, les ouvriers sont libres de prendre leur pain chez le boulanger qui se tient à portée, ou chez tout autre boulanger qui les accommoderait mieux ; et tout boulanger qui rapporte des méreaux à l'atelier est payé par le caissier de la quantité de pain qu'il a donnée pour eux, au même prix et sur le même pied que celui avec lequel le marché fondamental est fait.

Cette liberté de concurrence contient le boulanger principal dans le devoir.

Indépendamment du pain, et pour procurer au peuple diverses subsistances qui varient ses jouissances, ce qui est utile à la santé, et dans les temps de calamité lui fait supporter son infortune, on a établi, à portée des ateliers, des cuisines où l'on accommode, d'une manière économique, différentes espèces de soupes composées de riz et de carottes, de raves, de citrouilles, de fèves et de pommes de terre où l'on a pu s'en procurer.

On a calculé qu'une chopine de cette soupe nourrit à peu près autant et coûte à peu près autant qu'une livre de pain. On en délivre pour des méreaux sur ce pied, et les méreaux rendus par les entrepreneurs de ces cuisines leur sont remboursés de même en argent. Mais on ne rembourserait en argent aucuns méreaux ni aux cabaretiers, ni à aucun particulier, parce que leur objet est d'assurer la subsistance des familles, dans un temps de calamité, contre les dangers de l'inconduite, consolation trop fréquente de la misère habituelle.

On a même le soin de ne délivrer chaque jour, et par forme d'à-compte, que la quantité de méreaux qui suffit pour pourvoir aux besoins physiques des diverses personnes employées sur l'atelier ; et, si une famille laborieuse fait plus d'ouvrage qu'il n'en faut pour sa subsistance, on lui donne à la fin du travail le surplus en argent. Les conducteurs d'ateliers ont pour cela une forme de comptabilité très claire, établie par des registres à colonnes imprimées.

Tous ces arrangements et toutes les précautions nécessaires pour qu'ils s'exécutent avec facilité, simplicité et sûreté, sont développés avec beaucoup de clarté dans une lettre et une instruction circulaires adressées par l'Intendant de Limoges aux subdélégués et aux commissaires des ateliers de charité répandus dans les divers endroits de la Province. Nous n'avons pu voir sans surprise et sans émotion dans cette lettre et cette instruction, qui sont imprimées, jusqu'où s'étend la sagesse attentive, prévoyante et paternelle qui en a dicté tous les détails. Ce que l'on peut imaginer au monde de plus pénible, surtout pour un homme d'un savoir étendu et d'un génie élevé, comme le magistrat qui administre cette province, ce sont les travaux de ce genre. On trouvera cent hommes capables de concevoir et d'exécuter un de ces projets brillants avec lesquels on bouleverse le monde, contre un qui saura empêcher qu'une pauvre famille soit privée de la soupe dont elle a besoin, et que des commis puissent malverser avec les fonds qu'il faut leur confier. Ce sont là les véritables soins de l'administration, ceux dont elle doit être occupée sans cesse, ceux qui sont les plus ignorés, les plus difficiles mêmes à comprendre, ceux qui figurent le moins dans les nouvelles publiques : mais ceux aussi qui sont le plus utiles, qui méritent le mieux la bénédiction des peuples, qui montrent le plus aux sages quel terrible fardeau est attaché aux fonctions publiques pour l'homme de bien éclairé.

VI. — *Ordonnance sur la subsistance des pauvres jusqu'à la récolte.*

[D. P., VI, 13.]

(Assemblées de charité. — Dénombrement des pauvres. — Étrangers. — Contributions volontaires et contributions d'office. — Pauvres à la charge des propriétaires. — Réclamations possibles.)

Limoges, 1er mars.

De par le Roi, Anne Robert Jacques Turgot, etc.

Étant informé que la modicité des récoltes de l'automne dernier a répandu dans les villes et les campagnes de cette province la misère la plus excessive, et multiplié le nombre des pauvres au point que plusieurs seraient réduits à manquer des choses les plus nécessaires à la vie, s'il n'était incessamment pris des mesures pour assurer leur subsistance par l'application et la répartition la plus juste des secours qu'ils sont en droit d'attendre de la religion et de l'humanité des personnes aisées, et désirant y pourvoir ; vu les ordonnances rendues par nos prédécesseurs dans les chertés de grains qui ont précédemment affligé la généralité, nous ordonnons ce qui suit [a] :

Article I. — Huit jours au plus tard après la réception de la présente ordonnance, il sera convoqué dans chacune des villes, paroisses ou communautés de la Généralité ; savoir, dans les villes, à la diligence des officiers municipaux, et dans les campagnes, à la diligence du syndic en charge ou de celui qui sera nommé par nos subdélégués pour en tenir lieu, une Assemblée générale de charité composée des habitants notables et propriétaires de biens fonds, en présence des curés, des seigneurs, des officiers de justice et de police, et de concert avec eux, pour, par eux et entre eux, être conjointement délibéré sur les mesures les plus propres à assurer la nourriture et la subsistance des pauvres, habitants ou originaires du lieu, et de leurs femmes et enfants hors d'état de gagner leur vie par le travail.

II. — En cas de négligence de la part des syndics à se conformer à ce qui leur est prescrit par l'article ci-dessus, les curés, seigneurs ou

---

[a] Nous avons vu combien Turgot aimait à porter les hommes vers le bien public en excitant leur moralité et en invoquant leur raison. Il a presque toujours commencé par dire ce qui était à faire ; il se plaisait à développer comment et pourquoi... Les ordres mêmes, disait-il, doivent être semés en terre préparée...

Ses *Instructions* étaient répandues dans la Province ; elles étaient l'objet de toutes les conversations ; elles avaient porté la consolation chez le peuple et animé le zèle de ceux qui pouvaient concourir à leur exécution ; cette exécution même était commentée dans la plupart des paroisses. Il les rendit, par son ordonnance, positivement obligatoires dans les paroisses où l'on ne s'y conformait qu'avec lenteur.

Les boulangers de Limoges, pendant la cherté, voulurent augmenter le prix du pain au-dessus de la proportion qu'indiquait le prix du blé. Turgot suspendit le privilège exclusif, en permettant à tout le monde d'apporter et de vendre du pain dans cette ville. Il en arriva de toutes parts. On en fit pour Limoges jusqu'à Saint-Junien, qui en est éloigné de 5 grandes lieues, et la proportion du prix fut rétablie à l'instant (Du Pont, *Mémoires*, 99).

officiers de justice, seront autorisés à provoquer lesdites Assemblées, sans préjudice de la punition que nous nous proposons d'infliger aux syndics qui se seraient rendus coupables de cette négligence.

III. — Dans les villes où il y a un corps municipal établi en conséquence de l'Édit du mois de mai 1765, l'on observera dans lesdites Assemblées, entre les différents corps, le même ordre qui s'observe dans les Assemblées générales des notables, conformément à l'article XLII dudit édit, sans préjudice néanmoins de la présidence, qui doit être déférée aux évêques dans les villes de leur résidence.

IV. — Dans les lieux moins considérables, où il n'y a point de corps municipal en règle, et dans les campagnes, les curés présideront aux dites Assemblées de charité.

V. — Tous les habitants aisés résidant dans la ville ou paroisse, tous ceux qui y possèdent des biens fonds, des dîmes ou des rentes, seront tenus d'assister, suivant leurs moyens, les pauvres de la ville ou de la paroisse.

VI. — Il sera loisible aux Assemblées de se déterminer entre les deux manières de pourvoir aux besoins des pauvres, ou par la voie de soumissions purement volontaires, ou par la voie d'un rôle de contributions proportionnées aux facultés de chacun, soit que ces contributions se fassent en argent ou en pain, soit qu'on préfère de donner à chaque habitant aisé un certain nombre de pauvres à nourrir.

VII. — Il sera fait, préalablement à la répartition des contributions, un dénombrement exact des pauvres qui se trouvent dans la communauté, conformément aux *Instructions* que nous avons rédigées à cet effet, et envoyées dans chaque paroisse.

VIII. — Lesdits états comprendront tous les habitants de la paroisse qui ne peuvent vivre sans les secours de la charité, encore même qu'ils possédassent quelque petit héritage, si, par la discussion des ressources qu'ils peuvent retirer desdits héritages ou de leur travail, ils paraissent être dans l'impossibilité de subsister sans secours.

IX. — Les mendiants étrangers doivent être renvoyés dans les paroisses dont ils sont originaires, en leur fournissant de quoi subsister dans la route, ainsi qu'il est expliqué aux articles 23, 24 et 25 de notre lettre aux curés en date de ce jour.

X. — N'entendons comprendre, sous le nom de mendiants étrangers, les particuliers établis et domiciliés dans la paroisse, non pour y mendier, mais pour y gagner leur vie par le travail, et qui n'ont besoin d'un secours extraordinaire qu'à cause de la cherté actuelle, ou en conséquence d'infirmités qui leur seraient survenues. Les pauvres de cette classe doivent être censés habitants des paroisses, et comme tels y être secourus.

XI. — Les métayers et colons doivent être nourris par les propriétaires des domaines, conformément à notre ordonnance du 28 février dernier [a] ; ils ne seront point compris dans les états des pauvres.

XII. — Dans les paroisses où l'on fera un rôle de contributions, lesdites contributions seront imposées sur tous les habitants aisés résidant dans le lieu, et sur tous les propriétaires de fonds, de dîmes et de rentes, sans distinction de présents ou d'absents, de privilégiés ou non privilégiés, même sur les ecclésiastiques et sur les communautés religieuses, à l'exception des seuls curés et vicaires à portion congrue.

XIII. — Pour former lesdits rôles de contributions, l'on se conformera aux règles qui vont être expliquées.

XIV. — Il sera fait un relevé du revenu des biens fonds, tels qu'ils sont évalués aux rôles des tailles de la paroisse, en observant de n'y comprendre que les corps de domaines, et non les petites propriétés détachées.

XV. — À l'égard des prés et autres héritages détachés, ainsi que des profits de fermes, rentes constituées et autres facultés personnelles, il en sera pareillement fait un relevé, dans lequel ne seront compris que les articles des particuliers taxés à quarante livres de principal de taille et au-dessus ; les facultés au-dessous de ce taux étant dispensées de contribuer. Et les revenus des biens et facultés compris dans ledit relevé seront portés sur le même pied que dans le rôle des tailles.

XVI. — Les revenus des rentes en grains seront évalués sur le pied des fermages, ou à défaut de fermages sur le prix moyen des dix dernières années.

XVII. — Les dîmes seront pareillement évaluées sur le produit commun calculé comme celui des rentes, d'après le prix moyen des dix dernières années.

XVIII. — Les contributions charitables seront réparties sur la totalité des revenus, tant sur ceux compris dans les deux relevés, ci-dessus mentionnés aux articles 14 et 15, des corps de domaines et des cotes pour héritages et facultés portant quarante livres de taille et au-dessus, que sur ceux des rentes en argent ou en denrées, et des dîmes, en observant néanmoins de taxer au double les propriétaires de rentes et de dîmes, attendu que ces derniers genres de revenus ne supportent que très peu de charges et de frais, et que les propriétaires de biens fonds, étant d'ailleurs obligés de fournir des secours à leurs cultivateurs, doivent être plus ménagés.

---

[a] Voir ci-dessous, p. 222.

XIX. — Le rôle sera fait, d'après les règles ci-dessus, par celui que la paroisse en chargera, et signé par le curé et les principaux habitants qui savent signer.

XX. — Il sera ensuite adressé à nos subdélégués, pour être par eux vérifié et rendu exécutoire, en vertu du pouvoir que nous leur donnons à cet effet.

XXI. — Le rôle ainsi vérifié sera remis entre les mains du receveur que la paroisse aura choisi et désigné, lequel en fera le recouvrement sur les y dénommés, et ce de mois en mois, la contribution devant être partagée en autant de payements égaux qu'il s'écoulera de mois jusqu'à la récolte. Le premier paiement doit être fait immédiatement après que le rôle aura été arrêté. Seront, au surplus, tous les payements croisés en marge dudit rôle.

XXII. — Les régisseurs ou *baillistes* seront tenus de fournir, sur les revenus des biens qu'ils régissent ou qu'ils tiennent à bail, la cote-part à laquelle les propriétaires auront été taxés ; à quoi faire ils seront contraints par voie de saisie-arrêt, même d'exécution si besoin est, sauf à se faire rembourser par les propriétaires desdits biens ou revenus, de ladite cotisation, ou à la précompter sur le prix de leurs fermes ou baux judiciaires, d'après les quittances qui leur seront données par le receveur desdites contributions charitables.

XXIII. — Dans les paroisses où l'on aura préféré de distribuer les pauvres entre les différents propriétaires des domaines, de rentes et de dîmes, et de charger ceux-ci de les nourrir, on suivra les mêmes règles prescrites ci-dessus par rapport à la distribution des contributions, c'est-à-dire qu'on ne distribuera des pauvres qu'aux propriétaires de corps de domaines, ou aux habitants dont la cote de taille s'élève à quarante livres et au-dessus ; et qu'à l'égard des propriétaires de rentes et de dîmes, on observera pareillement de leur faire supporter une charge double de celle des autres propriétaires de biens fonds et de facultés.

XXIV. — L'on observera que les pauvres soient distribués, autant qu'il sera possible, dans les villages qu'ils habitent ou dans ceux qui en sont le plus à portée.

XXV. — Seront, les états de distribution des pauvres, arrêtés et signés par le curé et les principaux habitants.

XXVI. — La nourriture qui sera fournie aux pauvres par ceux auxquels ils auront été distribués, ne pourra être au-dessous d'une livre et demie de pain par jour, ou autre aliment équivalent, pour chaque pauvre au-dessus de l'âge de seize ans, et à proportion pour les âges au-dessous.

XXVII. — Ceux auxquels les pauvres auront été ainsi distribués, pourront exiger que les pauvres valides auxquels ils fourniront la subsistance travaillent pour eux, à la charge néanmoins de leur donner en forme de supplément un salaire de trois sous par jour.

XXVIII. — Les propriétaires absents seront tenus de passer en compte à leurs métayers le grain nécessaire à la nourriture des pauvres qui leur auront été distribués. Les propriétaires de dîmes et de rentes absents, seront pareillement tenus de passer en compte à leurs fermiers ou régisseurs la dépense que ceux-ci auront faite pour nourrir les pauvres.

XXIX. — En cas que quelques-uns des particuliers fissent difficulté de fournir la nourriture aux pauvres qui leur auront été assignés par état de distribution, ils y seront contraints, soit par saisie-exécution, soit par voie de garnison, à la diligence du syndic et sur les exécutoires que nous autorisons nos subdélégués et même le juge le plus prochain à décerner par provision.

XXX. — Seront pareillement contraints ceux qui refuseront de satisfaire aux cotisations auxquelles ils auront été portés dans les rôles, à la diligence du receveur nommé par la paroisse, soit par voie de saisie-exécution, soit par établissement de garnison ; et ce, sur les ordonnances de nos subdélégués.

XXXI. — Les actes relatifs auxdites poursuites pourront être faits par le ministère de tous les huissiers et sergents, soit royaux ou seigneuriaux, ou des simples huissiers aux tailles ; autorisons même les huissiers de justices seigneuriales à exploiter, pour cet objet seulement, hors de l'étendue des juridictions aux greffes desquelles ils sont immatriculés.

XXXII. — Seront aussi tous actes relatifs à la subsistance des pauvres et à l'exécution de notre présente ordonnance, écrits sur papier non timbré, et affranchis de la formalité du contrôle et scel.

XXXIII. — Les oppositions et plaintes en surcharges, tant contre lesdits rôles de contributions que contre les états de distribution des pauvres, si aucune il y a, et généralement toutes contestations relatives à l'exécution desdits rôles et états, seront portées devant nos subdélégués, que nous autorisons à y statuer par provision ; sans préjudice aux parties qui se croiraient lésées de nous faire leurs représentations, sur lesquelles nous nous réservons de statuer définitivement, sauf l'appel au Conseil. Et seront les ordonnances rendues par nos subdélégués, exécutées par provision, nonobstant tout appel ou opposition quelconques.

XXXIV. — Ne seront au surplus admises lesdites oppositions ou plaintes en surcharges, si au préalable l'opposant ou plaignant ne justifie avoir satisfait au premier payement de la taxe, ou avoir fourni la nourriture aux pauvres qui lui auraient été distribués.

XXXV. — Autorisons en outre nos subdélégués à statuer pareillement sur les contestations qui pourraient survenir relativement à la validité ou invalidité des délibérations qui auraient été prises dans les paroisses, ainsi qu'à ordonner la tenue de nouvelles assemblées en leur présence ou en celle de personnes par eux commises à cet effet, dans le cas où les premières Assemblées ne se seraient pas conformées aux dispositions de notre présente ordonnance, ou n'auraient pas suffisamment pourvu aux besoins des pauvres. Seront pareillement les ordonnances par eux rendues à cet égard exécutées par provision, nonobstant appel ou opposition quelconque, sans préjudice aux parties de nous faire leurs représentations, sur lesquelles nous nous réservons de statuer définitivement, sauf l'appel au Conseil.

XXXVI. — Les mesures qui doivent être prises en exécution de notre présente ordonnance devant assurer partout la subsistance des pauvres, et ôter, par conséquent, tout prétexte à la mendicité, il sera en conséquence défendu, conformément aux ordres à nous adressés par le Conseil, à toute personne de mendier, même dans le lieu de son domicile, à peine d'être arrêtée et poursuivie suivant la rigueur des ordonnances et déclarations du Roi. Et seront les ordres et instructions par nous adressés à cet effet, tant à nos subdélégués qu'à la maréchaussée, mis à exécution dans chaque paroisse, dans le délai de quinze jours, après qu'il aura été pourvu à la subsistance des pauvres, ainsi qu'il est prescrit par la présente ordonnance.

Mandons à nos subdélégués de tenir la main à l'exécution de notre présente ordonnance, laquelle sera lue et publiée sans délai dans chaque paroisse en la forme ordinaire.

VII. — *Circulaire aux subdélégués envoyant l'Ordonnance du 1ᵉʳ mars.*

[D. P., VI, 27].

Limoges, 3 mars.

L'Ordonnance et les différentes *Lettres* et *Instructions* que je vous envoie, M., vous donneront une idée exacte du plan général auquel je me suis arrêté pour assurer la subsistance des pauvres.

L'*Instruction* est principalement relative au système des offres purement volontaires et contient des détails assez compliqués qui paraissent être plus propres aux villes et aux lieux considérables. Je sens que, dans la plus grande partie des paroisses de campagne, on sera forcé de choisir les moyens les plus simples pour remplir les mêmes vues.

J'ai tâché de rassembler dans l'*Ordonnance* toutes les parties de l'opération et d'y donner en même temps des règles précises et d'une application qui ne soit pas trop difficile dans la pratique. J'ai cru devoir y joindre une nouvelle *Lettre* pour les curés, datée aussi du 1er mars, et qui forme une seconde *Instruction* plus sommaire que la première.

J'y ai joint, comme à la précédente, des tableaux à colonnes en blanc destinés à former les états des pauvres de la campagne, et d'autres un peu plus compliqués pour former les états des pauvres des villes, dans lesquelles il m'a paru que l'opération exigeait de plus grands détails. Quelques-uns de ces états ou tableaux sont remplis fictivement, afin de donner à MM. les curés une idée plus nette de l'opération pour laquelle je demande leur coopération et celle des Bureaux de charité.

Je suppose que les curés auront soin de faire connaître mon *Ordonnance* et d'avertir les syndics de convoquer les Assemblées. Je vous prie de veiller avec attention à ce que ces Assemblées se tiennent partout. Si l'on négligeait d'exécuter mon *Ordonnance*, il serait nécessaire que vous les fissiez indiquer de votre autorité, et même, s'il en était besoin, que vous vous transportassiez sur les lieux, ou que vous commissiez quelqu'un à votre place pour faire tenir les Assemblées en sa présence.

Comme il se peut que les curés ne soient pas également disposés partout à concourir au succès d'un travail pourtant si nécessaire, et comme on doit même prévoir que quelques-uns peuvent éprouver des obstacles de la part de leurs habitants, il faudra y suppléer, si le cas se présente, en engageant ou le seigneur, ou quelque personne notable qui possède la confiance de la paroisse, à prendre le soin de diriger les opérations relatives au soulagement des pauvres.

Je vous envoie par cette raison, outre les paquets destinés aux curés, un assez grand nombre d'exemplaires, tant de la *Lettre* que je leur écris, que de l'*Instruction* et de mon *Ordonnance*, afin que vous puissiez en distribuer aux principaux seigneurs ou gentilshommes de votre subdélégation qui résident dans les paroisses de la campagne, et que vous croirez disposés à faciliter l'opération par leurs soins. Je présume, au reste, que dans le plus grand nombre des paroisses les curés eux-mêmes leur communiqueront mes *Instructions*, ainsi que je les en prie par ma lettre du 1er mars.

Dans les villes, c'est aux officiers municipaux que mes lettres et instructions doivent être remises, puisque c'est à eux à convoquer les assemblées ; mais il est convenable que vous donniez aussi connaissance de toute l'opération aux principaux officiers des juridictions, en leur remettant un exemplaire de l'*Ordonnance* et de mes *Instructions*. Je ne doute pas qu'ils ne se fassent un plaisir de concourir à l'objet que je me suis proposé, et de donner l'exemple aux autres citoyens.

Vous verrez, par la lecture de mon *Ordonnance*, que tout ce qu'il peut y avoir de contentieux dans l'opération, tout ce qui peut y exiger l'intervention de l'autorité, roulera entièrement sur vous. Je sens que ce sera un détail fatigant ; mais j'ai compté sur votre zèle dans une occasion aussi intéressante pour l'humanité.

J'ai cru devoir aussi, dans le cas prévu par l'article 29 de cette *Ordonnance*, autoriser même les premiers juges sur ce requis à décerner à votre défaut les contraintes pour obliger les particuliers refusant de nourrir les pauvres qui leur auraient été distribués, à leur fournir du moins la subsistance par provision, jusqu'à ce qu'il en ait été autrement ordonné. Il y a des paroisses très éloignées de la résidence du subdélégué, et il serait à craindre qu'avant que celui-ci eût pu rien statuer, les pauvres ne demeurassent sans ressources : j'ai pensé que toute autorité était bonne pour pourvoir à un besoin aussi pressant.

Il me semble avoir donné, dans les articles 8 et suivants jusqu'à l'article 19, des règles si précises sur la manière dont les contributions doivent être réparties, que vous aurez peu de peine, soit à en vérifier les rôles, soit à statuer sur les plaintes en surcharge. Il vous suffira le plus souvent de consulter les rôles des tailles.

Quant aux exécutoires pour procéder, soit par voie de saisie-exécution, soit par établissement de garnison pour contraindre les refusants, vous les décernerez sur la requête, ou des Assemblées de charité, ou des curés, ou des syndics des pauvres, si les paroisses en choisissent.

Ce qui vous embarrassera le plus sera de décider sur toutes les altercations qui s'élèveront vraisemblablement dans beaucoup de paroisses à cette occasion. Je m'attends bien que partout il y aura des plaintes, les uns trouvant qu'on a trop restreint le nombre des pauvres, les autres, qu'en l'étendant trop, on a trop grevé les aisés. Les présents voudront presque partout se décharger de la plus grande partie du fardeau sur les absents. Souvent ceux qui ont quelque pouvoir en abuseront pour se dispenser de contribuer, et peut-être il y aura bien des paroisses où l'on ne voudra prendre aucune résolution. Il m'est impossible de vous prescrire des règles fixes pour tous ces cas ; je dois m'en rapporter à votre zèle et à votre prudence ; je vous exhorte, en général, à ne rien épargner pour terminer ces divisions par voie de conciliation. Le plus souvent, vous y parviendrez en vous transportant sur les lieux, ou en chargeant quelqu'un de confiance de s'y rendre en votre nom, ainsi que vous y êtes autorisé par l'article 30 de mon *Ordonnance* [a]...

---

[a] Le surplus de la circulaire rappelle celle du 16 février. — Une circulaire analogue fut envoyée aux curés (*Du Pont*).

VIII. — *Ordonnance suspendant les droits de timbre et autres pour les opérations des Bureaux de charité* [a].

[D. P., VI, 34.]

7 mars.

De par le Roi Anne Robert Jacques Turgot, etc.

Nous ayant été exposé par le sieur lieutenant général de la sénéchaussée de Limoges, que, dans les différentes contestations qui s'élèvent sur l'exécution de l'Arrêt du Parlement de Bordeaux du 17 janvier dernier relatif à la subsistance des pauvres, les Bureaux de charité établis en chaque paroisse, lorsqu'ils sont forcés de faire des actes aux différents particuliers qui refusent de se soumettre aux répartitions par eux faites, font écrire ces actes sur du papier marqué, les font revêtir de la formalité du contrôle, et se servent quelquefois d'huissiers royaux, quoiqu'éloignés de leurs paroisses, sous prétexte que ces actes doivent être faits hors de l'étendue des juridictions seigneuriales aux greffes desquelles les sergents sont immatriculés ; Que, de toutes ces circonstances, il résulte des frais d'autant plus préjudiciables, que, dans une opération momentanée et nécessairement précipitée, il n'est pas possible qu'il ne se soit fait plusieurs injustices involontaires ; que ceux qui éprouvent ces injustices seraient trop à plaindre, s'ils étaient obligés de payer des frais qu'ils n'auraient pas mérités ; qu'il ne semble pas juste non plus de faire tomber ces frais sur les bureaux de charité, composés d'honnêtes citoyens qui n'ont que des vues louables et qui peuvent

---

[a] Tous les travaux dont on vient de rendre compte et de publier les principales pièces, avaient organisé les Bureaux de charité. Mais, dans leurs opérations, ils rencontrèrent la *fiscalité*, qui exigeait que leurs actes fussent sur papier timbré, et qui les soumettait au contrôle. Ils trouvèrent encore les privilèges des officiers ministériels immatriculés dans les juridictions royales : dépense et retard, fondés néanmoins sur des lois financières et sur l'organisation des tribunaux.

Tout intendant aurait senti, comme Turgot, que cette fiscalité et ces formes, ces privilèges qui tenaient originairement à une autre fiscalité, étaient, dans une telle circonstance, tout à fait contraires aux intentions du Gouvernement qui, loin de vouloir tirer un revenu de la calamité publique, se portait généreusement à des sacrifices considérables pour en alléger les maux. Il n'en était presque aucun qui ne se fût hâté de le représenter au ministre des finances et au chancelier, et n'eût sollicité à cet égard la décision du Conseil, puis les ordres du Roi. Tous auraient cru devoir les attendre. Nul autre que Turgot n'aurait osé suspendre provisoirement l'effet de deux lois, l'une fiscale, l'autre judiciaire, parce qu'elles absorbaient une partie des fonds et ralentissaient les efforts de la charité. Il est même très vraisemblable que tout autre aurait été blâmé de l'avoir pris sur lui. Mais Turgot ne craignait jamais de faire ce qui était évidemment utile. Le poids de sa vertu et celui de son caractère empêchaient qu'on lui reprochât d'y avoir mis de la célérité. Il est vrai qu'il avait à son appui, au Conseil d'État et auprès des deux ministres, la vertu non moins grande et les lumières de MM. Trudaine père et fils. La seule précaution qu'il prit fut de se faire représenter le fait par le lieutenant-général de la sénéchaussée (*Du Pont*).

Trudaine père mourut en janvier 1769 ; il restait Trudaine de Montigny.

facilement être trompés sur une multitude de faits et de discussions qu'entraîne l'opération à laquelle ils se livrent pour soulager les malheureux ; qu'en conséquence il croit devoir nous représenter la nécessité d'obvier à ces inconvénients, en autorisant les Bureaux de charité et les juges des lieux, ainsi que les sénéchaux, à faire usage de papier non timbré dans tous les actes relatifs à la subsistance des pauvres et à l'exécution dudit Arrêt du Parlement, du 17 janvier dernier ; comme aussi en déchargeant lesdits actes et ordonnances de la formalité du contrôle et du scel, et finalement en autorisant les sergents des juridictions seigneuriales à exploiter dans cette partie, même hors de leur juridiction ;

Vu lesdites représentations, et considérant qu'en effet on ne peut trop s'occuper du soin de décharger de tous frais inutiles une opération aussi intéressante que la répartition des contributions charitables destinées dans chaque paroisse à la subsistance des pauvres ; que ces motifs ont déjà déterminé le Parlement de Bordeaux à statuer que toutes les ordonnances rendues sur cette matière seraient purement gratuites ; que les vues de cette Cour ne seraient qu'imparfaitement remplies à cet égard, si les différents actes pour l'obtention et l'exécution de ces ordonnances demeuraient assujettis à des formalités dispendieuses ; qu'enfin les droits du Roi et les intérêts de l'adjudicataire des fermes ne souffriront aucune lésion, puisqu'il s'agit uniquement de la répartition d'une contribution de charité, laquelle ne peut être regardée comme faisant partie du cours ordinaire des actes relatifs aux intérêts des particuliers, ou à l'administration de la justice ; que, par conséquent, il y a lieu de croire que cet adjudicataire ne fera aucune difficulté de se prêter à un arrangement aussi avantageux aux pauvres ; attendu, en outre, que les motifs des dites représentations sont également applicables à toutes les parties de la province ;

Nous autorisons les Bureaux de charité et les juges des lieux, ainsi que les sénéchaux, à faire usage de papier non timbré dans tous les actes relatifs à la subsistance des pauvres et à l'exécution de l'Arrêt du Parlement de Bordeaux du 17 janvier dernier ; comme aussi dispensons les dits actes et ordonnances de la formalité du contrôle et du scel, et finalement autorisons les sergents des juridictions seigneuriales à exploiter, pour cet objet seulement, même hors de l'étendue des juridictions aux greffes desquelles ils sont immatriculés. Le tout néanmoins par provision et tant qu'il n'en sera autrement ordonné par le Conseil.

IX. — *Ordonnance imposant aux propriétaires de nourrir leurs métayers jusqu'à la récolte.*

[D. P., VI, 8.]

Limoges, 28 février.

De Par le Roi.

Anne Robert Jacques Turgot, etc...

Sur ce qui nous a été représenté par les bureaux de charité, déjà établis dans différentes paroisses de cette généralité pour subvenir aux besoins des pauvres, que plusieurs propriétaires de fonds ont été engagés, par la modicité de leurs récoltes et la cherté actuelle des grains, à renvoyer une partie de leurs métayers ou colons, ne voulant pas suppléer à l'insuffisance de la portion desdits métayers dans la dernière récolte et fournir à leur subsistance dans le cours d'une année aussi malheureuse ; que ces métayers ou colons, ainsi abandonnés par leurs maîtres et dénués de toute ressource, sont réduits, eux et leur famille, à la plus grande misère, et contraints à quitter le pays, abandonnant leurs femmes et leurs enfants à vivre de charité [a], ce qui augmente à l'excès la charge des habitants, obligés de se cotiser pour subvenir à la nourriture des pauvres déjà trop nombreux ; que la réclamation desdits habitants contre cette surcharge est d'autant plus juste, que, conformément à nos instructions et aux règles par nous prescrites sur la répartition des contributions pour le soulagement des pauvres, les propriétaires des biens-fonds n'ont été taxés qu'à la moitié de ce que supportent les propriétaires de rentes et de dîmes, et ce en considération de ce que ceux-ci n'ont point de colons dont la nourriture soit à leur charge ; que lesdits propriétaires de biens-fonds partageant avec tous les citoyens aisés l'obligation qu'imposent la religion et l'humanité de soulager les pauvres, cette obligation devient plus stricte encore, et semble appartenir plutôt à la justice qu'à la charité, lorsqu'il s'agit d'un genre de pauvres avec lesquels ils sont liés par des rapports plus particuliers fondés sur les services mêmes qu'ils sont dans l'habitude d'en recevoir ; que ces pauvres, au moment où la misère les a frappés, s'épuisaient par les plus durs travaux à mettre en valeur les biens de leurs maîtres, lesquels doivent à ces travaux tout ce qu'ils possèdent ; qu'à ces motifs d'humanité et de justice se joint, pour les propriétaires, la considération de leur véritable intérêt, puisque la mort ou la fuite des cultivateurs, l'abandon et l'anéantissement de leurs familles, suites infaillibles de la situation à

---

[a] Turgot avait prévu ce danger dans son *Avis sur la taille* pour 1770, ci-dessus p. 47.

laquelle ils seraient réduits, priveraient leurs maîtres des moyens de tirer de leurs terres un revenu qu'elles ne peuvent produire que par le travail ; que cet intérêt, dont la voix devrait être si puissante sur les particuliers, est en même temps de la plus grande importance pour le public et pour la Province, qui, par la dispersion de la race des cultivateurs, souffrirait l'espèce de dépopulation la plus désastreuse et la plus terrible dans ses conséquences, pour la Province, qui, privée des seules ressources qui lui restent pour réparer ses malheurs par les travaux des années à venir, perdant, faute de bras, l'avantage des saisons les plus favorables, serait longtemps dévouée à la stérilité, et verrait se perpétuer d'année en année les maux accablants sous lesquels elle gémit ; et nous ayant paru aussi juste qu'intéressant, pour le soutien de la culture et l'avantage de l'État, d'avoir égard auxdites représentations :

À ces causes, nous ordonnons que les propriétaires de domaines, de quelque qualité ou condition qu'ils soient, privilégiés ou non privilégiés, seront tenus de garder et nourrir jusqu'à la récolte prochaine les métayers et colons qu'ils avaient au 1er octobre dernier, ainsi que leurs familles, hommes, femmes et enfants. Ordonnons à ceux qui en auraient renvoyé de les reprendre dans la huitaine du jour de la publication de la présente ordonnance, ou d'autres en même nombre, à peine d'être contraints à fournir, ou en argent ou en nature, à la décharge des autres contribuables de la paroisse, la subsistance de quatre pauvres, par chacun de leurs métayers ou colons qu'ils auraient congédiés et non remplacés. Enjoignons aux syndics, collecteurs et principaux habitants de chaque paroisse de nous avertir, ou notre subdélégué le plus prochain, des contraventions qu'ils apprendraient avoir été faites à notre présente ordonnance, laquelle sera lue, publiée et affichée partout où besoin sera. Mandons à nos subdélégués d'y tenir la main.

X. — *Lettre au Chancelier* [a] *en vue d'obtenir que le paiement des rentes stipulé en grains ne puisse être exigé en argent à des prix de disette* [b].

[a] Maupeou.

[b] La plupart des terres de la Généralité de Limoges étaient *accensées* par les seigneurs pour des rentes en grains. Les grains manquaient absolument, même à la subsistance des cultivateurs. Il était donc impossible à ceux-ci d'en fournir pour leurs rentes, quand ils n'en avaient pas pour leur pain. Les seigneurs exigeaient alors qu'on acquittât en argent les rentes que l'on ne pouvait pas payer en nature et ils estimaient ces rentes d'après le prix qu'avait momentanément au marché la quantité de grains qui leur était due.

Ce prix était porté par la disette au quadruple des prix ordinaires. Il s'ensuivait donc que les seigneurs et les autres propriétaires de rentes en grains se faisaient un titre de la calamité générale et de la souffrance universelle pour quadrupler leur revenu…

La rigueur de la loi, le fardeau qu'elle imposait, étaient aggravés par les poursuites judiciaires, et l'étaient encore dans un grand nombre de communes par la solidarité entre les censitaires que prononçait le titre primitif, et qui donnait au seigneur le droit de ruiner, à son gré, ce qui restait de possesseurs un peu à leur aise dans chaque paroisse.

[A. N. K 908, minute. — D. P., VI, 61.]

Limoges, 14 mai.

Mgr, la disette et la cherté excessive des subsistances rendant la charge des rentes en grains assises sur presque tous les héritages de cette province accablante pour les propriétaires, le Parlement de Bordeaux a jugé à propos de rendre un Arrêt de règlement pour ordonner que les arrérages des rentes en grains de toute espèce, dus pour l'année 1769, se payent sur le prix commun que les grains ont valu pendant le cours du mois d'août 1769, ou pendant les deux marchés les plus voisins du temps de l'échéance de ces rentes.

Je crois devoir vous faire passer l'exemplaire de cet arrêt [a] que M. le procureur général vient de m'envoyer. Quoique cette matière semble appartenir à la législation, ce magistrat s'est cru autorisé, par la Déclaration du 8 octobre 1709, à requérir cet arrêt, cette déclaration ayant laissé à la prudence des Cours de parlements de pourvoir, par des règlements convenables et appropriés aux différents usages des lieux et à la quotité de la récolte, à la manière de payer les cens et rentes en grains. Il est certain qu'on ne peut qu'applaudir aux motifs qui ont engagé M. Dudon à faire rendre cet arrêt, et à la sagesse de ses dispositions. J'ose même dire que les circonstances rendaient ce règlement absolument nécessaire, et que la même nécessité a lieu pour les parties de ma généralité situées dans le ressort du Parlement de Paris, et même pour quelques provinces voisines. J'avais, de mon côté, réfléchi sur cet objet, et j'avais pensé à vous proposer de faire rendre une déclaration

---

Heureusement, il y avait alors au Parlement de Bordeaux, et dans les fonctions qui donnaient le plus d'influence, un magistrat d'un rare mérite, Dudon, procureur général. Nous avons vu la justice qu'il rendait à Turgot. Ils avaient presque en tout les mêmes principes... Ils s'appuyèrent sur une Déclaration du 8 octobre 1709, qui, dans un cas à peu près semblable, s'en était référé à la sagesse des Parlements pour ordonner ce qu'exigeraient les circonstances locales. Dudon demanda, justifia, obtint un arrêt du Parlement qui réglait, pour l'année 1770, le payement en argent des rentes de l'année 1769, dues en grains, en conciliant les droits comme les intérêts des propriétaires et de leurs débiteurs. Turgot se chargea d'exposer au Chancelier les raisons qui avaient rendu cette mesure indispensable, et de lui demander qu'elle fût étendue à la partie de la Province qui ressortissait du Parlement de Paris.

Le bien se trouva fait plus sûrement et plus vite que si l'on se fût borné à solliciter de loin une décision du Conseil d'État, qui apportait toujours, à ce qui touchait à la législation, une sage lenteur, que ne comportait point la conjoncture... (*Du Pont.*)

[a] Cet arrêt du 8 mars 1770 porte que les arrérages des rentes en grains de toute espèce, soit que lesdites rentes soient directes, seigneuriales ou simples prestations et redevances foncières, dues pour l'année 1769, seront payées pour le Limousin sur le prix commun que lesdits grains auront valu pendant le cours du mois d'août 1769 et pour le Périgord sur le prix des deux marchés les plus voisins du temps de l'échéance des rentes.

[A. H. V., C. 422.]

dans les mêmes vues que le Parlement de Bordeaux a rendu son arrêt ; mais, ayant eu connaissance du travail de M. Dudon, j'ai préféré d'en attendre le résultat pour vous proposer simplement d'en adopter les dispositions, si vous les approuvez.

Je pense qu'en effet il est indispensable de venir au secours des censitaires, dont le plus grand nombre serait entièrement ruiné, si les redevances en grains pouvaient être exigées d'eux sur le pied de la valeur actuelle des grains. Je dois observer à ce sujet que ces sortes de redevances sont d'une tout autre importance dans la plupart des provinces méridionales que dans les provinces riches, telles que la Normandie, la Picardie et les environs. Dans ces dernières provinces, la principale richesse des gros propriétaires consiste dans le produit même des terres, qui sont réunies en grands corps de ferme, et dont le propriétaire retire un gros loyer. Dans les terres les plus considérables, les rentes seigneuriales ne forment qu'une très modique portion du revenu, et cet article n'est presque regardé que comme honorifique. Dans les provinces moins riches et cultivées d'après des principes différents, les seigneurs et les gentilshommes ne possèdent presque point de terres à eux ; les héritages, qui sont extrêmement divisés, sont chargés de très grosses rentes en grains, dont tous les co-tenanciers sont tenus solidairement. Ces rentes absorbent souvent le plus clair du produit des terres, et le revenu des seigneurs en est presque uniquement composé. Cette observation vous fera sentir, Mgr, la justesse des réflexions de M. le Procureur général sur le malheureux sort des censitaires dans l'état de disette où est la Province.

Le remède qu'il propose d'y appliquer, et que le Parlement a adopté par son Arrêt, me paraît tout à la fois le plus simple et le plus juste dans la circonstance : il consiste à ordonner que les rentes ne pourront être exigées que sur le prix moyen des marchés les plus voisins de l'échéance des rentes ou prestations. La disposition qui a pour objet d'annuler tous les actes, commandements et saisies, même les contrats et obligations portant promesse de payer les redevances sur un pied plus haut que celui fixé par l'Arrêt, est une suite de la première, et nécessaire pour ôter les moyens d'éluder celle-ci.

Peut-être le Parlement aurait-il pu mettre à son Arrêt une modification en faveur des seigneurs relativement aux rentes assises sur les moulins. Il est certain que les meuniers, dont le salaire se paye en nature sur le pied du seizième des grains qu'ils réduisent en farine, ont prodigieusement gagné à la cherté des grains, et qu'ils ne seraient donc aucunement lésés en payant à leur seigneur, sur le pied de la valeur actuelle, le grain qu'ils ont eux-mêmes perçu sur le pied de cette valeur. Si vous vous déterminez à faire rendre une Déclaration uniquement relative à la circonstance actuelle, et pour les seules provinces qui ont souffert de la disette, vous ferez vraisemblablement usage de cette observation.

Mais je vous avoue, Mgr, qu'il me paraîtrait utile d'aller plus loin, et de donner une loi dont les dispositions, s'étendant à tout le Royaume et à tous les temps, prévinssent dans tous les cas l'inconvénient auquel le Parlement de Bordeaux a voulu pourvoir dans le cas particulier. Rien ne me paraît plus simple et plus juste que d'établir en loi générale la règle que les redevances en denrées ne puissent être exigées sur un pied plus haut que la valeur de ces denrées à l'époque où les rentes sont échues. Cette règle est déjà établie dans plusieurs provinces en vertu d'usages locaux confirmés par des arrêts particuliers ; elle serait partout avantageuse aux censitaires, dont le sort serait fixe, sans être préjudiciable aux seigneurs, dont la recette serait toujours réglée par le prix commun des grains, les bonnes années compensant toujours les mauvaises dans le cours ordinaire des choses. Je ne pense donc pas que ce règlement pût souffrir aucune difficulté fondée.

Je pense même qu'en se renfermant dans cette disposition unique, la loi nouvelle ne serait pas assez favorable aux censitaires, et ne préviendrait point assez sûrement dans tous les cas l'excessive aggravation de leur fardeau par le manque de récoltes. En effet, il est très possible que l'époque où les rentes échoient soit précisément celle de l'année où les grains sont le plus chers, et alors le redevable perdrait à la fixation. Par exemple, l'échéance des rentes en Limousin tombe communément au mois d'août. Cette année, il est avantageux aux censitaires de payer suivant la valeur des grains à cette époque ; quoique la récolte ait été très modique, la disette ne s'étant déclarée qu'après la perte totale des récoltes de la Saint-Michel, qui forment le plus grand fond de la subsistance du peuple dans les années ordinaires. Mais, dans d'autres provinces, où la récolte des froments et des seigles est presque la seule, ainsi que dans les années où c'est cette récolte qui manque totalement, comme dans la fameuse année 1709, le moment même de la récolte est celui où l'on aperçoit le vide des subsistances, où l'alarme se répand, où les grains se resserrent, et où leur prix s'élève tout à coup à un taux exorbitant ; il est évident qu'alors la fixation du payement des redevances sur le pied du prix courant lors de l'échéance deviendrait très défavorable au censitaire qui resterait soumis à l'augmentation ruineuse dont il paraît juste de le garantir.

Il y a, ce me semble, un moyen de prévenir pour toujours cet inconvénient, sans que les seigneurs puissent se plaindre. Il suffirait d'ordonner que, lorsque le prix des grains serait monté plus haut que la moitié en sus du prix moyen des dix dernières années, la rente ne pourrait être exigée qu'en argent, et ne pourrait l'être sur un pied plus fort que le prix moyen en y ajoutant la moitié en sus. Ainsi, en supposant que le prix moyen du froment soit de 20 livres le setier de Paris, lorsqu'il montera à plus de 30 livres à l'époque de l'échéance, le censitaire ne pourra être tenu de payer qu'en argent et sur le pied de 30 livres le setier. Je crois que personne ne pourrait se plaindre de cette fixation, qui laisserait le seigneur et le censitaire profiter tour à tour de toute l'étendue des variations que le cours naturel d'un commerce libre peut apporter au prix des grains. Un prix plus fort passe cette limite, et peut être regardé comme une circonstance extraordinaire et comme un commencement de disette. Or, dans les temps de disette, il est humain et même juste que la loi vienne au secours du censitaire accablé de tous côtés ; le propriétaire de la rente, que la cherté enrichit, ne pourrait, sans montrer une avidité odieuse, prétendre tirer de la cruelle circonstance où se trouve son tenancier un profit encore plus exorbitant. C'est à votre prudence, Mgr, à peser les avantages que je crois voir dans la loi que je prends la liberté de vous proposer.

Dans le cas où vous vous y détermineriez, je ne crois pas qu'il fût nécessaire d'y insérer la modification dont j'ai eu l'honneur de vous parler relativement aux rentes assises sur des moulins. Cet objet, envisagé sous le point de vue d'une loi générale, me paraît perdre de son importance, et ne pas mériter qu'on rende la loi plus compliquée par une exception. On doit prévoir que, par une suite de la liberté rendue au commerce des grains, l'usage de payer les meuniers en nature s'abrogera, et qu'on y substituera celui de les payer en argent. Alors leur sort ne sera point amélioré par la cherté des grains, et il n'y aura aucune raison de les traiter plus défavorablement que les autres censitaires.

Mais il serait toujours indispensable de joindre aux deux dispositions qui composeraient la loi générale, une disposition particulière relative au moment actuel, pour annuler, ainsi que l'a fait le Parlement de Bordeaux, tous les actes déjà faits depuis la cherté de 1769, pour obliger les censitaires à payer sur le pied de l'excessive valeur actuelle des grains.

Si vous vous bornez à une Déclaration particulière, momentanée et locale, il paraît juste de l'étendre aux provinces qui ont souffert cette année de la disette. Je ne suis pas assez instruit de l'état des provinces circonvoisines pour pouvoir vous tracer la limite des cantons affligés ; mais sans doute les Avis que les différents intendants ont envoyés à M. le Contrôleur général vous donneront toutes les lumières que vous pourrez désirer sur ce point de fait.

110. — LA MENDICITÉ.

I. — *Supplément à des instructions précédentes* [a].

[D. P., VI, 1.]

19 février.

Le Conseil s'étant déterminé à entendre les ordres ci-devant donnés pour la suppression de la mendicité à tous les mendiants, soit qu'ils aient un domicile ou qu'ils n'en aient pas, M. le Chancelier et M. le duc de Choiseul ont adressé de nouvelles instructions aux officiers de la maréchaussée pour les autoriser à faire arrêter et conduire dans les dépôts ceux qui seraient trouvés mendiant, même dans le lieu de leur domicile, et à procéder contre eux de la même manière que contre les autres mendiants de profession. L'intention du Conseil n'est pas cependant que ces ordres soient exécutés avec la même rigueur et la même universalité que ceux précédemment donnés pour faire arrêter les mendiants non domiciliés. Il ne doit, au contraire, y être procédé qu'avec la modération nécessaire pour ne point risquer de confondre deux choses aussi différentes que la pauvreté réelle et la mendicité volontaire occasionnée par le libertinage et l'amour de l'oisiveté. La première doit être non seulement secourue, mais respectée ; la seconde seule peut mériter d'être punie. Il ne faut donc pas perdre de vue que la seule mendicité volontaire, qui se refuse aux moyens honnêtes de subsister qu'on lui offre, est l'objet de ces nouveaux ordres.

Par conséquent, leur exécution suppose que les vrais pauvres trouveront chacun dans la paroisse où ils font leur domicile, ou des secours, s'ils sont hors d'état de gagner leur vie, ou du travail s'ils ont la force ou la santé nécessaires.

Cette considération avait déterminé à suspendre l'envoi de ces mêmes ordres, jusqu'à ce que la diminution du prix des grains eût fait cesser la mendicité forcée par la misère répandue dans les campagnes. Mais, les mesures qui doivent être prises dans toutes les paroisses de la Généralité pour assurer la subsistance ou procurer du travail aux vrais pauvres ne laissant plus aucun prétexte pour mendier, on a cru que c'était au contraire le moment le plus favorable qu'on pût choisir pour

---

[a] Les premières *Instructions* des 1er août et 20 novembre 1768 n'ont pas été retrouvées. La mendicité était, sous l'Ancien régime, un fléau dont on ne peut avoir aucune idée aujourd'hui. Quand les journaliers des campagnes ne trouvaient plus un salaire suffisant, en raison souvent de la misère des propriétaires, ils se précipitaient sur les villes et, comme ils n'y trouvaient pas d'emploi — en partie par suite de l'organisation des gens de métiers —, ils demandaient l'aumône, ou réunis se révoltaient.

remplir les vues du Conseil et supprimer entièrement la mendicité ; et, comme il est nécessaire de donner des règles précises sur la conduite que doivent observer les différentes personnes chargées des détails de l'opération, afin que les principes qu'on suivra soient uniformes dans toute la Généralité, l'on a rédigé ce supplément aux deux instructions du 1er août et du 20 novembre 1768.

ART. Ier. — Il ne sera plus loisible à quelque personne que ce soit de mendier, même dans la paroisse de son domicile, et ceux qui mendieront seront arrêtés par les cavaliers de la maréchaussée, de la même manière que l'Instruction du 10 août prescrit d'arrêter les mendiants de profession.

II. — Ils ne pourront cependant être arrêtés que dix jours après que les ordres et les instructions, donnés dans chaque paroisse pour assurer la subsistance des pauvres, auront été exécutés, ce dont les cavaliers auront soin de s'instruire par la voie de MM. les curés.

III. — Comme on peut toujours retrouver des mendiants domiciliés et connus, et comme il est moins question de les punir d'avoir mendié que de les empêcher de mendier à l'avenir, comme il serait, d'ailleurs, inutile et dispendieux de remplir les dépôts d'une foule de gens qui seraient disposés à quitter la vie mendiante, les officiers et cavaliers de la maréchaussée ne doivent point conduire dans les prisons ceux qu'ils auraient arrêtés, par la seule raison qu'ils les auraient trouvés mendiant. Ceux à qui il n'y aurait d'autre reproche à faire que d'avoir été trouvés mendiant, doivent être remis en liberté, à la charge de ne plus mendier, et en les prévenant que, s'ils y retournent, ils seront arrêtés de nouveau et conduits dans les dépôts.

IV. — Il doit néanmoins être dressé procès-verbal de leur capture, et des éclaircissements qui auront été pris sur leur nom, leur domicile et leur état, ainsi que l'article II de l'instruction du 1er août 1768 le prescrit relativement aux mendiants domiciliés, qui n'étaient point dans le cas d'être emprisonnés, mais dont l'état devait être constaté.

V. — En effet, s'ils sont repris de nouveau, ils seront conduits dans les prisons, et l'on suivra contre eux la forme de procéder prescrite, par les instructions précédentes, vis-à-vis des mendiants de profession.

VI. — Ceux qui seront connus dans leur paroisse pour mauvais sujets, mendiants opiniâtres ou insolents, se refusant aux occasions de travailler, et déterminés à continuer de mendier, doivent être dès la première fois, traités en mendiants de profession ; mais, comme les cavaliers ne peuvent les connaître, ils doivent demander aux subdélégués et aux officiers chargés de la police dans les villes, et aux curés dans les campagnes, des informations sur les particuliers qui ont mérité ces notes, afin d'arrêter ceux qui leur seront indiqués.

VII. — En se concertant ainsi avec les fonctionnaires publics de chaque lieu, l'on ne risquera point de confondre les bons et véritables pauvres avec les mendiants volontaires.

VIII. — Conformément aux instructions et aux ordonnances qui ont été données dans toutes les paroisses pour subvenir aux besoins des pauvres domiciliés, les pauvres étrangers doivent être renvoyés dans le lieu de leur domicile ordinaire, et il doit leur être fourni de quoi subsister pendant la route, au moyen de quoi, il ne leur sera pas permis de mendier, et ceux qui seraient surpris mendiant doivent être arrêtés par la maréchaussée.

IX. — Ces pauvres doivent être munis de certificats des curés ou des préposés du bureau de charité de la paroisse d'où on les renvoie, ou de routes délivrées par les subdélégués. Ces certificats et ces routes feront toujours mention du secours qu'ils ont reçu, du lieu d'où ils sont partis et de celui où ils doivent se rendre. Les cavaliers doivent veiller avec le plus grand soin à ce que ces hommes ne s'écartent pas de la route qui leur est indiquée.

X. — Au surplus, les deux instructions précédentes, du 1er août et du 20 novembre 1768, continueront d'être exécutées dans tous les points auxquels il n'est point dérogé par la présente. Les personnes chargées de concourir à l'exécution des ordres de S. M. concernant les mendiants et vagabonds se conformeront, chacune pour ce qui la regarde, à l'*Instruction* ci-dessus [a].

II. — *Lettre à l'Intendant de Paris (Bertier de Sauvigny).*

[A. H. V., C. 364.]

(Approvisionnements des dépôts.)

Limoges, 12 janvier.

J'ai reçu les deux lettres que vous m'avez fait l'honneur de m'écrire le 4 et le 7 janvier pour m'annoncer les ordres qu'a donnés M. le Contrôleur général pour me faire passer les grains destinés à l'approvisionnement des dépôts de mendicité et je me hâte de vous faire une observation sur la disposition que M. le Contrôleur général a faite de ces grains, tant pour Limoges que pour Angoulême. Cette disposition a quelques inconvénients qu'il serait à souhaiter qu'on pût changer. Je

---

[a] Aux Archives de la Haute-Vienne est un arrêté de Turgot du 15 juillet relatif aux dépenses pour la destruction de la mendicité.

vois, par l'état joint à votre lettre du 4 janvier, qu'on a destiné pour le dépôt de Limoges 80 setiers de froment, 66 setiers de seigle et 66 setiers d'orge, lesquels doivent être expédiés de Saumur, par le sieur Drouin, l'aîné ; et qu'en même temps, les sieurs Montaudoin frères de Nantes doivent expédier pour le dépôt d'Angoulême, 40 setiers de froment, 34 setiers de seigle et 34 setiers d'orge, le tout mesure de Paris.

Je prends la liberté de vous observer qu'il y a du désavantage à faire partir des grains, de Saumur, destinés pour Limoges, en les transportant par eau jusqu'à Chatellerault et de Chatellerault par terre jusqu'à Limoges. La difficulté de cette dernière route rendrait ce transport extrêmement dispendieux, et l'on aurait beaucoup meilleur marché à expédier de Nantes par Angoulême le grain destiné pour Limoges. D'ailleurs, je n'emploie pas de froment à la nourriture des mendiants de Limoges, et vous sentez que, dans un pays où les bourgeois aisés ne vivent que de pain de seigle, il ne serait pas naturel de donner à des mendiants renfermés une nourriture meilleure.

Ces deux raisons doivent concourir, M., à faire expédier la totalité de l'approvisionnement que m'a destiné M. le Contrôleur général, de Nantes à Angoulême, où je ferai garder la totalité du froment et d'où je me chargerai de faire voiturer le seigle jusqu'à Limoges.

J'observe encore que, comme le dépôt de Limoges est plus considérable que celui d'Angoulême, il serait bon de diminuer la provision du froment de 50 à 60 setiers, et d'augmenter de pareille quantité avec du seigle.

Il y aura certainement de l'économie à ce nouvel arrangement et, s'il en est temps encore, je vous serai très obligé de vouloir bien, en conséquence, faire révoquer les ordres déjà donnés aux fournisseurs et leur en donner de nouveaux relatifs à ma proposition.

III. — *Lettres au Contrôleur général.*

[A. H. V., C. 334.]

(Approvisionnements des dépôts.)

Limoges, 20 juillet.

M., conformément à la lettre que vous m'avez fait l'honneur de m'écrire le 12 janvier dernier, je vous envoie une copie des procès-verbaux de réception que mon subdélégué à Angoulême a dressés des grains qui y ont été envoyés par vos ordres par les sieurs de Montaudoin frères, de Nantes, pour la subsistance des renfermés des dépôts de mendicité établis dans ma généralité. J'ai réglé ces grains à la somme de 7 150 l. 11 s. 7 d. sur le prix courant d'Angoulême, lorsque ces grains y sont arrivés à la déduction d'un huitième seulement, ainsi que vous me l'avez prescrit par votre lettre du 12 janvier. J'en ai expédié mon ordonnance au profit des sieurs de Montaudoin, sur le caissier établi dans cette province pour l'acquit des dépenses relatives à l'opération de la mendicité, et cette somme lui a été payée par la voie d'une rescription du trésorier des troupes de Limoges sur celui de Nantes.

Les besoins pressants de Limoges et quelques intervalles de temps pendant lesquels on n'a pu recevoir aucune partie des grains, achetés chez l'étranger, pour la subsistance du peuple, m'ont déterminé à y faire transporter et vendre tout le seigle du second envoi de M. de Montaudoin, qui était destiné pour les dépôts. Je suis persuadé que vous approuverez que, dans une pareille circonstance, j'aie pris sur moi de faire vendre aux peuples cette partie de grains.

J'ai aussi autorisé mon subdélégué à faire vendre à Angoulême une partie de ces grains qui ne pouvait être consommée.

Le caissier de la mendicité portera en recette le prix de la vente de ces grains dans le compte des dépenses de l'année 1769.

Limoges, 30 octobre.

M., vous m'avez fait l'honneur de me demander, par une lettre du 20 septembre dernier, un état de l'approvisionnement des grains fait pour la subsistance des renfermés dans les dépôts de ma généralité, avec la réduction des mesures locales à la mesure de Paris ; et vous me marquez, par une seconde lettre du 15 de ce mois, que cette première connaissance ne vous suffisant pas pour juger de ma situation actuelle et régler les précautions à prendre pour assurer cette partie du service pendant le cours de l'année prochaine, vous me priez de vous faire part de la quantité effective de grains qui restaient dans les dépôts de ma généralité au 1er de ce mois.

J'ai eu l'honneur de vous prévenir dans le temps, M., que l'approvisionnement de grains que vous aviez fait venir l'année dernière avait été de très peu d'usage pour la subsistance des renfermés. L'excès de la misère ayant forcé de se relâcher beaucoup de la rigueur des ordres donnés contre la mendicité, il n'y a eu que très peu de mendiants d'arrêtés. D'ailleurs, la plus grande partie était au dépôt de Limoges, où j'avais pris antérieurement des arrangements avec les administrateurs de l'hôpital pour leur fournir le pain de seigle ; on leur a aussi donné des fèves, du riz et des pommes de terre. Dans ces circonstances, la rareté excessive des grains me fit prendre le parti, dans un intervalle où l'arrivée des grains étrangers était suspendue, par quelque contre temps, de faire venir à Limoges le seigle qui était au dépôt d'Angoulême et de le faire vendre, pour calmer les esprits du peuple. Une partie du froment a été aussi vendue à Angoulême pour la même raison. Vous avez eu la bonté d'approuver cette opération. Mais, comme par le moyen de ces différentes ventes, ces grains se sont trouvés confondus avec les autres approvisionnements, et que le compte général de l'opération par lequel toutes les parties doivent être séparées n'est pas encore mis au net, je ne puis vous envoyer encore l'état détaillé des approvisionnements fournis par MM. Montaudoin et de l'usage qui en a été fait ni, par conséquent, satisfaire à votre lettre du 20 septembre.

Quant à l'objet de celle du 1er octobre, il m'est plus facile de le remplir et vous trouverez ci-joint l'état de ce qui reste au dépôt d'Angoulême énoncé en boisseaux, mesure de cette ville, et réduit aussi à la mesure de Paris.

Je ne pense point du tout, M., qu'il soit nécessaire de renouveler cet approvisionnement. Vous voyez que celui de l'année dernière a été presque entièrement inutile pour l'opération de la mendicité et n'a servi que pour un objet étranger. Encore, à cet égard, a-t-il fait plus de mal que de bien ; car, comme ces grains étaient arrivés à Angoulême à l'adresse du sieur de Boisbedeuil, mon subdélégué, le peuple ne manqua pas de dire qu'il faisait le commerce ou le monopole sur les grains, et qui dit le peuple, à Angoulême plus encore qu'ailleurs, dit bien du monde. Il a reçu des lettres où il était menacé d'être assassiné, brûlé dans sa maison et moi-même j'ai reçu plusieurs lettres de cette espèce.

Cette année, le froment est à aussi bon marché à Angoulême qu'en aucun lieu du Royaume, et il en est de même de l'orge et du blé d'Espagne. À l'égard du seigle, il est un peu plus cher, mais je ferai en sorte d'en faire consommer le moins qu'il se pourra et d'y suppléer par d'autres subsistances dans le dépôt de Limoges. Je crois donc absolument inutile que vous donniez aucun ordre pour cet approvisionnement.

111. — LE COMMERCE DES GRAINS.

I. — *Arrêts de cassation et décisions en faveur de la liberté.*

I. Arrêt du Conseil cassant un arrêt du Parlement de Bordeaux.

[D. P., V, 383.]

[Turgot n'avait que trop prévu l'état malheureux où les intempéries de l'année 1769 réduiraient la province montagneuse et peu fertile qui lui était confiée. Il l'avait annoncé au ministre et au conseil d'État dans son avis relatif à la taille de l'année 1770 sur laquelle il réclamait une diminution de *cinq cent mille francs* au moins, dont il n'obtint d'abord qu'une partie, mais à laquelle le Gouvernement suppléa d'une manière encore plus rapide, en permettant de prendre chez les receveurs des tailles deux cent mille francs applicables à des achats de riz et de grains. Tout cela se faisait avec beaucoup de secret, pour ne pas augmenter et précipiter le mal par les alarmes.

Malgré les efforts de cette prudence, les besoins réels, la cherté, la terreur se manifestèrent à la fin de l'année 1769, et troublèrent l'arrivée des approvisionnements que la sagesse de Turgot, et la confiance qu'on avait en lui, avaient engagé plusieurs négociants à tirer du dehors, même avant que l'on sût quels secours accorderait le Gouvernement. Car, lorsque les circonstances devenaient pressantes, et l'utilité de l'action manifeste, Turgot n'hésitait jamais à se mettre en avant. Il ne s'arrêtait plus aux longueurs d'une discussion ou d'une consultation et se chargeait des événements, se fiant à l'évidence de la nécessité, et à la force de la raison, pour justifier ensuite son courage.

Le Parlement de Bordeaux avait accru le danger et contribué sans le vouloir à exciter des mouvements populaires contre les propriétaires, les décimateurs, les fermiers, les magasiniers, les marchands de grains, en leur ordonnant par un Arrêt du 17 janvier 1770, de garnir les marchés d'une quantité suffisante de grains, quand la quantité suffisante n'y était pas pour les besoins journaliers, et bien moins encore pour les achats supérieurs aux besoins que la peur engage toujours à faire.

Dans cette conjoncture, trois soins étaient à prendre : procurer du travail aux indigents, et Turgot demanda si vivement qu'il obtint des fonds pour ce noble usage ; empêcher qu'on interceptât, qu'on gênât la distribution des subsistances ; arrêter ou affaiblir l'effet de la fausse mesure adoptée par le Parlement de Bordeaux. L'autorité d'un intendant ne pouvant suffire à ce dernier point, Turgot se hâta de proposer au Gouvernement l'Arrêt du Conseil qui fut rendu le 19 février, pour ordonner, sans s'arrêter à celui du Parlement de Bordeaux, l'exécution des lois de liberté, à la faveur desquelles seulement le riz et les autres grains qu'on avait achetés pouvaient parvenir et être répartis, dans les lieux où la plus grande nécessité se faisait sentir et était constatée par le plus haut prix (*Du Pont*).

On remarquera que cet arrêt fut rendu sur le rapport de l'abbé Terray.]

Versailles, 19 février.

Le Roi, s'étant fait représenter l'Arrêt rendu par son Parlement de Bordeaux le 17 janvier 1770, par lequel ce Parlement a non seulement ordonné que tous marchands de blé, fermiers, régisseurs, propriétaires et décimateurs des provinces du Limousin et du Périgord, sans exception d'état, qualité ou condition, feront porter d'ici au 15 juillet prochain, successivement et chaque semaine, dans les marchés des lieux, quantités suffisantes de blés de toute espèce pour l'approvisionnement desdits marchés, eu égard à celles qu'ils ont en leur pouvoir, et sur icelles préalablement prise la provision nécessaire pour eux, leur famille et leur maison ; mais a fait inhibitions et défenses à toutes sortes de personnes, de quelque état et condition qu'elles soient, de vendre en gros ou en détail lesdits grains dans leurs greniers, ni ailleurs que dans lesdits marchés ; S. M. a reconnu que les moyens pris par son Parlement de Bordeaux, pour soulager le peuple et lui procurer l'abondance nécessaire, sont contraires aux vues de bien public dont ce Parlement est animé ; que la nécessité imposée à toutes personnes de porter aux marchés les grains qui leur appartiennent, et sur lesquels ils ne pourraient prélever que leur provision, en répandant l'alarme et la terreur, déterminerait les propriétaires de grains à employer tous les moyens et détours possibles pour cacher leurs grains et éluder l'exécution de l'Arrêt, et produirait nécessairement le resserrement que cette Cour a voulu prévenir ; que d'ailleurs la rareté de la denrée, occasionnée dans ces provinces par la médiocrité des dernières récoltes, est suffisamment réparée par l'activité du commerce, qui y fait importer les grains dont elles peuvent avoir besoin, et que, si les frais indispensables de transport en augmentent le prix, S. M. a fait verser dans le Limousin des fonds de son Trésor royal, pour occuper le peuple, suivant les différents âges et métiers, à des ouvrages publics, assurer par ce moyen et multiplier ses salaires, et le mettre dans la possibilité d'acheter les grains au prix où les frais nécessaires pour les faire arriver jusque lui les auraient fait monter ; mais que les défenses de vendre ailleurs qu'aux marchés détourneraient les commerçants par lesquels ces importations utiles de grains sont faites, et qui ne cherchent que le prompt débit dans la vente, et l'épargne des frais de magasin et de manutention auxquels ils seraient sujets s'ils étaient obligés à porter en détail et par parcelles dans les marchés, et feraient enfin tomber nécessairement le peuple de ces provinces dans la disette dont le Parlement de Bordeaux a voulu le garantir.

À quoi étant nécessaire de pourvoir, ouï le rapport du sieur abbé Terray, etc., le Roi étant en son Conseil, ordonne que, sans s'arrêter à l'Arrêt du Parlement de Bordeaux du 17 janvier dernier, la Déclaration du 25 mai 1763, et l'Édit du mois de juillet 1764, et notamment les articles I et II de ladite Déclaration, seront exécutés suivant leur forme et teneur ; en conséquence, qu'il sera libre à toutes personnes de vendre leurs grains dans le Limousin et le Périgord, tant dans les greniers que dans les marchés, lors et ainsi que bon leur semblera, conformément et aux termes dudit art. I de la Déclaration du 25 mai 1763. Fait très expresses inhibitions et défenses à tous ses juges et à ceux des seigneurs d'exécuter ledit arrêt du Parlement de Bordeaux. N'entend néanmoins S. M., par le présent arrêt, rien changer aux règlements de police et usages anciennement observés, tendant uniquement à entretenir l'ordre, la tranquillité et la sûreté dans les marchés. Enjoint aux sieurs intendants et commissaires départis dans les généralités de Bordeaux et de Limoges, de tenir la main à l'exécution du présent arrêt, qui sera lu, publié et affiché partout où besoin sera. — *Signé* BERTIN.

II. Ordonnance de Turgot au sujet d'actes de violence.

[D. P., VI, 38.]

Limoges, 1er mars.

De par le Roi [a], … Étant informé que quelques habitants de différentes villes et bourgs ont cherché à intimider par des murmures, et même par des menaces et violences, des voituriers qui avaient été chargés de grains par eux achetés dans différents greniers desdites villes et bourgs et attendu qu'une pareille conduite est une atteinte à la liberté du commerce des grains établie par la Déclaration du Roi du 25 mai 1763 et l'Édit du mois de juillet 1764 ; que de plus elle tend à ôter les moyens de subsister aux peuples des lieux où le besoin est le plus pressant ;

Nous faisons défenses à toutes personnes, de quelque qualité et condition qu'elles soient, d'apporter aucun trouble ni empêchement au commerce des grains ; de s'opposer par menaces, voies de fait, ou autrement, à ce qu'on puisse les vendre, acheter et voiturer avec une entière liberté ; de s'attrouper à la porte des greniers, ni d'entreprendre, sous aucun prétexte, de forcer les propriétaires à vendre leurs grains ; à peine, contre les contrevenants, d'être arrêtés et mis en prison, pour

---

[a] Les approvisionnements arrivaient, et on les répartissait aussitôt qu'ils étaient parvenus à leur destination. Mais, en plus d'une ville, le peuple, quelquefois excité par l'imprudence des officiers municipaux ou de justice, plus souvent encouragé par leur faiblesse, interceptait les approvisionnements. Turgot fut obligé de réprimer ces mouvements séditieux, nuisibles à ceux même qui se les permettaient, plus nuisibles encore à leurs voisins.

La première des ordonnances qu'il eut à rendre à ce sujet ne porte que sur des attroupements populaires qui paraissaient spontanés. La seconde frappe sur des officiers municipaux abusant de leurs fonctions. La troisième réprime un magistrat principal, d'une grande ville, et de celle qui était le chemin naturel de toutes les subsistances qui venaient du dehors, un magistrat qui, par sa position, son éducation, l'importance de ses fonctions dans une ville considérable, ne pouvait ignorer les lois (*Du Pont*).

être ensuite poursuivis, suivant la rigueur des ordonnances, comme perturbateurs du repos public et auteurs d'attroupements séditieux [a]...

III. Ordonnance annulant un arrêté des échevins de Turenne

[D. P., VI, 40.]

Limoges, 23 mars.

De par le Roi, ... Étant informé que les sieurs Tournier et Coureze de La Baudie, échevins de la ville de Turenne, ont assumé sur eux de défendre la sortie des grains de ladite ville, et d'ordonner que les propriétaires seraient tenus de les délaisser en recevant le prix comptant au cours du marché ; et attendu qu'une pareille défense est une atteinte aux droits de la propriété et à la liberté dont doit jouir le commerce des grains ; qu'elle tendrait à priver de leur subsistance les habitants des lieux que les circonstances obligeraient à se pourvoir à Turenne ; que, si cet attentat était toléré, toutes les villes ayant les mêmes droits que celle de Turenne, il en résulterait partout une interruption totale du commerce des grains et, par conséquent, que les habitants de tous les lieux où les subsistances manquent seraient réduits à mourir exactement de faim ; attendu, en outre, que l'entreprise desdits officiers municipaux de Turenne est une contravention directe à la Déclaration du Roi du 25 mai 1763, et à l'Édit du mois de juillet 1764, par lesquels il est ordonné que les grains circuleront et se vendront partout avec une entière liberté ; vu la Déclaration du Roi et l'Édit ci-dessus des 25 mai 1763 et juillet 1764, ensemble notre Ordonnance du 1er mars 1770, portant défense à toutes personnes, etc.

Nous ordonnons que la Déclaration du Roi du 25 mai 1763, l'Édit de juillet 1764, et notre Ordonnance du 1er mars ci-dessus, seront exécutés suivant leur forme et teneur ; qu'en conséquence il sera libre à toutes personnes de faire sortir des grains de la ville de Turenne et de tout autre lieu de notre généralité. Faisons défense à quelque personne que ce soit, et notamment auxdits sieurs échevins de la ville de Turenne, de s'y opposer, et de faire exécuter les ordres par eux donnés à ce contraires, à peine d'en répondre en leur propre et privé nom.

---

[a] De Pont, intendant de Moulins, rendit de son côté, le 22 mars, une ordonnance pour permettre aux subdélégués de l'intendance de Limoges de faire exécuter, dans les paroisses mixtes des deux généralités, celle de Turgot (*Du Pont*).

IV. Ordonnance annulant un arrêté
du lieutenant de police d'Angoulême.

[D. P., VI, 42.]

Limoges, 3 avril.

De par le Roi, ... Étant informé que, nonobstant les dispositions de la Déclaration du Roi du 25 mai 1763 et de l'Édit du mois de juillet 1764, par lesquels S. M. a permis à toutes personnes de faire commerce de grains, et de faire tels magasins qu'ils jugeront nécessaires, sans qu'ils puissent être recherchés, inquiétés ou astreints à aucunes formalités, le sieur lieutenant de police de la ville d'Angoulême s'est cru autorisé à rendre une ordonnance par laquelle il a fait défense à toutes personnes ayant du grain dans leurs maisons, en magasin ou autrement, d'en retenir au delà de ce qui leur est absolument nécessaire pour leur subsistance et celle de leur famille, et il leur a enjoint d'en faire conduire au marché, la plus grande quantité possible, à peine, contre ceux qui retiendraient des grains au delà de leur provision, de 1 000 livres d'amende ; il a en outre enjoint à tout grainetier conduisant du grain dans ladite ville d'Angoulême de le conduire droit au marché, sans pouvoir en décharger ni serrer ailleurs, à peine de 100 livres d'amende tant contre lesdits grainetiers que contre ceux qui arrheraient, achèteraient ou serreraient les grains sur les chemins ou dans la ville et faubourgs ; il a de plus fait défense aux grainetiers de remporter chez eux après le marché les grains non vendus, et il leur a ordonné de les mettre dans un dépôt indiqué par ledit sieur lieutenant de police ; enfin il a fait défense aux meuniers d'acheter aucune espèce de grains, soit sur les chemins, soit au marché, sans la permission dudit sieur lieutenant de police.

Et attendu que non seulement ladite Ordonnance est directement contraire à la Déclaration du 25 mai 1763 et à l'Édit du mois de juillet 1764 ; que non seulement elle donne atteinte aux droits de propriété et à la liberté du commerce des grains, que S. M. a établie par une loi perpétuelle et irrévocable ; mais de plus elle tend, d'un côté, à irriter le peuple contre les propriétaires et les marchands de grains et, par conséquent, à lui rendre odieuses les seules personnes de qui il puisse attendre des secours ; que, de l'autre, en intimidant les marchands de grains, en gênant leur commerce, et en faisant dépendre leur sort de décisions et permissions arbitraires, elle ne peut avoir d'autre effet que de les écarter des marchés de la ville d'Angoulême ; qu'en interdisant à toutes personnes d'avoir du grain dans leurs maisons ou magasins au delà de leur subsistance et de celle de leur famille, elle prohibe équivalement tout commerce de grains, et rend impossible l'approvisionnement non seulement de la ville d'Angoulême, mais encore de plusieurs provinces, puisque, dans les circonstances fâcheuses où la médiocrité des récoltes a réduit l'Angoumois, le Limousin et une partie du Poitou et du Périgord, les peuples ne peuvent être alimentés que par les grains achetés dans d'autres provinces, ou en pays étrangers, par les marchands, soit d'Angoulême, soit d'autres lieux ; que lesdits grains ne peuvent arriver à leur destination qu'après avoir été débarqués et entreposés dans les magasins du faubourg de l'Houmeau, sous Angoulême ; que, par toutes ces raisons, ladite Ordonnance compromet de la manière la plus imprudente la tranquillité publique et la subsistance des peuples tant d'Angoulême que des provinces voisines ; qu'il est d'autant plus pressant de prévenir les dangers qui pourraient en résulter, que plusieurs chargements de grains achetés par différents négociants et destinés, soit pour la ville d'Angoulême, soit pour l'intérieur des deux provinces d'Angoumois et du Limousin, sont déjà arrivés à Charente et embarqués sur la rivière pour être transportés à Angoulême ; et que l'exécution de ladite Ordonnance obligerait les marchands, ou à contremander lesdits grains pour les soustraire à la vente forcée qu'on voudrait leur prescrire, ou à les vendre tous dans le même lieu, au risque de déranger le cours de leur commerce et de priver les autres parties de la Province de leur subsistance : étant d'ailleurs instruit que le marché qui a suivi la publication de ladite Ordonnance a été très tumultueux, qu'il a été nécessaire d'y employer main forte pour contenir la populace, et qu'il est à craindre qu'il n'arrive de plus grands désordres dans les marchés suivants ; nous avons cru, dans des circonstances aussi urgentes, ne pouvoir apporter trop de célérité à prévenir les maux que pourrait entraîner l'exécution de ladite Ordonnance. À l'effet de quoi :

Nous ordonnons que la Déclaration du 28 mai 1763 et l'Édit du mois de juillet 1764 seront de nouveau publiés et affichés dans la ville d'Angoulême, afin que personne n'en ignore ; et que lesdites lois, et notamment les articles I et II de ladite Déclaration seront exécutés selon leur forme et teneur ; en conséquence, que, sans s'arrêter à ladite Ordonnance du sieur lieutenant de police d'Angoulême, il sera libre à toutes personnes de vendre et d'acheter les grains, tant dans les marchés qu'ailleurs, lors et ainsi que bon leur semblera, comme aussi de les porter et faire porter librement partout où ils le jugeront à propos, et généralement d'en disposer ainsi et de la manière qu'ils aviseront. Faisons défense à toutes personnes d'exécuter ladite Ordonnance du sieur lieutenant de police, en ce qui concerne les défenses ci-dessus énoncées ; ordonnons que les personnes emprisonnées sous prétexte de contravention à ladite ordonnance, si aucune y a, seront mises en liberté ; à ce faire le geôlier contraint. Mandons au Sr Boisbedeuil, notre subdélégué à Angoulême, de tenir la main à l'exécution de notre présente Ordonnance, laquelle sera lue, publiée et affichée dans la ville d'Angoulême, au faubourg de l'Houmeau, et partout où besoin sera [a].

V. Arrêt du Conseil cassant un arrêté du lieutenant de police d'Angoulême.

[D. P., VI, 48.]

8 avril.

Le Roi, étant informé que le lieutenant de police de la ville d'Angoulême a rendu une Ordonnance par laquelle il fait défense à toutes personnes ayant des grains dans leurs maisons en magasin ou autrement, d'en retenir au delà de ce qui leur est absolument nécessaire pour leur subsistance et celle de leur famille, et leur enjoint d'en porter au marché d'Angoulême la plus grande quantité possible, à peine contre ceux qui en retiendraient au delà de leur provision, de 1 000 livres d'amende, et de plus grande peine s'il échoit ; que de plus il est enjoint par cette Ordonnance, à tous grainetiers conduisant du blé à Angoulême, de le décharger directement au marché sans pouvoir en conduire ni serrer ailleurs à peine de 100 livres d'amende ; qu'enfin il est fait défense auxdits grainetiers de remporter chez eux, après le marché, les grains invendus, qu'il leur est ordonné de mettre dans un dépôt que ledit lieutenant de police indiquerait, et aux meuniers d'acheter aucune espèce de grains, même aux marchés, sans la permission dudit lieutenant de police ; S. M. a reconnu que cette Ordonnance, directement contraire à la Déclaration du 25 mai 1763 et à l'Édit du mois de juillet 1764, compromettrait la tranquillité et la subsistance des peuples, tant de l'Angoumois que du Limousin et d'une partie du Périgord, qui, dans les circonstances fâcheuses où la médiocrité des récoltes a réduit ces provinces, ne peuvent être alimentés que des grains étrangers que le commerce fait importer par la Charente, et dont la ville et le faubourg d'Angoulême sont et doivent être l'entrepôt par leur situation ; que cette Ordonnance, proscrivant tout emmagasinement à Angoulême, et

---

[a] L'infraction à la loi, par un magistrat spécialement chargé de la police, parut à Turgot d'une si grande et si dangereuse conséquence, qu'en même temps qu'il la réprimait directement, il crut devoir être appuyé dans cette mesure par un Arrêt du Conseil. Sa demande à ce sujet fut portée par un courrier, qui rapporta en effet l'Arrêt du Conseil ci-après (*Du Pont*).

enjoignant de conduire au marché tous les grains qui seraient portés dans cette ville, en écarterait nécessairement les négociants par la crainte de cette gêne, et priverait la ville d'Angoulême de la subsistance qu'elle a lieu d'espérer, ou empêcherait les négociants qui y auraient fait arriver des grains et qui, suivant cette Ordonnance, seraient tenus de les porter au marché sans pouvoir les remporter, quoiqu'invendus, de les faire circuler dans les provinces voisines qui éprouvent la disette, et les ferait tomber dans la famine ; qu'il est d'autant plus pressant de prévenir ce danger, que plusieurs chargements de grains achetés par différents négociants, et destinés soit pour Angoulême, soit pour les autres provinces, sont déjà arrivés à Charente et embarqués sur la rivière pour être transportés à Angoulême et suivre leur destination, que cette Ordonnance arrêterait ; que, d'ailleurs, elle tendrait à irriter le peuple contre les propriétaires et les commerçants de grains, et à lui rendre odieuses les personnes de qui, dans les circonstances, il doit attendre les plus grands secours ; et S. M. étant, en effet, informée que le marché qui a suivi la publication de cette Ordonnance a été très tumultueux ; qu'enfin la conduite du lieutenant de police est trop répréhensible et serait d'un exemple trop dangereux pour pouvoir être tolérée ; que non seulement il a osé contrevenir à des lois données par S. M. et qu'il est du devoir de tous les juges de faire exécuter, et a compromis la subsistance de plusieurs provinces, mais qu'il s'est réservé le droit de donner, dans certains cas, des permissions particulières.

À quoi étant nécessaire de pourvoir, ouï le rapport du sieur abbé Terray, conseiller ordinaire au Conseil royal, contrôleur général des finances, le Roi étant en son Conseil, ordonne que la Déclaration du 25 mai 1763 et l'Édit du mois de juillet 1764, et notamment les articles 1 et 2 de ladite Déclaration, seront exécutés selon leur forme et teneur ; en conséquence, que, sans s'arrêter à ladite Ordonnance du lieutenant de police d'Angoulême que S. M. a cassée et annulée, il sera libre à toutes personnes de vendre et d'acheter des grains, tant dans les greniers que dans les marchés, lors et ainsi que bon leur semblera, comme aussi de les porter et faire porter librement partout où ils jugeront à propos. Fait S. M. défense à toutes personnes d'exécuter, quant à ce, ladite Ordonnance du lieutenant de police d'Angoulême ; ordonne que les personnes emprisonnées en conséquence de cette Ordonnance, si aucunes y a, seront mises en liberté en vertu du présent Arrêt, à quoi faire les geôliers contraints, quoi faisant déchargés ; ordonne au sieur Constantin de Villars, lieutenant de police, qui a signé ladite Ordonnance, de se rendre incessamment à la suite du Conseil pour rendre compte de sa conduite ; enjoint au Sr intendant et commissaire départi dans la généralité de Limoges, de tenir la main à l'exécution du présent arrêt, qui sera imprimé, publié et affiché partout où besoin sera. Fait au Conseil d'État du Roi, S. M. y étant, tenu à Versailles le 8 avril 1770.

II. — *Lettres au Contrôleur Général (abbé Terray) sur le Commerce des Grains* [a].

[A. L. copie des 1ère, 5e, 6e et 7e lettres. — *Lettres sur les grains écrites à l'abbé Terray* par M. Turgot, intendant de Limoges, s. l. n. d., avec avertissement de l'éditeur (1788, in-8°). Cette édition ne renferme que les 5e, 6e et 7e lettres. — D. P., VI, 120, avec d'assez nombreuses altérations.]

PREMIÈRE LETTRE AU CONTRÔLEUR GÉNÉRAL

(Généralités. — Opinion de Terray. — Importance de la question. — Les prétendus monopoles. — Un édit est-il urgent et nécessaire ?)

Limoges, 30 octobre.

M., je vous ai promis de vous développer les motifs qui me font regarder toute atteinte à la liberté entière du commerce des grains comme le plus grand de tous les obstacles à la prospérité de l'agriculture, par conséquent à l'accroissement, même à la conservation de la richesse

---

[a] Ces Lettres, dont il n'en reste que quatre, les trois autres ayant été perdues du vivant même de Turgot, sont au nombre de ses meilleurs ouvrages.

L'abbé Terray, qui cependant avait l'esprit juste et le caractère nullement timide, était hostile à la liberté du commerce des grains. La cherté générale des grains en 1770, et l'excès de cette cherté dans les provinces montagneuses, le portèrent à révoquer l'Édit de juillet 1764 qui, avec des restrictions assez sévères et des limites très bornées dans les prix, permettait l'exportation jusqu'à ce que ces prix de clôture fussent atteints. Il communiqua son projet aux intendants ; il ne haïssait pas la contradiction, et fit part de ses idées à Turgot, au moment où celui-ci prenait des soins si multipliés et si pénibles pour assurer la subsistance de sa généralité et pour la répartir équitablement.

Turgot jugea que le projet du ministre serait plus redoutable, plus nuisible à la nation, que le mal passager auquel ce ministre croyait pourvoir, et que la liberté seule aurait empêché de renaître.

C'est à cette occasion que, sans interrompre le travail journalier dont les circonstances l'accablaient, il écrivit à l'abbé Terray les lettres suivantes, dont nous regrettons bien vivement de n'avoir que quatre à transcrire (*Du Pont*).

Ces lettres furent composées en trois semaines pendant une tournée de Turgot dans son Intendance (il parcourut alors 450 kilomètres). Quelques-unes ont été écrites dans une seule soirée, au milieu de l'expédition de tous les détails de sa place, dont aucun n'était négligé, et parmi les ouvrages qu'il a laissés, c'est un de ceux où l'on peut observer le mieux la netteté de ses idées, la méthode dont il avait contracté l'habitude, la faculté et la profondeur de son esprit (Condorcet, *Vie*, 43).

L'abbé Terray, après avoir reçu ces lettres, dit à un de ses amis particuliers : « Il n'y a dans tous les Intendants que ce M. Turgot qui ait véritablement de l'esprit, des lumières et du mérite. » (*Du Pont*, lettre au prince héréditaire de Bade, du 1er janvier 1783, dans Knies, *Correspondance du margrave de Bade*, II, 345). Mais Turgot eut la quasi-certitude que l'abbé n'avait pas lu ses lettres (Voir ses Lettres à Du Pont, nos LXXXV et LXXXVII, ci-dessous). Il est à croire que l'abbé n'avait consulté les intendants que pour la forme.

particulière et publique, et en même temps comme la cause la plus assurée d'une extrême variation dans les prix, également nuisible aux cultivateurs et aux consommateurs, qui ruine les premiers par la non-valeur, et qui réduit les autres au dernier excès de la misère par des disettes fréquentes. Je m'acquitte plus tard que je ne l'aurais voulu de cette promesse, et ce qui me fâche le plus, c'est que je ne la remplirai pas comme je l'aurais voulu.

Mon dessein était de traiter à fond cette matière, d'en poser les principes, de faire tous mes efforts pour leur donner à vos yeux l'évidence d'une démonstration mathématique, comme ils l'ont aux miens, et, j'ose le dire, à ceux de toutes les personnes qui ont spécialement dirigé leurs réflexions sur cet objet important. Je voulais discuter les effets de la liberté et ceux du régime prohibitif sur la culture, sur le revenu des propriétaires, et sur l'abondance des subsistances en tout temps ; montrer comment la liberté est le seul préservatif possible contre la disette, le seul moyen d'établir et de conserver entre les prix des différents lieux et des différents temps ce juste niveau sans cesse troublé par l'inconstance des saisons et l'inégalité des récoltes ; examiner s'il est des cas où les circonstances physiques ou morales, la position locale ou politique de certaines provinces, de certains États, rendent ce moyen moins efficace ; déterminer quels sont ces cas, quand, comment et à quel point les disettes peuvent encore exister malgré la liberté ; démontrer que, dans ces mêmes cas, ce n'est point à la liberté que l'on peut imputer ces disettes ; que, bien loin que l'on doive y apporter quelques modifications, ces modifications aggraveraient le mal ; que, dans tous les cas, la liberté le diminue ; que c'est de la liberté seule, constamment maintenue, qu'on peut, avec le laps du temps, attendre la cessation des circonstances qui peuvent, dans les premiers moments, s'opposer à ce que le niveau des prix s'établisse partout avec assez de rapidité pour qu'aucun canton ne souffre jamais les maux attachés à leur excessive inégalité. Ce plan aurait naturellement renfermé la réponse à toutes les objections que des craintes vagues et des faits vus à moitié ont accréditées depuis quelque temps contre la liberté.

Je me proposais, en un mot, de faire un livre qui méritât, M., de fixer votre attention, qui pût vous convaincre et dissiper les nuages qui obscurcissent encore cette question pour une partie du public. Car, quoique presque tout ait été dit, et dit même avec évidence sur le commerce des grains, il faut bien traiter encore cette matière, puisque des personnes d'ailleurs éclairées doutent encore, et que ces doutes ont fait une grande impression sur un très grand nombre d'hommes. Il faut envisager l'objet sous tant de faces, qu'on parvienne à la fin à le faire voir de la même manière à quiconque voudra l'examiner avec attention.

Il est absolument nécessaire que le public sache à quoi s'en tenir sur un point aussi important, afin que les ministres présents et à venir puissent être assurés de la justesse des moyens qu'ils doivent adopter, et qu'une vue nette leur donne la sécurité dont ils ont besoin en agissant. Il faut que les vérités fondamentales de cette matière deviennent communes et triviales, afin que les peuples sachent, et par eux-mêmes, et par le témoignage unanime des gens éclairés, que le régime sous lequel ils ont à vivre est le seul bon, le seul qui pourvoie efficacement à leur subsistance, afin qu'ils ne se privent point eux-mêmes des secours du commerce, en le flétrissant du nom odieux de monopole, et en le menaçant continuellement de piller ses magasins, afin qu'ils ne se croient point autorisés à faire un crime à l'administration de la variété des saisons, à exiger d'elle des miracles, à la calomnier, et à se révolter contre elle, quand elle les sert avec le plus d'efficacité.

Je sais, M., que vous n'adoptez pas mes idées sur la nécessité de discuter cette matière au tribunal du public ; mais c'est encore là un point sur lequel je suis trop fortement convaincu pour ne pas tenir à mon opinion, et ce sera aussi l'objet d'une de mes observations.

Il aurait fallu plus de temps et surtout moins de distractions forcées que je n'en ai eu pendant mon séjour à Paris et depuis mon retour dans la Province, pour remplir un plan aussi étendu et surtout pour y mettre l'ordre et l'enchaînement d'idées désirables.

Je ne puis m'empêcher, à ce sujet, de vous faire sentir l'inconvénient de l'excessive brièveté du délai que vous donnez aux intendants pour vous envoyer leurs observations sur le projet de règlement que vous leur avez communiqué. Vous leur écrivez le 2 octobre ; quelques-uns, par l'arrangement des courriers, n'ont pu recevoir leur lettre que le 10 et même le 15, et vous voulez qu'ils vous envoient leur avis avant la fin du mois. Vous exigez d'eux cette célérité dans une saison où ils sont occupés à faire leurs départements et à parcourir leur province ; si vous ne voulez que savoir leur opinion sans les motifs sur lesquels ils l'appuient, ils peuvent vous répondre courrier par courrier ; mais si vous leur demandez un avis motivé et dans lequel la question soit traitée avec une étendue et une solidité proportionnées à son importance ; si vous attendez d'eux des éclaircissements vraiment utiles et qui puissent servir à fixer vos doutes, j'ose dire que vous leur demandez l'impossible, et que vous ne leur donnez pas assez de temps. Ce n'est pas ici, à beaucoup près, un procès à juger par défaut, et ceux que vous consultez ont beaucoup moins d'intérêt que vous à ce que vous vous décidiez en connaissance de cause. Vous n'aurez certainement, dans tout votre ministère, aucune affaire dont les suites puissent être aussi intéressantes, et pour vous, et pour l'État, et sur laquelle vous deviez plus craindre de vous tromper. Vous avez votre réputation d'homme éclairé et de ministre sage à conserver ; mais surtout vous avez à répondre au public, au Roi et à vous-même du sort de la nation entière, du dépérissement de la culture, de la dégradation du revenu des terres, et par contre-coup de toutes les branches d'industrie, de la diminution des salaires, de l'inaction d'une foule de bras, de la non-valeur dans les revenus du Roi, par l'excessive difficulté de lever les impôts, qu'on ne pourra plus extorquer du laboureur appauvri qu'en l'accablant de frais d'exécution, en lui faisant vendre à vil prix ses denrées, ses meubles, ses bestiaux, et en achevant de dégrader la culture déjà trop affaiblie par le défaut de débit ; vous avez à répondre du trouble qu'apportera nécessairement à la tranquillité publique l'autorisation donnée à toutes les clameurs populaires contre le prétendu monopole, des vexations et des injustices de tout genre que commettront les officiers subalternes, à qui vous confierez une arme aussi dangereuse que l'exécution d'un règlement sur cette matière ; vous avez à répondre enfin de la subsistance des peuples, qui serait à chaque instant compromise, d'abord par les disettes fréquentes qui résulteraient de la dégradation de la culture, ensuite par le défaut absolu de toute circulation, de tout commerce intérieur et extérieur, de toute spéculation pour faire porter des grains, des lieux où il y en a, dans les lieux où il n'y en a pas ; par l'impossibilité de nourrir les provinces disetteuses, à moins que le Gouvernement ne s'en charge, à des frais immenses et le plus souvent tardifs et infructueux.

Je ne vous le cache pas, M., voilà ce que j'envisage comme autant de suites infaillibles du règlement projeté, s'il avait lieu. Vous ne pouvez pas vous dissimuler que ce ne soit la manière de voir et la conviction intime d'une foule de gens qui ont longtemps réfléchi sur cette matière, et qui ne sont ni des imbéciles ni des étourdis. Je sais bien que ceux qui, depuis quelque temps, parlent ou écrivent contre la liberté du commerce des grains, affectent de ne regarder cette opinion que comme celle de quelques écrivains, qui se sont donnés le nom d'*économistes* et qui ont pu prévenir contre eux une partie du public, par l'air de secte qu'ils ont pris assez maladroitement et par un ton d'enthousiasme qui déplaît toujours à ceux qui ne le partagent pas, quoiqu'il soit en lui-même excusable et qu'il parte d'un motif honnête. Il est vrai que ces écrivains ont défendu avec beaucoup de zèle la liberté du commerce des grains, et leur enthousiasme n'a pas empêché qu'ils n'aient développé avec beaucoup de clarté une foule d'excellentes raisons. Mais vous êtes trop instruit pour ne pas savoir que cette opinion a été adoptée longtemps avant eux et avec beaucoup de réflexions par des gens fort éclairés.

Ce n'est certainement pas sans y avoir beaucoup pensé que la loi qui va jusqu'à provoquer et récompenser l'exportation, a été adoptée par le Parlement d'Angleterre, en 1689. Les Anglais ont penché vers un excès opposé à la prohibition ; ils ont été jusqu'à repousser l'importation, et en cela leur système est vicieux : mais s'ils ont passé le but, cette faute même prouve combien était forte et générale la conviction du principe, que pour avoir à la fois des revenus et des subsistances en abondance, il ne faut qu'encourager la culture par l'abondance du débit. Lorsque M. Dupin [a], M. de Gournay, M. Herbert et beaucoup d'autres établirent en France les mêmes principes, aucun des écrivains qu'on nomme *économistes*, n'avait encore rien publié dans ce genre, et on leur a fait un honneur qu'ils n'ont pas mérité, lorsque, pour déprimer l'opinion qu'ils ont défendue, on leur a imputé d'en être les seuls promoteurs.

Une question qui donne autant de prise à la discussion des principes et des faits ne doit point être décidée par autorité ; mais l'opinion d'autant d'hommes éclairés et du plus grand nombre de ceux qui se sont fait une étude spéciale de cette matière doit faire naître des doutes. Vous-même, M., vous en annoncez dans votre lettre, et plus encore dans le préambule du projet. Vous doutez vis-à-vis de gens qui ne doutent point ; mais toujours ne pouvez-vous vous empêcher de *douter*, et si vous doutez sur un objet aussi important, vous devez trembler de précipiter une décision qui peut faire tant de mal.

Que peut-il donc y avoir de si pressant ? *De remédier promptement aux abus qui se sont introduits dans le commerce intérieur des blés.* Mais, vous n'ignorez pas que la question est précisément de savoir si ces abus existent et s'ils peuvent exister avec la liberté. Eh ! M., s'il pouvait jamais y avoir quelque chose à craindre du commerce, ce ne serait pas quand les grains sont chers et rares ! Que peut-il faire de mieux alors, pour son profit, que d'en porter où il n'y en a pas ? Et que pourrait faire de mieux pour la subsistance du peuple, je ne dis pas le Gouvernement, mais Dieu, s'il voulait diriger par lui-même la distribution des grains qui existent, sans se servir de la puissance créatrice ?

Je sais bien que les négociants qui achèteront des grains en Poitou pour les porter en Limousin seront traités de *monopoleurs* par la populace et les juges des petites villes du Poitou. Ainsi sont traités dans les villes où ils font leurs achats les agents que vous employez pour fournir les dépôts que vous avez jugés nécessaires à l'approvisionnement de Paris. Sont-ce là, M., les abus que vous voulez corriger ? Ce sont pourtant les seuls dont parlent et dont veulent parler ceux qui déclament

---

[a] Claude Dupin (1686 à 1769), fermier général, grand-père de George Sand, auteur des *Œconomiques*, 3 vol., 1745, et d'un *Mémoire sur les blés*, 1748.

contre les prétendus abus du commerce des grains. C'est surtout le cri élevé dans les provinces à l'occasion des achats ordonnés pour l'approvisionnement de Paris qui, porté de bouche en bouche dans cette capitale même, a excité le cri des Parisiens contre les prétendus monopoles. La chose est ainsi arrivée en 1768, et déjà elle a lieu en 1770. Vous le savez sans doute comme moi.

Eh ! M., si quelque chose presse, ce n'est pas de mettre de nouvelles entraves au commerce le plus nécessaire de tous ; c'est d'ôter celles qu'on a malheureusement laissé subsister, et qui, en empêchant le commerce de se monter en capitaux, en magasins et en correspondance, ont eu tant de part aux malheurs que nous éprouvons. Ce qui presse, c'est de casser l'Arrêt si imprudemment rendu, il y a deux mois, par le Parlement de Paris, par lequel il anéantit l'effet de la Déclaration du 25 mai 1763.

Quel temps, M., pour effaroucher les négociants en grains, pour les dénoncer tous au peuple comme les auteurs de la disette, en imputant cette disette au monopole ; pour mettre leur fortune dans la main de tout officier de police ignorant ou malintentionné ; pour donner à des juges de village, disons même à des juges quels qu'ils soient, disons à des hommes, le pouvoir d'arrêter tout transport de grains, sous prétexte de garnir leurs marchés, le pouvoir de vexer les marchands, les laboureurs, les propriétaires, de les livrer à une inquisition terrible, et d'exposer leur honneur, leur fortune et leur vie à la fureur d'un peuple aveugle et forcené, pour rendre impossible tout achat de grains considérable et, par conséquent, toute spéculation tendant à porter des grains d'une province à une autre, puisque assurément on ne peut faire de gros achats dans les marchés sans les épuiser, sans faire monter le prix tout à coup et exciter contre soi le peuple et les officiers de police !

Quoi ! tout cela est pressé ! dans un moment où, tandis que quelques provinces du Royaume ont joui d'une récolte assez abondante, d'autres sont abandonnées à la plus affreuse disette, qui vient aggraver la misère où les a laissées une première disette qu'elles venaient d'essuyer ; et encore, lorsqu'en même temps l'augmentation rapide et inouïe dans les ports du Nord ôte l'espérance de tout secours des pays d'où l'on peut ordinairement importer le plus et au plus bas prix ; lorsqu'aux difficultés et aux risques déjà si grands d'un long transport de grains par mer se joint une nouvelle augmentation de frais et de risques, par la nécessité des quarantaines et un retard forcé qui peut changer tout l'événement d'une spéculation du gain à la perte, et pendant lequel les peuples continuent de souffrir la faim ; lorsque, pour surcroît, des apparences de guerre menacent de fermer nos ports à tout secours ; lorsque, par conséquent, le Royaume est réduit à ses seules ressources et à la seule égalisation que peut mettre le commerce entre la masse des denrées et les prix, en faisant passer les grains des provinces abondantes dans celles où la récolte a manqué ?

S'il y a jamais eu un temps où la liberté la plus entière, la plus absolue, la plus débarrassée de toute espèce d'obstacles ait été nécessaire, j'ose dire que c'est celui-ci, et que jamais on n'a dû moins penser à donner un règlement sur la police des grains. Prenez du temps, M., et prenez-en beaucoup ; j'ose vous en conjurer pour le salut des malheureux habitants de cette province et de celles qui ont été comme elle frappées de stérilité. Je vous parle avec bien de la franchise, M., peut-être avec trop de force ; mais vous ne pouvez pas vous méprendre au motif et, si dans la rapidité avec laquelle je suis obligé d'écrire, il m'échappait, contre mon intention, quelque expression vive, vous sauriez l'excuser. Je mets trop d'intérêt à vous convaincre, pour avoir envie de vous déplaire, et vous avez vous-même trop d'intérêt à connaître et, par conséquent, à entendre la vérité, pour qu'elle puisse vous blesser. Bien loin de le craindre, je ne crois pas pouvoir mieux vous prouver ma reconnaissance de l'estime que vous avez bien voulu me témoigner qu'en employant toutes mes forces à vous dissuader d'un règlement dont je crois que l'effet serait très funeste et directement contraire à vos intentions.

Ce n'est pas que je me croie fait pour vous donner des lumières nouvelles ; je n'ai pas la présomption de regarder mon opinion comme pouvant être dans aucun cas une autorité ; mais la force de ma conviction me fait compter sur la force de mes raisons. Je suis bien sûr de ne m'être décidé qu'après un mûr examen. Il y a près de dix-huit ans que l'étude de ces matières a fait ma principale occupation, et que j'ai tâché de me rendre propres les lumières et les réflexions des personnes les plus instruites. Tout ce que j'ai vu depuis m'a confirmé dans ma façon de penser, et surtout l'affreuse disette que j'ai eu le malheur de voir de très près l'année dernière. Ayant cet objet continuellement sous mes yeux, j'avais certainement le plus grand intérêt à l'envisager sous toutes ses faces, et j'étais à portée de comparer à chaque instant les principes avec les faits. Peut-être que cette expérience peut donner du moins quelque poids à mon témoignage.

Manquant de loisir pour remplir le plan que je m'étais proposé, et forcé d'en remettre l'exécution, je me bornerai à jeter au courant de la plume les idées qui se présenteront à moi sur la matière, et à traiter pour ainsi dire chaque principe, chaque réflexion fondamentale, la discussion de chaque objection principale, comme autant de morceaux détachés, en renonçant à l'ordre et à la précision que je voudrais y mettre, mais qui exigeraient trop de temps et de travail. Ces différentes réflexions seront l'objet de plusieurs lettres qui suivront celle-ci. Quand je croirai avoir à peu près développé les principes et répondu aux objections les plus considérables, je jetterai quelques observations sur le projet de règlement.

Vraisemblablement je me répéterai quelquefois : c'est une suite inévitable de la précipitation et du défaut de plan. Je vous demande votre indulgence pour ce désordre, ces répétitions et pour la longueur de cet écrit. La multitude et l'importance de vos occupations me feraient surtout désirer d'avoir pu éviter ce dernier défaut, car je n'ai point oublié que vous m'avez flatté de me lire, et j'ose vous en prier encore. Si je croyais mon ouvrage mieux fait, je me permettrais de vous répéter qu'aucune affaire n'a plus de droit à votre temps que l'examen de la question du commerce des grains.

SECONDE LETTRE

Analyse [a].

(L'intérêt des cultivateurs.)

Tulle, 8 novembre.

Turgot, entrant en matière dans cette lettre, y démontre que pour assurer l'abondance, le premier moyen est de faire en sorte qu'il soit profitable d'employer son travail et ses richesses à la production du blé, afin qu'on s'en occupe avec activité et qu'on puisse en recueillir beaucoup.

---

[a] On ne peut trop regretter que la seconde, la troisième et la quatrième lettres de Turgot à l'abbé Terray, sur la liberté du commerce des grains, aient été perdues.

À l'occasion des troubles qui eurent lieu en 1775, sous le prétexte de la cherté des grains, quoique leur prix fût assez modéré, et que les efforts de ceux qui avaient tenté de les faire augmenter outre mesure eussent été impuissants, Turgot crut utile de donner au Roi ces trois lettres, qui contenaient avec une extrême clarté les principes justificatifs de la loi qu'il lui avait proposée.

Le Roi, dont l'esprit était très juste, fut convaincu, et soutint alors avec courage *le ministre qu'il aimait*, dont il eut occasion dans la suite de dire en plein conseil : « Il n'y a que M. Turgot et moi qui aimions le peuple. »

L'urgence des circonstances et le prix du temps ne permirent pas alors à Turgot d'attendre le travail d'un copiste ; ce fut son manuscrit original qu'il remit au bon Louis XVI. Le Roi l'avait soigneusement gardé ; il en a parlé à un homme respectable qui avait part à sa confiance au commencement de la Révolution.

Les trois lettres ont été inutilement recherchées depuis aux Archives Nationales et ailleurs. Nous ne pouvons en donner qu'une notice succincte, que l'éditeur de ce recueil (*Du Pont*), vivant auprès de Turgot, et honoré de ses bontés, lui avait demandé la permission de faire pour son propre usage (*Du Pont*).

Je reproduis telle quelle cette note de Du Pont, mais au sujet de Louis XVI et de ses rapports avec Turgot, elle comporte des observations qu'on trouvera au volume suivant.

Il fait voir que si les propriétaires et les cultivateurs ne peuvent pas disposer librement de leurs récoltes, s'ils se voient exposés pour elles à des persécutions, s'ils ont à craindre qu'on les leur enlève dans les années où ils seraient déjà en perte sur la quantité, sans leur permettre de compenser la rareté de la denrée par son prix lorsque les frais de culture, les fermages et les impôts sont restés les mêmes tellement que la culture du blé leur devienne onéreuse et dangereuse, ils sont naturellement portés à préférer d'autres cultures, à y tourner leurs efforts et leur travail et que le résultat de cette disposition ne peut que rendre les récoltes habituellement plus faibles et, par conséquent, le prix moyen des grains plus cher et les disettes plus fréquentes.

Il ajoute qu'on ne cultive qu'en raison du débit ; que, si l'exportation est défendue, la culture se borne aux besoins habituels de la consommation intérieure, et que, dans les années stériles, la récolte ne suffit pas à cette consommation. Mais que si l'on a cultivé pour l'exportation le peuple trouve, dans les mauvaises années, un approvisionnement tout préparé : c'est le grain qu'on avait fait naître pour l'exporter, et qui reste dans le pays dès que l'on trouve à l'y débiter plus avantageusement qu'au dehors.

TROISIÈME LETTRE

Analyse [a].

(Les magasins.)

Égletons, 10 novembre.

Turgot passe de l'agriculture au commerce. « Les saisons, dit-il, n'étant jamais également favorables, il est impossible que les années ne soient pas inégalement fertiles ; et le seul moyen qu'il se conserve des grains des années où la récolte est surabondante pour celles où elle sera insuffisante, est le soin d'en former des magasins. » Il montre que, pour en multiplier les magasins, pour en couvrir le pays, et pour les faire bien administrer, le meilleur encouragement est la certitude qu'ils n'exposeront leurs propriétaires à aucun danger et qu'on ne mettra point obstacle à ce qu'ils aient la liberté de les vendre au *prix augmenté* que les travaux mêmes de la garde, le déchet qu'on ne peut éviter, et l'intérêt de l'argent qui, d'année en année, jusqu'au débit, se cumule avec le capital déboursé, rendront nécessaire ; et même, s'il y a lieu, avec le

---

[a] Voir la note de Du Pont ci-dessus sur la seconde lettre.

bénéfice que la concurrence permettra, et qu'elle empêchera toujours d'être excessif, puisque plus il y aura de magasins et de magasiniers (c'est-à-dire de gens qui auront de la denrée à proposer et de l'argent à réaliser), moins le prix moyen pourra s'élever, car le prix baisse en raison de la multitude des offrants, comme il hausse en raison de leur petit nombre.

Il prouve que l'on ne doit pas plus envier le profit d'un commerce si utile à la société, et qui seul en assure l'existence dans les années stériles, aux gens qui en ont fait les avances et supporté le travail, que l'on n'envie le profit des autres commerces dont la multiplicité des magasins et leur concurrence règlent pareillement les prix.

Turgot observe que les *magasins* ne peuvent être bien tenus et profitables qu'autant qu'on les laisse faire aux particuliers et qu'on protège ce genre d'industrie, attendu qu'il n'y a que les particuliers qui soignent bien leurs affaires.

Les magasins que feraient le Gouvernement ou les villes, avec la certitude pour les administrateurs que la perte ne les regarde pas, seront toujours mal tenus et l'avantage pour les subalternes de multiplier les frais dont ils vivent, les rend entièrement ruineux.

Turgot remarque encore que les magasins et les entreprises de commerce des blés pour le compte du Gouvernement ou des corps municipaux, après avoir consumé des frais énormes, doivent nécessairement amener la disette ; parce que nul commerçant ne peut ni ne veut s'exposer à la concurrence avec l'autorité. De sorte que pour faire, à force d'argent et d'impôts, de faibles approvisionnements mal conservés, on se prive de tous les secours du commerce.

Or, il n'y a que le commerce qui, ayant dans des milliers de mains, assez de capitaux, et y joignant autant de crédit, puisse fournir un mois de subsistance à un grand peuple. Le Gouvernement ne pourrait jamais lever sur la nation assez d'impôts pour nourrir ainsi la nation.

C'est donc au commerce qu'il faut avoir recours quand l'abondance habituelle des récoltes, résultantes d'une culture bonne et encouragée, et la spéculation des magasins destinés à conserver le superflu des récoltes abondantes, ne suffisent pas pour empêcher les grains de renchérir dans un pays ou dans un canton. Il n'y a pour lors moyen d'y remédier que celui d'y apporter des grains d'ailleurs ; il faut, par conséquent, que cette secourable opération soit libre et profitable aux négociants, qui sont toujours plus promptement avertis que personne des besoins et qui ont plus de correspondances et de facilités pour y pourvoir.

Mais nul négociant ne voudra s'en mêler, s'il peut craindre la taxation des prix, l'interception des destinations, la concurrence d'un gouvernement qui annoncerait le dessein de vendre à perte, les vexations des sous-administrateurs, les violences populaires.

QUATRIÈME LETTRE

Analyse [a].

(Les prix moyens du blé. — Les magasins.)

Commencée à Égletons, le 11 novembre ;
finie à Bort, le 13 novembre.

Turgot consacra cette lettre à développer sous toutes leurs faces les conséquences d'un calcul ingénieux, quoique simple, que Quesnay avait placé dès l'année 1756 dans l'*Encyclopédie*, à l'article *Grains*.

Ce calcul a pour objet de faire voir la différence qui, lorsque le prix des grains est très variable, existe au désavantage des propriétaires de terre à blé et de l'État entre le prix moyen des récoltes et le prix moyen des consommations.

Que le prix des grains soit et doive être très variable quand les magasins ne sont pas encouragés, et quand l'exportation est habituellement défendue ou au moins interdite en cas de cherté, c'est ce que le bon sens indique, et ce que prouve l'expérience de tous les temps.

On n'ose pas faire des magasins lorsqu'ils attirent la haine publique et provoquent les ordres de vendre à perte.

On n'ose pas importer de l'étranger quand on a les mêmes dangers à craindre, et celui de ne pouvoir réexporter dans le cas où le débit à l'intérieur ne présenterait pas de bénéfice. C'est ce que Turgot avait irrésistiblement démontré dans ses deux lettres précédentes. Au contraire, lorsque les magasins sont permis et protégés, et que la liberté de l'exportation offre un débouché au dehors dans les années trop surabondantes, lorsque l'importation, n'étant pas repoussée par la défense de réexporter, offre un secours naturel dès que le renchérissement dans l'inférieur promet aux importateurs un bénéfice raisonnable, il est clair que la variation des prix doit devenir moindre et l'expérience prouve encore qu'il en est ainsi.

Turgot examina ce qui devait arriver dans l'une et dans l'autre position.

La production étant supposée, pour les terres de la qualité la plus ordinaire, ni excellentes, ni ingrates, dans les années abondantes, de *sept*

---

[a] Voir la note de Du Pont sur la seconde lettre.

setiers de blé par arpent ; dans les bonnes années, de *six setiers* ; dans l'année moyenne, de *cinq* ; dans les années faibles, de *quatre* ; et dans les très mauvaises, seulement de *trois* ; ce qui s'écarte peu de la réalité, voici quelles sont les variations des prix et du produit trop constatées par l'expérience des temps où le commerce n'a pas été libre.

ANNÉES.	RÉCOLTES en setiers par arpent.	PRIX du setier.	PRODUIT en argent.	FRAIS de culture.
Surabondantes	7	15	105	96
Bonnes	6	20	120	96
Moyennes	5	25	125	96
Faibles	4	30	120	96
Très mauvaises	3	35	105	96
	5	25	575	480
	Termes moyens		Totaux	

On voit, par ce tableau, que le prix moyen du setier est de 25 livres : mais que c'est par compensation d'une variation si grande que, dans l'année de disette, le prix devient plus que double, ou d'un sixième au-dessus du double de celui de l'année surabondante : ce qui ne permet pas de régler les salaires avec équité, et jette le peuple laborieux dans l'excès de la misère lorsque la récolte devient très mauvaise [a].

On voit encore que le produit total des cinq années étant de   575 livres.
  Et les frais de culture de   480 —
  Il ne reste de revenus disponibles pour les cinq années que   95 livres.

ce qui ne donne par année, pour l'arpent de bonne terre ordinaire, que 19 livres à partager entre le propriétaire et les contributions publiques [b].

---

[a] Du Pont a commis, dans son tableau, une erreur de calcul que nous rectifions (565 pour le produit en argent, au lieu de 575), ce qui l'a conduit à n'estimer le revenu moyen des propriétaires qu'à 17 livres et à tirer de là des observations inexactes. Nous supprimons celles-ci de son analyse.

[b] Du temps de Turgot, les impositions directes sur les biens en roture, et même sur les terres affermées des seigneurs, et comprenant la taille, la capitation des taillables, les autres impositions qu'on appelait accessoires et les vingtièmes, emportaient le tiers du revenu, ou une somme égale à

Il est aisé de remarquer aussi que, dans les provinces de bonne culture ordinaire de blé, ces données ne s'éloignent pas de la vérité.

Il est bon d'observer que l'année moyenne doit nourrir la nation, avec un léger excédent que la négligence absorbe presque toujours, c'est-à-dire que la récolte ordinaire, soigneusement administrée, pourrait nourrir le peuple pendant 380 jours.

L'année faible ne donne que la subsistance de 304 jours. Elle laisse un déficit de deux mois et demi, qui est ordinairement couvert par ce qui est resté de grains des années précédentes dans les granges et greniers des cultivateurs et des petits propriétaires : magasins heureusement presque ignorés, qui pourraient être plus considérables, et qui seraient puissamment aidés par les magasins du commerce, si ceux-ci étaient assurés de l'appui d'une énergique protection qui les déclarerait et les rendrait inviolables. Car la bonne année pourrait assurer la subsistance de 456 jours ou de trois mois de plus que l'année n'a réellement. Mais la négligence augmente avec l'abondance ; elle est même, en temps de prohibition, assez bien motivée par la peur : nul ne veut paraître avoir un magasin ; on prodigue le grain au bétail ; c'est une manière d'en tirer parti, et de là vient que le commerce qui pourrait tenir la valeur d'un mois de subsistance en réserve n'ayant pas lieu, on se regarde comme heureux lorsque les bonnes années précédentes couvrent le déficit des années faibles qui les suivent.

C'est sur cette variation dans la quantité, de deux à trois mois en plus, ou deux mois en moins de ce qui est nécessaire, que l'on calcule ordinairement et que l'on doit calculer la différence de ce qu'on appelle les *bonnes* ou les *mauvaises années*. La liberté peut donner sur les bonnes une réserve ou un approvisionnement d'un mois de plus : ce qui serait d'une grande importance pour la sécurité, et d'une notable conséquence pour la richesse, car c'est une affaire de 100 millions.

Enfin, l'année surabondante semblerait suffire pour 532 jours ou pour 5 mois de plus que l'année moyenne. Mais, quand la liberté des magasins et du commerce, tant intérieur qu'extérieur, n'existe pas, cette

---

la moitié de ce qui restait au propriétaire. On a vu dans tous les *Avis* de Turgot *sur la taille*, combien il se plaignait de ce que cette forte proportion était excédée dans la généralité de Limoges, au point d'emporter une part à peu près égale au revenu des propriétaires, et d'attribuer ainsi au Gouvernement, en impositions directes, la moitié du revenu des biens taillables. Il y avait en outre la dîme, les aides, la gabelle, le contrôle des actes, les octrois, les péages et les douanes. Mais, quant à l'imposition territoriale, on regardait comme de principe qu'elle prît le tiers du revenu. C'était sur ce pied que Turgot avait calculé les avantages que trouverait pour ses finances le gouvernement à protéger la liberté du commerce des grains.

L'Assemblée Constituante a posé pour principe que la contribution foncière n'excédât pas le cinquième du revenu (*Du Pont*).

abondance et cette richesse s'évanouissent presque sans utilité. On a pu remarquer dans le tableau ci-dessus, que le produit de 7 setiers, à 15 livres, n'est que de 105 livres, et que les frais de culture étant de 96, il ne reste alors que 9 livres de revenu dans ces années où se fait sentir *la misère de l'abondance*.

Turgot exposait ensuite et, d'après l'exemple que donnait alors l'Angleterre [a], qui excitait l'exportation dans une mesure exagérée, quelles

---

[a] Au temps où Turgot écrivait, l'Angleterre *défendait l'exportation*. L'année 1767 avait été mauvaise ; des émeutes avaient éclaté sur divers points. Le Conseil privé prohiba l'exportation, et le Parlement sanctionna cette prohibition, en permettant *temporairement* l'introduction en franchise. En 1768, 1769, 1770, 1771 et 1772, la défense d'exportation fut renouvelée.

Au reste, il n'est pas inutile d'indiquer ici sommairement les modifications principales de la législation céréale en Angleterre.

Avant 1660. La base de cette législation était la liberté de l'exportation aussi bien que de l'importation, moyennant des droits élevés, mais variables suivant les années.

En 1660. Le système de prohibition prévaut ; l'importation est défendue. L'exportation est permise quand les prix descendent au-dessous de 40 schellings par quarter, soit 17 francs par hectolitre.

En 1663. L'exportation n'est plus permise qu'au prix de 20 fr. 33 l'hectolitre au port de sortie. Si les prix étaient plus élevés, le froment payait à l'exportation 1 schelling par quarter, soit 0 fr. 41 l'hectolitre.

À ces prix, l'importation fut permise en payant 5 s. 4 p. par quarter, soit 2 fr. 21 l'hectolitre.

En 1670. Importation sujette au droit de 6 fr. 66, quand les prix s'élevaient à 24 fr. 15 l'hectolitre. Ces droits descendaient à 3 fr. 33 quand les prix étaient de 33 fr. 33 l'hectolitre. Au-dessus de ce prix, le droit n'était plus que de 2 fr. 13.

En 1689, une prime de 2 francs par hectolitre est donnée à l'exportation, quand les prix sont à 20 fr. 33 ou au-dessous. L'exportation est libre au-dessus de ce prix.

En 1699, exportation prohibée pour un an ; la prime suspendue depuis le 9 février 1699 jusqu'au 29 septembre 1700.

1700. Le droit à l'exportation aboli virtuellement en 1689, au-dessus de 20 fr. 33, est expressément aboli à des prix même plus élevés.

1709. Exportation défendue avant le 29 septembre 1710. La Reine a cependant le droit de permettre cette exportation par ordonnance.

1741. Exportation du blé ou de la farine défendue avant le 25 décembre 1741. Le Roi se réserve aussi le droit de lever la défense. Dans la même année, le juge des *Bills de session* en Écosse, est investi du droit de tolérer ou de défendre l'importation en cette partie du Royaume-Uni.

1757. La cherté occasionne de nombreuses émeutes en plusieurs provinces. L'exportation est prohibée jusqu'au 25 décembre 1757. Par un autre acte de la même année, les droits à l'importation sont temporairement levés.

1758. La cherté continuant, les deux bills de l'année précédente sont maintenus jusqu'au 24 décembre 1758.

1759. L'acte de 1757, qui prohibait l'exportation, est maintenu encore jusqu'au 24 décembre 1759 ; néanmoins, comme les prix diminuent, le Roi use de la faculté de lever la prohibition avant cette époque. Le bill de 1758, relatif à la levée des droits à l'importation, n'est pas renouvelé.

1765. Un acte investit le Roi du droit de défendre l'exportation pendant les vacances du Parlement. Les droits à l'importation sont temporairement levés. La prime à l'exportation est abolie.

1766. L'importation du blé et du grain des colonies est temporairement permise en franchise ; un acte défend aussi temporairement l'exportation du blé, de la drêche, de la farine, du pain, etc.

1767. L'année est pluvieuse, les récoltes précaires ; les années précédentes avaient été mauvaises ; le pain est rare et cher. Des émeutes sérieuses éclatent sur plusieurs points du Royaume. Le 2 septembre, le Conseil privé défend par proclamation l'exportation du froment et de la farine, et prohibe l'usage de ce grain dans les distilleries. Un acte du Parlement défend temporairement l'exportation ; un nouvel acte permet temporairement l'introduction en franchise du blé, etc. Un

pouvaient et devaient être les plus grandes variations des prix dans un état de liberté.

En voici le tableau :

ANNÉES.	RÉCOLTES en setiers par arpent.	PRIX du setier.	PRODUIT en argent.	FRAIS de culture.
Surabondantes	7	20	140	96
Bonnes	6	22	132	96
Moyennes	5	24	120	96

acte indemnise tous les négociants qui s'occupaient de l'exportation à cause de l'embargo mis sur leurs expéditions par la proclamation du Conseil.

1768. La défense d'exporter est prolongée. L'importation est permise temporairement.

1769. Prolongation temporaire de la défense d'exporter.

Cette défense est renouvelée en 1770, 1771 et 1772.

1772. L'introduction en franchise est de nouveau décrétée temporairement.

1773. Renouvellement de la permission d'introduire en franchise. L'Amérique jouit spécialement du privilège d'introduction. La défense d'exporter est renouvelée temporairement.

1774. Les graves événements qui se succèdent (guerre d'Amérique), les actes du Parlement des années précédentes, donnent lieu à rentrer dans le système de simple protection dont on s'est écarté si longtemps. La législation reçoit de grandes modifications. Le préambule de la loi nouvelle déclare que les règlements précédents ont considérablement contribué au progrès de la navigation et de la culture, que néanmoins la rareté continuelle des grains ayant rendu nécessaire la suspension par des statuts temporaires de l'action de ces règlements, il est dans le vœu de tous de voir enfin ce commerce assis sur des bases fixes, savoir :

Droits à l'importation.

Toutes les fois que le prix des blés anglais au port d'admission sont :
Pour le froment　　　　　　48 sch.　　le quarter,　　　　soit 20 fr. 33 l'hectol.
Pour le seigle, les pois
　et autres farineux　　　　32　　　　id.,　　　　　　　soit 13 fr. l'hectol.
Les droits anciens sont abolis et remplacés par les suivants :
Froment　　　　　　　　　6 pence　par quarter, soit 20 c. l'hectol.
Farine de froment　　　　　2　　　　par quintal, soit 40 c. p. 100 kil.
Seigle, pois et farineux　　　3　　　　par quarter, soit 10 c. p. hectol.

Exportation.

Elle est par cette loi défendue, lorsque les grains atteignent les prix suivants :
Froment　　　　　　44 sch.　　par quarter,　　soit 18 fr. 33 l'hect.
Seigles et farines　　　28　　　　　id.,　　　　　soit 11 fr. 66 id.

Primes à l'exportation.

Le froment étant au-dessous de 44 schellings ou 18 fr. 33 l'hectolitre, l'expéditeur avait droit à une prime de 2 francs par hectolitre pour le grain ou pour la drêche de froment.

Pour le seigle au-dessous de　　11 fr. 66, prime de　　1 fr. 25 par hect.

1775. L'importation du maïs permise moyennant un droit peu important (*Dussard*).

ANNÉES.	RÉCOLTES en setiers par arpent.	PRIX du setier.	PRODUIT en argent.	FRAIS de culture.
Faibles	4	26	104	96
Très mauvaises	3	28	84	96
	5	24	580	480
	Termes moyens		Totaux	

On voit 1° que par rapport à la France, le prix moyen de la consommation est plus faible de 1 franc ;

2° Que les plus grandes variations, au-dessus ou au-dessous du prix moyen, ne sont que de 4 francs, ou d'un sixième seulement en plus ou en moins, au lieu d'être de 10 francs par setier, ou des deux cinquièmes, et que cette variation donne aux salaires une base que les années les plus excessives en surabondance ou en calamité ne dérangent pas sensiblement, ne rendent pas insupportable ;

Enfin, qu'en ôtant de 580 francs, produit total de cinq années, 480 francs pour les frais de culture, il reste 100 francs de revenu ; ce qui porte celui de l'arpent, par année moyenne, à 20 francs au lieu de 19.

D'autres observations sortent en foule de celles-là.

Une famille de quatre personnes consomme à peu près le produit moyen de deux arpents ou 10 setiers de blé ; et quand il y a 8 millions de familles [a], c'est une valeur de 2 milliards, si le prix moyen du blé est de 25 francs, comme dans le cas où le commerce n'est pas libre. Mais si la liberté des magasins, jointe à celle de l'exportation et de l'importation, réduisent le prix moyen à 24 francs, la dépense de la nation en pain n'est plus que de 1 milliard 920 millions, et il reste 80 millions par an, terme moyen, que le peuple peut employer à se procurer les autres commodités de la vie, un meilleur vêtement, une plus grande propreté, qui sont pour la conservation de la santé d'un avantage inestimable.

Et cependant, loin que les revenus des propriétaires et de l'État aient éprouvé la moindre diminution, ils ont reçu une augmentation considérable.

Le premier des deux tableaux nous a prouvé que, dans l'état de gêne du commerce, de grande variation des prix et de l'incertitude d'une juste proportion dans les salaires, la valeur moyenne des grains de 25

---

[a] Du Pont, comme il le dit plus loin, se base sur l'état de la population sous le premier Empire.

francs le setier, qui coûte 80 millions de plus par année moyenne au peuple, étant formée d'un grand nombre de setiers à vil prix, et d'un petit nombre à très haut prix, le revenu de l'arpent n'est que de 19 francs. Ce revenu sur la récolte de 16 millions d'arpents nécessaires à la nourriture de 8 millions de familles, n'excède pas 304 millions de livres.

Le second tableau démontre que le prix moyen, inférieur pour la consommation de 80 millions par année moyenne, étant au contraire composé d'un grand nombre de setiers, que la facilité du débit soutient au prix d'un tiers en sus de celui qu'ils auraient s'ils manquaient de débouché, et d'un petit nombre que, dans les années calamiteuses, le secours des magasins et de l'importation empêche de s'élever à plus d'un sixième au-dessus du terme moyen, le revenu de l'arpent se trouve porté à 20 francs, qui donnent sur 16 millions d'arpents 320 millions de revenu.

Ainsi, la différence de la liberté qui amène l'égalisation ou la moindre variation des prix avec le système prohibitif et réglementaire qui entretient leur inégalité, doit être en France, année moyenne, d'environ 80 millions d'économie ou d'aisance à l'avantage du peuple et de 16 millions de plus en revenu.

Quelques personnes ont pensé que l'égalisation des prix pourrait être produite, sans liberté de commerce, par des magasins que formerait le Gouvernement, ou qu'il ferait former par et pour les villes. Turgot avait déjà discuté cette opinion, et principalement sous l'aspect de la mauvaise administration inévitable de la part d'employés publics, qui n'ont point à supporter les pertes, et qui ont toujours quelque chose à gagner aux moyens qu'il faut employer pour les réparer. Il la reprenait à la fin de sa quatrième lettre, relativement au capital dont elle exigerait la mise dehors.

L'approvisionnement en magasins, pour subvenir aux besoins d'une année faible, doit être d'environ deux mois : il excéderait 300 millions d'avances, qui exigeraient un intérêt de 15 millions par an, et une régie qui, fût-elle au plus haut degré de perfection, ne pourrait coûter moins de 15 autres millions.

Ce capital de 300 millions, naturellement fourni dans l'état de liberté, par 100 000 propriétaires qui recueillent directement la denrée, et par 50 000 négociants grands ou petits, se trouve mis en activité de lui-même, pourvu qu'on ne s'y oppose pas. Mais nul gouvernement ne pourrait ni le rassembler, ni obliger, en aucun pays, ses municipalités à faire l'avance d'un tel capital, ni d'aucun autre qui fût dans la même proportion avec les besoins des habitants et la culture du territoire.

Il en est de même pour l'importation lorsqu'elle devient nécessaire. Le commerce libre y pourvoit sans peine par son crédit, qu'il prolonge ou renouvelle, jusqu'à ce que l'argent du consommateur ait payé la denrée. Un gouvernement ou des municipalités seraient obligés de payer comptant ; ils ne pourraient ni trouver les fonds, ni se les procurer subitement par un crédit que les besoins politiques absorbent sans cesse, surpassent souvent.

En rapportant ces calculs, je n'ai fait qu'ajouter aux nombres qu'employait Turgot pour une nation qui n'était alors que de 23 à 24 millions d'âmes, ceux qui étaient nécessaires pour qu'ils pussent cadrer encore aujourd'hui à une nation dont la population s'est élevée jusqu'à environ 32 millions d'individus, mais dont l'impôt territorial, au lieu d'être sur le pied du tiers du revenu, ne doit plus, selon les intentions du Gouvernement, être que dans la proportion d'un cinquième. J'ai cru par là rendre ses conclusions aussi frappantes qu'elles l'étaient lorsqu'il adressa au ministre cette intéressante lettre, parce qu'elles sont dans le même rapport avec les données actuelles.

Cette lettre, comme on peut en juger même à travers les défauts de l'extrait trop resserré que nous en donnons, n'était pas la moins démonstrative : elle était la plus longue des sept qu'il a rédigées sur son important sujet. Il crut la question résolue, et consacra les trois lettres suivantes à répondre aux objections verbales que l'abbé Terray lui avait faites dans leur dernière conversation.

Le lecteur, en retrouvant le style correct, élégant, toujours clair de Turgot, la discussion soignée, l'exactitude qui ne néglige aucun détail et qui les enchaîne si parfaitement selon l'ordre naturel des idées, et comparant tant de mérites réunis à la sécheresse des notices que j'ai pu recueillir sur les trois lettres qui sont perdues, n'évaluera que trop aisément la prodigieuse distance que n'a pu franchir, même en approchant de ce grand homme et dans son intimité, son élève et son ami ; et j'oserai dire avec orgueil, comme de la plus haute gloire de ma vie, un de ses amis les plus chers.

CINQUIÈME LETTRE

(Les propriétaires, les salaires, le commerce extérieur, les impôts. — La situation en Angleterre ; la disette en 1740 ; la charte de 1768 à 1770).

Saint-Angel, 14 novembre.

M., en finissant la lettre que j'ai eu l'honneur de vous écrire hier de Bort sur la liberté du commerce des grains, je vous en ai annoncé une cinquième, destinée à discuter un raisonnement que vous me fîtes à Compiègne et dont vous me parûtes alors vivement frappé.

« Trois sortes de personnes, disiez-vous, sont intéressées au choix d'un système sur la police des grains, les propriétaires des biens fonds, les cultivateurs et les consommateurs.

« Je conviens que le système de la liberté est infiniment favorable aux propriétaires.

« À l'égard des cultivateurs, l'avantage qu'ils y trouvent est purement passager, puisque à l'expiration du bail, les propriétaires savent bien se l'approprier tout entier par l'augmentation du fermage.

« Enfin, les consommateurs souffrent évidemment le plus grand préjudice de la liberté qui porte les prix à un taux qui n'a plus aucune proportion avec leurs moyens de subsister et qui augmente toutes les dépenses. »

Vous m'ajoutâtes même à cette occasion « qu'il en avait coûté au Roi, dans ces dernières années, plusieurs millions pour la plus-value du pain qu'il avait été nécessaire d'accorder aux troupes. »

Vous concluiez de là que « le système de la liberté n'était favorable qu'au plus petit nombre des citoyens, indifférent aux cultivateurs et très préjudiciable à l'incomparablement plus grand nombre des sujets du Roi. »

Je ne crois pas m'être trompé dans l'exposition de votre raisonnement ; permettez-moi maintenant, M., d'en reprendre successivement les trois branches.

Vous convenez d'abord que *le système de la liberté est très avantageux aux propriétaires, dont il augmente les revenus.* Nous sommes certainement bien d'accord sur ce résultat ; mais je doute que nous le soyons autant sur les principes dont nous le tirons, et comme ces principes sont fort importants, je m'arrêterai à les discuter.

Je veux cependant avant tout faire observer tout l'avantage que vous me donnez en avouant que le système de la liberté augmente le revenu des propriétaires.

Ce revenu, M., est le gage de toutes les rentes hypothéquées sur les biens fonds.

Il est la source de la plus grande partie des salaires, qui font vivre le peuple, car le peuple, le journalier, l'artisan n'a rien par lui-même : il vit des produits de la terre ; il n'a ces produits qu'en les achetant par son travail, et il ne peut les acheter que de ceux qui les recueillent et qui payent son travail avec ces denrées ou avec l'argent qui les représente. C'est donc la masse des subsistances ou plutôt des valeurs produites chaque année par la terre qui forme la masse des salaires à distribuer à toutes les classes de la société. Le cultivateur consomme immédiatement ce qui est nécessaire à sa nourriture ; le reste se partage entre lui et le propriétaire, et tous deux, par leurs dépenses, soit qu'elles aient pour objet la continuation ou l'amélioration de la culture, soit qu'elles se bornent à la satisfaction de leurs besoins, distribuent ce reste en salaires à tous les autres membres de la société pour prix de leur travail. Les valeurs que ceux-ci ont reçues retournent, par l'achat des denrées qu'ils consomment, entre les mains des cultivateurs pour en sortir de nouveau par une circulation dont la continuité fait la vie du corps politique ainsi que la circulation du sang fait la vie du corps animal. Tout ce qui augmente la somme des valeurs produites par la terre augmente donc la somme des salaires à partager entre les autres classes de la société.

Enfin, M., les revenus des propriétaires sont la source unique de laquelle l'État puisse tirer ses revenus. De quelque façon que les impôts soient assis, en quelque forme qu'ils soient perçus, ils sont toujours, en dernière analyse, payés par les propriétaires de biens fonds, soit par l'augmentation de leur dépense, soit par la diminution de leur recette.

Cette vérité est d'une évidence aisée à rendre palpable, car il est bien visible que tous les impôts mis sur les consommations seront payés immédiatement, en partie par les propriétaires, en partie par les cultivateurs, en partie par les salariés, puisque ces trois classes consomment et que tout ce qui consomme est compris dans une de ces trois classes.

Il n'y a aucune difficulté quant à la partie que le propriétaire paye sur ses propres consommations.

Celle que paye le cultivateur est évidemment une augmentation des frais de culture, puisque la totalité des dépenses du cultivateur constitue ces frais, qui doivent lui rentrer chaque année avec un profit pour qu'il puisse continuer sa culture, et dont il doit nécessairement prélever la totalité sur les produits, avant de fixer la part du propriétaire, ou *le fermage*, qui en est d'autant diminué. Le propriétaire paye donc encore cette portion de l'impôt en diminution du revenu.

Reste la part que paye le salarié sur ses consommations ; mais il est bien clair que si la concurrence des ouvriers, d'un côté, et de ceux qui dépensent, de l'autre, avait fixé les journées à 10 sous, et que le salarié vécut avec ces 10 sous (on sait que la journée de l'homme qui n'a que ses bras est communément réduite à ce qu'il lui faut pour vivre avec sa famille) ; si, dis-je, alors on suppose qu'un nouvel impôt sur ses consommations augmente sa dépense de 2 sous, il faut ou qu'il se fasse payer sa journée plus cher, ou qu'il diminue sa consommation. Il est évident que si sa journée est payée plus cher, c'est aux dépens du propriétaire ou du cultivateur, puisqu'il n'y a qu'eux qui aient de quoi payer, et quand c'est le cultivateur qui paye, c'est encore aux dépens du propriétaire, comme je viens de le prouver plus haut ; mais le journalier fait d'autant moins la loi qu'il est plus mal à son aise, et le propriétaire se prêtera difficilement d'abord à l'augmentation des salaires. Il faudra que le salarié diminue sa consommation et qu'il souffre. Or, cette diminution de consommation diminuera d'autant la demande des denrées, et, toujours en dernière analyse, celle des denrées de subsistance. Ces denrées, par conséquent, diminueront de valeur ; or, cette diminution de valeur, sur qui tombera-t-elle ? Sur celui qui vend la denrée, sur le cultivateur, qui, retirant moins de sa culture, donnera d'autant moins de fermage à son propriétaire. Celui-ci paye donc tout dans tous les cas.

Dans la réalité, cette diminution forcée de la consommation du journalier ne saurait être durable, parce qu'elle le met dans un état de souffrance. Les salaires ont pris avant l'impôt un niveau avec le prix habituel des denrées, et ce niveau, qui est le résultat d'une foule de causes combinées et balancées les unes par les autres, doit tendre à se rétablir. Il est certain que la concurrence, en mettant les salaires au rabais, réduit ceux des simples manœuvres à ce qui leur est nécessaire pour subsister. Il ne faut pas croire cependant que ce nécessaire soit tellement réduit à ce qu'il faut pour ne pas mourir de faim, qu'il ne reste rien au delà dont ces hommes puissent disposer, soit pour se procurer quelques petites douceurs, soit pour se faire, s'ils sont économes, un petit fonds mobilier qui devient leur ressource dans les cas imprévus de maladie, de cherté, de cessation d'ouvrage. Lorsque les objets de leurs dépenses augmentent de prix, ils commencent d'abord à se retrancher sur ce superflu et sur les jouissances qu'il leur procure. Mais c'est de cette espèce de *superflu* surtout que l'on peut dire qu'il est *chose très nécessaire* ; il faut qu'il y en ait, comme il faut qu'il y ait *du jeu* dans toutes les machines. Une horloge dont toutes les roues engrèneraient les unes dans les autres avec une exactitude mathématique, sans le moindre intervalle, cesserait bientôt d'aller. Si par une diminution subite de salaire ou une augmentation de dépense, l'ouvrier peut supporter d'être réduit à l'étroit nécessaire, les mêmes causes qui avaient forcé les salaires de se monter un peu au delà du nécessaire d'hier, continuant d'agir, les feront remonter encore jusqu'à ce qu'ils atteignent un taux plus fort dans la même proportion avec le nécessaire d'aujourd'hui. Si le défaut des moyens de payer s'opposait à ce retour à la proportion naturelle, si la diminution du revenu des propriétaires leur persuadait de se refuser à cette augmentation de salaire, l'ouvrier irait chercher ailleurs une aisance dont il ne peut se passer ; la population diminuerait, et cela jusqu'au point que la diminution du nombre des travailleurs, en restreignant leur concurrence, les mît en état de faire la loi et de forcer les propriétaires à hausser les prix. À la vérité, si la baisse du prix des denrées occasionnée par la diminution de la consommation se soutenait, l'augmentation des salaires serait moins forte ; mais cette baisse dans le prix des denrées, ayant diminué les profits du cultivateur, l'obligerait de diminuer ses dépenses productives et, par conséquent, la production ; or, de la moindre production doit résulter le retour à un prix plus élevé. Si chacun de ces effets avait lieu dans toute son étendue, la perte résultante du nouvel impôt retomberait sur le propriétaire de plusieurs façons différentes, puisqu'il aurait moins de revenu et ne pourrait, avec le même revenu, se procurer les mêmes objets de jouissance, ce qui ferait une perte double. Mais il y a lieu de croire que les uns compensent les autres, sans qu'il soit possible de déterminer avec précision comment ils se compensent et s'ils se compensent exactement. De quelque manière que se fasse cette compensation, et en supposant même qu'elle soit entière, il en résulte qu'au moins le propriétaire supportera toujours, ou en augmentation de dépense, ou en diminution du revenu, la totalité du nouvel impôt.

Quelques personnes pourraient s'imaginer qu'au moyen des impositions sur l'entrée et la sortie des marchandises qui font l'objet du *commerce extérieur*, on peut parvenir à faire contribuer les étrangers aux revenus de l'État et à détourner le poids d'une portion des impôts de dessus la tête des propriétaires nationaux ; mais c'est une pure illusion.

Dans un grand État, le commerce extérieur forme un objet très modique en comparaison du commerce intérieur des productions nationales. Les marchandises importées de l'étranger pour la consommation nationale ne font qu'une très petite partie de la consommation totale, et les marchandises exportées pour la consommation de l'étranger ne sont aussi qu'une très petite partie de la production. La raison en est simple : les marchandises étrangères sont, en général, un objet de luxe qui n'est à la portée que des riches ; le peuple ne consomme que ce qu'il trouve près de lui, et le peuple fait partout le plus grand nombre. La plus forte partie de la consommation d'une nation est en subsistances et vêtements grossiers. L'importation qui semblerait devoir être la plus considérable est celle du vin dans les pays auxquels la nature a refusé cette production ; cependant elle est, dans le fait, assez modique, et le peuple trouve plus commode et moins coûteux d'y suppléer par d'autres boissons, comme le cidre et la bière.

Il y a, je le sais, quelques exceptions apparentes à ce que je viens d'avancer. La principale est celle du commerce avec les colonies américaines, qui, pour une partie des subsistances et pour la totalité des vêtements, consomment presque uniquement des marchandises de l'Europe ; mais, sans entrer dans un détail qui serait trop long pour développer les causes de ces exceptions et montrer comment elles se concilient avec le principe, je me contenterai d'observer qu'un tel commerce suppose une excessive inégalité entre les prix du lieu de la production et ceux du lieu de la consommation. Or, cette inégalité ne saurait produire un commerce durable, à moins que la nation qui paye cher n'ait d'autres denrées à donner en retour et que ces denrées, dans le lieu où se fait le retour, ne reçoivent une égale augmentation du prix. C'est effectivement le cas où se trouve l'Europe, en général, par rapport à l'Amérique, en général. On peut donc regarder comme une règle sans exception que tout commerce d'exportation considérable ne peut être de durée s'il n'est contrebalancé par une importation d'égale valeur, et réciproquement ; sans cette égalité de balance, la nation qui ne ferait qu'acheter sans vendre serait bientôt épuisée, et le commerce cesserait. Il résulte de là, et il est certain dans le fait, que les États que l'on croit qui gagnent le plus au commerce par l'excès des exportations sur les importations, ou ce qu'on appelle la *balance en argent*, ne reçoivent pour cette balance, prise année commune, qu'une valeur infiniment médiocre en comparaison de la totalité du revenu national.

C'est pourtant sur ce seul excès, dont l'exportation surpasse l'importation, qu'on peut imaginer de faire porter la portion de l'impôt qu'on voudrait faire payer aux étrangers à la décharge des propriétaires nationaux, car on voit au premier coup d'œil qu'il n'y a aucun profit de ce genre à faire sur la partie du commerce étranger qui consiste en importations et en exportations balancées les unes par les autres. Faites quelle supposition vous voudrez sur la manière dont se partage la charge de votre impôt entre l'acheteur et le vendeur, le résultat sera le même. Si vous croyez que la charge retombe sur le vendeur, vous perdrez comme vendeur ce que vous gagnerez comme acheteur. Si c'est sur l'acheteur que retombe l'impôt, vous perdrez comme acheteur ce que vous aurez gagné comme vendeur, et si le fardeau se partage également entre eux, comme vous êtes autant l'un que l'autre, vous ne perdrez ni ne gagnerez.

Ainsi, vos propriétaires nationaux resteront toujours chargés de la totalité de l'impôt. Aussi, tous les efforts que l'ignorance a fait faire aux différentes nations pour rejeter les unes sur les autres une partie de leur fardeau n'ont-ils abouti qu'à diminuer, au préjudice de toutes, l'étendue générale du commerce, la masse des productions et des jouissances et la somme des revenus de chaque nation.

Il est vraisemblable que, dans l'état actuel du commerce de la France ses importations balancent assez exactement ses exportations et que, s'il y a quelque excédent des unes sur les autres, il est peu considérable, alternatif, peu durable.

Quoi qu'il en soit, on doit regarder comme un point constant que la totalité de l'impôt est payée par les propriétaires et sur le revenu des terres. Et il faut bien que le revenu des terres, c'est-à-dire la part de la production qui reste après la défalcation des frais de culture, salaires et profits du cultivateur, paye la totalité de l'impôt ; car tout autre chose, soit production de la terre, soit profit de quelque genre que ce soit, est affecté à la reproduction et à la continuation des travaux de toute espèce sur lesquels roule tout l'édifice de la société. Il n'y a dans le monde que la terre et le travail des hommes : c'est par le travail que la terre produit ; ce sont les productions de la terre qui salarient le travail et, généralement, tous les travaux qu'exige le service de la société et qui occupent les différentes classes d'hommes.

Sur les productions de la terre, il faut d'abord que le cultivateur prélève sa subsistance et celle de sa famille, puisque c'est le salaire indispensable de son travail et le motif qui l'engage à cultiver ; ensuite les intérêts de ses avances, et ces intérêts doivent être assez forts pour qu'il trouve un avantage sensible à placer ses capitaux dans des entreprises de culture plutôt que de toute autre manière. Sans ces deux conditions, les avances manqueraient à la culture, et les avances n'y sont pas moins nécessaires que le travail des hommes. Le cultivateur doit prélever encore de quoi subvenir à toutes les dépenses qu'exige la continuation de son exploitation, car sans ces dépenses, la reproduction de l'année suivante cesserait.

Voilà donc la part du cultivateur, elle est sacrée, et la tyrannie ne pourrait l'entamer, à peine d'arrêter la reproduction et de tarir la source des impôts. En vain, le cultivateur est-il taxé personnellement ; il faut, ou qu'il puisse rejeter la taxe sur le propriétaire, ou qu'il diminue sa culture.

Le surplus des productions, ce qui reste après avoir prélevé la part du cultivateur, est le *produit net*, ou le revenu des terres. C'est ce produit net que le cultivateur peut abandonner et qu'il abandonne en effet au propriétaire pour obtenir de lui la permission de cultiver. C'est aussi sur ce produit net que se prennent, en diminution du revenu du propriétaire, toutes les charges de la terre : la dîme du curé, la rente du seigneur, l'impôt que lève le Roi. Et il faut bien que tout cela se prenne sur le produit net, car il n'y a que ce produit net qui soit *disponible* ; il n'y a que cette portion des fruits de la terre qui ne soit pas indispensablement affectée à la reproduction de l'année suivante. Le reste est la part du cultivateur, part sacrée, comme on l'a dit, et qu'on ne peut entamer sans arrêter tout le mouvement de la machine politique.

Tous les salaires des ouvriers, tous les *profits* des entrepreneurs de fabriques et de commerce de tout genre, sont payés, en partie par les cultivateurs, sur leur part, pour les dépenses qu'exigent la satisfaction de leurs besoins, ou les travaux de leur culture ; en partie par les propriétaires ou les autres copartageants du produit net, tels que le décimateur, le rentier, le souverain, pour la dépense qu'ils font de ce produit net, afin de se procurer tous les objets de plaisir ou d'utilité, soit particulière, soit publique. Tous ces salaires, tous ces profits ne sont pas plus disponibles que la part des cultivateurs aux fruits de la terre ; la concurrence les borne nécessairement à ce qui est nécessaire pour la subsistance du simple ouvrier, à l'intérêt des avances de toutes les entreprises de fabrique ou de commerce, et au profit indispensable des entrepreneurs, sans lequel ils préféreraient d'autres emplois de leur argent, qui n'entraîneraient ni le même risque, ni le même travail. J'ai montré plus haut comment toute la portion de l'impôt qu'on s'imaginerait pouvoir leur faire supporter retomberait toujours, en dernière analyse, sur le propriétaire seul.

Cette digression est devenue, M., plus longue que je ne me l'étais proposé ; mais il était important de vous faire connaître de quel prix est l'aveu que vous faites de l'avantage évident du propriétaire au système de la liberté, et de la diminution qu'éprouveraient ses revenus par le retour de l'ancien système. En diminuant le revenu des propriétaires, vous taririez la source de la plus grande partie des salaires, et vous diminueriez les moyens de payer l'impôt. Si le Roi n'a et ne peut avoir que sa part dans le produit net de la terre, tout ce qui diminue ce produit net, tout ce qui tend à faire baisser la valeur ou la quantité des productions, diminue la part du Roi, et la possibilité, non seulement de l'augmenter, mais encore de la soutenir telle qu'elle est.

Les circonstances malheureuses où se trouve l'État ne vous permettent pas de diminuer les impôts, et il est bien plutôt à craindre que vous ne soyez forcé de les augmenter. Augmenter d'un côté les impôts, et de l'autre diminuer le revenu des terres, c'est attaquer à la fois la feuille et la racine ; c'est, passez-moi la trivialité de l'expression en faveur de sa justesse, c'est user la chandelle par les deux bouts.

Je reviens au premier objet de ma lettre, à la discussion des trois parties de votre raisonnement.

Il est, comme vous l'observez, indubitable que les revenus des propriétaires des fonds doivent augmenter par la liberté du commerce des grains : mais permettez-moi de vous faire remarquer, M., que ce n'est point du tout, comme vous paraissez le supposer, parce que la liberté rend le grain *plus cher*.

Il n'est point du tout vrai qu'en général l'effet de la liberté soit, ni doive être, de rendre le grain *plus cher* ; et il est prouvé que le prix doit en diminuer dans le plus grand nombre des cas, et je crois l'avoir irrésistiblement établi dans ma lettre précédente : veuillez vous rappeler, M., que je parle ici du prix moyen auquel les consommateurs payent le grain, compensation faite des bonnes et des mauvaises années, du bas prix et de la cherté.

Il n'y a aucune raison pour que ce prix moyen augmente par la liberté. Ce prix est nécessairement formé par la comparaison de la totalité des demandes à la totalité des offres ou, en d'autres termes, de la somme des besoins à la somme de la production. Pour augmenter les prix, il faudrait que la somme des demandes augmentât en plus grande proportion que la production : or, c'est ce qui ne doit point arriver.

L'idée de voir accourir dans nos ports des étrangers, pour nous enlever nos récoltes à des prix excessifs, est une vraie chimère. Les étrangers n'achètent que pour leurs besoins, c'est-à-dire n'achètent que ce qui manque à leurs récoltes pour les nourrir ; et, dans tout pays un peu étendu, ce qui manque habituellement à la récolte pour nourrir les habitants, est assez médiocre.

Ce n'est guère que dans les années disetteuses que l'importation peut être forte ; et ces années disetteuses se succèdent avec beaucoup de variété dans les différentes parties de l'Europe. Tantôt c'est dans le Midi, tantôt dans le Nord, que la cherté se fait sentir. Les États, qui ont la liberté d'exporter, se partagent entre eux la fourniture totale de toutes les parties qui manquent, et l'on sait que cette fourniture totale ne monte jamais à 7 millions de setiers, peut-être pas même à 6. Tout ce que nous pouvons donc espérer ou craindre, est de participer à cette fourniture en concurrence avec l'Angleterre, la Pologne, la Moscovie, les Pays-Bas, les provinces arrosées par l'Elbe et l'Oder, la Barbarie, la Sicile, l'Égypte, et encore avec les colonies anglaises. Le prix primitif de nos grains est plus haut que celui des grains de Pologne, et nous ne pouvons soutenir la concurrence de Dantzick et des autres ports de la mer Baltique, qu'à raison de la différence des frais de transport qui sont moindres lorsqu'il faut approvisionner l'Espagne ou quelque autre pays méridional. Il est donc bien sûr que nous n'exporterons jamais habituellement une grande quantité de grains.

Les Anglais, malgré leurs encouragements, n'ont exporté année commune, depuis quatre-vingts ans, que 364 000 setiers de froment de notre mesure, et à peu près autant d'autres grains, dont la plus grande partie est du malt ou de l'orge préparée pour faire de la bière. Cette quantité ne peut être plus grande, parce que les besoins à fournir sont limités et déjà remplis en partie, à meilleur marché, par les blés du Nord. La même cause et la concurrence de l'Angleterre borneront nos exportations : vraisemblablement, nous ne ferons que partager avec cette puissance la part qu'elle a dans ce commerce. Peut-être même exporterons-nous moins encore.

Quoi qu'il en soit, ce que nous mettrons en vente au *marché général* [1] ne diminuera certainement pas la somme des offres, et n'augmentera pas la somme des besoins. Un marchand de plus arrivant au marché ne fait pas augmenter le prix ; le taux du marché général diminuera donc plutôt que d'augmenter. Or, dans l'état actuel, le prix moyen du consommateur dans la capitale et dans les provinces adjacentes, en y faisant entrer les temps de disette, est plutôt au-dessus qu'au-dessous du prix du marché général, lequel est d'environ 20 livres le setier de Paris. Il n'y aura donc point d'augmentation dans les prix moyens, puisque la liberté ne peut jamais porter ce prix au-dessus du taux du marché général.

Il y a, au contraire, des raisons très fortes pour croire que ce prix moyen diminuera. J'ai remarqué plus haut que le prix est formé par la comparaison des demandes à la somme des productions. Il doit donc diminuer quand la somme des productions augmente en plus grande proportion que la somme des besoins. Or, cet accroissement dans la production est une chose plus que probable. Si l'augmentation de la culture doit être une suite de l'augmentation des profits des cultivateurs, dès que la terre produit davantage, il faut, du moins jusqu'à ce que le nombre des consommateurs soit augmenté, que la denrée baisse

---

[1] Il est aisé de comprendre que, de même que la concurrence entre les vendeurs et celle entre les acheteurs forment dans chaque lieu particulier ce qu'on appelle le *prix du marché*, de même la concurrence entre les négociants des diverses nations qui ont du grain à vendre, et celle entre les négociants des nations qui ont besoin d'acheter, déterminent un prix commun entre les principales nations commerçantes, qu'on peut considérer comme réunies pour former une espèce de *marché général*. Ce marché ne se tient pas dans un lieu unique ; mais la facilité du transport par mer fait qu'on peut considérer les ports des principales nations commerçantes, et surtout de celles qui, par leur situation entre le nord et le midi de l'Europe et par une liberté ancienne et habituelle du commerce des grains, sont devenues l'entrepôt le plus ordinaire de ce commerce, comme formant une espèce de *marché* unique et *général*. Dans l'état actuel de l'Europe, les ports de Hollande et d'Angleterre sont, pour ainsi dire, le lieu où se tient ce *marché général*, dont les prix peuvent être considérés comme étant, et sont réellement le *prix commun* du marché de l'Europe. Les ports de France, beaucoup mieux situés pour ce commerce, leur enlèveraient cet avantage si la liberté du commerce des grains y était établie, et mettraient en France, par conséquent, le plus qu'il soit possible à la portée des Français, les magasins de ce commerce : d'où suit que les Français auraient les grains à meilleur marché que les autres nations de la totalité des frais de voiture que pourrait exiger la réexportation.

de prix. Cette baisse est assurée tant qu'elle peut subsister avec le profit du cultivateur.

Rappelez-vous, M., ce que j'ai eu l'honneur de vous développer fort au long dans ma lettre, écrite jeudi dernier de Tulle, sur la différence du prix moyen du laboureur et du prix moyen du consommateur. Je crois y avoir démontré que la seule égalisation des prix, véritable but et infaillible effet de la liberté, sans augmenter en rien le prix moyen du consommateur, et en rapprochant seulement de ce prix le prix moyen du laboureur vendeur, assure à celui-ci un profit immense. Ce profit est assez grand pour qu'il en reste encore beaucoup, quand même il diminuerait un peu par la baisse du prix à l'avantage du consommateur. Or, s'il y a encore du profit pour le cultivateur en baissant le prix, la concurrence entre les cultivateurs le fera baisser. Peut-être, dans la suite, l'augmentation des revenus, en augmentant la masse des salaires, fera-t-elle augmenter la demande ; ceux qui ne mangeaient que de la bouillie de blé noir mangeront du pain ; ceux qui se bornaient au pain de seigle y mêleront du froment. L'augmentation de l'aisance publique accroîtra la population et, de cette augmentation de besoins naîtra une légère augmentation dans les prix : nouvel encouragement pour la culture qui, par la multiplication des productions, en fera de nouveau baisser la valeur. C'est, par ces secousses alternatives et légères dans les prix, que la nation entière s'avancera par degrés au plus haut point de culture, d'aisance, de population dont elle puisse jouir eu égard à l'étendue de son territoire. Les revenus et la richesse publique augmenteront, sans que pour cela le prix moyen pour le consommateur augmente, et même quoiqu'il diminue un peu.

L'expérience est ici pleinement d'accord avec le raisonnement : cette expérience n'a été faite qu'une fois, et même elle n'a été faite qu'à demi, puisque l'Angleterre n'a pas accordé la liberté entière du commerce des grains et que, non contente d'avoir encouragé l'exportation par une gratification, elle a encore repoussé l'importation par des droits équivalents à une prohibition. Quel a été le résultat de cette conduite ? il est aisé de le connaître ; car les états des prix des grains en Angleterre sont publics et sous les yeux de tout le monde : ce que je vais dire en est tiré.

Dans les quarante années antérieures à 1690, temps où la gratification a été accordée, le prix moyen a été de 24 livres 7 sous 7 deniers de notre monnaie, le setier, mesure de Paris. Dans les vingt années suivantes, jusqu'en 1711, le prix a été un peu plus fort, et a monté jusqu'à 25 livres 6 sous 8 deniers le setier. Sur quoi j'observe que, pendant ces vingt années, il n'y a eu que quatre ans de paix, et que le reste a été rempli par les deux grandes guerres de toute l'Europe contre Louis

XIV ; que, dans les dix premières années de cette époque, il y a eu sept années de mauvaise récolte, depuis 1693 jusqu'en 1699, et que les dix dernières comprennent les années 1709 et 1710, qui ont été aussi funestes aux productions en Angleterre qu'en France, quoique la liberté n'y ait pas laissé monter les prix aussi hauts que nos pères les ont éprouvés.

Depuis 1711 jusqu'en 1770, le prix moyen s'est constamment soutenu à 20 livres 16 sous, et le plus haut prix, en 1758, n'a monté qu'à 30 livres 14 sous 11 deniers, ce qui n'est pas une augmentation de 2 à 3.

Dans tout cet intervalle de soixante années, il n'y en a eu que sept où les prix aient été bas, douze où les prix ont été hauts, dont cinq que l'on peut regarder comme des années de cherté, et quarante et une pendant lesquelles les prix courants ne se sont presque point écartés du prix moyen. Peut-on penser encore que l'effet de la liberté soit d'augmenter les prix, quand on a sous les yeux les résultats d'une expérience aussi longue, aussi constante, aussi publique, et lorsqu'on voit l'exportation seule, sans importation, diminuer les prix par le seul encouragement donné à la culture ?

J'ai vu des personnes rejeter les inductions qu'on tire de l'exemple de l'Angleterre, sous prétexte que l'Angleterre, étant de tous côtés environnée de la mer, peut toujours être approvisionnée à peu de frais par le commerce. Leurs doutes pourraient mériter d'être écoutés si, dans le fait, l'Angleterre avait été préservée de la disette par l'importation des grains étrangers : mais on a les états de l'importation comme ceux de l'exportation, depuis 1690 jusqu'en 1764. Or, dans ces soixante-quatorze ans, il n'est entré en tout en Angleterre que 533 000 setiers de froment, et à peu près autant de seigle et d'orge ; en tout 1 410 000 setiers. Les seules années pendant lesquelles cette importation ait pu former un objet sensible, sont : 1728, où l'importation en froment fut de 175 600 setiers ; 1740, où elle fut de 10 000, et 1741, où elle fut de 14 000 setiers. J'ignore l'importation comme l'exportation qui ont pu avoir lieu depuis 1765, n'en ayant pas l'état sous les yeux ; mais les états des années antérieures font assez connaître que ce n'est point à l'importation des grains étrangers que l'Angleterre doit, non seulement d'avoir été préservée des disettes, mais encore d'avoir joui d'un prix courant avantageux aux cultivateurs et aux consommateurs, par son égalité, et avantageux encore à ceux-ci, par la diminution réelle sur les prix moyens.

À cette expérience opposeriez-vous, M., la cherté qu'on a éprouvée depuis quatre ans dans plusieurs provinces du Royaume ? Vous opposeriez donc une expérience de quatre ans à une de quatre-vingts et même de cent vingt ans. L'expérience actuelle est d'ailleurs très peu concluante, car il faudrait qu'il fût prouvé que la cherté que nous éprouvons est l'effet de la liberté.

Or, bien loin que cela soit prouvé, le contraire est évident. Nous avons, sous nos yeux, une cause palpable de cherté, et cette cause est une suite de mauvaises récoltes ; on en a éprouvé quatre de suite, comme on en avait eu sept à la fin du dernier siècle.

Alors l'Angleterre jouissait de la liberté, et nous, nous étions livrés à toute l'inquiétude et l'agitation du régime réglementaire. L'Angleterre fut tranquille : les prix y furent chers, mais non exorbitants.

Les nôtres, en 1693 et 1694, montèrent à 77 livres 9 sous, — 57 livres 14 sous, — 61 livres 9 sous, — 85 livres 13 sous de notre monnaie actuelle ; cela est bien loin de la cherté dont on se plaint aujourd'hui et dont on accuse si mal à propos la liberté ; tandis qu'on a troublé de tous côtés cette liberté qui aurait vraisemblablement suffi pour préserver le Royaume de cette calamité, si on eût laissé le commerce s'affermir et se monter.

La cherté que nous éprouvons est certainement moindre, du moins dans la plus grande partie du Royaume, que celle qui se fit sentir à Paris et dans les provinces du Nord, durant l'intervalle de la récolte de 1740 à celle de 1741.

J'ai eu la curiosité de relever les prix du froment à Angoulême pendant cet intervalle : nous vivions alors sous la loi des règlements et il n'y avait même pas eu d'exportations dans les provinces méridionales, puisqu'on sortait d'une disette considérable en Limousin et en Angoumois. La mer était libre ; nous étions en pleine paix avec l'Angleterre ; Angoulême est sur une rivière navigable et à portée de la mer, les blés peuvent en être transportés facilement jusqu'à Paris.

Après ces observations préliminaires, daignez, M., jeter les yeux sur le tableau qui suit, et qui vous présente la comparaison, mois par mois, des prix de Paris et de ceux d'Angoulême :

COMPARAISON DES PRIX DU FROMENT À PARIS ET À ANGOULÊME PENDANT LA DISETTE DE 1740 À 1741.

	PRIX DU SETIER à Paris.	PRIX DU SETIER mesure de Paris, à Angoulême.
Octobre 1740	43 l. 6 s. » d.	15 l. 14 s. 1 d.
Novembre	45 6. »	16 19 1
Décembre	43 4 »	16 19 1

	PRIX DU SETIER à Paris.			PRIX DU SETIER mesure de Paris, à Angoulême.		
Janvier 1741	43	»	»	16	4	7
Février	40	5	»	15	11	2
Mars	33	11	3	14	10	3
Avril	32	18	»	15	11	»
Mai	33	8	3	15	6	9
Juin	33	17	6	14	18	5
Juillet	31	17	»	14	16	5
Août	31	12	6	16	14	7
Septembre	31	3	»	16	7	4

Les prix marqués dans ce tableau sont les prix moyens de chaque mois, formés d'après les prix de tous les marchés tenus dans chaque mois. Il en résulte que, tandis que le froment valait 45 livres à Paris, il ne valait à Angoulême que 17 livres ; et que, pendant toute la durée de la disette, l'inégalité des prix entre Angoulême et Paris a été assez grande pour qu'il y eût eu du profit à porter des grains d'Angoulême à Paris, même par terre, et à plus forte raison par les rivières et par la mer. Je demande pourquoi l'abondance d'Angoulême et des provinces méridionales fut inutile à Paris ? Pourquoi le commerce ne s'entremit pas pour rétablir entre deux parties du même royaume le niveau de la denrée et des prix ? Est-ce à la liberté qu'il faut s'en prendre et n'est-il pas évident, au contraire, que si le commerce des grains avait été monté, si des gênes et des règlements absurdes n'avaient pas détruit la liberté et le commerce avec elle, on ne se fût pas aperçu de cette disette qui suivit la récolte de 1740, et qui fut si cruelle dans une partie du Royaume ? Les règlements et les gênes ne produisent pas un grain de plus, mais ils empêchent que le grain, surabondant dans un lieu, ne soit porté dans les lieux où il est plus rare. La liberté, quand elle n'augmenterait pas la masse des grains en encourageant la production, aurait au moins l'avantage de répartir le plus promptement et le plus également qu'il soit possible les grains qui existent. C'est donc le défaut de liberté et non la liberté qui produit la disette ; c'est le défaut de liberté qui a produit la disette de 1740 ; et ce n'est pas la liberté qu'il faut accuser d'avoir produit la cherté en 1768 et 1770.

Je crois, M., avoir suffisamment prouvé que la liberté ne doit point enchérir les grains, et que, par conséquent, ce n'est point à l'augmentation du prix moyen des grains qu'on doit l'augmentation du revenu des propriétaires. À quoi faut-il donc l'attribuer ? Je vous l'ai dit, M., à l'augmentation du prix moyen des vendeurs et à son rapprochement du prix moyen des consommateurs ; à l'amélioration du sort des cultivateurs par l'égalisation des prix ; à la prompte rentrée de leurs fonds ; à la valeur modérée, mais uniforme, de la denrée, sans que jamais elle puisse tomber en non-valeur et que le cultivateur ait à gémir de l'abondance.

Ce n'est pas qu'il n'y ait un cas où le prix moyen doive augmenter par l'effet de la liberté, et ce cas doit avoir lieu dans les provinces où le défaut de communication aurait constamment entretenu les grains à un taux fort au-dessous des prix du marché général. Alors l'augmentation des revenus doit être prodigieuse ; mais je montrerai, en discutant l'intérêt des consommateurs, que cette augmentation ne doit point leur être préjudiciable, et qu'elle leur sera au contraire infiniment avantageuse.

Cette lettre est devenue si excessivement longue que je suis obligé de remettre à un autre courrier la discussion de ce qui concerne l'intérêt des cultivateurs et des consommateurs. Je tâcherai de vous l'envoyer de Limoges. Je vous réitère toutes mes excuses de mes longueurs, de mes répétitions et des expressions peut-être trop fortes que ma conviction me dicte et que mon peu de loisir ne me permet pas de mesurer.

SIXIÈME LETTRE

(Les cultivateurs, fermiers et métayers.)

Angoulême, 27 novembre.

M., j'ai discuté dans la dernière lettre que j'ai eu l'honneur de vous écrire de Saint-Angel, le 14 de ce mois, sur le commerce des grains, la première branche d'un raisonnement que vous m'aviez fait sur la diversité des intérêts du propriétaire, du cultivateur et du consommateur, relativement à la liberté du commerce. Je crois avoir prouvé dans cette lettre, et j'avais déjà établi dans la précédente datée de Bort, que l'augmentation du revenu des propriétaires n'était nullement fondée sur l'augmentation du prix des grains : j'ai montré comment ce revenu pouvait et devait augmenter, quoique le prix moyen des grains diminuât ; et j'ai observé que ces deux effets avaient également eu lieu en Angleterre, où le revenu des propriétaires est prodigieusement augmenté depuis l'encouragement donné à l'exportation, et où cependant le prix moyen des grains est moindre qu'il n'était pendant les quarante années qui ont précédé cette époque.

Je passe à la seconde branche de votre raisonnement : *l'intérêt des cultivateurs*, que vous croyez être indifférents au système de la liberté, parce que l'avantage qu'ils y trouvent ne peut être que passager, les propriétaires ne manquant pas de se l'approprier à l'expiration du bail par l'augmentation des fermages.

J'observe d'abord, M., que même en supposant que la totalité du gain annuel des cultivateurs résultant de la liberté, fût reversée sur les propriétaires par l'augmentation des fermages à l'expiration des baux, ce n'est pas cependant si peu de chose que le profit que feront les cultivateurs ou les fermiers jusqu'au moment du renouvellement des baux.

Car les baux étant ordinairement de neuf ans, il n'y en a chaque année que le neuvième de renouvelé. De plus, la très grande partie des fermiers ont soin de se les faire renouveler deux ans ou du moins un an d'avance, ce qui porte le renouvellement total des baux à la onzième année après l'époque de l'augmentation supposée des prix. Il est encore à remarquer que les baux renouvelés la première année après que la liberté a été rendue, n'ont pas dû être augmentés beaucoup. Le laboureur ne calcule guère le prix de son fermage sur des espérances et sur des spéculations politiques ; c'est d'après le profit réel qu'il a fait et qu'il a vu se renouveler plusieurs fois de suite, qu'il se détermine à donner un plus haut prix de sa ferme ; il est vraisemblable que, par la même raison, l'augmentation des baux sera d'autant plus forte que l'époque du renouvellement sera plus éloignée de celle de l'établissement de la liberté. Je suis même persuadé que, sans la circonstance extraordinaire de plusieurs mauvaises années consécutives arrivées immédiatement à la suite de l'Édit de 1764, la révolution à cet égard aurait été beaucoup moins prompte qu'elle ne l'a été, et que l'augmentation effective des baux a été accélérée parce que les laboureurs ont été trompés sur les avantages de l'exportation, comme d'autres l'ont été sur ses prétendus désavantages ; ils ont cru que l'exportation devait hausser le prix des grains. Plus tôt enrichis, ils ont cru plus tôt pouvoir partager cet accroissement de profits avec les propriétaires.

Quoi qu'il en soit, en combinant toutes ces considérations, et prenant une espèce de milieu entre les baux qui ne sont renouvelés que dans les premières années, et ceux qui ne se renouvelleront que dans les dernières, je ne crois pas me tromper en estimant que, l'un portant l'autre, l'augmentation entière des revenus pendant les six premières années a dû tourner au profit des seuls cultivateurs.

Or, cet accroissement de richesses pour la classe des fermiers cultivateurs est un avantage immense pour eux et pour l'État Si l'on suppose, ce qui ne s'éloigne pas beaucoup du vrai, et vraisemblablement est au-dessous, que l'augmentation réelle du produit des terres soit le sixième du prix des fermages, ce sixième accumulé pendant six ans au profit des cultivateurs fait pour eux un capital égal à la somme du revenu des terres affermées. Je dis un capital, car le profit des cultivateurs n'est pas dissipé en dépenses de luxe. Si l'on pouvait supposer qu'ils le plaçassent à constitution pour en tirer l'intérêt, ce serait certainement un profit net pour eux, et l'on ne peut nier qu'ils n'en fussent plus riches : mais ils ne sont pas si dupes, et ils ont un emploi bien plus lucratif à faire de leurs fonds ; cet emploi est de les reverser dans leur entreprise de culture, d'en grossir la masse de leurs avances, d'acheter des bestiaux, des instruments aratoires, de forcer les fumiers et les engrais de toute espèce, de planter, de marner les terres, s'ils peuvent obtenir de leurs propriétaires un second bail à cette condition.

Toutes ces avances ont pour objet immédiat d'augmenter la masse des productions au profit de tout l'État, et de donner aux cultivateurs un profit annuel. Il faut que ce profit soit plus grand que l'intérêt ordinaire de l'argent prêté, car sans cela le propriétaire du capital aimerait mieux le prêter. Il faut aussi que ce profit soit réservé en entier au fermier cultivateur, sans qu'il fasse la moindre part au propriétaire : car si ce profit n'était pas en entier pour le fermier, il préférerait de placer son argent d'une autre manière pour n'en partager l'intérêt avec personne. Voilà donc une augmentation permanente de richesses au profit des cultivateurs, égale au moins à l'intérêt du revenu annuel de tous les fermages, converti en capital ; c'est assurément beaucoup.

Cet article est absolument étranger à l'augmentation des baux qui fait le profit du propriétaire ; il rend seulement le revenu plus solide en assurant davantage la solvabilité du fermier.

Mais ce n'est pas tout ; ce capital et cet intérêt, constamment assurés au fermier cultivateur et constamment employés par lui à grossir les avances de la culture, doivent, suivant le cours actuel des choses, augmenter la production dans une proportion beaucoup plus grande que l'intérêt de ces nouvelles avances. Sans doute que le cultivateur se prêtera dans la suite à céder au propriétaire sa part dans ce surcroît de profit ; mais ce ne sera toujours qu'après en avoir profité en entier jusqu'à l'expiration de son bail : le raisonnement que j'ai fait sur le premier profit résultant immédiatement de la liberté est applicable au second profit, et encore à celui qui résultera de cette seconde augmentation de richesse. De là, résulte une augmentation progressive dans la richesse des cultivateurs, dans les avances de la culture, dans la somme des productions et des valeurs recueillies annuellement de la terre. Cette progression sera plus ou moins rapide ; mais si les débouchés maintiennent la continuité du débit, soit par une exportation habituelle, soit par un accroissement de population, elle n'aura d'autres bornes que les bornes physiques de la fécondité des terres.

Comparez à ce tableau, M., celui de la dégradation progressive en sens contraire qui résultera de la diminution des valeurs du produit des terres et de l'appauvrissement des cultivateurs. Quand il serait vrai que le fermier rendit au propriétaire la totalité de son gain, toujours serait-il indubitable que cette augmentation de fermage serait tout à la fois la preuve et l'effet de l'aisance du cultivateur ; que, par conséquent, ce nouvel état de choses se serait opéré par cette aisance. La diminution du prix des fermages, au contraire, serait l'effet de la misère du fermier ; celui-ci passerait par la détresse avant de faire une nouvelle convention moins avantageuse avec son propriétaire. Or, certainement, il n'est point égal que les cultivateurs en général soient dans l'aisance ou dans la détresse.

Il est bon de considérer un peu ce que le cultivateur perdrait par la diminution du prix moyen de ses ventes, suite infaillible de la cessation de la liberté. Ceux qui ont déjà augmenté leurs baux perdraient d'abord la somme annuelle qu'ils doivent donner à leurs propriétaires jusqu'à l'expiration de ces baux et, comme la recette annuelle sur laquelle ils avaient calculé serait diminuée, ils ne pourraient payer qu'en entamant chaque année leurs capitaux ou les avances de leur culture, en vendant leurs bestiaux, en économisant sur les fumiers, etc. Ce n'est pas tout : ces fermiers, avant d'augmenter leurs baux, et encore plus ceux qui ne les ont pas augmentés, ont mis en accroissement de leurs avances toute la part des profits qu'ils se sont réservés. Ils ont fondé l'assurance de ces avances sur les bénéfices résultant d'une plus grande production. Si cette production tombe en non-valeur, non seulement ils perdent l'intérêt de leurs avances, mais leur capital ne rentre même pas pour être rendu à la culture l'année suivante. Voilà donc la totalité des nouvelles avances perdue par l'anéantissement des bénéfices sur l'espérance desquels on les avait confiées à la terre, et les anciennes entamées pour satisfaire à l'augmentation du fermage. De là, une diminution notable dans la culture.

Jusqu'ici j'ai, M., raisonné dans votre supposition, que le propriétaire peut toujours s'approprier à la fin du bail la totalité des profits du cultivateur, ou du moins la totalité de ses profits pour les années subséquentes, déduction faite de l'intérêt des profits recueillis pendant le courant du bail, convertis par le cultivateur en capitaux et en augmentation d'avances de culture : mais je vous avais trop accordé. Quelques réflexions sur la manière dont l'augmentation des baux résulte de l'augmentation des profits du cultivateur, vous feront sentir combien cette supposition est éloignée du vrai.

Il faudrait, pour qu'elle fut exacte, que le propriétaire pût faire la loi à son fermier, et forcer celui-ci à lui donner la totalité de ce qu'il gagne au delà du salaire de son travail et de l'intérêt de ses avances. Or, il n'y a certainement aucune raison pour que le propriétaire fasse la loi au fermier plutôt que le fermier au propriétaire ; car le besoin est réciproque, et le propriétaire sans le fermier serait encore plus embarrassé que le fermier ne le serait sans lui. En effet, sans avances et sans connaissances de la culture, le propriétaire mourrait de faim sur le plus beau domaine, à moins qu'il n'en cultivât quelque coin à bras, ou qu'il n'en vendît une partie pour acheter des bestiaux ou les outils nécessaires à la culture de l'autre. Le fermier du moins pourrait, avec quelque perte, changer de nature ses richesses mobilières et les faire valoir dans quelque autre commerce.

Il y a même une raison encore plus forte pour faire penser que si, du fermier ou du propriétaire, l'un des deux devait faire la loi à l'autre, ce serait le fermier : celui-ci sait avec précision ce qu'il dépense et ce qu'il gagne sur son exploitation, et par conséquent, ce qu'il peut céder au propriétaire sur son bénéfice sans risquer d'entamer ni son capital, ni les intérêts de ses avances, ni les profits qu'il désire se réserver. Mais il ne va pas en faire confidence au propriétaire, et celui-ci n'a aucun moyen de s'instruire de ces détails avec quelque certitude. Dans le débat sur les prix des fermages, tout est donc à l'avantage du fermier, qui fait son offre en connaissance de cause et d'après des calculs exacts, tandis que le propriétaire ne fait sa demande qu'à l'aveugle et d'après le désir vague d'augmenter son revenu. Mais le fermier, en faisant son marché, désire aussi, de son côté, de se réserver le plus grand profit qu'il peut. S'il augmente le prix du fermage, ce n'est ni par générosité, ni par esprit de justice ; il ne l'augmente qu'autant qu'il y est forcé. Voyons donc comment il peut l'être.

Il est bien clair qu'il ne se détermine à augmenter le prix de son bail qu'autant qu'il craint qu'un autre fermier se présente et fasse une offre considérable pour le déposséder de sa ferme. C'est donc la seule concurrence des fermiers qui peut faire hausser le prix des baux ; ce prix s'établit, comme celui de toutes les choses vénales, par la comparaison de l'offre à la demande. L'entrepreneur de culture a besoin de trouver des terres à cultiver pour employer ses capitaux et ses bestiaux. Le propriétaire a besoin de trouver un fermier pour tirer un revenu de sa terre. Si le nombre des entrepreneurs de culture, si la masse des capitaux convertis en avances de culture augmente, le prix des fermages doit augmenter. Il doit, au contraire, diminuer si la masse des capitaux diminue. Le fermage ne peut donc hausser que parce qu'il existe entre les mains des entrepreneurs de culture une plus grande masse de capitaux, et parce qu'ils envisagent, dans la culture, l'espérance d'un profit suffisant pour les déterminer à y employer ce surcroît de capitaux. L'augmentation des baux n'empêche donc point que le cultivateur s'enrichisse, puisqu'au contraire elle n'a lieu que parce que le cultivateur est préalablement enrichi, et qu'en offrant, en conséquence de l'accroissement de ses capitaux, un plus haut fermage, il se retient cependant toujours l'intérêt de ces nouveaux capitaux, au moins 10 p. 100 (car tel est l'intérêt ordinaire de l'argent mis dans les entreprises, soit de commerce, soit de fabrique, soit de culture).

La concurrence ne peut pas faire hausser les fermages au point d'entamer cet intérêt ; car alors elle cesserait, puisqu'il y aurait plus d'avantage à employer les capitaux d'une autre manière. Ainsi, quoique la concurrence des fermiers limite leurs profits, elle leur en laisse toujours un réel. Cette concurrence n'a lieu que parce que le métier est bon ; c'est le propre d'un métier lucratif d'attirer les hommes et les capitaux pour en partager le profit. Quand ce profit est partagé, il se peut que, les individus qui le partagent étant en plus grand nombre, le sort de chacun d'eux en particulier ne soit pas plus avantageux que lorsque, étant en moindre nombre, ils partageaient un moindre profit. Mais est-ce donc qu'il s'agit de l'avantage de chaque cultivateur pris individuellement ?

Non, M., ce n'est point en ce sens qu'on a dû dire, ni qu'on a dit, que la liberté du commerce des grains était un avantage prodigieux pour les cultivateurs. Le sort des cultivateurs pris individuellement en doit être amélioré ; mais cet objet n'est qu'une bagatelle si on le compare à l'avantage immense qui doit en résulter, pour la culture en général, par l'accroissement des capitaux employés à solliciter les productions de la terre, et par l'augmentation du nombre des cultivateurs.

Je dois insister sur cette remarque, parce qu'elle attaque directement le vice radical du raisonnement que vous m'avez permis de combattre. Dès que le haussement des fermages a pour cause unique la concurrence d'un plus grand nombre d'entrepreneurs de culture, quand chacun d'eux, en particulier, ne gagnerait pas davantage, ne tirerait pas un meilleur parti qu'auparavant de ses capitaux et de son travail, il resterait vrai que le nombre des travailleurs et des entrepreneurs de culture serait plus grand, que la somme des capitaux employés à la culture serait fort augmentée et, par conséquent, la quantité de la production. Or, c'est là ce qui intéresse véritablement le corps de l'État.

Tout ce que je viens de développer, M., n'est cependant encore que la plus petite partie des avantages que vous devez vous promettre à raison de l'*accroissement de culture* qui sera la suite de la liberté du commerce des grains ; ce qui me reste à dire est d'une tout autre importance, et pour l'avantage des cultivateurs considérés individuellement comme hommes, et pour l'extension de la culture en général.

Si toutes les provinces ressemblaient à la Flandre, à la Picardie, à la Normandie, à l'Ile de France et aux autres provinces exploitées par des fermiers, l'accroissement de la culture y suivrait la marche que je viens d'indiquer : les premiers profits faits par les fermiers jusqu'au renouvellement de leurs baux seraient convertis en capitaux ; et reversés sur la terre, ils donneraient lieu à de nouveaux profits par l'augmentation des productions ; les fermiers enrichis chercheraient à étendre leurs exploitations ; leurs enfants s'attacheraient au métier de leurs pères devenu plus lucratif ; tous voudraient se procurer des fermes et, courant sur le marché les uns des autres, ils hausseraient le prix du fermage au profit des propriétaires. Comme l'étendue des héritages à affermer n'augmenterait pas, le haussement des loyers en serait d'autant plus considérable, et les profits restant aux fermiers d'autant plus réduits, jusqu'à la concurrence néanmoins de l'intérêt des capitaux nouvellement versés dans la culture ; car, si la réduction des fermages était une fois arrivée à ce point, le surplus des capitaux refluerait sur d'autres emplois et irait vivifier d'autres branches de commerce.

Il en sera tout autrement si les entrepreneurs de culture, au lieu d'être forcés de courir sur le marché les uns des autres pour se procurer des fermes à exploiter, peuvent trouver à louer des terres qui auparavant n'étaient pas affermées. Au lieu d'offrir de plus gros loyers des terres déjà voisines de leur véritable valeur, on les verra se présenter aux propriétaires qui, faute d'un nombre suffisant de capitalistes entrepreneurs de culture, ne trouvaient point de fermiers, et étaient par là forcés de faire eux-mêmes toutes les avances de la culture et de faire travailler leurs terres à moitié fruit par de misérables colons qui n'apportaient sur leurs domaines d'autres richesses que leurs bras. La facilité que les entrepreneurs enrichis trouveront à employer leurs avances sur des fonds de ce genre diminuera leur concurrence pour obtenir d'anciennes fermes et, par conséquent, retardera le haussement des fermages, ce qui, par une conséquence inévitable, doit conserver à la masse des cultivateurs et à la culture une plus grande portion des profits dus à la liberté du commerce.

Personne n'ignore, M., qu'il est des provinces où les terres sont en général exploitées par des *fermiers* entrepreneurs de culture qui font à leurs dépens toutes les avances de la culture, qui achètent les bestiaux de toute espèce qu'exige leur exploitation, qui se fournissent d'outils aratoires, qui font les frais des semences, qui se nourrissent eux et leurs domestiques jusqu'à la première récolte sans rien recevoir du propriétaire, mais aussi qui recueillent la totalité des fruits de la terre et en jouissent en toute propriété, en rendant seulement au propriétaire du fonds le prix convenu entre eux. Cette forme d'exploitation a lieu dans les provinces riches, voisines des débouchés les plus faciles et les plus constamment ouverts, des grandes capitales, des ports de mer, etc. Elle suppose qu'il y ait une masse de capitaux considérables entre les mains des fermiers cultivateurs, et qu'en même temps la denrée ait une valeur assez considérable et assez constante pour assurer à cet emploi des capitaux un profit sans lequel les capitalistes se garderaient bien de les y destiner. De ces deux circonstances réunies, résulte la concurrence des entrepreneurs de culture ou des fermiers, concurrence plus ou moins animée, suivant que la valeur des denrées et le peu de variation de cette valeur augmentent plus ou moins leurs profits, et que la masse de leurs capitaux s'accroît ou diminue. De la concurrence des fermiers, résulte le prix courant des fermages ou la valeur locative des terres.

Dans d'autres provinces, les terres n'ont aucune *valeur locative courante*. En vain y chercherait-on des fermiers : il n'y en a point, et toutes les terres sont exploitées, ou par le propriétaire lui-même, ou par des colons partiaires, appelés *métayers*, parce que le partage des fruits se fait presque universellement par moitié. Le propriétaire est obligé de faire toutes les avances, de meubler le domaine de bestiaux, de fournir les semences, de nourrir le métayer et sa famille jusqu'à la récolte. Les avances sont modiques ; le labourage ne se fait qu'avec des bœufs, même dans les pays de plaine, parce que les bœufs coûtent moins que les chevaux, et parce qu'on les nourrit à moins de frais en leur abandonnant le pâturage d'une partie des terres qu'on laisse en friche. Il faut ainsi débourser moins d'argent. Mais toute cette partie de terres livrée aux bestiaux demeure sans valeur ; le propriétaire est alors le véritable entrepreneur de culture ; c'est lui qui court tous les hasards. Dans les mauvaises années, il est obligé de nourrir ses métayers, au risque de perdre ses avances. Cette forme de régie exige de la part du propriétaire des attentions continuelles et une résidence habituelle ; aussi voit-on que pour peu qu'un propriétaire éprouve de dérangement dans ses affaires ou soit forcé de s'absenter, son domaine cesse de lui rien produire. Les biens des veuves, des mineurs, tombent le plus souvent en friche, et c'est dans ces provinces que le proverbe « *Tant vaut l'homme, tant vaut sa terre* » est constamment vrai, parce que la terre n'y a point, comme dans les provinces riches, *une valeur locative courante*.

Cette différence, M., n'est pas causée par la différente fertilité des terres. Les plaines depuis Poitiers jusqu'à Angoulême, une partie du Berri, de la Touraine, du Périgord, du Quercy, sont certainement au moins égales en bonté aux terres des environs de Paris. Pourquoi donc ne sont-elles pas exploitées de la même manière ? Pourquoi sont-elles, à raison de leur étendue, si peu fructueuses au propriétaire ? Celui-ci trouverait sans doute fort commode de donner sa terre à un fermier qui la ferait valoir, d'être dispensé de faire aucunes avances et de n'avoir d'autre peine, pour jouir de son revenu, que de toucher son argent aux échéances. Si donc il n'afferme pas sa terre, c'est qu'il ne trouve point de fermiers, et il n'en trouve point parce qu'il n'existe point de cultivateurs qui, possesseurs de capitaux considérables, les emploient à la culture des terres. La culture n'a jamais été sans doute assez lucrative dans ces provinces pour que les misérables métayers qui l'ont exercée de génération en génération aient pu amasser des capitaux suffisants à en faire les avances, et sans doute elle ne l'est pas assez encore pour que des possesseurs de *capitaux* imaginent de prendre le métier de cultivateur et de les faire ainsi valoir.

Or pourquoi, à fécondité égale, la culture est-elle moins lucrative dans les provinces de l'intérieur du Royaume que dans les provinces à portée de la capitale et des débouchés maritimes ? La raison s'en présente d'elle-même, c'est que les denrées n'y ont pas la même valeur. En effet, malgré les entraves que notre ancienne police mettait au commerce des grains, l'immense consommation de la capitale et la concentration des dépenses dans cette partie du Royaume y a toujours soutenu un prix moyen un peu au-dessus du prix du marché général pour les consommateurs, et qui pour les vendeurs n'a pas été assez au-dessous pour que la culture par fermier n'ait pu se soutenir. Dans les provinces méditerranées, au contraire, le prix moyen pour les vendeurs a été constamment très inférieur au prix du marché général, c'est-à-dire au prix commun de la capitale et des ports. Dès lors la grande culture, ou la culture par fermiers, n'a pu s'y établir.

Mais on doit espérer qu'elle y deviendra commune lorsque les fermiers des pays de grande culture, enrichis, chercheront à étendre de proche en proche leurs entreprises et leurs exploitations, et lorsque l'augmentation du prix dans les pays de petite culture, par la communication avec le marché général, leur offrira des bénéfices suffisants pour rendre cet emploi de leurs capitaux avantageux. Il est certain que la grande culture s'est étendue dans des provinces où elle n'avait pas lieu autrefois, puisqu'en Beauce les fermes conservent encore le nom de métairies quoiqu'il n'y ait plus de métayers. L'on peut conjecturer que ce changement s'est opéré par une suite des accroissements des villes de Paris et d'Orléans, et peut-être par l'effet de la valeur qu'acquirent les grains pendant l'administration de M. de Sully.

Un exemple plus frappant de l'extension de la grande culture par l'accroissement de la richesse des cultivateurs et par la valeur constante assurée aux productions de la terre, est l'état actuel de l'Angleterre, d'où la culture par métayer est entièrement bannie. Toutes les terres y sont cultivées par des fermiers, ou par des propriétaires riches qui font eux-mêmes valoir leurs domaines. Déjà l'on commence à ne presque plus connaître les métayers en Écosse, si ce n'est dans les extrémités les plus pauvres de ce dernier royaume.

Daignez à présent considérer, M., quels changements doit amener la liberté du commerce des grains dans les provinces où ce système de culture par métayers est établi. Vous conviendrez d'abord que les avantages de l'augmentation du prix moyen du vendeur s'y feront sentir immédiatement au cultivateur métayer, puisque celui-ci partage avec son maître les fruits par moitié. On pourra donc espérer qu'enfin cette classe d'hommes sortira par degrés de sa misère, qu'ils pourront se former peu à peu un petit capital de bestiaux qui, s'augmentant successivement, leur fournira les moyens de faire eux-mêmes les avances de la culture et de cultiver pour leur profit, en donnant à leur propriétaire un loyer de sa terre. Par là, de métayers ils deviendront à la longue fermiers, et leurs profits continuant de s'accroître, leur culture deviendra de plus en plus lucrative, de plus en plus productive, à l'avantage d'eux-mêmes, des propriétaires, et surtout de l'État entier par l'accroissement de la masse des subsistances et de la somme des revenus.

Cette révolution pourra être lente. Je conviens que, pour être accélérée, elle aurait besoin de quelques autres opérations du Gouvernement et surtout d'un changement dans la forme de l'impôt territorial ; mais, en attendant qu'elle soit opérée, les propriétaires recueilleront immédiatement les fruits du haussement des valeurs et de l'augmentation des productions de leurs terres ; leur richesse tournera en grande partie à l'accroissement de la culture par l'augmentation de leurs avances en bestiaux, en bâtiments, en plantations, par les améliorations de toute espèce, défrichements, dessèchements, fossoyements, clôtures, etc., qu'ils seront en état de faire dans leurs domaines.

Dans les provinces les plus voisines de celles où il y a des fermiers, la révolution sera encore plus rapide, parce que l'espèce de ces hommes précieux ne pouvant manquer de devenir plus nombreuse par l'effet des accroissements des capitaux de la culture, les fermiers, repoussés de proche en proche par la concurrence, reflueront sur les terres qui n'étaient précédemment exploitées que par des métayers.

Observez, M., que ces terres ainsi exploitées par des métayers, et dont la culture et le revenu sont si médiocres, forment, suivant l'évaluation de M. Du Pré de Saint-Maur, dans son ouvrage sur les *monnaies*[a], les quatre septièmes du Royaume. Quand elles ne formeraient que la moitié ou les trois septièmes, et quand le système de la liberté ne devrait produire d'autre avantage que celui d'égaler la culture de ces provinces à celle des provinces actuellement exploitées en grande culture ; quand le revenu et la culture de celles-ci ne devraient pas être aussi fort augmentés, pourriez-vous vous dissimuler l'immense avantage que cette révolution seule apporterait à l'État, l'immense accroissement des revenus et des subsistances, et ne pas voir ce que la culture en général gagne à la liberté ?

J'ose me flatter, M., qu'après avoir approfondi les points de vue que je viens de vous indiquer, vous ne croirez plus que l'augmentation des valeurs résultant de la liberté soit indifférente, ni au cultivateur pris individuellement, ni surtout à la classe des cultivateurs considérés en masse, à l'accroissement des moyens de culture et à l'activité de cette branche de travail, si pourtant on peut appeler branche ce qui est véritablement la racine de tout travail.

Je dois vous observer encore que, dans une grande partie des provinces de petite culture, il faut compter, non plus seulement comme dans celles de grande culture, sur un rapprochement du prix moyen du vendeur et du prix moyen du consommateur ; il faut calculer l'augmentation des valeurs et des produits de la culture d'après un haussement effectif du prix des grains qui, dans l'état actuel et avant la liberté, étaient fort au-dessous du prix du marché général, et doivent nécessairement s'en approcher graduellement par l'effet de la liberté.

Ne craignez pas, M., que cette augmentation soit préjudiciable aux *consommateurs* ; je me flatte d'avoir, dans ma quatrième et dans ma cinquième lettre, repoussé cette crainte par d'assez puissantes raisons, et j'espère, dans la lettre qui suivra celle-ci, vous rassurer pleinement sur leur sort. J'ose d'avance m'engager à vous démontrer que les consommateurs gagnent, dans tous les cas, à la liberté, et à vous donner de cette vérité des preuves au moins aussi claires et aussi fortes que celles par lesquelles je vous ai montré l'avantage de cette liberté pour l'accroissement de la culture.

---

[a] Du Pré de Saint-Maur (1695-1774), maître des comptes, de l'Académie française. *Essai sur les monnaies*, 1746.

SEPTIÈME LETTRE

(Les consommateurs ; les Compagnies de blés, les greniers d'abondance ; les salaires, les prix.)

Limoges, 2 décembre.

M., j'ai traité, dans mes dernières lettres écrites de Saint-Angel et d'Angoulême, de l'intérêt des *propriétaires* et de celui des *cultivateurs* à la liberté du commerce des grains. Il me reste, pour achever de répondre à vos objections contre cette liberté, à discuter l'intérêt des *consommateurs*, que vous croyez lésés par la suppression des gênes de l'ancienne police.

Pour moi, M., je suis, avec beaucoup d'autres, intimement convaincu que la liberté n'est pas moins avantageuse, et qu'elle est plus nécessaire encore aux consommateurs qu'aux cultivateurs et aux propriétaires. J'ose même me flatter de vous en convaincre, si vous avez la bonté de peser attentivement mes raisons.

Pour que le consommateur vive, il faut deux choses : premièrement, que la denrée existe ; secondement, qu'elle soit à sa portée ou qu'il ait des moyens suffisants pour se la procurer. Comment donc son intérêt pourrait-il être opposé à celui du cultivateur et du propriétaire des terres, puisque c'est d'eux qu'il reçoit, et la denrée, et le salaire avec lequel il achète la denrée ?

La consommation suppose avant tout la production : ainsi, la subsistance des hommes n'est pas moins fondée sur la culture que le revenu des terres. Or, on ne cultive que parce qu'il y a du profit à cultiver, et si la cessation de ce profit anéantit le revenu, elle anéantit aussi la culture et la subsistance des hommes.

Les profits du cultivateur, partagés entre lui et le propriétaire, forment, par la dépense qu'ils en font pour se procurer les différents objets de leurs besoins, l'unique *fonds des salaires* de toutes les autres classes de la société. Ces salaires sont le prix du travail et de l'industrie, mais le travail et l'industrie n'ont de valeur qu'autant qu'il y a de quoi les payer, c'est-à-dire autant que la culture a fait naître des productions consommables et propres aux jouissances des hommes, au delà de ce qui en est nécessaire pour la subsistance du cultivateur ; le consommateur dépend donc doublement de la culture ; il a un double intérêt à ce qu'elle prospère, et pour qu'il existe des subsistances, et pour qu'il ait, lui consommateur, de quoi les acheter en vendant son travail ; il a intérêt de vendre son travail assez cher pour pouvoir payer, avec le prix qu'il en reçoit, les denrées dont il a besoin, et il doit payer ces denrées assez cher pour que celui qui les lui vend tire de leur prix de quoi en faire renaître une égale quantité l'année suivante, et de quoi continuer à lui acheter son travail. Sans cette juste proportion, ou le cultivateur cesserait de faire produire à la terre des denrées et du revenu, ou le salarié cesserait de travailler, ou plutôt ces deux choses arriveraient en même temps, parce que le cultivateur et le salarié, le salaire et le travail étant des corrélatifs nécessaires, ayant un égal besoin l'un de l'autre, il faut qu'ils existent ou qu'ils s'anéantissent ensemble. Par conséquent, si cette proportion n'avait pas lieu, la population diminuerait, la société se détruirait. N'oublions pas d'observer que cette diminution du nombre des hommes commencerait par la classe des consommateurs salariés. S'il y a moins de subsistances produites, il faut que quelqu'un meure de faim, et ce ne sera pas le cultivateur, car avant de faire part de sa récolte à qui que ce soit, il commence par prendre ce qui lui est nécessaire. S'il n'a du grain que pour lui, il n'en donnera pas à son cordonnier pour payer des souliers ; il ira pieds nus et vivra. Si la production diminue au point de ne donner précisément que la nourriture du cultivateur, le dernier grain de blé sera pour lui, et le propriétaire sera forcé de cultiver lui-même pour ne pas mourir de faim.

On peut donc dire que, dans un sens, le consommateur est plus intéressé que le cultivateur et le propriétaire à l'extension de la culture. Pour ceux-ci, il ne s'agit que d'être plus ou moins riche, de vivre plus ou moins commodément ; mais, pour le consommateur salarié, il s'agit de l'existence ; il s'agit de vivre ou de mourir.

Si chaque homme consomme trois setiers de blé ou autres subsistances équivalentes, il faut compter autant d'hommes de moins qu'il y aura de fois trois setiers de blé retranchés de la production annuelle. Et ces hommes de moins seront pris sur la classe des consommateurs salariés, ou, comme on dit, du *pauvre peuple*.

Pour que la société subsiste, il faut que la proportion nécessaire entre le prix des denrées et le prix des travaux subsiste habituellement. Mais cette proportion ne consiste pas dans un point tellement précis, tellement indivisible qu'elle ne puisse varier et s'éloigner plus ou moins de l'équilibre le plus juste et le plus avantageux aux deux classes. Alors, l'une ou l'autre souffre plus ou moins, et toutes les deux un peu. Il y a entre la santé et la mort un milieu qui est la maladie ; il y a même mille degrés de langueur entre la maladie et la santé. La proportion peut être tellement dérangée pendant des intervalles plus ou moins longs, qu'un grand nombre d'hommes éprouvent tous les excès de la misère, et que les sociétés soient dans un état ou de crise et de convulsion, ou de langueur et de dépérissement. Que doit-on désirer ? Deux choses : premièrement, que cette proportion entre le prix des salaires et le prix des denrées de consommation soit la plus juste, la plus approchante du point d'équilibre, la plus avantageuse qu'il est possible pour le cultivateur et le propriétaire d'un côté, pour le salarié de l'autre ; la plus propre enfin à procurer à la société entière la plus grande somme de productions, de jouissances, de richesse et de force ; secondement, que les dérangements occasionnés par la variation des causes naturelles soient les plus rares, les plus courts, les plus légers qu'il est possible.

Voilà, M., le vrai but de la législation sur l'article des subsistances. Il ne s'agit plus que d'examiner quel moyen conduit le mieux à ce but, de la liberté ou des prohibitions et des règlements ? J'ose dire que cette manière de poser l'état de la question la décide, car le juste prix et le prix égal résultent tous deux nécessairement du commerce libre, et ne peuvent résulter que du commerce libre. Je ne développerai pas ici cette idée qui me conduirait trop loin, et me détournerait de l'objet particulier de cette lettre. Il me suffit d'avoir indiqué, en la commençant, la source des salaires du consommateur et la manière dont son intérêt est lié avec celui de la culture. Je vais maintenant faire l'énumération des avantages que les consommateurs doivent retirer de la liberté du commerce des subsistances.

C'est certainement pour le consommateur un premier avantage incontestable, que l'augmentation de la masse des subsistances produites chaque année. Cette augmentation est une suite nécessaire de l'extension et de l'amélioration de la culture. Or, la culture doit s'étendre et s'améliorer, puisqu'elle est plus profitable. Les états des *défrichements*, envoyés à M. d'Ormesson, semblent annoncer une extension très considérable depuis quatre ans ; et, quoiqu'on puisse rabattre un peu des espérances brillantes que donnent ces états, du moins on ne peut douter qu'il n'y ait quelques défrichements réels. Dans la province où je suis, il est visible à l'œil que la quantité de bruyères qu'on est dans l'usage de cultiver après un repos d'un très grand nombre d'années, en brûlant les gazons, est infiniment plus considérable depuis deux ou trois ans qu'elle ne l'était les années précédentes. Au surplus, cet objet des défrichements est et sera toujours, quel qu'il soit, très peu de chose en comparaison des améliorations faites à la culture des terres déjà en valeur : ce sont les marnes, les engrais de toute espèce, les fumiers répandus de tous côtés sur les anciens guérets, les fermes et les métairies réparées, garnies d'arbres, meublées de bestiaux, qui sont le vrai fondement des assurances qu'on doit avoir d'une augmentation prodigieuse dans la production. Ce genre d'amélioration n'est sujet à aucune formalité ; les frais en sont bien moindres, et les produits bien plus sûrs que ceux des défrichements. Voilà la mine véritablement inépuisable qu'a ouverte le rétablissement des débouchés et du commerce libre des grains ; et malgré les malheureuses restrictions qu'a éprouvées encore cette liberté, il faut fermer les yeux volontairement, pour ne pas voir qu'elle a produit de tous côtés cet effet. Aussi, en êtes-vous convaincu, M., et vous paraissez même l'annoncer dans le préambule de votre projet de règlement.

Indépendamment de l'augmentation de production résultant de l'amélioration de la culture, la masse des subsistances reçoit encore par l'effet de la liberté un autre accroissement qui mérite fort d'entrer en considération. Je parle des denrées qui se perdaient, lorsque le bas prix les faisait tomber en non-valeur, et qu'un prix soutenu fera conserver, parce qu'on y aura un plus grand intérêt. Un laboureur qui ne peut vendre son blé à profit cherche à le faire consommer pour éviter les frais et les déchets qu'il essuierait en le gardant. Lorsqu'à Limoges, en 1745, le seigle ne valait que 4 l. 12 s. 9 d le setier, mesure de Paris, et même lorsqu'il vaut un peu davantage, c'est une chose notoire qu'on en consomme une très grande quantité pour engraisser les bœufs. Dans toutes les provinces, on donne d'autant plus de grains aux volailles et aux animaux de toute espèce, que la valeur en est moindre. Or, c'est autant de perdu pour la subsistance des hommes. Ce n'est pas, dans le lieu et dans l'année où se fait ce gaspillage, que les consommateurs ont à le regretter ; mais ce grain aurait rempli un vide dans quelques provinces disetteuses ou dans une année stérile. Il aurait sauvé la vie à des familles entières et prévenu des chertés excessives, si l'activité d'un commerce libre, en lui présentant un débouché toujours ouvert, eût donné, dans le temps, au propriétaire un grand intérêt à le conserver et à ne pas le prostituer à des ouvrages auxquels on peut employer des grains moins précieux. Ce que le laboureur est forcé de conserver faute d'en trouver aucun emploi, devient, dans son grenier, la proie des rats, des charançons, des insectes de toute espèce, et souvent de la corruption.

Il y a deux manières de ramener les prix au niveau, malgré l'inégalité des récoltes. L'une consiste à transporter les grains des provinces où la récolte est bonne dans celles où elle est mauvaise ; l'autre à emmagasiner dans les années abondantes pour les années disetteuses. Ces deux méthodes entraînent des frais, et le commerce libre choisit toujours celle qui, tout compensé, en entraîne le moins. À moins de circonstances particulières, c'est ordinairement le transport, puisque, d'un côté, la rentrée des fonds est plus prompte et que, de l'autre, les déchets sont moins considérables, le grain étant plus tôt consommé. Mais si, en mettant obstacle aux transports, le Gouvernement ne laisse plus d'ouverture qu'aux réserves, il est évident qu'il augmente, en pure perte, la part des rats et des charançons ; il l'augmente encore en interdisant le magasinage aux marchands, qui, n'ayant d'autre métier ni d'autre intérêt que de conserver leurs grains, y sont bien plus attentifs et bien plus habiles que les laboureurs, dont le vrai métier est d'en faire naître, et qui n'ont pas trop de tous leurs soins pour cela.

Il y a des moyens pour diminuer les déchets du grain, pour l'empêcher de s'échauffer, pour le garantir des rats, des charançons, des papillons ; mais ces moyens demandent des soins et surtout des avances. On ne prendra pas ces soins, on ne fera pas ces avances, lorsque les grains ayant peu de valeur, l'intérêt de les conserver sera moindre, lorsque le laboureur, ne pouvant retirer les avances de sa culture par la vente de sa denrée, n'a pas de quoi labourer et semer pour l'année suivante ; lorsque les grains, au lieu d'être rassemblés dans des magasins appartenant à de riches marchands, intelligents et expérimentés, se trouveront dispersés chez une foule de paysans qui ne savent pas lire, et que la misère rend inactifs et indolents. J'ai sous les yeux un exemple frappant de ce que j'avance, dans ce qui s'est passé, en Angoumois, au sujet des papillons des grains, que MM. Duhamel et Tillet, ont été chargés d'examiner en 1760 [a]. Je suis bien sûr que ces animaux ne feraient bientôt plus aucun ravage si le commerce des grains s'animait ; et l'Édit de 1764 en a plus hâté la destruction que tous les travaux des académiciens, ou plutôt la valeur soutenue des grains peut seule engager à mettre en usage les pratiques qu'ils ont enseignées, ou d'autres qui peuvent être équivalentes.

Concluons qu'il y aura plus de subsistances produites, et que les subsistances produites qui se perdaient seront conservées au profit des hommes. Voilà donc un avantage évident pour le consommateur. Sans doute l'étranger sera aussi admis à partager dans cette masse ainsi accrue ; mais le consommateur national aura toujours la préférence. Il peut toujours enchérir, sur le consommateur étranger, de la totalité des frais et du risque des voitures. Si l'on suppose que la liberté ait amené une exportation habituelle, ce ne peut être que parce que la masse des subsistances habituellement produite ou conservée est accrue du montant de cette exportation ; car, comme je vous l'ai observé dans ma lettre écrite de Tulle le 8 novembre, la culture se proportionne toujours à la consommation habituelle ; par conséquent, avant la liberté, on ne cultivait qu'autant qu'il le fallait pour faire produire, année commune, à la terre ce qui se consomme, année commune, dans le Royaume, déduction faite encore des importations des années disetteuses, réduites pareillement à une année commune.

---

[a] Voir t. II, p. 105.

Cela posé, il est évident que lorsqu'il surviendra une mauvaise année, le consommateur national aura pour subsister, de plus qu'il n'avait avant l'état de liberté, tout ce que la culture employée à fournir à l'exportation habituelle aura produit. Il est évident que ce surplus de production restera dans le Royaume, puisque les grains y seront chers par la supposition ; et quand on les supposerait aussi chers chez l'étranger, ils resteraient encore dans le Royaume, puisque, à cherté égale, le propriétaire des grains gagnerait, à les vendre dans le Royaume, la valeur de tous les frais et de tous les risques. Il est évident que cette ressource serait bien plus à portée du consommateur national qu'aucune importation de grains étrangers ; qu'il serait secouru plus promptement et à plus bas prix, sans compter que la liberté du commerce faciliterait aussi l'importation, et la rendrait plus abondante et plus prompte.

Ajoutez encore que la liberté du commerce rendue à un État aussi vaste, aussi fertile que la France, met nécessairement dans le marché général une plus grande abondance de denrées, et en augmente, par conséquent, la masse totale, au profit de toutes les nations et de chacune en particulier : ce qui doit diminuer les prix du marché général au profit des consommateurs.

Envisageons la chose sous un autre aspect, et nous en verrons résulter un autre avantage, pour le consommateur, dans l'augmentation de la masse des salaires.

Si l'étranger achète notre blé, il le paye ; s'il ne l'achète pas, c'est que le blé trouve dans l'intérieur une consommation suffisante, et une valeur assez forte pour que le commerce n'ait aucun profit à l'exporter. Dans les deux cas, et sans même faire entrer en considération cette augmentation des profits et des revenus du cultivateur et du propriétaire que leur assure, ainsi que je l'ai prouvé, la seule égalisation du prix, du moins résulte-t-il d'une plus grande masse de denrées recueillies, une plus grande masse de valeurs au profit de l'un et de l'autre. Qu'en feront-ils ? Le cultivateur ne peut étendre et améliorer sa culture ; le propriétaire ne peut améliorer ses fonds, il ne peut jouir de ses revenus qu'en faisant travailler. Voilà donc une augmentation dans la masse des salaires à partager. Que peut-il y avoir de plus avantageux pour l'homme laborieux, qui, n'ayant que ses bras ou son industrie, ne peut subsister que de salaires ? Le partage de cet accroissement dans la masse des salaires peut se faire et se fait de différentes manières suivant les circonstances, et toutes ces manières sont avantageuses à l'État et au consommateur. Le premier effet de l'augmentation des valeurs dans la main du cultivateur et du propriétaire, n'est pas d'offrir une augmentation de salaires ; ce n'est pas la marche des hommes, conduits en général par leur intérêt : mais ils offrent du travail, parce qu'ils ont un grand intérêt à faire travailler. Si cette offre d'ouvrages proposés à la classe des ouvriers de toute espèce n'augmente pas les salaires, c'est une preuve qu'il se présente pour les faire une foule de bras inoccupés ; voilà un premier avantage dans la somme des travaux qui seront exécutés ; mais voilà aussi, et abstraction faite de toute augmentation du prix des salaires, une augmentation d'aisance pour le peuple, en ce qu'il a de l'ouvrage lorsqu'il n'en avait pas ; en ce que tel qui ne trouvait à s'occuper et à gagner de l'argent que pendant les deux tiers ou les trois quarts de l'année, pourra trouver à en gagner tous les jours ; en ce que les femmes, les enfants, trouveront à s'occuper d'ouvrages proportionnés à leurs forces, et qui étaient auparavant exécutés par des hommes. De là, un surcroît d'aisance pour l'homme de travail, qui lui procure de quoi consommer davantage, de quoi étendre ses jouissances et celles de sa famille, se nourrir mieux, se mieux vêtir, élever mieux ses enfants.

Mais ces avantages ne se bornent pas à trouver plus aisément du travail ; car de cela seul que le travail est plus recherché, les salaires doivent augmenter par degrés, parce que les ouvriers deviendront rares à proportion des salaires offerts. Depuis quelques années qu'on bâtit beaucoup à Paris, il est notoire qu'on y donne aux maçons des salaires plus forts. Cette augmentation est inévitable, tant que le nombre des ouvriers ne sera pas augmenté en proportion des nouvelles valeurs introduites dans la masse des salaires à partager. La plus grande quantité de salaires offerts et l'aisance du peuple augmentent la population : mais cette augmentation est, suivant l'ordre de la nature, bien moins prompte que celle des productions. L'année d'après qu'un champ a été défriché, fumé, semé, il rapporte de quoi nourrir un homme ; mais, avant qu'un homme soit formé, il faut vingt ans, et avant que ces vingt ans fussent écoulés, la production aurait eu le temps de s'accroître de plus en plus, si ses progrès n'étaient ralentis et restreints par les bornes de la consommation. Les ouvriers venus du dehors peuvent aussi empêcher l'augmentation des salaires : cependant, les hommes tiennent par trop de liens à leur patrie, pour que cette émigration soit jamais trop forte. Mais, soit que l'augmentation du peuple vienne de l'affluence des étrangers, ou de la multiplication de l'espèce, elle sera toujours l'effet de l'aisance du peuple et la supposera toujours. Voilà donc, dans l'augmentation des valeurs amenée par la liberté, un avantage évident pour la classe des consommateurs salariés, puisqu'il existe une plus grande masse de salaires à partager, ce qui produit : 1° une plus grande assurance de trouver du travail et, pour chaque travailleur, un plus grand nombre de journées utiles ; 2° une augmentation effective sur le prix des salaires, par la concurrence des cultivateurs et des propriétaires qui enchériront les uns sur les autres pour attirer les travailleurs ; 3° une augmentation de population, fruit de la plus grande aisance du peuple.

J'ai peut-être trop appuyé sur ces deux premiers avantages ; quelque réels, quelque grands qu'ils soient, on doit les compter pour peu de chose en comparaison de l'utilité vraiment fondamentale qui résulte dans tous les cas de la liberté. Je parle de l'égalisation des prix, de la cessation de ces variations excessives dans la valeur vénale des grains qui les font payer au consommateur, dans un temps, à des prix triples, quadruples et quelquefois quintuples de ce qu'il les paye dans un autre. D'où il résulte que le consommateur salarié ne peut vivre de son salaire dans les temps de cherté, et que, dans les temps d'abondance, il manque d'occasions de travail, parce que le cultivateur et le propriétaire, appauvris par la non-valeur de la denrée, n'ont pas de quoi le faire travailler. Je vous prie de relire sur ce point ma quatrième lettre.

Peut-on douter que la liberté ne produise nécessairement l'effet d'égaliser les prix ? De ce que les récoltes réussissent dans un lieu et manquent dans un autre, de ce que des années stériles, suivant l'ordre de la nature, succèdent de temps en temps aux années abondantes, et de ce que le besoin des consommateurs met un plus haut prix à la denrée, à raison de ce qu'elle devient moins commune, il suit évidemment qu'il y a un très grand intérêt à porter du grain des lieux où il est abondant dans ceux où il est rare, à en mettre en magasin dans les bonnes années, afin de le réserver pour les besoins des mauvaises. Il s'ensuit, par conséquent, que la chose se fera si aucune circonstance n'y met obstacle, et si on laisse agir le commerce ; car le commerce ayant pour objet de gagner, ne peut manquer d'en saisir les occasions. Il est donc évident qu'avec la liberté le grain ne peut manquer à la subsistance des hommes, même dans les lieux où la récolte a manqué.

Dans les années stériles, le commerce y pourvoira ou par le transport, ou par le magasinage ; et s'il n'y pourvoit pas, c'est que l'administration a mis quelque obstacle au cours naturel des choses, c'est parce qu'elle a gêné, avili le commerce et l'a empêché de se former. Avec la liberté, le commerce se formera ; et, avec le commerce, le prix se mettra partout de niveau ; en sorte que la différence des prix entre le pays où il est le plus cher et le pays où il l'est le moins, ne sera jamais plus forte que les frais et les risques des voitures joints au profit nécessaire du commerçant, lequel se réduit à quelque chose de plus que l'intérêt de ses avances. Le magasinier doit pareillement retrouver dans la vente de ses grains, outre le prix de l'achat primitif, les frais de garde, les déchets et l'intérêt de ses avances avec le profit ordinaire du commerce ; mais ce prix ne peut jamais être plus fort que celui qui résulte des frais de transport ; car, s'il était plus fort, l'on importerait et l'on ferait baisser le prix. Il est bien évident que quelque système qu'on prenne, c'est là le plus bas prix dont on puisse se flatter lorsque la récolte manque, et la moindre inégalité possible. On aura beau entasser règlements sur règlements ; comme il n'en résultera pas qu'il existe un grain de blé de plus, je défie bien qu'on supplée autrement au vide de la récolte qu'en faisant venir du blé des lieux où il y en a, ou en se servant des grains réservés des anciennes récoltes. Or certainement, on n'aura pas ces grains sans payer les frais et les profits du transport ou ceux du magasinage. Il faut s'y résoudre ou mourir de faim. Qu'imagine-t-on gagner en gênant la liberté ? Fera-t-on mieux que de porter ou d'emmagasiner ? Croit-on qu'en écartant le commerce par des gênes avilissantes, en intimidant le magasinage, en annonçant qu'on regarde la propriété du grain comme moins sacrée que celle de tout autre effet, en la soumettant aux volontés et à l'inspection ignorante ou intéressée d'une foule de juges ou d'administrateurs subalternes, l'on fera porter ou emmagasiner davantage ? S'il y avait des gens qui se livrassent encore à ce commerce, sans doute qu'ils compteraient ces nouveaux risques et leur honte parmi leurs frais, et qu'ils les feraient payer aux consommateurs ; mais il n'y en aura point, parce que, pour faire ce commerce de façon à remplir les besoins d'un peuple qui souffre, il faut de grosses avances, de grands capitaux, des négociants riches et accrédités ; or, des négociants riches et accrédités ne se font point enregistrer à un greffe de police ; ils ne mettent point leur fortune à la merci d'un juge, ni même du gouvernement. Il faut pourtant que le peuple vive, et quand le gouvernement a détruit le commerce qui l'aurait fait vivre, il faut que le gouvernement s'en charge, qu'il se fasse commerçant de blé, qu'il emploie à ses achats des fonds toujours pris sur ce pauvre peuple, qu'on s'imagine soulager ; il faut qu'il soit trompé dans ses achats, parce qu'il n'a aucun des moyens qu'ont les négociants pour ne l'être pas ; parce qu'un homme qui fait un métier qu'il ne sait pas est toujours trompé ; parce qu'il emploie nécessairement des agents subalternes aussi avides au moins que les négociants, et dont l'avidité n'est pas, comme celle de ces derniers, réprimée par la concurrence ; ses achats, ses transports se feront sans économie, parce qu'ils seront toujours précipités, parce qu'il n'aura aucune mesure prise d'avance, parce qu'il ne commencera d'agir qu'au moment du besoin, et parce qu'il sera souvent averti tard et d'une façon incertaine de ce besoin. Il perdra sur ces ventes, parce qu'il aura peine à résister aux murmures populaires qui lui en feront une loi, et encore parce que les grains qu'il aura fait venir seront échauffés et arriveront trop tard. Il ne remplira pas les besoins, parce qu'il n'est pas possible qu'il y sacrifie d'aussi gros fonds que le commerce libre ; et parce qu'il est encore plus impossible qu'il sache faire manœuvrer ses fonds pour les reverser continuellement dans de nouveaux achats à mesure qu'ils rentrent par les ventes, comme le ferait un négociant habile. Et, après tout cela, il aura encore le désagrément de voir que tous ses soins n'auront abouti qu'à faire accuser de monopole, par le peuple, tous les agents qu'il aura employés. Les frères Paris [a] avaient proposé, sous le ministère de M. le Duc [b], de former une compagnie qui, au moyen du privilège exclusif d'acheter et de vendre, se serait chargée d'acheter toujours le grain au même prix, et de le donner toujours au peuple au même prix. On sent bien que ce prix eût été bas à l'achat et haut à la vente, car la compagnie voulait gagner, et sans doute elle offrait encore de donner une somme au Gouvernement ; c'était bien là le monopole le plus terrible : monopole à l'achat contre le laboureur, monopole à la vente contre le consommateur.

Mais je veux supposer qu'elle fût composée d'anges n'ayant en vue que le bien de l'État, et uniquement occupés d'égaliser les prix à l'avantage de tous, voyons un peu comment elle serait arrivée à ce but. D'abord, il lui eût fallu des magasins proportionnés à la consommation annuelle ; à la probité angélique, il aurait fallu joindre encore une intelligence plus qu'angélique pour n'être pas trompé excessivement dans la dépense de tant de constructions immenses répandues dans toutes les parties du Royaume. Supposons que ces constructions aient été faites avec la plus grande économie possible, quelles prodigieuses sommes n'auraient-elles pas absorbées ! Il faut que l'intérêt de ces sommes, et en outre les frais d'entretien, soient payés par le peuple sur le prix du pain.

Quelles avances ne faudrait-il pas pour acheter tous les blés du Royaume, du moins la première année ! Le Roi ne serait pas assez riche, et peut-être tout l'argent qui existe dans le Royaume ne suffirait pas pour cette double avance. Mais je veux que l'argent soit trouvé. Qu'il arrive deux ou trois années abondantes de suite ; avec quoi, comment notre compagnie achètera-t-elle toute cette surabondance de productions ? À crédit sans doute. Et sans doute aussi le laboureur, avec ce crédit et sans argent, continuera sa culture et fera face à toutes ses dépenses ?

Pour donner toujours les grains à un prix égal, il faut que la compagnie perde dans les mauvaises années ; mais si une suite de pertes est occasionnée par une suite de mauvaises récoltes et plus sûrement encore par la mauvaise régie, par les fautes et les négligences, par les fri-

---

[a] Antoine, Claude dit *La Montagne*, Joseph dit *Duverney* et Jean dit *Montmartel*, célèbres financiers.
[b] Le duc de Bourbon-Condé, premier ministre à la mort du Régent.

ponneries de toute espèce attachées à la régie de toute entreprise trop grande et conduite par un trop grand nombre d'hommes, que deviendra la fourniture qu'elle s'est engagée à faire ? On fera pendre si l'on veut les directeurs ; mais cela ne donnera pas du pain au peuple. Et que deviendra-t-il lorsqu'on l'aura privé de tous les moyens naturels de subsister ?

On fait usage dans de petits États de moyens semblables : l'État se charge de faire les approvisionnements et de donner le pain au peuple à un prix qui est toujours le même et qui est toujours cher, parce qu'il faut toujours payer les faux frais. Cette administration se soutient dans les années ordinaires, et le peuple est tranquille ; mais vient-il quelque disette assez forte pour que la perte qu'il faudrait supporter devienne au-dessus des fonds que le gouvernement peut perdre, on se trouve tout à coup livré à toutes les horreurs de la famine ; et le gouvernement, qui s'est imprudemment chargé de ce qu'il lui était impossible de faire, en devient responsable au peuple, lequel a raison de s'en prendre à lui. On a vu les suites de cette administration à Rome en 1764. Qu'on juge par ses effets dans les États du pape de ce qu'elle aurait produit dans le royaume de France !

Je veux encore que, par le plus grand des miracles, la compagnie privilégiée puisse continuer à remplir ses engagements ; je suppose que, par un autre miracle non moins prodigieux, le prix de ses achats et celui de ses ventes aient été combinés avec tant de précision, qu'en la remplissant de tous ses frais et de l'intérêt de ses avances, elle fasse rentrer de même au laboureur ses frais et l'intérêt des avances que ce laboureur est aussi obligé de faire, et de plus le profit, seul motif de cultiver, seul moyen de continuer la culture ; je veux que tout cela s'exécute en faisant payer le grain par le consommateur à un prix proportionné à ses facultés, c'est-à-dire au taux actuel où la situation de la culture, du commerce et des revenus ont fait monter les salaires. Peut-on imaginer qu'il n'y ait dans les causes qui fixent de part et d'autre cette juste proportion aucune variation ? N'est-il pas évident, au contraire, que la situation du commerce change à chaque instant, que les causes qui la font changer peuvent augmenter les frais et diminuer les profits du laboureur ; diminuer la masse des salaires, ou bien faire l'effet contraire ? Une guerre peut épuiser une nation d'argent et d'hommes et, dans le cas opposé, un commerce avantageux peut accroître la masse des capitaux circulant dans un État. Cependant la quantité plus ou moins grande d'argent, ou pour mieux dire de capitaux en circulation, influe certainement sur le prix de toutes choses ; l'état de la population y influe aussi ; la situation même du commerce chez les étrangers et le cours qu'y ont les prix influent nécessairement sur les prix nationaux.

Le cours du commerce libre suit toutes ces variations sans aucun inconvénient ; tous les changements qu'il amène se font par degrés insensibles : le débat entre chaque acheteur et chaque vendeur est une espèce de tâtonnement qui fait connaître à chacun avec certitude le vrai prix de chaque chose. Les augmentations ou les diminutions réparties sur tous, les pertes et les gains compensés entre tous et pour tous, font qu'il n'y a de lésion pour personne dans le changement et, s'il y en avait, cette lésion étant l'effet inévitable du cours des choses, on la souffrirait comme on souffre les maux qu'on ne peut imputer qu'à la nécessité ; on n'en accuserait personne, et la tranquillité n'en serait point troublée.

Mais que l'effet est différent si les prix de la denrée principale, et la plus nécessaire de toutes, sont entre les mains d'une seule compagnie, ou plutôt du gouvernement avec lequel une pareille compagnie est nécessairement identifiée, et dans l'opinion du peuple, et dans la réalité. Il faut de deux choses l'une : il faut, ou qu'elle suive dans les prix de ses achats et de ses ventes les variations du cours du commerce, ou qu'elle s'obstine à maintenir les prix toujours les mêmes malgré les variations des causes qui concourent à en déterminer la juste proportion.

Dans le premier cas, soit qu'elle baisse les prix d'achat au dépens du laboureur et des propriétaires, soit qu'elle les hausse en haussant le prix des ventes aux dépens des consommateurs, elle est, et le gouvernement avec elle, le plastron du mécontentement, ou de tous les laboureurs et de tous les propriétaires du royaume, ou de tous les consommateurs, ou plutôt du mécontentement de tous, car tous seront dans le cas de se ressentir de cette variation, qui tantôt frappera sur les uns, tantôt sur les autres, et toujours sur ceux qui sont en même temps vendeurs et consommateurs, c'est-à-dire sur une très grande partie de la société. Ce changement sera juste et nécessaire ; c'est la supposition. Mais comment prouver au peuple cette justice ? Comment persuader au laboureur que la compagnie a raison de lui payer ses grains à plus bas prix ? Comment persuader à l'artisan que la compagnie a raison de lui faire payer son pain plus cher ? Les principes les plus évidents, les faits les plus notoires trouvent des contradicteurs ; que sera-ce d'une multitude de faits obscurs, de l'action d'une foule de causes ignorées agissant lentement et par degrés, et dont l'effet ne se fait apercevoir que lorsqu'il s'est pour ainsi dire accumulé par le laps du temps ? À peine les politiques les plus consommés pourraient-ils (si même ils le pouvaient) calculer quand et à quel point il peut être nécessaire d'augmenter ou de diminuer le prix soit des achats, soit des ventes, et l'on imaginerait pouvoir en convaincre le peuple, le rendre plus que raisonnable sur une matière qui le touche d'aussi près que sa subsistance ! Croit-on qu'il s'en rapportât aveuglément à cette compagnie, qu'il verrait disposer seule du prix ? Non sans doute ; il ne verrait dans l'augmentation qu'une vexation odieuse : la compagnie fût-elle composée d'anges, le peuple croira toujours qu'elle n'est composée que de fripons. Les vendeurs et les consommateurs, tour à tour irrités, ou par le bas prix des achats, ou par le haut prix des ventes, se réuniront sur ce point, et le gouvernement seul sera chargé de l'odieux de toutes les variations, que le peuple n'imputera jamais qu'à l'avidité de ses agents.

Si, effrayée de la clameur universelle qu'exciterait une augmentation dont il est véritablement impossible de démontrer la nécessité, la compagnie s'obstine à soutenir les prix au même point, malgré les causes qui doivent les faire varier et qui les feraient effectivement varier dans la supposition d'un commerce libre, il faut, puisque la proportion naturelle des prix du grain avec les prix de toute autre chose est rompue, que quelque partie languisse et peut-être toutes ; il faut, ou que les cultivateurs et, par conséquent, la culture souffrent ; que la richesse nationale diminue ainsi que la masse des salaires ; que la somme des productions devienne moindre de jour en jour, etc. ; ou bien il faut que la perte tombe sur le peuple consommateur, qu'il soit privé de son aisance, que la population se dégrade, etc. ; ou bien il faut que toute la perte du défaut de proportion dans les prix tombe sur la compagnie. Mais un pareille perte ne peut durer sans la ruiner. Elle se soutiendra quelque temps par des emprunts, et comme elle ne pourra en payer les intérêts qu'en entamant ses capitaux, bientôt elle ne pourra longtemps y faire face. Elle sera conduite à la banqueroute par cette cause seule, quand elle ne le serait pas par mille autres ; elle le sera d'autant plus sûrement que, dans la vérité, voulût-elle suivre pour ses prix les variations qu'exigent les circonstances du commerce, elle ne le pourrait pas, parce qu'il est d'une impossibilité absolue à quelque homme que ce soit de suivre dans leurs changements successifs la multitude de causes qui se combinent et changent les prix des choses commerçables. La théorie la plus déliée n'a point encore réussi à en faire l'énumération, encore moins à les évaluer. La situation actuelle de chacune et la mesure précise de son action est encore plus hors de la portée de l'observateur le plus pénétrant et le plus attentif. L'administrateur qui croirait pouvoir diriger le cours des prix d'après des calculs de ce genre ressemblerait au médecin Silva [a], qui croyait calculer les effets de la saignée d'après la vitesse et la quantité du sang comparées avec les diamètres et la force contractive des artères et des veines, et qui, sans s'en douter, présentait comme résolus, d'un trait de plume, cent problèmes qui auraient inuti-

---

[a] Réfuté par Quesnay. Voir à ce sujet : Schelle, *Le docteur Quesnay*.

lement fait pâlir toute leur vie les Newton et les Bernouilli. La compagnie ne pourrait suivre dans ses prix la variation qu'exigerait la situation du commerce, parce qu'il lui serait absolument impossible de la connaître. Elle serait, par cela seul, conduite inévitablement à sa ruine.

Maintenant, M., daignez envisager l'effet qui résulterait immédiatement de la banqueroute d'une pareille compagnie qui aurait dans sa main le sort de tous les laboureurs, celui de tous les capitalistes de qui elle aurait emprunté, et qui serait devenue la seule ressource pour la subsistance de tout un royaume. Si cette banqueroute arrive, comme elle doit naturellement arriver, dans une mauvaise année, que deviendra le peuple vis-à-vis de magasins vides et sans aucun secours de la part du commerce, à qui il a été sévèrement défendu de former aucune réserve ? Assurément la constitution du royaume de France est bien solidement affermie ; mais quelle constitution du monde pourrait résister à un pareil ébranlement ? La seule possibilité de la banqueroute suffit pour faire rejeter à jamais un pareil système.

J'aurais pu me dispenser d'entrer dans d'aussi grands détails que je l'ai fait pour prouver la possibilité et la vraisemblance de cette banqueroute. Une raison encore plus palpable que tout ce que j'ai dit prouve qu'une compagnie qui ferait exclusivement le commerce des grains dans un grand État, à la charge de le vendre toujours au même prix, ne pourrait pas soutenir la plus légère secousse, et si elle pouvait recevoir quelque existence de la folie d'un faiseur de projets, de la sottise de ceux qu'il s'associerait et de la profonde ignorance du gouvernement, elle ne subsisterait pas deux ans.

Le profit que la compagnie ferait dans les années où les grains seraient abondants et où elle les vendrait plus cher qu'ils ne lui auraient coûté ne pourrait compenser la perte qu'elle serait obligée de faire dans les années où les récoltes auraient manqué et où le grain lui coûterait plus cher qu'elle ne le vendrait ; la raison en est évidente. Pour que la compensation fût exacte, il faudrait qu'elle vendît autant de grain dans les années où elle gagnerait que dans celles où elle aurait à perdre. Or, elle en vendra nécessairement une plus grande quantité dans ces dernières. En effet, une très grande partie du grain qui se consomme ne se vend ni ne s'achète. Tout cultivateur qui recueille vit sur sa récolte ; non seulement il vit lui-même, mais il nourrit ceux qui travaillent pour lui ; il paye en grains presque tous les salariés qu'il emploie. Quelque vexation que la compagnie puisse exercer pour maintenir son privilège exclusif, elle ne peut empêcher que le laboureur ne vende du grain au paysan son voisin. Il est donc clair que, dans les années abondantes, la compagnie sera réduite à la fourniture des villes et du petit nombre d'habitants des campagnes qui achètent leurs grains aux marchés. Dans les années disetteuses, au contraire, où les grains viennent du dehors, les habitants des campagnes vont dans les marchés chercher ce qu'ils ne trouvent point chez eux. Les laboureurs alors ne payent les salaires qu'en argent, parce que le grain est trop cher ; souvent même, ils sont obligés d'en acheter pour eux et pour leurs domestiques. Il suit de là que, dans les années abondantes, la compagnie ne peut vendre qu'au peuple des villes ; que, dans les années stériles, elle doit nourrir de plus une partie du peuple des campagnes. Si donc son prix est toujours égal, elle perdra infiniment plus dans les années stériles qu'elle ne gagnera dans les années abondantes ; par conséquent, son entreprise est ruineuse, et bientôt la banqueroute forcée laissera les peuples sans ressource au moment du plus grand besoin.

Pour lever cette difficulté, accordera-t-on à la compagnie un prix assez fort pour compenser, dans les années abondantes où elle vendra peu de grains à profit, ce qu'elle doit perdre sur l'immense quantité de grains qu'elle vendra dans les années stériles ? Il faudra donc que le prix de la compagnie soit beaucoup plus fort que le prix moyen des consommateurs dans l'état actuel ; il est même évident qu'il doit être très près du prix de cherté. L'effet de ce système sera donc de faire constamment payer les grains au peuple à un prix bien plus haut que ne serait le prix naturel. Or, il est à remarquer que ce prix excessif ne ferait pas monter les salaires comme le bon prix qui résulte de la liberté, parce qu'étant l'effet du privilège exclusif de la compagnie, il n'enrichirait ni les cultivateurs, ni les propriétaires. Mais ce haussement artificiel du prix aurait bien un autre inconvénient ; et cet inconvénient serait d'empêcher la compagnie de rien vendre. De tous côtés, malgré le privilège exclusif, les grains s'offriraient au rabais aux acheteurs. Comment empêcher les étrangers de verser leurs grains dans les provinces frontières, comment empêcher le laboureur de vendre à son voisin, comment empêcher le paysan de consommer des pommes de terre ou des légumes par préférence au pain ? Car, sans doute, on n'imaginera pas de donner à la compagnie le monopole de toute espèce de subsistances ; et si on le lui donnait, elle ne pourrait pas davantage empêcher que son privilège ne fût éludé par celui qui consommerait ce qu'il a récolté.

Le peuple aujourd'hui demande qu'on empêche de vendre des grains hors du marché, parce qu'on lui a fait accroire qu'au marché il payera le grain moins cher ; mais, quand l'objet de l'interdiction des ventes hors du marché sera de soutenir le privilège exclusif d'une compagnie, et de faire payer le grain plus cher, au moins dans la proportion de trois à deux, le peuple criera de tous côtés au monopole ; et, pour cette fois, il aura raison. Or, il n'y a aucune puissance sur la terre qui puisse défendre, contre la totalité du peuple, un privilège exclusif qui porterait le blé à ce prix excessif, lorsque de tous côtés le peuple en verrait offrir à meilleur marché. Le gouvernement serait forcé d'abandonner la compagnie ou de tomber avec elle.

Au reste, ce raisonnement prouve, en général, que l'idée de procurer toujours au peuple le grain à un prix égal, malgré l'inégalité des récoltes, est une chimère. Quelque chose qu'on fasse, il faut toujours, quand la récolte a manqué, que le consommateur paye son grain plus cher de la totalité ou des frais de transport, ou de ceux de magasinage. Quand la récolte est abondante, on paye toujours le grain moins cher de tous les frais qui seraient nécessaires pour le transporter dans les lieux où il manque, ou pour le garder dans des magasins en attendant les années disetteuses. Voilà la plus grande égalité possible, et aussi la plus grande inégalité quand la liberté est entière.

On pourra croire que je me suis trop arrêté à discuter une extravagance qui ne peut séduire personne. Mais je n'ai pas cru devoir négliger d'en démontrer l'absurdité, parce que cette idée a été proposée très sérieusement, et par un homme que le Gouvernement a souvent écouté [a], parce que je l'ai entendu quelquefois rappeler avec éloge, et enfin, parce que ce système n'est autre que l'exécution complète d'un plan qu'on entend tous les jours vanter, sous le nom de *greniers d'abondance*, comme le meilleur moyen d'éviter les disettes ; le plus communément, à la vérité, au lieu d'une compagnie, on propose que ces greniers soient administrés par chaque corps municipal, par chaque communauté. Ceux à qui de pareilles idées viennent dans l'esprit connaissent bien peu ce que c'est que les corps municipaux et les communautés. Le négociant le plus habile, avec le plus grand intérêt, a bien de la peine à suivre tous les détails qu'exige le commerce des grains, et l'on voudrait que ces détails fussent suivis par des gens pris au hasard, de tous états, et qui n'auraient aucun intérêt à la chose ! Enfin, quand on mettrait à part tous les inconvénients, toutes les difficultés, toutes les impossibilités sur lesquelles je me suis appesanti ; quand on supposerait la réussite la plus complète de toutes ces opérations, à quoi serait-on arrivé ? À produire, par les moyens les plus compliqués, les plus dispendieux, les plus susceptibles d'abus de toute espèce, les plus exposés à manquer tout à coup, et à produire en manquant les effets les plus désastreux, précisément ce que le commerce laissé à lui-même doit faire infailliblement à infiniment moins de frais et sans aucun danger, c'est-à-dire à égaliser autant qu'il est possible les prix du grain dans les bonnes et dans les mauvaises années. Les magasins du commerce sont tout faits ;

---

[a] Paris-Duverney.

ils n'exigent aucune avance ; ses correspondances sont ou seront bientôt montées quand on lui assurera la liberté.

Il sera mieux instruit, et des lieux où il est avantageux d'acheter, et de ceux où il est avantageux de vendre ; il le sera plus promptement que le gouvernement le plus attentif et les municipalités les plus vigilantes. Il voiturera, il conservera les grains avec bien plus d'économie et bien moins de déchet que des régisseurs, qui, payés ou non, agiraient pour l'intérêt d'autrui. Jamais il ne pourra faire la loi au laboureur dans ses achats, ni au consommateur dans ses ventes, parce que l'intérêt et le désir du gain, qui est commun à tous les négociants, produit la concurrence, qui est un frein pour tous, et qui rend impossibles toutes ces manœuvres et ces prétendus monopoles dont on se fait un si grand épouvantail. Si les manœuvres pour faire hausser le prix *exorbitamment* sont possibles, ce n'est que lorsqu'il n'y a point de liberté ; car alors les possesseurs actuels du grain d'un côté, et les consommateurs de l'autre, n'envisageant point les ressources promptes d'un commerce monté pour remplir le vide qui se fait sentir, les vendeurs ne mettent point de bornes à leurs demandes, ni les acheteurs à leurs offres. C'est l'avidité qui marchande avec la terreur, et ni l'une ni l'autre n'ont de mesure fixe. De là, le resserrement et le prix excessif de la denrée ; de là, les variations soudaines et fréquentes dans sa valeur. Mais quand le commerce est libre, l'intérêt éclairé du commerçant calcule, d'après des données dont il vérifie l'exactitude, le prix du lieu ou du temps de l'achat, et celui des frais de transport et de magasinage, avec l'intérêt de son argent et le profit ordinaire du commerce. Il sait qu'il n'a pas à espérer une augmentation plus forte dans les prix, et il se hâte de vendre pour faire rentrer ses fonds promptement, et ne pas attendre une diminution de valeur. D'un autre côté, les consommateurs apprendront, par l'expérience, que la hausse des prix a des limites marquées, et la crainte de mourir de faim ne les engagera pas à enchérir les uns sur les autres et à acheter à tout prix.

J'ajouterai à cette observation que, même avec le défaut de liberté, le monopole est encore moins possible contre les consommateurs que contre les laboureurs, et que celui-ci a été bien plus réel que l'autre ; car, si la maladresse du gouvernement, en gênant et en avilissant le commerce, a retardé et diminué l'abondance des secours qu'il aurait apportés dans les temps de disette, du moins il n'a jamais été jusqu'à défendre d'importer du grain dans les lieux où il manque. Souvent même, il a pris des mesures pour y en faire transporter à ses frais. Mais il a souvent défendu d'exporter des lieux où il était abondant, et c'est dans cette prohibition générale qu'un acheteur privilégié par le gouvernement, sous prétexte d'approvisionner les armées ou les flottes, ou la capitale, ou quelque province disetteuse, a beau jeu pour obtenir à bas prix du laboureur, en profitant du défaut de concurrence, des grains qu'il va vendre ailleurs fort cher. Encore, est-on heureux quand il ne trouve pas quelque prétexte de bien public pour forcer ce laboureur à lui donner son grain à un taux fixé par l'autorité séduite ou corrompue. Voilà un monopole possible ; mais d'abord, il est uniquement l'ouvrage du gouvernement et de ses prohibitions ; et puis il ne tend pas, comme le peuple et les échos du peuple l'imaginent, à renchérir la denrée au préjudice du consommateur, mais à la faire baisser au préjudice du laboureur ; et il n'est vraiment funeste au peuple consommateur que par ses reflets et par le découragement de la production.

Quelque mesure qu'on prenne, il n'y a qu'un moyen d'empêcher le peuple de mourir de faim dans les années stériles : c'est de porter du grain là où il n'y en a pas, ou d'en garder pour le temps où il n'y en aurait pas. Et pour cela, il faut en prendre où il y en a ; il faut, quand il y en a, en réserver pour un autre temps. C'est ce que fait le commerce, et ce que le commerce parfaitement libre peut seul faire au plus bas prix possible ; ce que tout autre moyen que le commerce libre ne fera point ou fera mal, fera tard, fera chèrement. Le gouvernement désire toujours que les approvisionnements suffisent et soient faits à temps ; mais il se fâche lorsqu'on en prend les moyens ; il se fâche, non pas de ce qu'on porte ici, mais de ce qu'on enlève là. Il faut pourtant qu'une porte soit ouverte ou fermée. On ne peut pas prendre du blé dans un lieu où il est abondant, soit pour porter ailleurs, soit pour emmagasiner, sans que le prix y augmente. Si le peuple souffre avec impatience cette légère augmentation, s'il crie au monopole, si les magistrats, au lieu de réprimer ses clameurs et d'opposer l'instruction à ses préjugés, les partagent ; si le gouvernement daigne y faire attention, peut-être en gênant le commerce parviendra-t-il à maintenir en effet le bas prix dans les lieux et dans les années où la récolte est abondante ; mais c'est à condition que le grain sera payé plus cher dans les lieux et dans les années où la récolte aura manqué. Cela me fait souvenir d'un propriétaire qui venait de construire une maison : un homme auquel il faisait voir, en hiver, les appartements qui fermaient mal, trouva qu'ils étaient excessivement froids. Oui, répondit le propriétaire, mais en récompense ils seront bien chauds en été. L'excès de cherté et l'excès de bas prix sont deux maux comme l'excès du froid et l'excès du chaud, et jamais de ces deux extrêmes ne résultera le bien-être de personne.

Celui du consommateur gît essentiellement dans la plus grande égalité possible des prix. À envisager les choses sous un point de vue général, que lui importe le prix du grain, pourvu qu'il soit constant ? Que lui importe de donner plus ou moins d'argent pour une certaine quantité de blé si, lorsqu'il donne plus, il reçoit plus de salaire à proportion ? La valeur vénale des denrées, le revenu, le prix des salaires, la population, sont des choses liées entre elles par une dépendance réciproque et qui se mettent d'elles-mêmes en équilibre, suivant une proportion naturelle ; et cette proportion se maintient toujours, lorsque le commerce et la concurrence sont entièrement libres.

La chose est évidente dans la théorie ; car ce n'est pas au hasard que les prix des choses sont fixés. Cette fixation est un effet nécessaire du rapport qui est entre chaque besoin des hommes et la totalité de leurs besoins, entre leurs besoins et les moyens de les satisfaire. Il faut bien que l'homme qui travail gagne sa subsistance, puisque c'est le seul motif qui l'engage à travailler. Il faut bien que celui qui le fait travailler lui donne cette subsistance, et achète par ce moyen le travail du salarié, puisque, sans ce travail, il ne pourrait ni avoir un revenu ni en jouir.

La chose n'est pas moins évidente par le fait que par la théorie. Toutes ces variations dans le prix des monnaies, qui, depuis Charlemagne jusqu'à Louis XV, ont porté la valeur de la même quantité d'argent, depuis 20 sous jusqu'à 66 livres 8 sous (valeur actuelle de la livre de Charlemagne, pesant douze onces) ; tous les changements survenus dans la quantité d'or et d'argent circulant dans le commerce, ont augmenté le prix des denrées ; mais toutes celles qui sont d'un usage commun et nécessaire, la subsistance et le salaire du travail, ont augmenté dans la même proportion. Cette expérience de neuf cents ans, ou plutôt de tous les lieux et de tous les temps, doit pleinement rassurer sur le sort des consommateurs, dont le salaire se proportionnera toujours au prix habituel des grains, quel qu'il soit, et qui n'ont d'autre intérêt dans la fixation de ce prix, sinon qu'elle soit constante, et qu'elle ne passe pas successivement du bas prix à la cherté, et de la cherté au bas prix.

Ce n'est pas que, de ces alternatives de bas prix et de cherté, il ne résulte une espèce de compensation, un prix moyen, et que, par conséquent, si le consommateur était assez économe, assez prévoyant pour réserver dans les années du bas prix une partie de ses salaires, il ne pût, avec cette réserve, faire face à l'augmentation de ses dépenses dans les années disetteuses. Il faut même avouer que cette ressource n'est pas entièrement nulle pour le commun des artisans ; car, quoiqu'en général ils dépensent tout ce qu'ils ont, à mesure qu'ils le gagnent, cependant le plus grand nombre en emploie du moins une partie à acheter quelques petits meubles, quelques nippes, même quelques bijoux. Il y a, dans les environs de Paris, peu de paysannes qui n'aient une croix d'or. Ce petit mobilier se vend dans les temps de détresse, avec perte à la vérité ; cependant, il supplée à l'insuffisance du salaire ordinaire pour atteindre aux prix des grains, et il donne les moyens d'attendre des temps moins durs. Mais cette ressource est faible et ne saurait être générale ; la plus grande partie du peuple est trop peu économe pour se refuser à jouir d'un léger bien-être quand il le peut. Souvent, même dans les temps d'abondance, l'artisan refuse à sa famille le nécessaire pour aller dépenser tous ses gains au cabaret et, quand la cherté vient, il tombe dans le dernier degré de la misère. La cherté est donc pour lui le plus grand des malheurs, et le bas prix dont il a joui ne lui est d'aucune ressource alors. Quel avantage ne serait-ce pas pour lui si ce haussement de prix qui, dans la disette, met le pain hors de sa portée, pouvait être réparti sur les années où il a joui d'une abondance dont il abusait ! Or, voilà ce que fera l'égalisation des prix, effet nécessaire d'un commerce libre.

Et ce n'est pas le seul avantage qu'il en retirera. Ce n'est pas seulement, par son défaut d'économie, que le peuple consommateur souffre de l'inégalité des prix ; quand il serait aussi prévoyant, aussi économe qu'il l'est peu, il en souffrirait encore par une autre raison qui frappe moins au premier coup d'œil, mais dont le développement fait connaître un des plus grands avantages que les consommateurs trouveront dans la liberté du commerce des grains. Ce développement mérite, j'ose le dire, toute votre attention.

Un des grands inconvénients de l'inégalité des prix pour le peuple consommateur est fondé sur ce que, dans la proportion qui s'établit entre le prix des subsistances et le prix des journées, cette proportion ne suit pas exactement le prix moyen, mais reste constamment au-dessous et au préjudice de l'homme de journée ; en sorte que si le prix de cherté, le prix des années ordinaires et le bas prix étaient partagés de façon qu'ils fussent à peu près égaux chaque année, les salaires seraient plus forts, à l'avantage du consommateur, qu'ils ne sont quand les prix varient beaucoup. Il est aisé de le démontrer. Le prix des journées s'établit, comme celui de toute autre chose, par le rapport de l'offre à la demande, c'est-à-dire par le besoin réciproque de ceux qui font travailler et de ceux qui ont besoin de vivre en travaillant. Le peuple salarié n'a, dans les bonnes années comme dans les autres, de ressources pour vivre que le travail : il offrira donc son travail, et la concurrence le forcera de se contenter du salaire nécessaire à sa subsistance. Il n'ira pas prévoir et calculer la possibilité d'une disette pour obliger celui qui le paye à hausser son salaire ; car, quel que soit cet avenir éloigné, il faut qu'il vive à présent, et s'il se rendait trop difficile, son voisin prendrait l'ouvrage à meilleur marché. C'est donc sur le prix habituel que le prix des salaires se fixera ; il baissera même encore au-dessous de cette proportion dans les années de bas prix, parce que si, d'un côté, ce bas prix rend le peuple paresseux et diminue la concurrence des travailleurs, de l'autre, ce bas prix ôte aux cultivateurs et, par contre-coup aux propriétaires, les moyens de faire travailler. D'un autre côté, l'augmentation des prix, dans les années de cherté, non seulement n'entre pour rien dans la fixation du prix des salaires, mais elle tend plutôt à le diminuer. En effet, la misère du peuple bannit la paresse, et lui rend le travail si nécessaire qu'il le met au rabais. Tous ceux d'entre les propriétaires qui ont un revenu fixe, et même, dans le cas de cherté excessive, tous ceux qui sont en état de faire travailler, souffrent eux-mêmes par l'augmentation de leurs dépenses et n'en sont pas dédommagés par l'augmentation de leurs revenus (car il ne faut point se lasser de répéter qu'il n'y a que l'égalité des prix qui forme l'augmentation du revenu des cultivateurs, et qu'ils ne sont pas dédommagés par le haut prix, dans les années disetteuses, du bas prix des années abondantes, parce que la quantité qu'ils vendent est moindre dans une plus grande proportion que la hausse des prix). Ils sont donc eux-mêmes peu en état de faire travailler ; le plus souvent, ils ne s'y déterminent que par des motifs de charité et en profitant de l'empressement des travailleurs à baisser les salaires. Ainsi, non seulement les salariés ne participent en rien à la secousse que la cherté passagère donne au prix, mais ils ne participent pas même à ce dont cette cherté passagère augmente les prix moyens. Ce sont cependant principalement les années de cherté qui rendent les prix moyens plus hauts, même dans les pays où le défaut de liberté du commerce entretient un prix habituel assez bas et fort au-dessous du prix moyen. Il suit de là que, sans que le prix moyen des subsistances hausse contre le consommateur, le prix des salaires haussera à son profit par la seule égalisation de ce prix moyen entre les années abondantes et stériles, parce qu'alors le prix moyen se confondra avec le prix habituel, et que c'est toujours au prix habituel que le prix des salaires se proportionne.

Je ne puis me refuser ici une réflexion. Je vous ai démontré dans ma lettre écrite de Tulle [a], et avec encore plus de détail dans celle de Bort [b], que la liberté du commerce et l'égalisation des prix devaient seules, le prix moyen restant le même pour les consommateurs, assurer aux cultivateurs, aux propriétaires et à l'État une augmentation immense de profits et de revenus. Je crois vous avoir démontré dans celle-ci que le prix moyen restant encore le même pour les consommateurs, par le seul effet de l'égalisation des prix et de la liberté, les consommateurs gagneront d'être salariés dans une proportion plus avantageuse pour

---

[a] Page 249.
[b] Page 252.

eux, puisque leur salaire actuel est déterminé par sa proportion avec un prix plus bas que le prix moyen, et qu'il sera alors proportionné au prix moyen, c'est-à-dire à leur véritable dépense. Il me semble que le rapprochement de ces deux vérités doit inspirer une grande sécurité sur les effets de la liberté.

J'ajoute que l'avantage des consommateurs serait encore très grand quand même le prix moyen de la consommation hausserait, et que le bien-être que procurerait aux salariés le rétablissement de la proportion de leur salaire avec leur dépense sera toujours également réel, quand même le prix moyen hausserait, pourvu qu'il fût toujours constant et à peu près invariable.

J'ajoute encore que l'observation qui vient d'être développée résout pleinement une objection que l'on entend souvent répéter par les adversaires de la liberté du commerce des grains. Il est prouvé, disent-ils, par l'expérience, que le prix des salaires n'augmente pas avec celui des grains et, comme ils supposent toujours que la liberté augmente le prix des grains, ils en concluent que la liberté est funeste aux consommateurs.

J'ai, je crois, fait voir au contraire que, de cela même que la cherté momentanée n'augmentait pas le prix des salaires et même l'abaissait au-dessous de sa proportion naturelle, il fallait conclure que le mal est dans la cherté momentanée et, pour y remédier, établir un prix le plus constant et le plus égal qu'il soit possible, c'est-à-dire donner au commerce la plus grande liberté.

Après tout ce que je viens de dire, c'est presque une question oiseuse d'examiner si le prix moyen des grains haussera ou baissera par l'effet de la liberté. L'exemple de l'Angleterre et les détails auxquels je me suis livré dans ma cinquième lettre, datée de Saint-Angel [a], font voir que l'effet naturel de la liberté doit être de baisser le prix moyen toutes les fois que ce prix moyen est plus haut que le prix du marché général, c'est-à-dire que le prix ordinaire des ports en Hollande. Mais j'ajouterai que ce prix moyen baissera, quand même, avant la liberté, il aurait été égal au prix du marché général, parce que l'augmentation de la culture en France, ce qu'elle produira de plus, ce qu'elle exportera, ce qu'elle importera de moins, sa mise en un mot dans le marché général, sera un objet trop considérable pour n'en pas faire baisser le prix. C'est un concurrent de plus dans la fourniture générale des besoins, et c'est un concurrent dont la mise sera sans aucun doute assez forte pour influer sur le prix du marché.

---

[a] Page 259.

Certainement si le prix baisse, ce sera un grand avantage pour les consommateurs, puisqu'il est d'ailleurs démontré qu'il y aura une plus grande masse de salaires à partager. Il en résultera même qu'il n'y aura pas jusqu'aux rentiers de Paris qui ne gagnent à la liberté, puisqu'en même temps que leurs hypothèques en seront mieux assurées, ils ne payeront pas le pain plus cher ; il en résultera encore qu'il n'y aura pas d'augmentation dans les dépenses du Gouvernement, comme on l'aurait pu croire d'après la plus-value du pain qu'il a fallu donner aux troupes durant ces dernières années. Il ne faut pas confondre l'effet d'une disette passagère occasionnée par de mauvaises récoltes avec l'effet naturel de la liberté du commerce, du *post hoc* au *propter hoc* : l'une hausse les prix, l'autre les baisse.

Au reste, cet avantage de la baisse du prix moyen ne mérite pas d'être compté pour beaucoup : premièrement, parce qu'il est très modique en lui-même pour le consommateur en comparaison de celui qu'il retirera de l'égalisation des prix ; secondement, parce qu'on peut douter que le prix moyen qui s'établira à la suite de la liberté soit beaucoup plus bas que le prix moyen qui a eu lieu dans l'intérieur de la France avant la liberté, c'est-à-dire avant l'époque de la récolte de 1764. Je vois, en effet, par le relevé des prix du marché de Paris depuis la récolte de 1726 jusqu'à celle de 1764, intervalle pendant lequel il n'y a eu qu'une seule disette à la suite de la récolte de 1740, que le prix moyen du froment à Paris n'a pas été au-dessus de 16 l. 12 s. 7 d. ; aussi, pendant la plus grande partie de cet intervalle, les cultivateurs n'ont-ils cessé de se plaindre. Or, ce prix est trop au-dessous de celui du marché général, lequel est environ 20 livres, pour que la liberté puisse le faire descendre plus bas.

Dans une grande partie du Royaume et dans les provinces de l'intérieur éloignées de la capitale et des ports, le prix moyen a été encore plus au-dessous du prix du marché général ; ainsi, l'on doit s'attendre que la communication avec le marché général y fera monter les prix. J'ai déjà observé l'avantage immense qui résulterait de cette augmentation pour la culture, pour la richesse particulière et publique ; j'ai maintenant à prouver que ce changement, bien loin d'être préjudiciable aux consommateurs, leur sera au contraire infiniment profitable.

Je n'ai pas besoin de dire que, lorsque le changement sera fait, les consommateurs de ces provinces seront au niveau de ceux où il n'y aura pas eu d'augmentation ; qu'ils jouiront de tous les avantages que j'ai développés dans cette lettre ; qu'ils auront une plus grande masse de denrées, une plus grande somme de salaires à partager ; que l'égalisation des prix fera monter leurs salaires dans la proportion du prix moyen, quel qu'il soit, au lieu qu'il est à présent au-dessous ; que cette égalisation les garantira de l'excès de la misère à laquelle les expose trop souvent l'inégalité des prix. Tout cela est assez évident de soi. Il ne peut y avoir de doute sur leur sort que pour le moment du passage. Or, dans le cours naturel des choses, ce passage doit être très doux et très tolérable :

1° Parce que le haussement résultant de la liberté, qu'encore une fois on ne doit pas confondre avec l'effet des mauvaises récoltes, puisque c'est le défaut d'une liberté assez affermie et assez entière qui les a, au contraire, rendues si funestes, ce haussement, dis-je, ne doit se faire que lentement et par degrés. Tel sera l'effet des communications du commerce, et ces communications ne sont pas encore établies. Il faut du temps au commerce pour se monter. Les communications ne s'établiront, le commerce ne prendra son cours que peu à peu, et les prix moyens ne hausseront non plus que peu à peu et à mesure que tous les autres avantages de la liberté se développeront.

2° Parce que la cherté qui a lieu dans les années de disette rend le prix moyen moins inférieur qu'on ne l'imaginerait au prix de la capitale, et même au prix du marché général. Je vois qu'à Limoges, depuis 1739 jusqu'en 1764, époque de l'établissement de la liberté, le prix moyen du seigle a été d'environ 10 l. le setier, mesure de Paris, quoiqu'en 1745 il ait baissé jusqu'à 4 l. 13 s., et qu'en 1739 il ait passé 30 l. ; le prix moyen du froment a été d'environ 15 l. J'augure que, par la liberté ou par la communication avec le marché général, le prix du seigle montera aux environs de 12 à 13 l., et celui du froment aux environs de 18 à 20 l. Une pareille augmentation n'est pas assez forte pour mettre le peuple dans la détresse et l'empêcher d'attendre sans peine que les salaires se soient mis au niveau. J'observe même à ce sujet qu'en Limousin, en Auvergne, en Forez et dans plusieurs des provinces où ce haussement sera le plus sensible, l'habitude où sont une partie des habitants d'aller travailler pendant une partie de l'année dans les provinces plus riches, doit faciliter et hâter l'établissement du niveau dans le prix des salaires, car on remarque que cette émigration n'est pas toujours égale : quand les subsistances deviennent plus difficiles dans la province, l'émigration est plus forte. Si donc les salaires n'étaient pas dans la proportion commune avec la valeur des subsistances, le nombre des travailleurs diminuant, les propriétaires seraient forcés de les retenir en les payant mieux, et ils se refuseraient d'autant moins à cette augmentation nécessaire, que l'accroissement de leurs revenus, doublement fondé, et sur l'égalisation, et sur le haussement du prix, les mettra en état de faire travailler davantage et de payer les travailleurs plus chèrement.

À ces deux considérations, j'en joindrai une plus rassurante encore sur les dangers de cette révolution : c'est qu'elle est déjà faite. À la vérité, si c'est un bien, on le doit en partie à un grand mal. Il est à présumer, comme je l'ai déjà dit d'abord, que suivant le cours ordinaire des choses, elle aurait été plus lente. Mais le concours des circonstances ayant amené à la suite du rétablissement de la liberté cinq mauvaises années en six ans, les grains sont montés dans le Royaume à un prix très haut, et dans quelques provinces à un prix excessif. Le surhaussement, bien loin d'être l'effet de la liberté, doit être, au contraire, attribué à ce que la liberté, depuis son établissement, avait été trop restreinte et trop combattue, à ce qu'elle n'était pas encore anciennement établie pour que le commerce se fût monté ; et en effet, il est notoire que le commerce des grains est encore à naître dans les provinces de l'intérieur, nommément dans celle-ci ; à quoi il faut ajouter que les contradictions qu'il éprouve de la part des tribunaux et des officiers de police, dans le moment même où le besoin général allait l'établir, vont l'étouffer dans sa naissance. Quoi qu'il en soit, le peuple s'étant accoutumé pendant plusieurs années à un prix excessif, il en résultera du moins cet avantage, que lorsque, par le retour de l'abondance, le grain retombera non plus au prix qu'il avait avant la liberté, mais à un prix approchant de celui que doit lui donner la liberté, le peuple, qui éprouvera alors un soulagement très sensible, ne songera point à se plaindre d'un surhaussement qui n'est tel qu'autant qu'on le compare à une époque déjà oubliée, et duquel d'ailleurs il ne souffrira en aucune manière. Je dis qu'il n'en souffrira point, parce que la révolution n'est pas moins consommée par rapport à l'augmentation du prix des salaires que par rapport à celle du prix des grains.

J'ai déjà observé que le prix moyen du seigle était, à Limoges, avant 1764, d'environ 10 l., et celui du froment d'environ 15 l. le setier de Paris, et que j'avais lieu de croire que ce prix serait fixé désormais à 12 l. pour le seigle et 18 l. pour le froment. C'est une augmentation dans la proportion de 5 à 6. Quand je suis arrivé dans cette province, il y a neuf ans, les journées communes étaient à 10 s. ; elles sont à présent à 12 s. ; l'augmentation est exactement dans la même proportion de 5 à 6. J'attribue la promptitude avec laquelle les salaires se sont mis au niveau des prix, à l'augmentation sensible du revenu des propriétaires, et cette augmentation a deux causes. D'abord le haut prix du grain, qui leur a été très avantageux, du moins jusqu'en 1770 ; car la récolte de 1769 ayant manqué en tout genre, les propriétaires, obligés de nourrir les colons et les pauvres à des prix excessifs, n'ont presque joui d'aucun revenu. Ensuite le prix avantageux auquel les bestiaux de toute espèce se sont vendus ; et je rapporterai à ce sujet une observation que j'ai lue, je crois, dans les *Éphémérides du citoyen*, c'est que cette vente si avantageuse des bestiaux était tout à la fois l'effet et la preuve de l'augmentation de la culture encouragée par la liberté du commerce. En effet, la cause la plus vraisemblable qu'on puisse imaginer de cette augmentation de prix, sans diminution de l'espèce, est l'empressement des propriétaires et des fermiers à se procurer une beaucoup plus grande quantité de bestiaux qu'auparavant, pour forcer les labours et les engrais. Cette observation, que je crois très vraie, méritait d'être mise sous vos yeux.

L'augmentation du revenu des propriétaires, par ces deux causes, les a mis en état de faire travailler davantage, et l'augmentation du travail a fait hausser les salaires. La construction de plusieurs grands édifices à Limoges et le parti que j'ai pris depuis plusieurs années de supprimer les corvées et de faire les chemins à prix d'argent, y ont aussi eu quelque part. Quoi qu'il en soit des causes, le fait est constant.

J'ai prouvé, je crois, que dans les provinces même où le prix des grains pourra hausser le plus pour se rapprocher du niveau du marché général, le peuple consommateur n'en souffrira pas. Ce n'est point assez ; je dois prouver encore qu'il y gagnera : en effet, il y doit trouver un avantage inappréciable.

Le défaut de liberté et l'inégalité du prix qui en résulte exposent nécessairement tous les peuples qui vivent sous l'empire des prohibitions à des disettes fréquentes ; à cet égard, les lieux les plus favorisés par la facilité des abords, et que le commerce serait le plus à portée d'approvisionner, souffrent comme les autres de la mauvaise police à laquelle ils sont assujettis. Mais ce malheur est plus fréquent et plus grave pour les habitants des provinces éloignées de la mer et des rivières navigables : et l'inégalité des prix y est plus grande, plus funeste au peuple, par une autre cause qui est le bas prix auquel les consommateurs sont accoutumés. Ce bas prix habituel, d'après lequel s'est fixé le taux de leurs salaires, est fort inférieur au prix du marché général. Cela posé, que la récolte manque, le vide ne peut être rempli que par l'importation ; il faut donc commencer par acheter du grain dans les ports ou chez l'étranger au prix du marché général. Ce prix est déjà un prix très haut et au-dessus des facultés des consommateurs dans le pays qui a besoin. Cependant, il y faut encore ajouter les frais de transport très considérables qu'exige la situation méditerranée de la province, et c'est alors que la cherté devient exorbitante ; c'est alors que le consommateur manque absolument de moyens pour se procurer la denrée, et que les propriétaires sont obligés de se cotiser pour lui fournir des secours gratuits et l'empêcher de mourir de faim.

Si, au contraire, le prix n'eût pas été fort différent du prix du marché général, il ne faudrait qu'ajouter au prix les frais de transport, et l'augmentation serait moins sensible, moins disproportionnée avec le taux ordinaire des salaires. En un mot, le prix de cherté est toujours le prix du marché général, plus les frais de transport. Dans les lieux où le prix habituel est le prix du marché général, il ne faut, pour avoir le prix de cherté, qu'ajouter au prix ordinaire les frais de transport, et dans ceux où le prix habituel est plus bas, il faut y ajouter non seulement les frais de transport, mais encore la différence du prix habituel au prix du marché général ; l'augmentation est donc plus forte et plus difficile à supporter.

Un exemple rendra ceci plus sensible. Je suppose qu'en Limousin le prix habituel soit 10 l. et que le prix des ports soit 20 l. ; que, dans une autre province éloignée de la mer, le prix habituel soit le même que celui des ports ou du marché général ; que la totalité des frais pour amener les grains depuis le port jusqu'au lieu de la consommation soit également 10 l., ce qui doit être, puisque la distance est égale, le consommateur limousin et le consommateur de cette autre province payeront également le grain 30 l. ; mais pour le Limousin, accoutumé à le payer 10, le prix est triple ; pour l'habitant de l'autre province, dont le prix habituel est 20, le prix n'est monté que dans la proportion de deux à trois ou augmenté d'une moitié en sus, augmentation qui n'a rien d'infiniment onéreux.

Les salaires du journalier limousin continueront d'être à 10 s. par jour ; dans l'autre province, ils seront de 20 s. C'est même forcer la supposition en faveur du Limousin que de supposer ses salaires aussi hauts à proportion que ceux du consommateur de l'autre province, puisque, l'inégalité des prix étant moindre pour ce dernier, son prix habituel est plus rapproché du prix moyen. C'est encore forcer la supposition en faveur du Limousin que de supposer qu'ils aient tous deux un égal nombre de journées utiles, car la même raison de l'inégalité des prix rendant les propriétaires moins riches, il doit y avoir en Limousin moins de salaires offerts et moins de travail : il n'importe, on peut négliger ces petits avantages. Supposons donc, pour l'un comme l'autre, deux cents journées de travail utile : à 10 s., c'est pour le journalier limousin 100 l. par an, et à 20 s., pour celui que nous lui comparons, c'est 200 l. Tous deux mangent également trois setiers par an ; ils les payent également 30 l. le setier ; en tout 90 l. Ces 90 l. ôtées de 100, il ne reste au manouvrier limousin que 10 l. Ôtez-les de 200 l., il reste 110 l. pour l'ouvrier qui habite l'autre province. Avec cette somme et ce que peuvent gagner sa femme et ses enfants, il est à portée de nourrir et d'entretenir sa famille, tandis que la femme et les enfants du Limousin vivront d'aumônes ou mourront de faim.

Ce n'est pas exagérer que de regarder l'avantage d'être à l'abri de ce danger comme inappréciable pour le consommateur salarié ; or, cet avantage, il le doit à l'augmentation du prix habituel des grains, par laquelle ils se sont rapprochés du prix du marché général. Je suis bien en droit d'en conclure que l'augmentation du prix des grains, non seulement n'est pas funeste, mais qu'elle est, au contraire, infiniment avantageuse au consommateur, et que, par conséquent, soit que le prix moyen des grains augmente ou n'augmente pas, le consommateur salarié gagne à la liberté du commerce des grains, qu'il y gagne même plus encore quand les grains augmentent pour se rapprocher du prix du marché général.

J'ai donc prouvé qu'il n'y a aucune opposition entre l'intérêt des cultivateurs et des propriétaires et l'intérêt des consommateurs ; que la liberté du commerce est avantageuse pour tous, et plus avantageuse encore, plus nécessaire pour le consommateur, qu'elle seule peut sauver du danger de mourir de faim. C'est, je pense, avoir rempli l'engagement que j'avais pris avec vous en commençant ma cinquième lettre. Je vais encore ajouter quelques réflexions utiles pour l'entier éclaircissement de cette matière.

On serait tenté de conclure du raisonnement que j'ai développé en dernier lieu, que l'avantage du cultivateur et celui du consommateur seraient d'autant plus grands que le prix des grains, toujours avec le moins de variations possible, serait plus haut. Cette conséquence serait fausse. Le plus grand avantage possible pour l'un et pour l'autre est que les grains soient au taux du marché général ; si les prix montent plus haut, l'avantage diminue et finit par se changer en désavantage. Il est vrai que le désavantage d'un prix trop haut est moindre que celui d'un prix trop bas, mais il est réel. Cet état avec la liberté entraînerait une importation habituelle au préjudice de la culture nationale, et serait suivi d'une nouvelle révolution en sens contraire sur les prix, qui détruirait tout le bien qu'aurait fait l'augmentation. L'état de pleine prospérité pour une nation est celui où le prix des grains, et, en général, celui de toutes ses marchandises, est au niveau des prix du marché général ; c'est l'état où il n'y a ni importation ni exportation habituelles, mais où les importations dans les mauvaises années et les exportations dans les bonnes se balancent à peu près. Je ne m'occuperai pas de développer ici les preuves de cette proposition ; elles exigeraient des discussions assez délicates et très étendues, dont je dois d'autant plus m'abstenir que vous n'avez pas besoin d'être détourné du projet de faire hausser le prix des grains à un taux au-dessus de celui du marché général. Je m'y livrerais en Angleterre, où l'établissement de la gratification pour les grains exportés semble avoir été dirigé à ce but.

Mais je ne dois pas omettre une conséquence de la remarque que je viens de faire sur le désavantage qu'entraîne pour le consommateur un prix habituel trop bas. Cette conséquence est que, malgré la liberté du commerce, il peut y avoir lieu encore à des inégalités dans les prix, à de véritables chertés très onéreuses aux consommateurs, tant que le prix habituel de leur subsistance sera au-dessous de celui du marché général. Or, cet état durera jusqu'à ce que la liberté du commerce ait enrichi les provinces de l'intérieur au point de procurer au peuple une véritable aisance et l'ait mis en état de multiplier ses consommations et de vivre de denrées d'une meilleure qualité. Or, pour atteindre ce but, il faut du temps ; il faut que le commerce soit animé par une liberté ancienne et consolidée. J'ai observé que, par une suite de circonstances sur lesquelles on n'avait pas dû compter, le prix des grains avait atteint un taux d'où il ne descendrait vraisemblablement que pour se fixer à un point peu éloigné de celui du marché général ; mais, cette fixation avantageuse du prix des grains ne suffit pas pour consommer la révolution dont je parle. Tant qu'une partie considérable du peuple ne mangera presque point de froment ni de seigle et que les habitants des campagnes vivront, pendant une grande partie de l'année, de châtaignes, de raves et d'une mauvaise bouillie de blé noir, tant que leurs salaires et leurs moyens de subsister seront réglés en grande partie par le prix de ces chétives denrées dont on ne peut faire un objet de commerce, vu leur peu de valeur et la difficulté de les transporter, ils seront toujours exposés aux dangers de la disette toutes les fois que la perte totale de ces denrées concourra, ainsi qu'il est arrivé en 1769, avec une mauvaise récolte en grains. Car alors le vide ne peut être remplacé que par des grains, attendu que l'on ne pourrait trouver de châtaignes et de blé noir à importer, et que la valeur de ces denrées ne pourrait pas dédommager des frais du transport. Les grains sont toujours chers, puisqu'ils viennent de loin ; par conséquent, les subsistances sont nécessairement à un prix excessivement au-dessus des facultés d'un peuple pour qui, même lorsque les grains sont à bas prix, ils sont une espèce de luxe qu'il n'est pas en état de se procurer. Il faut donc, pour que les consommateurs ne soient plus exposés à souffrir de la disette, que la richesse générale leur ait donné assez d'aisance pour qu'ils se soient accoutumés à vivre de grains et à ne plus regarder les autres denrées de moindre valeur que comme une espèce de supplément surabondant et non comme leur nourriture principale ; il faut que leurs salaires soient montés sur le prix des grains, et non sur le prix de ces mêmes denrées. Comme les pays éloignés des abords de la navigation ne sont tels que par l'élévation du sol, ce sont pour la plupart des pays de montagnes qui produisent plus de seigle que de froment. C'est un désavantage par rapport à l'importation, parce que le seigle ayant moins de valeur, les mêmes frais de transport en augmentent le prix dans une plus grande proportion. Mais ce désavantage est compensé, parce que, lorsque le prix n'est pas trop au-dessous de celui des ports, la même raison en rend l'exportation moins avantageuse, et parce que le seigle, se conservant plus aisément que le froment, exige moins de frais et essuie moins de déchet dans le magasinage. Il suffira, par cette raison, que les salaires en Limousin et dans les autres provinces dont la situation est semblable, soient montés sur le pied qu'ont les seigles au marché général, et que le peuple soit accoutumé à consommer du seigle ou d'autres denrées d'une valeur équivalente. Alors, mais seulement alors, la liberté du commerce garantira véritablement le peuple de la disette.

J'ai cru devoir insister beaucoup sur cette observation, parce qu'il me paraît important de ne point se tromper d'avance sur ce qu'on doit attendre de la liberté. On a dit cent fois, et on a eu grande raison de dire que cette liberté serait un remède assuré contre la fréquence des disettes ; mais on n'a pas dit et on n'a pas dû dire qu'elle dût produire cet effet dès les premières années de son établissement et avant que le commerce, qui en est la suite, eût eu le temps de naître et de se former : on n'a pas dû dire que la liberté doive garantir de toute cherté dans les provinces où les moyens de payer ne sont pas proportionnés au prix nécessaire des grains, importés avant le temps où l'effet de la liberté se sera fait sentir par l'augmentation de l'aisance du peuple et par l'établissement d'un prix habituel des denrées de subsistance rapproché du niveau du marché général. Il ne faut donc pas demander à la liberté ce qu'elle n'a pas promis ; il ne faut pas, lorsqu'on verra des disettes après trois ou quatre ans d'une liberté imparfaite qui n'a encore pu faire naître ni monter le commerce, s'écrier que l'expérience a démenti les spéculations des partisans de la liberté. Lors même qu'après une liberté plus ancienne et plus complète, mais qui n'aurait cependant pas encore assez enrichi le peuple, ni changé sa manière de vivre dans quelques provinces pauvres et trop éloignées des débouchés, lorsque dans ces provinces on verrait encore des disettes, il ne faudrait pas en faire une objection contre la liberté ; il faudrait seulement en conclure que la liberté n'est pas établie depuis assez longtemps pour avoir produit tous ses effets. Elle doit un jour assurer la subsistance des peuples, malgré les inégalités du sol et des saisons ; mais c'est une dette qu'il ne faut exiger d'elle qu'à l'échéance.

Ce n'est pas cependant qu'on ne puisse encore imaginer des circonstances physiques et morales tellement combinées, que la liberté la plus grande et tous les secours du commerce seraient insuffisants. Il n'est peut-être pas physiquement impossible que la récolte manque dans toute l'Europe à la fois, et que le même événement se renouvelle plusieurs années de suite. Il est bien certain que la liberté et le commerce ne pourraient alors établir le niveau ordinaire des prix, puisque la denrée n'existerait pas : il faudrait souffrir, et peut-être mourir. Mais je ne vois pas comment on pourrait en rien conclure contre la liberté. Tous les règlements et toutes les prohibitions imaginables ne nourriraient pas mieux le peuple en pareil cas ; et la liberté aurait toujours fait le plus grand bien possible : 1° par l'extension qu'elle aurait donnée d'avance à la culture et qui aurait rendu le vide un peu moins grand ; 2° par l'encouragement qu'elle aurait donné à l'emmagasinement et qui aurait conservé du blé des années antérieures ; 3° en égalisant du moins le plus qu'il serait possible, et la quantité, et le prix des grains ; ce qui du moins partagerait plus également le poids d'un malheur inévitable.

Je me suis attaché, dans tout le cours de cette lettre, à vous faire revenir du préjugé où vous paraissiez être, que l'effet de la liberté du commerce des grains serait funeste aux consommateurs. Je ne la finirai point sans vous faire observer que, quand il serait vrai que la liberté produirait une augmentation dans le prix des grains, et que cette augmentation serait toute aux dépens des consommateurs, elle fournirait encore un moyen à faire gagner ces consommateurs par la diminution du prix du pain plus qu'ils ne peuvent perdre par l'augmentation du prix du grain.

Les preuves de cette vérité ont été mises sous les yeux du public, avec la plus grande clarté, dans les *Avis au peuple* publiés par l'abbé Baudeau en 1768 [a]. Je ne sais, M., si vos occupations vous ont permis de lire dans le temps ces ouvrages qui firent assez de bruit ; j'ose vous dire que, dans la circonstance où vous vous trouvez d'avoir un parti à prendre sur cette question si capitale, ils méritent toute votre attention. Je prends la liberté d'en joindre à ma lettre un exemplaire, afin que si vous jugez à propos de les lire, vous les ayez sous votre main.

Je vais seulement vous indiquer sommairement comment il est facile de procurer au consommateur l'avantage de ne pas payer le pain plus cher, quoique le grain augmente de prix. C'est faire pour lui tout ce qu'il peut désirer ; car c'est du pain qu'il mange, et si son pain n'est pas plus cher, que lui importe l'augmentation du grain ?

Il est notoire, d'après une foule d'expériences, que dans toutes les villes le prix du pain est beaucoup plus haut qu'il ne devrait l'être, eu égard au prix des grains. Cette inégalité a plusieurs causes : 1° le défaut

---

[a] *Avis au peuple sur son premier besoin ou petits traités économiques*, paru d'abord dans les *Éphémérides du Citoyen*.

de la mouture provenant de l'ignorance du plus grand nombre des meuniers, qui ne savent pas tirer du grain autant de farine qu'il doit en donner ; 2° la mauvaise foi de ces mêmes meuniers, qui savent employer mille moyens pour rendre, à ceux qui leur portent du grain à moudre, beaucoup moins de farine qu'ils ne doivent en rendre, en les trompant sur le poids, sur la mesure et sur la qualité ; 3° l'usage de payer la mouture en abandonnant au meunier une portion des grains qu'on lui a donnés à moudre, portion fixée communément au seizième, ce qui, dans les temps de cherté, porte le prix de la mouture au double de ce qu'elle coûte quand le blé est à plus bas prix ; 4° l'impossibilité où se trouve une grande partie du peuple de se garantir de ces pertes par le privilège exclusif des moulins banaux ; les bénéfices excessifs que font sur le consommateur les boulangers privilégiés des villes, qui, ne redoutant point la concurrence des boulangers de la campagne, sont les maîtres du prix, malgré les soins impuissants que prend la police pour les réduire par des tarifs qu'elle ne peut fixer qu'à l'aveugle et d'après les expériences fautives faites par les boulangers intéressés à la tromper ; 5° à ces différentes causes d'augmentation de prix, il en faut joindre une qui véritablement affecte plus directement le prix même du grain que celui du pain, mais qu'on peut cependant mettre dans la même classe, parce que cette augmentation, n'étant pas au profit du vendeur, doit être regardée comme une surcharge ajoutée au véritable prix, au préjudice des consommateurs. Je parle des droits de minage, qui subsistent encore partout sur les grains vendus au marché, et des droits de péage, qui subsistent dans quelques lieux sur les grains passant ou entreposés dans certaines villes. Il existe à Bordeaux un droit de ce genre de 20 sous par setier, mesure de Paris, lequel nuit beaucoup au commerce. Tout grain déposé à Bordeaux y est sujet, et on ne peut l'éluder, pour les grains qui ne font que passer dans cette ville pour aller ailleurs, qu'en les versant de bord à bord d'une barque dans l'autre ; de pareils droits répétés enchérissent prodigieusement les grains, et sont surtout un obstacle presque invincible à tout commerce d'entrepôt fait de proche en proche ; ce serait pourtant là le commerce le plus propre de tous à assurer la subsistance des peuples, en tenant toujours des ressources prêtes pour les besoins qui peuvent se développer. Qu'en effet le besoin se montre sur les bords de la Dordogne, en Quercy, en Limousin, le droit qu'il faut payer à Bordeaux aura empêché d'y entreposer les grains de la Guyenne et du Languedoc. Il faut donc les y aller chercher directement, c'est-à-dire faire le double du chemin et, par conséquent, attendre le secours deux fois plus longtemps.

Ce n'est peut-être pas trop évaluer la surcharge du prix du pain résultant de toutes ces causes, que de l'évaluer au tiers du prix qu'il a pour le consommateur. Quand elle ne serait que du quart ou du cinquième, elle suffirait pour que leur seule cessation fît supporter aux consommateurs, sans aucun préjudice, une augmentation dans le prix des grains, qui serait pour le cultivateur et le propriétaire la source d'un profit immense.

Or, il ne dépend que de vous, M., de faire ce bien au consommateur. Les moyens en sont faciles : ils se réduisent : 1° à la suppression de tous les *droits de minage et de péage* existant encore sur les grains ; 2° à la suppression de la *maîtrise des boulangers*, qui, en ouvrant la porte à la concurrence, mettrait ce genre d'industrie au rabais ; 3° à l'encouragement de la *bonne mouture* et du commerce des farines, seul moyen de bannir entièrement les abus et les fraudes pratiquées par les meuniers. La suppression de la *banalité des moulins* consommerait cette révolution, surtout si elle était accompagnée d'instructions répandues dans le public sur les moyens de perfectionner la mouture et la boulangerie.

Les trois choses seraient très faciles. J'ai déjà eu l'honneur de vous proposer, au mois de février dernier, un moyen simple de supprimer tous les droits de minage et de péage, en les faisant rembourser par les villes et les provinces, en un certain nombre d'années, par autant de payements qui comprendraient le capital et les intérêts jusqu'au parfait remboursement.

La suppression de la *maîtrise des boulangers* serait encore plus facile ; il n'en coûterait presque que de le vouloir. Dans la plus grande partie des villes, ces maîtrises existent sans autorisation légale. Leurs dettes seraient un obstacle bien léger ; à l'exception de Paris et de quelques villes du premier ordre, elles se réduisent à très peu de chose, et l'on pourrait les faire rembourser par les villes.

La *banalité des moulins* pourrait être pareillement éteinte et remboursée par une imposition sur les villages assujettis à cette banalité. L'objet serait considérable s'il fallait rembourser la totalité de la valeur des moulins banaux, mais c'est ce dont il ne saurait être question. Le moulin, en perdant la banalité, conserverait la plus grande partie de sa valeur. Tant de moulins qui ne sont pas banaux, et qui se louent fort bien, prouvent suffisamment que, sans cette servitude, des moulins sont un bien très avantageux à leur propriétaire ; et, dans la réalité, le nombre actuel des moulins tire sa valeur de la quantité totale des grains qui sont convertis en farine. Cette quantité, étant naturellement égale à la consommation, ne diminuerait pas par la suppression de la banalité et, par conséquent, la totalité des moulins conserverait le même revenu. Seulement, la liberté qu'auraient les contraignables de préférer le moulin qui les servirait le mieux donnerait plus d'émulation aux meuniers et détruirait à la longue les abus de la mouture.

Il n'y aurait de retranché que la partie du revenu provenant de l'abus du privilège exclusif, et de la facilité qu'il donne pour frauder. Ce genre de propriété n'est assurément pas bien favorable ; mais je veux qu'on ait pour elle tout l'égard qu'on aurait pour la propriété la plus respectable. Toujours est-il vrai qu'elle ne formerait qu'une portion assez faible du revenu des moulins et du prix des baux. Ce serait, je crois, le porter trop haut que de l'évaluer au quinzième du prix de ces baux. En fixant le remboursement sur le pied du capital de ce quinzième, les communautés n'achèteraient pas trop cher les avantages de la liberté, et les seigneurs qui conserveraient leurs moulins gagneraient plus qu'ils ne perdraient.

Je ne pense pas qu'on opposât à des arrangements aussi utiles les grands principes sur le respect dû aux propriétés. Ce serait une contradiction bien étrange que ce respect superstitieux pour des propriétés qui, dans leur origine, sont presque toutes fondées sur des usurpations, et dont le meilleur titre est la prescription qu'elles ont acquise contre le public ; tandis qu'on se permet de violer, sous prétexte d'un bien très mal entendu, la propriété de toutes la plus sacrée, celle qui seule a pu fonder toutes les autres propriétés, la propriété de l'homme sur le fruit de son travail, la propriété du laboureur sur le blé qu'il a semé et qu'il a fait naître, non seulement à la sueur de son front, mais avec des frais immenses ; la propriété du marchand sur la denrée qu'il a payée avec son argent.

C'est encore une autre contradiction non moins étrange, que la facilité avec laquelle on se prête à renverser toutes les idées de la justice, à rendre incertain le sort des cultivateurs, à diminuer la source des revenus publics et particuliers ; tout cela, sous prétexte de soulager les consommateurs, qu'on ne soulage point ; tandis qu'on laisse froidement subsister des impôts sur cette denrée de première nécessité, tandis qu'on la laisse assujettie à une foule de droits, de privilèges exclusifs et de surcharges de toute espèce, dont les résultats accumulés sont de faire payer aux consommateurs le pain d'un tiers ou d'un quart plus cher qu'ils ne devraient le payer par proportion au prix des grains.

Tous les inconvénients que je vous propose de corriger et les pertes qui en résultent pour le peuple sont développés dans l'ouvrage de l'abbé Baudeau. Les expériences sur lesquelles il s'appuie ont été faites en partie sous les yeux de M. de Sartine, qui en a une pleine connaissance. Quand, sur quelques points particuliers, l'auteur aurait porté un peu trop loin ses espérances, il resterait toujours assez d'avantages dans les résultats les plus réduits, pour que la lésion actuelle des consommateurs soit démontrée, et qu'il soit évident qu'on doit les dédommager, sur le prix du pain, de l'augmentation sur le prix des grains, fût-elle encore plus forte qu'on ne peut la craindre de la liberté du commerce.

J'ose vous prier, M., de lire le recueil des brochures que l'abbé Baudeau publia à ce sujet dans le cours de 1768 ; il suppléera en partie à bien des omissions que j'ai faites dans les lettres dont celle-ci est la dernière : car, quelque fastidieuse que soit leur longueur, je n'ai pu tout dire ; mais, du moins, je crois avoir levé vos principales difficultés. Je voudrais que vos occupations pussent vous permettre de me dire s'il vous en reste quelqu'une, je ne craindrais point de m'engager à y répondre d'une manière satisfaisante. Mais je sens que je n'ai que trop abusé de votre patience à me lire, ou, ce que je crains encore davantage, que je vous aie par ma longueur découragé de me lire.

Cette crainte m'empêche de vous envoyer aucune observation particulière sur le projet de règlement que vous m'avez adressé. J'ai cru plus utile de vous développer les principes généraux de ma façon de penser. S'ils sont vrais, vous concevrez sans peine que tout règlement et toutes gênes doivent être proscrits en matière de grains. Qui prouve le plus, prouve le moins. D'ailleurs, il est impossible que vous n'ayez reçu de toutes parts des observations décisives sur les différents articles de ce projet. Je sais, en particulier, que M. Albert vous en a présenté de très claires et très solides. Vous trouverez tome Ier, page 144 du recueil que j'ai l'honneur de vous adresser, un examen détaillé des différents articles des anciens règlements rappelés dans votre projet. Je ne croirais pas pouvoir en prouver plus clairement l'inutilité et le danger. Permettez-moi donc de me référer à cet ouvrage.

Je ne puis cependant m'empêcher de vous faire, sur le danger de quelques expressions du préambule [a] de votre projet, des réflexions que peut-être vous ai-je déjà faites, mais qu'il n'y a pas d'inconvénient à répéter.

Annoncer au peuple que la cherté qu'il éprouve est l'*effet des manœuvres* et non du dérangement des saisons, lui dire qu'il *éprouve la cherté au milieu de l'abondance*, c'est autoriser toutes les calomnies *passées, présentes et futures*, auxquels il se porte assez facilement de lui-même et auxquelles bien des gens sont fort aises de l'exciter contre l'administration et les administrateurs de toutes les classes. C'est, en même temps, se rendre responsable des chertés qui peuvent continuer ou survenir ; c'est s'engager personnellement à lui procurer l'*abondance*, quoi qu'il arrive : or, il faut être bien sûr de son fait pour prendre un pareil enga-

---

[a] L'abbé Terray supprima ce préambule, ce qui semblerait prouver qu'il lut tout au moins la fin de la dernière lettre de Turgot.

gement. J'avoue qu'aucun projet de règlement ne m'inspirerait une semblable confiance. J'aimerais mieux fonder ma sécurité sur la nécessité physique et sur la justice. Le peuple sait bien que le Gouvernement n'est pas le maître des saisons, et il faut lui apprendre qu'il n'a pas le droit de violer la propriété des laboureurs et des marchands de grains. On est bien fort, même vis-à-vis de ce peuple, quand on peut lui dire : *Ce que vous me demandez est une injustice.* Ceux qui ne se payent pas de cette raison ne se payeront jamais d'aucune, et calomnieront toujours le Gouvernement, quelque soin qu'il prenne pour les contenter ; car il ne les contentera pas, attendu qu'il lui est impossible de procurer au peuple des grains à bon marché lorsque les récoltes ont manqué, et qu'il n'a aucun moyen possible pour en procurer à un prix plus bas que celui qui résulterait de la liberté entière, c'est-à-dire de l'observation de l'exacte justice [a].

Turgot eut des raisons de croire que l'abbé ne lut pas les lettres. En tout cas, parut bientôt l'arrêt du 23 décembre qui supprima la liberté en ayant l'air de la maintenir.

Arrêt du Conseil du 23 Décembre provoqué par l'abbé Terray.

I. — S. M. a accordé et accorde à tous ses sujets la liberté de faire le commerce des grains et farines dans toute l'étendue de son royaume, à la charge par ceux qui ont déjà entrepris ou qui entreprendront à l'avenir ledit commerce, de faire enregistrer au greffe de la juridiction royale de leur domicile leurs nom, surnom, demeure et celui de leurs associés, et le lieu de leurs magasins, à peine de confiscation des grains qui seraient trouvés leur appartenir, dont un tiers sera délivré aux dénonciateurs, et de cinq cents livres d'amende qui ne pourra être remise ni modérée.

---

[a] Quand on pense que ces sept lettres, si détaillées, si démonstratives, ont été écrites en moins d'un mois, pendant un voyage, en hiver, dans un pays de montagnes très pauvre, où il n'y a pas un bon gîte, au milieu des neiges, en faisant les travaux de ce qu'on appelait alors *le département*, c'est-à-dire la répartition de l'impôt entre les élections, les subdélégations et les communes ; ayant à examiner, en visitant la Province, quels travaux publics seraient nécessaires ou utiles, tant pour les communications générales qu'à raison des circonstances locales qui pouvaient exiger qu'on y plaçât des ateliers de charité, et en discuter les projets ; et cela, dans un temps qui, succédant à une grande calamité, laquelle, n'étant pas même entièrement terminée, donnait lieu à une multitude de demandes et de pétitions ; enfin, que tout ce travail tombait sur un magistrat scrupuleux qui n'en négligeait aucune partie et qui n'en traitait pas avec moins de netteté et de profondeur de si hautes questions politiques, au risque de déplaire fortement au ministre qui avait déjà exprimé son opinion, on bénit le ciel, qui donne quelquefois à la terre de tels philosophes, de tels administrateurs, de tels hommes de bien. L'abbé Terray rendit toute justice à ces lettres. Il donna les plus grands éloges à l'auteur. Il les indiqua à d'autres intendants comme un modèle. Mais son parti était pris, et il n'en changea point (*Du Pont*).

II. — Les marchands de grains qui voudront contracter des sociétés générales ou particulières, pour raison dudit trafic ou marchandise de grains, seront tenus d'en passer des actes, et de les faire enregistrer, dans un mois de leur date au plus tard, au greffe de la Juridiction royale de leur domicile, sous les peines portées par l'article Ier ci-dessus, et de plus grandes s'il y échet, dont les marchands qui auront contracté les sociétés non enregistrées demeureront responsables en leurs noms.

III. — Les greffiers desdites justices, seront tenus de délivrer des expéditions desdites déclarations, et ne pourront exiger plus de vingt sous pour tous droits, y compris l'expédition et le papier timbré, à peine de concussion.

IV. — Défend S. M. à tous ses Officiers de justice et de police, à tous fermiers et receveurs de ses droits, commis de ses recettes, caissiers et tous autres intéressés, ayant le maniement de ses finances ou chargés du recouvrement de ses deniers, de s'immiscer directement ou indirectement, sous prétexte de société ou autrement, à faire le trafic ou marchandise des grains, à peine de confiscation des grains ou du prix d'iceux dont un tiers sera délivré au dénonciateur, de deux mille livres d'amende, et de punition corporelle s'il y échet.

V. — Interdit de même S. M., aux fermiers et laboureurs, le commerce des grains pour l'achat, hors le temps des semences et sans fraude, sous telles peines qu'il appartiendra ; et aux meuniers et boulangers pour la vente seulement, sous les peines portées en l'article précédent, et de plus grandes s'il y échet.

VI. — Veut et ordonne S. M. que tous grains et farines ne puissent être vendus ni achetés ailleurs que dans les halles, marchés, ou sur les ports ordinaires des villes, bourgs et lieux du Royaume où il y en a d'établis, à peine contre les contrevenants d'être poursuivis suivant l'exigence des cas.

VII. — Fait S. M. défense auxdits marchands, et à tous autres, de quelque qualité et condition qu'ils soient, d'aller au-devant de ceux qui amèneront les grains au marché : leur défend pareillement d'enharrer, ni acheter les blés et autres grains en vert sur pied et avant la récolte à peine de nullité desdites ventes, de perte des deniers qu'ils auront fournis d'avance pour lesdits achats, d'être privés de la faculté de faire commerce de grains, de trois mille livres d'amende qui ne pourra être remise ni modérée, et de punition corporelle s'il échet.

VIII. — Veut S. M. qu'aucune province de son royaume ne puisse être réputée étrangère pour la libre circulation des grains et farines ; en conséquence, elle a défendu et défend à tous particuliers de mettre obstacle à la libre circulation des blés et farines d'un lieu à un autre ou de province à province dans l'intérieur du Royaume, soit par terre, soit par eau, sous peine d'être poursuivis extraordinairement comme perturbateurs du repos public, et punis suivant l'exigence des cas.

IX. — Défend S. M. à tous ses officiers de justice, de même qu'aux juges des seigneurs, de mettre aucune opposition à la libre circulation des grains de province à province sous tel prétexte que ce soit.

X. — Pour l'effet de tout ce que dessus, S. M. a dérogé et déroge à ses Édits, Déclarations, Arrêts et Règlements en ce qui est contraire, sans néanmoins rien innover aux règles de police suivies jusqu'à ce jour pour l'approvisionnement de la ville de Paris, qui continueront d'être observées comme par le passé.

112. — LA TAILLE.

I. — *Avis sur l'imposition pour l'année 1771.*

[D. P., VI, 70.]

(Situation lamentable de la Province. — La statistique des récoltes.)

Limoges, 15 octobre.

[Turgot commence par observer que le brevet expédié pour l'année 1771 se montait à 1 942 293 l., comme celui qui l'avait été pour l'année 1770 ; mais que, le Roi ayant en 1770 accordé un moins-imposé de 450 000 l., si ce nouveau brevet était suivi, la Province éprouverait une augmentation réelle de 450 000 l. sur ses impositions.

Il rend compte ensuite de l'état des diverses récoltes, un peu meilleur en général que n'avait été celui de l'année précédente, mais qui, dans un quart de la Province, avait été encore plus faible, et n'avait dans aucune partie été au niveau de l'année commune.

Puis il passe à son Avis et rappelle, conformément à ses demandes antérieures, qu'il faudrait accorder à la Généralité une diminution d'impôt de 700 000 l.]

En quelque temps que ce fût, nous nous ferions un devoir d'insister avec force sur les preuves de cette surcharge, et sur la nécessité d'y avoir égard ; nous nous attacherions à lever les doutes et les difficultés qui ont pu jusqu'ici suspendre la décision du Conseil ; mais ce motif, tout-puissant qu'il est, n'est que d'une faible considération en comparaison de ceux qui parlent en ce moment en faveur de cette malheureuse province ; motifs dont la force impérieuse ne peut manquer de déterminer la justice, la bonté, nous osons dire la sagesse même du Roi, à prodiguer à une partie de ses sujets dénués de toute autre ressource les soulagements et les secours les plus abondants.

Personne n'ignore l'horrible disette qui vient d'affliger cette généralité. La récolte de 1769 était, en tout genre, une des plus mauvaises qu'on eut éprouvées de mémoire d'homme : les disettes de 1709 et de 1739 ont été incomparablement moins cruelles. À la perte de la plus grande partie des seigles s'était jointe la perte totale des châtaignes, des blés noirs et des blés d'Espagne, denrées d'une valeur modique, dont le paysan se nourrit habituellement une grande partie de l'année, en réservant, autant qu'il le peut, ses grains pour les vendre aux habitants des villes. Un si grand vide dans les subsistances du peuple n'a pu être rempli que par une petite quantité de grains réservés des années précédentes, et par l'immense importation qui s'est faite de grains tirés, ou de l'étranger, ou des provinces circonvoisines. Le premier achat des grains importés a été très cher, puisqu'aucune des provinces dont on pouvait recevoir des secours n'était dans l'abondance ; et les frais de voiture dans une province méditerranée, montagneuse, où presque tous les transports se font à dos de mulet, doublaient souvent le prix du premier achat.

Pour que de pareils secours pussent arriver, il fallait que les grains fussent montés à un prix exorbitant ; et en effet, dans les endroits où le prix des grains a été le plus bas, le froment a valu environ 45 l. le setier de Paris, et le seigle de 33 à 36 l. Dans une grande partie de la Province, ce dernier grain a même valu jusqu'à 42 l. C'est à ce prix qu'a constamment payé sa subsistance un peuple accoutumé à ne payer cette même mesure de seigle que 9 l. et souvent moins, et qui, même à ce prix, trouve le seigle trop cher, et se contente de vivre une grande partie de l'année avec des châtaignes ou de la bouillie de blé noir.

Le peuple n'a pu subsister qu'en épuisant toutes ses ressources, et en vendant à vil prix ses meubles et jusqu'à ses vêtements ; une partie des habitants ont été obligés de se disperser dans d'autres provinces pour chercher du travail ou des aumônes, abandonnant leurs femmes et leurs enfants à la charité des paroisses.

Il a fallu que l'autorité publique ordonnât aux propriétaires et aux habitants aisés de chaque paroisse de se cotiser pour nourrir les pauvres ; et cette précaution indispensable a achevé d'épuiser les propriétaires même les plus riches, dont la plus grande partie du revenu était déjà absorbée par la nécessité d'avancer à leurs colons, qui n'avaient rien recueilli, de quoi se nourrir jusqu'à la récolte. On ne peut pas même supposer que le haut prix des grains ait pu être favorable aux propriétaires. La plupart n'avaient pas assez de grains pour suffire à la quantité de personnes qu'ils avaient à nourrir ; et il n'en est presque point, même parmi les plus riches, qui n'aient été forcés d'en acheter pour suppléer à ce qui leur manquait, surtout dans les derniers temps qui ont précédé la récolte, laquelle, pour surcroît de malheur, a été cette année retardée d'un mois. Les seuls, à qui cette cherté ait pu être profitable, sont les propriétaires de rentes seigneuriales et de dîmes qui avaient des réserves des années précédentes ; mais ces revenus n'appartenant qu'à des privilégiés, il n'en résulte aucune facilité pour l'acquittement de la taille et autres impositions roturières.

Non seulement la disette de l'année dernière a épuisé les ressources des artisans, des paysans aisés, et même des propriétaires de fonds ; elle a encore fait sortir de la Province des sommes d'argent immenses qui ne peuvent y rentrer par les voies ordinaires du commerce, puisque celles-ci ne suffisent ordinairement qu'à remplacer ce qui sort annuellement pour les impositions, pour le payement des propriétaires vivant hors de la Province, et pour la solde des denrées qu'elle est dans l'habitude de tirer du dehors. Nous ne pensons pas que cette somme s'éloigne beaucoup de 3 600 000 l. à 4 millions, somme presque égale au montant de la totalité des impositions ordinaires.

Le calcul en est facile : on ne pense pas qu'on puisse porter le vide occasionné par la modicité extrême de la récolte des grains, et par la perte totale des châtaignes, des blés noirs et des blés d'Espagne, à moins du tiers de la subsistance ordinaire. Qu'on le réduise au quart, c'est-à-dire à trois mois : on compte environ 700 000 personnes dans la Généralité ; réduisons-les par supposition à 600 000, et retranchons-en le quart pour les enfants, ne comptons que 450 000 adultes consommant chacun, deux livres de pain par jour, l'un portant l'autre. Il s'agit de pain de seigle composé de farine et de son, qui, par conséquent, nourrit moins que le pain de froment ; si nous entrions dans le détail de ceux qui vivent de froment, nous trouverions une somme plus forte, et nous voulons tout compter au plus bas.

Le setier de seigle, mesure de Paris, fait 300 livres de pareil pain ; 450 000 personnes en consomment 900 000 livres par jour, et par conséquent 3 000 setiers de seigle, mesure de Paris ; c'est par mois 90 000 setiers, et pour les trois mois 270 000 setiers.

Le setier de seigle acheté au dehors n'a pu parvenir dans la plus grande partie de la Généralité, à moins de 27 à 30 ou 33 l. le setier. Mais, comme tous les lieux ne sont pas également éloignés des abords, et comme il faut soustraire la partie du prix des transports payée dans l'intérieur de la Province, ne comptons le setier qu'à 24 l. l'un portant l'autre. Les 270 000 setiers sont donc revenus à 6 480 000 l., et il aurait fallu cette somme pour remplir un vide de trois mois dans la subsistance de la Généralité. C'est tout au plus si les réserves des années précédentes ont pu fournir un mois ou le tiers du vide ; il faut donc compter 4 320 000 l. de dépense. Et en supposant, pour tabler toujours au rabais, que les magasins aient pu fournir encore le tiers d'un mois, l'argent sorti effectivement de la Province se réduira à 3 600 000 l. C'est le plus faible résultat du calcul.

Les contribuables ne peuvent cependant payer les impositions qu'avec de l'argent ; et où peuvent-ils en trouver aujourd'hui ? Aussi les recouvrements sont-ils infiniment arriérés. Les receveurs des tailles sont réduits à l'impossibilité de tenir leurs pactes avec les receveurs généraux. Les collecteurs sont dans une impossibilité bien plus grande encore de satisfaire les receveurs des tailles.

Dans ces circonstances cruelles, le Roi a bien voulu accorder des secours extraordinaires à la Province. Ils ont été publiés et reçus avec la plus vive reconnaissance. Mais nous blesserions les sentiments paternels de S. M., nous tromperions sa bienfaisance, si nous lui cachions que ces secours, très considérables quand on les compare aux circonstances où se trouve l'État, ne sont qu'un faible soulagement lorsqu'on les compare à l'immensité des besoins de la Province. Nous ne parlons pas des fonds destinés aux approvisionnements, aux distributions et aux travaux publics ; c'est un objet de 300 000 livres, qu'on doit sans doute soustraire des 3 600 000 l. sortis de la Province pour l'achat des grains. Nous réduirons donc le déficit qui a eu lieu à 3 300 000 l., et nous nous renfermerons dans ce qui regarde les impositions.

La Généralité avait obtenu, en 1770, 30 000 l. de moins sur le moins-imposé qu'en 1769, c'est-à-dire, 250 000 l., au lieu de 280 000. Quand la misère générale se fut développée au point qu'il fallut pourvoir à la subsistance gratuite de près du quart des habitants de la Province, nous prîmes la liberté de représenter à M. le contrôleur général qu'il n'était pas possible que des malheureux qui n'avaient pas le nécessaire physique pour subsister, et qui ne vivaient que d'aumônes, payassent au Roi aucune imposition, et nous le priâmes d'obtenir des bontés du Roi une augmentation de moins-imposé suffisante pour décharger entièrement d'imposition, non seulement les simples journaliers, mais encore une foule de petits propriétaires dont les héritages ne peuvent suffire à leur subsistance, et qu'on avait été obligé de comprendre dans les états des pauvres à la charge des paroisses. M. le contrôleur général a eu la bonté d'accorder en conséquence un supplément de moins-imposé de 200 000 l. [a] Mais cette somme n'a pas suffi pour remplir l'objet auquel elle était destinée. Il a fallu se borner à décharger de l'imposition les simples journaliers ; et l'on n'a pu supprimer la taxe des

---

[a] Ainsi le Gouvernement, sollicité par Turgot, secourut la Province de 750 000 l. : savoir, 450 000 en moins-imposé et 100 000 écus en argent.

En outre, tous les gens riches ou aisés se cotisèrent. Turgot donna tout ce qu'il avait pu économiser en plusieurs années, et emprunta plus de 20 000 francs sur ses biens-fonds pour les consacrer à de nouvelles œuvres de bienfaisance. (*Du Pont*.)

petits propriétaires non moins pauvres que les journaliers. Nous avons fait relever le tableau de ces cotes qui subsistent encore : quoique ceux qu'elles concernent aient été compris dans l'état des charités de leur paroisse, la totalité monte à environ 90 000 l. Voilà donc 90 000 l. imposées sur des personnes qui n'ont pas eu de quoi se nourrir. Comment peut-on espérer qu'ils le payent ? Est-il possible que les collecteurs en fassent l'avance ? Non, sans doute ; voilà donc une non-valeur inévitable.

D'après ce tableau douloureux des maux qu'a déjà essuyés la Province, et de la situation où la laisse la disette de l'année dernière, nous ne doutons point que, quand même la récolte de cette année serait abondante, l'épuisement des habitants n'exigeât les plus grands soulagements, et ne les obtînt de l'amour du Roi pour ses peuples ; que sera-ce si nous y ajoutons le récit plus funeste encore des maux que lui présage le vide de la récolte actuelle ! Nous avons fait voir dans l'état que nous en avons envoyé au Conseil, que dans les deux tiers de la Généralité, et malheureusement dans la partie la plus pauvre et la moins à portée de tirer des secours du dehors, la récolte des seigles n'a pas été meilleure en 1770 qu'en 1769 ; que ce qu'on a recueilli de plus en châtaignes et en blé noir ne suffit pas pour remplacer le vide absolu de toutes réserves sur les années antérieures, puisque ces réserves sont épuisées, au point que non seulement on a commencé à manger la moisson actuelle au moment où on la coupait, c'est-à-dire trois mois plus tôt qu'à l'ordinaire, mais encore que la faim a engagé à couper les blés verts pour en faire sécher les grains au four. Ce n'est pas tout ; il faut compter que le quart de la Généralité n'a pas même cette faible ressource. La production des grains y a été du tiers à la moitié de celle de 1769 ; et, dans la plus grande partie de ce canton, l'on n'a pas recueilli la semence. On ne peut penser sans frémir au sort qui menace les habitants de cette partie de la Province déjà si cruellement épuisés par les malheurs de l'année dernière. De quoi vivront des bourgeois et des paysans qui ont vendu leurs meubles, leurs bestiaux, leurs vêtements pour subsister ? Avec quoi les secourront, avec quoi subsisteront eux-mêmes des propriétaires qui n'ont rien recueilli, qui ont même pour la plupart acheté de quoi semer, et qui, l'année précédente, ont consommé au delà de leur revenu pour nourrir leurs familles, leurs colons et leurs pauvres ? On assure que plusieurs domaines dans ce canton désolé n'ont point été ensemencés faute de moyens. Comment les habitants de ces malheureuses paroisses pourront-ils payer des impôts ? Comment pourront-ils ne pas mourir de faim ? Telle est pourtant leur situation sans exagération aucune.

Nous savons combien les besoins de l'État s'opposent aux intentions bienfaisantes du Roi ; les peuples sont pénétrés de reconnaissance pour les dons qu'il a faits en 1770 à la Province ; mais de nouveaux malheurs sollicitent de nouveaux bienfaits, et nous ne craindrons point de paraître importuns et insatiables en les lui demandant au nom des peuples qui souffrent. Nous craindrions bien plutôt les reproches les plus justes, si nous pouvions lui dissimuler un objet si important, et pour son cœur, et pour ses vrais intérêts. À proprement parler, nous ne demandons point, nous exposons les faits.

Le relevé des cotes que nous n'avons pu supprimer l'année dernière et qui concernent des particuliers nourris de la charité publique, monte à 90 000 l., qu'il est impossible de ne pas passer en non-valeur : ci 90 000 l.

Il est physiquement impossible, d'après les détails dans lesquels nous venons d'entrer, de faire payer aucune imposition aux paroisses de la Montagne. Nous avons fait relever les impositions de ces paroisses ; elles montent, en y joignant celles de quelques paroisses de vignobles entièrement grêlées, à 539 000 l.

Le reste du Limousin est aussi maltraité et souffrira davantage que l'année dernière, et il a au moins besoin des mêmes soulagements. Il a eu, l'année dernière, sa part des 450 000 l. de moins-imposé ; et comme nous évaluons cette partie de la Généralité à peu près aux cinq douzièmes, il faut mettre en compte les cinq douzièmes de 450 000 l., c'est-à-dire 187 500 l.

Enfin, quoique l'Angoumois ait été un peu moins maltraité que le reste de la Généralité, il s'en faut beaucoup qu'il soit dans l'abondance, et l'épuisement où l'année dernière l'a mis nous autoriserait, dans d'autres temps, à solliciter pour cette partie de la Province des soulagements très forts. Du moins, ne peut-on pas le charger plus qu'il ne devait l'être en 1769, lorsque l'on n'avait fixé ses impositions que d'après les premières apparences de sa récolte. Alors, il aurait du moins joui de sa portion du moins-imposé de 250 000 l. En regardant cette province comme le tiers de la Généralité, c'étaient 84 000 l. qui lui avaient été accordées. On ne peut pas cette année lui en donner moins. C'est donc encore 84 000 l. à joindre aux sommes ci-dessus.

Ces quatre sommes additionnées font ensemble 900 500 l.

Encore une fois, nous exposons, nous calculons, nous ne demandons pas ; nous sentons combien cette demande peut paraître affligeante ; nous ne proposons le résultat de nos calculs qu'en tremblant, mais nous tremblons encore plus de ce que nous prévoyons, si les circonstances ne permettaient pas à S. M. de se livrer à toute l'étendue de ses bontés. Nous sentons que d'autres provinces les solliciteront, et que quelques-unes y ont des droits que nous sommes loin de combattre. Mais nous oserons représenter que les provinces qui ont souffert l'année dernière n'ont pas éprouvé une misère aussi forte que celle du Limousin, et surtout que la misère n'y a ni commencé d'aussi bonne heure, ni duré aussi longtemps ; que la plupart d'entre elles seront cette année dans l'abondance ; que plusieurs de celles qui souffriront cette année n'ont point souffert l'année dernière. Le Limousin est peut-être la seule sur laquelle le fléau de la disette se soit également appesanti pendant deux années entières. C'est en même temps celle qui est, par sa position au milieu des terres, la plus éloignée de tout secours, sans canaux, sans rivières navigables, sans chemins ouverts dans la partie la plus affligée, presque sans manufactures et sans commerce. C'est en même temps une de celles où les impositions sont habituellement les plus fortes, où les recouvrements sont de temps immémorial le plus arrérages ; nous osons croire que tant de motifs lui donnent des droits aux grâces du Roi qu'aucune province ne peut lui disputer. Serait-il donc injuste de verser sur elle dans sa détresse, une partie du moins-imposé que, dans des temps plus heureux, le Roi accorde à des provinces plus riches, et qui du moins, cette année, n'ont essuyé aucun accident extraordinaire ? Nous osons l'espérer.

Nous ne parlerons point ici des secours d'autres genres qui seront encore indispensables pour assurer les approvisionnements et pourvoir à subsistance des pauvres, en leur procurant des secours et du travail, ni même des mesures à prendre pour adoucir la rigueur des recouvrements ; nous nous réservons d'écrire en particulier sur cet objet à M. le Contrôleur général. Nous nous bornons, quant à présent, à mettre sous les yeux du Roi l'état, nous osons dire désespéré, d'une partie de ses enfants, et le calcul non pas de leurs besoins, mais de ce dont il paraît nécessairement indispensable de les soulager. Ce calcul, que nous croyons avoir fait en toute rigueur, monte à 900 000 l.

OBSERVATIONS GÉNÉRALES
À LA SUITE DE L'ÉTAT DES RÉCOLTES DE 1770

I. *Sur ce qui reste des récoltes précédentes.* — On a déjà observé, dans le premier état envoyé au mois de juillet, que la cruelle disette dont la Province vient d'être affligée a consommé beaucoup au delà de ce qui pouvait rester des récoltes précédentes en tout genre de subsistances, et qu'une partie des habitants seraient exactement morts de faim sans le secours des grains, importés soit des autres provinces, soit de l'étranger. La détresse où se sont trouvées la plus grande partie des familles les a obligées de vendre à vil prix, pour se procurer de l'argent, non seulement tout ce qui pouvait rester des denrées de toute espèce recueillies des années précédentes, mais même la plus grande partie de leurs effets. Je ne vois qu'une denrée dont il puisse rester quelque chose, mais en petite quantité, et seulement dans les élections de Brive et d'Angoulême : c'est le vin. La dernière récolte en a été très modique ; mais, ce vin ne se débitant que pour la consommation du Limousin et des cantons de l'Auvergne qui l'avoisinent, le débit en a été réduit presque à rien, les consommateurs étant obligés de réserver toutes leurs ressources pour avoir du grain.

II. *Comparaison de la récolte en grains de cette année à l'année commune.* — On aurait fort désiré pouvoir remplir entièrement les vues proposées dans la lettre de M. le Contrôleur général, du 31 mai dernier. Mais, quelques soins qu'aient pu prendre les personnes chargées de cette opération, il n'a pas été possible de parvenir à une précision satisfaisante.

Le premier élément de cette comparaison est entièrement ignoré, je veux dire l'*année commune* de la production. Tous les états qu'on est dans l'usage d'envoyer chaque année au Conseil, et celui-ci même qu'on a été obligé de dresser d'après les états des subdélégués, ne peuvent donner que des idées vagues, puisqu'on s'exprime toujours par demi-année, tiers ou quart d'année, et qu'on ne s'est jamais occupé de se faire une idée fixe de ce qu'on entend par année commune. Le penchant naturel qu'ont les hommes à se plaindre vivement du mal, et à regarder le bien-être comme un état naturel qui n'est point à remarquer, fait que le plus souvent les laboureurs, dans leur langage, appellent une pleine année celle où la terre produit tout ce qu'elle peut produire. C'est à cette abondance extraordinaire, et qu'on ne voit que rarement, qu'ils rapportent leur évaluation de moitié, de tiers ou de quart d'année, évaluation qu'ils ne font d'ailleurs que d'une manière très vague, et plus souvent au-dessous qu'au-dessus. La véritable mesure à laquelle on doit comparer les récoltes pour juger de leurs différences, n'est point cette extrême abondance qui ne sort pas moins de l'ordre commun que la disette, mais l'année commune ou moyenne formée de la somme des récoltes de plusieurs années consécutives, divisée par le nombre de ces années. On n'a point rassemblé de faits suffisants pour connaître cette année moyenne. Elle ne peut être formée que d'après des états exacts de la récolte effective des mêmes champs ou des dîmes des mêmes paroisses pendant plusieurs années, et cela dans un très grand nombre de cantons différents. C'est en comparant au résultat moyen de ces états la récolte actuelle des mêmes champs ou, si l'on veut, des dîmes actuelles des mêmes paroisses, qu'on saurait exactement la proportion de la récolte actuelle à la production commune, ce qui serait très utile pour guider les négociants dans leurs spéculations sur le commerce des grains, en leur faisant connaître les besoins et les ressources respectives des différents cantons ; car l'année commune est nécessairement l'équivalent de la consommation habituelle, puisque le laboureur ne fait et ne peut faire produire habituellement à la terre que ce qu'il peut débiter habituellement, sans quoi il perdrait sur sa culture, ce qui l'obligerait à la réduire. Or, il ne peut débiter que ce qui se consomme, ou dans le pays, ou ailleurs. Ainsi, dans un pays où, comme en Angleterre et en Pologne, on exporte habituellement une assez grande quantité de grains, la production commune est égale à la consommation, plus l'exportation annuelle ; et, tant que la culture est montée sur ce pied, on ne peut pas craindre la disette ; car, dans les mauvaises années, les prix haussent, leur haussement arrête l'exportation, et la quantité nécessaire à la consommation des habitants demeure.

Dans les pays, au contraire, où la subsistance des peuples est fondée en partie sur l'importation, comme dans les provinces dont les grains ne forment pas la principale production, et dans les États où une fausse police et le défaut de liberté ont resserré la culture, la production commune est égale à la consommation, moins la quantité qui s'importe habituellement.

Dans ceux où les importations, pendant un certain nombre d'années, se balanceraient à peu près avec les exportations, la production commune doit être précisément égale à la consommation.

D'après ce point de vue, il est vraisemblable qu'il doit être infiniment rare que la production soit réduite, du moins dans une étendue très considérable, au quart, au tiers et même à la moitié d'une année commune. Ne fut-ce que la moitié, ce serait un vide de six mois de subsistance. Il n'est pas concevable que les réserves des années précédentes, jointes à l'importation, pussent remplir un pareil vide ; un vide d'un sixième seulement épouvante, quand on considère les sommes immenses qu'il faudrait pour y suppléer par la voie de l'importation. Il n'y a point de province qui n'en fût épuisée. L'année dernière, en Limousin, a été une des plus mauvaises dont on ait mémoire ; les états qui furent envoyés au Conseil évaluaient la production du seigle à un tiers et à un quart d'année, suivant les cantons. Un pareil vide sur la production commune, joint au déficit total des menus grains et des châtaignes, n'aurait jamais pu être suppléé, et j'en conclus que la production réelle surpassait de beaucoup le quart ou le tiers de la production commune.

Je n'ai pu me procurer la comparaison des dîmes de 1769 et 1770 avec l'année commune que dans quatre ou cinq paroisses d'un canton voisin du Périgord, qui paraît n'avoir été ni mieux, ni plus maltraité que la plus grande partie de la Province. Dans ces paroisses, la dîme a donné, en 1769, environ 83 p. 100 de la production commune, et en 1770 90 1/2 pour 100 de la production commune. Si c'était là le taux général, le vide sur le seigle en 1769 aurait été d'un peu moins d'un cinquième sur la consommation, et serait à peu près d'un dixième en 1770. On a vu quelle effrayante disette s'en est suivie. Il est vrai que le vide total des menus grains a beaucoup contribué à cette disette ; mais aussi il y avait, dans cette province, des réserves assez abondantes provenant des années 1767 et 1768, qui ont fait une espèce de compensation. Au surplus, il faut avouer que toute conséquence tirée de faits recueillis dans un canton aussi borné serait prématurée et qu'il faut attendre, pour fixer ses idées, qu'on ait pu rassembler des faits sur un très grand nombre de paroisses répandues dans plusieurs provinces.

III. *Comparaison de la récolte de 1770 à celle de 1769.* — Malgré les obstacles que mettent à ces recherches la défiance généralement répandue et le soin que chacun prend de se cacher du Gouvernement, et la difficulté encore invincible de se former une exacte idée de la production commune, on est venu à bout de recueillir un assez grand nombre de comparaisons des dîmes de 1770 à celles de 1769, et malheureusement le résultat est effrayant, par la grandeur du mal qu'il annonce. Il est moins universel qu'en 1769, mais il y a des cantons où il est plus grand. Je distinguerai la Généralité en trois parties relativement à la production des grains.

L'Angoumois et une partie du Limousin ont pour productions principales en grains le froment, quoique cette production n'occupe qu'environ le sixième des terres, le reste étant occupé par le blé d'Espagne, par les fèves et surtout par les vignes. Quoi qu'il en soit, il paraît que la production de cette année est, dans cette partie, d'environ 140 pour 100 de celle de l'année dernière, c'est-à-dire qu'elle est de deux cinquièmes plus forte. À la vérité, l'année dernière était extrêmement mauvaise. Je regarde cette partie de pays comme formant environ les cinq douzièmes de la Généralité. Dans la seconde partie du Limousin, faisant à peu près le tiers de la Généralité, je vois que les dîmes, comparées à celles de 1769, sont les unes de 109, d'autres de 107, de 103, de 100, de 99 et quelques-unes de 90 seulement pour 100, c'est-à-dire les plus favorisées, d'un dixième plus fortes, et celles qui le sont le moins, d'un dixième plus faibles ; d'où je conclus qu'en faisant une compensation, la récolte du seigle y est égale à celle de l'année dernière. Enfin, la troisième partie de la Généralité est ce qu'on appelle particulièrement la Montagne, qui s'étend le long de la généralité de Moulins et de celle d'Auvergne. Elle comprend toute l'élection de Bourganeuf, environ la moitié de celle de Tulle, et du tiers au quart de celle de Limoges, en tout le quart à peu près de la Généralité. Ce canton n'a point de châtaigniers, et il s'y trouve moins de prairies que dans le reste du Limousin ; mais, quoiqu'il y ait des landes assez étendues, on y recueille ordinairement beaucoup plus de seigle qu'on n'en consomme, et cette partie est regardée comme le grenier de la Province. C'est là principalement que se font les grosses réserves qui, dans les années disetteuses, se répandent sur les différentes parties qui souffrent. Quoique la dernière récolte n'y eût pas été bonne, il en est cependant sorti beaucoup de grains pour le reste du Limousin et pour le Périgord, et la misère excessive s'y est fait sentir plus tard qu'ailleurs ; mais, cette année, elle est portée au dernier degré et cela dès le moment présent. Dans un très grand nombre de domaines, on n'a pas recueilli de quoi semer. Je vois, par les états de dîmes, que dans plusieurs paroisses la récolte n'y est que dans la proportion d'environ 38 pour 100 de celle de 1769 ; dans quelques autres, de 56 pour 100. Compensation faite, ce n'est pas la moitié de l'année dernière ; encore est-ce un grain maigre, retrait, qui ne donne presque aucune farine et qui est mêlé de beaucoup d'ivraie. Il n'est pas possible d'exprimer la désolation et le découragement qui règnent dans ce malheureux canton, où l'on assure que des domaines entiers sont restés sans culture et sans semence, par l'impuissance des propriétaires et des colons.

IV. *Prix des grains après la moisson.* — Le prix du froment dans l'Angoumois, quoique assez haut, n'a encore rien d'effrayant : il n'est que de 24 à 26 ou 27 l. le setier, mesure de Paris. Il n'en est pas de même du seigle dans le Limousin : il est actuellement à Limoges entre 22 et 24 l. le setier de Paris, c'est-à-dire au même prix où il était en 1770 au mois de février, et lorsqu'on s'occupait d'exécuter l'Arrêt du Parlement de Bordeaux qui ordonnait aux propriétaires et aux aisés de se cotiser pour subvenir à la subsistance des pauvres. Mais, dans les autres parties de la Province plus reculées, il est à un prix beaucoup plus haut : à Tulle il vaut près de 31 l. le setier de Paris. Dans la Montagne, il est encore plus cher, et l'on est près d'en manquer. Ce haut prix est l'effet de l'inquiétude généralement répandue par le déficit sensible des récoltes de toute espèce. La hausse du prix ne fut pas aussi rapide l'année dernière, parce qu'on n'avait point prévu toute l'étendue du mal et qu'on n'avait pas calculé l'effet de la perte des châtaignes et du blé noir, et parce qu'on comptait sur les réserves des années précédentes ; mais l'expérience du passé a rendu ceux qui ont des grains plus précautionnés. La plupart des propriétaires, qui avaient vendu une partie de leur récolte pour faire de l'argent, se sont trouvés dépourvus de grains et obligés d'en racheter à un prix excessif pour nourrir leurs domestiques, leurs colons et les pauvres dont ils ont été chargés. Dans la crainte d'éprouver le même inconvénient, aucun ne vend ses grains et, par une suite des mêmes causes, tout bourgeois, tout paysan au-dessus de la misère veut, à quelque prix que ce soit, faire sa provision. De là, le resserrement universel des grains, cause aussi réelle de cherté que le prétendu monopole est chimérique.

IV. *Bestiaux*. — On a été fondé à craindre une maladie épidémique sur les bêtes à cornes, et déjà elle s'était déclarée avec assez de violence dans quelques paroisses de l'élection de Brive et de celle de Limoges ; mais, par les précautions qu'on a prises, les progrès du mal se sont arrêtés, et il ne paraît pas qu'il se soit étendu. Le prix des bêtes à cornes a baissé sensiblement depuis quelque temps. Si cette baisse subsistait, elle ferait perdre au Limousin la seule ressource qui lui reste pour remplacer une faible partie des sommes immenses qui sont sorties l'année dernière de la Province, et qui en sortiront encore cette année pour acheter des grains. Les bêtes à laine et les cochons ont essuyé l'année dernière, ainsi que les volailles, une très grande mortalité ; elle continue encore sur les cochons, et c'est une perte d'autant plus funeste, dans cette malheureuse année, que l'engrais de ces animaux est une des principales ressources des petits ménages de campagne.

VII. *Situation générale de la Province*. — L'Angoumois, qui fait à peu près le tiers de la Généralité, sans être dans l'abondance, ne souffrira pas autant que l'année dernière. Sa production en froment a été assez bonne, de même que celle des blés d'Espagne ; et les fèves, dont le peuple consomme beaucoup, y ont assez bien réussi. On a lieu de croire que, quoiqu'il ne reste rien des anciennes récoltes et que celle-ci ait été, par conséquent, entamée au moment même de la moisson, les habitants auront de quoi subsister, d'autant plus que les deux provinces du Poitou et de la Saintonge qui l'avoisinent, et qui dans les meilleures années contribuent à l'approvisionner, ont elles-mêmes récolté beaucoup de froment. L'on croit, cependant, que les recouvrements pourront être difficiles, même dans cette partie de la province : 1° à cause de l'épuisement d'argent, dont il est sorti beaucoup l'année dernière pour acheter des grains au dehors ; 2° parce que les propriétaires ont été obligés de s'épuiser pour subvenir à la nourriture de leurs colons et des pauvres ; 3° enfin, parce que les vignes qui forment la principale partie de leur revenu, ne donneront que très peu de vin, d'une qualité médiocre.

Quant au reste de la Généralité, qui comprend le Limousin et la Basse-Marche, les craintes qu'on avait annoncées au commencement de l'été ne se sont que trop réalisées, et l'on sait à présent avec certitude que le cours de l'année 1771 sera encore plus désastreux que celui de 1770. La récolte en seigle n'est pas meilleure, dans les cantons les mieux traités, qu'elle ne l'a été en 1769 ; et, quoique celle des blés noirs et des châtaignes n'y soit pas entièrement nulle, elle est si médiocre qu'elle ne peut certainement entrer en compensation ou remplacement des réserves qu'on avait alors, et qui restaient des années antérieures. Ce n'est pas tout. Le canton de la Généralité qui est ordinairement le plus abondant en grains se trouve dans le dénuement le plus absolu, au point qu'il n'y a pas eu de quoi semer dans la moitié des domaines. Ce malheureux canton n'a pas même la ressource la plus modique en châtaignes, et les blés noirs y ont plus mal réussi qu'ailleurs. Les habitants sont d'autant plus à plaindre, que les cantons voisins de l'Auvergne et de la généralité de Moulins sont hors d'état de les secourir, étant presque aussi maltraités. Le reste du Limousin est lui-même dans la disette, et paye les subsistances à un prix exorbitant. Ce prix sera encore augmenté par les frais de transport pour arriver à ce canton montagneux, enfoncé dans les terres, et où pendant l'hiver la neige met encore un obstacle invincible aux communications, déjà difficiles par elles-mêmes. Et comment pourront payer des grains à ce prix excessif de malheureux habitants privés pendant deux ans de récolte, à qui des propriétaires épuisés par la nécessité d'acheter des subsistances au plus haut prix pour nourrir eux et leurs familles, leurs domestiques, leurs colons, les pauvres de leurs paroisses, ne peuvent plus donner ni secours, ni salaires ? De quelque côté qu'on tourne les yeux, on ne voit aucune ressource pour la subsistance de ces malheureux.

À l'égard des recouvrements, on conçoit encore moins comment le Gouvernement pourrait tirer des impôts d'un peuple qui n'a pas le nécessaire physique pour subsister.

Tel est le résultat du cruel tableau qu'on est forcé de mettre sous les yeux du Conseil.

II. — *Lettres à de Beaulieu, subdélégué* [a].

(État des récoltes et détails divers.) [b]

[A. municipales de Tulle.]

Limoges, septembre.

Je ne vous conçois pas ; vous me parlez de la nécessité de prendre des mesures et vous avez raison, mais comment puis-je en prendre sans

---

[a] Communiqué par M. Lafarge.
[b] Premier secrétaire de l'Intendant, « grand travailleur, intelligent, parfaitement honnête homme et fort estimé dans la province », disait de lui Turgot.

savoir la quantité de grains qui reste et la quantité d'argent dont je puis disposer [a]. Je devais recevoir immédiatement après mon arrivée l'état de l'opération pour me permettre de prendre un parti. Je l'ai depuis demandé à chaque courrier et vous ne m'en parlez pas encore. Je vous prie instamment d'assembler ces trois messieurs, de travailler avec eux à cet état et de ne les point quitter qu'ils ne l'aient fini. Vous me l'enverriez tout de suite.

Il est aussi nécessaire que je sache à combien est revenue chaque cargaison de Hollande et de Dantzig rendue à Charente, à Angoulême et à Limoges, comme aussi l'estimation des frais de grenier.

M. l'Archevêque de Toulouse doit passer à Limoges vers le vingt. Il faudra, quelques jours auparavant, remeubler mon ancienne chambre pour M. de Loménie. On pourra mettre M. l'Archevêque dans la mienne.

On ne m'a point mandé si l'on avait travaillé à relever le plancher de la salle d'audience.

Madame de Fer a été enterrée aujourd'hui. Le tonnerre tua hier au soir une femme au pont Saint-Martial. Il fit un orage considérable ; il tomba beaucoup de grêle, mais je ne pense pas qu'elle ait fait de mal puisque personne ne s'est plaint [b].

---

[a] Par lettre du 4 septembre, de Beaulieu avait fourni des renseignements sur l'état des récoltes d'été et d'automne, mais sans en avoir conféré avec ses collègues de Boisbedeuil et Brun.

[b] On trouve encore aux Archives de la Haute-Vienne les pièces ci-après (C. 106 ; C. 99, p. 169, 176) :

30 juillet. — Ordonnance d'abonnement aux Vingtièmes pour la paroisse de Subrevas.

25 janvier. — Ordonnance prescrivant à de l'Épine, subdélégué, et à Charpentier, directeur des vingtièmes, de procéder en présence des syndics des corps des marchands à une nouvelle répartition du premier vingtième entre les marchands et artisans de Limoges.

15 février. — Lettre à d'Ormesson au sujet des privilèges des officiers des eaux et forêts d'Angoulême.

19 octobre. — Lettre aux maire et échevins d'Angoulême portant que les habitants des villes franches ne doivent jouir d'aucune exemption de taille d'exploitation.

Du Pont a publié, dans son édition (V, 365) une circulaire aux curés pour pertes de bestiaux datée de Limoges, 14 janvier 1770, qui n'est qu'un rappel aux circulaires précédentes des 22 janvier 1763 et 24 janvier 1767 sur les pertes de bestiaux, les bêtes à laine, les salaires des collecteurs et des huissiers, la destruction des loups. — Voir tome II, p. 219 et 545.

Du Pont cite aussi (VI, 27) une autre circulaire aux curés de mars 1770 qui, dit-il, contenait à peu près les mêmes dispositions que celle du 10 février de la même année. Voir ci-dessus, p. 199.

113. — LETTRES À DU PONT DE NEMOURS.

LXV. — (Le fils de Du Pont. — Les *Éphémérides*. — Les *Réflexions sur les richesses*. — Le Trosne. — Du Pont. — Sédition à Saint-Léonard. — Terray.)

Limoges, 12 janvier.

Je vous plains, mon cher Du Pont, et je partage bien vivement toutes vos angoisses. Je me flatte qu'elles sont à présent passées, et que vous aurez conservé ce second enfant auquel je m'intéresse tout autant que si j'étais son parrain.

Je ne me suis point étonné que, dans votre trouble, vous ne m'ayez pas mandé si vous avez reçu le denier de la veuve [a] que je vous ai envoyé par M. Boutin et si vous avez commencé à vous en servir. J'ai vu à ce propos votre dernier volume [b] dont je suis en tout assez content. Mais pour la première fois, j'ai été fâché de n'y rien voir de M. de Mirabeau. Est-ce que vous êtes brouillé avec lui ? Son fatras pourtant serait bon à remplir des volumes et à vous avancer sur les arrérages que vous devez au public. On vous a donné de sots censeurs [c] et je vous plains ; est-ce vous qu'on a voulu punir dans la personne de Louis ? Quand vous aurez du temps, vous me ferez plaisir de me marquer si vous avez reçu toutes mes lettres dont quelques-unes peuvent être intéressantes, et que je serais fâché qui eussent été perdues.

À propos du denier de la veuve, je vous prie, s'il en est temps, de retrancher la partie théologique du morceau sur l'usure. J'en ai fait usage dans un mémoire *ex professo* sur cette matière.

D ailleurs, c'est encore matière à querelle. Je crois que vous trouverez marqué dans le manuscrit entre deux parenthèses ce que vous avez à retrancher. En tout cas, vous n'auriez pas de peine à distinguer ce morceau du reste. S'il n'était plus temps de l'ôter, je n'en serais pas bien fâché.

Le Trosne m'a écrit que vous aviez un ouvrage de lui que vous vous étiez chargé de faire imprimer et je vois qu'il est un peu fâché que vous ne l'ayez pas fait. Adieu, mon cher Du Pont, je vous embrasse. Je vous recommande à votre courage. Ne vous désespérez pas. C'est très bien de vivre pour votre femme et pour vos enfants ; mais il faudrait encore vivre pour vos amis, et même pour ce public ingrat.

---

[a] Les *Réflexions sur les Richesses*.

[b] *Éphémérides* de 1769, tome X.

[c] Ils avaient biffé deux chapitres d'un article de Du Pont sur la Compagnie des Indes. Voir la note (a) de la lettre LXVII.

La sédition qu'il y a eu à Saint-Léonard à l'occasion des grains qu'on apportait à Limoges a été un peu exagérée. J'ai été bien aise d'y faire marcher plus de monde qu'il n'était besoin, afin d'en imposer par cet éclat aux peuples des petites villes. Tout est à présent tranquille. Le nouveau contrôleur général [a] m'a donné 50 000 écus pour les besoins de la Province qui m'ont fait un bien grand plaisir. Son prédécesseur n'eut peut-être pas été si libéral. Mes compliments à Mme Du Pont.

LXVI. — (Situation de Du Pont. — Les *Réflexions sur les richesses*. — *Mémoire sur l'usure*. — Arrêt du Parlement de Bordeaux sur le commerce des grains. — Lettre de l'abbé Terray sur les règlements. — Les *Dialogues* de Galiani.)

Limoges, 30 janvier.

Je suis inquiet, mon cher Du Pont, de n'avoir, depuis près d'un mois aucune nouvelle de vous. Vous avez interrompu le fil de votre histoire au moment où vous étiez très intéressant, et plaisanterie à part, vous connaissez assez mon amitié pour vous pour être sûr que je ne suis pas resté sans peine dans l'incertitude sur le sort des personnes qui vous sont chères et sur votre situation. Je me flatte que votre silence n'a tenu qu'à l'excès de votre travail et non à des malheurs que vous auriez essuyés et dont vous m'auriez sans doute instruit ou fait instruire. Vous n'avez répondu à aucun des articles de mes lettres qui demandaient réponse. J'ignore si vous avez reçu seulement mon morceau sur *la richesse* ; j'en ai fait un *sur l'usure* qui pourrait être utile ; mais on ne vous le laisserait pas passer. J'y ai inséré la discussion sur le passage *mutuum date* ; je l'envoie au Chancelier [b] et au Contrôleur général à l'occasion d'une manœuvre de fripons qui ont entrepris de bouleverser tout le commerce d'Angoulême à l'occasion des sots principes des juges sur cette matière.

Je suis encore plus occupé que vous. Pour achever de me peindre, le Parlement de Bordeaux a rendu un arrêt pour forcer à porter au marché et pour défendre de vendre ailleurs. Heureusement, ils ont eux-mêmes limité l'exécution *aux lieux où besoin serait* et j'espère avoir pris d'assez bonnes précautions pour qu'il ne soit besoin nulle part. J'ai même écrit sur cela au Procureur général [c] qui approuve la circonspection que je lui propose.

---

[a] L'abbé Terray.
[b] De Maupeou.
[c] Dudon.

On est tranquille à présent et l'exécution de cet arrêt y mettrait le trouble. Ne parlez pas, je vous en prie, de cet arrêt d'ici à six mois [a], car vous leur donneriez de l'humeur et ils voudraient l'exécuter.

Le Contrôleur général a écrit une belle lettre pour ordonner l'exécution des règlements. C'est une pièce de Montaran, et j'imagine que l'on recevra les remontrances sans humeur, mais cela est pourtant fâcheux. Veillez, graves auteurs, mordez vos doigts, ramez comme corsaires, etc. !

N'allez pas, à propos, faire la folie, comme l'abbé Morellet le veut, dit-on, de réfuter l'abbé Galiani. Il faut rire de cet ouvrage qui est très amusant et plein d'esprit, mais il faut le laisser réfuter à ceux qui n'ont ni journal, ni dictionnaire, ni intendance à faire. C'est le lot de l'abbé Baudeau.

Adieu, mon cher Du Pont, je vous embrasse. De vos nouvelles, de celles de votre famille et une réponse sur le moulin économique.

LXVII. — (Les *Éphémérides*. — Leur censeur. — Les *Dialogues* de Galiani. — Les *Réflexions sur les richesses* : les avances foncières ; les droits de l'humanité ; l'esclavage.)

Limoges, 2 février.

J'insisterai, mon cher Du Pont, auprès de M. de Sartine, pour vous faire avoir un autre censeur que Guettard [b] qui n'est pas fait pour rien entendre à votre ouvrage et qui est d'ailleurs bête et jaloux.

Je suis fort content de votre extrait de l'abbé Galiani [c] ; mais je vous trouve un peu trop amer. Ce livre quoique vous en disiez est fort amusant et quoiqu'il y ait beaucoup de contractions, mérite d'être réfuté pour détruire l'illusion qu'il a dû faire à bien des gens.

Je prends bien part à tous vos chagrins. Sans cela, je vous gronderais beaucoup, car vous m'avez fait une vraie peine, en changeant quelques endroits de mon ouvrage, et surtout en y ajoutant des choses qui ne sont ni dans mon ton, ni dans ma façon de penser.

Ce tort-là est réel vis-à-vis de moi et je voudrais vous faire sentir à quel point il m'a fâché dans le moment et me fâche encore pour que vous n'y retombiez vis-à-vis de personne, car certainement, jamais vous n'aurez aucun correspondant si vous usez avec eux de cette manière, et

---

[a] Dans les *Éphémérides*.
[b] Il avait succédé à Louis à partir du 1er janvier 1770 et fut remplacé par Moreau.
[c] Dans les *Éphémérides* de 1769, tome XI, approuvé par le censeur Guettard, avec quelques coupures, le 23 janvier 1770.

malgré toute mon amitié, je ne vous aurais pas donné mon ouvrage si j'avais cru que vous en usassiez ainsi.

J'exige absolument que vous vous conformiez à mon manuscrit pour la suite et si vous ne l'avez pas fait, que vous y mettiez des cartons. Bien entendu que j'en paierai la dépense. J'exige aussi absolument des cartons dans les trois endroits que vous avez changés pour les exemplaires que je vous ai prié de faire tirer séparément.

L'endroit des *avances foncières*, en particulier, m'a fait bien mal au cœur ; vous savez combien j'ai disputé avec l'abbé Baudeau sur cet article en votre présence ; je puis avoir tort, mais chacun veut être soi, et non un autre. Je n'ai pas été plus content d'une certaine violation des *lois de l'ordre*, phrase économiste dont je ne veux point absolument me servir et que vous avez intercalée avant les *droits de l'humanité*, qui est l'expression juste ou du moins la mienne. Vous m'avez encore beaucoup changé le morceau de l'esclavage.

Ce que vous avez dit sur son origine ne s'éloigne pas de mes idées, excepté que je n'aurais pas dit qu'on ne se bat que par faiblesse, mais surtout je n'aurais pas substitué à un sommaire marginal un morceau d'éloquence.

À présent que vous voilà bien averti, je vous préviens que si vous ne me donnez pas cette satisfaction, je fais imprimer une lettre au *Mercure* pour désavouer toutes ces additions qui toutes tendent à me donner pour économiste, chose que je ne veux pas plus être qu'encyclopédiste.

Encore un mot ; je vous prie de retrancher de l'édition particulière votre petit *avertissement*, non que n'ayez peut-être très bien fait de le substituer à ma lettre sur laquelle je vous avais laissé tous pouvoirs, mais parce qu'il contient un éloge et que, voulant donner quelques exemplaires de cet ouvrage à mes amis, il ne me convient pas de donner mon éloge, cela ne convient qu'à l'abbé Galiani.

Gardez-moi aussi mon manuscrit et renvoyez-le moi, quelque gras qu'il puisse être ; je n'en ai pas d'autre.

Adieu, je vous embrasse de tout mon cœur sans rancune.

Quand vous aurez un moment, répondez à mes différentes lettres sur les articles qui exigent réponse.

Je suis cloué ici jusqu'à ce que l'on n'y ait plus aucune inquiétude sur les grains.

LXVIII — (Les *Réflexions sur les richesses* ; l'esclavage. — Le commerce des Indes. — Un prieuré en Limousin.)

Limoges, 6 février.

Je vous aurai fâché, mon cher Du Pont, par ma dernière lettre et j'en ai des remords, quoique je croie ma fâcherie, qui vous a fâché, très juste en elle-même. Elle aurait été bien plus forte si vous aviez rempli le vide dont vous me parlez [a] et dont je ne puis juger parce que je n'ai point ici de copie de mon morceau. Au reste, il doit y avoir des vides dans un ouvrage fait comme celui-ci l'a été, sans plan et sans autre objet que de rendre intelligibles les questions que je faisais à des Chinois sur leur pays. Je bénis Dieu que vous n'ayez pas eu assez d'esprit dans le moment pour y suppléer, car j'aurais crié, comme le bossu qu'on mettait sous une presse pour le guérir de sa bosse. Au reste, la seule longueur du morceau mettait dans l'indispensable nécessité de le couper et j'y ai toujours compté.

Quant à l'article des esclaves, je vous ai dit ce que je pensais de votre addition. J'aurais mieux aimé que vous l'eussiez gardée pour l'extrait de *Ziméo* [b]. Franklin a aussi montré que le travail des noirs est plus cher qu'il ne paraît au premier coup d'œil, cause des remplacements, mais je n'en pense pas moins que dans nos Iles, il y a un avantage à avoir des esclaves, non pour la colonie, mais pour le possesseur qui veut avoir des denrées d'une grande valeur vénale pour faire une prompte fortune par le commerce. Je crois avoir donné, dans mon ouvrage même, les raisons qui rendent le travail des esclaves utile dans un pays où l'on veut que la richesse et le commerce précèdent la population. Vous ne savez pas que dans les Iles, un bon ouvrier se paye 6 l. par jour ; ce qui fait au moins 1 500 l. par an.

J'ai reçu et lu votre *Compagnie des Indes*. [c] J'ai trouvé votre développement du système de Law très bien et fait pour plaire au public, qui, comme vous le dites très bien, n'a aucune idée de ce grimoire. Quant au fond de l'ouvrage, j'en pense toujours de même. Il ne commence pas par le commencement et tout ce que vous dites sur les désavantages du commerce des Indes, n'est bon que comme réponse à une objection et comme un *transeat*, car je ne crois pas que le commerce des Indes ait besoin d'établissements, même dans la position actuelle qui, cependant, n'est que passagère. Ce que je dis est, au reste, le sentiment du fameux Milord Clive [d] qui connaît mieux que personne les Indes et qui est persuadé que le commerce libre doit anéantir celui des compagnies. Je le crois aussi, mais pour cela, il faudrait établir bien solidement

---

[a] Nous ne savons quel est ce vide.
[b] Roman de Saint-Lambert.
[c] Tirage en volume des articles de Du Pont sur ce sujet.
[d] Clive (1725 à 1774), gouverneur de Bengale, qui s'empara de Calcutta en 1755 et éleva très haut la puissance de la Compagnie des Indes anglaises ; accusé de concussion, il fut déclaré innocent, mais se donna la mort.

les deux colonies-entrepôts de l'Ile de France et de celle de Bourbon, et 2°, ôter les sottes entraves qu'on a laissées au commerce de l'Inde.

Je me suis informé du prieuré de Magni ; on m'a dit qu'il avait des lettres patentes pour donner la nomination aux évêques diocésains. Cependant, j'en reparlerai à l'évêque de Limoges de qui cela dépendrait si le bureau nommait ; mais à moins qu'il ne soit forcé de nommer un régulier, sûrement, il nommerait quelque sujet qu'il connaîtrait. Adieu, mon cher Du Pont, je vous ai mandé que j'étais loin de penser à revenir.

LXIX. — (Arrêt du Parlement de Bordeaux sur le commerce des grains. — Le procureur général Dudon.)

Limoges, 16 février.

J'ai, mon cher Du Pont, envoyé dernièrement à M. de Mirabeau [a], un arrêt du Parlement de Bordeaux tendant à obliger les propriétaires à faire porter du grain dans les marchés. Cet arrêt aura sans doute scandalisé beaucoup le concile *œcumenico-économique* du Luxembourg [b] ; mais il me vient une peur, c'est que vous soyez tenté de donner à cet arrêt dans vos *Éphémérides* le genre d'éloges qu'il mérite, et dont la modestie de ceux qui l'ont rendu serait très blessée. Je vous prie instamment de résister à la tentation. Vous me feriez, sans le vouloir, un très grand mal ainsi qu'à la Province, en donnant de l'humeur à ces Messieurs. Cet arrêt m'a mis dans une correspondance très suivie avec le procureur général du Parlement de Bordeaux [c]. Quoique nous pensions un peu différemment, nous sommes quant à présent fort d'accord et j'espère qu'en joignant à cette négociation quelques précautions pour engager des propriétaires de bonne volonté à se garantir d'un plus grand mal en portant d'eux-mêmes des grains au marché, l'arrêt n'aura aucune exécution, mais vous sentez que, si ces Messieurs se mettaient en colère, toute ma négociation serait rompue ; l'on ne manquerait pas d'ordonner partout l'exécution rigoureuse de l'arrêt et le trouble serait dans toute la Province, d'autant plus que le Gouvernement n'a, je crois, nulle envie de se compromettre pour une pareille bagatelle avec nos seigneurs [d]. Vous voyez donc qu'il est essentiel que vous gardiez le silence, et que vous laissiez les *bœufs-tigres* beugler à leur aise, de peur qu'ils ne viennent à griffer aussi.

[a] Le marquis de Mirabeau.
[b] Quesnay avait un logement au palais du Luxembourg.
[c] Dudon.
[d] Les membres des Parlements.

Adieu, je vous embrasse ; mes compliments à Mme du Pont. J'attends avec impatience le 12ᵉ volume des *Éphémérides*[a] et le premier de 1770. Vous m'en devez aussi un pour remplacer celui que M. Caillard a dû vous rendre.

LXX. — (Du Pont. — Le censeur des *Éphémérides*. — Les *Réflexions sur les richesses* ; l'esclavage ; l'injustice ; les avances foncières ; les valeurs. — L'*Intérêt général de l'État*, de la Rivière. — Les *Économiques*, du marquis de Mirabeau. — Divers.)

Limoges, 20 février.

Vous savez, mon cher Du Pont, la part que je prends à tout ce qui vous touche ; ainsi recevez mon compliment sur la mort de votre beau-père et sur le succès de vos démarches pour votre beau-frère. C'est une belle chose que d'avoir un crédit supérieur à celui de M. le duc de Praslin, de M. le duc de Choiseul, de Mme de Brionne et de M. le Procureur général, mais je croyais que la place était assurée à votre beau-frère dès avant le départ de M. Trudaine ; du moins, il me semble que vous me l'avez mandé.

À propos de crédit, je n'ai point encore écrit à M. de Sartine pour l'engager à vous délivrer de Guettard, parce que je n'en ai réellement pas eu le temps, étant, s'il m'est permis de le dire, presque aussi occupé que vous. Je craindrais à présent de lui demander une chose faite ; ainsi, j'attendrai que vous m'ayez mandé qu'il faut lui écrire.

J'ai reçu le commencement de mon manuscrit ; si j'avais un peu plus de loisir, je ferais aussi, de mon côté, un gros livre pour vous prouver qu'il ne fallait pas me corriger. Je me contenterai de vous dire sommairement : 1° qu'on ne pouvait nullement induire de ce que j'avais dit que l'esclavage fût bon à aucune société, même dans l'enfance. Quant aux particuliers qui ont des esclaves, c'est autre chose. Je voudrais fort que vous eussiez raison de soutenir que l'esclavage n'est bon à personne, car c'est une abominable et barbare injustice, mais j'ai bien peur que vous n'ayez tort, et que cette injustice ne soit quelquefois utile à celui qui la commet. Le genre humain n'est pas assez heureux pour que l'injustice soit toujours punie sur-le-champ. Il y en a d'énormes et qui certainement ont procuré à ceux qui les ont faites de très grandes satisfactions. Quelquefois, le remords peut être une compensation de ces satisfactions qui sont le fruit de l'injustice, mais lorsque l'injustice n'est point reconnue par l'opinion, elle n'excite point de remords. Croyez-

---

[a] De 1769 ; il fut approuvé par le censeur le 17 février 1770.

vous que Philippe en ait eu d'avoir soumis la Grèce, et Alexandre d'avoir conquis le royaume de Darius ? César en a peut-être eu d'avoir usurpé la puissance suprême à Rome, mais il n'en a sûrement pas eu d'avoir conquis les Gaules. Je ne crois pas non plus que, chez les peuples où l'esclavage est établi, les maîtres aient aucun scrupule d'avoir des esclaves. Il est donc incontestable que l'injustice est souvent utile à celui qui la commet et celle de l'esclavage l'est tout comme une autre.

Je vous dirai que, quoique les avances que vous appelez *foncières* contribuent pour leur part à la production des récoltes, ce que j'aurais dit si mon objet avait été de développer les principes du *Tableau Économique*, il est cependant faux que les avances foncières soient le principe de la propriété. Ainsi, en croyant me corriger, c'est vous qui m'avez prêté une grosse erreur, mais c'est bien pour vous le prouver qu'il faudrait faire un gros livre, et je n'en ai nulle envie. C'est cette correction qui m'a le plus fâché.

Quant à votre troisième correction, je ne m'en étais pas même aperçu. Il est assurément bien évident que la faculté de payer entre pour beaucoup dans la demande, mais je n'avais pas cru nécessaire de le dire dans l'endroit dont il s'agit. Lorsque vous verrez ce que j'ai fait sur les principes de la fixation des valeurs, vous reconnaîtrez que je n'ai nullement oublié d'y faire entrer dans mes calculs la faculté de payer. Au surplus, je vous remercie d'avoir rétabli l'édition détachée, comme le manuscrit, et j'en ai autant de reconnaissance que si vous aviez eu pleinement raison.

Je ne vois pas, au reste, pourquoi vous n'auriez pas voulu être d'un autre avis que moi. Il n'y a pas deux hommes qui puissent être en tout du même avis et j'aurais beaucoup mieux aimé que vous m'eussiez combattu par une note que de me corriger comme vous l'avez fait sur l'article des *avances foncières*.

M. Caillard a dû vous remettre un tome des *Éphémérides* que je vous prie de me remplacer. Je remettrai votre *Compagnie des Indes* à la Société d'Agriculture.

J'ai reçu le livre de M. de La Rivière [a]. Je n'ai pu encore que le parcourir. J'y ai trouvé des faits bien discutés, mais trop de facilité à convenir avec le commissaire Lamare [b] de la réalité des prétendues disettes factices produites par l'accord des marchands. Je trouve aussi que l'ouvrage commence mal, par une métaphysique qui remonte au déluge, lorsqu'il s'agit d'un chapon. C'est, ce me semble, prouver le clair par l'obscur. Enfin, j'ai été fâché de voir les Parlements continuellement

---

[a] *L'Intérêt général de l'État*, en réponse aux *Dialogues* de Galiani.
[b] Delamare, auteur du *Traité de la Police*.

cités en pareille matière et jusqu'aux bonnes intentions du Parlement de Rouen encensées. Cela m'a paru aussi dégoûtant que les remontrances emphatiques de l'abbé Roubaud. Il y a pourtant plus de substance dans le livre de M. de La Rivière auquel j'écris directement pour le remercier.

J'ai lu le premier volume des *Économiques* [a] et j'en suis fort content. J'y ai trouvé nos principes exposés fort clairement et plus simplement qu'ils ne le sont ordinairement dans les écrits de l'auteur.

M. de Puymarets m'a écrit pour me conseiller de prendre plutôt un homme des environs de Chartres qu'un commis de Bucquet pour établir la mouture économique et je penche fort à cet avis. Je lui répondrai vendredi. M. Desmarets et M. de Montchalin sont tous deux à Limoges et vous remercient de votre souvenir.

Adieu, mon cher Du Pont, je vous embrasse ; mes compliments à Mme Du Pont.

LXXI. — (Les *Éphémérides*. — La mouture économique. — Les *Dialogues* de Galiani et leurs réfutations par Baudeau et Roubaud. — Les *Réflexions sur les richesses*. — L'abbé Terray et ses opérations financières. — Le commerce des grains et la sénéchaussée de Tulle. — *L'intérêt général de l'État*, de la Rivière.)

Limoges, 2 mars.

J'enverrai, mon cher Du Pont, au bureau d'Angoulême [b] que vous aviez oublié, l'exemplaire de votre *Compagnie des Indes* que vous destiniez à celui de Limoges, et je donnerai à celui-ci le mien, de votre part ; au moyen de quoi vous aurez tout le temps de le remplacer à votre aise.

J'ai reçu les lettres de M. de Puymarets. C'est Barbou qui veut faire un moulin économique pour le louer à un meunier qui fait lui-même le commerce des farines et qui est déjà dans le moulin. La chose presse parce que le moulin a besoin de grosses réparations qu'il faut faire au printemps. J'aurai recours, ou à M. de Puymarets, ou à des gens qui sont à Clermont où ils en ont établi un.

J'ai reçu votre onzième volume [c] où j'ai vu avec plaisir que vous avez changé de censeur [d]. Vous avez un peu trop loué la légèreté de l'abbé Roubaud [e] dont la gaieté me paraît, ainsi que son éloquence, un

---

[a] Par le marquis de Mirabeau.
[b] La Société d'Agriculture de Limoges était divisée en plusieurs bureau régionaux.
[c] Des *Éphémérides* de 1769.
[d] Moreau était substitué à Guettard.
[e] *Lettres économiques* de l'auteur des *Représentations aux magistrats* à M. le chevalier Zanobi, principal interlocuteur des *Dialogues sur le commerce des blés*.

peu factice et de commande, mais je suis bien aise que beaucoup de gens se mettent aux trousses de l'abbé Galiani.

J'ai surtout grande impatience de voir la suite de l'abbé Baudeau [a].

Je crains que vous n'ayez pas retranché la partie théologique *sur l'usure* ou que vous ne parliez au public de ce retranchement. Je serais fâché de l'un et de l'autre. Puisque vous aviez pris tant de temps, vous auriez pu m'envoyer ces deux ou trois feuillets, j'aurais fait moi-même le retranchement. J'ai, au reste, l'idée de l'avoir moi-même marqué avec deux crochets que j'ai ensuite effacés.

Votre addition sur les moyens de payer ne nuit pas ; mais elle est surabondante. Il ne s'agit dans cet endroit que d'un change isolé entre deux hommes qui sont supposés avoir du superflu ; par conséquent, je ne devais pas parler des moyens de payer, puisqu'ils sont compris dans la supposition.

La sénéchaussée de Tulle [b] a fait toutes les sottises auxquelles l'a autorisée le Parlement de Bordeaux et tout ce qui devait s'ensuivre s'est ensuivi. Terreur, secousses dans le prix, précautions pour cacher, empressement des bourgeois pour s'approvisionner, opposition des paysans au transport des grains à la ville. Malheureusement, les secours étrangers viennent lentement, parce que la Dordogne cesse à tout moment d'être navigable.

J'ai achevé M. de La Rivière [c] et j'en suis beaucoup plus content ; il y a des développements admirables, mais aussi des chapitres bien mauvais où il affaiblit lui-même sa cause par la manière de la présenter. Il ressemble quelquefois à une certaine brochure d'Abeille que vous avez si bien critiquée en la réfutant comme elle devait l'être. De plus, son ton pédantesque nuira beaucoup au succès.

M. de Nauclas a renouvelé sa souscription et je vous avertis qu'il est un peu piqué de ce que vous ne lui ayez pas répondu. C'est le plus galant homme du monde et le plus estimable, mais qui a la faiblesse de croire qu'on dédaigne son état, en sorte qu'il est sensible au plus petit manquement.

J'ai reçu l'argent de M. de Rochebrune et celui de la Société [d]. J'ai prié Mme Blondel qui a de l'argent à moi de vous payer ces deux souscriptions ainsi que la mienne ; ce sera une occasion pour la faire penser à payer la sienne. Si M. Caillard, qui demeure rue de Bourbon chez M. de Boisgelin, est encore à Paris, vous pouvez le prier de demander cet

---

[a] *Lettres* de M. l'abbé Baudeau, prévôt mitré de Widzyniski à M. l'abbé G... sur ses *Dialogues* anti-économiques.

[b] Voir ci-dessus p. 125.

[c] *L'Intérêt général de l'État.*

[d] D'agriculture de Limoges.

argent à Mme Blondel. À propos j'ai reçu par la poste mon douzième volume [a]. Est-ce que vous ne pouvez plus me l'envoyer par M. Cornet et faudra-t-il que je vous en paye le port ? Je prierai Mme Blondel de vous faire payer tout ce que je devrai pour l'édition de M. Y [b] dont vous m'enverrez les deux exemplaires en grand papier avec trois ou quatre autres. Je vous enverrai une petite liste de présents à faire. Vous n'avancez guère et je suis d'autant plus effrayé de cette continuation de retards que ce dernier volume a dû vous coûter.

Que dites-vous des opérations nouvelles ? Ce M. l'abbé [c] est tranchant comme un rasoir ; mais il pourrait bien se blesser lui-même ; arrêter d'un trait de plume une circulation de 200 millions ! Et il croit par là se donner des ressources ! Le pauvre Silhouette avait fait cette opération sans le savoir et sans le vouloir. Il ne payait pas, parce qu'il n'avait pas d'argent ; mais aujourd'hui cela se fait avec réflexion et *ex libero voluntatis arbitrio*. Pauvre France ! Or, maintenant, veillez graves auteurs, mordez vos doigts, ramez comme corsaires ! allez, faites des opéras-comiques, et riez si vous pouvez, car il n'y a que cela de bon.

Adieu, je vous embrasse. Mes compliments à Mme Du Pont.

LXXII. — (La disette du Limousin. — Les *Réflexions sur les richesses*.)

Limoges, 23 mars.

Si je ne vous ai pas écrit depuis quelque temps, mon cher Du Pont, ce n'est ni faute de matière, ni faute d'envie de vous écrire, mais notre misère qui est au comble me prend tout mon temps. Je n'en ai pas assez pour répondre à tous les exprès qu'on m'envoie de tous côtés pour me demander des secours, ou des conseils, ou des ordres pour faire ouvrir les greniers et dégorger les usuriers qui resserrent le blé. Il faut répondre à ces sottises, instruire et consoler de son mieux. L'arrêt du Parlement a fait bien du mal et la cassation ne le répare pas ; mais il faut avouer que le plus grand mal vient du vide réel des subsistances. On prétend que cette année est incomparablement plus désastreuse que celle qui a suivi la récolte de 1709, et je le crois, car il n'y avait que les grains qui avaient souffert, et cette année, tout a été perdu. Le seigle vaut actuellement 30 l. le setier de Paris, et le froment 36 l. ; à ce prix, et à ce prix seul, le commerce peut nous alimenter sans perte, mais que peut faire à ce prix un peuple accoutumé à trouver le seigle trop cher à

---
[a] Des *Éphémérides*.
[b] Lettre qui avait servi de signature aux *Réflexions sur les richesses*.
[c] Terray, qui avait fait une série de banqueroutes de janvier à mars 1770.

9 l., qui ne vit en conséquence que de châtaignes et de blé noir, et qui n'a ni blé noir, ni châtaignes. Où prendre des fonds pour lui donner l'aumône, pour le faire travailler quand les propriétaires ont perdu la plus grande partie de leurs revenus ? Et il faut encore payer des impositions !

Laissons cela. Voici un *errata* pour l'ouvrage de M. Y. [a] qui voudrait bien qu'on pût trouver quelqu'un qui, en payant s'entend, voulût corriger à la main proprement les plus essentielles de ses fautes. Il y a aussi trois cartons à faire. Cet article est facile à remplir. Quand cela sera fait, il faut faire relier trois exemplaires en beau veau écaillé doré sur tranches à filet, l'un pour l'éditeur [b], l'autre pour Mme Blondel, l'autre pour Mme la duchesse d'Enville et les envoyer à ces deux dames par la petite poste de la part de M. Y. Il faudra joindre au paquet de Mme Blondel deux exemplaires brochés, l'un pour M. de Malesherbes, l'autre pour M. l'abbé de Véri ; deux aussi au paquet de Mme d'Enville, l'un pour M. le duc de la Rochefoucauld, l'autre pour M. l'abbé de Mably. Il faut que la destination soit sur les brochures. Outre cela, il faut que l'éditeur donne un exemplaire au Docteur [c], un à M. de Mirabeau, un à M. de La Rivière, un à l'abbé Baudeau, un à l'abbé Morellet, un à M. Caillard ; je vous enverrai une liste pour la destination des autres.

M. Y. doit une belle chandelle à Dieu et il s'applaudit bien de s'être fâché. Quelle correction vous lui faisiez ! Confondre emploi des capitaux avec la formation des capitaux ! Appeler la dépense, recette, et s'imaginer qu'épargner et thésauriser sont deux mots synonymes ! Quel renversement d'idées ou plutôt de langage, et cela pour couvrir quelques fausses expressions échappées au bon Docteur dans ses premiers écrits. Oh ! esprit de secte !

À propos, vous avez fait, mon cher correcteur, une belle étourderie. C'est bien celle-là qui mérite qu'on s'en fâche. J'ai été bien étonné de l'apprendre. Je ne sais si vous me devinez, mais vous m'entendrez par quelque autre lettre.

Adieu, je vous embrasse ; mes compliments à Mme Du Pont à qui je souhaite une meilleure santé.

LXXIII. — (La disette du Limousin. — La liberté du commerce de grains. — Les *Réflexions sur les richesses*. — Les *Éphémérides*.)

Limoges, 29 mars.

---

[a] Les *Réflexions sur les richesses*.
[b] Du Pont.
[c] Quesnay.

Non, mon cher Du Pont, le pain ne vaut pas tout à fait sept sols [a] à Limoges ; mais le seigle y vaut 30 l. le setier, mesure de Paris, prix désespérant pour des malheureux qui, quand le seigle valait 9 l. 10 s. ou 9 livres, la même mesure, vivaient une partie de l'année de châtaignes et de blé noir, parce qu'ils n'ont pas de quoi payer le seigle. L'Arrêt du Parlement a certainement fait beaucoup de mal ; mais il y en a un qui vient de la nature des choses, c'est-à-dire du vide réel dans les productions de la terre. Cette année a été incomparablement plus désastreuse que celle qui a suivi 1709. Ce qui nous manque est précisément ce que le commerce ne peut remplacer : les châtaignes, le blé noir, les raves, tous les légumes, etc. Le commerce ne fournit que des denrées d'une plus grande valeur et la pauvreté invétérée de notre peuple les met trop hors de sa portée. Pour que le commerce puisse prévenir entièrement les disettes, il faudrait que le peuple fût déjà riche et que le prix des denrées ne fût pas trop au-dessus du marché général. Ce prix est déjà cherté pour nos habitants et cependant il faut qu'il soit augmenté encore par des frais de voiture énormes.

Le Contrôleur général vient de nous donner de nouveau 50 000 écus et l'on doit lui en savoir grand gré ; cependant, il est un peu tard. Notre grand malheur est venu de ce que la disette n'a pas été prévue assez à temps pour donner des ordres dans le Nord, avant que les ports fussent fermés par les glaces et de ce qu'une liberté ancienne et consolidée n'a pas encore rendu à nos ports l'entrepôt des grains du Nord.

Vous ne devez pas être étonné que je sois revenu de la liberté du commerce des grains, puisque l'abbé Morellet écrit en faveur de la Caisse de Poissy. Je ne doute pas qu'il n'y ait aussi des gens qui aient vu en bon lieu les premières feuilles de son ouvrage [b]. Vous êtes bien bon de vous égosiller et de vous fâcher contre des gens capables de débiter pareilles inepties. Passe encore contre ceux qui disent qu'il faut des fripons pour rétablir les affaires d'un État lorsqu'elles sont en désarroi ; du moins, cela peut faire matière à dispute : *positis ponendis*. Croyez-vous que M. de Sully eût été ministre de Louis XIII ? Il fût resté dans sa terre et n'eût rétabli que ses propres affaires, et puis, qu'entend-on par rétablir les affaires ? Faire aller la machine tant bien que mal et au risque de ce qui peut en arriver par la suite, faire ce qu'on appelle le *service* et puis qu'entend-on par fripons ? Il y a des gens qui ne connaissent de vertu que dans les formes parlementaires, et qui, ne croyant pas trop à la loi naturelle, sont devenus fanatiques des formes. Ces gens-là doivent parler et penser comme celui contre lequel vous disputez. Je

---

[a] La livre.
[b] Il n'a jamais existé.

soupçonne que cet homme est M. T. qui vous a donné une fable assez plate sur le bal de l'Opéra [a].

Je vous ai déjà marqué que je paierai à M. Barbou pour vous tout ce que je vous dois, mais il faut m'en envoyer l'état. Je ne veux point que vous vous acquittiez sur les frais de ma petite édition [b] : 1° Je ne suis pas assez content de mon éditeur pour vouloir prendre son édition pour argent comptant et j'ai toujours sur le cœur ses corrections ; 2° Quoique vous ayez un crédit inépuisable, cependant il est très bon de le diviser entre votre imprimeur et vos amis ; 3° et cette dernière raison est décisive : vous me gêneriez pour vous demander des cartons quand ils seront imprimés. Vous m'en ferez passer six exemplaires pour les six exemplaires de l'ouvrage que vous m'avez adressés assez inutilement, car, que voulez-vous que j'en fasse ici ? Voici une petite liste des Économistes auxquels vous en donnerez : Le Docteur, M. de Mirabeau, Mme de Pailli [c], si vous croyez que cela puisse lui faire plaisir, M. de la Rivière, l'abbé Baudeau, M. Le Trosne et M. de Saint-Péravy. Je vous enverrai peut-être quelque autre liste un autre jour.

J'aurais bien à vous gronder sur le retard de vos *Éphémérides*. Je désespère que vous vous mettiez au courant. Je vous embrasse pourtant comme si vous n'étiez pas encore plus paresseux que moi.

Si j'avais douté des principes sur la liberté, l'expérience actuelle m'en démontrerait la nécessité.

Réflexion faite, je n'envoie pas ce nouveau carton qui n'est pas absolument nécessaire, mais ajoutez à l'*errata* les cinq fautes marquées sur le petit billet ci-joint.

LXXIV. — (La liberté du commerce des grains. — La disette du Limousin. — Les *Éphémérides*.)

Limoges, 4 mai.

Je n'ai, mon cher Du Pont, que le temps de vous embrasser et de vous dire combien je suis fâché de vos souffrances de toute espèce.

Il n'y a pas un mot de vrai dans tout ce qu'on a dit, et vous m'avez rendu justice en croyant que j'aurais sacrifié ma sensibilité [d]. Non, non je ne serai jamais un lâche déserteur. Mais, dans le vrai, ma sensibilité

---

[a] *Éphémérides* de 1769, tome XII.
[b] Des *Réflexions sur les Richesses*.
[c] Amie du marquis de Mirabeau.
[d] À la liberté du commerce des grains.

n'a été aucunement mise à l'épreuve et je n'ai, au contraire, qu'à me louer de l'abbé Terray.

Voici les souscriptions dont je paierai le montant à Barbou :

Moi	18 l.
Mme Blondel	18
M. de Rochebrune	18
M. de Saint-Laurent	24
La Société ᵃ de Limoges	24
Total :	102 l.

Envoyez-moi la note de ce que je vous dois pour mon impression, afin de le lui payer aussi. Je vous embrasse.

LXXV. — (Les *Réflexions sur les richesses*. — Les *Éphémérides*.)

Limoges, 5 juin.

Il y a mille ans, mon cher Du Pont, que je n'ai reçu de vos nouvelles ; encore étaient-elles si laconiques que vous n'avez presque rien répondu à aucun article de mes lettres. Vous avez même oublié de m'envoyer cinq assortiments de cartons pour les cinq exemplaires que j'ai ici de l'ouvrage de M. Y ᵇ. Une chose non moins essentielle, c'est la note de ce que je vous dois, afin que je paye M. Barbou.

Je vous demande encore la liste des exemplaires que vous avez distribués afin que je vous adresse un petit supplément.

Je crois vous avoir marqué que je payerais ici 102 l. pour vos souscripteurs, et il faut y ajouter 6 l. parce que l'évêque de Lavaur ᶜ n'ira point cette année à Paris. Envoyez-lui les trois premiers volumes à Limoges où il sera encore une quinzaine de jours ; le reste à Lavaur.

Adieu mon cher Du Pont, je vous embrasse bien vite, car je suis pressé.

LXVI. — (Divers objets.)

3 juillet ᵈ.

Voici, mon cher Du Pont, une brochure anglaise qui pourra vous être utile. N'oubliez pas de me renvoyer à Limoges :

ᵃ D'agriculture.
ᵇ Les *Réflexions sur les Richesses*.
ᶜ Boisgelin.
ᵈ Année incertaine.

1° Le discours de M. Poivre.
2° Les questions chinoises.
3° Le morceau sur la richesse.

Sur ce, je vous embrasse et vous souhaite toute sorte de bonheur.

M. de La Rivière pourra faire lire notre mémoire au Dr Quesnay seul, si celui-ci vient cette semaine à Paris. M. de La Rivière voudra bien ensuite l'envoyer à l'adresse que je lui ai indiquée.

LXXVII. — (Arrivée de Turgot à Paris. — Les *Éphémérides*.)

Limoges, 29 juillet.

Il y a bien longtemps, mon cher Du Pont, que je ne vous ai donné de mes nouvelles. J'en suis tout honteux et d'autant plus que ce n'est presque plus la peine de vous écrire, car je vais faire une course à Paris où je compte être avant 15 jours ; je ne recevrai pas même votre réponse, à moins qu'elle ne soit à la poste dimanche matin de bonne heure. Je vous avertirai de mon arrivée par la petite poste. Tous vos amis devraient se donner le mot pour ne vous point écrire jusqu'à ce que vous soyez au courant pour vos *Éphémérides*. Vous mériteriez bien d'être grondé, mais je remets cette justice au temps où je vous verrai.

Adieu, je vous embrasse. Mes compliments à Mme Du Pont.

LXXVIII. — (Le Président Dupaty. — Les *Éphémérides*.)

Limoges, 12 octobre.

J'ai reçu, mon cher Du Pont, le papier que vous m'avez annoncé et je ne l'ai point lu sans une vive et douloureuse émotion, moins fondée sur aucun danger réel que j'envisage dans votre position que sur les idées sinistres dont je vois que votre imagination est occupée beaucoup trop fortement. Ce n'est que vous que je crains, car je ne vois aucun motif pour penser qu'il doive naturellement arriver d'ici à peu de jours aucun changement dans votre sort. Vous semblez cependant le croire et c'est ce qui m'alarme. Si M. Dupaty [a] ne s'était occupé que de la liberté du commerce des grains, certainement, il ne serait point à Pierre-Encise et vous n'avez jamais écrit, ni pour, ni contre M. d'Aiguillon [b]. Je mets les choses au pis et qu'on se fâche de l'ardeur avec laquelle

---

[a] Président à mortier au Parlement de Bordeaux, emprisonné pour ses écrits sur l'affaire de La Chalotais.

[b] Duc d'Aiguillon (1720-1780), gouverneur de Bretagne, accusé de concussion par le Parlement de Paris, ministre des affaires étrangères (1771).

vous défendez la liberté du commerce ; le plus grand mal qu'on puisse vous faire est de révoquer le privilège des *Éphémérides* et, si cela arrivait, vous seriez encore loin d'avoir à faire votre testament. Vous auriez toujours le premier pis aller que vous avez quitté pour les *Éphémérides* et vous pourriez vous établir en Limousin.

Au surplus, je regarderais cette suppression des *Éphémérides* comme un mal pour vous, et pour la chose, et je crois que vous ferez prudemment de mollir et de plier comme le roseau plutôt que de braver la tempête et de rompre comme le chêne.

Il ne faut se sacrifier que pour un bien réel et non pas quand, en se sacrifiant, on nuit plus à la chose qu'on n'y sert. Voilà mon avis.

Vous aurez bientôt pour réconfort M. de Mirabeau et l'abbé Baudeau que j'ai vus ici en passant et avec lesquels j'ai un peu parlé de vous ; ils m'ont dit l'offre qu'ils vous avaient faite de vous faire trois volumes entiers pour vous mettre au courant, tandis que vous feriez les trois suivants. Je m'étonne que vous n'ayez pas accepté cette offre qui me paraît avantageuse à tous égards ; elle vous acquitterait vis-à-vis du public et certainement grossirait le nombre de vos souscripteurs. Je vous exhorte fort à ne pas manquer de revenir sur vos pas et de profiter de la bonne volonté de ces deux messieurs.

Adieu, mon cher Du Pont, je vous embrasse bien tendrement et j'attends de vos nouvelles avec impatience.

LXXIX. — (Situation de Du Pont. — Les *Lettres du curé de Mondreville*. — Les *Éphémérides*.)

Limoges, 19 octobre.

Je suis si excessivement pressé de besogne, mon cher Du Pont, que je ne vous écrirais pas si vous vous portiez bien. Tâchez de vous ménager ; c'est quelque chose que vous soyez un peu guéri de vos terreurs paniques.

J'ai reçu les *Lettres du curé de Mondreville* ; ce qu'il y a de mieux à faire est d'en distribuer la plus grande quantité possible et d'en faire la charité aux aveugles. Vous pourrez encore m'en envoyer quelques douzaines pour nos bureaux d'agriculture.

Adieu, je vous embrasse de tout mon cœur. Si vous êtes mécontent de Barbou, vous pourriez, par le moyen de mes secrétaires, traiter directement avec des fabricants de Tulle qui vous serviraient bien et à bon marché, et de première main, mais peut-être seriez-vous plus embarrassé de la voiture. Il faudrait leur envoyer le modèle du papier que vous désirez. Je joins dans ma lettre un échantillon de leur pâte. Mes compliments à Mme Du Pont.

LXXX. — (Dupaty. — Les *Lettres sur le commerce des grains*. — Les *Œuvres limousines*. — Les *Éphémérides*. — La disette du Limousin.)

Limoges, 20 octobre.

Je vous ai écrit un mot hier, mon cher Du Pont, et je profite de l'occasion de M. d'Aubusson pour répondre à la lettre que j'ai reçue de vous ce matin. Je m'étais bien douté que vos craintes étaient fondées sur la détention de M. Dupaty, à qui vous aviez écrit sur l'affaire des grains. Cet objet-là n'est pas ce qui tient au cœur des gens qui ont fait arrêter votre correspondant ; ainsi, ils ne vous auraient pas fait mettre à la Bastille ; mais ils auraient fort bien pu vous priver de vos *Éphémérides*.

J'avais su que M. Dupaty avait eu le temps et la présence d'esprit de glisser la clé de son cabinet à un domestique qui a fait brûler tous ses papiers ; cela est heureux pour ceux que son sort aurait pu compromettre ; je ne sais, au reste, si les honnêtes gens malheureux ont plus d'esprit que les méchants. J'ai bien peur qu'en fait d'intrigue et de précautions de toute espèce, les honnêtes gens, même avec de l'esprit, soient souvent bien sots, de même que les gens pacifiques savent moins bien faire des armes que les gens hargneux. Je ne connais point M. Dupaty, mais l'expérience m'a appris à me défier de l'héroïsme parlementaire et ce n'est guère chez ces démagogues-là que j'ai vu la vertu se nicher. Je vous exhorte à être sage avec eux et à ne point chercher à soutenir la bonne cause autrement que par de bonnes raisons.

Je suis dans l'impossibilité d'envoyer au Contrôleur général, dans le terme fixé, la discussion complète sur l'affaire de blés [a].

J'y suppléerai par une lettre raisonnée qui contiendra la substance des principes et beaucoup d'arguments *ad hominem*.

Est-il donc vrai que nous allons avoir la guerre, qu'on va faire banqueroute ? Si cela est, il faut renoncer à tout soulagement, à toute ressource pour nos misérables Limousins qui vont être plus affamés en 1771 qu'ils ne l'ont été en 1770, car la récolte en total y a été plus mauvaise. Il n'y a ni denrées, ni moyens de payer. J'ai demandé des grains de partout, mais partout ils sont chers et les précautions prématurées contre la peste en retardent encore l'arrivée. Nos négociants d'ici sont

---

[a] Terray avait demandé à court délai l'avis des Intendants sur son projet de règlement. C'est à cette occasion que Turgot lui envoya ses *Lettres sur le commerce des grains*.

buttés contre l'achat des voitures de Franche-Comté ; ils répugnent à une avance forte qu'ils croient mieux employée en achats de grains.

Je n'ai ni le temps ni le cœur de vous faire chercher mes *Œuvres limousines* [a] ; vous ne sauriez croire combien je suis honteux de ces platitudes.

Adieu, mon cher Du Pont, je vous embrasse de tout mon cœur et vous souhaite autant de santé que de courage.

Je vous exhorte toujours à profiter des offres de vos amis pour vous mettre au courant sur vos *Éphémérides*, car je vois que plusieurs de vos souscripteurs se dégoûtent du retard.

Je vous envoie une feuille entière du papier de Tulle. Il coûte six francs la rame ; celui qu'il vous faut coûterait un peu plus cher, parce qu'il est d'un format plus grand, mais il est beau et bien fabriqué.

Adieu, mes compliments à Mme Du Pont et à M. de Mirabeau, ainsi qu'à l'abbé Baudeau.

Je ne conçois pas comment vous n'avez pas vos livres. J'en ai fait un paquet en partant, avec votre adresse. Desmarets s'était chargé de vous les faire porter le jour même ; il faut qu'il l'ait oublié ou que mon portier ait fait quelque quiproquo. Le plus sûr est que vous alliez vous-même les retirer chez moi.

LXXXI. — (Les *Éphémérides*.)

Limoges, 26 octobre.

J'ai reçu, mon cher Du Pont, votre lettre et vos paquets, mais il m'est physiquement impossible de vous répondre aujourd'hui, et je ne vous écris que pour que vous ne vous inquiétiez pas. Le papier dont je vous ai envoyé un échantillon ne coûte que 5 l. 10 s. la rame. Le carré fin, même pâte, coûterait 6 livres, mais il faut ajouter le port, depuis Tulle, et les droits [b].

Je vous embrasse.

LXXXII. — (La disette du Limousin. — Les *Éphémérides*. — *Observations* de Du Pont *sur le commerce des grains* sous le nom de Fréval. — Critique de l'ouvrage de Linguet. — Les *Lettres sur le commerce des grains*. — Le *Mémoire sur l'usure*.)

À Bort, 13 novembre.

---

[a] Collection des Circulaires de Turgot.
[b] De traite.

Vous devez être désolé de mon silence, mon cher Du Pont, mais en vérité, au milieu de mes courses, je ne puis pas mieux faire. Je suis venu visiter nos montagnes pour aviser aux moyens d'y former quelques ateliers pour faire travailler les pauvres et employer les secours que j'ai demandés.

J'ai reçu toutes vos lettres jusqu'à celles du 30, où vous m'en annoncez d'autres que je trouverai sans doute à Limoges. Je ne crois pas qu'il faille faire imprimer le mémoire de M. de F. [a] ni vos propres *Observations* ; ce serait vous compromettre sans utilité. Cependant, j'y réfléchirai encore. Quant à vos *Observations* [b], il y avait, ce me semble, un moyen de les répandre sans compromettre personne, c'était de faire tirer un assez grand nombre d'exemplaires de votre sixième volume pour les vendre séparément. La critique de Linguet [c] est assez piquante pour exciter la curiosité et provoquer le débit.

Hélas, je suis un paresseux ! J'ai été forcé par le temps à me réduire à cinq lettres [d] jetées au courant de la plume et qui ne contiennent que 53 pages d'in-4° de ma fine écriture. Je ne sais si M. l'abbé les lira. Toutes les bonnes raisons y sont et dites sans réserve, mais elles n'y sont pas développées comme je l'aurais voulu : je retravaillerai le tout de manière à pouvoir être donné au public.

Vous devez à propos avoir reçu mon *Mémoire sur l'usure* que Mme Blondel me mande vous avoir envoyé. Quelque jour, je vous donnerai cela, mais il faut que l'affaire particulière [e] soit décidée ; quand vous l'aurez lu, vous me le renverrez, car je n'en ai aucune copie au net.

Adieu, mon cher Du Pont, je vous embrasse. Mes compliments à M. de Mirabeau et à l'abbé Baudeau, ainsi qu'à Mme Du Pont.

J'ai été fort content de la critique de Linguet, telle qu'elle est.

LXXXIII. — (Les *Lettres sur le commerce des grains*. — Les *Éphémérides*. — Le *Mémoire sur l'usure*.)

Angoulême, 27 novembre.

J'ai reçu, mon cher Du Pont, en passant par Limoges, la lettre par laquelle vous me témoignez vos inquiétudes. Je vous avais cependant

---

[a] De Fréval, conseiller décédé, auquel Du Pont prêtait fictivement, dans un projet d'article, des opinions favorables à la liberté du commerce des grains.
[b] *Observations sur les effets de la liberté du commerce des grains et sur ceux des prohibitions* ; *Éphémérides* de 1770, tome VI.
[c] Lettres sur la *Théorie des Lois*.
[d] Les lettres à l'abbé Terray sur le commerce des grains sont au nombre de sept.
[e] D'Angoulême.

accusé la réception de tous vos paquets et je vous ai même depuis écrit de Bort, pendant ma tournée des montagnes.

J'ai envoyé à l'Archevêque de Toulouse ce que vous m'avez adressé pour lui, mais j'attends de vous des nouvelles ultérieures. Je ne sais où en est le projet de règlement [a] ; je n'ai cessé d'écrire à l'auteur [b], et je crois lui avoir dit des choses terrassantes, mais je crains fort qu'il ne sache les esquiver. Vous m'aviez mandé que vous aviez de nouvelles inquiétudes, mais vous ne vous êtes point expliqué et je vous serai obligé de me mander si vous êtes plus tranquille.

Mme Blondel m'a mandé vous avoir envoyé mon *Mémoire sur l'usure*. Il faudra que vous me le renvoyez, car je n'en ai point de copie disponible, mais seulement le brouillon de ma main, écrit à la façon de l'abbé Morellet, comme les feuilles de la Sybille. On me mande que le chagrin a pris sensiblement sur la santé de ce pauvre abbé. Cela m'afflige beaucoup.

Adieu, je vous embrasse de tout mon cœur. Je serai samedi à Limoges. Le temps qu'il fait est un vrai déluge ; il y a beaucoup de terres qu'on n'a pas pu semer. Aurons-nous donc encore une mauvaise année ? Les éléments sont donc conjurés contre la liberté des grains ; il faut cependant se dire : *Fortis est veritas et prævalebit*.

Adieu, mon cher Du Pont, je vous embrasse. Mille compliments à Mme Du Pont. Barbou a vos lettres de change.

LXXXIV. — (Les *Lettres sur le commerce des grains*. — Les *Observations* de Du Pont. — Les Arrêts des Parlements de Bordeaux et de Paris. — Bruits de changement de ministres. — Corruption des Parlementaires ; de Fréval. — Craintes pour les *Éphémérides*. — L'abbé Aubert. — La *Gazette d'agriculture*. — *Mémoire sur la Caisse de Poissy*. — Chute de Choiseul.)

Limoges, 14 décembre.

Je profite, mon cher Du Pont, du premier moment de loisir où je puisse vous écrire un peu au long. Mon département, mes courses et plus que tout cela mes écrivailleries continuelles au Contrôleur général, soit pour toucher son cœur en faveur des pauvres affamés, soit pour convertir son esprit et le ramener en faveur de la liberté ont consumé tout mon temps. Je vous ai mandé que j'avais été obligé, pour finir, de renoncer à mon plan d'ouvrage [c] et de me borner à des lettres écrites

---

[a] Sur le commerce des grains.
[b] L'abbé Terray.
[c] Sur le commerce des grains.

au courant de la plume. Mon homme aura trouvé mes abrégés longs au dernier point. Mes sept lettres bout à bout contiennent 150 pages de mon écriture fine sur ce même papier-ci. Les trois dernières sont la réponse détaillée à son raisonnement qu'il me fit à Compiègne sur les trois intérêts des *cultivateurs,* des *propriétaires* et des *consommateurs.* Elles contiennent à elles seules cent pages. L'évidence m'en paraît si frappante qu'en vérité, il y a des moments où je me flatte qu'elle pourra faire son effet, si on me lit, mais la réflexion détruit bien vite cette illusion. L'on ne fait point voir le soleil en plein midi aux gens qui ont besoin qu'on le leur montre. S'il n'est pas convaincu, il est vraisemblable qu'il se fâchera, car je ne lui ai mâché aucune vérité. S'il se fâche, tant pis pour lui, et surtout pour le peuple qui souffrira de son aveuglement.

Je n'ai point encore reçu réponse de l'Archevêque de Toulouse et, de votre côté, vous ne m'avez point envoyé vos pièces justificatives qui feront une partie intégrante de l'ouvrage [a]. D'après ce qu'il me répondra et ce que vous me manderez du succès de la tentative que vous avez faite, je verrai à prendre un parti définitif. Ce que je crains surtout est de vous compromettre. Il est important pour vous et pour la chose que vous conserviez votre privilège et la contravention formelle à des défenses de la police serait un très beau prétexte pour vous l'ôter. Si vous étiez une fois dépossédé, je serais plus hardi pour vous ; mais, je crois inutile de vous compromettre sans bien réel pour la chose. Cet ouvrage est bon et doit faire du bien. Cependant, il ne convaincra point les entêtés et prêtera même à leurs critiques par quelques légères inexactitudes dans les faits, ce qui est un pêché originel des économistes. Par exemple, l'article du Limousin n'est pas exact et vous y donnez trop d'influence à l'Arrêt du Parlement de Bordeaux. Cet arrêt n'a eu d'exécution qu'à Tulle ; il produisit effectivement une secousse dans les prix, mais il n'a fait qu'accélérer un effet qui aurait toujours naturellement résulté du vide réel. Le plus grand mal qu'il a fait a été d'entretenir le préjugé contre le commerce et les commerçants en grains. Il a aussi servi de prétexte à quelques fripons du Périgord qui avaient vendu du grain à des Limousins pour se dispenser de le livrer afin de profiter de l'augmentation du prix dans l'intervalle de la vente à la livraison.

Même chose arrive aujourd'hui en conséquence de l'Arrêt du Parlement de Paris de septembre dernier. Il y a un bourg appelé Sauvial [b], à sept lieues de Limoges, qui dépend de la sénéchaussée de Guéret. Un boulanger de Limoges a fait au mois de juin un marché avec un parti-

---

[a] *Observations* de Du Pont *sur les effets de la liberté du commerce des grains.*
[b] Canton de Saint-Léonard.

culier de ce bourg qui s'est engagé à lui livrer cent setiers de seigle au mois de septembre à un prix assez haut ; mais, comme il est fort augmenté depuis ce temps-là, l'homme en question a prétendu que, son marché ayant été fait au mois de juin avant la moisson, il avait contrevenu à l'Arrêt du Parlement qui défend de vendre en vert. *Sub judice lis est.*

Si vous voulez m'envoyer la feuille où est l'article du Limousin, je vous la renverrai corrigée.

À l'égard des *Observations de M. de Fréval*, je voudrais bien moins les faire imprimer : 1° Vous m'avez marqué que l'auteur du règlement les avait lues, et indépendamment de cette circonstance, votre cachet y est si bien que vous seriez infailliblement reconnu. Or, la tournure ne laisse pas d'être piquante et des observations imprimées sur un projet qui n'est pas public seraient regardées comme une offense. Le déguisement même serait une circonstance aggravante. J'aurais aussi personnellement de la répugnance à faire imprimer ces observations : dans le temps où je m'occupe de la manière la plus forte à convaincre l'homme de son erreur et où je suis, par conséquent, censé en avoir l'espérance, il me semble peu décent de le traîner au tribunal du public. Ce serait en quelque sorte l'attaquer en face et par derrière. J'y ajoute que ces observations, quoique bonnes, ne sont pas plus fortes que celles qu'a mises l'abbé Baudeau à la suite de son troisième *Avis au public*. J'aimerais autant réimprimer celles-là qui ne compromettraient personne ou, si vous l'aimiez mieux, faire *ex professo* un examen raisonné des anciens règlements.

Si les bruits d'un changement s'étaient réalisés, alors, on aurait pu être plus hardi, mais il n'y a nulle apparence, à moins que, comme vous l'imaginez, ce ne soit Arlequin qui ait le plus de peur, mais je ne le crois pas. Il est très vrai qu'on ne vend pas son existence, mais on vend très bien celle de son corps. Je sais qu'alors, on perd beaucoup d'avantages, et entre autres, celui de se vendre journellement, mais c'est un revenu qu'on échange contre un capital, ainsi que fait tout seigneur qui vend sa terre. D'ailleurs, ces messieurs ont peur aussi, et ceux qui sont vendus font semblant d'être les plus poltrons, ce qui est plus honnête pour des magistrats que de s'avouer des fripons.

Avez-vous connu ce M. de Fréval ? Je l'ai vu quelquefois et je n'en ai pas pris grande idée. Il me paraissait avoir la pédanterie et l'air d'importance d'un jeune conseiller et réunir la suffisance à la médiocrité. Je ne serais point du tout surpris qu'il eût, en son vivant, adopté des principes tout opposés à ceux que vous lui prêtez. Mais peut-être avez-vous eu sur ses opinions des notions plus détaillées que moi. Quoi qu'il en soit, mon avis n'est point de l'imprimer quant à présent. Je ne pense pas qu'il prévienne le retour des mauvaises lois et je craindrais qu'on ne punît les vivants pour les morts.

Je suis vraiment inquiet sur votre situation ; l'esprit prohibitif gagne de jour en jour, et certainement vous devez lui être plus en butte que le *Journal de législation*. Soyez le plus sage que vous pourrez, ne songez qu'à conserver votre existence pour des temps meilleurs. Je suis persuadé que si vous conservez votre privilège, le nombre de vos souscripteurs augmentera. Votre réponse à M. Linguet doit vous en procurer. J'aurais voulu qu'elle fût plus répandue et que ce volume eût été débité séparément, car, pour le projet de faire une nouvelle édition de cette réponse, quoique vous eussiez pu en tirer quelque argent, j'approuve fort les motifs qui vous ont fait résister aux sollicitations du pauvre Morellet dont je suis très inquiet. À propos de critique, j'ai trouvé la fable de l'abbé Aubert vraiment très jolie, mais *les jaloux et l'envie* sont un pléonasme ; je voudrais corriger, *malgré la cabale et l'envie*.

J'ai cru d'abord comme vous que l'article de la *Gazette d'agriculture* était une méchanceté, mais j'ai su qui est-ce qui l'avait écrit et ce n'est que bêtise. Il est juste que le correspondant de Limoges soit à l'avenant des autres ; on voit que l'auteur de cette gazette a de meilleurs principes que son prédécesseur, mais son ouvrage n'en est guère meilleur. On ne sait ce qui domine le plus de la négligence ou de l'ignorance, soit du rédacteur, soit des correspondants. M. de l'Épine s'est chargé de lui envoyer un démenti sur l'article de notre abondance.

Le *Mémoire sur la caisse de Poissy* est-il de vous ? J'en suis très content, mais je n'aurais pas voulu qu'on y joignît ce grand discours de Grenoble qui est à la suite et qui m'a paru phrasier et souvent erroné dans les principes. J'aurais voulu qu'on eût aussi imprimé les édits, etc., portant établissement de la caisse de Poissy. J'aurais voulu que vous eussiez trouvé quelque manière détournée, comme par exemple, le contreseing de M. Trudaine ou de M. Boutin pour m'envoyer M. de Fréval. Il faut se méfier beaucoup de la poste. Si je les eusse fait imprimer et que votre lettre eût été ouverte, toutes les précautions pour cacher l'auteur, l'éditeur et l'imprimeur n'eussent servi de rien.

Je ne vous aurais pas écrit aujourd'hui tout ce détail si je n'avais trouvé une occasion particulière pour vous faire tenir ma lettre. Je mets, par la même raison, dans votre paquet, celle que j'ai écrite à l'abbé Morellet. Mes compliments à l'abbé Baudeau. Profitez de sa bonne volonté et forcez de voiles. Adieu.

Ce 29. Cette lettre que vous auriez dû recevoir beaucoup plus tôt, est restée ici avec le porteur ; il doit partir après-demain.

Vous avez reçu depuis différentes lettres de moi. J'ai appris hier au soir la chute des cèdres du Liban ᵃ. Sans doute que le même vent renversera la Forêt noire que je ne crois pas bien affermie sur ses racines, sans compter beaucoup de tiges qui portent leur tête fort haut et dont le tronc est tout pourri.

Je n'aimais pas ceux qui s'en vont, mais ceux qui viennent me font trembler. Je crains aussi la guerre.

LXXXV. — (Pamphlet sur le commerce des grains. — Les *Lettres* de Turgot à l'abbé Terray. — Les *Éphémérides*. — L'autorité tutélaire. — Béranger. — Linguet.)

Limoges, 21 décembre.

J'ai reçu, mon cher Du Pont, une lettre de l'homme que vous m'avez chargé de consulter ᵇ. Il pense que l'on ne pourrait imprimer sans compromettre l'auteur et l'ouvrage ; que, dans ce moment, ce ne sont point les écrivains qui arrêteront la mauvaise besogne, attendu que les gens dont il s'agit ᶜ ne les lisent pas, que le public capable d'être convaincu l'est à peu près et que le clabaudage des autres peut difficilement être réduit au silence quand il est soutenu de la cherté. Ici, je commente un peu mon texte. Il ajoute que les corps seuls peuvent opposer une résistance efficace ; celle des trois parlements et des États ᵈ sera respectable ; d'ailleurs, il croit qu'on sera occupé d'autre chose.

Je ne sais si on m'aura lu ᵉ. J'ai prié M. Albert de s'en informer.

Je vous conseille de suivre l'avis et de rester tranquille. Songez que risquer votre privilège c'est risquer doublement, pour la chose, et pour vous. J'ai été fort content du nouveau volume, à cela près que MM. les Économistes ne peuvent se défaire de leur tic sur l'autorité tutélaire, laquelle déshonore leur doctrine et est l'inconséquence la plus inconséquente de leur dogme de l'évidence. Ne répétez donc plus, vous personnellement, cette sottise. Les hommes n'ont pas besoin de tuteurs. Quand ils sont raisonnables, ils savent s'entendre et il ne faut que s'entendre. Le mot de M. Gobe-mouches contient toute la politique.

Je suis d'ailleurs content du morceau de l'abbé Baudeau sur Béardé ᶠ qui me paraît devoir être déconcerté. Mais ce qui m'a charmé, c'est

---

ᵃ La chute de Choiseul et de De Praslin, exilés l'un à Chanteloup, l'autre à Praslin.
ᵇ L'archevêque de Toulouse.
ᶜ Terray.
ᵈ Contraires à la réglementation.
ᵉ Les *Lettres sur le commerce des grains*.
ᶠ *Lettre à M. Béardé de l'Abbaye sur sa critique prétendue de la Science économique*.

votre réponse au copiste de Linguet ; elle m'a donné l'envie de voir l'ouvrage.

J'ai été aussi infiniment satisfait de la lettre de M. Béranger [a] et si ce qu'il dit de lui est vrai, ce doit être un homme très estimable. D'après ce que vous dites de sa position, j'ai imaginé que peut-être il pouvait avoir peu de ressources, celle de travailler en orfèvrerie étant peu agréable. J'ai pensé en même temps que j'avais besoin d'un secrétaire qui sût écrire. J'ai regretté que vous ne me l'ayez pas fait connaître pendant mon séjour à Paris. Mais que sais-je ? Quel est son caractère ? Est-il instruit ? De quoi ? Pourra-t-il prendre sur lui de se pénétrer de matières sèches pour les développer avec netteté par un travail sans gloire ? Tel écrit bien quand il est échauffé sur ce qui l'intéresse, qui ne peut rien faire sur ce qui lui est indifférent. Les têtes chaudes sont de terribles gens.

Et savez-vous, à propos de têtes chaudes, qu'il n'a tenu à rien que je n'aie eu Linguet pour secrétaire ? On me l'avait proposé dans un temps où il était sous-folliculaire aux gages de Fréron. Pensez, réfléchissez sur cela à part vous, et dites-moi ce que vous aurez pensé. N'oubliez pas qu'il faut toujours que je vous garde votre place, si vous veniez à descendre du Trône, ou si vous voulez de la Chaire, où vous dictez les lois de l'Ordre Physique et Moral, car vous êtes M. *Speaker*.

Adieu, mon cher Du Pont ; je vous embrasse. Je suis honteux de ne pas répondre encore aujourd'hui à M. de Mirabeau.

LXXXVI. — (Les supplications des États du Languedoc.)

Limoges, 25 décembre.

Envoyez-moi, je vous prie, mon cher Du Pont, les supplications des États du Languedoc sur les grains que vous aviez fait imprimer pour l'archevêque de Toulouse. J'en ai besoin pour joindre à d'autres choses.

Je vous embrasse et n'ai pas le temps de vous en dire davantage.

---

[a] *Lettre au premier syndic de la République de Genève* du 14 mars 1770. — Béranger était un jeune homme de vingt-sept ans, natif de Genève, qui avait été orfèvre jusqu'à vingt-trois ans. Il y avait eu à Genève des troubles graves à la suite des prétentions des *citoyens et bourgeois natifs*, à l'égard des *habitants et sujets*.

114. — LETTRES À CAILLARD.

I. — (Envoi à Caillard, d'une lettre pour Voltaire, signée : l'abbé de l'Aage des Bournais : Traduction de Virgile en vers métriques.)

[A. L., minute.]

À M. de Voltaire, gentilhomme ordinaire,
en son château de Ferney, près Gex.

Paris, 28 février.

Vous comptez, M., autant de disciples qu'il y a d'hommes de lettres en France et peut-être en Europe ; il n'en est aucun que vos ouvrages n'aient instruit et n'aient contribué à former. Ils ont fait mes délices dès mon enfance ; dans ma jeunesse, ils dirigent mon goût, ils éclairent ma raison.

L'admiration et l'attachement qu'ils m'ont inspiré pour leur auteur me sont communs avec tant de personnes que je n'ose m'en faire un titre pour vous consulter sur un travail que j'ai entrepris. Vous avez assurément mieux à faire qu'à donner des conseils à tous les étourdis qui vous en demandent avec autant d'indiscrétion que s'ils étaient en état d'en profiter.

Je mérite peut-être le même reproche, mais, si dans ce moment je vous importune, vous ne devez, M., vous en prendre qu'à vous-même. La manière pleine de bonté avec laquelle vous avez accueilli, encouragé les premiers efforts de plusieurs jeunes gens, devenus depuis des écrivains estimables, les instructions et les secours de tout genre que vous leur avez prodigués m'ont appris que vous trouviez autant de plaisir à obliger les particuliers qu'à éclairer le public et cette réflexion m'a enhardi.

J'ai presque honte de vous dire qu'il s'agit d'une *traduction de Virgile*. Vous me demanderez pourquoi je traduis ? Pourquoi l'élève d'un peintre copie-t-il les tableaux de son maître ? Pourquoi un amant veut-il multiplier les portraits de sa maîtresse ? Si j'étais Italien ou Anglais, je voudrais vous traduire dans ma langue. J'aime Virgile, et vous, M., qui savez si bien, et sentir, et faire sentir le charme des beaux vers, et d'un style toujours pur, toujours correct, toujours facile, toujours harmonieux et toujours naturel, d'un style où l'image et le sentiment sont toujours rendus avec l'énergie et la grâce du mot propre, vous qui aimez tant Racine, je suis bien sûr que vous savez Virgile par cœur.

Je vous dirai encore que l'étude de Virgile a été pendant quelque temps pour moi un devoir d'état, et qu'obligé de le relire sans cesse, j'étais sans cesse plus frappé de ses beautés. Pour éclaircir les difficultés que présentent certains passages devenus obscurs, je parcourais quelquefois nos prétendues traductions et j'étais continuellement révolté du style lourd et barbare qu'on prêtait au plus grand poète et à l'écrivain le plus élégant de l'antiquité. En les lisant, je cessais de m'étonner que personne n'eût encore pu lire Virgile dans notre langue, mais un étonnement succédait à l'autre et je ne concevais pas davantage comment aucun écrivain sachant notre langue n'avait entrepris de la faire parler à Virgile. Vous n'avez peut-être, M., jamais daigné jeter les yeux sur ces misérables parodistes, soi-disant traducteurs. On dit que l'abbé Desfontaines est le moins mauvais de tous, et quel style ! Il est difficile de décider si sa traduction s'éloigne davantage, ou du génie de sa propre langue, ou du sens de son auteur. Il ne rend pas une image, pas un sentiment de Virgile. Il traduit :

… Vocat jam carbasus auras

par : *déjà, ils ont appareillé.*
Voici comme il tue cette belle image :

Ipsa hæret scopulis ; et quantum vertice ad auras
Æthereas, tantum radice in Tartara tendit.

Ses racines, aussi profondes que sa tête est élevée, le retiennent ferme sur le rocher où il est planté ; il brave fièrement tous les assauts.

Tempus inane peto, requiem spatiumque furori [a] :

Je le prie seulement de m'accorder quelques jours pour soulager ma peine.

Voilà, M., ce que j'ai été condamné à lire, et à lire à côté de Virgile. Vous concevez comment l'indignation m'a fait traducteur. Il m'était impossible de résister au désir de venger un auteur que j'aimais d'un pareil travestissement et, après m'être essayé sur plusieurs morceaux, je me suis enfin déterminé à entreprendre la traduction entière.

Indépendamment de mon goût pour Virgile, j'ai été soutenu dans mon travail par cette satisfaction secrète de l'amour-propre qui se plaît à lutter contre une difficulté regardée comme insurmontable et qu'il se

---

[a] *Énéide*, L. IV, vers 417, 433, 445.

flatte cependant de vaincre. C'est un plaisir de dupe et la gloire que peut espérer un traducteur n'est nullement proportionnée à la tâche qu'il s'impose. C'est sans doute pour cette raison que nous avons si peu de bons traducteurs, si même nous en avons un seul.

Car il est injuste d'en accuser notre langue, comme le font les étrangers. Comment cette langue, si riche, si brillante, si flexible à tous les caractères dans les écrits de nos grands hommes et dans les vôtres, M., n'aurait-elle plus que de la faiblesse quand on essaye de lui donner à exprimer des idées ou des sentiments heureusement exprimés dans les autres langues anciennes et modernes ? Mille exemples m'ont convaincu du contraire. Vous, M., qui connaissez mieux que personne toutes ses ressources, vous serez sans doute de mon avis.

La vraie cause de la rareté des traducteurs, c'est la difficulté de traduire à la fois exactement et élégamment, de faire passer à la fois dans une autre langue, et le sens, et le génie de son auteur. Cette difficulté est incomparablement plus grande que celle de composer soi-même.

Un auteur qui écrit conçoit ses idées déjà revêtues de leurs expressions et souvent c'est le mot qui amène l'idée. S'il se présente à lui quelque image qui se refuse à une expression élégante et analogue au genre de style dont il a fait choix, rien ne l'empêche de l'abandonner et d'en substituer une autre. Il use de son bien. Combien de fois n'est-il pas arrivé qu'un poète ait sacrifié un très beau vers uniquement par l'impuissance d'y trouver une rime ? Le traducteur, au contraire, est un homme comptable d'un bien qu'il ne fait qu'administrer ; il ne peut rien retrancher, ni rien ajouter d'important. Un mot qui semble indifférent, ajouté ou retranché, ou simplement transposé, peut faire disparaître cette liaison souvent imperceptible par laquelle le poète passe d'une idée à l'autre et qu'on ne peut déranger sans détruire toute l'économie de l'ensemble et sans faire perdre à l'ouvrage le mérite de la justesse et celui du naturel. La transposition d'un membre de phrase peut intervertir la gradation des images, si nécessaire pour l'effet des tableaux, et celle des sentiments dont dépend si fort l'émotion que le poète s'est proposé d'exciter. Il n'est aucune expression de génie qu'il soit permis au traducteur de négliger, à peine de ne présenter qu'un squelette sans âme ou sans vie, ou un portrait de pure imagination. S'il peut se dispenser de cette loi, ce n'est qu'après avoir épuisé toutes les ressources de la langue et s'être convaincu par des efforts multipliés de l'impossibilité absolue du succès.

Voilà bien de la peine pour peu de gloire. L'écrivain original en acquiert beaucoup plus et à meilleur marché. Il a sans doute le mérite inestimable de l'invention, ce qui suppose un talent très précieux parce qu'il est très rare ; mais, pour qui a reçu ce don de la nature, il n'est pas difficile d'inventer. Le plan et la disposition d'un ouvrage exigent du travail mais, j'ai peine à croire qu'aucune idée heureuse, aucun trait de génie, ait été le fruit des efforts et de la contention.

C'est sur quoi, M., vous pouvez mieux décider que moi ; je m'en rapporte à votre expérience.

Nos traducteurs, en général, ne se sont pas prescrit des règles si sévères. Ils ont mieux aimé regarder le but comme impossible que de prendre la peine nécessaire pour y atteindre. Ils se sont fait une conscience conforme à leur pratique. Aussi, dans leurs préfaces, ont-ils grand soin de nous annoncer qu'ils se sont bien gardés de cette exactitude littérale qui n'appartient qu'à des pédants et des écoliers. En conséquence de ce beau principe, toute figure hardie, toute expression originale, est remplacée par de prétendus équivalents du style le plus trivial ; les périphrases sont substituées au mot propre ; la teinte du style de l'auteur disparaît entièrement et l'on ne voit que celui du traducteur. L'auteur le plus serré est rendu par un style traînant et diffus parce que la langue française exige que les idées soient développées. Un auteur périodique est rendu par un style serré parce que le style coupé est le plus conforme au génie du français. Cicéron et Sénèque ont exactement le même ton, s'ils ont le même traducteur.

Ces messieurs s'imaginent embellir leur auteur en lui prêtant leurs propres idées. L'un d'eux nous dit, avec une naïveté admirable, que ces additions sont des *acomptes* par lesquels il a voulu dédommager Tacite des retranchements qu'il lui ferait ailleurs.

À les entendre, le plus grand mérite d'un traducteur consiste à ne point traduire ; plus ils se sont éloignés du génie de leur auteur, plus ils s'applaudissent de s'être conformés au génie de notre langue et ils ne manquent pas de s'appliquer ce vers d'Horace :

> Nec verbum verbo curabis reddere, fidus
> Interpres… [a].

Comme si Horace, en conseillant à ceux qui veulent prendre dans Homère des sujets ou des caractères tragiques de se rendre ces sujets propres et de ne pas se borner à être de simples traducteurs avait conseillé aux traducteurs d'être inexacts.

Je vous avoue, M., que j'ai été jaloux de prouver par le fait qu'on peut traduire véritablement dans notre langue, qu'on peut y faire passer non seulement les principaux traits des écrivains de l'antiquité, mais le caractère de leur physionomie et jusqu'au coloris qui les anime.

---

[a] Art poétique.

Je sais que pour rendre véritablement un poète sans laisser rien à désirer, il faudrait le traduire en vers. Une versification harmonieuse et sonore a trop de charmes pour qu'une prose, quelque élégante qu'elle soit, puisse soutenir la comparaison ; mais la difficulté de traduire Virgile augmente si prodigieusement quand on veut le traduire, que je la crois au-dessus des forces de tout écrivain qui n'est pas vous. On peut en conclure que jamais nous ne verrons Virgile traduit en vers : car, quand on a vos talents, on aime mieux être Voltaire que d'être le traducteur de Virgile. On a raison, on y gagne et le public aussi.

M. l'abbé Delille vient de nous donner une traduction en vers des *Géorgiques* ; il y a infiniment de mérite à l'avoir faite ; on y trouve même des morceaux très bien rendus ; mais si j'ose dire ce que j'en pense, je n'y reconnais point l'original. La grâce, le naturel, la facilité des transitions, la molle douceur de la versification, ce *molle atque facetum* qu'Horace avait reconnu dans les premiers ouvrages de Virgile, disparaît dans l'abbé Delille. Presque toujours, il met de la pompe où Virgile n'a mis que de la simplicité et même de la naïveté ; je ne parle pas de la contrainte qui se fait sentir si souvent dans sa traduction. Il ne faut peut-être pas reprocher ces défauts à cet écrivain estimable ; ils ne prouvent que l'excessive difficulté de son entreprise.

Avant de connaître sa traduction, j'avais tenté aussi de traduire en vers, et j'avais poussé assez loin mes essais. J'étais assez content de plusieurs morceaux des *Géorgiques*, du premier et du quatrième livre de l'*Énéide*. Mais, après avoir cru réussir passablement à quelques morceaux, je me trouvais arrêté ensuite dans d'autres, par des difficultés que mes plus grands efforts ne pouvaient vaincre. Le dernier morceau sur lequel j'ai perdu beaucoup de temps, et qui m'a même entièrement découragé est le beau tableau de Laocoon au livre second, depuis le vers 201 jusqu'au vers 227. Si ce n'était pas à vous que j'écris, M., je crois que je défierais tous les versificateurs français de rendre l'énergie de cette peinture, mais je sais trop qu'il ne faut vous défier de rien ; du moins, on peut vous prier de le tenter pour l'honneur de notre langue.

Contraint par mon impuissance à renoncer au projet de traduire en vers, j'ai cherché du moins à donner à ma prose un caractère de hardiesse et d'harmonie par lequel elle approchât autant qu'il est possible de la poésie.

Je me suis fait à cet égard un système d'harmonie dont l'effet me paraît réel ; mais je dois craindre de me faire illusion, et c'est pour savoir si cette crainte est fondée que je prends, M., la liberté de vous consulter.

Je joins à cette lettre la traduction entière de la huitième *Églogue* et celle de plusieurs morceaux choisis du quatrième livre de l'*Énéide*, que j'ai travaillés avec toute l'attention dont je suis capable. Vous verrez que je m'y suis permis les mêmes inversions qu'on se permet en vers ; j'y ai aussi évité avec le même soin que dans les vers les hiatus et le concours des sons désagréables. J'ai tâché d'y mettre du nombre, de la cadence, et je me suis donné pour y parvenir plus de liberté que je n'en aurais pris dans une traduction en prose ordinaire. Vous vous apercevrez même que j'ai changé quelques noms dans l'*Églogue*. Avec tout ce travail, au lieu d'une prose harmonieuse, je n'aurai peut-être réussi qu'à faire une prose bizarre. Mon oreille ne peut plus en juger, et je ne puis en trouver de plus délicate, ni de plus exercée que la vôtre. J'ose donc vous prier de lire cette traduction en la prononçant d'une manière aussi soutenue qu'on prononce des vers. Si vous y reconnaissez le nombre et l'harmonie que j'ai cru y mettre, je serai sûr d'avoir réussi et je continuerai. Si, au contraire, votre oreille n'y trouve pas plus d'harmonie que dans toute autre prose, j'en concluerai que je me suis trompé et j'abandonnerai un travail inutile.

Ce serait mettre le comble à vos bontés que de prendre la peine de me marquer d'un coup de crayon les endroits de ma traduction qui vous paraîtraient d'ailleurs défectueux, soit pour la fidélité du sens, soit pour la correction et l'élégance du style. Je croirais que mon travail aurait quelque valeur si vous y preniez assez d'intérêt pour le corriger.

Je vous prie de me renvoyer cette traduction ainsi crayonnée et de me marquer, en même temps, l'effet qu'aura produit sur votre oreille ce genre de prose. Vous voudrez bien adresser le paquet cacheté sous mon nom, avec une seconde enveloppe à M. Caillard, secrétaire de M. d'Arget, à l'École Royale Militaire. Je le reprendrai chez lui, au retour d'un voyage de quelques semaines que je vais faire en Hollande.

J'ai l'honneur d'être, avec toute l'admiration qui vous est due…

l'abbé de l'Aage des Bournais [a].

(Si M. Caillard ne fait pas partir cette lettre de Paris, il la datera de quelque petite ville d'Italie, ou mieux encore de Turin, et au lieu de la dernière ligne, *au retour…* il mettra simplement *à mon retour à Paris*.)

---

[a] Turgot avait d'abord signé : *De l'Aage des Bournais, avocat au Parlement.*

II. — (Les vers métriques. — Détails divers.)

[D. D., II, 811.]

Limoges, 16 mars.

Vous devez à présent avoir reçu, mon cher Caillard [a], la lettre que je remettais de courrier en courrier et que j'aurais peut-être remise encore plus loin si j'avais été instruit de la prolongation de votre séjour à Paris. Je suis bien aise de l'avoir ignoré. Peut-être verrez-vous avant votre départ la réponse. Je crains pourtant que la lettre n'ennuie si fort par sa longueur, qu'on laissera là l'examen de la traduction. J'ai peur aussi que, si l'on devine, la chose ne soit divulguée et l'auteur connu. Mandez-moi, je vous prie, si vous avez fait partir la lettre, et renvoyez-moi l'original, que je suis bien aise de garder.

Vous ne me marquez point si vos affaires sont enfin arrangées avec M. de Boisgelin, ni si vous êtes contents l'un de l'autre. Vous ferez bien de profiter de votre séjour à Paris pour faire un petit cours de politique sous la direction de l'abbé de Mably.

Si vous voyez Mme Blondel, vous pouvez lui faire voir les *vers métriques* ; je suis curieux de savoir comment elle trouvera l'églogue. Elle a vu quelques vers de *Didon* ; peut-être tout cela est-il déjà parti pour Ferney.

Si vous avez mon manuscrit sur la *Richesse* [b], je vous prie de me le renvoyer. M. Du Pont vous en donnera un exemplaire imprimé. Il y a, à la page 96 du volume de décembre [c] des *Éphémérides*, une phrase que je trouve louche et inintelligible. Je soupçonne qu'il y a deux ou trois lignes de passées ; et je ne puis y suppléer.

Fayel est par trop mauvais. De Belloy [d] est un Corneille en comparaison. Je n'ai pas été fort content de la pièce de M. de La Harpe [e], et je vous avoue que le curé me paraît un caractère manqué et déplacé dans la pièce. S'il était ce qu'il doit être, la fille ne s'empoisonnerait pas et ne serait pas religieuse. Mais que les discours de cette malheureuse, dans la

---

[a] Caillard servit de secrétaire à Turgot, qui ensuite l'attacha, en la même qualité, au comte de Boisgelin, ministre de France à Parme. Caillard devint successivement secrétaire d'ambassade en Russie, en Suède, en Hollande, ministre plénipotentiaire à Ratisbonne et à Berlin (en 1803), garde des archives des relations extérieures. Il possédait une des plus riches collections de livres qu'un particulier puisse rassembler.

Son frère aîné, mort chez l'abbé Morellet, fut un des collaborateurs de l'abbé pour son *Dictionnaire du Commerce*, avec Boutibonse, Desmeuniers, Bertrand et Peuchet.

[b] *Réflexions sur la formation et la distribution des Richesses.*

[c] 1769.

[d] De Belloy (1727-1775), de l'Académie française.

[e] La Harpe (1739-1803) composa en 1770 un drame intitulé : *Mélanie*.

scène avec le curé, sont beaux Cela dédommage de tout et vaut une pièce entière.

On m'a mandé que l'abbé Morellet dépérissait beaucoup. Donnez-m'en, je vous prie, des nouvelles. J'en suis d'autant plus fâché qu'il veut répondre à l'abbé Galiani [a], dont au reste je persiste à trouver la forme très agréable et le fond détestable.

Vous me ferez plaisir de souscrire pour les *Récréations mathématiques*.

Dites aussi au relieur de prendre pour moi le volume de l'Académie des sciences de 1766. Vous pouvez vous en charger et me l'envoyer, ou contresigné : Boutin, ou par l'occasion de quelque Limousin.

M. Des Resnaudies s'est chargé de demander vos livres à sa sœur.

Avez-vous vu la traduction de la *Description des glaciers*, par M. de Keralio [b] ? Desmarets vous fait mille compliments.

Je voudrais fort avoir le nouvel ouvrage du P. Beccaria [c], sur l'électricité, qui est annoncé dans le dernier *Journal des Savants*.

Adieu : vous connaissez tous mes sentiments.

III. — (Affaires personnelles à Caillard. — Mme Blondel.)

[Lettre en la possession de l'éditeur.]

Limoges, 23 mars.

Je prends, mon cher Caillard, bien de la part à vos peines et vous devez être bien sûr que je ferai tout ce qui dépendra de moi pour les adoucir et rendre service à Mme Caillard. J'écrirai à M. Trudaine [d] pour me joindre à l'abbé Morellet.

Mais peut-être, vu l'éloignement actuel de M. Trudaine, trouverez-vous plus de ressource dans la bienfaisance active de Mme Blondel et de M. de Malesherbes que l'abbé Morellet peut aussi employer.

Quant à Mme Blondel, voyez-là et dites-lui hardiment toutes vos idées ; ne craignez jamais de l'embarrasser quand il s'agit de rendre service. Il peut n'être pas nécessaire pour l'exécution de votre projet que M. de Boisgelin en soit instruit ; c'est encore sur quoi vous pouvez consulter Mme Blondel.

À l'égard de l'objection de vos dettes à Limoges, il me serait difficile d'en faire l'avance cette année, attendu la grande augmentation de dé-

---

[a] Galiani (1728-1787), abbé napolitain, dont les *Dialogues sur le commerce des grains* portèrent un coup terrible à l'école physiocratique.

[b] De Keralio (1731-1793), de l'Académie des Inscriptions.

[c] Beccaria (1716-1781), célèbre physicien.

[d] Trudaine de Montigny.

pense que m'occasionnent mon séjour ici et le motif de ce séjour. Mais je le pourrai sans me gêner l'année prochaine, et vous n'avez pas promis de payer cette année ; ainsi, je ne vois pas que cette objection doive vous arrêter.

Mme Blondel peut aussi vous trouver des facilités pour des places du genre de celles dont vous me parlez, mais ce n'est guère qu'en pays étranger que ces places ont quelque agrément. Si cependant, je trouve quelque occasion de ce genre, je n'oublierai point votre belle-sœur.

J'ai oublié de vous demander un exemplaire d'un ouvrage sur la Compagnie [a] que M. votre frère vous avait envoyé et que nous avons imaginé être de M. Abeille. Il roule sur les rapports de la Compagnie avec le système de Law. Il manque à mon recueil.

Adieu mon cher Caillard, je vous prie de compter sur moi en toute occasion.

Votre lettre du 13 n'est arrivée que par le courrier du 18.

Mme Blondel fait souvent dire qu'elle n'y est pas. Demandez-lui un moment si vous voulez lui parler.

IV. — (Les vers métriques.)

[D. D., II, 812.]

Limoges, 6 avril.

Je vois avec grand plaisir, mon cher Caillard, que M. de Boisgelin et vous êtes contents l'un de l'autre. M. de La Bourdonnaye, étant fait pour être placé, ne peut vous faire aucun tort ni retarder votre avancement, pourvu que M. de Boisgelin suive la carrière. Je suis fort aise que vous ayez espérance de placer par lui Mme Caillard, car M. Trudaine n'aurait pu agir qu'après son retour.

J'avais dans le temps trouvé l'ouvrage de M. votre frère très bon ; il me fait sentir combien est grande la perte qu'a faite l'abbé Morellet.

Mme Blondel a été effrayée du ton de consultation que vous preniez avec elle, et c'est ce qui l'a empêchée de vous donner rendez-vous pour entendre l'*Églogue*. Cela pourra se réparer, car vous en avez, je crois, copie.

Je ne crois pas qu'il y ait rien de désobligeant, pour l'homme à qui vous avez adressé une lettre [b], dans ce que dit M. l'abbé de l'Aage sur la difficulté du chemin que prend le traducteur pour arriver à la gloire. Il

---

[a] La Compagnie des Indes.
[b] Voltaire. Voir la lettre de l'abbé de l'Aage du 28 février, p. 361.

me semble, au contraire, que la supériorité de l'écrivain original sur le traducteur est très nettement prononcée, soit du côté de la gloire, incomparablement plus grande, soit du côté du talent, très rare et très précieux, de l'invention : dire que, ce talent une fois donné, l'invention n'est pas laborieuse ; dire que les idées heureuses, les idées de génie ne sont point le fruit des efforts et de la contention, et en appeler sur cela à l'expérience de la personne, c'est, je crois, lui dire une chose très flatteuse, et d'autant plus flatteuse, que son expérience y sera certainement conforme.

Quant à la critique que vous faites de quelques phrases relatives aux difficultés propres du traducteur, il me semble que vous n'avez pas tout à fait pris mon sens : si, pour exprimer la difficulté qu'il y a à copier, je disais que le copiste doit conserver l'air de liberté du trait et la grâce des contours, serait-on reçu à me dire que le peintre doit aussi donner à ses traits et à ses contours l'air de liberté et la grâce ? En énonçant les devoirs du traducteur relativement à son auteur, j'ai cru en faire suffisamment sentir la difficulté. J'avais dans l'esprit toutes les liaisons que croit ajouter l'abbé Delille dans sa traduction, toutes ses transpositions, tous ses retranchements, et je voyais à quel point les libertés les plus imperceptibles dénaturent la marche et l'esprit de Virgile. C'est peut-être parce que voyais tout cela trop clairement que j'ai négligé de l'exprimer, et que je l'ai sous-entendu. J'ai eu tort, puisque vous vous y êtes trompé ; et, si vous eussiez été ici, j'eusse, en changeant quelques mots, levé toute équivoque. Je n'imagine pas que vous soyez encore à temps de me corriger ; car, sans doute, la lettre est partie. J'attends la réponse avec impatience.

Si vous avez besoin d'argent pour mes commissions, vous pouvez demander à Mme Blondel ce que vous voudrez sur celui qu'elle a à moi ; mais il faut toujours que vous m'en envoyiez le compte. Je me soucie peu du *Système de la Nature*[a]. Un livre si gros, qui contient le matérialisme tout pur, est un ouvrage de métaphysique par un homme qui, à coup sûr, n'est pas métaphysicien, et pique peu ma curiosité. Si l'auteur est celui des pensées sur l'*Interprétation de la Nature*, il peut être agréable par le style ; mais si cet auteur est un certain Robinet[b], auteur d'un livre de la *Nature*, je le tiens d'avance pour lu.

Desmarets et Desnaux vous font mille compliments ; la misère est toujours affreuse ici.

---

[a] Par le baron d'Holbach.
[b] Robinet (1735-1820), plus tard censeur royal ; la *Nature* avait paru en 1761-1768.

V. — (Les vers métriques. — Caillard.)

[D. D., II, 814.]

22 juin.

Il y a bien longtemps, mon cher Caillard, que je n'ai eu de vos nouvelles. Vous ne m'avez pas même instruit de votre départ de Paris. J'aurais été bien aise d'apprendre par vous si vous avez réussi à fixer le sort de votre belle-sœur.

J'ai jusqu'ici attendu de jour en jour la réponse à l'abbé de l'Aage, mais j'en désespère à présent. On dit que Voltaire est uniquement occupé de son *Encyclopédie*, et qu'il ne parle ni n'écrit à personne. Quand il aura fini, il aura oublié l'abbé de l'Aage, et peut-être n'aura-t-il pas même daigné jeter les yeux sur sa traduction. Vous trouverez ci-joint une minute de lettre que je ne vois pas d'inconvénient à lui adresser, soit de Dijon, soit de Gênes pour le dépayser encore mieux. Je suppose que vous avez pris des mesures sûres pour que sa réponse me parvienne en tout temps.

M. de Boisgelin est arrivé avant-hier aux Courières, où il a trouvé son frère et sa sœur. Ils me quittent tous lundi, et je sais que M. de Boisgelin vous a donné rendez-vous à Antibes. Vous imaginez bien qu'un de mes premiers soins a été de chercher dans sa conversation à juger comment vous êtes contents l'un de l'autre. Je vois, en général, qu'il est satisfait de votre honnêteté et de vos talents ; mais j'ai entrevu qu'il vous fait un reproche où malheureusement je vous ai reconnu : c'est la paresse et la lenteur dans l'expédition. Je vous reprochais la même chose. La perte de vos matinées, l'habitude de les passer en robe de chambre à faire des riens, le retard des lettres dont je vous chargeais, ces défauts sont très grands dans votre position et je vous les ai reprochés plusieurs fois. Je les expliquai par le dégoût du genre de la besogne dont vous étiez chargé. À présent que vous n'avez que des occupations d'un genre beaucoup moins triste et que vous en êtes seul chargé, vous devez sentir combien ces défauts deviendraient à la longue désagréables à M. de Boisgelin : le retard du service retomberait sur lui, et nécessairement, il serait forcé de vous en savoir très mauvais gré. Vous sentez qu'il n'y a que l'intérêt que je prends à vous qui me fait vous donner cet avis. M. de Boisgelin ne m'en a nullement parlé à ce dessein, et je vous prie de lui laisser ignorer que je vous en aie rien dit ; mais la chose est trop importante pour votre fortune et pour votre bonheur, pour que je n'insiste pas auprès de vous afin de vous engager à faire tous vos efforts pour vaincre cette malheureuse habitude de paresse.

Adieu, mon cher Caillard, je vous souhaite toute sorte de bonheur. Desmarets vous fait mille compliments, ainsi que M. Melon.

Lettre de l'abbé de l'Aage des Bournais à Voltaire.

J'espérais, M., en passant à Paris à mon retour de Hollande, trouver chez M. Caillard, votre réponse à la lettre que j'ai pris la liberté de vous écrire à la fin de février, et en vous adressant quelques essais d'une traduction de Virgile. J'aurais été infiniment flatté que vous eussiez daigné m'en dire votre avis ; votre approbation eût été pour moi le plus grand des encouragements. Je crains bien que votre silence ne soit l'arrêt de ma condamnation. L'emploi de votre temps est si précieux pour votre gloire, pour le plaisir et l'instruction des hommes, que vous ne devez pas en perdre à discuter des écrits médiocres ; et, malgré l'amour-propre attaché à la profession d'écrivain, l'idée que j'ai de la sûreté de votre goût est telle, que je suis bien prêt à souscrire à votre jugement. Quoi qu'il en soit, comme il se pourrait absolument que le paquet eût été perdu, j'ose vous prier de me tirer de cette incertitude, ne fût-ce qu'en me le renvoyant tel que vous l'avez reçu, et sans y faire aucune réponse. J'entendrai votre silence, et je saurai renoncer à un travail que vous aurez jugé sans mérite. Ayez la bonté d'adresser toujours le paquet à M. l'abbé de l'Aage des Bournais, sous une double enveloppe à M. Caillard, secrétaire de M. d'Arget, à l'École militaire ; il se chargera de me le faire passer.

J'ai l'honneur d'être, avec un attachement fondé sur l'admiration la plus profonde, M., etc.

VI. — (Les vers métriques.)

[D. D., II, 815.]

10 juillet.

Je ne sais, mon cher Caillard, si vous avez reçu une lettre que je vous ai adressée à Dijon le 22 juin, à laquelle était joint un projet de lettre de l'abbé de l'Aage. Depuis ce temps, l'abbé a reçu la réponse à sa première lettre ; je vous en envoie copie. Je ne puis comprendre comment on a pu goûter la traduction, et en faire d'aussi grands éloges, sans s'être aperçu que ce n'était pas une simple prose. On ne s'explique point sur cet article, qui est cependant l'objet le plus intéressant. L'abbé de l'Aage veut insister, et il a récrit la lettre dont voici le projet ; il vous prie instamment de la faire parvenir à son adresse, en la mettant à la poste de Gênes, si vous êtes encore à temps ; si vous êtes déjà Parme, il faut la faire mettre à la poste dans quelque ville des États du Roi de Sardaigne afin de mieux dépayser. Si la lettre que vous avez reçue à Dijon n'est pas partie, il faut la supprimer.

Je vous faisais, dans la lettre que je vous écrivais à Dijon, quelques exhortations que je ne vous répète point, ne doutant pas que cette lettre ne vous soit parvenue ou ne vous parvienne. Je n'ai pas besoin de vous dire qu'elles n'ont été dictées que par l'intérêt que je prends à votre bonheur.

Savez-vous le nouveau désagrément qu'essuie le pauvre abbé Morellet, à qui M. le Contrôleur général ne permet pas de publier sa réponse à l'abbé Galiani. Cela est bien étrange.

L'abbé me mande que Mme Caillard est placée en Pologne. Je suis charmé que, par cet arrangement, elle puisse se passer de vous. Cela vous permettra de mettre vos affaires en ordre.

Le temps qu'il fait ici est déplorable ; il retarde la moisson et fait tout craindre pour l'année prochaine. J'irai pourtant, à ce que j'espère, passer le mois prochain à Paris.

Adieu. Je vous souhaite une bonne santé et tout le bonheur que vous pouvez désirer.

Réponse de Voltaire à l'abbé de l'Aage des Bournais.

Ferney, 19 juin.

M., une vieillesse très décrépite et une longue maladie sont mon excuse de ne vous avoir pas remercié plus tôt de l'honneur et du plaisir que vous m'avez faits. J'ajoute à cette triste excuse l'avis que vous me donnâtes que vous alliez pour longtemps hors de Paris.

J'emploie les premiers moments de ma convalescence à relire encore votre ouvrage, et à vous dire combien j'en ai été content. Voilà la première traduction où il y ait de l'âme. Les autres pour la plupart sont aussi sèches qu'infidèles. Je vois dans la vôtre de l'enthousiasme et un style qui est à vous. Qui traduit ainsi méritera d'avoir bientôt des traducteurs. J'applaudis à votre mérite autant que je suis sensible à votre politesse.

J'ai l'honneur d'être, avec une estime respectueuse, M., etc.

Réplique de l'abbé de l'Aage des Bournais.

[A. L. ; D. D., II, 816.]

M., M. Caillard m'a fait passer la lettre que vous m'avez fait l'honneur de m'adresser à Paris ; elle m'a fait d'autant plus de plaisir, que je commençais à douter si mon paquet vous était parvenu. Je suis bien fâché que votre silence ait été occasionné par une maladie et personne ne ressent plus vivement que moi la joie que votre convalescence doit donner à tout homme qui pense.

Les éloges que vous daignez faire de mon travail sont bien propres à m'enorgueillir. Cependant, il y a un point sur lequel j'avais besoin que votre avis m'éclairât, et dont vous ne me dites rien : je parle du genre d'harmonie que j'ai essayé de donner à ma traduction. Si j'en devais croire les choses flatteuses que vous avez la bonté de me dire, la contrainte à laquelle je me suis assujetti n'aurait fait perdre à mon style ni la correction, ni le naturel, ni même la chaleur. Ce serait beaucoup ; mais je n'ose adopter une idée aussi agréable. Je ne serais, au contraire, nullement étonné que les inversions, et tous les autres sacrifices que j'ai faits à l'harmonie, eussent choqué une oreille aussi délicate que la vôtre, dès qu'elle n'en a point été dédommagée par le rythme dont j'ai voulu faire l'épreuve.

Je vous dis presque mon secret, M., et je serais bien tenté de vous le dire tout à fait. La seule chose qui me retienne est la persuasion où je suis que, si vous ne l'avez pas deviné, c'est parce que je n'ai point atteint mon but. Mon oreille m'aura probablement fait illusion, et j'aurai pris une peine inutile. Je m'en consolerai, si cet effort m'a donné occasion d'acquérir un peu plus de connaissance que je n'en avais des ressources de ma langue, et quelque facilité à les mettre en usage. Je m'applaudirai surtout de ce qu'il m'a procuré l'avantage d'entrer en correspondance avec un grand homme, et la satisfaction d'en être loué. Qu'elle serait enivrante, si je pouvais ne la pas devoir à son indulgence et à sa politesse !

Je crains d'abuser de cette indulgence en vous priant encore de m'éclairer sur l'article qui fait le sujet de mon doute. Je pourrais trouver votre réponse à Paris, où je retournerai certainement au commencement d'août. Si j'étais le maître de ma marche et de mes moments, je vous demanderais la permission de prendre ma route par Ferney et d'aller apprendre auprès de vous à écrire et à penser.

J'ai l'honneur d'être avec autant d'admiration que de respect, etc.

VII. — (Les vers métriques.)

[D. D., II, 817.]

Paris, 21 septembre.

J'ai reçu, mon cher Caillard, votre lettre de Gênes, et j'ai vu dans la gazette l'arrivée de M. de Boisgelin à Parme. Je souhaite que vous vous y portiez bien, et que vous continuiez d'être contents l'un de l'autre. Le grand article sur lequel je ne cesserai de vous presser est celui de la paresse ; c'est un défaut dont je sens d'autant plus les inconvénients, que c'est aussi le mien ; il est essentiel de le vaincre.

Je n'ai point la seconde réponse de Ferney, et j'en suis un peu impatient. Le piège, si c'en est un, est assaisonné de tant de politesses qu'on ne devrait pas s'en fâcher.

MM. d'Alembert et de Condorcet partent à la fin de cette semaine pour Genève ; ils iront de là faire le voyage d'Italie. C'est pour sa santé que M. d'Alembert voyage, et comme son état n'est qu'une espèce d'épuisement occasionné par le travail, le repos de l'esprit et le mouvement du corps le guériront sûrement. M. de Condorcet voyage pour l'accompagner. Vous les verrez tous deux, et vous serez sûrement bien content de la simplicité de caractère de M. de Condorcet. Celui-ci s'est chargé de m'envoyer le livre de Beccaria sur l'électricité.

Je ne vous envoie point de nouvelles. M. de Boisgelin les reçoit sûrement fort exactement. Ces nouvelles ne laissent pas de fournir matière aux réflexions politiques et morales. Le Parlement paraît assommé par la dernière séance du Roi. Il y a répondu par des paroles, et a continué la délibération au 3 décembre. Nous allons vraisemblablement voir un nouvel ordre de choses.

On attend le *Supplément* à l'*Encyclopédie* de Voltaire, en 12 ou 15 vol. in-8. J'en ai vu le premier volume ; il n'a jamais rien fait de si mauvais. Adieu, mon cher Caillard. Vous connaissez tous mes sentiments pour vous. Mille compliments à M. de Boisgelin et à M. Melon. Je retournerai à Limoges à la fin du mois, et c'est là qu'il faut me répondre.

VIII. — (D'Alembert. — Les vers métriques. — Discours en Sorbonne. — Disette du Limousin. — De Boisgelin. — La poste. — Le père Jacquier. — L'abbé Millot.)

16 octobre.

Je reçois ici, mon cher Caillard, votre lettre du 29. Je commence à croire que vous ne verrez ni d'Alembert, ni M. de Condorcet. D'Alembert n'a point du tout pris goût aux voyages, et il se bornera à courir quelque temps les provinces méridionales, après avoir passé quelque temps à Ferney, où il est.

L'abbé de L'Aage n'a reçu aucune réponse, et j'imagine qu'on n'a pas daigné faire attention à sa seconde lettre, et que le compliment n'était qu'une politesse vague, après lequel on avait jeté le manuscrit dans quelque coin où l'on aurait eu trop de peine à le déterrer. L'abbé de L'Aage aurait bien fait de mettre M. d'Alembert dans sa confidence, et de le prier de sonder discrètement le patriarche de Ferney ; mais il n'est plus temps.

À propos de l'abbé de L'Aage, il me charge de vous rappeler certains discours qu'il a jadis prononcés en Sorbonne [a], et dont il n'a d'autre copie complète que celle que vous avez entre les mains. Il vous sera très obligé d'achever celle que vous lui avez fait espérer.

Je suis ici vraisemblablement pour bien longtemps, car le Limousin souffrira au moins autant de la disette que l'année dernière. L'Angoumois sera bien. Il me sera difficile de remplir pendant ce temps les désirs de M. de Boisgelin, et de lui envoyer les livres nouveaux. Il faut, pour une pareille commission, quelqu'un qui réside constamment à Paris. D'ailleurs, je n'entends pas comment le contre-seing peut servir à M. de Boisgelin. Parme n'est pas une poste française, et je vois même dans l'*Almanach royal* qu'il faut affranchir les lettres ; cela me met dans l'embarras, car on n'affranchit pour l'étranger qu'à Paris. Pour le plus sûr, j'adresse celle-ci à l'évêque de Lavaur [b], qui, sans doute, est dans l'habitude d'écrire à son frère. M. de Boisgelin devrait faire adresser ses lettres au directeur de la poste de Gènes et s'arranger avec lui pour les lui faire passer à Parme.

La situation du P. Jacquier est bien douloureuse et bien intéressante. Il doit y avoir bien peu d'exemples d'une amitié aussi intime et fondée sur une aussi grande quantité de rapports.

Voici une lettre pour l'abbé Millot, qui m'a écrit pour me remercier des *Réflexions sur la richesse*. Vous lui avez parlé de la traduction de la prière de Pope, et il me demande la permission de la copier. Cela ne vaut pas par soi-même la peine d'être donné, ni refusé. La seule chose qui m'intéresse, c'est que la chose ne puisse pas être connue sous mon nom.

---

[a] Discours aux Sorboniques, tome I, p. 177.
[b] De Boisgelin.

Adieu, mon cher Caillard : vous connaissez tous mes sentiments. Bien des compliments à MM. de Boisgelin et Melon.

115. — LETTRES À CONDORCET.

[Henry, *Correspondance de Condorcet et de Turgot*, 6. — Une partie de cette correspondance avait déjà figuré dans les *Œuvres de Condorcet*.]

I. — (Détails divers. — Disette du Limousin. — L'intendant Fargès).

6 avril.

Je suis tout honteux, M., d'avoir reçu plusieurs lettres de vous sans vous avoir remercié de la bonté avec laquelle vous m'instruisez de tout ce qui se passe et de la santé de Mlle de Lespinasse. J'ai besoin d'un peu d'indulgence de la part de mes amis dans tous les temps, mais surtout dans celui-ci où je suis sans cesse harcelé de lettres de toutes les parties de la Province, et encore plus du spectacle de la misère à laquelle tout le travail du monde ne peut remédier. On vient pourtant de m'accorder encore 50 000 écus de secours et c'est une grâce dont je sens tout le prix.

Je suis étonné de la révocation de M. Fargès [a] qui a des lumières, de la probité, et qui certainement n'a pu faire ce qu'il a fait que par la conviction d'une nécessité absolue pour le bien du service. Cette raison lui a paru assez forte pour risquer de déplaire au ministre. C'est une grande faute, mais on peut la pardonner à un pauvre intendant et tout le corps peut bien dire ce que Danchet [b] aux Champs-Élysées dit au Cardinal de Richelieu sur la réception de Corneille à l'Académie : « Hé ! Monseigneur, pardonnez-le. Nous n'avons pas encore sur notre compte deux fautes comme celle-là. » Je plains fort M. Fargès d'avoir quitté 19 000 livres de rente pour l'Intendance et de se retrouver fort mal à son aise. S'il était riche, je le trouverais heureux d'acquérir le droit de se reposer sans reproche.

Les vers de Voltaire sont charmants ; ceux de Saurin que j'ai aussi vus m'ont paru agréables.

---

[a] Fargès, intendant de Bordeaux, avait été révoqué pour avoir, par une Ordonnance, suspendu l'exécution d'un arrêt de surséance aux rescriptions, arrêt qui aurait porté une grave atteinte au crédit de la place de Bordeaux. Le Parlement de cette ville avait confirmé l'ordonnance de l'Intendant par arrêt.

[b] Poète dramatique (1671-1748).

Voilà donc M. d'Aiguillon sur la sellette et devenu client de M. Pasquier. J'imagine pourtant que celui-ci fera grâce du *baillon* [a]. J'ai vu par ci, par là, en manuscrit, quelques informations de cette fameuse procédure de Bretagne et je n'y ai vu, comme vous, qu'un tissu de pauvretés auxquelles l'excès seul de la passion pouvait donner quelque créance ; il me paraît qu'on ne songe plus à l'article de l'empoisonnement et qu'on se rabat sur la subornation de témoins, ce qui sort moins des bornes de la vraisemblance.

Je ne sais pas si j'ai vu les vers de *Michel et Michau* que vous m'annoncez par votre billet du 10 ; j'en ai vu, il y a assez longtemps ; mais je ne sais si ce sont les mêmes ; vous ne risquez rien de les envoyer.

Adieu, M., recevez tous mes remerciements et l'assurance de toute la réciprocité des sentiments dont vous voulez bien me flatter.

J'écris à Mlle de Lespinasse.

116. — QUESTIONS DIVERSES.

I. — *Lettre à l'abbé Morellet.*

(Les *Dialogues* de Galiani.)

[Mémoires de Morellet, I, 187.]

17 janvier.

Vous êtes bien sévère : ce n'est pas là un livre [b] qu'on puisse appeler mauvais, quoiqu'il soutienne une bien mauvaise cause ; mais on ne peut la soutenir avec plus d'esprit, plus de grâces, plus d'adresse, de bonne plaisanterie, de finesse même et de discussion dans les détails. Un tel livre écrit avec cette élégance, cette légèreté de ton, cette propriété et cette originalité d'expression, et par un étranger, est un phénomène

---

[a] Pasquier avait fait mettre le baillon à Lally.
[b] *Dialogues sur le commerce des blés*, 1770.

Galiani était très soucieux de connaître le jugement de Turgot. Il écrit (le 11 février 1770) à Mme d'Épinay qu'il voudrait avoir l'avis de Marmontel, de Thomas, de Chastellux, de Turgot, etc., puis (le 7 avril) qu'il est ravi du jugement de Turgot ; mais il est encore plus ravi de celui de Sartine qui a protégé les *Dialogues* (lettre du 27 avril), qui a empêché la publication de la réfutation de l'abbé Morellet (lettre du 13 juillet), quoiqu'il ait laissé passer les *Récréations économiques* de l'abbé Roubaud (lettre du 27 juillet).

Trois ans plus tard, Galiani est moins satisfait de Turgot. Il écrit (le 15 juillet) : « M. Turgot et l'abbé Morellet soutiennent que jamais aucun livre n'a été si pernicieux. Personne n'entend mon système ou ne veut l'entendre ». C'est le marquis de Carraciolli qui lui avait fait connaître l'opinion de Turgot. (*Lettres de Galiani à Mme d'Épinay*, édition Asse, 1882.)

peut-être unique. L'ouvrage est très amusant, et malheureusement il sera très difficile d'y répondre de façon à dissiper la séduction de ce qu'il y a de spécieux dans les raisonnements et de piquant dans la forme. Je voudrais avoir du temps, mais je n'en ai point ; vous n'en avez point non plus. Du Pont est absorbé dans son journal ; l'abbé Baudeau répondra trop en économiste.

II. — *Lettre à Mlle de Lespinasse.*

[D. D., II, 800. — Asse. *Lettres de Mlle de Lespinasse*, 316.]

(Les *Dialogues* de Galiani.)

Limoges, 26 janvier.

Vous croiriez que je trouve son ouvrage bon, et je ne le trouve que plein d'esprit, de génie même, de finesse, de profondeur, de bonne plaisanterie, etc., mais je suis fort loin de le trouver bon, et je pense que tout cela est de l'esprit mal employé, et d'autant plus mal qu'il aura plus de succès, et qu'il donnera un appui à tous les sots et les fripons attachés à l'ancien système, dont cependant l'abbé s'éloigne beaucoup dans son résultat. Il a l'art de tous ceux qui veulent embrouiller les choses claires, des Nollet disputant contre Franklin sur l'électricité, des Montaran [a] disputant contre M. de Gournay sur la liberté du commerce, des Caveyrac [b] attaquant la tolérance. Cet art consiste à ne jamais commencer par le commencement, à présenter le sujet dans toute sa complication, ou par quelque fait qui n'est qu'une exception, ou par quelque circonstance isolée, étrangère, accessoire, qui ne tient pas à la question et ne doit entrer pour rien dans la solution. L'abbé Galiani, commençant par Genève pour traiter la question de la liberté du commerce des grains, ressemble à celui qui, faisant un livre sur les moyens qu'emploient les hommes à se procurer la subsistance, ferait son premier chapitre des culs-de-jatte ; ou bien à un géomètre qui, traitant des propriétés des triangles, commencerait par les triangles blancs, comme les plus simples, pour traiter ensuite des triangles bleus, puis des triangles rouges, etc.

Je dirai encore généralement que, quiconque n'oublie pas qu'il y a des États politiques séparés les uns des autres et constitués diversement, ne traitera jamais bien aucune question d'économie politique. Je

---

[a] Michau de Montaran, intendant du commerce.
[b] Novi de Caveyrac (1713-1782), théologien.

n'aime pas non plus à le voir toujours si prudent, si ennemi de l'enthousiasme, si fort d'accord avec tous les *ne quid nimis*, et avec tous ces gens qui jouissent du présent et qui sont fort aises qu'on laisse aller le monde comme il va, parce qu'il va fort bien pour eux, et qui, comme disait M. de Gournay, ayant leur lit bien fait ne veulent pas qu'on le remue. Oh ! tous ces gens-là ne doivent pas aimer l'enthousiasme, et ils doivent appeler enthousiasme tout ce qui attaque l'infaillibilité des gens en place, dogme admirable de l'abbé, politique de Pangloss, qu'il étend à tous les lieux et à tous les temps, etc.

Je crois possible de lui faire une très bonne réponse, mais cela demande bien de l'art. Les économistes sont trop confiants pour combattre contre un si adroit ferrailleur. Pour l'abbé Morellet, il ne faut pas qu'il y pense ; il se ferait un tort réel de se détourner encore de son *Dictionnaire* [a].

III. — *Lettre au docteur Tucker.*

(Les *Réflexions sur les Richesses*. — La liberté du commerce. — Les Colonies.)

[D. P., IX, 366.]

Paris, 12 septembre.

Je n'ai pas l'honneur d'être personnellement connu de vous, mais je sais que vous avez été satisfait d'une traduction que j'ai faite, il y a quinze années, de vos *Questions sur la naturalisation des protestants étrangers*. J'ai depuis traduit votre brochure sur les *Guerres du Commerce* [b] et j'ai différé de la faire imprimer, parce que je me propose d'y joindre quelques notes que mes occupations ne m'ont pas laissé le temps d'achever. Un traducteur doit à son auteur toutes sortes d'hommages ; et je vous prie d'accepter à ce titre une brochure qui certainement ne vous présente aucune idée nouvelle, mais qu'on m'a persuadé pouvoir être utile pour répandre des idées élémentaires sur des objets qu'on ne saurait trop mettre à la portée du peuple. Ce morceau avait été écrit pour l'instruction de deux Chinois que j'avais vus dans ce pays-ci, et pour leur faire mieux entendre des questions que je leur ai adressées sur l'état et la constitution économique de leur empire.

---

[a] Le *Dictionnaire du Commerce*, dont Morellet ne publia jamais que le *Prospectus*.
[b] Traduction non retrouvée.

Ces questions m'en rappellent d'autres que vous aviez eu la bonté de m'envoyer par M. Hume, et que je n'ai jamais reçues, parce que le paquet, mis à la poste à Paris pour Limoges, où j'étais alors, s'y est perdu. M. Hume vous a sans doute instruit de cet accident et de mes regrets. Je ne vous en dois pas moins de remerciements. S'il vous en restait quelque exemplaire et si vous vouliez bien réparer ma perte, le moyen le plus sûr serait de le mettre tout simplement à la poste de Londres, à l'adresse de M. Turgot, intendant de Limoges, à Paris. J'ai un regret bien plus grand de n'avoir pu profiter du voyage que vous avez fait, il y a quelques années, à Paris, pour avoir l'honneur de faire connaissance avec vous. J'en aurais été d'autant plus flatté que je vois, par vos ouvrages, que nos principes sur la liberté et sur les principaux objets de l'économie politique, se ressemblent beaucoup.

Je vous avoue que je ne puis m'empêcher d'être étonné que, dans une nation qui jouit de la liberté de la presse, vous soyez presque le seul auteur qui ait connu et senti les avantages de la *liberté du commerce*, et qui n'ayez pas été séduit par la puérile et sanguinaire illusion d'un prétendu commerce exclusif. Puissent les efforts des politiques éclairés et humains détruire cette abominable idole, qui reste encore, après la manie des conquêtes et l'intolérance religieuse, dont le monde commence à se détromper ! Que de millions d'hommes ont été immolés à ces trois monstres !

Je vois avec joie, comme citoyen du monde, s'approcher un événement qui, plus que tous les livres des philosophes, dissipera le fantôme de la jalousie du commerce. Je parle de la séparation de vos colonies avec la métropole, qui sera bientôt suivie de celle de toute l'Amérique d'avec l'Europe. C'est alors que la découverte de cette partie du monde nous deviendra véritablement utile. C'est alors qu'elle multipliera nos jouissances bien plus abondamment que quand nous les achetions par des flots de sang. Les Anglais, les Français, les Espagnols, etc., useront du sucre, du café, de l'indigo, et vendront leurs denrées précisément comme les Suisses le font aujourd'hui ; et ils auront aussi comme le peuple suisse, l'avantage que ce sucre, ce café, cet indigo, ne serviront plus de prétexte aux intrigants pour précipiter leur nation dans des guerres ruineuses, et pour les accabler de taxes.

IV. — *Au sujet de l'ergot du seigle. Circulaire aux subdélégués.*

[A. H. V., C. 25.]

Limoges, 31 octobre.

Comme j'ai été averti, M., qu'il y avait dans les seigles récoltés cette année une grande quantité de ce grain vicié connu sous le nom d'*ergot* ou de *blé bâtard*, qui est un poison très dangereux, et que je sais qu'en même temps les paysans de cette province sont en général peu instruits de ce danger, il m'a paru nécessaire de faire publier un *Avertissement* pour le leur faire connaître et les engager à prendre des précautions pour s'en garantir.

Comme malgré cet *Avis*, il se pourrait que quelques malheureux mangeassent de ce grain corrompu et fussent, par conséquent, atteints de la maladie qu'il occasionne, j'ai cru qu'il n'était pas moins intéressant de répandre la connaissance des remèdes qui ont réussi dans d'autres provinces. J'ai en conséquence fait imprimer un *Mémoire* composé par un médecin du Mans [a] qui m'a paru fort bien fait.

Je vous envoie un grand nombre d'exemplaires de l'*Avis* et du *Mémoire*. Je vous prie de faire passer l'*Avis* dans toutes les paroisses de votre subdélégation où l'on mange du seigle ou de méteil, et de vous assurer sa publication dont je ne doute pas que MM. les curés ne veuillent se charger.

Quant au *Mémoire*, je vous prie d'en donner des exemplaires à tous les médecins, chirurgiens, et aux personnes charitables qui, dans votre arrondissement, sont dans l'usage de traiter les maladies des gens de la campagne.

V. — *Lettre à l'évêque de Limoges, D'Argentré* [b], *au sujet d'une indemnité aux habitants d'une paroisse* [c] *privés de leur abbaye* [d].

[A. H. V., C. 220. — Archives historiques du Limousin, 1ᵉ série, t. X, p. 106.]

J'envoie, Monseigneur, directement à M. de Toulouse, suivant vos désirs, mon avis sur l'indemnité des habitants de Grandmont ; je suis fâché que vous ne l'ayez pas vu, car je propose l'établissement de deux sœurs grises avec un fonds pour le bouillon des malades et les remèdes, et je crains que ce ne soit une trop forte charge eu égard à l'émolument que vous tirerez de la réunion [e]. Je fais part de cette réflexion à M. de Toulouse [f] et je l'en fais juge ainsi que vous. Vous ferez bien de vous en expliquer avec lui et d'envoyer votre lettre chez lui à Paris où je crois

---

[a] Le Dr Vétillard.
[b] À son abbaye des Vaux-de-Cernay.
[c] Grandmont, commune de Saint-Sylvestre, canton de Lansève.
[d] Date incertaine.
[e] Réunion des biens de l'abbaye à la mense épiscopale (Note de M. Leroux).
[f] Loménie de Brienne.

qu'il ne tardera pas de passer pour se rendre à Compiègne. Je commence à marcher un peu mieux.

Adieu, Monseigneur. Vous connaissez mon inviolable et respectueux attachement [a].

[a] On trouve aux Archives de la Hante-Vienne (C. 99, p. 113, 115, 116, 128, 131), les lettres ci-après :

12 mars 1770. — Lettre à Bourdin, syndic des officiers de l'élection d'Angoulême auxquels la Cour des Aides de Paris a permis de soutenir leurs privilèges devant elle.

2 mars. — Lettre à d'Ormesson sur le même objet.

12 avril. — Lettre à de Boisbedeuil sur le même objet. (Il est dit que ces privilèges ont été supprimés par édit antérieur.)

24 novembre. — Lettre à d'Ormesson sur le même objet.

21 décembre. — Arrêt du Conseil déboutant les officiers de leurs prétentions.

26 décembre. — Commission donnée aux ingénieurs géographes au sujet de l'arpentement général.

26 décembre. — Ordonnances cassant des délibérations des commues d'Ambazac, de Saint-Julien, de Ségur, etc. (Nominations irrégulières de préposés).

1771.

117. — LA DISETTE DU LIMOUSIN.

I. — *Lettre au Contrôleur général sur la situation de la Généralité.*

[D. P., VI, 104.]

Limoges, 9 mars.

M., en répondant le 31 janvier à la lettre que j'avais eu l'honneur de vous écrire le 15 décembre précédent, au sujet de l'emploi des 80 000 francs destinés à établir des travaux publics pour le soulagement des pauvres, vous avez bien voulu me faire espérer d'écouter les représentations que je vous annonçais sur les besoins de cette province et sur la modicité de la diminution qui lui a été accordée.

Je vais donc, M., vous les exposer avec d'autant plus de confiance qu'il me semble que les circonstances qui paraissaient, à la fin de l'automne, pouvoir mettre des bornes à la bienfaisance du Roi pour cette malheureuse province, sont devenues aujourd'hui beaucoup plus favorables puisque, d'un côté, l'événement de la négociation entre l'Espagne et l'Angleterre paraît devoir rassurer sur les apparences alors très fortes d'une guerre prochaine, tandis que, de l'autre côté, les craintes que la cherté des grains, éprouvée immédiatement après la récolte, avait fait naître d'une disette universelle, doivent être dissipées. En effet, la diminution graduelle du prix des grains, qui a lieu dans presque toutes les provinces depuis environ un mois, annonce que l'abondance est plus grande qu'on ne l'avait pensé, du moins dans les provinces à froment, que le haut prix des grains qui s'est soutenu dans les premiers mois de l'hiver, a eu pour cause principale les inquiétudes occasionnées par l'extrême cherté qu'on a subie dans les derniers mois qui ont précédé la récolte de 1770 ; l'incertitude sur l'abondance réelle de la récolte jusqu'à ce qu'il y ait eu une assez grande quantité de grains battus ; l'interruption du commerce du Nord, tant par l'augmentation des prix en Pologne, en Allemagne et en Hollande, que par la crainte de la peste ; les bruits de guerre ; enfin, l'obstacle que les pluies excessives ont mis aux semailles dans tous les terrains bas. Il était naturel que, dans ces circonstances, les propriétaires différassent de vendre, soit pour assurer leur provision et celle de leurs colons, soit pour attendre une augmentation de prix que l'alarme générale leur faisait croire inévitable. Mais, les grains s'étant montrés plus abondants à mesure que l'on a pu battre, la saison ayant paru favorable aux semailles des grains de mars, les grains semés en automne paraissant promettre, et les craintes d'une guerre prochaine ayant été dissipées, les esprits se sont rassurés sur la disette, l'empressement des acheteurs s'est ralenti, et les propriétaires se sont, au contraire, empressés de vendre.

Telle est, ce me semble, M., la situation actuelle du plus grand nombre des provinces, et surtout de celles où la production du froment forme une partie considérable des récoltes. Les provinces dont la principale production est en seigle, et qui, étant en même temps situées dans l'intérieur des terres et trop éloignées des abords de la navigation, ne peuvent être secourues que par des grains transportés à grands frais, sont les seules qui soient à présent véritablement à plaindre. On dit qu'il y a quelques parties de la Champagne et de la Lorraine qui ont souffert beaucoup. Je n'en suis pas assez instruit pour en parler avec certitude ; ce que je sais, c'est que la montagne du Limousin, les parties de la Marche limitrophes du Limousin et de l'Auvergne, et la partie de cette dernière province qui avoisine le Limousin et le Rouergue, ont été presque entièrement privées de toute récolte ; que la misère y a été et y est encore portée au dernier excès, et qu'il ne peut y parvenir de grains du dehors qu'à des prix au-dessus de toute proportion avec les facultés non seulement des simples ouvriers, mais encore d'un très grand nombre de propriétaires, privés de leur revenu par le défaut de récolte. Le malheur des habitants de la montagne du Limousin est d'autant plus complet que, privés de leur récolte en seigle, ils sont dénués de toute autre ressource. Les châtaignes qui, dans le reste du Limousin, ont été un peu plus abondantes qu'on ne s'en était flatté d'abord, et qui ont beaucoup adouci le sort des habitants de la campagne, sont inconnues dans la Montagne, dont la température est trop froide pour cette production. L'avoine, qui, mise en gruau, fait une partie de la nourriture des peuples de ce canton, n'a pu être recueillie, l'abondance des pluies l'ayant fait pourrir sur la terre.

Cette différence entre la détresse de ce petit nombre de provinces et le reste du Royaume est, M., une observation essentielle sur laquelle je dois appuyer auprès de vous. J'avais cru dans mon *Avis sur le moins-imposé*, vous avoir mis sous les yeux les motifs les plus forts et les plus péremptoires pour vous déterminer à accorder au Limousin un traitement extraordinaire et proportionné à des malheurs extraordinaires. Cependant, je vois qu'il a été traité moins favorablement que dans des années où il n'avait éprouvé que des malheurs communs : le moins-imposé, je parle du vrai moins-imposé au profit des contribuables, est de 60 000 francs moins fort qu'en 1769, et de 20 000 francs moins fort qu'il n'avait été fixé pour 1770, avant que la disette se fût développée. C'est donc une augmentation réelle d'impôt sur 1769 et même sur 1770. Je conviens qu'outre la diminution accordée sur les impositions, il a été destiné une somme de 80 000 livres pour l'établissement d'ateliers publics qui facilitent aux pauvres les moyens de subsister. Mais cette grâce, dont je sens tout l'avantage, ne rend pas la charge des propriétaires moins forte. D'ailleurs, je vois, par ce qui se passe dans les généralités, que le Limousin n'a pas été traité beaucoup plus favorablement que les autres provinces : toutes ont eu leur part à ce bienfait du Roi, vraisemblablement à proportion de leur étendue. J'en juge par la généralité de Bordeaux, dans laquelle j'ai lieu de croire que les fonds accordés pour cet objet sont beaucoup plus considérables que dans celle de Limoges ; cependant, je sais que cette généralité n'a pas souffert extraordinairement dans ses récoltes, et qu'elle est à peu près dans le même état que l'Angoumois, dont assurément la situation n'est en rien comparable à celle de la Montagne du Limousin et des parties limitrophes de l'Auvergne et de la généralité de Moulins.

Je ne puis, M., expliquer la disproportion du traitement de cette généralité avec ses besoins, que par l'idée où sans doute vous avez été que la misère était à peu près universelle dans le Royaume, et que, l'immensité des besoins de l'État ne vous permettant pas de proposer au Roi des diminutions d'impôts assez fortes pour procurer aux peuples un soulagement proportionné, vous ne pouviez rien faire de mieux que de répartir à peut près également entre toutes les provinces le peu de sacrifices que la situation des finances vous permettait de faire.

Je ne pourrais concevoir autrement, M., que vous eussiez pu lire les détails dans lesquels je suis entré sans en être frappé et sans y avoir égard : ils sont tels qu'avec le plus grand désir de vous persuader et d'obtenir de vous un soulagement beaucoup plus considérable, il m'est impossible de trouver de nouvelles raisons, ni d'ajouter à la force de celles que je vous ai déjà exposées. Je suis donc forcé de vous les répéter, ou plutôt d'en faire une courte récapitulation, en vous suppliant de vous faire représenter encore ce que j'ai eu l'honneur de vous dire dans l'*état des récoltes* et dans mon *Avis sur le moins-imposé*.

Le premier motif sur lequel j'insistais était l'horrible disette que la Province a éprouvée dans le cours de l'année 1770, et l'épuisement de toutes les ressources qui en avait résulté. Je vous observais que les ouvriers et les artisans n'avaient pu subsister qu'en vendant leurs derniers meubles et jusqu'à leurs vêtements ; que les propriétaires, forcés d'avancer la nourriture à leurs colons pour ne pas laisser leurs terres en friche, ont été presque tous obligés d'acheter à un prix exorbitant du grain au delà de ce qu'ils avaient récolté ; qu'ils avaient été en outre obligés de se cotiser pour nourrir les pauvres de leurs paroisses.

J'ajoutais un calcul frappant de la quantité d'argent que cette disette a dû faire sortir de la Province pour l'achat des subsistances. En prenant tous les éléments de ce calcul au plus bas, j'évaluais cette quantité à 3 600 000 livres ou 4 millions, somme presque égale au montant des impositions ordinaires de la Province, et qui ne peut rentrer par les voies ordinaires du commerce qu'au bout d'un assez grand nombre d'années, et je représentais l'obstacle que ce vide dans la circulation devait nécessairement mettre au recouvrement des impositions. J'insistais encore sur la nécessité de suppléer, par un soulagement effectif, à l'impossibilité où s'étaient trouvés une grande partie des contribuables de payer leurs impositions dans un temps où, faute de moyens pour subsister, ils étaient obligés de vivre de charité.

Tous ces faits sont exactement vrais, M., mais une chose non moins vraie, et qui ne paraît pas vous avoir assez frappé, c'est que ce malheureux sort a été particulier au Limousin et à quelques cantons limitrophes des provinces voisines, dont aucune n'a autant souffert. Le cri général qui s'est élevé dans les derniers mois de l'été dernier a pu faire illusion ; mais il est très certain que, dans le plus grand nombre des provinces, la cherté ne s'est fait sentir que pendant deux mois ou deux mois et demi tout au plus ; que nulle part, elle n'a été comparable à celle qu'on éprouvait dans le Limousin, plus éloigné des secours ; que, même à prix égal, les peuples de cette dernière province ne pouvaient manquer de souffrir davantage, parce que, le prix habituel des grains et, par conséquent, les revenus et les salaires du travail y étant plus bas que dans les provinces plus à portée des débouchés, la cherté, sans y être plus forte, y devait être plus onéreuse. Dans le grand nombre des provinces, cette cherté passagère n'est tombée que sur les journaliers et les artisans ; les propriétaires et les cultivateurs en ont du moins été dédommagés, peut-être même enrichis, par la vente avantageuse de leurs récoltes : dans le Limousin, au contraire, les propriétaires, obligés d'acheter du grain pour nourrir leurs colons, ont éprouvé des pertes dont ils se sentiront longtemps. Je vous l'ai dit, M., la cherté des grains ne peut être profitable dans cette province qu'aux nobles et aux ecclésiastiques propriétaires de rentes seigneuriales et qui ne contribuent presque en rien à l'impôt ; il n'est donc pas vrai que la misère de l'année dernière n'ait affligé le Limousin que comme les autres provinces : cette généralité a été affligée hors de toute proportion, et j'ose dire qu'elle doit être soulagée hors de toute proportion.

Dans une lettre particulière que j'ai eu l'honneur de vous adresser en même temps que mon *Avis*, j'ai appuyé sur une autre considération non moins décisive. Je vous avais déjà rappelé dans mon *Avis* ce que j'avais prouvé précédemment à M. de L'Averdy, que, par une suite de la surcharge qu'éprouvait depuis longtemps cette province dans la masse de ses impositions, le recouvrement s'y trouvait arriéré de temps immémorial, de façon que les impositions n'étaient, en général, soldées qu'à la fin de la troisième année, et que le seul moyen de rapprocher des temps ordinaires les recouvrements arriérés, était de mettre la Province en état de s'acquitter par degrés, en diminuant la surcharge qui lui laisse à peine de quoi se soutenir au point où elle est, sans augmenter la masse des arrérages. Dans ma lettre, je vous ai mis sous les yeux la comparaison des recouvrements en 1770, avec les recouvrements en 1769. Comme l'année n'était pas encore finie alors, je n'ai pu vous en présenter qu'un tableau incomplet. Je viens de le faire relever exactement sur les états des recouvrements de chaque mois : il en résulte qu'en 1769 la totalité des payements sur toutes les impositions des années non encore soldées a été de 4 415 431 l. 17 s. 10 d. En 1770, la totalité des payements n'a été que de 3 513 945 l. 10 s. 10 d. La Province s'est donc arréragée, en 1770, de 901 486 l. 7 s., ou en nombre rond de plus de 900 000 l. C'est environ le quart total de ses impositions.

Réunissez, M., cette augmentation énorme, dans ce que la Province doit payer en 1771, avec un vide de près de 4 millions sur la somme d'argent existante, et voyez s'il est possible, je dis *possible physiquement*, qu'elle paye le courant et ces énormes arrérages, et je ne dis pas, sans écraser les contribuables ; je dis, même en les écrasant.

Cependant, M., je n'ai encore insisté que sur les suites des désastres qu'a versés sur elle la disette de 1769 à 1770. Que sera-ce, si vous faites entrer en considération les malheurs qu'elle a éprouvés de 1770 à 1771, malheurs qui lui sont tellement particuliers, qu'à proprement parler elle ne les partage qu'avec deux provinces voisines ? Je sais que le défaut de récolte n'a pas été aussi général que l'année dernière ; mais, dans la plus grande partie de la Province, la récolte a encore été très médiocre et, dans tout le canton de la Montagne, elle a été presque nulle. Dans ce malheureux canton, aucune denrée ne peut suppléer au vide des grains et la détresse y est au point qu'on n'a pas même pu semer faute de semence, et que plusieurs des grains qu'on a semés n'ont pu germer en terre, parce qu'ils ne contenaient aucune farine. Je ne fais que vous répéter ce que je vous ai déjà mis sous les yeux ; mais je ne puis m'empêcher de vous redire encore qu'il est impossible de faire payer des impositions à un peuple réduit à cette extrémité. C'est un fait très constant, que la plus grande partie des terres labourables n'ont produit aucun revenu à leurs propriétaires, et qu'ils sont obligés d'acheter du blé pour eux et pour leurs colons. Je suis obligé de vous répéter, M., qu'il est indispensable de supprimer presque toute l'imposition des paroisses les plus affligées : or, le moins imposé que vous avez procuré à la Province est infiniment trop modique pour y suffire, même en n'accordant rien à tout le reste de la Province.

J'ai fini mon *Avis* par un calcul qui vous a sans doute effrayé, et vous avez trouvé mes demandes exorbitantes : cependant, je crois ce calcul exact, et je crois que vous devez être frappé du rapport précis qui se trouve entre son résultat et la somme dont la Province s'est arréragée sur les recouvrements, par la seule impossibilité de payer. Je puis vous protester que je n'ai pas cherché à faire cadrer ces deux résultats, et que j'avais fait mon premier calcul avant de comparer ce que la Province avait payé dans l'une et l'autre année.

Au reste, M., comme je vous le disais alors, je calculais, j'exposais les besoins, je ne *demandais* pas ; je connaissais assez la situation de l'État, menacé d'une guerre, pour ne pas espérer d'obtenir tout ce que je pensais être nécessaire ; mais il y a bien loin de 900 000 l. à 220 000 et je n'aurais jamais pensé qu'après vous avoir mis sous les yeux des raisons aussi fortes, vous eussiez laissé subsister sur les contribuables une charge de 60 000 francs plus forte qu'en 1769. Si les circonstances, si les craintes de la guerre, si l'opinion de la disette générale ont mis alors obstacle à votre bonne volonté, j'ose espérer du moins que, rassuré sur les dangers de la guerre, et voyant que le Limousin a essuyé deux ans de suite des malheurs que les autres provinces n'ont point éprouvés, vous voudrez bien intéresser de nouveau en sa faveur la bienfaisance du Roi.

Vous eûtes la bonté l'année dernière, sur mes représentations, d'ajouter au premier moins imposé de 250 000 l. un supplément de 200 000 l. Pour nous faire un traitement égal, il faudrait un supplément de 230 000 l. : ce ne serait point encore assez pour les besoins que j'ai exposés et, avec ce supplément même, je ne pourrais presque y faire participer la partie de l'Angoumois ; mais je pourrais du moins soulager d'une manière efficace la partie de la Montagne, et le reste du Limousin se ressentirait un peu des bontés du Roi.

J'ose vous supplier, M., de prendre en considération ces représentations, qu'il est de mon devoir de vous faire, et auxquelles je ne puis croire que l'amour du Roi pour ses peuples se refuse, si vous avez la bonté de les faire valoir.

II. — *Prêt de grains destiné à mettre les pauvres habitants de la Montagne en état d'ensemencer leurs terres.*

[A. municipales de Tulle [a].]

Limoges, 26 août.

M. l'Intendant ayant été instruit par les États et mémoires de ses subdélégués que les propriétaires ou métayers d'un grand nombre de paroisses situées dans la Montagne, avaient été forcées par la mauvaise récolte de 1770 à laisser vacante une partie de leurs terres faute de semence, que ce vide dans la culture joint à l'intempérie des saisons, n'avait pas permis de faire en 1771 une récolte meilleure que la précédente, ce qui pourrait faire craindre que cette année les semailles ne fussent encore plus restreintes que l'année dernière, il s'est déterminé à faire acheter des blés pour les prêter aux cultivateurs qui n'auraient pas les moyens d'ensemencer.

Les subdélégués de chacun des districts de la Montagne nommeront dans chaque paroisse un syndic. Ce syndic se réunira avec les seigneurs, décimateurs, et curés, pour former une espèce de bureau dont les membres dresseront de concert un état des blés de semence dont la paroisse aura besoin ; d'après cet état, le subdélégué leur délivrera un mandement d'une certaine quantité de blé qui lui sera fourni au dépôt indiqué, au prix courant, pour être ensuite distribué aux pauvres cultivateurs proportionnellement au besoin qu'ils ont de semence et au peu de moyens qu'ils ont pour s'en fournir. Le blé sera prêté sur le pied de sa valeur actuelle et le prix en sera payé après la récolte prochaine, ou en argent, ou en nature ; mais, dans ce dernier cas, le blé donné en payement ne sera reçu que sur le pied qu'il vaudra pour lors. Le recouvrement s'en fera, ou par un des décimateurs de la paroisse, ou par un homme solvable qu'elle présentera, lesquels s'engageront dès à présent à le faire à l'époque fixée. Ce recouvrement sera fait sans frais, et avec privilège sur les fruits provenant de la semence fournie.

Ce prêt sera fait aux conditions suivantes :

1° Que le blé qui sera fourni, sera uniquement employé aux semailles... ;

2° Que les propriétaires et cultivateurs s'engageront à en payer le prix, dans le courant de septembre 1772, sur le pied du marché qui aura lieu lors de la livraison, si mieux n'aiment donner en payement, après la moisson prochaine à ceux qui seront chargés du recouvrement, une

---

[a] Communiqué par M. Lafarge.

quantité de blé au prix courant en septembre 1772 équivalente à la somme dont ils se trouveront débiteurs pour le prêt qui leur aura été fait en 1771 ;

3° La semence se prélevant toujours sur la récolte avant le partage des fruits, la restitution de cette semence doit être également assignée sur toute la récolte… ;

4° Les fermiers des rentes seigneuriales qui se payent en nature ainsi que les fermiers des dîmes ne pourront être compris dans la distribution… ;

5° M. l'Intendant exige que les décimateurs ou leurs fermiers se chargent dans chaque paroisse du recouvrement des prêts faits par le Roi…

III. — *Compte rendu au Contrôleur général des opérations relatives à la disette de 1770.*

[D. P., VI, 321. — A. N., K., 908.]

Limoges, 15 novembre.

M., vous attendez depuis longtemps avec impatience le compte que je dois vous rendre de toutes les opérations que j'ai faites, soit pour l'approvisionnement de la Province, soit pour le soulagement des pauvres, ainsi que de l'emploi des fonds que vous avez bien voulu accorder pour cette destination. Je ne désirais pas moins de pouvoir vous satisfaire à cet égard. Mais la difficulté de rassembler les comptes des différents commissaires à qui j'avais confié une partie des détails dans les divers cantons de la Province, le temps qu'a exigé le dépouillement des registres des négociants que j'avais chargés des achats et des ventes, la nécessité de recommencer plusieurs fois ce travail pour reconnaître des erreurs qui s'y étaient glissées ; enfin, quelques autres circonstances imprévues, ont retardé, malgré moi, la formation du tableau que je voulais mettre sous vos yeux, et ce n'est que dans ce moment qu'il m'est possible de vous le présenter.

Sur la première connaissance que je vous donnai de la disette dont cette province était menacée, après la mauvaise récolte de 1769, et la perte totale des blés noirs, des châtaignes et des blés d'Espagne, vous eûtes la bonté de m'autoriser, par votre lettre du 20 décembre 1769, à prendre, dans les cinq premiers mois de l'année 1770, sur la caisse du receveur général des finances, une somme de 150 000 l., dont 80 000 étaient destinées à procurer des salaires aux pauvres par l'établissement de travaux publics, et 20 000 à des achats de riz, tant pour distribuer aux infirmes hors d'état de travailler que pour vendre aux personnes aisées, et diminuer d'autant la consommation du pain. Les 50 000 l. restant devaient être employées en avances à des négociants pour les encourager à se livrer au commerce d'importation par les ports de la Dordogne et de la Charente les plus à portée de cette généralité. Votre intention était alors que ces négociants fissent le commerce pour leur compte, à leurs risques, périls et fortune, et qu'ils restituassent au mois de juin suivant la somme qui leur aurait été avancée et dont ils auraient joui sans intérêts.

Sur les nouvelles représentations que j'eus l'honneur de vous faire par différentes lettres, dans lesquelles je vous exposais : premièrement, l'impossibilité où j'étais de trouver aucun négociant qui voulût se livrer au commerce d'importation dans la Province pour son propre compte, quelque encouragement que je pusse offrir ; secondement, que, dans la nécessité où j'étais de garantir les négociants de toute perte, ou de faire faire les achats au compte du Roi, la somme de 80 000 l. était beaucoup trop faible pour suffire aux achats qu'exigeait la situation de la Province ; vous eûtes la bonté, par votre lettre du 24 mars 1770, de m'autoriser à prendre sur la caisse des receveurs-généraux une nouvelle somme de 50 000 écus, destinée uniquement à des achats de grains, conformément au plan auquel je me trouvais forcé par les circonstances.

Fonds accordés en 1770 et leur destination. — J'ai donc reçu en 1770 une somme de 80 000 l. pour des ouvrages publics, une de 20 000 l. pour des achats de riz, et une de 200 000 l. pour des achats de grains. Cette dernière somme devait rentrer au Trésor royal pour le produit de la vente des grains. Les trois ensemble formaient un objet de 300 000 l., dont voici l'emploi.

Travaux publics. — Je commence par l'article des fonds destinés aux travaux publics.

La misère était trop universellement répandue dans la Province en 1770 pour que je pusse entreprendre d'une manière utile d'ouvrir des ateliers de charité dans lesquels on admît tous les pauvres, en suivant le plan que j'ai depuis mis en œuvre en 1771, où la misère n'était portée à l'excès que dans le canton de la Montagne. Ces ateliers de charité, dans l'espace de cinq mois, ont absorbé une somme de 218 000 l. Pour procurer un secours également efficace en 1770 à toute la Province, il aurait fallu une somme de plus de 800 000 l.

J'ai donc cru devoir me contenter de distribuer la plus grande partie de cette somme entre les différents ateliers déjà ouverts sur les grandes routes dans toutes les parties de la Généralité. Il fut enjoint aux entrepreneurs d'admettre sur leurs ateliers les pauvres du canton, sans distinction d'âge et de sexe, en les payant à proportion de leur travail ; le tout néanmoins jusqu'à concurrence de la somme qu'ils recevaient chaque mois, tant sur les fonds ordinaires que sur celui que vous aviez accordé. C'était toujours un moyen de subsistance offert à une portion du peuple des campagnes, et j'étais débarrassé, par cet arrangement, de toute espèce de détail pour la régie de ces ateliers, puisque, les routes dans cette province se faisant toutes à prix d'argent, les entrepreneurs avaient déjà leurs ateliers tout montés. Les sommes distribuées de cette manière aux entrepreneurs des routes ont été portées à 77 252 l.

Je fis, de plus, établir un atelier de charité pour occuper les pauvres de la ville de Limoges. Je les employai à réparer le sol d'une certaine étendue des anciens remparts qui forment l'enceinte de cette ville et qui, en même temps qu'ils forment une promenade assez belle, font partie de la grande route de Paris à Toulouse. La dépense de cet atelier a monté à 6 065 l. 8 s. 3 d., qui, joints aux sommes données aux entrepreneurs, font en total 83 317 l. 8 s. 3 d.

J'avais aussi destiné une partie des 80 000 francs que vous m'accordiez à l'établissement de filatures dans quelques petites villes de la Généralité, et à procurer de l'occupation dans ce genre aux femmes et aux enfants dans la ville de Limoges. La dépense pour cet objet est montée à 1 691 l. 15 s. Cette somme, jointe à la dépense faite sur les routes et sur les remparts de Limoges, forme celle de 85 009 l. 3 s. 3 d., qui surpasse, comme vous le voyez, de 5 009 l. 3 s. 3 d. celle de 80 000 francs que vous aviez destinée à cette partie.

Achats de riz et de fèves. — J'ai aussi passé de beaucoup la somme de 20 000 francs que vous aviez destinée à des achats de riz.

J'y ai été engagé par l'excessif retardement d'un bâtiment attendu à Bordeaux, dont j'avais arrhé une partie. La crainte de voir manquer le secours que j'avais annoncé dans les paroisses me détermina à faire un autre achat considérable à Nantes, et de plus à faire acheter une assez grande quantité de fèves pour suppléer au défaut du riz.

Tous ces achats, joints aux frais de transport dans les différents lieux de la Généralité où la distribution s'en est faite, ont employé une somme de 37 180 l. 13 s. 5. d. On pouvait espérer qu'une partie de cette somme rentrerait par la vente d'une partie des riz, et j'aurais désiré que les personnes aisées eussent pris assez de goût à cet aliment pour encourager le peuple par leur exemple à s'y accoutumer. Mes espérances à cet égard ont été trompées : la totalité des ventes qu'on a faites s'est bornée à une somme de 759 l. 18 s. 9 d., laquelle étant soustraite de la somme des achats, celle-ci se réduit à 36 420 l. 13 s. 6 d., ce qui surpasse de 16 420 l. 13 s. 6 d. celle de 20 000 l. destinée à cet objet.

Achats de grains. — J'avais chargé, dès les premiers moments, le sieur Henri Michel, négociant, de faire venir des blés de Nantes et de Bordeaux. Le sieur Petiniaud avait écrit de son côté à Amsterdam, et j'avais chargé le sieur François Ardent, le négociant le plus considérable et le plus accrédité de cette ville, de faire venir de son côté des grains de Dantzig. La totalité des achats faits par ces trois négociants a monté, y compris les frais de transport, à une somme de 383 396 l. 11 s. 8 d. La totalité des grains achetés a monté à 47 285 setiers, mesure de Limoges. La plus grande partie de ces grains avait pris la route de la Charente. J'étais un peu rassuré sur les parties de la Province qui peuvent être approvisionnées par la Dordogne et la Vézère, parce qu'étant moins éloignées des lieux où ces rivières cessent d'être navigables et, par conséquent, les frais de transport dans l'intérieur étant moins considérables, ces parties pouvaient être plus aisément approvisionnées par les seuls secours du commerce laissé à lui-même. Je savais que le sieur de Chaumont, directeur des fermes à Limoges, avait fait charger à Dunkerque deux bâtiments de différents grains qu'il se proposait de faire venir dans la Dordogne pour en faire monter les grains jusqu'à Saint-Léon sur la Vézère, lieu qui est assez à portée d'une partie du bas Limousin.

D'un autre côté, le sieur Malepeyre, négociant à Brive, s'était associé avec les sieurs Jauge, de Bordeaux, et Dupuy, de Sainte-Foy, pour faire venir une très grande quantité de grains, tant du Nord que des provinces de France d'où l'on en pouvait tirer à un prix raisonnable. Ils faisaient remonter leurs grains par la Dordogne, soit au port de Souillac, petite ville du Quercy, qui n'est qu'à huit lieues de Brive, soit au port de Saint-Léon sur la Vézère, d'où ils se débouchaient dans l'intérieur du Limousin. Ces trois négociants se sont livrés à ce commerce jusqu'à la récolte de 1770, avec un zèle dont je ne puis assez me louer, et même avec un désintéressement vraiment estimable ; bien loin de chercher à s'emparer seuls de ce commerce, il est à ma connaissance qu'ils procurèrent toutes sortes de facilités à tous les autres négociants du pays qui voulurent l'entreprendre, et ce sont eux principalement qui ont assuré la subsistance de l'élection de Brive et d'une partie de celle de Tulle pendant l'année 1770.

J'avais aussi pris des arrangements pour qu'ils envoyassent à Angoulême un vaisseau chargé de seigle, qu'ils avaient fait venir de Stettin ; mais la cargaison de ce vaisseau, s'étant trouvée un peu altérée, donna lieu à une condamnation de la part des officiers de police d'Angoulême, en sorte que, d'un côté, cette ressource devint absolument nulle, et que, de l'autre, ces négociants firent sur cette cargaison une perte très considérable. Je reviendrai sur cet objet à la fin de cette lettre, en vous parlant de l'indemnité qu'il me paraît juste de leur accorder.

Comme l'effet de ces mesures générales était nécessairement un peu lent, et comme d'ailleurs la quantité de grains que j'avais pu faire venir du dehors ne pouvait qu'être très disproportionnée à l'immensité des besoins ; comme enfin ces blés étrangers, quoique rendus à Limoges ou à Brive, se trouvaient encore très éloignés d'un grand nombre de lieux affligés de la disette, et qui pouvaient trouver quelque ressource dans le commerce avec les provinces circonvoisines, je crus devoir faciliter ce commerce par quelques avances faites à plusieurs villes, et qui devaient être confiées sans intérêt à quelques négociants ou autres citoyens accrédités, qui y joindraient leurs propres fonds, pour faire venir, des lieux les plus à portée, le plus de grains qu'il serait possible, à l'effet de vendre ces grains sur-le-champ, et de reverser successivement le produit des ventes dans de nouveaux achats. J'exigeais seulement que les fonds rentrassent en totalité dans le courant du mois d'octobre 1770.

J'employai une somme de 28 000 l. à ces prêts et je la répartis entre plusieurs villes de la Généralité. Cette opération eut assez de succès, et dans quelques-unes de ces villes, au moyen des fonds qu'y joignirent plusieurs particuliers, et en faisant plusieurs fois la navette avec le produit des grains vendus, on parvint à subvenir jusqu'à la récolte aux besoins du peuple. Comme je n'ai point exigé un compte détaillé des achats et des ventes de la part de ceux qui ont remis les sommes avancées au terme marqué, je ne suis point en état de vous dire avec précision la quantité de grains que cette opération a procurés au peuple de cette généralité ; mais je suis assuré que les achats ont au moins surpassé trois fois la somme avancée.

Je ne dois pas, au surplus, vous dissimuler que la totalité de cette avance n'est point rentrée. Quelques-uns de mes subdélégués, malgré les instructions que je leur avais données de veiller à ce que les grains provenant de ce commerce ne fussent livrés que pour de l'argent comptant destiné à être employé sur-le-champ à de nouveaux achats, n'ont pas pu résister à un mouvement de commisération qui les a engagés à faire donner des grains à des particuliers hors d'état de payer, et à leur faire crédit jusqu'à la récolte suivante. Malheureusement, la récolte de 1770 ayant encore été très mauvaise, ces particuliers n'ont pas été plus en état de payer, et la plus grande partie de ces prêts n'est point encore rentrée. Il ne sera peut-être pas impossible d'en recouvrer dans la suite une petite partie ; mais il n'y faut pas compter, et je regarde l'objet de ces prêts faits à de pauvres gens comme presque entièrement perdu. Au surplus, s'il en rentre quelque chose, on en portera le montant en recette dans le compte des opérations de 1772.

À cette perte sur les grains prêtés, il faut ajouter une somme qui a été prise sur les fonds prêtés à la ville de Chalus, et qui a été donnée à M. le Marquis du Masnadau, que j'avais engagé à faire porter au marché, dans un moment de crise, le seigle qu'il avait pour la provision de sa maison et des colons de ses différents domaines. Je lui avais promis de lui remplacer ce seigle en grains de la même espèce et de la même valeur. On ne put lui rendre des grains du Nord, d'une qualité fort inférieure au seigle du pays qu'il avait fourni. Il a été juste de le dédommager de cette différence de valeur, et cette indemnité, montant à 650 l., a formé, avec le défaut de rentrée de la valeur des grains livrés à crédit, une perte de 10 633 l. sur les 28 000 que j'avais avancées aux différentes villes.

Les dernières cargaisons demandées à Dantzig arrivèrent un peu plus tard qu'on ne l'avait compté, et une partie des grains ne put être transportée à Limoges qu'après la récolte. Ç'a été une occasion de perte sur l'opération générale qui, sans cette circonstance, aurait au contraire donné du profit. De plus, les grains étant un peu diminués de prix, quoique la récolte de 1770 eût été médiocre, je pensai qu'il serait plus avantageux de garder ces grains pour les besoins que je prévoyais devoir être grands en 1771, que de le vendre au moment même de la récolte, et je me déterminai à les garder.

Situation après la récolte de 1770. — Après la récolte de 1770, voici donc quelle était ma situation par rapport à l'emploi des fonds que vous m'aviez accordés.

J'avais reçu une première somme de 80 000 l. pour procurer des salaires aux peuples par différents travaux, soit en remuement de terres, soit en filatures, et j'avais dépensé sur cette partie 85 009 l. 3 s. 3 d.

J'avais reçu une autre somme de 20 000 l. pour être employée en achats de riz et en aumônes. J'avais dépensé, déduction faite des riz vendus, 36 420 l. 13 s. 6 d. Mais je dois observer qu'il me restait en nature 37 barriques de riz, faisant à peu près 176 quintaux, évalués 4 400 l., à raison de 25 l. le quintal. C'était une avance pour les besoins de l'année suivante.

Enfin, j'avais reçu 200 000 l. pour employer en approvisionnements de grains, et il avait été acheté pour 396 728 l. 11 s. 8 d. de grains de différentes natures. J'avais de plus prêté à différentes villes une somme de 28 000 l. employée à des achats de grains dans les provinces circonvoisines, et j'évalue à peu près la totalité de ces achats à une somme de 84 000 l. Ainsi, la totalité des grains importés dans la Province sur les fonds que vous aviez eu la bonté d'accorder montait environ à la valeur de 480 000 l., y compris les frais de transport dans les lieux de la consommation. La somme des achats n'aurait pas pu surpasser autant le fonds d'approvisionnement, si les premiers fonds rentrés n'avaient pas été reversés sur-le-champ dans de nouveaux achats, et si les négociants chargés de cette opération n'avaient pas aussi trouvé des facilités dans leur crédit.

Comme une partie des fonds ne sont rentrés que dans le courant de 1771, par la vente faite des grains restés en nature, il n'était pas possible de connaître exactement à la fin de 1770 la balance exacte de la perte ou du gain, et je n'ai su qu'en arrêtant les comptes de 1771, que la perte totale, sur les achats de grains faits en 1770, s'est réduite à une somme de 3 6301 l. 1 s. 7 d. ; cet article sera compris dans le tableau général de l'opération à l'époque actuelle du mois de novembre 1771.

À celle du mois de septembre 1770, le sieur François Ardent était en avance de 68 392 l. sur les achats dont les fonds ne lui étaient pas rentrés en totalité ; il restait d'ailleurs à rentrer les 28 000 l. d'avances que j'avais faites à différentes villes, et de plus environ 18 000 l. sur les sommes reçues par les sieurs Petiniaud et Michel de la vente des grains venus d'Amsterdam et de Nantes ; mais ces dernières sommes sont rentrées peu de temps après. Il s'en fallait donc d'environ 115 000 l. que la totalité des fonds accordés pour l'approvisionnement ne fût rentrée ; mais il restait en nature environ 15 000 setiers de seigle, mesure de Limoges, qui, à ne les estimer que 7 l. le setier, valaient 105 000 l., et qui par l'événement ont produit un peu davantage.

Opérations de 1771. — Sur le compte que j'eus l'honneur de vous rendre du mauvais état de la récolte de 1770 dans toutes les provinces. où le seigle forme la principale production, et surtout dans le canton de la Montagne, vous eûtes la bonté de m'autoriser, dès le mois d'août, à continuer de faire venir des grains pour les besoins de l'année 1771, et vous voulûtes bien me laisser pour cet objet les 200 000 l. que vous m'aviez accordées pour l'approvisionnement de 1770.

De plus, vous destinâtes, sur le moins-imposé de 1771, une somme de 80 000 l. à l'établissement de plusieurs ateliers de charité dans les cantons les plus affligés, afin de procurer, par ce moyen, aux pauvres, des salaires qui les missent en état de vivre.

L'excessive cherté des grains dans le Nord et en Hollande, les prohibitions de sortie faites dans une partie des ports de la mer Baltique, et les obstacles qu'avaient mis à ce commerce, à la fin de 1770, les craintes prématurées de la contagion qui s'était manifestée dans quelques provinces méridionales de la Pologne ; toutes ces circonstances ne permirent pas d'exécuter le projet que j'avais eu d'abord de tirer une grande quantité de grains du Nord ; il fallut tourner toutes ses vues du côté des ports de Bretagne, où cependant les grains étaient déjà à un prix très haut : les achats ont été bornés à 34 614 setiers, mesure de Limoges, qui ont coûté, y compris les frais, 354 993 l. 1 s. 8 d.

De plus, il a encore été acheté à Nantes et à Bordeaux 90 barriques de riz qui ont coûté, avec les frais de transport, 14 074 l. 5 s.

Je n'entre point dans le détail des achats et des ventes de ces grains : vous trouverez tous ces détails rassemblés dans un des tableaux que je joins à cette lettre, qui est intitulé : *Résultat des comptes des achats de grains pendant les années 1770 et 1771*. Vous pourrez observer dans ce résultat, qu'en général il y a eu un peu de profit sur les grains venus en 1770 de Dantzig et d'Amsterdam ; mais qu'il y a toujours eu de la perte sur les grains venus de Nantes et de Bordeaux, tant en 1770 qu'en 1771.

En 1770, les profits sur les grains du Nord ont surpassé la perte sur les grains de Nantes et de Bordeaux de 7 062 l. 18 s. 5 d., mais ce profit s'est trouvé plus qu'absorbé par la non-rentrée de 10 633 l. sur les 28 000 l. avancées pour les approvisionnements de différentes villes, en sorte qu'il y a eu une perte réelle sur les opérations de l'approvisionnement de 1770 ; mais cette perte s'est réduite, comme j'ai déjà eu l'honneur de vous le dire, à une somme de 3 630 l. 1 s. 7 d.

Il s'en faut bien que la balance des approvisionnements de 1771 ait été aussi peu désavantageuse, puisque la valeur des grains rendus dans les lieux de la consommation a monté à 354 993 l. 1 s. 9 d. tandis que la totalité des ventes n'a monté qu'à 246 984 l. 4 s. 3 d. ; ce qui fait une différence de 108 008 l. 17 s. 6 d. Mais cette différence que présente la comparaison de la totalité des achats à la totalité des ventes, n'est pas le montant de la perte réelle, puisqu'il reste une certaine quantité de grains invendus qui serviront à remplir une partie des besoins de 1772.

Il convient donc de déduire de cette perte apparente : 1° la valeur de 3 003 setiers de seigle restés invendus, et qu'on peut évaluer quant à présent 7 l. le setier ; 2° la valeur de 84 setiers de *baillarge* ou d'orge de mars, évaluée à 5 l. 10 s., ce qui fait en total pour ces deux objets 21 483 l. et réduit, par conséquent, la perte réelle sur les approvisionnements de 1771 à 86 525 l. 17 s. 6 d.

Les raisons de cette perte excessive sont d'un côté, le haut prix des grains dans les ports de Bretagne, où l'on avait été forcé de s'approvisionner, parce que c'était encore le lieu de l'Europe d'où l'on pouvait tirer des seigles au meilleur marché ; de l'autre, l'extrême cherté du transport de ces grains pour les rendre dans les lieux où ils ont été débités. En effet, la plus grande partie en a été consommée dans la Montagne et, par conséquent, il a fallu leur faire supporter un transport quelquefois de plus de quarante lieues par terre, dans des chemins difficiles, et qui ne sont praticables que pour des bêtes de somme, ou tout au plus pour des voitures à bœufs très peu chargées.

La perte de 1770 forme, avec celle de 1771, une somme totale de 90 155 l. 19 s. 1 d.

À la suite de ce compte général, j'ai joint un compte semblable des achats de riz et de fèves, tant en 1770 qu'en 1771, dans lequel sont détaillés les prix d'achats, les frais de transport, depuis Bordeaux ou Nantes, jusque dans les lieux principaux de la Généralité, et ceux qu'a occasionnés le transport dans les différents cantons où ont été faites la distribution et la consommation de ces denrées. Vous y verrez aussi le produit de la vente d'une partie de ces riz, et le montant de ce qui en est resté en magasin, soit à la fin de 1770, soit à la fin de 1771. Ce dernier article fait un objet d'environ 96 quintaux, évalués 2 400 l.

Cet objet et celui des ventes étant déduits de la totalité des frais d'achats et de transports, la dépense réelle pour cet article se trouve monter pour les deux années à 42 805 l. 2 s. 6 d.

Je dois vous observer que, dans la dépense de ces deux états, je n'ai compris aucun droit de commission, ni gratification, pour les négociants de Limoges qui ont été chargés des détails des achats et des ventes, ni les intérêts des avances très considérables faites par le sieur François Ardent, l'un d'entre eux, ni les indemnités qu'il me paraît juste d'accorder pour les pertes faites par quelques négociants dans des entreprises auxquelles je les avais excités. Je réserve la discussion de ces objets pour la fin de ma lettre, après que je vous aurai rendu compte de l'opération des ateliers de charité, et présenté le tableau général de toutes les opérations de ces deux années, et de l'emploi des fonds que j'ai eus à ma disposition.

Ateliers de charité en 1771. — Vous m'aviez accordé une somme de 80 000 l. pour être employée aux ateliers de charité dans le canton de la Montagne. Comme le duché de Ventadour, appartenant à M. le prince de Soubise, renferme une grande partie de ce canton, et comme les chemins que je me proposais d'exécuter devaient être très utiles aux principales villes de ce duché, M. le maréchal de Soubise a eu la bonté de contribuer à ces ateliers pour une somme de 6 000 l.

Vous savez déjà, M., par le tableau que j'ai eu l'honneur de vous envoyer de la dépense de ces ateliers, en vous adressant mon Avis sur le moins-imposé de l'année prochaine, que la dépense a infiniment surpassé les fonds qui y étaient destinés, puisqu'elle est montée en total à 218 404 l. 3 s. 7 d. Chaque espèce de dépense y est détaillée atelier par atelier, et la nature des ouvrages y est aussi expliquée, ainsi que les motifs qui ont engagé à les entreprendre par préférence à d'autres. Je crois inutile de m'y arrêter davantage ici. Je me bornerai à vous assurer que j'ai eu lieu d'être satisfait, en général, de la quantité d'ouvrage fait en le comparant à la dépense, et qu'il résultera, des routes ouvertes dans ce canton, surtout si, comme je l'espère, elles peuvent être terminées en 1772, un avantage considérable pour le commerce ; car cette partie de la Province se trouvera traversée en tous sens par plusieurs routes très praticables qui lui ouvriront autant de communications avec les provinces voisines, au lieu que, jusqu'à présent, le commerce n'a pu s'y faire qu'à dos de mulets.

J'aurais bien voulu pouvoir produire ce bien, et procurer aux habitants de ce canton les soulagements dont ils avaient un besoin absolu, et ne point outrepasser les fonds que vous m'aviez accordés pour ces objets ; mais je n'ai pas été longtemps sans en reconnaître l'impossibilité absolue.

Les ateliers de charité n'ont pu être ouverts qu'au mois de mars, et je n'ose dire que ce soit un mal, car si on les eût ouverts plus tôt, la dépense eût été encore bien plus excessive. Dès le premier mois, je sentis combien la somme destinée à ces travaux serait insuffisante, et j'en instruisis M. d'Ormesson par une lettre du 29 mars. Je lui marquai encore, par une autre lettre du 21 juin, que la multitude d'ouvriers qui s'étaient présentés était telle, et la misère si extrême, qu'il ne m'avait pas paru possible de renvoyer tant de malheureux qui n'avaient d'autres ressources, pour ne pas mourir de faim, que le travail de ces ateliers ; qu'ainsi j'avais pris le parti de ne plus calculer la dépense et de m'abandonner à la Providence, en laissant subsister les ateliers, sans limiter le nombre des travailleurs, jusqu'au moment où la levée des foins et des grains présenterait aux habitants de la Montagne un travail équivalent. Je n'avais d'autre ressource, pour subvenir à cette augmentation de dépense, que l'espérance que vous voudriez bien consentir à la rejeter sur les fonds d'approvisionnement qui rentreraient par la vente des grains, et je fis part de mon idée à M. d'Ormesson avec d'autant plus de confiance, que j'avais vu, par sa réponse à ma lettre du 29 mars, combien vous étiez touché de la situation de cette province, et que vous n'aviez fait aucune difficulté de m'autoriser à prendre sur les fonds d'approvisionnement à rentrer une somme de 30 000 l. pour employer au soulagement des malades, vieillards, enfants et infirmes hors d'état de travailler. J'instruisis M. d'Ormesson, par ma lettre du 21 juin, que l'excessive dépense des ateliers de charité m'avait obligé de retrancher la plus grande partie de cette aumône. En effet, je l'ai bornée à une somme de 4 000 l. pour les pauvres de la ville et de la banlieue de Tulle, où, indépendamment de la misère générale, il régnait une espèce de maladie épidémique, et à la distribution de quelques barriques de riz en faveur de quelques paroisses de la Montagne. Cette distribution de riz est détaillée dans l'état des achats et de l'emploi des riz annoncé ci-dessus et joint à cette lettre.

J'avoue que je ne croyais pas alors que la perte de l'achat à la vente des grains fût aussi considérable. Mais quand il n'y en aurait eu aucune et, quand la totalité des fonds d'approvisionnement serait rentrée, j'aurais toujours été dans un très grand embarras pour subvenir à la dépense journalière de ces ateliers, qui ne pouvait rouler que sur l'argent comptant, si je n'avais trouvé toutes les ressources dont j'avais besoin dans la façon de penser et dans le crédit du sieur François Ardent, qui, non content d'avoir avancé sur ses propres fonds la plus grande partie des achats de grains en 1771, en attendant la rentrée complète des ventes de 1770, a bien voulu continuer d'avancer toutes les sommes nécessaires pour les ateliers de charité, et y verser sur-le-champ tous les produits des ventes à mesure qu'ils lui rentraient. Aussi est-il encore pour cet objet dans des avances très considérables, dont vous trouverez sans doute juste de lui tenir compte ainsi que de ses soins ; mais, avant d'entamer ce nouveau chapitre de dépense, je crois convenable de vous mettre sous les yeux la récapitulation de la totalité des opérations dans les deux années 1770 et 1771, ce qui comprendra le tableau général de l'emploi des fonds et de ma situation au 10 novembre 1771, abstraction faite des gratifications, intérêts et indemnités dus à différents négociants, objets dont je traiterai ensuite, et qui formeront un nouvel article de dépense à joindre au déficit de ce tableau.

RÉCAPITULATION GÉNÉRALE

Recette. — Les sommes que j'ai eues à ma disposition dans le courant de ces deux années montent en total à 386 000 l. ; savoir 200 000 l. destinées à des achats de grains   200 000 l.   » s.   » d.
20 000 livres pour être employées en achats de riz et distributions gratuites
                                        20 000   »   »
Pour les travaux publics en 1770   80 000   »   »
Pour les travaux publics en 1771   80 000   »   »
Plus de M. le prince de Soubise
   pour le même objet   6 000   »   »
         Somme pareille   386 000 l.   » s.   » d.

Dépense. — Voici maintenant la totalité de la dépense :
1° Perte sur les approvisionnements en grains, dans laquelle je comprends le défaut de rentrée des sommes avancées aux villages   90 155 l.   19 s.   1 d.
2° Travaux des chemins, ateliers de charité à Limoges, et dépense pour filature en 1770   85 009   3   3
3° Travaux publics et ateliers de charité

en 1771	218 404	3	7
4° Aumônes et distribution de riz et de fèves			
en 1770 et 1771	47 200	3	6
Total de la dépense	440 769 l.	9 s.	5 d.
Partant, la dépense excède la recette de	54 769 l.	9 s.	5 d.

Je dois vous observer que, quoique le déficit réel ne soit que de cette somme, l'avance effective du sieur Ardent est de 101 616 l. 8 s. 4 d.

Cette différence provient de ce que je ne compte point en dépense : 1° les grains et riz qui sont en nature ; 2° plusieurs articles en argent qui ne sont point encore rentrés ou qui ne l'étaient pas au 10 novembre, époque à laquelle j'ai arrêté les comptes ; 3° enfin, quelques dépenses accessoires des ateliers de charité, tels que des ponceaux et autres ouvrages d'art, lesquels doivent être à la charge des Ponts et chaussées. Comme il fallait exécuter ces ouvrages au moment, et comme la caisse des Ponts et chaussées suffisait à peine aux destinations ordinaires, la dépense en a été faite sur les fonds qu'avançait le sieur Ardent pour les ateliers de charité ; mais cette avance sera remplacée le plus tôt qu'il sera possible par la caisse des Ponts et chaussées.

Gratifications, intérêts et indemnités en faveur des négociants. — Malheureusement, ce déficit d'environ 55 000 l. ne forme pas la totalité de la dépense indispensable des opérations de ces deux années, puisque je n'ai pas encore parlé des gratifications, intérêts d'avances et indemnités que j'ai à vous proposer.

Vous pouvez bien penser, M., que les achats, les détails relatifs au transport des grains dans les différents lieux, et la vente journalière de ces grains, ont exigé des soins et pris beaucoup de temps aux négociants qui en ont été chargés, et qu'il n'est pas juste que ces soins soient absolument gratuits. Dans la plus grande partie des affaires de commerce, pour peu qu'elles exigent du détail, la commission pour le seul achat est rarement au-dessous de 2%. Ce n'est donc pas assurément traiter les négociants de Limoges trop favorablement que de leur accorder 2% du prix de l'achat, y compris les frais de transport, dont tous les détails ont roulé sur eux, et ont demandé beaucoup de travail par la nécessité de se servir de voitures à bœufs, qui marchaient par entrepôts depuis Angoulême jusqu'à Limoges, et depuis Saint-Léon jusqu'aux lieux de l'intérieur de la Généralité où les grains venus par la Vézère ont été conduits. J'ai donc cru devoir fixer sur ce pied la commission ou gratification que je vous propose pour eux.

1° Les achats faits par le sieur Michel en 1770, tant à Nantes qu'à Bordeaux, montent en total à	152 023 l.	11 s.	5 d.

Les 2 pour 100 de cette somme font   3 040 l.   9 s.   5 d.
2° Les achats du sieur Petiniaud, en 1770, ont monté à 61 084 l. 2 s. 4 deniers.
Dont les 2 pour 100 font   1 221   13   9
3° Les achats du sieur Ardent, en 1770, ont monté à 192 550 l. 15 s. 2 deniers.
Dont les 2 pour 100 font   3 851   »   3
4° Le sieur Petiniaud n'a été chargé, en 1771, que de l'achat d'une seule cargaison, montant à 28 720 l. 1 s.
Dont les 2 pour 100 font   574   8   »
5° Les achats du sieur Ardent ont monté, en 1771, à 339 332 l. 3 s. 9 d.
Dont les 2 pour 100 font   6 786   12   11
Total des commissions et gratifications
à 2 pour 100   15 474 l.   4 s.   4 d.

J'observe que la totalité des achats mentionnés ci-dessus ne comprend pas la totalité des grains, riz et fèves qui font l'objet du compte général joint à cette lettre ; il y a quelques parties qui ont été achetées directement de quelques négociants qui les avaient demandées pour leur compte, et qui ont cédé leur marché. Ces parties regardent principalement les fèves que je me proposais de faire distribuer en aumône.

Le sieur Ardent est dans un cas particulier. Outre les soins et les peines multipliées qu'il a prises pour cette opération, c'est lui seul qui en a fait les avances de ses propres fonds toutes les fois qu'il a été nécessaire. Tous les achats de Dantzig en 1770, et tous ceux de 1771, ont été payés avec son papier ; et comme le produit des ventes était fort lent à rentrer, ses avances sont devenues très considérables : elles étaient portées au 10 février 1771 à plus de 205 000 l. J'ai déjà eu l'honneur de vous observer que, depuis l'établissement des ateliers, une grande partie des fonds qui rentraient y ont été reversés. Par ce moyen, les avances de M. Ardent se sont perpétuées, et sont restées d'autant plus considérables, que la dépense des ateliers a été fort au-dessus des fonds qui y étaient destinés, en y ajoutant même ceux qui sont rentrés de la vente des grains. Cette avance se trouvait être, au 10 de ce mois, de 101 616 l. 8 s. 4 d. Il n'est pas possible que le sieur Ardent perde les intérêts d'une avance à laquelle il s'est prêté de si bonne grâce, et au moyen de laquelle il a seul soutenu le service. Ces fonds ont été tirés de son commerce, ou il les a empruntés, et il a payé l'escompte des termes qu'il prenait sur le pied de 1/2% suivant l'usage du commerce ; il est donc indispensable de lui passer l'intérêt sur ce pied.

Comme le sieur Ardent avait payé sur ses fonds tous les achats faits à Dantzig en 1770, il se trouvait, avant d'entamer l'opération de 1771, en avance d'environ 68 000 l. Il n'a cependant demandé aucun intérêt pour cette partie et, dans le compte que j'ai arrêté avec lui, il n'a porté d'intérêts que pour les avances qu'il a faites relativement à l'approvisionnement de 1771 et à la dépense des ateliers de charité.

Vous comprenez que sa situation à cet égard a continuellement varié : à chaque payement qu'il faisait, son avance augmentait ; elle diminuait chaque fois qu'il recevait des fonds, soit du receveur général sur mes ordonnances, à compte des fonds destinés aux ateliers de charité, soit par la rentrée des grains vendus.

Entreprendre de calculer les intérêts des différentes sommes avancées jour par jour, en prenant pour époque le jour précis de chaque payement, et en partant pareillement, pour les déductions à faire à raison des fonds rentrés, du jour précis de la recette de chaque somme, c'eût été se jeter dans un labyrinthe de calculs qui aurait consommé un temps infini, et dont peut-être je n'aurais pas encore vu la fin. J'ai pris le parti, pour simplifier l'opération, de prendre toujours pour époque le 10 de chaque mois, jour auquel le commis à la recette générale faisait tous ses payements. C'était aussi le jour auquel les fonds provenant des grains vendus dans la Montagne étaient censés rentrer au sieur Ardent, et se trouvaient reversés sur-le-champ dans de nouvelles avances par les mandements que lui renvoyaient ses commissionnaires en montant des fonds tirés sur eux pour les dépenses des ateliers de charité. J'ai donc supposé que toutes les avances faites par le sieur Ardent, dans le courant d'un mois, étaient faites au 10 du mois suivant, et que pareillement tous les fonds qui lui rentraient dans l'intervalle du 10 d'un mois au 10 du suivant, lui rentraient le 10 de ce second mois, et devaient être déduits de la somme de ses avances existantes à cette époque ; en conséquence, je lui ai alloué 1/2% de la somme dont il restait en avance à l'échéance de chaque mois. C'est en opérant de cette manière que j'ai trouvé, pour la totalité des intérêts à lui dus à l'époque du 10 novembre 1771, une somme de 8 307 l. 15 s. 10 d.

La totalité de ces avances et, par conséquent des intérêts, eût été un peu moindre, si une proposition que j'avais pris la liberté de vous faire le 26 octobre 1770, et que vous adoptâtes par votre réponse du 28 novembre suivant, avait été réalisée. Ma proposition consistait à autoriser le receveur des tailles de Limoges à fournir au besoin pour subvenir à la dépense du transport des grains, laquelle devait être nécessairement payée comptant, des fonds tirés de sa caisse, pour la valeur desquels il lui serait remis des lettres de change tirées par le sieur François Ardent sur quelques-uns des meilleurs banquiers de Paris, payables à trois et quatre usances. Le receveur aurait remis ces lettres de change, ou à ses receveurs généraux, ou directement au Trésor royal, lequel en aurait fourni ses récépissés aux receveurs généraux en décharge de leur recette, et ceux-ci en auraient tenu compte pareillement à leur receveur particulier.

Vous me marquâtes, par votre lettre du 28 novembre, que, quoique les receveurs généraux fussent déjà dans des avances considérables, ils n'avaient pas hésité à consentir de faire celles dont il s'agissait pour le payement des voitures des grains, et qu'ainsi je pouvais faire les dispositions nécessaires à ce sujet. Votre lettre ne s'expliquait point sur l'intérêt de cette avance ; et, le commis à la recette générale ayant dit au sieur Ardent que les receveurs entendaient que l'escompte en serait payé sur le pied de 1/2% par mois, il devenait indifférent que cette avance fût faite par les receveurs généraux ou par le sieur Ardent lui-même, et celui-ci choisit le dernier parti comme plus simple et ne dérangeant personne. Au moyen de quoi, toutes les avances nécessaires ont été faites en son nom.

La totalité des intérêts dus au sieur Ardent jusqu'au 10 novembre 1771, jointe à la totalité des commissions, forment un objet de 23 782 l. 2 d.

Indemnité en faveur des sieurs Malepeyre, Jauge et Dupuy. — Je vous ai annoncé que j'avais encore à vous proposer quelques objets d'indemnité qui me paraissaient justes. La première et la principale de ces indemnités est en faveur des sieurs Malepeyre, de Brive, Simon Jauge, de Bordeaux, et Dupuy, de Sainte-Foy. Les titres sur lesquels ils se fondent pour demander une indemnité sont : 1° la perte qu'ils ont faite d'un bateau chargé de 300 boisseaux de grains, mesure de Bordeaux, équivalant à 450 setiers, mesure de Limoges, lequel a péri au printemps de 1770, en remontant la Dordogne.

2° La perte qu'ils ont faite sur une cargaison venant de Stettin et qui, s'étant trouvée altérée, fut condamnée par les juges d'Angoulême, et aurait été brûlée presque en entier sans l'Arrêt du Conseil que vous voulûtes bien faire rendre le 1er octobre 1770, pour donner au propriétaire de cette cargaison la main-levée des grains condamnés, à la charge qu'ils ne seraient point vendus pour la nourriture des hommes.

Ils se fondent, en troisième lieu, sur les pertes énormes qu'ils ont faites à cause des achats auxquels ils se sont livrés, à ma sollicitation, pendant l'hiver de 1770 à 1771, achats que la baisse survenue dans les prix leur a rendus très préjudiciables. Il convient de discuter successivement chacun de ces titres.

Je crois d'abord pouvoir écarter la demande fondée sur la perte d'un bateau de grains en remontant la Dordogne au printemps de 1770. Certainement, le commerce que faisaient à cet égard les sieurs Malepeyre, Jauge et Dupuy, a été infiniment utile à la partie du bas Limousin, et je leur ai rendu à ce sujet, auprès de vous, le témoignage qu'ils ont mérité. Mais, quoique leur conduite, en général, soit digne d'éloges, je ne puis croire qu'il en résulte un titre en leur faveur pour demander d'être indemnisés des pertes qu'ils ont faites dans un commerce entrepris volontairement et à leurs risques, périls et fortunes, sans aucun engagement de la part de l'administration d'entrer dans les pertes qu'ils pourraient faire. La maxime *Res perit domino* me paraît entièrement applicable à ce premier objet de demande.

L'indemnité réclamée sur la perte de la cargaison condamnée par la sentence des juges de police d'Angoulême, du 20 août 1770, me paraît mériter beaucoup plus de faveur. Pour vous mettre en état de décider sur cette demande, il est nécessaire de remonter à l'origine de l'envoi de cette cargaison à Angoulême.

Les dernières cargaisons achetées à Dantzig pour l'approvisionnement de Limoges ayant été retardées par différents obstacles, je craignis beaucoup que le grain ne manquât tout à fait aux approches de la récolte. Je savais que les sieurs Malepeyre et Jauge avaient en mer un vaisseau chargé de seigle, venant de Stettin, et qui devait relâcher aux rades de La Rochelle pour se rendre de là soit à Nantes, soit à Bordeaux, suivant les ordres que le capitaine devait recevoir, et suivant que les intéressés croiraient y trouver plus d'avantages. Je proposai au sieur Jauge de mander à son correspondant de La Rochelle de tenir ce navire aux ordres des négociants de Limoges chargés de l'approvisionnement, afin de le faire passer à Charente, d'où la charge serait envoyée par gabarres à Angoulême et transportée ensuite à Limoges. Le sieur Jauge se rendit à mes propositions. Les négociants de Limoges écrivirent, en conséquence, au correspondant du sieur Jauge, à La Rochelle, de faire passer cette cargaison à Angoulême pour leur compte. Ils ajoutaient cependant la condition que le grain fût *bon* et *marchand*. Malheureusement, soit que le correspondant de La Rochelle ait mal connu l'état de la cargaison, soit que le grain ne fût pas encore aussi échauffé qu'il l'a été depuis, le vaisseau fut envoyé à Charente.

Le correspondant de ce dernier port en envoya sur-le-champ des montres à Limoges. Les négociants chargés de l'approvisionnement trouvèrent le grain trop altéré, et mandèrent qu'ils ne pouvaient s'en charger, et qu'ils laissaient la cargaison au compte du sieur Jauge. Il eût été à souhaiter que le correspondant de Charente eût pris le parti de le faire mettre en grenier et de le faire remuer ; vraisemblablement ce grain, qui n'était encore que médiocrement altéré, se serait assez bonifié pour pouvoir être vendu avec avantage. Mais le correspondant de Charente, sachant que les besoins étaient très grands à Angoulême, et ne croyant pas le grain assez échauffé pour ne pouvoir être mis en vente, imagina faire le bien du sieur Jauge et des autres intéressés, en le faisant charger sur-le-champ dans des gabarres et partir pour Angoulême. Ce grain resta longtemps sur la rivière ; la saison était très chaude et le temps pluvieux ; ces grains continuèrent de s'échauffer et, à leur arrivée à Angoulême, la plus grande partie se trouva gâtée au point de ne pouvoir être vendue.

Il est certain que cet envoi fait à contre-temps par le correspondant de Charente a été, par l'événement, la principale cause de la perte essuyée par le sieur Jauge et ses associés. Ce correspondant agissait à bonne intention. Il ne pouvait pas prévoir la conduite que tiendraient les juges de police d'Angoulême, et en tous cas, ni moi, ni les négociants chargés de l'approvisionnement de Limoges, n'avions influé en rien sur le parti qu'il prit à cet égard. Ni eux, ni moi, n'avions pris non plus aucun engagement avec le sieur Jauge d'acheter sa cargaison que dans la supposition où elle serait *marchande*. Ainsi, l'on ne peut douter qu'à la rigueur la perte ne dût retomber en entier sur le sieur Jauge et ses associés, propriétaires de la cargaison. La seule considération que ceux-ci pussent faire valoir était que le correspondant, auquel les grains avaient été adressés à Charente et qui les avait envoyés à Angoulême, leur avait été indiqué par les négociants de Limoges, et qu'ils n'auraient jamais pensé à envoyer ce vaisseau à Charente, pouvant l'envoyer à Nantes ou à Bordeaux, sans l'invitation que je leur avais faite.

Quoi qu'il en soit, malgré l'augmentation d'altération de ces grains, il était peut-être encore possible d'en tirer parti, soit en les faisant travailler dans des greniers pour bonifier les parties qui étaient moins altérées, soit en vendant pour d'autres usages ce qui ne se trouverait pas propre à la consommation des hommes. Vous savez que des grains, quoique fort altérés, peuvent encore s'employer dans différents arts, qu'ils peuvent servir à faire de l'amidon, à brasser des eaux-de-vie de grains, à tanner des cuirs, à décaper des fers destinés à l'étamage, etc., et que tous ces usages leur assurent encore une valeur assez forte, surtout dans les temps de cherté.

Les juges de police d'Angoulême ne voulurent point entrer dans ces considérations, malgré le soin que je pris de les leur présenter dans mes lettres. Sur les premières nouvelles qu'ils eurent de l'altération d'une partie des grains du sieur Jauge, ils s'empressèrent d'en faire constater la mauvaise qualité par des procès-verbaux, et de commettre à la garde des magasins des huissiers, jusqu'à ce qu'il eût été statué définitivement sur le sort de ces grains. Le 20 août, ils rendirent un jugement, par lequel il fut ordonné que ce grain serait brûlé.

Le commissionnaire du sieur Jauge ayant interjeté appel de cette sentence, ils commirent à la garde de ces grains, jusqu'au jugement de l'appel, cinq huissiers à *cent sous* par jour, sans avoir égard à l'offre que faisait le commissionnaire du sieur Jauge de s'en rendre gardien volontaire.

Vous avez reconnu, M., l'iniquité de cette sentence, et vous l'avez fait casser par l'Arrêt du Conseil du 1er octobre 1770 ; vous avez ordonné, par cet arrêt, que les blés seraient restitués au commissionnaire du sieur Jauge, avec défenses de les vendre pour la consommation ordinaire, jusqu'à ce qu'il en eût été autrement ordonné.

Cet arrêt, M., n'a pas à beaucoup près réparé le tort qu'avait fait à ces grains la conduite des juges d'Angoulême. Vous concevez que, depuis la fin de juin jusque vers le 15 octobre, ces grains entassés à Angoulême dans des chais à la garde des huissiers, sans qu'il fût libre au commissionnaire du sieur Jauge de les faire remuer et vanner, ont dû s'altérer de plus en plus et perdre encore beaucoup de leur valeur.

Enfin, l'Arrêt du Conseil étant arrivé, et toutes les difficultés étant levées, les propriétaires ont eu la libre disposition de leurs grains. Comme les sieurs Jauge et Malepeyre avaient pour associé, dans cette cargaison, le sieur Brandt, négociant à Brême, celui-ci désira que ces grains lui fussent renvoyés pour être employés à fabriquer de l'eau-de-vie de grains, ce qui fut exécuté. Les propriétaires sauvèrent ainsi une partie de la valeur de leur cargaison.

Je vois, par les factures qui m'ont été mises sous les yeux, que cette cargaison, composée de 81 lasts, mesure de Hollande [a], a coûté en tout pour achats, fret jusqu'à La Rochelle, frais de transport et de toute espèce à Angoulême, frais de retour à Brême, 27 883 l. 8 s. 8 d. La totalité de ce qu'elle a produit, en y comprenant la vente d'une portion des grains moins altérés faite à Angoulême, a monté à 15 135 l. 10 s. 9 d. Il résulte, de la comparaison de ces deux sommes, que les propriétaires de cette cargaison sont en perte de 12 747 l. 7 s. 11 d.

Si moi, ou les négociants chargés par moi des approvisionnements, avions pris avec le sieur Jauge un engagement absolu de prendre sa cargaison ; si, dans les lettres qui lui ont été écrites et à son correspondant de la Rochelle, il n'avait pas été expressément énoncé de ne la faire passer à Angoulême qu'autant qu'elle serait marchande ; si c'était par mon fait ou par l'ordre des négociants de Limoges que la cargaison eût été envoyée de Charente à Angoulême, je me croirais rigoureusement obligé de tenir compte au sieur Jauge et à ses associés, non seulement de cette perte de 12 747 l. 7 s. de l'achat à la vente, mais encore de tout l'excédent de valeur qu'auraient eu ces grains en supposant que, conformément à leur première destination, ils eussent été vendus à Nantes ou à Bordeaux ; car alors ils auraient certainement été placés à

---

[a] Le last équivalait à un poids de 2 000 livres.

un prix très haut, et n'auraient pas supporté tous les frais dont ils ont été chargés en pure perte.

D'après la connaissance que j'ai de ce que valaient alors les grains à Nantes et à Bordeaux, j'ai lieu de croire que cette cargaison, qui contenait un peu plus de 1 800 setiers, mesure de Paris, aurait rapporté bien près de 6 000 l. de profit sur le pied de 18 francs le setier, mesure de Paris. Ces 6 000 l. ajoutées à plus de 12 000 l. de perte, forment une différence de plus de 18 000 l. Peut-être serait-il juste que les juges de police d'Angoulême, dont l'erreur a été si funeste, fussent responsables en leur propre et privé nom d'une perte qui est leur ouvrage. Ils le mériteraient d'autant plus, que j'ai toutes sortes de raisons de penser que leur prétendu zèle a été principalement allumé par l'idée où ils étaient que c'était moi qui avais fait venir ce grain, et par le désir de persuader au peuple que je voulais le faire vendre pour en faire du pain. Je sens cependant combien il y aurait de difficultés à prononcer contre eux une semblable condamnation. Il y en aurait peut-être une plus grande encore à la faire exécuter, vu la médiocrité de leur fortune ; mais je ne puis m'empêcher de sentir vivement combien il est dur, pour d'honnêtes citoyens, que des juges ignorants puissent ainsi se jouer impunément de leurs biens et compromettre leur réputation.

Je reviens à ce qui me concerne. Je vous ai déjà observé que je n'avais point d'engagement rigoureux avec le sieur Jauge. La question a été discutée en ma présence par l'examen des lettres écrites de part et d'autre, entre les négociants de Limoges chargés de l'approvisionnement et le fils du sieur Jauge, qui s'était rendu à cet effet à Limoges ; mais, quoique le sieur Jauge n'ait aucun droit rigoureux à l'indemnité qu'il réclame, je ne puis m'empêcher d'être touché des considérations multipliées qui s'élèvent en sa faveur. Il est certain, comme je l'ai déjà remarqué, que cette cargaison eût été vendue à Nantes avec profit, et qu'elle y serait arrivée avec infiniment moins d'altération qu'elle n'en a subi dans le transport de La Rochelle à Charente, et de Charente à Angoulême, dans une saison très chaude et très humide. Je ne puis me dissimuler que c'est principalement sur mes invitations que le sieur Jauge s'est déterminé à faire passer ce vaisseau à Charente. Le tort des officiers de police d'Angoulême ne m'est assurément pas personnel, mais il me paraît incontestable que, quand des raisons de police ou d'utilité publique obligent à donner atteinte à la propriété d'un citoyen auquel il n'y a aucun délit à reprocher, le public lui doit une indemnité proportionnée à la perte qu'il essuie pour le service du public. Ce principe est surtout applicable à la circonstance dont il s'agit. Aucune propriété ne mérite certainement plus de faveur que celle d'un négociant qui, dans un temps de disette, vient au secours d'une province affligée en y faisant importer des grains. Le transport de cette denrée par mer est par lui-même sujet aux plus grands risques ; celui de l'échauffement est un des plus fâcheux. Un négociant est déjà trop à plaindre de perdre par cet accident la plus grande partie de la valeur des grains qu'il fait importer ; il est au moins de toute justice de ne pas lui enlever le reste en anéantissant la denrée même et en détruisant la valeur que lui donnent les usages auxquels elle peut être propre encore. Je crois que, s'il peut y avoir des raisons de police bien fondées pour ordonner cette destruction, il est de justice rigoureuse de tenir compte au propriétaire de la valeur détruite dans le cas où des juges, par ignorance ou par prévention, auraient fait perdre à un négociant sa propriété. Le Gouvernement, au nom duquel ces juges agissent toujours, serait sans doute en droit de leur faire supporter l'indemnité due au citoyen lésé ; mais, soit que le Gouvernement trouve la conduite de ces juges bien fondée et qu'il l'approuve, soit qu'il use d'indulgence envers eux, je pense qu'il doit se charger de l'indemnité.

La conséquence de ces principes serait peut-être d'indemniser le sieur Jauge et ses associés, sinon du profit qu'ils auraient fait en vendant leur cargaison à Nantes, du moins de la totalité de la perte de l'achat à la vente. Cependant, j'observe qu'il est assez difficile de connaître précisément le tort que le voyage d'Angoulême et la conduite des juges de police de cette ville ont fait à ce grain, et qu'il est constant qu'en arrivant à Charente il avait déjà souffert quelque altération dont le Gouvernement ne doit pas répondre. D'ailleurs, j'avoue que l'excédent des dépenses qu'ont entraînées toutes mes opérations sur la recette, et la somme très forte dont je me trouverai à découvert, me rendent un peu moins hardi, que je ne le serais dans toute autre circonstance, à vous proposer de dédommager pleinement le sieur Jauge et ses associés. Je me bornerai donc à vous proposer de porter leur indemnité aux deux tiers, ou tout au moins à la moitié de la perte. Mais, avant de me fixer sur cette alternative, je vais examiner le troisième motif sur lequel ce négociant et ses associés se fondent pour demander une indemnité.

Me trouvant à Brive au commencement de novembre 1770, je fis part au sieur Malepeyre de mes inquiétudes sur la subsistance des habitants de la Montagne. Il me fit sentir combien, dans les circonstances, ce commerce était devenu difficile, vu l'impossibilité de tirer des grains du Nord, et le haut prix qu'avait cette denrée dans les différents ports de France d'où l'on pouvait s'en procurer. Je lui proposai, s'il voulait s'engager à faire passer à Tulle, avant le mois de janvier, 3 000 boisseaux de seigle, mesure de Bordeaux, de le garantir de toutes pertes.

Il me dit que lui et ses associés feraient leurs efforts pour remplir mes vues ; mais quelque temps après, ils me mandèrent que la chose était absolument impossible ; que, cependant, pour secourir autant qu'il était en eux la Province, ils avaient donné des ordres illimités pour acheter des grains dans différents ports, afin de les faire passer en Limousin avant le printemps. En effet, ils firent plusieurs achats, soit en Bretagne, soit à Marans, à des prix fort hauts, et je sais qu'ils ont perdu assez considérablement sur la vente de ces grains. Ils évaluent leur perte à 15 p. 100. Je ne leur ai point demandé un compte exact, parce que je ne les crois point en droit de réclamer à cet égard une indemnité. Je leur en devrais une, sans difficulté, s'ils avaient exécuté ma proposition de faire passer à Tulle, avant l'hiver, la quantité de grains que j'avais demandée, en leur promettant de les garantir de perte ; mais cet engagement n'existe plus de ma part, puisque, de la leur, ils n'ont pu en remplir les conditions : les achats qu'ils ont faits à Marans et à Nantes ont été faits pour leur propre compte. Le zèle avec lequel ils se sont exposés à perdre, mérite des éloges ; mais il ne peut en résulter un droit pour réclamer une indemnité. Cependant, la considération résultant, en leur faveur, du zèle qu'ils ont montré, de l'utilité réelle dont leur commerce a été à la Province en 1770, enfin de la perte qu'ils firent alors d'un chargement de 300 boisseaux sur la Dordogne, me paraît devoir vous déterminer à porter la totalité de leur indemnité plutôt à 8 000 livres qu'à 6 000, en leur accordant 6 000 livres d'indemnité sur la cargaison condamnée à Angoulême, et 2 000 livres à titre de gratification, en considération de l'utilité de leur travail et des pertes générales qu'ils ont essuyées.

Le second objet d'indemnité que j'ai à vous proposer est en faveur du nommé Joseph Touvenin, aubergiste à Limoges. La difficulté d'obliger les boulangers à proportionner exactement le prix du pain à celui des grains, l'impossibilité même de prévenir toutes leurs manœuvres, me déterminèrent en 1770, de concert avec le lieutenant de police de cette ville, à encourager quelques particuliers à faire construire des fours publics où tous les bourgeois pourraient faire cuire leur pain ; et il fut convenu, entre le lieutenant de police et moi, que ceux qui feraient construire ces fours auraient la liberté de vendre du pain au public. Ce moyen de réprimer, par la concurrence, la cupidité des boulangers, m'a parfaitement réussi, et il est certain que le peuple a eu, en général, de meilleur pain et à meilleur marché qu'il ne l'aurait eu sans cette concurrence. Le nommé Touvenin s'est prêté avec beaucoup de zèle à mes vues ; il a fait construire des fours, monté une boulangerie, et a mis en achats de grains une grande partie des fonds qu'il employait dans son commerce de vins. Il a fourni de très bon pain et à plus bas prix que les boulangers de la ville. Il aurait dû naturellement gagner dans ce commerce ; mais la crainte de ne pouvoir suffire la consommation, et l'idée où l'on était dans l'automne 1770, que les grains augmenteraient beaucoup plus qu'ils ne l'ont fait, l'avaient engagé à se charger d'une quantité considérable de grains, sur lesquels il a perdu par la diminution survenue dans les prix. J'ai vérifié que sa perte va aux environs de 4 000 l. S'il s'agissait d'un négociant qui se fût livré à ce commerce d'après ses propres spéculations, je le plaindrais, mais je n'imaginerais pas de l'indemniser. Je dois penser autrement, puisque c'est uniquement à mon instigation, et pour rendre service au public, que Touvenin a quitté un commerce dans lequel il gagnait, pour verser ses fonds dans une opération où une grande partie de sa fortune se trouve compromise. Je pense, M., qu'il serait injuste de lui laisser supporter la totalité d'une perte que je lui ai en quelque sorte occasionnée, et qu'il n'aurait point éprouvée s'il n'avait pas cherché à entrer dans mes vues. Je crois donc devoir vous proposer de l'indemniser en partie par une gratification de 3 000 l., qui, jointe aux 8 000 l. que je vous ai déjà proposées en faveur des sieurs Jauge et Malepeyre, fait monter la totalité des indemnités à 11 000 l.

Ces 11 000 l., ajoutées aux 15 474 l. 4 s. 4 d. de commission ou gratification en faveur des négociants chargés à Limoges des opérations de l'approvisionnement, et aux 8 307 l. 15 s. 10 d. d'intérêts dus au sieur Ardent pour ses avances, font en tout une somme de 34 782 l. 2 d. Si, comme je l'imagine, vous adoptez à cet égard mes propositions, il faudra ajouter cette somme à la dépense totale de l'opération et, par conséquent, au premier déficit de 54 769 l. 9 s. 5 d. ; ce qui portera le déficit réel et définitif, au 10 novembre 1771, à la somme de 89 551 l. 9 s. 7 d.

C'est de cette dernière somme que je me trouverai véritablement à découvert. Je ne m'occuperai point encore à chercher les moyens de remplacer ce déficit. J'ignore quel sera l'événement des opérations de 1772, et si la perte sur les approvisionnements sera aussi considérable qu'elle l'a été en 1771 ; j'avoue que je le crains beaucoup. Mais, quoi qu'il en arrive, j'attendrai jusqu'à ce que l'opération de cette année soit terminée, et que je sache qu'elle sera définitivement la perte totale : il sera temps de vous proposer les moyens d'y subvenir. Heureusement le temps favorable qu'on a eu cet automne pour faire les semailles, et la manière dont s'annonce la levée des blés, donnent lieu d'espérer que cette année 1772 sera le terme des misères qui nous affligent depuis si longtemps.

C'est avec beaucoup de peine, M., que je vous présente un déficit aussi considérable ; je crois pourtant devoir faire remarquer, pour ma justification, qu'il vous paraîtrait moins fort si, au lieu de le comparer à la totalité des fonds que j'ai reçus, vous vouliez le comparer à la totalité des opérations que j'ai faites avec des fonds. En effet, j'ai reçu, dans le cours des deux années 386 000 l. Avec cette somme, dans le courant des deux années, j'ai fait entrer dans la Généralité des grains de différentes natures, des riz et des fèves pour la valeur de 890 248 l., j'ai fait exécuter dans les deux années pour 303 400 l. d'ouvrages et j'ai distribué pour 47 200 l. d'aumônes, en sorte que la totalité des opérations monte à plus de 1 240 000 l. J'ai donc fait pour près de 855 000 l. d'opérations au delà des 386 000 l. que j'ai reçues.

J'ose me flatter qu'un déficit de moins de 90 000 l. sur des opérations de plus de 1 240 000 l., vous étonnera moins, et que vous jugerez moins défavorablement de mon économie, peut-être même vous paraîtrai-je mériter quelque approbation ; c'est la principale récompense que je désire de mon travail.

Je vous serai infiniment obligé de vouloir bien m'instruire promptement de votre décision sur l'article des gratifications et des indemnités que je vous ai proposées, afin que je puisse annoncer aux personnes qu'elles concernent le sort auquel elles doivent s'attendre.

Vous trouverez ci-joints à cette lettre trois états, savoir : 1° le compte général des approvisionnements en grains pendant les deux années 1770 et 1771 ; 2° le compte général des achats de riz et de fèves et de leur emploi, pendant ces mêmes années ; 3° le tableau de la dépense des ateliers de charité, et des ouvrages exécutés pendant l'année 1771.

118. — LA TAILLE.

I. — *Avis sur l'imposition pour l'année 1772.*

[D. P., VI, 304.]

Limoges, 15 octobre.

[Après avoir observé que le brevet de la taille pour l'année 1772 avait été arrêté à la somme de 1 942 293 l. 2 s., comme celui de l'année 1771 ; mais qu'en 1771 deux arrêts postérieurs ayant accordé une diminution de 270 000 l., l'imposition effective de 1771 n'avait été que 1 672 293 l. 2 s., en sorte que, si on laissait subsister l'imposition telle que le portait l'arrêt du Conseil, il y aurait une augmentation réelle de 270 000 l., ce qui ne pouvait être l'intention du Roi, Turgot rend compte de l'état des récoltes, qui ne promettaient d'abondance qu'en châtaignes ; puis il passe à son Avis et fait une fois encore le tableau de la situation de la Province].

Au motif de la surcharge ancienne et trop prouvée dont la Province se plaint dans les temps les plus heureux, et qui l'a jetée forcément dans un retard habituel sur le payement de ses impositions, qui ne sont jamais payées qu'en trois ans, se joignent l'approche d'une disette en 1772, à la suite des trois disettes consécutives qui ont déjà épuisé toutes les ressources des peuples, disette qui doit être et plus cruelle et plus étendue que celle de 1771, puisque le vide des récoltes s'est fait sentir dans toute la Généralité. L'état du canton de la Montagne en particulier ne laisse envisager de ressources contre la famine absolue que la bienfaisance de S. M.

Un vide de 4 millions sur la masse d'argent qui circulait dans la Province, et qui en est sorti pour payer les grains qu'elle a été forcée de tirer d'ailleurs, vide qu'aucun commerce n'a pu remplacer et que la nécessité de tirer encore des grains des autres provinces et de l'étranger augmentera nécessairement ;

Une masse d'arrérages sur le recouvrement des impositions de près de 2 500 000 l., c'est-à-dire des cinq huitièmes de la totalité des impositions de la Province, arrérages dont plus de moitié se sont accumulés dans l'espace de vingt et un mois par l'effet nécessaire des deux dernières disettes, qui ont ainsi doublé le mal qu'avaient fait à cet égard huit années d'une guerre ruineuse ;

Enfin, la diminution des ressources ordinaires de la Province par l'affaiblissement du commerce des bestiaux, résultant de la perte totale des foins et de la diminution dans la consommation de Paris ;

Sans doute des motifs aussi forts, aussi touchants, ne sollicitent pas moins la justice et même la sagesse du Roi que sa bonté paternelle, en faveur d'une partie de ses peuples, accablée d'une suite de fléaux successifs qui l'ont réduite à l'état le plus déplorable. Il nous suffit d'en avoir mis le tableau sous ses yeux. Nous n'osons nous fixer à aucune demande. L'année dernière, nous avions éprouvé la même crainte ; nous avions exposé les faits, calculé les besoins de la Province, en observant que nos calculs n'étaient point des demandes. Nous sentions combien le résultat en était effrayant et peu proportionné aux besoins actuels de l'État, puisque ce résultat montait à 900 000 l. Nous ne demandions ni n'espérions même pas ce secours ; mais nous avons été vivement affligé de n'obtenir que 270 000 l., somme qui ne nous a permis que de soulager imparfaitement la Montagne et quelques parties du Limousin, et qui nous a laissé dans l'impuissance de faire sentir à l'Angoumois les effets de la bienveillance du Roi. En 1770, nous avions du moins obtenu un moins-imposé de 450 000 l., et toute la Province s'en était ressentie. Nous devons dire, et nous croyons avoir prouvé, que ses besoins sont beaucoup plus considérables, et nous osons supplier S. M de vouloir bien y proportionner ses bontés.

II. — *Circulaire aux subdélégués au sujet des ateliers de charité.*

[A. municipales de Tulle]

Limoges, 10 février.

Je vous envoie, M., quelques exemplaires d'une instruction sur la régie des *Ateliers de Charité* que je me propose d'établir dans votre subdélégation pour employer les fonds que le Roi a bien voulu destiner à procurer du travail aux pauvres. J'ai tâché de rendre les détails dans lesquels je suis entré assez clairs pour qu'ils n'aient besoin d'aucune explication. Ainsi, je vais me borner à vous indiquer ce que vous aurez personnellement à faire pour concourir à l'exécution des vues de S. M. Il me paraît nécessaire que vous commenciez par lire l'*Instruction* avant d'achever de lire cette lettre dont tous les détails y sont relatifs.

Vous y verrez que vous devez être chargé non seulement de la police des Ateliers, mais encore de la manutention générale de cette question, de la direction des payements, du choix des caissiers, de l'arrêté de leurs comptes, ainsi que de ceux des conducteurs, des mesures à prendre et des marchés à faire pour procurer aux ouvriers des subsistances à leur portée. Vous aurez aussi nécessairement à vous concerter avec les sous-ingénieurs chargés de la direction des travaux, soit pour leur indiquer des sujets capables de conduire les ateliers, soit pour leur procurer les différentes facilités dont ils peuvent avoir besoin pour remplir leur commission.

Je n'ignore pas que les détails dont je charge les subdélégués par l'Instruction que je vous adresse sont de nature à ne pouvoir être suivis que par une personne résidant sur les lieux et, comme mon intention n'est pas de borner les travaux aux abords des chefs-lieux de subdélégation, j'ai senti que vous ne pouviez remplir par vous-même ces détails sur les ateliers éloignés de vous ; aussi ai-je annoncé dans l'*Instruction* que ces détails pourraient être remplis, à défaut de subdélégué, par le commissaire que je nommerais pour en tenir lieu. C'est à vous que je m'adresse pour que vous m'indiquiez à portée des lieux où je ferai travailler et qui seront trop loin de votre résidence des personnes en qui je puisse avoir confiance et qui veuillent bien remplir cette commission. Le but de ces travaux et le motif qui les fait entreprendre me donnent lieu d'espérer que vous pourrez trouver parmi les seigneurs ou parmi les curés ou autres ecclésiastiques des personnes qui, par zèle pour le soulagement des pauvres, prendront volontiers la peine qu'exige l'inspection des ateliers. Ce choix est une des choses les plus pressantes dont vous aurez à vous occuper. Le surplus de cette lettre regardera donc autant que vous ces commissaires, chacun pour le district dont il se sera chargé [a].

P. S. — Vous recevrez une seconde lettre qui vous indiquera les travaux particuliers que je me propose de faire entreprendre dans l'étendue de votre subdélégation et les mesures plus spéciales qu'ils exigeront de vous.

119. — LA STATISTIQUE DES RÉCOLTES.

Circulaire aux subdélégués.

[A. Cor., C. 245.]

Limoges, 30 juillet.

M. le Contrôleur général a désiré, M., d'avoir des *états des productions de la terre* beaucoup plus détaillés que ceux qu'on lui envoyait par le passé ; et il m'a demandé, outre les *états des apparences de la récolte* que j'étais dans l'usage de lui envoyer pour chaque élection, un second *état formé après la moisson* et qui puisse donner une idée plus précise de son abondance, surtout dans la partie des grains. Le vide qui s'est trouvé dans les récoltes des dernières années, la nécessité où le Gouvernement a été de répandre des secours dans les provinces et l'embarras qu'on a éprouvé pour fixer la quotité de ces secours, faute de pouvoir apprécier assez exactement la véritable étendue des besoins, ont fait sentir la nécessité de se procurer à l'avenir des connaissances plus précises, et c'est l'objet des instructions qui m'ont été adressées par M. le Contrôleur général.

Ce qu'il souhaite est d'être mis à portée de juger du rapport de la production de l'année à *l'année commune*. On entend, comme tout le monde le sait, par l'année commune des productions, le milieu entre les productions d'un assez grand nombre d'années pour que les variétés des récoltes occasionnées par la vicissitude des saisons se compensent à peu près : communément, on se contente de comparer les dix dernières années ; on additionne les produits des dix récoltes, et on divise la somme entière par dix ; ce dixième est l'année commune qu'on cher-

---

[a] L'*Instruction* de Turgot est conforme à ses circulaires précédentes.

che. Si l'on ajoutait les productions de trente ans, il faudrait diviser la somme totale par 30 pour avoir l'année commune. Pour remplir les intentions de M. le Contrôleur général, il y a deux opérations à faire, l'une de bien connaître la production de l'*année commune*, l'autre de constater la production de l'*année actuelle* : la première de ces deux opérations est la plus embarrassante, par la difficulté de connaître les productions des années précédemment écoulées ; elle ne pourra même être parfaitement faite que par l'exécution suivie de la seconde par un certain nombre d'années.

Cependant, en se donnant quelques soins, on pourra peut-être rassembler des renseignements suffisants pour se faire une idée des variations des récoltes et de la véritable année commune. Il suffit pour cela de parvenir à connaître la production d'une même quantité de terre pendant un certain nombre d'années consécutives. Si l'on trouvait quelque propriétaire qui eût été assez attentif pour écrire exactement depuis un grand nombre d'années la quantité de *sétérées* ou de journaux qu'il a ensemencés, la quantité de grains qu'il a semés et la quantité de grains qu'il a recueillie sans déduction de la rente et en spécifiant la quotité de la dîme, le relevé qu'il voudrait bien faire de ses registres année par année, donnerait l'année commune de la production de cette quantité de terre. Et si l'on pouvait trouver, dans tous les cantons de la Province, trois ou quatre propriétaires qui fussent en état et qui eussent la volonté de donner de pareils relevés pour les trente dernières années, on pourrait se flatter de connaître assez bien la production commune des terres de la Province en grains, et ce qui ne serait guère moins intéressant, la variation dont elle est susceptible depuis la plus grande abondance jusqu'aux plus faibles récoltes. J'ai observé qu'il ne fallait point faire la déduction de la rente ; en effet, il ne s'agit nullement de connaître le revenu du propriétaire, mais uniquement la production de la terre en grains ; or la rente payée au seigneur fait partie de cette production.

On peut encore parvenir au même but, par un relevé exact des *dîmes* recueillies pendant un assez grand nombre d'années dans la même paroisse, ou du moins dans un même canton. Car, pourvu qu'on sache à quelle quotité se perçoit la dîme, on connaît facilement la production totale du terrain sujet à la dîme ; cette connaissance n'est pas même absolument nécessaire, puisque l'on ne veut que connaître la proportion de la production des différentes années comparées entre elles, et que la dîme est toujours une partie proportionnelle de la production totale.

Les communautés religieuses qui possèdent des dîmes et qui ne les afferment point, les curés qui les payaient par eux-mêmes, enfin les fermiers qui ont joui pendant un assez grand nombre d'années de la dîme d'une même paroisse, ou d'un même canton, sont en état de satisfaire là-dessus la curiosité, pourvu qu'ils aient écrit exactement chaque année la quantité des grains qu'ils ont perçus. Il est vraisemblable que c'est surtout dans les communautés religieuses qu'on trouvera des notes exactes des dîmes pendant un grand nombre d'années.

Quoiqu'un grand nombre de fermiers des dîmes négligent, ou d'écrire ce qu'ils en ont retiré chaque année, ou d'en conserver la note, il est cependant précieux de recueillir tous les baux de dîmes qu'on pourra se procurer ; ces baux, à la vérité, ne peuvent pas servir à connaître la variation dans la production d'une année à l'autre ; mais on peut, du moins, en tirer une connaissance assez sûre de l'année commune de la production, puisqu'un fermier qui affirme la dîme d'un canton pour six ou neuf ans, par exemple, fait son marché d'après la connaissance qu'il a de la production commune, en se réservant un profit qu'on évalue, ce me semble, ordinairement au 10ᵉ du prix du bail.

Il y a aussi des décimateurs qui sont dans l'usage d'affermer chaque année la levée de leurs dîmes à des particuliers qui leur rendent une certaine quantité de grains convenue. Ces conventions annuelles, lorsqu'on peut s'en procurer une suite un peu longue et sans interruption, sont aussi très précieuses à rassembler : l'on ne peut douter qu'en y ajoutant le profit de celui qui lève la dîme, évalué toujours sur le pied de $1/10$, elle ne représente à très peu près la production réelle de chaque année.

Les relevés des produits annuels de quelques fonds de terre, et ceux des dîmes de quelques cantons, sont deux moyens également bons pour parvenir à la connaissance des variations des récoltes et de l'année commune qui en résulte ; mais il est à observer que le grain qu'il est nécessaire de semer chaque année pour la reproduction de l'année suivante, ne pouvant servir à la subsistance des hommes, il est nécessaire de le retrancher de la production totale pour connaître la véritable quantité de grains consommables qui décide de l'abondance et de la rareté des subsistances.

C'est pour cela que j'ai recommandé de demander aux propriétaires, la quantité de grains semée chaque année, avec la même exactitude que la quantité de blés récoltés dans chaque terrain. Il sera plus difficile de faire cette déduction sur les relevés des dîmes, puisque les décimateurs ne savent point d'une manière directe la quantité de grains semés dans le terrain sur lequel ils ont levé la dîme.

Le seul moyen d'y suppléer est de savoir, s'il est possible, le nombre des sétérées ou des journaux sur lesquels on a dîmé et combien de grains on sème communément dans le pays par sétérée ou par journal. S'il est absolument impossible de connaître l'étendue du terrain dont on a relevé la dîme, il faut du moins tâcher de constater, par le témoignage des meilleurs laboureurs du canton, quel est, dans les années ordinaires, le rapport de la récolte à la semence.

Le bon ou le mauvais succès des récoltes n'étant jamais exactement le même dans les différents cantons, et les variations se compensant souvent les unes les autres, il est absolument nécessaire de se procurer des renseignements de tous les cantons, et, s'il est possible, de plusieurs paroisses dans chaque canton.

Je sais que la défiance de toutes les opérations du Gouvernement est trop répandue parmi les habitants de la campagne, pour qu'on puisse se flatter de trouver un grand nombre de propriétaires ou de décimateurs qui se prêtent à donner les éclaircissements qu'on désire. Peut-être même est-il sage, pour ne pas répandre trop d'inquiétude dans les campagnes, de ne pas les demander à un trop grand nombre de personnes et de s'adresser pour ces recherches à des gens qui soient assez éclairés pour sentir l'utilité des lumières qu'on veut tirer d'eux.

Heureusement, il n'est pas nécessaire, pour se former une idée juste des variations des récoltes, de connaître celle de tous les propriétaires ; un ou deux relevés, soit des récoltes de quelque terrain, soit des dîmes de quelques villages, suffiraient absolument par canton de 7 à 8 paroisses ; il est cependant fort à désirer qu'on puisse s'en procurer davantage, et plus on en rassemblera, plus les résultats qu'on en tirera auront de certitude et d'utilité.

Or, je ne doute pas qu'en faisant bien connaître le véritable but de cette opération, et les avantages qui en doivent résulter, vous ne trouviez partout des bons citoyens et des cultivateurs éclairés qui se feront un plaisir d'y concourir. Je vous ai déjà indiqué ce but au commencement de cette lettre. Il tend uniquement à faire connaître au Gouvernement les besoins des peuples des différentes provinces, et les ressources qu'elles peuvent tirer les unes des autres ; et, par conséquent, à lui faciliter les moyens d'assurer la subsistance des peuples, ou directement par lui-même, ou mieux encore par les opérations d'un commerce libre dont les spéculations deviendraient bien plus certaines. On ne peut douter, en effet, que si l'on pouvait connaître l'état de la récolte et son rapport avec la production commune dans toutes les provinces où l'on cultive les grains, les négociants de l'Europe ne fussent aisément avertis par la publication de ces états, de l'étendue des besoins de chaque canton, et de l'étendue des ressources que peut fournir chaque canton plus favorisé pour alimenter ceux qui ont souffert.

Alors, les besoins étant toujours prévus à temps, les secours seraient toujours apportés à temps par le commerce dont la seule liberté suffirait pour prévenir à jamais les disettes.

Le seul motif qui puisse engager les propriétaires et les décimateurs à refuser les éclaircissements qu'on désire, est la crainte qu'ils ne conduisent à une connaissance plus exacte de leur revenu et que, d'après cette connaissance, l'on n'augmente leurs impositions. Mais j'observe d'abord que cette crainte est sans fondement pour les décimateurs ecclésiastiques, et qu'à l'égard même des autres décimateurs et des propriétaires de terre, ils peuvent être d'autant plus tranquilles sur cette crainte, que la forme même des relevés qu'on leur demande, indique assez que l'on ne cherche point à connaître leur revenu, puisque l'on ne fait aucune déduction de la rente, et qu'on ne leur demande aucun éclaircissement sur les frais de culture.

Ils satisferont pleinement à la demande qu'on leur fait, en ne donnant que l'état des récoltes de quelques-uns des champs qui composent leurs domaines, ou de quelques-uns des cantons qui composent leur dîmerie. Il est évident qu'on ne pourrait en rien conclure pour la quotité de leur revenu. Il suffit que vous soyez assuré que les relevés des différentes années successives présentent les produits d'un même champ ou du même domaine, ou les dîmes du même canton. Car, je ne puis trop le répéter : il s'agit uniquement de comparer les différentes années entre elles par rapport à la production des grains, et nullement de connaître le revenu des propriétaires.

Je ne vous ai parlé encore que des recherches nécessaires pour se faire une idée des variations annuelles des récoltes, par la comparaison des produits du même terrain pendant plusieurs années successives ; mais ces recherches n'ont pour but que de mettre en état de fixer ses idées sur la production de l'année actuelle et sur ce qu'on doit espérer ou craindre pour la subsistance des peuples.

Pour remplir cet objet, il est essentiel que vous vous procuriez surtout l'état des produits ou des dîmes de cette année dans tous les terrains et les cantons dont vous aurez relevé les récoltes et les dîmes depuis un certain nombre d'années.

Mais il ne faut pas négliger de rassembler tous les relevés de récoltes ou de dîmes que vous pourrez vous procurer, quand même vous n'auriez aucun renseignement sur les produits des années précédentes. Quand on n'en pourrait rien conclure actuellement, faute de termes de comparaison, ce serait toujours le commencement d'une suite très précieuse de connaissances et, en continuant d'année en année à relever les produits des mêmes terrains ou les dîmes des mêmes cantons, on se formerait à la longue l'idée la plus exacte et la plus sûre de l'année commune et l'on aurait une mesure certaine pour juger de la production de chaque année. Ce serait même un moyen facile de constater à la longue les effets de l'amélioration de la culture, dont l'augmentation des dîmes doit être la conséquence immédiate.

Je suis persuadé aussi que, dans beaucoup de paroisses, vous trouveriez facilement l'état des dîmes des trois ou quatre derrières années ; et il est si important de connaître l'état de la récolte actuelle pour porter un jugement sur la subsistance de l'année prochaine, que je ne puis assez vous recommander de rassembler l'état des dîmes de ces dernières années partout où vous pouvez l'obtenir.

À défaut des termes de comparaison des années précédentes, il reste un dernier moyen pour juger à peu près de la récolte actuelle : il consiste à s'assurer de la quantité de gerbes produites par sétérée ou par journal dans plusieurs paroisses, et de la quantité de grains produite par un certain nombre de gerbes ; il serait utile d'y joindre encore le poids plus ou moins fort du grain sous la même mesure. Comme on connaît à peu près ce que la sétérée donne de gerbes année commune, ce que cent gerbes donnent ordinairement de grains, mesure du pays, et ce que la mesure de grains pèse, année commune, il sera aisé d'en joindre la note au résultat des expériences qu'on aura faites pour constater la production de cette année par sétérée ou journal, en gerbes, en grains et en poids.

Je vous serai très obligé de m'envoyer tous les détails que je vous demande par cette lettre, le plus tôt qu'il vous sera possible. Si vous avez vous-même quelque bien de campagne, il vous sera facile d'en vérifier la production, et vous pourrez commencer par m'en envoyer l'état.

120. — LETTRES À DU PONT DE NEMOURS.

LXXXVII. — (Béranger. — Albert. — La liberté de la presse. — Les *Éphémérides.*)

Limoges, 4 janvier.

Je vous ai écrit, mon cher Du Pont ; vous n'avez pas reçu ma lettre, mais elle n'est pas perdue. J'en avais chargé quelqu'un pour causer avec vous plus à mon aise et ce quelqu'un a retardé son voyage. Vous n'y perdrez rien. Je n'ai que le temps de vous dire que je sens toute votre amitié et que j'y réponds du fond de mon cœur.

Je vois qu'il ne saurait être quant à présent question de Béranger [a] puisqu'il est amoureux. Je ne suis pas si fâché que vous contre les passions des hommes honnêtes ; communément, elles ne dérangent qu'eux. Les autres font de tout autres escarres dans la société et sont des épées dans la main des méchants, dont ils tiennent la poignée et dont tous sont blessés, excepté eux. J'approuve fort M. Albert [b] et je crois comme lui qu'on n'a pas lu mes lettres [c]. Elles n'auraient pas convaincu et probablement, elles auraient fort déplu. Je crois qu'on va, comme vous le conjecturez fort bien, éclaircir le champ de la littérature [d] et arracher le bon grain de peur qu'il n'étouffe l'ivraie. Attendons patiemment l'avenir. Mandez-moi, je vous prie, tout ce qui vous arrivera d'intéressant.

Ne voilà-t-il pas encore qu'avec toutes mes résolutions d'écrire à M. de Mirabeau à chaque ordinaire, j'y manque encore celui-ci ; je ne sais comment il pourra excuser cette paresse. Je suis enchanté de l'arrangement que vous avez fait avec lui et l'abbé Baudeau. Si j'avais fait comme M. Albert, je vous aurais donné aussi un volume.

Adieu, je vous embrasse et vous souhaite un censeur facile et beaucoup de souscripteurs. Mes compliments à Mme Du Pont.

LXXXVIII. — (Coup d'État Maupeou. — Réglementation du commerce des grains. — La liberté de la presse. — Les *Éphémérides*. — L'abbé Roubaud. — Le *Mémoire sur l'usure*. — Les gens de bien.)

Limoges, 15 janvier.

Cette lettre, que je vous avais écrite, il y a si longtemps, part enfin demain, mon cher Du Pont, et encore ne sais-je si elle vous parviendra promptement. Vous trouverez qu'elle ne valait pas la peine d'être si longtemps attendue. N'importe, puisqu'elle est écrite, elle partira ainsi qu'une autre, non moins vieille, incluse pour l'abbé Morellet.

Il me semble que la victoire sur les Parlements est encore équivoque et en leur livrant, comme vous dites, le pauvre peuple, on leur a donné une arme assez avantageuse à manier pour des fripons.

Ce bel arrêt [e] ne m'a point encore été envoyé ; je ne crois pas que ce soit par pudeur, mais seulement parce qu'on ne l'a fait que pour Paris et peut-être pour dénoncer M. de Choiseul au peuple des Halles com-

---

[a] Voir la lettre LXXXV.
[b] Il avait donné sa démission d'intendant du commerce.
[c] Les lettres sur le commerce des grains.
[d] Enlever à la presse toute liberté.
[e] Sur le commerce des grains.

me exportateur. Je ne reçois point de réponse de M. Albert quoique je lui aie récrit, il y a déjà plusieurs courriers, et je ne sais s'il est vrai qu'il quitte.

On me mande qu'on met des cartons à une édition de Platon ; cela fait voir à quel point les principes prohibitifs vont être mis en pratique. Je ne puis espérer qu'on vous laisse continuer vos *Éphémérides* ; cependant, allez toujours votre chemin jusqu'au dernier moment, mais soyez le plus sage que vous pourrez, non pas pourtant comme l'abbé Roubaud qui l'est tant qu'il en est plat.

Dites-moi donc pourquoi cet abbé au lieu d'imprimer un démenti net que lui a envoyé M. de l'Épine, comme secrétaire de la Société [a], y a substitué je ne sais quel verbiage ; apparemment qu'il a voulu ménager son correspondant, lequel est bien un des plus bêtes qu'il pût choisir dans Limoges.

Quand vous n'aurez plus besoin de mon *Mémoire sur l'usure,* je vous prie de me le renvoyer ; c'est la seule copie au net que j'en aie.

J'ai reçu votre lettre du jour de l'an, suivant l'usage, un ou deux courriers plus tard que je n'aurais dû la recevoir.

Je n'ai pas si bonne opinion que vous des gens de bien ; ils ont de la solidité, mais un peu d'immobilité ; ils sont en général moins actifs que les méchants. Rousseau a dit (c'est le poète) : *la vigilance est la vertu du vice.* Voyez M. d'Aiguillon, le comte de Broglie, M. de Choiseul, l'abbé Terray, le Chancelier, etc., ils agissent toujours pour eux et sont très attachés à leurs intérêts. Ils se divisent sans doute, mais ils s'unissent dans un point qui est d'écarter les gens de bien, parce que ceux-ci ne peuvent jamais s'amalgamer avec eux, ni passagèrement, ni d'une façon durable. Ils trouvent toujours le moyen de se recruter, d'où je conclus que jusqu'au règne de l'évidence, le monde ne cessera d'être gouverné par des fripons et qu'après la pluie nous verrons la grêle. Je ne dis pas que, sur quelques points particuliers, comme par exemple la liberté du commerce des grains, la vérité ne l'emporte à la fin. Mais cette reculade-ci est bien terrible. Songez que les Anglais même déraisonnent là-dessus après une expérience de quatre-vingts ans.

Adieu, mon cher Du Pont, que tout cela ne vous fasse pas perdre courage et comptez toujours sur ma tendre amitié. Je ne puis trop vous dire ce que j'ai donné à Barbou pour vous ; je n'en ai pas gardé note, mais il doit l'avoir écrit sur son livre et peut-être M. de Beaulieu retrouvera-t-il sa quittance.

---

[a] D'agriculture de Limoges.

LXXXIX. — (Le second fils de Du Pont. — Le coup d'État Maupeou. — Les *Éphémérides*. — L'archevêque d'Aix. — La petite poste.)

Limoges, 1ᵉʳ février.

Oui certes, mon cher Du Pont, j'accepte le don que vous me faites. Cet enfant est peut-être réservé pour le temps où tout ira bien.

Il me semble pourtant que le mouvement vers l'état de pleine prospérité n'est pas accéléré ; mais tout va par cascades dans ce monde.

Je ne prends pas un intérêt infini aux cruches cassées [a] et je ne sais trop à quel point elles avaient raison sur l'objet qui a occasionné leur rupture. Leur résistance pourrait être utile, si elle était éclairée et désintéressée ; mais la négative absolue qu'ils voudraient s'arroger dans le Gouvernement est une chose absurde en elle-même et avec laquelle aucun gouvernement ne peut subsister, ni agir raisonnablement. Le malheur est qu'on les achètera toujours quand il ne s'agira que des intérêts du peuple. De tout temps, nos seigneurs les lions ont conclu leurs traités aux dépens des moutons.

La petite farce qui se joue à Paris me paraît plus comique que tragique et se terminera comme les deux que j'ai vues, par le retour des cruches dont tous les morceaux se rejoindront, comme le nez et les oreilles respectives de saint Georges et de saint Denis dans la *Pucelle*, tant les saints ont la chair ferme et dodue. Ce retour pourra amener quelque changement ou peut-être n'en pas amener. En attendant, je vous recommande toujours la sagesse. La chair des journalistes n'est pas si bonne que celle des saints de la *Pucelle*, et il faut tâcher de conserver toujours quelques fibres qui tiennent.

J'imagine que vous allez avoir quelques souscriptions de plus. Vos derniers volumes m'ont paru en total devoir intéresser. Ce serait dommage d'être obligé de perdre à si beau jeu.

Vos coopérateurs ne vous ont guère avancé ; vous êtes toujours reculé de cinq volumes [b]. Je croyais avoir payé à Barbou ce que je vous devais et j'ai appris qu'il n'a rien touché. Ce qui me fâche, c'est que croyant avoir payé, j'ai perdu la note du tout. Je crois que vous la retrouverez dans quelqu'une de mes lettres si vous les avez conservées et je vous prie de la chercher, afin que je la paye. Envoyez les *Éphémérides* à M. Cornet, rue Saint-Avoye vis-à-vis la rue du Plâtre, afin d'éviter le port, mais adressez à M. Cornet pour M. T. et non pas à M. T. chez M. Cornet.

[a] Les Parlements.
[b] Le t. VIII (septembre) de 1770 des *Éphémérides* ne fut approuvé par le censeur Moreau que le 14 janvier 1771.

Je vous ai induit en erreur sur la demeure de l'Archevêque d'Aix [a] ; il demeure dans la rue d'Anjou, faubourg Saint-Honoré. Adieu, mon cher Du Pont, je vous embrasse, non sans vous gronder d'une étourderie que vous avez faite. Il ne faut jamais rien envoyer par la petite poste qu'on ne veuille bien qui soit vu. Je ne vous répondrai sur cet article que par quelque occasion particulière.

XC. — (Honoré de Mirabeau. — La richesse. — Comédie de Du Pont.)

Limoges, 12 février.

J'avais compté, mon cher Du Pont, vous écrire à mon aise par le fils de M. de Mirabeau [b], mais il s'est avisé de partir sans m'en avertir, ce qui n'est guère honnête après me l'avoir promis.

Oui certes, j'ai bien entendu et vivement senti l'expression de votre dernière lettre. Ces expressions-là vont du cœur au cœur sans passer par les circonlocutions de la grammaire. Ce que j'ai aussi senti vivement, c'est la peine de vous voir sujet à la goutte ; c'est un trait de fraternité ; mais elle me convient mieux qu'à vous. La pauvreté n'est rien et je la supporterais, ce me semble, assez facilement, mais avec la santé. Les riches n'ont, selon moi, d'autre avantage que d'être malades un peu plus à leur aise que les autres. Je parle des riches qui ne sont riches que pour eux. Cette goutte aurait dû vous garantir au moins de la fièvre. Je ne sais de laquelle il faut vous plaindre le plus, la fièvre physique ou la fièvre poétique qui vous a pris en même temps. Ce qui me fâche, c'est que cette comédie [c] va rendre inutile le secours que vos amis donnent aux *Éphémérides* et que, par conséquent, vous resterez arriéré sur 1771 comme sur 1770, ce qui est un grand mal à tous égards. Il n'y a rien de si traître que ces projets d'ouvrages qui viennent ainsi à la traverse nous distraire de nos véritables occupations. J'en dis tous les jours mon mea culpa. Je ne vois pas trop comment vous aurez tourné votre sujet pour en faire une comédie. Je la verrai cependant avec plaisir, mais je vous avertis que j'ai peu d'habitude du théâtre ; c'est une des choses sur lesquelles je suis le moins sûr de mon goût. J'en suis plus sûr pour le style et depuis que je fais des vers métriques, d'autres vers me paraissent un jeu. On a mis de cet empereur [d] une histoire assez plate dans une gazette, c'est au sujet de chemises de soldats qu'il a envoyées à faire

---

[a] Boisgelin.
[b] Le futur Constituant.
[c] Du Pont s'était mis à écrire une comédie intitulée : *Joseph II*.
[d] Joseph II.

à de pauvres religieuses qui travaillaient en ouvrages de modes (à quoi sans doute elles gagnaient davantage), sous prétexte que ces soldats se battaient pour elles.

Je m'informerai si M. de l'Épine vous avait payé l'année dernière ; mais il y a un autre article à ajouter, c'est celui de l'évêque de Lavaur, aujourd'hui archevêque d'Aix [a], lequel m'a payé à Limoges pour 1770.

Adieu, je vous embrasse, car le courrier me presse.

XCI. — (Les *Éphémérides*. — Le luxe. — Les économistes. — *Lettre d'un fermier des droits de halle*.)

Limoges, 15 février.

J'ai vérifié, mon cher Du Pont, que M. de l'Épine vous a payé directement les *Éphémérides* de 1770 ; ainsi voici mon compte dont je vais faire remettre le montant à Barbou, en prenant quittance que je vous enverrai pour prévenir tout oubli.

Pour M. Turgot	18 l.
Pour Mme Blondel	18 l.
Pour M. de Rochebrune	24 l.
Pour M. de Saint-Laurent	24 l.
Pour M. de Lavaur	24 l.
Total	108 l.

En 1771, la somme sera la même parce que nous mettons la Société de Limoges à la place de M. de Lavaur, aujourd'hui d'Aix [b].

Par parenthèse, n'oubliez pas d'envoyer mes *Éphémérides* à Cornet. Il me les envoie dans des paquets particuliers et je crains que vous n'ayez payé le port de quelques-uns que j'ai reçus sans enveloppe.

Où en est votre fièvre ? J'ai impatience de vous en savoir quitte et avancé dans votre travail (non pas dans votre comédie, mais dans les *Éphémérides*). Connaissez-vous un traité du luxe en deux volumes ? On y démontre très bien que le superflu est une chose nécessaire, mais on confond le luxe avec le superflu. C'est encore une question à traiter, celle du luxe. Malheureusement les deux patriarches des économistes [c] ne brillent pas dans l'analyse fine du langage et de la grammaire et le grand respect des disciples fait qu'ils veulent toujours lier ce qu'ils disent à ce qu'ont dit les maîtres, d'où je conclus qu'ils déraisonneront

---

[a] Boisgelin.
[b] Boisgelin.
[c] Quesnay et Mirabeau.

toute leur vie, car pour bien raisonner, il faut commencer par faire table rase, chose antipathique à tout esprit de secte.

J'ai lu une brochure qui m'a fait grand plaisir sur la nouvelle loi concernant les grains. C'est la *lettre d'un fermier des droits de Halle*. Cela a-t-il été répandu ? Adieu, mon cher Du Pont, je vous embrasse. Avez-vous reçu un billet que je vous ai écrit par Desmarets et une autre vieille, vieille lettre, retardée par mille accidents ?

XCII. — (La poste. — Mirabeau. — *Correspondance de J.-J. Rousseau avec Buttafuoco*. — Les *Éphémérides*. — L'abbé Roubaud. — Melon. — Le coup d'État Maupeou.)

Limoges, 28 février.

Je suis inquiet de vous, mon cher Du Pont ; il y a longtemps que je n'ai eu de vos nouvelles et vous étiez malade quand vous m'avez écrit. Je crains que cette maladie ne soit devenue sérieuse. Tirez-moi d'inquiétude, je vous prie. Vous devez aussi avoir reçu différentes lettres par des voies détournées, comme celle-ci ; entre autres, un billet par Desmarets, dans lequel était un de vos ouvrages corrigé de ma main, ce qui n'est pas l'action la plus sage, ni de vous, ni de moi. Vous auriez pu m'en accuser la réception à mots couverts. En général, ces choses-là ne doivent pas être envoyées par la poste ; aussi ne vous aurais-je pas répondu sans l'espérance où j'étais que M. de Mirabeau le fils serait mon courrier, mais il partit sans daigner m'en avertir. Il m'avait prêté la *Correspondance de Jean-Jacques avec Buttafuoco* [a] et je vous la renvoie, afin que vous la lui remettiez.

Et les *Éphémérides* ? Elles n'avancent donc point ? L'abbé Roubaud [b] est plus ponctuel, aussi en prend-il à son aise. Je ne sais ce qui m'indigne le plus, ou de l'ignorance, ou de la platitude qui règne dans sa gazette. Il croit sauver sa conscience par des équivoques et des restrictions mentales, et il fait des articles de contre-vérités que ses lecteurs doivent prendre pour des vérités. Or, ce n'est point ainsi qu'il faut soutenir la cause du genre humain.

Il a fait une cruelle bévue sur l'*ergot* qu'un de ses imbéciles correspondants a confondu avec la *nielle*. En conséquence, cet imbécile dit avoir fait du pain de blé ergoté sans danger pour ceux qui en ont mangé et il propose gravement de nettoyer le blé de l'ergot en l'éventrant. Il

---

[a] Sur la législation de la Corse. Buttafuoco, capitaine au service de la France, avait, d'accord avec Paoli, demandé à Rousseau un plan de constitution.
[b] Pour la *Gazette de l'agriculture* qu'il dirigeait.

est évident que le correspondant et le compilateur n'ont jamais vu d'ergot, et cela est plaisant pour un gazetier d'agriculture.

On lui avait envoyé une correction pour les sottises qu'il avait dites de Limoges et il n'a pas voulu les rétracter franchement. Il a continué ; le même correspondant dit tous les jours de nouvelles sottises. Je suis charmé que cet homme ne soit pas votre associé ; c'est un vrai provençal et j'ai une très médiocre idée de son caractère.

M. Caillard, qui est à Paris et que vous verrez peut-être, pourra vous parler d'une querelle que vous vous êtes faite avec le pauvre M. Melon, fils de l'apologiste du luxe [a].

Que disent les Économistes du nouvel Édit ? Il me semble qu'on chemine vers le despotisme légal. Pour moi, en détestant les causes, les motifs, les dessous de cartes, je ne blâme pas le fond de la besogne [b], et il me semble que si elle peut tenir, le public à la longue y gagnera plus qu'il n'y perdra.

Adieu, mon cher Du Pont, portez-vous bien et dites-le moi. Soyez-sûr de toute mon amitié. Mes compliments à MM. de Mirabeau père et fils, et remettez à celui-ci les *lettres de Buttafuoco*.

Bien des choses à Mme Du Pont.

XCIII. — (Du Pont. — Épigramme sur Séguier. — Comédie de Du Pont. — La Corse. — L'*Esprit des lois*. — L'abbé Roubaud. — Le renvoi des Parlements. — Les *Éphémérides*.)

Limoges, 13 mars.

J'ai reçu aujourd'hui, mon cher Du Pont, vos deux lettres et votre comédie. Je suis bien aise d'être enfin tiré d'inquiétude sur votre santé, quoique je voie par votre lettre de mardi que vous aviez encore quelques maux de tête.

Je ne suis point du tout d'avis de laisser Linguet dans l'épigramme [c]. Je trouve que l'association des deux noms Séguier [d] et Calonne [e] en fait le sel ; que Linguet est là étranger et qu'il est trop hors du rang des gens auxquels le public peut penser. Je ne me battrais pas pour le « Je voudrais » au lieu de « Je veux » et l'épigramme ne restera pas là faute de décider entre ces deux leçons.

---

[a] Dans l'*Essai politique sur le commerce*.
[b] Le renvoi des Parlements.
[c] On ne sait de quelle épigramme il s'agit.
[d] Avocat général qui avait donné sa démission au Coup d'État Maupeou.
[e] Procureur général de la commission créée pour juger La Chalotais.

Je reviens à la comédie[a] que j'ai lue comme vous imaginez avec intérêt. Il y a des choses charmantes ; mais il y en a aussi beaucoup à corriger et je suis fâché de vous le dire ; la scène du ministre des finances fait le plus mauvais effet ; elle est si postiche qu'elle coupe totalement la pièce et en détourne toute l'attention ; elle est d'ailleurs trop en dissertation, et c'est ce qu'il y a de moins bien écrit. Il y a aussi un anachronisme choquant pour un sujet du temps présent. Il est trop notoire que l'Empereur n'ayant point d'États à gouverner, n'a, ni ne peut avoir de ministre des finances. D'ailleurs, croyez-vous qu'on puisse mettre dans la bouche d'un souverain vivant des principes qui peuvent n'être pas les siens et y être même très opposés ?

Il y aurait bien d'autres critiques à faire de la pièce en détail, et je vous avoue qu'elle me paraît bien difficile à corriger. La forme des vers ajoute au travail du correcteur, car les vers alexandrins sont beaucoup plus difficiles à faire que ceux de cinq pieds ou les vers libres. Je ne puis vous promettre d'en venir à bout promptement, surtout ayant beaucoup d'autres travaux qu'il n'est pas permis de négliger. J'y réfléchirai cependant encore en vous relisant à plusieurs reprises.

Tout cela me fait bien regretter que vous ayez sacrifié à ce travail l'agrément de vous acquitter avec le public en vous avançant sur les *Éphémérides*.

J'aurais bien des choses à dire sur votre phrase au sujet des Corses. Je pense bien, quant au fond, comme vous sur le rôle que devait jouer Rousseau, mais dans le détail de vos idées les arrêts substitués à la prison me paraissent une chose impossible ou bien tout coupable s'échappera. Il est vrai que vous ne voulez point de peine de mort, chose qui me paraît plus problématique qu'à vous ; bien entendu qu'il n'y a que l'assassinat et quelques autres crimes de la même gravité qu'on puisse punir aussi rigoureusement, mais il suffit de peines afflictives un peu fortes pour engager tout coupable à fuir. *Coutume du pays* ! bon Dieu ! les économistes en sont là à croire que la loi civile peut être indifférente et qu'il n'y a pas un ordre naturel unique ! Il faut laisser cette sottise à l'*Esprit des lois* dont elle fait le fond, et puis un tribunal d'appointeurs volontaires ! Pour quoi faire ? Si vos tribunaux sont tels qu'ils doivent être, c'est évidemment un double emploi ; il faut reléguer cela avec le despotisme légal.

L'idée que j'ai de l'abbé Roubaud est précisément celle que vous m'en donnez, et cette idée n'est point du tout bonne. Je suis fort aise que vous ne soyez point associé avec lui ; je crois bien, comme vous, que nous ne cueillerons pas des figues sur les chardons, ni des raisins

---

[a] *Joseph II.*

sur les ronces, mais c'est parce que ces chardons et ces ronces vont bientôt manquer de sève.

Par tout ce qu'on me mande, je vois que le ministère actuel a manqué son opération [a]. Nous serons délivré de quelques loups dévorants et les *bœufs-tigres* reviendront aussi stupides et plus stupides que jamais.

D'aucun côté, il ne faut attendre rien de bien.

Ces gens-ci [b] ont entrepris, avec de mauvaises intentions, une chose qui, même avec de bonnes intentions, aurait été très difficile ; mais les obstacles qu'ils ont trouvés seront longtemps des obstacles à tout progrès et à tout changement en bien.

Le prix des grains diminue ; il n'y a que notre Montagne qui souffre beaucoup. On y fait faire des chemins. Adieu, mon cher Du Pont, je vous embrasse, je vous renvoie la quittance de Barbou pour 1770. Je n'ai point payé 1771, parce que n'ai pas vu que vous ayez publié votre Avertissement ; mais puisque vous l'avez passé en compte à Barbou, je lui paierai encore 108 livres cette semaine.

J'oubliais de vous dire que Caillard, Desmarets et Mme Blondel ont des papiers ou livres à m'envoyer. Faites-moi le plaisir de les faire avertir par la petite poste quelques jours avant que M. de Mirabeau parte et de prier celui-ci de se charger des paquets. Si vous appreniez chez M. de Mirabeau qu'il dût partir, avant lui, quelque autre Limousin, vous me ferez plaisir de faire la même chose et d'en donner pareillement avis à Mme Blondel, etc., quelques jours à l'avance. Vous savez où elle demeure ; Caillard demeure chez l'Archevêque d'Aix ; Desmarets, Cloître Saint-Germain de l'Auxerrois.

Adieu, bien des compliments à Mme Du Pont.

XCIV. — (Lettre de Mme Blondel. — Mort du marquis de Sousmont. — Divers. — Idylles de Gessner.)

Paris, 16 mars.

Vous êtes bien têtu, mon cher Du Pont, il a bien fallu vous contenter et copier la lettre de Mme B. [c], mais c'est sous la condition que vous n'en donnerez de copie à personne.

---

[a] Le renvoi des Parlements.

[b] Maupeou, D'Aiguillon et Terray.

[c] Il s'agit d'une jolie lettre de Mme Blondel, dans laquelle elle avait raconté à Turgot les aventures d'un pauvre pêcheur de Strasbourg qui était venu jusqu'à Paris lui demander assistance et qu'elle avait tout d'abord fait renvoyer « parce qu'elle était restée à rêver et à faire du noir dans son lit ».

Je suis resté ici quelque jours de plus pour attendre des nouvelles de mon frère aîné [a] dont j'ai appris la mort au moment où j'allais partir pour aller le voir. Cet événement me ramènera ici beaucoup plus tôt que je ne comptais pour mes affaires de la succession qui ne me rendront pas plus riche, car presque tout le bien va au Chevalier, comme l'aîné.

Vous êtes parti sans envoyer à l'abbé Morellet le morceau de l'abbé Baudeau sur Colbert et Mazarin. Vous avez aussi trois volumes de Thomas à moi, et la *Félicité publique* [b], etc.

Quand vous serez de retour à Paris, je vous prie de ne pas oublier ma montre. Si vous pouvez, sans vous embarrasser, m'apporter la petite édition française de Gessner, en trois volumes, imprimée chez lui, pareille à mon édition allemande, vous me ferez plaisir. S'il existait aussi une édition des *Nouvelles Idylles* [c], en allemand, grand in-8°, je serais bien aise de avoir. Adieu, mon cher Du Pont, portez-vous bien, comptez sur mon amitié et donnez-moi de vos nouvelles à Limoges. Je vous embrasse.

XCV. — (L'historien Gaillard. — Mme Geoffrin.)

Ce mardi [d].

Je ne pense point du tout, mon cher Du Pont, que M. d'Aiguillon fasse donner une exclusion formelle à M. Gaillard [e]. D'ailleurs s'il le faisait, vraisemblablement la démarche que vous feriez vous deviendrait très utile et disposerait les Pairs favorables à M. Gaillard à vous substituer à lui. Il n'est point nécessaire que vous recommandiez et protégiez M. Gaillard à personne, mais que vos amis qui doivent parler aux ducs leur fassent entendre que vous ne demandez que subsidiairement à M. Gaillard.

Cette lettre commence ainsi : Toujours, toujours, tous les sentiments de mon cœur circuleront dans le vôtre, mon ami. Je viens d'en éprouver un si doux, si pur, que je veux en rendre le plaisir parfait en vous le communiquant. »

Sur l'insistance de sa femme de chambre, Mme Blondel avait reçu son malheureux compatriote, l'avait secouru, l'avait fait secourir par son entourage, et le pêcheur était reparti à Strasbourg en emportant une petite fortune.

[a] Le marquis de Sousmont, président à mortier.
[b] Du Chevalier de Chastellux.
[c] De Gessner.
[d] Date incertaine.
[e] Pour son *Histoire de la rivalité de la France*.

J'ai dîné hier avec l'évêque de Vilna [a] et le colonel de Saint-Maurice [b], chez Mme Geoffrin. Je me suis tout d'un coup trouvé en pays de connaissance. Adieu mon cher Du Pont.

M. de Saint-Aignan [c] a fait ces jours-ci un voyage à Versailles ; j'ai bien peur qu'il n'ait été prévenu par M. d'Aiguillon. Vous pouvez être tranquille sur ma lettre à Mme d'Enville. J'y avais eu soin de parler de vous. Je vous embrasse.

XCVI. — (*Joseph II*. — Les princes et le public. — La Corse. — L'abbé Roubaud. — Le coup d'État Maupeou.)

Limoges, 12 avril.

Il y a longtemps, mon cher Du Pont, que je me reproche mon silence avec vous. Ce n'est pas uniquement l'effet de mes occupations diverses, il y est entré un peu d'embarras. J'ai tort, car je dois vous connaître assez pour être sûr que votre amitié pour moi est à l'épreuve de la critique la plus accablante ; mais j'ai tant d'expérience de l'amour-propre des auteurs et vous avez mis tant d'intérêt à cette pièce de *Joseph*, que c'est réellement avoir mis mon amitié à l'épreuve que de m'avoir consulté. Mais vous méritez qu'on vous dise la vérité ; car vous l'aimez. D'ailleurs, cette vérité est très intéressante pour vous ; elle tend à prévenir une démarche dont sûrement vous vous repentiriez et vous savez bien qu'elle ne m'est arrachée que par la conviction de votre intérêt ; car vous êtes bien sûr de mon amitié ; et puis encore, vous me pardonneriez un moment de douleur que je vous aurais causé pour votre bien ; car vous avez de l'amitié pour moi. Eh bien ! mon ami, il faut donc vous dire qu'il faut renoncer à rien faire, absolument rien de *Joseph second*. Je l'ai lu et relu plusieurs fois et mon jugement n'a pas varié. Je ne dis pas qu'il fût absolument impossible de faire de cette petite aventure une pièce en un acte, qui, en travaillant le style et le dialogue, pourrait être lue avec intérêt. Mais il n'y a pas matière pour trois actes. L'épisode de la conversation économique qui vous tient plus au cœur que la pièce même est absolument insoutenable par l'impossibilité d'y mettre la plus légère liaison avec l'action. D'ailleurs, il est très médiocrement traité et ne représente que des lieux communs économistiques qui, débités ainsi et présentés sans développement, n'ont d'autre effet que celui des vers artificiels du père Buffier [d]. Des dia-

---

[a] Prince Mussalski qui avait fait nommer Baudeau en Pologne.
[b] De Saint-Maurice de Saint-Leu, qui devint bientôt rédacteur des *Éphémérides*.
[c] Le duc de Saint-Aignan, beau-frère de Turgot, était pair de France.
[d] Grammairien (1661-1737).

logues didactiques en vers sont absolument insoutenables : il faut, ou des idées communes qu'on puisse rendre agréables par l'expression ou, si les idées sont philosophiques et sujettes à discussion, il faut que la discussion soit étendue et développée. Je crois votre scène impossible à bien faire, et je crois que fût-elle parfaitement bien faite, elle ne serait pas supportée dans la pièce. S'il n'y avait que des défauts de versification dans l'ouvrage, on pourrait le corriger ; mais il y en a beaucoup de plan et surtout de dialogue. Il manque presque toujours de marche et d'intérêt. Je ne crois pas que je puisse lui en donner. Je n'en ai pas, je crois, le talent. Je n'en ai pas davantage le temps et je ne crois pas que le sujet en soit susceptible. D'après cela, mon ami, je ne puis assez vous exhorter à oublier cet ouvrage et à ne pas vous détourner pour le rajuster toujours mal, des occupations plus utiles et que vous devez au public. Ne vous montrez pas ainsi en robe de chambre quand vous pouvez paraître armé de pied en cap. Ne dites point que vous donnerez cet ouvrage sans prétention ; quiconque donne des vers au public en a et doit en avoir ; et, en ce genre, il n'est pas permis à un homme qui se respecte d'être médiocre. À l'égard du petit mérite de faire passer à l'Empereur des vérités utiles sous une forme obligeante, c'est une chose à laquelle je n'attache nul prix. Je ne connais pas de temps plus perdu que celui qu'on emploie à instruire les princes qui ne sont plus enfants. C'est le public qu'il faut instruire. Si les princes sont des hommes, ils entendront les livres faits pour les hommes et ils n'auront pas besoin qu'on leur débite des fables comme aux enfants. S'ils ne sont que princes, ils répéteront leur fable sans l'entendre et ne seront vraiment convaincus que de ce dont tout ce qui les entoure sera convaincu, c'est-à-dire des vérités devenues, non pas publiques, mais populaires. Voyez un peu ce que peuvent faire quelques pages de vérités déguisées et empâtées d'éloges mielleux, vis-à-vis de tous les cris qui se sont élevés contre les économistes, vis-à-vis d'un ouvrage comme celui de l'abbé Galiani. Croyez que le prince que ce livre n'ébranlera pas n'a pas eu besoin d'éloges pour sentir et goûter la vérité. Règle générale, mon ami, c'est le public seul qu'il faut instruire et convaincre. On n'y parvient à la longue que par de bonnes démonstrations qui convainquent les bons esprits, car ce public qui maîtrise les hommes puissants est à son tour maîtrisé par les hommes éclairés. Or, les hommes éclairés ne se convainquent pas par des vers, ni bons, ni mauvais, quoiqu'ils s'amusent de ceux qui sont bons ; il leur faut des raisons et de la simplicité dans la manière de les présenter. La déclamation et le ton de secte les préviennent, comme vous l'éprouvez tous les jours. Pardon encore une fois, mon cher ami, mais ne vous donnez point en spectacle au public pour l'amuser à vos dépens. Ayez le courage de sacrifier un ouvrage qu'un moment de chaleur vous a fait écrire et que vous n'avez peut-être pas encore pu juger de sang-froid.

J'oubliais de vous dire que votre cher Empereur va mettre encore le feu dans toute l'Europe. Et mon Dieu ! encore une fois, laissez là toute cette espèce féroce et incorrigible ; parlez aux hommes !

Je ne me souviens plus si j'ai répondu à votre lettre du 10 mars ; en tout cas, vous avez à présent oublié ce qu'elle contient et, quoique sur plusieurs articles je puisse disputer avec vous sur l'article des arrêts et que je ne sois pas même entièrement décidé sur la suppression totale de la peine de mort, je ne vous dirais rien sur toute la législation que vous auriez proposée aux Corses si le bon Dieu avait voulu que vous vous fussiez appelé Jean-Jacques.

Votre abbé Roubaud [a] est d'une ignorance inimaginable et qui perce à chaque ligne ; il nous a répété sérieusement le conte qu'on fait aux enfants de la manière de prendre les canards en les enfilant par le moyen d'une ficelle au bout de laquelle on attache une grosse pilule purgative. Il mérite qu'on se soit moqué de lui de cette manière ; c'est peut-être un tour de Grâce.

Les grains ont diminué sensiblement dans notre pays ; il n'y a plus que cette malheureuse Montagne qui souffre ; au reste, je n'en irai pas plus tôt à Paris. Vous imaginez bien que je n'irai pas me fourrer dans cette bagarre [b]. Je crois que le Chancelier finira par être abandonné du Roi, mais les choses n'en iront pas mieux.

Je vois que vous vous proposiez d'envoyer votre pièce [c] à l'Empereur. Je vous exhorte à n'en rien faire. Si M. de Saint-Mégrin allait, comme on le disait, ambassadeur à Vienne, je crains qu'il ne vous encourageât à faire cette démarche ; mais il ne la fera pas, s'il est véritablement votre ami.

Voici un paquet qu'un homme de Marseille me prie de faire passer au ministre de Russie à Paris. Vous le pourrez facilement par vous ou par l'abbé Baudeau. Vous êtes toujours en arrière de quatre mois [d], et tout à l'heure de cinq. Il faut que l'abbé vous prête encore la main pour gagner le courant. Adieu, mon cher Du Pont, aimez-moi toujours un peu malgré mes critiques déchirantes et portez-vous bien. Mes compliments à Mme Du Pont.

---

[a] Rédacteur de la *Gazette du commerce*.
[b] Le renvoi des Parlements.
[c] *Joseph II*.
[d] Le tome XI des *Éphémérides* (décembre) de 1770 ne fut visé par le censeur que le 23 février ; le tome XII que le 14 avril.

XCVII. — (*Joseph II.* — La sincérité dans la critique. — Les Économistes. — Les *Éphémérides*. — Linguet. — La disette du Limousin. — Le second fils de Du Pont. — Le despotisme légal. — Étymologies.)

Limoges, 7 mai.

J'ai reçu votre lettre du 17, mon cher Du Pont, et je vous demande pardon d'avoir eu quelque peine à vous dire franchement mon avis ; mais j'ai tant d'expérience de la sensibilité des auteurs, j'ai si fort rebuté mes amis mêmes par cette franchise, qu'ils trouvent décourageante, que je suis devenu timide sur cet article et d'autant plus que l'on ne persuade presque jamais. Vous voyez bien que je ne vous ai pas persuadé et que vous vous occupez toujours de raccommoder cette pièce et de corriger son défaut incorrigible qui est l'impossibilité de lier des discussions économiques à votre intrigue. À cet égard, je persiste dans mon avis, ainsi que sur la parfaite inutilité d'écrire en vers sur ces matières, et surtout d'en traiter incidemment dans des ouvrages qui ont et doivent avoir un autre but.

Je vois avec peine que le découragement et le dégoût vous prennent. Je suis sujet à ces deux maladies qui sont très fâcheuses, et dans leurs symptômes, et dans leurs effets. C'est encore pour moi une raison d'être fâché de la perte de temps que vous a occasionné votre drame. Il est vrai qu'on se lasse de redire toujours la même chose ; mais aussi pourquoi voulez-vous toujours dire la même chose ; pourquoi vous obstiner à tourner toujours dans le même cercle et à ne vouloir être qu'économiste, lorsque vous pouvez traiter toutes les matières qui tiennent à la politique, au bonheur des hommes, à la morale, à la législation ? Vous voulez tous que Quesnay et ses premiers disciples aient tout dit. D'un côté, vous vous défendez de traiter d'une foule de choses dont il n'a pas parlé et, lorsque vous en parlez, vous cherchez toujours à les ramener à ce que les maîtres ont dit. Cela donne à tout ce que vous faites un ton d'uniformité.

En osant vous livrer aux détails, en négligeant de rabattre à chaque instant des généralités dont le public est las, vous mettrez de la variété dans votre ouvrage.

Vous avez lu mon morceau sur l'usure et plus anciennement celui sur les mines. Cela est dans vos principes à peu près et cependant personne n'y trouvera cette uniformité qu'on reproche aux économistes. On peut traiter ainsi une infinité de questions : la tolérance, l'égalité des partages entre les enfants, l'utilité ou les inconvénients des testaments, l'esclavage, l'utilité réelle des colonies et les illusions des nations modernes à cet égard, les questions relatives à la justice criminelle, à la question, à la procédure par jurés ou par tribunaux, les supplices, l'instruction contradictoire, la mendicité, le pouvoir paternel, l'indissolubilité du mariage, etc., enfin toute la morale, toute la politique présentent autant de matières neuves que de questions, car, à peine y en a-t-il une qui soit seulement ébauchée. Je sais que plusieurs de ces questions ne peuvent pas être traitées avec approbation et privilège, que d'autres ne peuvent pas l'être bien sans contredire les idées des maîtres ; mais il en reste encore assez pour varier. Les matières même purement pratiques pourraient être de votre ressort ; il est vrai qu'il faut beaucoup de réserve à croire et qu'il faudrait être un peu physicien pour traiter cette partie. Enfin, pourquoi ne pas faire des extraits qui soient de francs extraits, c'est-à-dire qui donnent au lecteur l'idée du livre, au lieu de ne s'attacher qu'à faire remarquer les rapports de l'ouvrage avec la doctrine économique ou à réfuter ce qui s'en écarte, chose qui contribue infiniment à l'uniformité parce qu'en effet ces disputes roulent toujours sur les mêmes objets ?

Votre *Chou-King* [a] est assommant ; il est vrai que c'est la faute de l'abbé Baudeau. Je n'ai pas été aussi mécontent que vous de sa critique de Beardé [b] ; elle tournait, comme vous dites, dans votre cercle tant rebattu, mais aussi, c'était une réponse à une critique. Vous aviez autrefois dû traiter la question de l'esclavage à l'occasion de *Ziméo*. Vous aviez commencé une *Histoire des finances d'Angleterre*. Voyez les moyens de varier. Vous avez jusqu'à des livres d'histoire dont vous pourriez tirer parti ; par exemple, est-ce qu'un bon extrait de la nouvelle histoire de Gaillard n'irait pas bien dans les *Éphémérides* dont la préface de ce livre aurait fait l'ornement.

Je n'ai point lu les nouveaux aboiements de Linguet ; mais je ne vous conseille pas de lutter contre ce chien enragé plus longtemps ; il ne mérite que le mépris ; à votre place je me contenterais de l'annoncer, de faire une petite récapitulation de ses plus grosses injures sans aucune réflexion ni réponse. Il s'est plaisamment justifié sur son M. Hall [c] en disant que *Vauxhall* signifiait *salle éclairée avec des bougies*, confondant *wax* qui signifie *cire* avec le nom de *Vaux* dont les Anglais, en l'estropiant dans leur conversation, ont conservé soigneusement l'orthographe, aussi éloignée du mot *wax* ou *ouax* que la prononciation qu'ils ont substituée à la vraie. Comme si un peuple corrompait ainsi l'orthographe et la prononciation d'un mot qui lui est familier ! Il s'est aussi justifié sur

---

[a] Le *Chou-King des Chinois*, série d'articles de Baudeau dans les *Éphémérides* sur un ouvrage de De Guignes.

[b] Béardé de l'Abbaye.

[c] Linguet avait pris le *Vaux-hall* pour un homme.

l'article de la bière, en disant qu'elle se faisait avec de l'orge et non avec du grain, mais tout cela ne vaut guère la peine de prendre votre temps. Si vous voulez que je connaisse son ouvrage, envoyez-le-moi.

Je suis occupé actuellement à trouver les moyens de distribuer une aumône à nos paroisses de la Montagne et à faire que les pauvres hors d'état de travailler en profitent, ce qui n'est pas bien aisé. Après cela, je jouirai d'un peu de liberté et je tâcherai de me délivrer de beaucoup de besognes arriérées. Je ne me suis pas trop bien porté depuis quelque temps ; des coliques d'estomac, suivies d'une espèce d'épanchement de bile m'ont tourmenté. Cela, avec beaucoup d'autres choses, me fait désirer de revoir Paris ; mais je ne sais quand je le pourrai.

Je vous enverrai une procuration pour nommer *le petit Robert* ou *la petite Anne* [a]. J'aurais été bien charmé de pouvoir le tenir moi-même [b]. Je vous enverrai en même temps la nouvelle quittance de Barbou.

Je dois une réponse à l'abbé Baudeau ou plutôt un remerciement. Je ne sais si je lui enverrai ma lettre par la poste. Je préférerai une occasion si j'en trouve. En attendant, remerciez-le pour moi. Son livre [c] est très clair et écrit sur la fin avec une chaleur douce qui en rend la lecture intéressante. Il sera plus lu que La Rivière [d], mais ce diable de despotisme, quoique plus déguisé, nuira toujours à la propagation de votre doctrine, et surtout en Angleterre, et parmi les gens de lettres. Ceux-ci seront toujours aussi révoltés du ton de secte. Adieu, je vous embrasse de tout mon cœur. Mille compliments à Mme Du Pont.

À propos, ne parlez donc plus d'étymologies pour ne pas donner la revanche à Linguet. Où avez-vous vu qu'il fallût dire épizoonique et faire partir les dérivés d'une terminaison étrangère à la racine ? C'est bien épizootique qu'il faut dire.

XCVIII. — (Le despotisme légal.)

Limoges, 10 mai.

Voici, mon cher Du Pont, ma réponse à l'abbé Baudeau [e] que je vous adresse par Desmarets ; elle est pleine d'hérésies, mais j'ai voulu faire ma confession d'Augsbourg sur le grand article du despotisme

---

[a] Le futur enfant de Du Pont.
[b] Sur les fonts baptismaux.
[c] *Première Introduction à la philosophie économique ou analyse des États policés*, 1771.
[d] *Intérêt général de l'État*.
[e] À la lettre d'envoi de l'ouvrage de Baudeau. Il est regrettable que cette réponse soit perdue, puisqu'elle devait contenir l'exposé des vues politiques de Turgot.

légal, dont la doctrine ne cesse de salir les ouvrages des économistes et ne devrait se trouver que dans ceux de Linguet.

Ce n'est pas que je fasse plus de cas de celle des contreforces [a], dont je ne veux pas qu'on ait besoin.

Je ne puis vous envoyer encore aujourd'hui la quittance de Barbou ni ma procuration ; ce sera pour la semaine prochaine. Je vous embrasse.

XCIX. — (Le second fils de Du Pont. — Les *Éphémérides*.)

Limoges, 24 mai.

Voici, mon cher Du Pont, la procuration pour le baptême de l'enfant dont Mme Du Pont est grosse. Si c'est un garçon ne voulez-vous pas l'appeler Éleuthère-Irénée en l'honneur de la liberté et de la paix. Les noms d'Éleuthérie et d'Irène iraient aussi fort bien à une fille. Si vous voulez des noms moins significatifs, vous savez que je m'appelle Anne-Robert-Jacques et vous avez là de quoi choisir. Je souhaite à Mme Du Pont les couches les plus heureuses.

Je vous envoie encore la quittance de Barbou pour l'argent que je lui ai remis. C'est le prix des souscriptions des Limousins et de celle de Mme Blondel. Je voudrais bien savoir si vous avez à présent beaucoup de souscripteurs.

M. de Mirabeau doit-il venir dans ce pays avec l'abbé Baudeau, et celui-ci vous aidera-t-il encore pour vos *Éphémérides*, pour lesquelles, malgré tous les secours que vous avez eus, je vous vois toujours retardé de cinq mois ?

Adieu, mon cher Du Pont, je vous embrasse de tout mon cœur. Desmarets vous fait mille compliments.

C. — (Le second fils de Du Pont. — La poste. — Les *Éphémérides*. — Le censeur Moreau. — Les constitutions. — H. de Mirabeau. — Saint-Mégrin. — Linguet.)

Limoges, 21 juin.

Vous vous plaignez de moi, mon cher Du Pont ; cependant un intendant est, ainsi qu'un journaliste, un galérien attaché sur son banc et ramant contre vent et marée. Il faut donc avoir un peu d'indulgence pour l'un et l'autre de ces animaux. Au reste, je crois être sûr de vous

---

[a] Autrement dit, le système parlementaire imité de l'Angleterre.

avoir écrit plusieurs lettres sans en avoir reçu aucune de vous et vos plaintes me font craindre qu'il n'y en ait eu d'égarées. Je ne vois pas en quoi la procuration ᵃ peut gêner pour les noms ; il n'y est pas dit, ce me semble, un mot qui y ait rapport.

Je n'ai point vu M. de Mirabeau et je lui garde votre lettre, mais vous auriez bien dû avertir Mme Blondel et Mlle de Lespinasse de son départ quelques jours à l'avance, comme je vous en avais instamment prié. On est à l'affût des occasions pour envoyer des livres ou même des lettres à cœur ouvert, attendu que l'inquisition des postes est encore redoublée. À propos d'envoi, vous oubliez toujours de me renvoyer ce *Mémoire sur l'usure* dont vous avez la seule copie au net.

Les retards ont sûrement beaucoup de part à la diminution de recettes des *Éphémérides*, mais croyez que le défaut de variété dans le ton et dans les matières, et aussi l'humeur qu'a prise la plus grande partie du public contre le ton de secte, y ont contribué encore plus. Je ne conçois pas Moreau ᵇ de vous ôter un mémoire sur le commerce des eaux-de-vie ; il me semble qu'il vous a passé des choses bien plus fortes. Ce Moreau n'est pas un fripon comme Linguet ; *Quidquid recipitur ad modum recipientis*, disaient les scolastiques.

N'allez pas vous imaginer que j'approuve les constitutions républicaines. Je ne crois pas qu'il en ait jamais existé une bonne et je suis de l'avis des économistes que l'état de guerre intérieure et ce qu'on appelle contre-forces ne vaut rien.

Je serais bien affligé que les propositions du M. D. B. D.ᶜ devinssent pour vous une ressource nécessaire. Vous ne me marquez pas quelles sont ces propositions. J'espère du moins que vous n'abandonnerez le champ de bataille et vos amis qu'à la dernière extrémité.

Je connais peu le comte de Mirabeau ; comme je ne vous ai pas vu à son âge, j'ignore si vous aviez ses défauts. Il y en a un cependant que je ne crois pas que vous ayez eu, c'est le ton hâbleur. Quand on aime la vérité bien franchement, on la respecte en tout. Vous faites fort bien de l'aimer, si vous croyez qu'il vous aime. Pour moi, je suspends mon jugement, jusqu'à ce que je le connaisse davantage. Il n'a pas trop réussi dans ce pays.

Adieu, mon cher Du Pont, je vous embrasse de tout mon cœur. Bien des compliments à Mme Du Pont, à qui je souhaite les couches les plus heureuses.

ᵃ Pour le baptême de l'enfant de Du Pont.
ᵇ Censeur des *Éphémérides*.
ᶜ Karl-Friedrich, Margrave de Bade-Dourlach.

On dit que votre autre ami St-M. [a] s'est brouillé avec Mme D. B. [b] C'est le comble de l'avilissement qu'une bassesse infructueuse.

Je voudrais voir le nouvel ouvrage de Linguet, ne fût-ce que pour savoir ce qu'il a dit sur les approvisionnements d'ordonnance.

CI. — (La Rochefoucauld. — Linguet.)

Limoges, 28 juin.

Je n'ai, mon cher Du Pont, que le temps de vous dire un mot sur ce que j'ai appris par M. le comte de Mirabeau de votre aventure avec le duc de La R. [c] Comme je n'ai point vu votre lettre, je ne puis vous en rien dire, si ce n'est que le duc est un homme honnête qui aura suivi un mouvement d'humeur. Mais dès que vous lui avez renvoyé votre livre, il faut absolument que vous persistiez à refuser son argent. J'ai vu ce misérable Linguet, il serait absurde de vouloir lui répondre. Adieu, je n'ai que le temps de vous embrasser.

CII. — (Le second fils de Du Pont. — Dégoûts de Turgot. — Linguet.)

Limoges, 2 juillet.

Je vous fais, mon cher Du Pont, mon compliment de tout mon cœur ainsi qu'à Mme Du Pont sur la naissance du petit Irénée. J'aurais été bien enchanté d'être à Paris pour lui donner moi-même ce nom de bon augure. Je ferai part de sa naissance à M. de Mirabeau, quoique je ne sache pas trop où lui adresser ma lettre. J'imagine qu'il est en Aigueperse ; il n'a passé ici qu'un jour.

Je ne suis point de votre avis sur la persévérance que vous me conseillez. Je suis très convaincu qu'on peut être mille fois plus utile par de bons écrits que par tout ce qu'on peut faire dans une administration subalterne avec les données actuelles et aussi avec celles qui me sont personnelles. La difficulté n'est que de me désengrener.

Je vous ai mandé que j'avais lu cet infâme Linguet. Je vous condamne à ne pas répondre ; ce serait lui faire trop d'honneur. La table de son livre en serait la réfutation la plus complète. Adieu, je vous embrasse de tout mon cœur.

---

[a] Le duc de Saint-Mégrin.
[b] Mme Du Barry.
[c] La Rochefoucauld.

CIII. — (La Rochefoucauld. — Le margrave de Bade. — Linguet. — Voltaire.)

Limoges, 5 juillet.

Je suis, mon cher Du Pont, fort content de votre lettre à M. de L. R.[a] Elle est faite pour faire impression à un homme honnête comme lui. À bien d'autres ducs et pairs, elle n'eût paru que ridicule.

Vous êtes bien le maître de communiquer mon *Mémoire sur l'usure* au Margrave de Dourlach et puisqu'il a daigné faire attention à l'*Essai sur les richesses*, je vous prie de lui en donner un exemplaire en faisant corriger les fautes d'après l'errata. Je vous embrasse ainsi que le petit Éleuthère-Irénée. Mille compliments à Mme Du Pont.

Caillard a passé chez Voltaire qu'il a trouvé déraisonnant complètement sur l'économie et livré à tous les sophismes de Galiani.

CIV. — (Le second fils de Du Pont. — Linguet. — Dégoûts de Turgot. — Sa timidité. — Son nouveau secrétaire. — La gabelle. — Monthyon. — La Rochefoucauld. — Les *Éphémérides*. — La procédure criminelle.)

Limoges, 16 juillet.

Je vous fais mon compliment, mon cher Du Pont, sur la bonne santé de mon filleul Irénée et de sa mère. J'ai oublié de vous parler des dragées et autres bagatelles qui sont d'ordinaire à la charge du parrain. Je suppose que vous aurez fait les choses comme pour moi et que nous en parlerons à mon retour[b].

Je trouve bien plaisant qu'il ne soit pas permis d'attaquer Linguet et qu'il ait une marque comme Caïn, son devancier, qui s'était mis comme lui dans le cas d'avoir besoin de sauvegarde.

Quoique vous en disiez, je crois qu'en *statu quo* le travail d'un homme libre dans son cabinet peut être plus utile que celui d'un intendant ramant, comme il peut, au milieu des courants et des rochers. Je suis encore moins de votre avis sur la prétendue timidité que vous me reprochez. Si vous aviez vu ce que j'ai écrit sur le projet de règlement pour les blés[c], vous verriez combien la force, et des raisons, et des sermons est perdue. Je vous le répète ; c'est au public lisant et réfléchissant qu'il faut parler, c'est à lui qu'il faut plaire, c'est lui et lui seul qu'il

---

[a] La Rochefoucauld.
[b] Voir la lettre du 9 août.
[c] Les *lettres sur le commerce des grains*.

faut persuader ; toutes les flagorneries aux gens en place, tous les petits détours dont on s'enveloppe pour ne pas les choquer sont une perte de temps écartant du vrai but et ne réussissant pas même à faire sur eux l'impression qu'on s'est proposée.

J'ai un grand défaut ; mais ce n'est pas la timidité. Ce défaut est de me charger de trop de besogne et d'être paresseux plus par libertinage d'esprit que par inaction proprement dite ; mon esprit gagne du côté de l'étendue et de la justesse, mais j'y perds beaucoup du côté de l'action. Il faudrait, pour que je me déployasse, que je fusse le maître absolu, parce qu'alors, je n'aurais qu'à voir et à agir en conséquence, au lieu qu'actuellement, il faut que je persuade pour faire agir et que je sue sang et eau pour présenter avec netteté mille détails très longs à prouver et qu'un coup d'œil me fait voir.

Je viens pourtant de faire une acquisition qui pourra beaucoup me soulager. C'est un jeune avocat que les circonstances ont mis sur le pavé. Je suis infiniment content de son caractère et de sa manière de voir et d'écrire. Si j'étais aussi bien tombé du commencement, je crois que je serais à présent au-dessus de ma besogne.

Il n'est pas possible que M. Trudaine ait approuvé le projet de mettre la gabelle dans tout le Royaume. Cela est trop contraire à tous les principes ; je doute même que le Gouvernement puisse adopter une pareille extravagance. Vous ne doutez pas que je ne combattisse ce nouveau monstre avec toute la force dont je serais capable. Mais ce serait bien inutilement si une fois on se l'était mise dans la tête. Alors, il faudrait bien forcément quitter [a], car bien sûrement je ne consentirais jamais à être l'instrument d'une pareille abomination que, pour comble de bien, nos sots Limousins seraient assez sots pour m'imputer, comme les Auvergnats ont imputé à M. de Monthyon les opérations de M. de L'Averdy sur le don gratuit, tandis qu'il les avait combattus de toute sa force, et ce qui est bien encourageant, c'est que le Gouvernement en renonçant à son projet en a fait tout l'honneur à la Cour des Aides de Clermont qui avait répandu toutes ces calomnies contre ce pauvre M. de Monthyon. Après cela, veillez bons citoyens, suez, soufflez, ramez comme corsaires ! Je suis fâché à propos de M. de M. qu'il ait donné des prix pour des courses de chevaux et fâché aussi que vous ayez loué cette sottise [b].

Le D. D. L. R. [c] a eu de l'humeur contre les *Éphémérides* et il a eu tort ; vous en avez contre lui et vous avez tort aussi. Dépêchez-vous

---

[a] D'après la *Correspondance Metra* Turgot aurait, dans un cas analogue, offert sa démission.
[b] De Monthyon. Dans les *Éphémérides*, 1770, t. II et 1771, t. XII.
[c] La Rochefoucauld.

donc de nous donner le troisième et le quatrième volumes ; il faut absolument vous avancer.

Je viens de discuter la question de la procédure criminelle par jurés [a] et j'ai pris la négative. Si la chose était imprimable, cela vous ferait un bon remplissage d'une soixantaine de pages ; mais cela n'est imprimable en aucun sens.

Adieu, mon cher Du Pont, je vous embrasse et suis fâché de vous avoir fait venir l'eau à la bouche.

CV. — (La goutte. — Le nouveau secrétaire de Turgot. — Ses dégoûts. — Les livres utiles. — Le baptême d'Irénée Du Pont.)

Limoges, 9 août.

Je vous aurais vraisemblablement écrit, mon cher Du Pont, par l'occasion de M. de Vaines [b], si la goutte que j'ai depuis samedi ne m'en avait empêché. Je voulais vous annoncer un morceau qu'il vous porte et dont je doute que vous puissiez faire usage. D'ailleurs, il ne me paraît pas aussi piquant qu'il me semble qu'on eût pu le faire. C'est un amusement du nouveau secrétaire dont j'ai fait l'acquisition et pourvu que vous ne le nommiez pas, vous pourrez en faire ce qui vous plaira, même le changer et le bouleverser à votre gré.

Il faut avant tout vous parler de ma goutte ; elle a été plus forte que je ne m'y serais attendu dans une saison chaude. J'y ai fait mettre trois fois les sangsues et je ne suis soulagé que de cette nuit. J'espère pourtant que je pourrai toujours achever la tournée que j'ai projetée dans la Montagne où j'ai peur de trouver autant de misère que l'année passée, car la récolte y est tout aussi mauvaise. Je ne sais plus que faire, car j'ai épuisé toutes les ressources.

Vous voudriez que je fusse tout à fait fou ; je le suis pourtant fort honnêtement. L'inexécution totale du Règlement sur les grains malgré les cris de tous les petits bourgeois de ce pays et plus de 200 000 francs que j'ai dépensés en travaux publics dans la Montagne, au lieu de 80 000 qu'on m'avait fixés, sont, je crois, des traits dignes de vos éloges, mais fou ou sage, soyez sûr qu'un administrateur subalterne, dans les circonstances données, ne peut jamais faire la meilleure partie du bien que fait un bon livre ; je dis un livre qui produit la conviction. Calculez un peu celui qu'aurait fait, dans les temps des premières querelles des protestants, un homme qui aurait bien clairement développé

---

[a] Avec Condorcet.
[b] De Vaines, que Turgot nomma plus tard premier commis du contrôle général ; de l'Académie française en 1803.

les principes de la tolérance civile. Quel bien même ne serait-ce pas encore aujourd'hui ! Un bon ouvrage sur les grains vaudrait mieux que ce que je ferai jamais comme Intendant ; item, un ouvrage sur l'impôt, etc. etc., et sur la guerre, etc. Les méchants pêcheront en eau trouble et les bons s'agiteront en vain à l'aveugle pendant dix mille ans. C'est la lumière qu'il faut apporter partout. Les prétendus petits biens dont vous me parlez sont une grande perte de temps pour le redressement des grands maux.

Je n'entends rien à tout ce que vous me dites sur les articles dont je vous avais parlé dans ma lettre. C'était assurément pour moi seul et non pour vous que je voulais satisfaire à ce qui est d'usage [a] et d'une sorte de décence. Si votre refus de vous expliquer me jette dans quelque dépense en moins, d'où il résulte de la part des prêtres de Saint-Jacques du Haut-Pas une imputation de vilenie sur ma personne, ce sera votre faute.

Adieu mon cher Du Pont, je vous embrasse et vous souhaite une bonne santé ainsi qu'à Mme Du Pont et à M. Irénée.

CVI. — (La population. — Linguet. — Les *Éphémérides*. — La disette du Limousin.)

Limoges, 29 août.

Voici, mon cher Du Pont, une lettre que M. Viollet m'adresse pour vous et qu'il désire que vous imprimiez dans les *Éphémérides*. Cela me paraît juste. Il est certain que sans entrer dans la discussion de l'exemple de la Suisse et de la Chine, le fond de ce que dit M. Viollet sur l'inconsidération du souhait d'une population illimitée est très vrai. Elle se proportionne d'elle-même aux moyens de subsistance ; mais si le nombre des hommes ne peut s'augmenter que par la diminution des jouissances de ceux qui existent, il est certain qu'il vaut mieux que ces hommes surabondants n'existent pas que d'exister pour partager la détresse à laquelle ils réduiraient les autres hommes, leurs consorts. C'est une vérité terrible que, dans tous les états des choses connues, la limite de la population est toujours la misère. Il serait à désirer que cela ne fût pas, mais les moyens d'y parvenir sont un problème qui n'a point encore été résolu.

Si on eût envisagé ce que Linguet a dit sur l'esclavage comme un avis donné aux philosophes et aux politiques humains que ce problème

---

[a] Le baptême d'Irénée Du Pont.

était à résoudre, on n'aurait peut-être pas traité sa *Théorie des lois* [a] avec tant de mépris. Il fallait le réfuter en prouvant que l'esclavage ne résolvait pas le problème et en cherchant une autre solution, mais on pouvait lui tenir quelque compte d'avoir fixé les esprits sur l'insuffisance des solutions connues.

Quant à Viollet, quand même vous pourriez prouver que ses expressions ont dû conduire au sens que vous leur avez donné, je ne vous conseille pas de vous appesantir là-dessus, car cet acharnement polémique qui choque beaucoup l'amour-propre des auteurs est une des choses qu'on blâme dans votre journal. *Avoir toujours raison, c'est un grand tort.* Il faut savoir, quand on vous cède le fond, céder la forme.

J'ai commencé ma tournée de la Montagne, quoiqu'il me reste encore de la faiblesse ; mais il faut bien aller préparer les nouveaux secours dont ces misérables auront besoin l'année prochaine, si on veut bien me les accorder encore.

Adieu, mon cher Du Pont, vous connaissez mon amitié. Mille compliments à Mme Du Pont.

CVII. — (Projet d'un *Dictionnaire du Commerce*. — *L'Encyclopédie*. — Le *Mémoire sur l'usure*. — La procédure criminelle. — La goutte. — La poste.)

Limoges, 10 septembre.

Je me hâte, mon cher Du Pont, de répondre à une lettre que j'ai reçue de vous par le courrier de vendredi et qui est sans date. Vous devez m'en savoir gré, car je suis dans mon lit très fatigué de ma journée ; aussi ne vous écrirai-je pas de ma main. Je commence par l'article le plus intéressant.

Vous pouvez être très certain que la proposition que vous a fait Pankoucke [b] serait très affligeante pour l'abbé Morellet. Vous voyez clairement que le plan d'un pareil ouvrage forme nécessairement un double emploi avec la troisième partie de son *Dictionnaire du commerce*, et jusqu'à présent, il a été tant contrarié, il a été si fort le mâtin de la liberté du commerce, qu'il serait bien dur de se voir devancé dans son travail et persécuté en quelque sorte d'une autre manière par les partisans de la liberté. D'ailleurs, quoique les *Éphémérides* ne vous vaillent pas grand'chose, je crois qu'il vous est plus aisé d'en tirer parti que d'un ouvrage pour lequel vous seriez dépendant du libraire Pankoucke, dont

---

[a] *La théorie des lois civiles*, 1767.
[b] Libraire, éditeur de l'*Encyclopédie méthodique*.

je vous avoue que je n'ai pas grande idée. J'imagine que vous auriez le bon sens, si vous entrepreniez un pareil ouvrage, d'en changer le titre et que vous laisseriez le Père Hyacinthe de Montagon annoncer une *Encyclopédie pour la chaire* ou bien le Saint-André une *Encyclopédie perruquière*. Le mot *Encyclopédie* signifie l'enchaînement de toutes les sciences qui peuvent entrer dans l'éducation et une *Encyclopédie économique* est un titre fort analogue à celui de l'*Histoire universelle* de la criss ou du carquois, mais ce à quoi je vous exhorte fort, c'est à mettre dans vos *Éphémérides* un peu plus de variété, et de matières, et de ton.

Il semble par vos lettres que vous n'ayez pas reçu la plus grande partie des miennes. Je suis sûr de vous avoir mandé que vous étiez fort le maître de laisser votre margrave prendre une copie du *Mémoire sur l'usure*, mais je demande qu'il ne soit pas imprimé. Ce n'est point à vous que j'ai adressé les réflexions sur la procédure par jurés. Je les ai écrites dans le cours d'une dispute que j'ai entamée sur cette question avec M. de Condorcet qui est fort partisan de cette forme. Mes réflexions sont écrites à bâtons rompus et ne pourraient être imprimées ; mais je vous les montrerai quand je serai à Paris.

Je n'ai point reçu le volume des *Éphémérides* que vous m'annoncez et je n'en suis pas étonné puisque vous l'avez mis à la poste. Ce sera autant de perdu ; on aura décacheté le paquet et on l'aura retenu.

Je vous avais mandé de Tulle que j'étais parti pour une tournée assez longue. Je n'étais pas assez bien guéri et le renouvellement de douleurs m'a forcé de rebrousser chemin au bout de huit jours. J'ai, à présent, la goutte du côté gauche après l'avoir eue du côté droit. J'espère pourtant qu'elle ne sera pas vive. Je vous prie de me marquer si vous avez reçu la table que je vous ai annoncée.

Adieu, je vous embrasse ; mes compliments à Mme Du Pont.

CVIII. — (Les *Éphémérides*. — La poésie. — Greuze. — L'esclavage. — La corvée. — La goutte. — H. de Mirabeau.)

Limoges, 15 octobre.

J'ai enfin reçu, mon cher Du Pont, votre sixième volume [a] que vous m'aviez annoncé, il y a longtemps ; mais je l'ai reçu par la voie ordinaire de la poste et sans enveloppe ; ainsi, je vous en dois le port. J'aurais sur tout votre ouvrage bien des choses à vous dire, mais il vaut mieux remettre à vous gronder au temps où je vous verrai. J'ai un peu ri de

---

[a] *Éphémérides* de 1771

votre enthousiasme ª quand vous dites qu'il n'y a que les honnêtes gens qui se connaissent en vers. Je crois pourtant qu'on pourrait citer des gens qui en font de très bons et qui sont fort loin d'être honnêtes gens. Ce n'est pas qu'il n'y ait dans votre proposition un fondement vrai.

Que parlez-vous d'esquisses que Greuze ait à se reprocher ? Serait-ce le *fils ingrat* et le *fils puni* ? Ces deux morceaux sublimes qui, en regard, forment la tragédie la plus pathétique et la plus morale ? Ces deux morceaux sont plus éloquents et plus utiles que tous les sermons. Oh ! que je serais scandalisé de votre scandale si c'est de ces deux esquisses que vous avez voulu parler. J'ai lu votre morceau sur les nègres ᵇ et je trouve que vous n'avez point traité la question. J'en suis fâché, car on vous répondra, et malheureusement on aura raison contre vous. Croyez-vous aussi que M. N. ne rira pas ᶜ des chemins à 5 sous ou à 8 sous la toise ? MM. les Économistes, ne vous lasserez-vous jamais de parler des faits sur lesquels vous êtes à tout moment trompés, lorsque vous pourriez vous appuyer sur des raisonnements démonstratifs. Mais j'ai tort, car j'avais promis de ne vous pas gronder.

J'ai encore de légers ressentiments de goutte ; ce n'est rien, mais je ne sais comment je ferai mes départements. Il me répugne beaucoup de rester à Limoges et d'y faire venir les élections. Il faudra bien pourtant s'y résoudre, si la goutte me fixe au centre de mon tourbillon et m'oblige à substituer le système de Copernic à celui de Ptolémée. Je suis en colère contre votre ami M. de Mirabeau ; il s'était chargé en partant d'ici d'un paquet de lettres et, au bout de huit jours, il n'était pas rendu. Une négligence portée à cet excès n'est en vérité pas honnête. Adieu, mon cher Du Pont. Donnez-moi quelquefois de vos nouvelles et envoyez-moi votre septième volume. Je vous embrasse.

CIX. — (La goutte. — La sévérité de Turgot. — Les *Éphémérides*.)

Limoges, 29 octobre.

J'ai reçu, mon cher Du Pont, votre lettre du 20 ; je ne sais pas qui avait pu vous dire que je ferais voyager mes élections, car je ne m'y suis décidé que le 22. Au surplus, j'ai très bien fait, sans souffrir ; comme vous l'avez imaginé, je n'étais pas assez bien pour pouvoir voyager sans imprudence ; attendre que ma santé fût tout à fait raffermie, c'eût été m'exposer à des retards qui auraient pu devenir nuisibles à moi et aux

---

ª Dans l'article de Du Pont « Du principe commun à tous les beaux-arts et de leurs rapports avec l'utilité publique ».

ᵇ *Observations importantes sur l'esclavage des nègres.*

ᶜ *Lettres à M. N..., ingénieur des ponts et chaussées sur l'administration des chemins*

affaires. Vous me reverrez beaucoup plus tôt à Paris ; j'espère y être dans le courant de novembre.

Je remets à ce temps-là à vous prouver que je ne suis point trop sévère et que je le suis toujours moins que le public. Je n'ai assurément pas attendu mon accès de goutte pour réfléchir sur la nature et les principes du goût. Ainsi, ce n'est pas le chagrin qui m'a fait trouver faux vos principes de littérature. Au reste, ce n'est pas ici une affaire de sentiment ni de goût, mais bien de logique, mais la logique n'est pas le fort des Économistes. Leur mal est, en général, de vouloir aller trop vite et de ne pas analyser assez scrupuleusement le sens des mots. Votre erreur sur les nègres ne tient pas à la seule logique, mais au défaut d'examen des principales circonstances de la question.

J'ai été à ce propos fort content du morceau de l'abbé Roubaud sur les nègres. Comment un homme qui peut faire si bien, fait-il habituellement si mal ? Je vous fais mon compliment d'avoir enfin un coopérateur [a], mais cela ne suffit pas pour vous enrichir. Il faut encore que vous vous défassiez de ce ton économiste qui vous fait presque autant d'ennemis qu'il y a d'auteurs dont vous faites l'extrait ; et vous réservez vos éloges pour M. de Pezay [b] ! Vous avez traité Viollet avec une dureté révoltante pour un amour-propre beaucoup moins sensible que le sien et je vois que vous ne voulez pas imprimer sa lettre que je vous ai envoyée. Charles XII n'était pas plus tête de fer que vous. Mais je vous prédis que tout cela ne fera point venir les souscriptions. Barbou est à la campagne.

Je suis fort aise que le petit Irénée ait la physionomie de son nom ; je vous remercie de m'en donner des nouvelles. Faites, je vous prie, mille compliments à sa mère. J'embrasse son père de tout mon cœur, malgré mes gronderies et ma sévérité excessive. Réparation à M. de Mirabeau puisque son père l'avait retenu au Bignon.

121. — LETTRES À CAILLARD.

[D. D., II, 818.]

IX. — (Disette du Limousin. — Melon et Du Pont de Nemours. — Le luxe. — Les *Lettres sur le commerce des grains*. — Les vers métriques).

---

[a] L'abbé Baudeau qui se chargea de faire plusieurs volumes des *Éphémérides* pour rattraper le courant.

[b] Masson, dit marquis de Pezay (1741-1777) qui contribua plus tard à la chute de Turgot.

Limoges, 1ᵉʳ janvier.

J'ai reçu dans son temps, mon cher Caillard, votre lettre du 10 novembre à laquelle je me reproche de n'avoir pas plus tôt répondu ; mais une tournée longue dans la Montagne, et des occupations malheureusement analogues à celles qui m'ont tenu à Limoges toute l'année dernière, m'ont pris tout mon temps. Il est vraisemblable que je serai encore condamné à passer celle-ci au milieu des Limousins. La disette n'est pourtant que partielle ; l'Angoumois ne souffre pas, et le paysan de Limoges et du bas Limousin a des châtaignes pour le moment ; mais le grain est aussi cher que l'an passé, et la Montagne manque tout à fait.

Du Pont a jugé bien sévèrement M. Melon [a], et M. Melon le fils a jugé bien sévèrement Du Pont. Le sentiment de M. Melon est juste et naturel, mais il n'est pas à la vraie place pour juger. J'aimerais mieux que Du Pont n'eût pas dit ce qu'il a dit, parce que je ne pense pas ce qu'il a dit, à beaucoup près, et que j'estime le tour d'esprit de M. Melon le père, malgré les erreurs de son ouvrage. Mais il faut avouer que ses erreurs sont telles qu'on peut en être très frappé, et plus que de tout ce qui parle en faveur de l'auteur. Quand j'ai lu l'ouvrage de celui-ci, il gagnait beaucoup dans mon esprit en ce que personne n'avait encore parlé en France de ces matières, du moins en style intelligible. Un homme qui est venu au monde après Montesquieu, Hume, Cantillon, Quesnay, M. de Gournay, etc., est moins frappé de ce mérite qu'a eu M. Melon de venir le premier, parce qu'il ne le sent pas ; ce n'est pour lui qu'un fait chronologique, et M. Melon n'est pas venu le premier pour lui, puisque, quand il l'a lu, il savait déjà mieux que son ouvrage. Il y a vu l'apologie du luxe et celle du système [b], et celle des impôts indirects ; dans la chaleur de l'indignation que ces erreurs lui ont inspirée, il l'a versée sur le papier : où est le crime d'avoir pensé, où est celui d'avoir dit que M. Melon avait fait un mauvais ouvrage ? Tout homme qui imprime est fait pour être jugé :

<blockquote>Il est esclave né de quiconque l'achète.</blockquote>

M. Melon a laissé un fils ; M. Du Pont l'ignorait peut-être alors ; et, quand il l'aurait su, est-on moins en droit de blâmer l'ouvrage d'un auteur parce qu'il a un fils ? Si le jugement rigoureux porté de son père est juste, il faut que le fils s'y soumette. Le fils de M. de Pompignan sera le fils d'un mauvais poète et, si le jugement est injuste, le fils n'en souffrira point, ni même la mémoire de son père. La réputation des

---

[a] Auteur de l'*Essai politique sur le commerce*, 1734-1736, ouvrage qui avait eu beaucoup de succès.
[b] Le système de Law.

auteurs se forme par la balance des suffrages pour et contre, et il faut, pour que cette réputation ait quelque prix, que ces suffrages soient libres. La réputation littéraire est un procès avec le public. Quiconque écrit a ce procès, et ni lui, ni ses ayants cause, n'ont droit de se plaindre des juges qui donnent leur voix contre. Je crois M. Melon fils assez honnête et assez philosophe pour sentir ces vérités, et pour ne pas vouloir de mal à M. Du Pont d'avoir exprimé un peu durement un sentiment qu'il avait droit d'avoir et d'exprimer.

À cette occasion, vous me demandez une définition du *luxe* : je crois qu'il n'est pas possible de renfermer dans une définition toutes les acceptions de ce mot, mais qu'on peut en faire une énumération exacte et fixer le sens précis de chacune, de façon à terminer la plus grande partie des disputes sur ce point, qui ne sont pas toutes pourtant des disputes de mots, ou qui, pour m'exprimer autrement, roulent bien autant sur les applications du mot *utile*, que sur l'interprétation du mot *luxe*. Mais tout cela serait long, et vous savez d'ailleurs que je ne sais pas être court.

Je viens d'écrire cent cinquante pages in-4°, d'écriture très fine, sur la question du *commerce des grains* [a], pour convertir, si je puis, le Contrôleur général. Je n'ai pas dit le quart de ce que j'aurais dit si j'avais eu du temps. J'ai bien peur d'avoir perdu tout celui que j'y ai mis, mais peut-être retravaillerai-je cela pour le rendre digne d'être présenté au public *dans des temps moins durs* ; car le Gouvernement va devenir de plus en plus prohibitif en tout genre, et l'événement du jour y contribuera.

Le vizir triste remplace le vizir gai [b], et il paraît qu'on veut régner par la terreur et dans le silence.

Je vois que M. de Felino est encore dans l'incertitude sur la plus claire des questions politiques ; son problème semble, en effet, présenter une difficulté. Il en trouvera la solution en rendant la difficulté plus forte ; il n'a qu'à se demander *quel parti il faut prendre, par rapport à la liberté du commerce des grains, dans un pays qui ne produit que du vin ou des prairies* ; comment ferait un duc du bas Limousin, par exemple ? Le vice de tous les raisonnements prohibitifs et de tout le livre de l'abbé Galiani est la supposition tacite qu'il s'agit de garder le blé qu'on a, tandis qu'au contraire il s'agit d'en faire venir qu'on n'a pas. La prohibition pourra remplir le premier but ; je le veux. La liberté seule remplira le second.

Il faut, malgré moi, que je sois court, car mon papier finit. Je veux encore vous dire que M. l'abbé de l'Aage ne reçoit aucune réponse à sa

---

[a] Les *lettres à l'abbé Terray*.
[b] D'Aiguillon avait succédé à Choiseul.

seconde lettre. Cet abbé vous recommande certains discours ; il a fait celui de Didon, qui précède sa mort et qui finit par ces mots : *Pugnent ipsique nepotes*, ainsi que le morceau suivant : *Ut trepida*, etc., et aussi la comparaison des fourmis. Il vous dit adieu et vous souhaite, avec une bonne santé, toute sorte de bonheur. Je ne serais pas fâché d'avoir Ossian en vers italiens. Mes compliments à M. Melon et à l'abbé Millot [a].

X. — (Détails divers. — Le despotisme. — Le Père Venini. — La quadrature du cercle. — Les vers métriques. — La dissolution des Parlements.)

[D. D., II, 820.]

5 février.

Je reçois, mon cher Caillard, votre lettre du 19 janvier. J'avais déjà fait payer votre hôtesse, et M. de Beaulieu a dû vous le mander. J'écrirai à M. Cornet de prendre de l'argent chez M. de Laleu, et je préviendrai Barbou de vos intentions. Il y a quelque temps que je vous ai répondu, ainsi qu'à M. Melon, et je suis étonné que vous n'eussiez ni l'un ni l'autre reçu mes lettres le 19. Peut-être auront-elles été retardées d'un ordinaire par le dérangement que les inondations ont mis dans la marche des courriers. Je vous répondais sur tous les articles ; seulement, j'avais, je crois, oublié de vous demander la traduction des poésies d'Ossian en vers italiens. Je ne sais pourquoi vous pensez que la langue italienne serait peu propre à ce genre ; elle est bien plus souple et plus hardie que la nôtre.

On m'a envoyé de Genève *Il vero Dispotismo* ; c'est un livre de l'école de Milan ; un traité du gouvernement, où l'on adopte le système des Économistes et de Linguet sur le despotisme, ou sur la monarchie absolue.

Vous me donnez grande curiosité de connaître les *Éléments de Mathématiques* et la *Grammaire* du P. Venini. De quel ordre est ce religieux ? Je n'entends pas trop quelle est cette analyse qui lui sert à répandre tant de clarté sur les matières qu'il traite. Il m'a toujours semblé que la méthode algébrique n'était point la vraie méthode analytique opposée à la synthèse. La vraie analyse philosophique est, en effet, la manière de procéder la plus propre à éclairer l'esprit, en lui faisant remarquer chacun de ses pas. La méthode algébrique semble, au contraire, vous faire

---

[a] Millot (1726-1785) de l'Académie française.

arriver au résultat par une sorte de mécanique qui ne vous laisse pas voir comment vous êtes arrivé : elle produit la certitude sans évidence. Enfin, l'algèbre et l'analyse, la géométrie linéaire et la synthèse ne me paraissent point être la même chose, et je n'ai trouvé nulle part le vrai développement de ces deux méthodes. Le désir de voir si les idées du P. Venini ont quelque rapport avec les miennes augmente mon empressement de connaître ses *Éléments*.

Je ne sais si vous avez vu, dans un *Journal encyclopédique*, l'annonce d'un mémoire de M. Lambert [a] de l'Académie de Berlin, qui aurait encore plus directement résolu le problème de la *quadrature du cercle* que par la considération des racines de l'équation d'où dépendrait cette quadrature, puisque, suivant le journaliste, il a démontré l'incommensurabilité de la circonférence avec le rayon. Il a démontré, en général, que tout arc dont la tangente est commensurable avec le rayon, est incommensurable avec ce même rayon et réciproquement. Or, la tangente de l'arc de 45° est égale au rayon ; donc l'arc de 45° est incommensurable au rayon ; or, l'arc de 45° est la huitième partie de la circonférence ; donc, etc. D'Alembert, à qui j'en ai parlé, n'avait pas connaissance de cette démonstration ; mais sans doute le mémoire de Lambert sera dans quelqu'un des volumes de l'Académie de Berlin, qui paraîtront incessamment, s'ils n'ont déjà paru. Ce Lambert est un géomètre dont tous les écrits, avant le temps où il est allé à Berlin, sont en hollandais, et qui, par conséquent, était peu connu.

Le patriarche de Ferney garde toujours le même silence avec l'abbé de l'Aage. Celui-ci, pour se venger, a lutté contre celui qu'il consultait, en traduisant de son côté les beaux vers :

Nox erat, et placidum... IVᵉ livre, v. 522...

L'abbé de l'Aage a traduit le discours qui suit, ainsi que le beau discours dont le dernier mot est : *pugnent ipsique nepotes*. Cet abbé a traduit à peu près 400 vers de ce livre, et il lui en reste 300 ; il trouve la tâche bien longue.

Il s'est avisé aussi de traduire les fameux vers de Muret [b] à Scaliger, en vers semblables à ceux de l'original. Ce sont les premiers *vers senaires* qu'il ait faits. Ce genre de vers ne serait pas fort difficile.

Vous deviez avoir eu, à la date de votre lettre, des nouvelles de la grande révolution arrivée dans notre gouvernement [c] ; les suites s'en développent à chaque courrier. Il est difficile de savoir comment tout cela finira.

---

[a] Lambert (1728-1777), ami de Kant.
[b] Littérateur et savant (1526-1585), ami de Scaliger.
[c] Dissolution des Parlements par Maupeou.

Le changement est fâcheux pour M. de Boisgelin. On a parlé d'une tracasserie qu'il avait eue avec M. de Felino, et dans laquelle on donne le tort à M. de Boisgelin ; je serais curieux de savoir ce que c'est. Je serais fâché qu'il fût brouillé avec M. de Felino qui est considéré. D'ailleurs, M. de Boisgelin doit être sûr de trouver des juges mal intentionnés ; ses liaisons avec l'ancien ministre seront un facteur commun par lequel tous ses torts quelconques seront multipliés. Si la lettre, par laquelle j'ai répondu à celle que vous m'avez écrite au mois de novembre, ne vous était pas parvenue, je vous prierais de me le mander.

Vous auriez appris par la *Gazette* l'élection de M. Desmarets [a]. Je ne sais où en est son travail sur les volcans d'Auvergne.

Adieu, vous connaissez tous mes sentiments pour vous. Mes compliments à M. de Boisgelin et à M. Melon.

XI. — (Vers métriques et vers senaires. — Du Pont. — Le Parlement.)

[D. D., II, 821.]

Limoges, 13 mars.

Je profite d'une occasion, mon cher Caillard, pour vous envoyer tout ce que j'ai fait de la *Didon*, puisque vous en êtes si curieux, mais c'est à condition : 1° que ce sera pour vous seul ; 2° que vous me renverrez cette copie, la seule que j'aie un peu au net. La voie de la poste est suffisamment sûre pour pareille chose.

Vous y trouverez, comme de raison, le morceau que je vous avais envoyé à Parme. Je suis très sûr de la quantité du mot *poursuivait*, dont la seconde syllabe est non seulement longue, mais très longue ; de celles que j'appelle *traînées*, en latin *prolatæ*. Quant à votre critique du mot *tous*, que vous regardez comme une cheville, elle m'a surpris, car *de tous* me paraît nécessaire à la plénitude de l'image, et j'avoue que ce vers est un de ceux de tout l'ouvrage dont je me suis le plus applaudi. *Les astres* tout court, quand ils feraient le vers, me paraîtraient moins bien, en ce que cette expression déciderait moins l'imagination à se représenter une belle nuit où tout le ciel brille uniformément. Je trouve bien un défaut dans le mot *tous*, et ce défaut est que le soleil est aussi un astre ; mais je crois le mot suffisamment expliqué par la chose, et qu'il faut passer par-dessus cette petite inexactitude.

Pour la traduction de Voltaire, je n'en suis point content ; j'en trouve le coloris bien faible en comparaison du latin. Le changement de

---

[a] À l'Académie des Sciences.

temps sans aucun ménagement (les astres *roulaient*, Éole *a suspendu*, tout *se tait*), me paraît un défaut intolérable, et qui, par parenthèse, gâte bien souvent les descriptions de Saint-Lambert et de l'abbé Delille. Et puis, qu'est-ce que *Phénisse* ? Ce n'a jamais été le nom de Didon, et ce mot ne peut se traduire que par *la Phénicienne*.

Pour les *vers senaires*, en français comme en latin, ils sont à peine distingués de la simple prose ; aussi sont-ils affectés à la comédie, à la fable et aux sentences morales. Je conçois bien que ce n'est pas par là que l'on accoutumera les oreilles françaises à la versification *métrique* : aussi n'ai-je voulu faire qu'un essai.

Vous avez de l'analyse la même idée que moi ; mais il était bon de s'expliquer, à cause de l'équivoque de ce mot, auquel les géomètres ont attaché une idée si différente. Vous augmentez encore mon impatience de voir l'ouvrage du P. Venini. Si cependant vous craignez de l'exposer à la poste même, en le faisant contresigner chez M. Trudaine, il faudra bien attendre une occasion. Vous pourrez m'envoyer ce livre avec tous les autres, et mes *Discours* [a], et tous les détails que vous m'avez ci-devant annoncés sur la tracasserie de Parme.

M. Desmarets partira peut-être vers Pâques ; mais M. de Mirabeau partira vraisemblablement encore avant lui, et vous pourrez porter chez M. Du Pont tout ce que vous aurez à m'envoyer, afin qu'il prie M. de Mirabeau [b] de s'en charger. Il faudra que le paquet soit tout fait et tout cacheté, car je craindrais qu'il ne s'en égarât quelque volume sur la table de M. Du Pont, qui n'est pas mieux rangée que la mienne. M. Du Pont demeure toujours rue du Faubourg-Saint-Jacques, vis-à-vis les filles Sainte-Marie.

Si M. d'Aiguillon est ministre, il est sûr que M. de Boisgelin sera condamné, eût-il évidemment raison ; mais j'avoue que j'ai peine à croire qu'il y ait rien de solide dans ce nouveau ministre. Si le Parlement revient, il me paraît difficile que son retour ne soit pas accompagné d'une espèce de révolution, et son pouvoir sera plus affermi que jamais. J'avoue que l'aventure de M. de Maillebois [c] me paraît le prélude d'une anarchie plus décidée qu'elle ne l'a encore été, même sous le gouvernernent de Mme de Pompadour. Je ne sais encore si je vous renverrai une lettre pour Voltaire.

Adieu, mon cher Caillard : vous savez combien vous devez compter sur mon amitié.

Croyez-vous que je fasse bien de donner au P. Venini la *Formation des richesses* ? Du Pont a un morceau de moi sur *l'usure* que je voudrais

---

[a] Les *discours en Sorbonne*.
[b] Honoré de Mirabeau.
[c] Lieutenant général (1715-1791), fils du maréchal.

bien qu'il me renvoyât. Je ne sais s'il était fini quand vous partîtes l'année dernière.

XII. — (Les vers métriques. — Détails divers.)

[D. D., II, 323.]

Limoges, 5 avril.

… Je suis fort aise que vous ayez été content de *Didon* ; voilà l'ouvrage poussé à peu près à 500 vers sur 700 ; mais, comme on dit, la queue est ce qu'il y a de plus difficile à écorcher, et il est à souhaiter qu'elle ne soit point, en effet, écorchée. À propos de *Didon*, l'abbé de l'Aage a pris son parti de faire encore une tentative auprès du patriarche de Ferney, pour avoir, s'il est possible, le jugement définitif de cette oreille superbe. Voyez ci-après la lettre qu'il écrit, et que vous pourrez faire contresigner chez M. Trudaine ou chez M. de Malesherbes. Il vaut mieux, je crois, faire adresser la réponse à Gênes ; cela mettra plus de vraisemblance dans toute l'histoire, et vous préviendrez facilement le directeur de la poste de Gênes, par lequel vous pourrez aussi faire passer les répliques, qu'il pourra cacheter de son cachet.

Je n'ai point fait vos compliments à Cornuau, qui n'est point ici, et qui ne se doute pas des démarches que j'ai faites pour lui ; il ne les apprendra qu'en apprenant le succès, dont, par malheur, je ne suis nullement sûr.

Voici encore une lettre du prieur de Saint-Gérald. Adieu, mon cher Caillard : je vous souhaite une bonne santé et toutes sortes de satisfactions. Vous ferez mes compliments à MM. de B.[a] et Melon. Je vous laisse le maître de prendre un exemplaire de la *Formation des richesses* pour le P. Venini.

Lettre de l'abbé de L'Aage à Voltaire.

Paris, avril 1771.

Il y a, M., quelques mois que je suis arrivé à Paris, ainsi que je vous l'annonçais par la lettre que j'ai eu l'honneur de vous écrire de Gênes, le… 1770. Ne trouvant point ici de réponse à cette lettre, ma première idée a été que mon travail ne méritait pas que vous employassiez à l'examiner une seconde fois un temps aussi précieux que le vôtre. Mon

---

[a] De Boisgelin.

amour-propre s'était soumis, non sans regret, à la rigueur de ce jugement ; je m'étais résolu à ne vous plus importuner, et à ne regarder les choses flatteuses, que contenait votre lettre du 19 juin dernier, que comme l'effet d'une extrême politesse.

Pardonnez, M., si, par un retour de cet amour-propre, je renonce avec peine à l'idée que mon travail a pu mériter d'être loué par un grand homme ; mais, en lisant dernièrement dans un ouvrage périodique que vous ne receviez aucune lettre qui ne fût cachetée d'un cachet connu, je me suis rappelé que ma lettre de Gênes était cachetée d'une simple tête, et j'ai imaginé que peut être vous ne l'aviez point retirée de la poste. En ce cas, j'aurais eu à vos yeux le tort de ne vous avoir point témoigné ma reconnaissance de l'attention que vous avez daigné donner à mon travail sur Virgile. J'en ai cependant senti le prix bien vivement, et peut-être avais-je trop senti celui de vos éloges. Mais quel homme n'en serait pas enivré, s'il était sûr de ne pas les devoir uniquement à votre indulgence ?

Trouvez bon, je vous prie, qu'en vous réitérant mes remerciements, je vous répète une partie de ce que je vous écrivais de Gênes. J'osais me plaindre de ce qu'en me louant, vous n'aviez pas eu la bonté de m'éclairer sur l'objet d'un doute que je vous soumettais ; je veux dire sur la réalité du genre d'harmonie que j'ai tenté de donner à ma traduction. Je n'ose adopter ce que vous m'avez dit d'obligeant, ni me flatter que la contrainte à laquelle je me suis asservi, les inversions et tous les autres sacrifices que j'ai faits à cette harmonie, n'aient point ôté à mon style la correction, le naturel et la chaleur. Je dois craindre, au contraire, qu'une oreille aussi délicate que la vôtre n'ait été choquée de certaines transpositions, dès qu'elle n'en a point été dédommagée par le rythme dont j'ai voulu faire l'épreuve.

Je n'ose vous dire tout à fait mon secret, M. ; je suis trop humilié de ce que vous ne paraissez pas y avoir fait attention. J'en dois conclure que je n'ai point atteint mon but, que mon oreille m'a fait illusion, et que j'ai pris une peine inutile. L'effort m'aura toujours servi à me faire mieux connaître les ressources de ma langue, et à m'exercer dans l'art difficile d'écrire. Je me féliciterai surtout de l'occasion que cet essai m'a donnée d'entrer en correspondance avec vous et de vous témoigner ma profonde admiration. Les louanges que vous avez données à mon travail m'ont aussi procuré un moment d'ivresse bien doux.

Sera-ce abuser de vos bontés, que de vous demander encore un mot d'éclaircissement sur cette harmonie réelle ou imaginaire de ma traduction ? Je repars ces jours-ci pour l'Italie, et si vous avez la complaisance de me répondre, je vous serai obligé d'adresser votre lettre à M..., directeur de la poste de France à Gênes, pour remettre à l'abbé de l'Aage des Bournais. Je la prendrai chez lui à mon passage. J'éprouve encore dans ce voyage le regret de n'être pas seul ni libre de prendre ma route par Ferney.

J'ai l'honneur d'être avec une respectueuse admiration, etc.

XIII. — (Les vers métriques ; lettre de Voltaire à l'abbé de l'Aage.)

2 juillet.

Je ne vois pas, mon cher Caillard, ce qui a pu vous empêcher de satisfaire vous-même votre curiosité sur le dernier oracle du patriarche de Ferney. Puisque vous aviez écrit la lettre, la réponse ne pouvait pas être un secret pour vous. Quoi qu'il en soit, vous verrez par cette réponse que l'homme, ou a dédaigné de deviner, ou ne se soucie pas de s'expliquer. Je regrette encore plus que vous n'ayez pas profité de votre voyage à Ferney pour le faire jaser sur Virgile et ses traducteurs. Mme de Boisgelin s'y serait volontiers prêtée, et vous pouviez l'en prévenir, puisqu'elle est dans le secret des *vers métriques*, et qu'elle a emporté d'ici l'*Églogue* ; ce n'est que l'entreprise du quatrième livre en entier qui est encore un secret, plutôt relativement à l'archevêque que relativement à elle. Au reste, la chose est faite.

Je ne suis pas plus surpris de voir déraisonner ce grand poète en économie politique qu'en physique et en histoire naturelle. Le raisonnement n'a jamais été son fort.

Je suis bien aise que vous n'ayez parlé que de la traduction du *Nox erat*, et non pas de la traduction entière ; le mot que m'en avait écrit en passant Mme de Boisgelin m'avait inquiété, autant pourtant que la chose en vaut la peine.

J'ai vu avec plaisir votre solution du petit problème que vous avez envoyé à Cornuau.

J'attends avec impatience la suite du voyage de M. de Durefort.

Je pense toujours que M. de Boisgelin ne peut guère éviter de se ressentir de la décision, si elle est en faveur de M. de Felino ; cet homme alors aura bien beau jeu, et j'ai peur qu'il ne trouve de grandes facilités à nuire par les dispositions de notre ministère, aux yeux duquel M. de Boisgelin a un furieux péché originel.

Il me semble que vous pouvez m'instruire ici beaucoup plus facilement que si j'étais à Paris, puisque vos lettres me venant par le courrier de Toulouse, ne risquent pas d'être ouvertes à la poste.

Vous me parlez de raisons particulières qui vous feraient désirer que je fusse à Paris dans ce moment. Je ne puis les deviner ; si c'est quelque service qu'il s'agisse de vous rendre, marquez-le-moi, et je verrai ce que je pourrai faire.

Adieu, vous connaissez mes sentiments.

Lettre de Voltaire à l'abbé de l'Aage (à Regny, consul de France à Gênes).

Ferney, 22 mai.

Un vieillard accablé de maladies, devenu presque entièrement aveugle, a reçu la lettre du 28 avril datée de Paris, et n'a point reçu celle de Gênes. Il est pénétré d'estime pour M. l'abbé de l'Aage ; il le remercie de son souvenir, mais le triste état où il est ne lui permet guère d'entrer dans des discussions littéraires. Tout ce qu'il peut dire, c'est qu'il a été infiniment content de ce qu'il a lu, et que c'est la seule traduction en prose, dans laquelle il ait trouvé de l'enthousiasme. Il se flatte que M. de l'Aage le plaindra de ne pouvoir donner plus d'étendue à ses sentiments. Il lui présente ses respects.

XIV. — (Le P. Venini. — Les ouvrages de morale en dialogues.)

[Lettre en la possession de M. Schelle.]

Limoges, 9 juillet.

Je vous envoie, mon cher Caillard, ma réponse au P. Venini qui ne contient, ainsi que sa lettre, que des politesses. Je n'ai pu lui envoyer d'observations sur son ouvrage parce que je n'ai pas le temps. J'en aurais cependant quelques-unes à faire sur quelques endroits où je trouve la marche des idées trop arbitraire. Les principes de la grammaire me paraissent aussi trop rapprochés de la routine commune.

Un ouvrage philosophique en dialogues est prodigieusement difficile à faire et j'aimerais autant que les éléments de morale fussent traités dans cette forme d'instruction familière que présente le premier ouvrage du P. Vénini ; cependant, je conçois que le dialogue, étant tenu par le père et par le fils, peut produire un grand degré d'intérêt. J'ai autrefois beaucoup réfléchi sur ce catéchisme de morale et j'avais proposé à l'abbé Millot de se livrer à ce travail. J'ai une copie de ma lettre, mais elle est à Paris.

Adieu, mon cher Caillard, vous connaissez toute mon amitié. Desmarets part demain et quitte Limoges pour toujours. Il vous fait bien des compliments.

Vous mettrez l'adresse sur la lettre au P. Venini.

XV. — (Tournées de Turgot. — Les vers métriques.)

[D. D., II, 825.]

24 septembre.

Il serait, je crois, à présent, bien inutile de faire aucune réflexion sur les détails que vous m'avez faits de ce qui se passe dans votre petite cour. J'avais la goutte lorsque j'ai reçu votre lettre ; depuis, je me suis cru guéri, j'ai entrepris une tournée dans la Montagne, j'ai été obligé de rebrousser chemin au bout de huit jours. Je ne souffre plus ; mais je ne puis encore marcher. J'ai été étonné de vous savoir resté auprès de M. de Boisgelin, et j'ai peine à croire que vous restiez bien longtemps ; cela m'afflige pour vous qui aviez commencé une carrière agréable, et qui vous trouverez ainsi obligé de rebrousser chemin. J'aurai encore une partie de la Généralité qui souffrira beaucoup cette année, et c'est pour cela que j'avais entrepris cette tournée.

J'espère que, cependant, je pourrai aller à Paris cet hiver, et j'en suis bien impatient.

Naturellement, une attaque de goutte assez longue, et un voyage dans la Montagne auraient dû avancer *Didon* ; point du tout. Je vous ai mandé, il y a plusieurs mois, qu'il m'en restait 141 vers à traduire ; le lendemain, j'en fis cinq pour achever de réunir les deux grands morceaux de la chasse et des discours de Didon et d'Enée. Depuis ce temps là, il ne m'en est pas venu un seul vers. Vous rappelez-vous d'avoir lu le *Déjeuner de la Rapée*, du véritable, Vadé ? Il y a un homme qui joue des *ogres à Saint-Supplice*, avec *M. Clairgnanbaut* ; il se plaignait amèrement de ce qu'il avait beau souffler à ce monsieur le *Te Deum*, le chien jouait le *Tantum ergo* ; c'est précisément mon histoire. Avec la meilleure envie du monde d'avancer *Didon*, je me suis trouvé avoir traduit la dixième églogue, ou *Gallus*. Je n'en suis pas mécontent ; je vous l'envoie, et je ne serai pas fâché de savoir ce que vous en pensez. Si vous la trouvez bonne, vous pourrez la communiquer à Mme de Boisgelin, qui a déjà la copie de la huitième. Si, en revenant, vous passiez encore à Ferney, vous pourriez y parler de ce morceau, comme d'un présent que vous aurait laissé l'abbé de L'Aage, en passant à Parme avec le jeune seigneur allemand ou russe, qu'il accompagne dans ses voyages. Cet abbé est lié avec M. votre frère de l'École militaire chez qui vous l'avez vu : vous savez d'ailleurs qu'il a été maître de quartier au collège Duplessis, et que c'est un homme d'environ trente ans. Il faudrait que ce morceau fût écrit en prose ; mais, en faisant la lecture vous-même, vous pourriez essayer l'effet de cette prose, qui serait peut-être plus sensible à l'oreille qu'aux yeux. Mais je n'imagine pas que vous repreniez votre route par Ferney, et je ne sais, toute réflexion faite, s'il faut le regretter, car peut-être cette prose déplaira-t-elle beaucoup quand on en aura deviné le système.

Cornuau est à Tulle à finir sa carte ; il vient d'y être malade.

Le prieur de Saint-Gérald quitte Limoges pour un autre bénéfice.

Adieu, mon cher Caillard : vous savez que je serai toujours le même pour vous.

XVI. — (Le gypse. — Détails divers.)

[D. D., II, 826.]

15 octobre.

À chaque lettre que je vous écris, mon cher Caillard, je doute toujours si elle vous arrivera à Parme. Quoi qu'il en soit j'imagine que vous donnerez en partant, à la poste de Gênes, des instructions pour qu'on vous renvoie vos lettres ; ainsi, il n'y a d'inconvénient que le retard. J'ai toujours oublié de vous répondre sur l'étonnement que vous a causé la tranquille majesté d'une masse de gypse que vous avez vue, sur le Mont Cenis, braver insolemment tous les systèmes des naturalistes. Je suppose que vous êtes bien sûr que c'est, en effet, du gypse et non du talc, ou bien du quartz ou du spath, cristallisés en lames. Quoi qu'il en soit, ce fait ne détruit aucune partie de ma théorie ; nous savions déjà : 1° que le gypse se trouve quelquefois dans l'ancien monde, ou du moins sur les limites dans le monde moyen, de même que le sel gemme dont l'origine est, à peu de chose près, la même que celle du gypse, mais qui doit cependant être beaucoup plus rare, parce qu'il lui faut beaucoup moins d'eau pour rester dissous ; 2° que les grandes montagnes qui ne sont point volcans sont rarement de l'ancien monde, mais formées pour la plupart des masses calcaires du monde moyen à bancs parallèles, mais inclinés, masses qui, à la vérité, sont plus souvent adossées à des masses de l'ancien monde, auquel appartiennent ordinairement les pointes les plus élevées, telles que celles du Mont Blanc. Soyez donc, comme nous, sans inquiétude sur ce gypse.

Cornuau, qui vient d'avoir une dysenterie à Tulle, est guéri ; je compte qu'il passera son hiver à Paris, pour suivre le cours de M. Rouelle [a].

---

[a] Rouelle était professeur de chimie au Jardin du Roi.

Ma goutte est toujours à sa fin et ne finit point. Je ne puis encore fixer le temps de mon département ni, par conséquent, celui de mon retour à Paris.

La veine pastorale continue de couler aux dépens de la veine épique. Voici encore la traduction de la seconde églogue : *mutatis mutandis*, et dans tout cela pas un mot de *Didon*. À quoi sert-il d'avoir la goutte ?

Adieu, mon cher Caillard, vous connaissez tous mes sentiments ; je vous souhaite toutes sortes de satisfactions.

XVII. — (Détails divers.)

[D. D., II, 827.]

Limoges, 12 novembre.

J'ai reçu, mon cher Caillard, vos critiques, et le livre du comte Veri, dont je vous remercie bien. Je comptais répondre aujourd'hui à toutes vos critiques, sur lesquelles j'ai d'excellentes raisons à donner. Je parle des deux premières qui ont un fondement, car les autres me paraissent bien plus aisées à justifier, mais tout cela entraînerait des volumes, et je n'ai pas aujourd'hui un moment à moi. Peut-être m'enverrez-vous aussi des critiques sur l'*Alexis*. Je tâcherai de répondre à tout en même temps. Je vous parlerai aussi du comte Veri, dont je suis très peu content. Peut-être sera-ce de Paris que je vous répondrai, car j'espère y être le 24. Vous auriez bien dû me marquer ce que vous savez sur la correspondance de M. de V... [a] avec l'archevêque d'A... [b] et sur le résultat. Comment voulez-vous que je sache une chose que je ne puis savoir que par une lettre de MM. de Boisgelin, qui n'écrivent jamais ?

Adieu, j'espère recevoir de vos nouvelles à Paris, et peut-être plus promptement.

[a] Voltaire.
[b] D'Aix.

122. — LETTRES À CONDORCET.

II. — (La justice criminelle.)

[A. L., copie. — *Carl Friedrichs von Baden brieflicher verkehr mit Mirabeau und Du Pont*, publiée par M. Knies, II, 233 [a].]

Limoges, 12 février.

Je vous ai fait part de mes doutes, M., sur la forme des jugements par des *jurés* en matière criminelle : cette matière mérite beaucoup d'examen et je saisirai avec grand plaisir l'occasion que vous voulez me donner de la discuter contradictoirement lorsque nous aurons tous deux un peu de liberté ; je ne serais pas même fâché que nous gardions réciproquement nos lettres, qui pourront ensuite servir à celui de nous deux qui voudrait arranger définitivement ses idées sur une question aussi importante pour l'humanité.

Ce qui me répugne le plus dans la procédure par jurés, c'est ce choix de juges pour chaque crime particulier, qui me paraît devoir rendre souvent la justice arbitraire et dépendante, ou du parti dominant, ou du souffle de l'opinion populaire actuelle. Les Calas ont été condamnés au parlement de Toulouse ; mais j'eusse parié encore plus contre eux dans la circonstance, s'ils eussent été jugés par des jurés. C'est d'ailleurs un métier et un métier difficile que de bien juger, et surtout de bien instruire un procès criminel ; il faut donc qu'il soit fait par des gens qui le fassent *ex professo*. Je ne veux pas dire pour cela qu'ils doivent être ni perpétuels, ni irrévocables, ni commis par l'autorité, mais je veux que ce soient des juges qui sachent juger, et qui aient mis leur point d'honneur à bien juger. Dieu nous garde de juges qui aient mis leur point

---

[a] Du Pont de Nemours désirant préparer pour le margrave de Bade un travail sur la justice criminelle en parla à Turgot qui lui communiqua la correspondance qu'il avait échangée sur ce sujet avec Condorcet.

« Je lui ai demandé, écrivit Du Pont au Margrave, la permission de vous en faire part, non seulement parce que je n'aurais sûrement pas aussi profondément traité la question que ces deux messieurs, tous deux d'un mérite si distingué, l'ont fait en débattant leurs opinions opposées, mais surtout parce que je suis bien loin d'avoir sur la jurisprudence des connaissances aussi consommées que M. Turgot qui a passé vingt ans dans l'exercice de magistratures importantes. D'ailleurs, Monseigneur, je suis bien aise de vous faire connaître par son propre travail cet excellent homme aussi modeste qu'il est supérieur, qui a fait une multitude de très bons ouvrages anonymes, et dans l'*Encyclopédie*, et ailleurs, et dans les *Éphémérides*, auxquelles il a donné dans le 7e volume de 1767 un petit mémoire parfait sur la jurisprudence relative à l'exploitation des mines et des carrières, et dans les volumes 11 et 12 de l'année 1769 et premier volume de 1770 un autre sur la formation et la distribution des richesses, qui est aussi de main de maître. La bonté du cœur et la noblesse de l'âme de M. Turgot sont encore au-dessus de la sagacité de son génie. On ne peut le connaître sans l'aimer avec une sorte de vénération. La naissance et les lumières de M. Turgot peuvent le conduire un jour au ministère. Il est possible que V. A. ait dans la suite quelque chose à traiter avec lui. Il est donc utile qu'elle sache d'avance quel homme c'est ».

d'honneur à être des hommes d'État et des héros patriotes. Dieu nous garde de ceux qui en se rendant redoutables au gouvernement, donnent au gouvernement un intérêt de les acheter, et de leur apprendre le tarif de leur probité. Oh ! j'aime autant des jurés que ceux-là. Adieu, M., recevez les assurances de ma sincère amitié [a].

[a] Condorcet répondit le 25 avril :
« Dans les pays où l'on jouit de quelque liberté civile, personne n'est puni qu'auparavant on n'ait déclaré qu'il n'est convaincu d'un tel crime particulier. Le parlement de Paris qui se dit le vengeur de notre liberté politique, et n'est réellement que l'ennemi de la liberté civile, s'est pourtant permis de condamner le comte de Lally sans spécifier son crime, et condamne tous les jours à mort des gens qu'il déclare en même temps *véhémentement soupçonnés*. Il y a quelques années qu'une femme, sur un tel prononcé, a été brûlée comme incendiaire après avoir été mise à la question pour révélation de complices. Le premier juge ne l'avait condamnée qu'au bannissement ; son père coaccusé était resté en prison faute de preuves. Il vient d'y mourir, et a déclaré en mourant que sa fille était innocente. Elle avait mieux aimé souffrir la question et le supplice que d'accuser son père. On faisait dans le temps honneur de cet arrêt à M. Pasquier. Ce fait s'est passé auprès de Saint-Quentin.

« Comme il est impossible que chacun examine les preuves de crime, la certitude que chacun en doit avoir ne peut être fondée que sur la confiance qu'inspire le tribunal qui a jugé. Ainsi, la question de la meilleure forme possible qu'on puisse donner à un tribunal se réduit à celle de la meilleure manière possible d'acquérir la certitude d'un fait dont on ne peut examiner les preuves et sur lequel on ne peut asseoir son jugement que d'après l'opinion d'autrui…

« Je réponds à vos premières objections que, dans un État où l'on craint que l'esprit de parti ou le zèle des opinions n'influent dans les jugements, il faut augmenter à proportion le nombre de ceux d'où l'on tire les juges choisis pour chaque crime, et le droit de récusation des accusés. On peut aussi laisser au sort à choisir, parmi ceux qui restent, le nombre de juges suffisant. De plus, en établissant, comme en Angleterre, l'unanimité, il est probable que, dans le nombre des juges, il y en aura quelqu'un du parti opposé au dominant, ou quelqu'un sans préjugés qui rendra par sa fermeté l'injustice impossible ; car heureusement le zèle pour faire le mal fait naître dans les gens honnêtes le zèle pour l'empêcher ; et si celui-ci n'est pas toujours assez actif pour faire, il est assez ferme pour s'opposer.

« Je réponds aux secondes objections qu'on peut tellement combiner dans la formation d'un tribunal momentané le sort et l'autorité d'un corps municipal de chaque territoire, que le gouvernement ne puisse rien sur les élections…

« Reste le défaut de lumières soit pour l'instruction, soit pour le jugement. Je trouve que si l'accusé peut fournir ses preuves, et empêcher le magistrat chargé de l'instruction de faire dire aux témoins ce qu'ils n'ont pas dit, il est difficile que le peu d'instruction du juge lui soit fort nuisible. Ce juge peut d'ailleurs n'être point pris parmi les jurés, mais lorsque le délit serait, ou contesté, ou présumé par les corps municipaux, choisis au sort parmi les jurisconsultes du district, dans le jugement, l'ignorance des jurés aura sans doute des inconvénients lorsque les accusés seront des derniers ordres de la société ; mais en aura-t-elle plus que l'indifférence ou le mépris de juges choisis dans les ordres supérieurs ? Je crois même que cette ignorance sera le plus souvent favorable aux accusés, pourvu que les lois ne prononcent de peines que pour des crimes réels et dont la preuve soit possible. Enfin, je suis persuadé que ce qu'il y aurait de mieux serait de n'avoir pour juges que des philosophes vertueux. Mais il faut que les juges soient peuple ; je trouve moins d'inconvénients à la procédure par jurés qu'à tout autre…

« Je ne crois point cependant la jurisprudence anglaise absolument sans inconvénient. Je n'aime point qu'on fasse jeûner les jurés pour les forcer à l'unanimité ; je voudrais qu'on employât la clôture seulement. La faim influe physiquement sur notre âme ; elle abat le courage et peut même nuire à la liberté et à la force de l'esprit.

« Voilà, M., une bien longue lettre. J'espère que le sujet vous donnera la patience de la lire. Il me paraît un des plus intéressants qu'il y ait ; et de toutes les manières d'opprimer les hommes, l'oppression légale me paraît la plus odieuse. Je sens que je pourrais pardonner à un ministre qui me ferait mettre à la Bastille, mais je ne pardonnerai jamais aux assassins de La Barre. »

III. — (La justice criminelle.)

[*Carl Friedrichs von Baden*, etc., II, 238.]

Limoges, 17 mai.

Il y a longtemps, M., que je dois une réponse à votre lettre du 25 avril. Le défaut de loisir et l'importance de la matière sur laquelle vous entamez la dispute sont la cause de ce retard. Il me serait impossible d'ici à longtemps de la traiter comme elle devrait l'être et je suis forcé de me borner à quelques légères observations. Heureusement, vous êtes accoutumé à entendre à demi-mot.

Il faut d'abord, ce me semble, exclure de notre dispute la comparaison entre le système actuel de la *procédure criminelle* en France et le système actuel de l'Angleterre. Je suis loin de défendre notre procédure dont je connais toute l'injustice et l'odieux. Quoique je voie de grands inconvénients dans la forme anglaise, je ne suis nullement éloigné de penser qu'à tout prendre, il vaut mieux être jugé en Angleterre par des jurés qu'à Paris par l'ancien ou le nouveau Parlement. Mais les avantages et désavantages réciproques et les motifs de préférence pour la procédure d'une des deux nations ne tiennent pas tous, à beaucoup près, à l'alternative d'être jugé par des jurés choisis pour chaque procès ou par un tribunal subsistant. Ils tiennent en grande partie à la différence des lois et des préjugés des deux nations. L'arrêt que vous citez contre cette malheureuse fille qui a mieux aimé souffrir la question que d'accuser son père, n'aurait pas eu lieu en Angleterre, mais c'est parce qu'en Angleterre, la question a été abolie. Cette loi barbare est absolument indépendante du choix qu'on peut faire entre les deux systèmes. On peut demain abroger la question en France, il ne faut pour cela qu'un chancelier humain. La forme de l'instruction qui, en France, est secrète et toute contre l'accusé et qui en Angleterre est contradictoire avec lui, cette injustice atroce de priver un accusé de tout autre moyen de défense que ce que sa présence d'esprit lui suggère dans ses interrogations et à la confrontation, nous vient du droit canon et des formes de l'inquisition. Aussi M. Montclar trouvait-il que l'abbé Morellet dans son *Manuel des inquisiteurs* avait tort de reprocher à l'inquisition une forme qui a lieu dans toute la procédure criminelle. Vous m'avouerez qu'une instruction contradictoire où l'accusé pourrait produire ses témoins, serait très compatible avec un tribunal réglé.

Il y a en Angleterre un autre usage excellent et très propre à garantir l'innocence des condamnations injustes. C'est l'usage de faire imprimer tout au long les procédures criminelles. Cette publicité est le meilleur frein qu'on puisse opposer à l'injustice des juges ; elle doit même à la longue intimider les ignorants et les empêcher de s'asseoir sur le tribunal. J'observe en passant que cette publicité est le seul moyen possible d'atteindre au but, que vous regardez avec raison comme si important, de convaincre le public que la condamnation portée contre tel citoyen est juste, et qu'il a véritablement commis le crime dont il a été accusé. L'impression des procès criminels devrait, suivant moi, être faite dans l'intervalle entre le jugement des premiers juges et le nouvel examen du juge d'appel. Car c'est, suivant moi, une chose nécessaire que ce second examen qui manque à la procédure anglaise. La dépense n'en sera pas excessive quand on aura borné la peine de mort au petit nombre de cas où elle doit avoir lieu si elle doit avoir lieu, autre matière à discussion, sur laquelle j'ai encore des doutes et sur laquelle, malgré mon penchant, je trouve bien des difficultés à adopter l'opinion de Beccaria [a]. Au surplus la publicité peut être admise avec la forme française, et l'appel à un juge supérieur peut être ajouté à la forme anglaise.

Il y a encore des préjugés qui, indépendamment d'une forme ou d'une autre, rendent la justice criminelle plus ou moins redoutable. Tels sont les préjugés qui font regarder certaines actions comme plus ou moins criminelles. L'assassinat de La Barre est l'effet d'un système d'intolérance dont ce malheureux jeune homme n'eût peut-être pas moins été la victime, si son procès avait été instruit par des jurés ; un autre préjugé souvent funeste à l'innocence est l'idée très répandue qu'un juge doit juger *secundum allegata et probata*, et qu'il y a des preuves légales auxquelles le juge doit se rendre. Il y a une foule de gens assez imbéciles et assez féroces pour que la déposition de deux témoins tranquillise pleinement leur conscience. L'usage de l'instruction contradictoire doit rendre ce préjugé moins nuisible en Angleterre qu'en France, parce que les preuves se trouvant balancées par d'autres preuves, le juge est forcé de les comparer, de discuter et de faire usage de sa propre sagacité pour juger. Un léger progrès dans les lumières et dans l'instruction publique, des leçons sur l'esprit de la loi dont un législateur éclairé et bienfaisant accompagnerait sa promulgation, donneraient des idées saines sur la nature des preuves légales : tout juge saurait que la condition nécessaire, pour qu'il puisse infliger justement une peine afflictive, est sa conviction intime que le crime a été réellement commis ; il saurait qu'aucune loi ne peut déterminer le nombre ni le genre des preuves qui peuvent produire en lui cette conviction intime ; mais qu'un législateur guidé par la sagesse et par l'humanité a pu et dû mettre une barrière à la trop grande facilité à croire et exiger au moins certaines preuves déter-

---

[a] *Traité des Délits et des Peines.*

minées pour autoriser à prononcer une condamnation ; il regarderait, en conséquence, ce qu'on appelle *preuve légale*, non pas comme une preuve suffisante pour condamner, mais comme le *minimum* de preuve sans lequel il ne peut condamner.

Je conviens avec vous qu'un corps de *juges perpétuels* et inamovibles a bien des dangers. On a cru par là prévenir les inconvénients des choix arbitraires dictés dans les monarchies par la faveur, le crédit, et dirigés par la plus basse vénalité. Mais il ne fallait ni l'un ni l'autre. Quant au malheur d'avoir des juges qui croient avoir des occupations plus importantes que de rendre la justice et qui se croient en droit de se mêler des affaires d'État, je suis pleinement d'accord avec vous : de tels tribunaux sont l'absurdité des absurdités.

Toutes les observations que je viens de faire, ne sont que des préliminaires qui ne tendent point à décider la question, mais à en fixer l'état entre nous. Voici comme je le conçois. Il ne s'agit pas de comparer entre elles deux formes établies, l'une en France, l'autre en Angleterre ; car elles peuvent être et sont, suivant moi, toutes deux mauvaises. Il ne s'agit pas non plus d'examiner les différents obstacles que les différentes formes de gouvernement despotique, aristocratique, démocratique, et les abus attachés à ces formes de gouvernement peuvent mettre à la meilleure forme de procédure criminelle ou plutôt à l'exercice plein et entier de la vraie justice qui ne se permet de rigueur, qu'autant que la nécessité absolue et la conservation des droits de la société l'exigent. Ce serait la matière d'un très gros livre impossible à bien faire, suivant moi, si l'on n'a préalablement déterminé quelle est en elle-même la meilleure forme de procédure et de justice criminelle, ou ce qui est la même chose, le meilleur moyen d'assurer d'un côté les citoyens contre les violences des particuliers, et de l'autre contre les accusations injustes, contre la prévarication, l'incapacité, l'iniquité et tous les différents genres de corruption dont on peut croire susceptibles les juges chargés de garantir la société. Je dis *en elle-même* et abstraction faite des formes de gouvernement, ou plutôt des abus dont ces formes sont susceptibles, c'est-à-dire en supposant que le gouvernement est le vrai gouvernement qu'établirait l'ordre naturel de la société humaine, mieux connu et non troublé par des causes accidentelles ; — car la meilleure forme de gouvernement est aussi très susceptible d'être fixée par l'examen approfondi de la nature de l'homme et, quoiqu'on en dise, il n'y en a qu'une de bonne, et quoiqu'elle n'ait jamais été établie dans aucun temps ni dans aucun lieu, elle n'en est pas moins la seule raisonnable ; — ou bien encore, en supposant que le gouvernement, quel qu'il soit, n'a que des intentions droites et éclairées, qu'il veut le bien et qu'il ne veut point abuser. Après avoir ainsi résolu le problème dans sa plus grande simplicité et en y faisant entrer le moindre nombre d'éléments qu'il est possible, il sera temps de considérer les modifications que pourra exiger dans les résultats l'introduction successive des divers éléments qui peuvent le compliquer.

Je me suppose donc législateur absolu et indépendant de toute institution arbitraire, n'ayant à traiter qu'avec l'homme et la nature, et c'est de là que je partirai dans ma prochaine lettre ; celle-ci est déjà bien assez longue, et je ne veux pas non plus remettre encore au premier courrier à entamer avec vous cette matière intéressante. Rien ne nous presse, car on n'attendra pas le résultat de nos réflexions pour former les nouveaux tribunaux et le nouveau code.

Réponse de Condorcet. — Ribémont, 4 juin. — ... Les réflexions préliminaires dont vous m'avez fait part m'ont fait un grand plaisir, parce que j'en ai beaucoup à voir, avant que je m'accorde avec vous ; mais j'ai été charmé de votre idée sur ce qu'on appelle *preuves légales*, et je la crois si juste et si utile que je voudrais qu'elle fût consacrée par une forme, comme de signifier à l'accusé que cette preuve légale est acquise contre lui, et de laisser un temps entre cette signification et le jugement...

IV. — (La justice criminelle. — Les jurés ; les pairs ; les juges permanents. — L'instruction ; la défense ; le jugement. — Double tribunal ; publicité ; comité des grâces.)

[*Carl Friedrichs von Baden*, etc., II, 243.]

Limoges, 16 juillet.

La tâche que vous m'avez prescrite, M., m'a rendu bien paresseux. Je suis honteux d'avoir reçu la réponse à mes préliminaires avant d'être entré dans le fond de la question. Mais je ne pense pas que la matière que nous traitons ait en rien diminué votre penchant à l'indulgence. J'en étais, je crois, à vous dire, que j'examinais la question de la meilleure forme à donner à la procédure criminelle dans la supposition d'un gouvernement où la liberté serait entièrement affermie, où il n'y aurait aucun de ces établissements artificiels qui compliquent la constitution et qui la rendent incertaine et flottante, en introduisant dans la société des intérêts qui ne sont ni l'intérêt des particuliers, ni l'intérêt du corps entier de la société.

Je tire de là une première observation contre le système des jurés auquel je reproche de tenir à des institutions arbitraires, toujours nuisibles par là même qu'elles sont arbitraires, et qui ne doivent jamais servir de base à la législation, puisque la législation doit tendre à les détruire.

Ce système est tout fondé sur le droit d'être jugé par ses *pairs*. Mais qu'est-ce que des pairs ? Dans l'ancienne subordination féodale de laquelle date ce droit d'être jugé par ses pairs, on entendait par ce mot ceux qui relevaient du suzerain dans le même degré. Les vassaux immédiats et au-dessous d'eux les arrière-vassaux dont le seigneur immédiat n'avait point de cour et qui étaient jugés dans la cour du suzerain, enfin ceux qu'on appelait les vilains. Dans la jurisprudence des Anglais l'on a, je crois, étendu cette idée de pairs à l'identité de métier ou de profession, aux membres de la même corporation : en sorte qu'un tisserand a pris pour pairs des tisserands, comme un pair du royaume a pour pairs les membres de la Chambre des seigneurs. Il me semble pourtant que si un chapelier a assassiné un homme, la question n'est pas plus du ressort des chapeliers que des cordonniers, et que l'esprit de corps qui intéresse les chapeliers pour les autres membres de la communauté, ne peut avoir ici d'autre effet que de laisser le crime impuni pour sauver l'honneur du corps. Dans la bonne politique, toutes ces corporations, ces associations des gens d'un même métier, ne doivent point avoir lieu. Un homme peut exercer successivement, ou à la fois, tous les métiers qu'il sait et qui lui donnent le plus à gagner.

Dans la constitution naturelle des sociétés, il n'y a que deux ordres réellement distingués, c'est-à-dire, dont la distinction soit nette, tranchée et donne lieu à des droits différents, l'ordre des *propriétaires de biens fonds* et le reste des citoyens *non propriétaires*. Il y a une autre distinction entre les riches et ceux qui ne le sont pas ; et cette distinction a lieu dans les deux ordres des propriétaires ; mais elle n'influe en rien sur l'étendue des droits de citoyen, par rapport auxquels le riche et le pauvre sont parfaitement égaux ; cette distinction d'ailleurs ne partage pas précisément la société en deux classes. Il n'y a pas une limite précise au-dessus de laquelle on soit riche ou pauvre ; et la société entière présente à cet égard une suite de nuances *dégradées* imperceptiblement, depuis M. de la Borde [a] jusqu'au mendiant du coin des rues. Pauvre et riche sont deux termes de comparaison qui n'ont point de signification absolue, à moins qu'on entende par pauvre celui qui manque du nécessaire physique pour vivre.

Outre la différence que mettent entre les membres de la société la richesse et la pauvreté, il en est une autre qui est une suite de cette première, c'est celle qui se trouve entre les hommes qui ont reçu une éducation libérale et ceux qui n'en ont reçu qu'une grossière ou tout à fait nulle.

---

[a] Marquis De Laborde (1724-1794), banquier de la cour.

Il est vraisemblable que le partage des biens-fonds abandonné à la marche de la nature serait beaucoup moins inégal que le partage actuel dirigé par une législation orgueilleuse et qui tend à multiplier les causes d'inégalité par des substitutions, des retraits féodaux et lignagers, des droits d'aînesse, des exclusions des filles, une faveur excessive accordée aux testaments, etc. Le terme, auquel le partage des terres doit aller et où il doit s'arrêter, est celui où les terres rapportent le plus de revenu ; ce qui doit varier suivant les différents genres de culture. Il est certain qu'il y a des frais indispensables qui n'augmentent pas en même proportion que le terrain et, par exemple, si une charrue peut labourer 100 arpents, celui qui n'en a que 90 n'a pas les 9/10 du revenu de celui qui en a 100. Il est certain, dans le fait, qu'un gros fermier de quatre à cinq charrues, gagne plus et donne plus de fermage à son propriétaire, que cinq fermiers exploitant chacun une ferme d'une charrue ; mais cette augmentation de revenu, dans une plus grande proportion que l'augmentation d'étendue, a son *maximum*, son décroissement et ses bornes. Il devient impossible qu'un seul homme conduise une exploitation trop vaste. Il est obligé de négliger bien des parties, de payer des subalternes qui le trompent ou qui font des fautes. Il perd ainsi en mauvaise administration plus qu'il ne gagne en épargne de frais. Je penche par différentes considérations à croire que la division des terres, abandonnée à la marche de la nature, sera portée beaucoup plus loin que ne le pensent les économistes et qu'on ne l'imagine communément.

Mais toute cette digression est bien étrangère à notre question principale : il n'y a pas grand mal, et je pourrai bien me livrer ainsi aux idées accessoires qui se présenteront à moi sans me piquer d'une marche régulière.

Je voulais seulement vous faire remarquer que la classe des propriétaires est comme celle des non propriétaires, composée de pauvres et de riches, d'hommes qui ont été élevés d'une manière fort inégale, en sorte qu'elles doivent se trouver assez mélangées par l'habitude de la société pour qu'on n'ait point à craindre de l'une à l'autre ce mépris insultant qui pourrait aller jusqu'à l'inhumanité.

Je voulais en conclure que la loi qui ordonnerait que les propriétaires seraient jugés par des propriétaires et les non-propriétaires par des non-propriétaires, serait à peu près sans objet. Celle qui ordonnerait que les riches seraient jugés par des riches, et les pauvres par des pauvres, serait bien arbitraire dans son application, à moins qu'on ne voulût classer les citoyens à raison de leur fortune, institution arbitraire et dangereuse en ce qu'elle donne un aliment à la vanité en formant une séparation décidée, en mettant une distinction humiliante entre des citoyens qui ont droit de se croire égaux. Cette dégradation de nuances que la nature établit, dans l'inégalité inévitable des fortunes, fait que personne n'en est ni trop enorgueilli ni trop humilié, que tous doivent et rendent à tous des égards. Les institutions artificielles comme la noblesse, comme les castes indiennes, donnent à la vanité un fondement légal, mettent d'un côté l'orgueil, de l'autre la bassesse, et font souvent oublier les droits de la justice et de l'humanité. Il serait d'ailleurs difficile de distribuer en classes les citoyens non propriétaires, à raison de leur fortune, sans une inquisition aussi odieuse que facile à éluder.

Je ne puis voir au fond une grande utilité à cette égalité entre l'accusé et les juges. Vous craignez que le mépris des classes supérieures pour les inférieures ne soit porté jusqu'à faire regarder la vie des inférieurs comme indifférente.

J'ai déjà observé que ce mépris d'une classe à l'autre n'a pas lieu dans l'ordre naturel, et que la dégradation par nuances imperceptibles adoucit beaucoup l'effet de l'inégalité des fortunes. Nous en avons sous les yeux un exemple dans la manière dont les nobles, quoique très inégaux en fortune et en illustration, en agissent entre eux. J'ajoute que même dans notre *état de guerre habituel* de toutes les parties de la société les unes contre les autres, malgré la distinction beaucoup trop tranchée entre la noblesse et la roture, je n'ai point aperçu que ce mépris inhumain du peuple soit, en général, porté assez loin pour que qui que ce soit ose s'avouer que la vie d'un homme du peuple est pour lui une chose vile. Ce sentiment ne peut exister que dans quelques âmes atroces, et je ne pense pas qu'il puisse résister aux progrès de l'éducation qu'amènera le progrès des lumières. Il existe, à la vérité, un sentiment assez commun qui est la mauvaise opinion du caractère moral du peuple, opinion malheureusement fondée. De cette mauvaise opinion résulte la crainte qu'on a du peuple, et l'idée où sont bien des gens qu'il faut le contenir par la sévérité. La cruauté est ordinairement fille de la peur. Mais cette cruauté a, je crois, plus influé sur les législateurs que sur les juges, sur la fixation de la peine que sur l'examen du fait ; ce dernier article a toujours été regardé par l'homme même médiocrement honnête comme de devoir rigoureux. Si les juges ont trop souvent manqué à ce devoir, c'est : 1° par bêtise et parce que, peu accoutumés à discuter les preuves du genre moral, ils se laissent éblouir par des lueurs, entraîner par des notoriétés trompeuses, par des préjugés populaires ou de parti ; le supplice du malheureux Calas n'a pas eu d'autre cause ; 2° par une suite de l'opinion beaucoup trop répandue qu'il y a des preuves légales proprement dites, auxquelles le juge est obligé de soumettre sa conscience ; 3° par la crainte trop grande de laisser le crime impuni.

Ce dernier sentiment est très répandu et tient à deux principes. L'un est le retour sur soi-même et sur le danger de se trouver exposé à devenir la victime du crime ; l'autre est l'opinion naturelle et presque innée que la vengeance du crime fait une partie essentielle de la justice. Le désir de la vengeance est naturel à l'homme injurié ; et, dans l'état de nature, il est l'unique frein du crime. Dans l'état civil, le citoyen ne s'est pas tout à fait départi de ce droit de vengeance ; mais il l'a remis au corps de la société pour l'exercer légalement.

Le remède naturel à ces causes d'injustice est le progrès de l'éducation, et je pense que ces causes seraient encore plus actives si l'on confiait le jugement des affaires criminelles aux dernières classes de la société ou aux véritables *pairs* des accusés. Car le plus grand nombre des crimes qui donnent lieu aux peines affectives, sont commis par des hommes de ces dernières classes, que la misère d'un côté, de l'autre le défaut d'éducation et la facilité d'échapper à l'infamie, exposent infiniment davantage aux tentations du crime.

Un *procès criminel* est composé de trois parties : l'instruction, le jugement du fait et l'application de la loi, ou la condamnation à la peine. Cette dernière partie devrait être une chose, pour ainsi dire, mécanique de la part du juge ; la loi doit avoir prévu le petit nombre de crimes qu'il est nécessaire de punir et en avoir fixé la peine. Le juge, dans aucun cas, ne doit être autorisé à être plus sévère que la loi. Et il faut tendre à ce que les lois ne soient pas assez sévères pour que le juge doive être plus indulgent qu'elles ; chose qui, dans l'état actuel de notre législation incertaine, barbare et incohérente, est cependant nécessaire, puisqu'il y a, dans nos recueils d'ordonnances, des lois atroces qui n'ont jamais été abrogées que par la désuétude, et d'autres encore très injustes qui sont restées en usage. Je voudrais pourtant que, même avec la législation la plus humaine, le juge pût encore, sinon tempérer la loi, du moins en suspendre l'effet et renvoyer à l'autorité supérieure qui peut faire grâce, en lui donnant son avis sur les circonstances qui rendent l'action criminelle graciable.

Cette partie des procès criminels, qui consiste dans l'application de la peine, doit être incontestablement réservée à un magistrat et l'est effectivement partout, même en Angleterre.

La première partie, qui consiste dans l'*instruction*, ne paraît guère non plus pouvoir être confiée qu'à un homme public exerçant habituellement cette fonction. Il est à remarquer que cette instruction exige un pouvoir légal, puisqu'il faut faire assigner des témoins, donner des ordres pour faire des descentes dans les maisons, pour compulser des papiers nécessaires, sans lesquels on ne pourrait acquérir les preuves. De plus, il faut encore que celui qui est chargé de l'instruction des procès criminels, y emploie beaucoup de soins et de temps ; j'ajoute qu'il doit avoir acquis, par l'expérience et par l'habitude de réfléchir, un certain degré de sagacité pour découvrir la vérité et suivre les indices qui peuvent y conduire. L'instruction doit donc être nécessairement réservée à un magistrat ; ce magistrat doit être choisi dans l'ordre des hommes qui ont reçu une éducation soignée, dans l'ordre des hommes à qui l'aisance dont ils jouissent laisse un assez grand loisir pour se livrer avec assiduité à des fonctions laborieuses étrangères à leurs intérêts. Ce magistrat doit être chargé, non pas de l'instruction d'un seul procès, mais de celle de tous les crimes qui se commettent dans son district, parce qu'indépendamment même de la sagacité plus grande qu'il acquiert par l'expérience, il est très ordinaire que les recherches faites pour découvrir un crime, servent d'indices pour conduire à la connaissance d'autres crimes ; les criminels ont entre eux des espèces de ligues et d'associations qui font que presque tous se connaissent, et que, même sans qu'ils soient complices, leurs différents crimes sont liés par une sorte d'enchaînement. Je conclus encore de là, non pas que la magistrature de l'homme, chargé de l'instruction criminelle, doive être perpétuelle, mais quelle doit être *permanente*, qu'elle ne doit pas être une commission spéciale donnée pour l'instruction de tel ou tel crime. Ce dernier arrangement serait même infiniment dangereux, car l'instruction étant la partie la plus importante d'un procès criminel, celle dont dépend le plus le sort de l'accusé, puisque les juges ne peuvent prononcer que sur les preuves que leur présente le procès instruit, celle en même temps qui peut le moins être dirigée par des lois précises, parce que l'immense variété des circonstances possibles ne permet pas à la loi de les prévoir et de fixer, dans tous les cas, la conduite que chacune doit déterminer, il s'ensuivrait que l'autorité dans les monarchies, l'esprit de parti dans les républiques, ou simplement l'intrigue pourraient, en dirigeant le choix du commissaire, préparer le salut du coupable ou la perte de l'innocent.

Ces principes sont, je crois, incontestables, et je n'ai pas connaissance que la législation d'aucune nation vraiment policée (car je ne parle pas des Turcs) s'en soit écartée. Les Anglais confient l'instruction des procès à des magistrats d'un ordre un peu trop subalterne à la vérité, mais agissant au nom de la loi et exerçant une fonction ordinaire.

L'instruction, dans notre système de procédure, est confiée à deux magistrats dont la fonction est différente. L'un exerce, au nom du public, la fonction de poursuivre le crime. Il est accusateur et demandeur. Il indique les preuves, requiert les jugements d'instruction et conclut, en définitive, à la punition du coupable. C'est une très bonne institution que cette *partie publique* qui n'envisage, dans la poursuite du crime, que l'intérêt général de la société, et qui réunit l'activité de l'accusateur à l'intégrité et à l'impartialité de juge. Il serait même désirable que le droit de poursuivre le crime et d'en requérir la punition fût réservé exclusivement à la partie publique, et que toute idée de vengeance particulière fût ainsi écartée du sanctuaire de la justice. L'offensé n'aurait d'autre action que l'action civile en dommages et intérêts.

L'instruction exige nécessairement aussi un magistrat qui fasse fonction de juge, qui rende les jugements d'instruction, qui entende les témoins, qui fasse les procès-verbaux tendant à constater les faits, qui reçoive les interrogatoires des accusés.

Mais il y a une troisième partie de l'instruction qui a lieu en Angleterre et qui n'a pas lieu en France, je parle de la *défense* de l'accusé. Celui-ci, dans notre jurisprudence, bien loin d'être admis à proposer ses défenses, n'a pas même communication de la procédure qui s'instruit contre lui en secret. Il n'apprend de quoi il est accusé que par ses interrogations ; il ne connaît les charges et les indices qui s'élèvent contre lui qu'au moment où les témoins et lui sont confrontés. Tout au plus, il pourrait les soupçonner en réfléchissant sur les questions qui lui sont faites par le juge qui l'interroge. Mais, dans de pareilles circonstances, l'homme qui aurait le plus de sagacité pourrait difficilement conserver le sang-froid nécessaire pour démêler la vérité dans une foule d'interrogations captieuses. Si l'accusé a des faits à alléguer pour prouver la fausseté des faits qu'on lui impute, il n'est point admis à en faire preuve sans un jugement, lequel ne se rend que sur la visite du procès et au moment même où l'on peut le condamner, si les juges trouvent la procédure instruite contre lui concluante.

C'est ici, suivant moi, le véritable avantage de la procédure anglaise sur la nôtre. L'accusé en Angleterre a connaissance de toute la procédure. Il peut se défendre, faire entendre ses témoins, argumenter des lois qui parlent en sa faveur ; il peut charger un avocat de sa défense. Il faut avouer que notre méthode est inique et atroce et que la législation anglaise n'accorde à l'accusé que ce qui lui est dû. C'est de l'Inquisition que nous avons pris notre forme actuelle, bien digne de son origine. Je ne m'éloignerais pas d'avoir une seconde *partie publique* qui fît les fonctions de défenseur de l'accusé au nom du public, comme le procureur du roi fait les fonctions d'accusateur. J'y trouverais deux avantages, l'un que la bonté du conseil ne dépendrait pas de la fortune de l'accusé, l'autre que ce défenseur public étant tenu à la même impartialité que l'accusateur public, ne chercherait point, comme le font les avocats anglais, à embarrasser l'affaire par toutes les subtilités de la chicane. Je ne voudrais cependant pas ôter à l'accusé la liberté d'avoir un conseil de son choix : mais celui-ci serait tenu de communiquer ses défenses à l'avocat général établi pour la défense de tous les accusés,

Je n'ai pas besoin de dire que la *question* est un moyen d'instruction qui doit être rejeté par toute législation humaine et juste.

L'instruction achevée, ce qui reste est de *juger* le fait. Que faut-il pour cela ? Discuter la force des preuves. Ces preuves sont du genre des preuves morales qui ne portent pas avec elles une conviction irrésistible : il faut donc savoir estimer les probabilités, discuter les indices, apprécier les témoignages. Or, il me semble que c'est encore là ce qu'on ne peut guère attendre de gens qui n'ont reçu que l'éducation du peuple ni, par conséquent, des véritables pairs de l'espèce d'hommes qui commettent le plus de crimes. L'examen des preuves morales est précisément ce qui exige le plus de sagacité et de finesse d'esprit, le plus de ce tact que donnent l'expérience et l'étude approfondie du cœur humain. Certainement des faits, quels qu'ils soient, seront mieux discutés par des hommes d'un esprit cultivé et qui ont reçu cette éducation libérale qui suppose quelque aisance. Croirai-je donc que cet avantage sera compensé par le plus grand intérêt que mettront à ne se point tromper, à ne pas condamner injustement, des hommes qui auraient leur égal à juger ? Je croirai plutôt le contraire. Ce sentiment, qui attache une importance si grande à la vie des hommes, me paraît être beaucoup moins généralement répandu parmi le peuple, que parmi ceux qui ont reçu une éducation libérale. Le peuple est endurci par sa misère. Il est presque indifférent à la vie, s'expose à la mort pour un léger intérêt, la voit approcher sans émotion. Quoi qu'on en dise, les sentiments de la nature sont beaucoup moins vifs en lui que parmi les hommes d'un état plus relevé. L'amour même est faible chez nos paysans. Et souvent ils regretteront plus leur vache que leur femme ou leur fils parce qu'ils calculent mieux le prix de cette vache que les privations du cœur. On les voit beaucoup plus violents dans leurs querelles, plus furieux dans leurs haines et dans leurs vengeances, beaucoup moins susceptibles de cette modération qu'inspire le retour de l'homme sur lui-même et l'idée que ce qu'il fait aux autres, on pourra le lui faire. C'est du moins ainsi que j'ai vu ou cru voir le peuple et que l'expérience me l'a montré. Et j'en conclus que cette haine, cet esprit de vengeance publique que le crime inspire à ceux qui en souffrent, ou qui craignent d'en souffrir, est beaucoup plus fort, beaucoup moins contre-balancé par d'autres sentiments, dans l'âme des hommes du peuple, que dans celle des hommes cultivés par l'éducation. Lorsque le peuple est indifférent au crime, c'est une preuve qu'il est corrompu.

L'ordre dans lequel on voudrait prendre des juges est précisément celui dans lequel on trouve des faux témoins. Je sais bien que, dans la classe des hommes trop élevés au-dessus des autres, l'orgueil, l'ambition, les crimes avec lesquels l'ambition familiarise, et ce genre de morale qu'on appelle *la probité des grandes affaires* sont aussi une source de corruption, de dureté, d'inhumanité, d'injustices atroces. Aussi n'est-ce pas non plus dans l'ordre des grands seigneurs qu'il faut chercher des juges, lorsque malheureusement on vit dans une constitution où il y a de grands seigneurs. Il ne faut prendre ni la lie, ni l'écume, des nations. C'est entre ces deux extrêmes, c'est dans l'état mitoyen que se trouvent les sentiments honnêtes, dirigés et fortifiés par l'éducation, par les réflexions, par le besoin de l'estime publique et moins souvent ébranlés par les tentations des petits et des grands intérêts.

Je suis très persuadé que les pairs des criminels mettraient moins de scrupule, moins de délicatesse dans l'examen des procédures, et qu'ayant moins de lumières, ils seraient plus exposés à se tromper. Ils peuvent, à la vérité, être susceptibles d'un sentiment qui les rende favorables à l'accusé. En effet, l'autorité de la justice s'exerce au nom de la partie puissante de la société pour y maintenir le bon ordre auquel le riche et le puissant ont certainement le plus d'intérêt, puisqu'ils possèdent et qu'ils n'ont qu'à perdre dans les changements. Le peuple, la partie faible de la société jouit moins des avantages de cette justice, et en souffre beaucoup plus et plus souvent. L'autorité judiciaire, qui doit être la protectrice de tous, lui paraît au contraire la sauvegarde des riches et des grands, et l'effroi des petits. Le peuple éprouve donc un secret plaisir à lui résister, à l'éluder, à dérober à sa poursuite des malheureux qu'il regarde comme les compagnons de sa propre souffrance. Ce sentiment, il faut l'avouer, n'est pas tout à fait injuste dans l'état actuel de nos sociétés, où les lois sont beaucoup trop favorables au riche et souvent oppressives du pauvre. Mais est-il à souhaiter que ce sentiment populaire influe dans l'examen et le jugement des faits sur lesquels roule la procédure criminelle ? Je conçois que si nous avons des lois barbares, il est à désirer qu'elles ne soient pas exécutées. Mais il s'agit ici d'examiner, non pas quel remède on doit apporter à des mauvaises lois, mais quelles lois on doit établir. Un législateur, ayant le choix de corriger une loi mauvaise ou de mettre par une autre loi des barrières à ses mauvais effets, n'hésitera certainement pas à prendre le premier parti. Il n'y a que dans le livre d'*Esther* qu'on voie un roi, après avoir ordonné de tuer les juifs, au lieu de révoquer tout simplement son édit, permettre aux juifs de s'armer et de tuer leurs ennemis. Suivant l'ordre naturel que nous supposons, les lois doivent être humaines et elles doivent être exécutées. Les juges doivent être scrupuleux sur la preuve des crimes parce qu'ils doivent mettre à un haut prix l'honneur et la vie des hommes ; mais il est contre toute raison et contre le bien de la société qu'ils cherchent à sauver un coupable par un sentiment de faveur pour lui et d'indisposition contre la loi. Si le coupable méritait d'être favorisé, la loi serait mauvaise et il faudrait la changer.

Vous désirez avec raison que l'instruction criminelle et la forme des jugements soient telles que les citoyens puissent présumer la justice de la condamnation et se rassurer contre la crainte d'être un jour, malgré leur innocence, assujettis aux peines que la loi a statuées pour les crimes. Je crois avoir prouvé que les gens de la classe du commun des criminels, étant en général moins humains, moins scrupuleusement délicats et en même temps moins éclairés que des hommes d'un ordre plus relevé, ne doivent point inspirer cette confiance ; que le penchant qu'on peut leur supposer à favoriser leur égal est mauvais en soi, lorsque la loi est bonne, puisqu'en ce cas elle doit être exécutée et le fait jugé avec une entière impartialité. Il faut donc recourir à d'autres moyens pour établir la sécurité des citoyens et la présomption raisonnable que les jugements seront fondés sur l'équité. Un des fondements de cette sécurité doit sans doute être le choix des juges ; et je pense absolument comme vous, que la perpétuité et l'irrévocabilité des membres des tribunaux est contraire à cette sécurité. Je pense donc que les juges criminels doivent changer. Ce serait, suivant moi, un grand mal qu'ils fussent établis pour un crime en particulier ; et j'ai déjà observé l'abus que pourrait faire d'un pareil usage, ou le gouvernement, ou un parti dominant, ou même un homme très riche. L'histoire d'Angleterre prouve que le gouvernement ou le parti de l'opposition, suivant que l'un ou l'autre parti ont dominé, ont presque toujours décidé de l'opinion des jurés. Le remède des récusations facilement admises ne me paraît pas suffisant pour rassurer entièrement contre ces abus. L'accusé pourrait ignorer la corruption ou les principes des commissaires, et souvent on aurait l'adresse de faire épuiser le droit de récusation sur des juges qu'on remplacerait ensuite à son gré. J'aime donc mieux des juges qui composent un tribunal permanent, des juges instruits, au-dessus de la basse corruption par leur état, par leur fortune, par les sentiments d'honneur toujours plus forts chez les hommes pour l'objet particulier de leur profession. Mais je voudrais que la durée de cette espèce de magistrature et de toute, en général, fût bornée, que le tribunal restât et qu'une partie de ses membres se renouvelât tous les ans, en sorte que le nombre des anciens dominât toujours. Ainsi, par exemple, le tribunal entier ne serait renouvelé qu'en trois ans. Ces juges seraient élus par le peuple, c'est-à-dire, par tous les chefs de famille dans la forme la plus propre à prévenir le tumulte, car pour la brigue, elle sera peu à craindre, si les offices ont plus de considération que de pouvoir et de richesses. Certainement, le peuple aurait le plus grand intérêt à avoir des juges équitables et éclairés et il les choisirait parmi les hommes du métier qui auraient la meilleure réputation.

Un autre moyen bien propre, et le plus propre de tous à augmenter la confiance des citoyens pour l'impartialité des jugements, parce qu'il serait en même temps le frein le plus puissant contre l'iniquité et l'inapplication des juges, et encore parce qu'il mettrait le public en état de procurer aux juges des lumières nouvelles, ce serait la *publicité* et l'impression de toutes les procédures criminelles. La forme de l'instruction et des jugements en Angleterre permet la publication de toutes les procédures propres à piquer la curiosité du public. Le seul intérêt des libraires a établi cet usage et il y a des feuilles périodiques destinées uniquement à cet objet. Cette publication a sauvé la vie à des innocents en mettant ceux qui savaient des faits propres à les justifier, à portée de donner aux juges des connaissances nouvelles. Je voudrais faire une loi de l'impression de tous les procès criminels. Il entre dans mes idées, sur l'administration de la justice criminelle, de ne jamais laisser exécuter un condamné qu'il n'ait subi deux degrés de juridiction. Il serait donc jugé d'abord par le tribunal local qui aurait instruit son procès ; et je dirai, par parenthèse, que je ne vois aucune raison, dans mon système, pour séparer la fonction de juger les faits de celle d'appliquer la peine, puisque la première serait aussi remplie par des légistes, sauf à se décider, d'après un mûr examen, sur la question de savoir s'il n'est pas à propos de faire de ces deux questions l'objet de deux délibérations séparées.

Quoi qu'il en soit, le procès tout entier, avec les rapports et peut-être même avec les opinions des juges, serait imprimé avant d'être examiné de nouveau par le tribunal supérieur résidant dans la capitale de la province. Ce tribunal, par conséquent, aurait le temps de recueillir les réflexions du public, et peut-être beaucoup de faits nouveaux, avant d'entamer le second examen du procès. Ce second tribunal profiterait de ces nouvelles lumières pour ordonner, s'il était nécessaire, un supplément d'instruction ; et, sans doute, il en résulterait que les faits auraient toute la certitude dont ils sont susceptibles, et que le citoyen acquerrait la plus grande sécurité contre le danger d'être opprimé judiciairement. Cette impression de procès criminels est susceptible d'objections dont quelques-unes ne sont pas à mépriser ; mais je crois qu'à tout prendre les avantages surpassent infiniment les inconvénients.

J'aimerais aussi que, dans le tribunal supérieur, il y eût un comité des grâces qui examinerait si, dans les circonstances du fait, il n'y en aurait pas qui diminueraient la gravité du crime et qui l'excuseraient assez pour qu'on pût, sans blesser les droits de la société, décharger le coupable de la peine prononcée contre lui. Il me semble que des tribunaux ainsi constitués et dont les membres choisis par le peuple pour un intervalle assez long, comme de trois ans, ne seraient sujets ni à l'influence des partis populaires, ni à celle de la cour, et qu'aucun autre système ne pourrait être aussi propre à assurer l'exacte impartialité des jugements et la justice des condamnations. Vous croyez bien que les fonctions de ces tribunaux doivent être absolument séparées de tout ce qui a le moindre rapport à l'administration et au gouvernement. Cette séparation est essentielle à la justice criminelle comme à la justice civile. Les considérations politiques, de quelque espèce qu'elles soient, sont le poison de la justice. Et les juges doivent s'honorer de n'être que des juges. Si la nation a besoin de défenseurs, qu'elle se choisisse des représentants, mais, soit dans une république, soit dans une monarchie, que ni le souverain ni le gouvernement n'aient rien de commun avec l'exercice de la justice, si ce n'est de lui prêter main forte.

Je ne sais si je me trompe, M., mais je crois avoir à peu près répondu à toutes les objections que vous faites contre les tribunaux permanents : objections, au reste, qui tombent plus sur la constitution des tribunaux que nous avons eus, vous et moi, sous les yeux, que sur ceux dont je viens d'esquisser la composition. Vous n'avez pas besoin que j'insiste en détail sur cela.

Mon système serait, je crois, celui que la nature des choses indiquerait dans une société bien constituée, où le peuple et le gouvernement n'ont point deux intérêts séparés. Le système des jurés semble, au contraire, avoir pour base la défiance du gouvernement et le besoin réel ou présumé de se garantir de ses entreprises. Or, je crois que mes tribunaux rempliront mieux ce but sans supposer ni annoncer l'état de guerre entre le gouvernement et la nation. Ce système ne suppose d'ailleurs aucune division factice entre les classes de la société, aucune institution arbitraire. J'ajoute qu'il se prête à tous les gouvernements, et que le gouvernement le plus monarchique, le plus absolu même, ne pourrait mieux faire que de l'adopter. Aucun gouvernement n'a, dans la vérité, d'intérêt à commettre des injustices ; et, comme les injustices de détail sont une des choses qui peuvent le rendre le plus odieux au peuple et par là en ébranler la solidité, une législation propre à les prévenir et qui ôterait tout prétexte à une foule de déclamations, serait un des plus grands avantages qu'un prince pût assurer à ses successeurs. Une législation douce qui modérerait les princes et qui, si elle laissait subsister la peine de mort (ce qui est l'objet d'une grande question), les rendrait du moins très rares, serait l'ouvrage d'un prince humain et philosophe, jaloux d'être le bienfaiteur des hommes ; mais l'établissement d'une forme de procédure, telle que je la propose, pourrait n'être l'ouvrage que d'un prince éclairé sur ses intérêts.

Je n'ai rien dit d'un reproche que vous faites avec justice à la trop grande prépondérance de la *pluralité des voix*. Je suis sur cela pleinement de votre avis car, quoique la pluralité d'une voix ne suffise pas, comme vous l'avez supposé, pour décider la condamnation, et que la loi exige une supériorité de deux voix, il est incontestable que la certitude nécessaire pour asseoir une condamnation ne saurait être compatible avec un partage des voix aussi voisin de l'égalité. Mais je ne conclurais pas de là qu'il faille adopter le principe de la jurisprudence anglaise sur l'unanimité des jurés. Indépendamment de la bassesse des moyens que la loi a imaginés pour les forcer à cette unanimité, c'est, suivant moi, une chose mauvaise en elle-même, je dirai même scandaleuse, qu'une loi qui force un juge à prononcer contre sa conscience. Or, celui qui finit par se ranger au parti le plus nombreux, parle certainement contre sa conscience. Puis donc qu'il ne faut pas que l'opiniâtreté d'un seul juge, qui peut être gagné, interrompe le cours de la justice ; il ne faut pas faire une loi de l'unanimité. Il suffit à la sécurité des citoyens qu'ils ne puissent être condamnés qu'à une très grande pluralité, comme des trois quarts ou même des quatre cinquièmes des voix. Ajoutez à cela le *double jugement*, l'*impression* de la procédure et la révision du *comité des grâces*, vous aurez, je crois, toute la sécurité que peut désirer l'innocence.

Je reviens sur mes objections contre le système des *jurés*. J'ai craint l'influence du despotisme dans les choix des juges, et l'influence des opinions populaires et de parti, premièrement sur le choix des juges et, en second lieu, sur leur opinion. J'ai déjà dit un mot sur l'insuffisance des précautions que vous proposez, relativement à l'influence sur le choix des juges et à la facilité plus ou moins grande de les corrompre. Ces deux inconvénients me paraissent plus sûrement prévenus dans mon système de tribunaux dont les membres sont choisis par le peuple pour juger tout le peuple en général, et non tel ou tel accusé. Ma lettre est déjà si excessivement longue que je me reprocherais de me livrer à de nouvelles discussions sur ce point.

Je veux cependant ajouter encore une observation sur un danger particulier que peut avoir la trop grande influence de l'opinion publique dans le système du jugement par jurés.

Ce qui vient de se passer à Clermont me la fournit. Des particuliers ont établi un moulin économique suivant la méthode de Senlis, de Pontoise, etc., et publiée depuis peu par Bucquet et Malisset, dont l'objet est de tirer beaucoup plus de farine de la même quantité de grains. Ces gens faisaient commerce de leurs farines. Les autres meuniers et boulangers, accoutumés à rendre très peu de farine et de pain pour beaucoup de grain, ont cherché à détruire ces concurrents dangereux et qui trahissaient le secret du métier. Ils ont répandu dans le peuple que les entrepreneurs du moulin économique vendaient leurs farines à l'étranger et qu'ils y mêlaient de la chaux. Le peuple, comme de raison, a cru ces bruits, et les habitants de plusieurs paroisses se sont attroupés avec des fusils ; ils ont rasé de fond en comble les moulins. Les entrepreneurs ont eu beaucoup de peine à se sauver. La maréchaussée, qui s'est transportée sur les lieux, a été obligée de combattre et plusieurs cavaliers ont été tués. Voilà un crime qu'il est certainement très intéressant pour l'ordre public de réprimer. Mais je vous demande comment il le sera par les jurés, dont peut-être une grande partie seront, non pas tout à fait complices de la sédition, mais imbus de l'erreur qui l'a excitée. Il en sera de même de toutes les séditions occasionnées par le préjugé du peuple contre le transport ou le magasinage des grains.

Si le gouvernement était assez raisonnable pour vouloir établir la tolérance, et que les prêtres ameutassent le peuple pour piller le temple des protestants et assassiner leurs ministres, croyez-vous que les jurés bons catholiques trouvassent les zélés défenseurs de la foi bien coupables ?

Toutes les fois que le peuple est échauffé et que la fermentation a fait naître la révolte, on ne peut espérer de justice par la voie des jurés. On me dira peut-être que le pis-aller est que les coupables échappent à la condamnation, et que l'humanité ne peut s'en affliger. Je ne pense pas ainsi. L'attroupement séditieux du peuple et la tyrannie qu'il exerce dans ces occasions, me paraît un des fléaux les plus à redouter et un des crimes les plus destructifs de la tranquillité publique ; c'est, par conséquent, un de ceux qui doivent être les plus réprimés. Je sais bien que, d'un côté, le trop grand nombre des coupables et, de l'autre, l'erreur à peu près involontaire qui les a conduits pour la plupart et qui les excuse, doivent faire désirer que les peines ne soient ni trop sévères ni trop multipliées. Mais je crois très important que l'adoucissement vienne de l'autorité qui fait grâce, et non de la justice qui ferme les yeux. Il faut que le peuple soit effrayé de la sévérité des jugements et qu'il sente le bienfait de la modération dans l'exécution, qu'il ne se flatte pas de se soustraire à la justice du gouvernement, mais qu'il mette toute son espérance dans sa bonté. Il faut surtout que les chefs cachés de la sédition, ceux qui par leurs menées sourdes ont trompé, ont enflammé le peuple, soient connus et punis [a]. C'est le seul moyen de remédier au mal pour l'avenir. Il me paraît impossible d'y parvenir par la voie des jurés. La forme des tribunaux électifs et permanents, telle que je l'ai proposée, me paraît beaucoup plus propre à procurer des juges vraiment impartiaux, car étant choisis d'avance par des gens intéressés

---

[a] C'est ce que Turgot tenta de faire lors de la guerre des farines.

à avoir pour juges les hommes les plus honnêtes et les plus éclairés, il est certain que, s'il y a quelque part des hommes intègres et au-dessus des préjugés du peuple, ce sera parmi eux.

Je sais bien que toutes les fois qu'il s'agit de révolte, et même avant que la révolte ait éclaté, dès qu'une fois l'esprit de parti s'est enraciné dans une nation, il est puéril d'imaginer qu'on puisse ramener la paix par l'observation stricte des formes. Je sens combien la maxime que je vais avancer est dangereuse dans ses applications, mais elle n'en est pas moins vraie. *Toutes les fois que les esprits sont divisés, les formes ne sont rien, et l'on est exactement dans l'état de guerre.* La justice est toujours sacrée parce qu'elle doit l'être, même dans l'état de guerre ; mais le respect superstitieux pour les formes ôtera toujours toute activité au gouvernement, lorsqu'il n'en disposera pas à son gré ; et lorsqu'il en disposera, elles deviendront le plus terrible instrument de sa tyrannie. Il est trop facile d'en abuser et d'en rendre l'application arbitraire, quand ceux qui les appliquent sont de mauvaise foi et guidés par l'esprit de parti ou par des intérêts cachés ; dès lors, elles ne sont plus qu'une arme dans la main des fripons, d'autant plus redoutable qu'elles en imposent au peuple par une fausse apparence de justice. Je suppose que les Parlements aient eu tort, ou puissent l'avoir une fois pendant la durée de la monarchie, je dis que le gouvernement n'a et ne peut avoir aucun moyen de vaincre leur résistance, s'il veut observer scrupuleusement toutes les formes établies et, par exemple, il n'a aucun moyen reconnu légal de faire faire le procès à un parlement rebelle. Il faut donc, dans ces cas extraordinaires qui n'ont jamais été prévus lors de l'établissement des formes, juger uniquement par le fond, c'est-à-dire, par les principes du droit naturel et de l'intérêt public. En même temps que je fais cet aveu, je n'en crois pas moins que c'est là une extrémité funeste, et que le législateur doit faire en sorte qu'il ne soit que très rarement nécessaire d'en user. Or, dans le système des jurés, on serait forcé toutes les fois qu'il y aurait une sédition à punir, de violer les formes reçues et auxquelles le peuple serait infiniment attaché. Le gouvernement ne pourrait réprimer l'anarchie et l'insubordination du peuple, qu'en se chargeant à ses yeux de l'apparence odieuse de la tyrannie ; et cela, parce que la forme judiciaire serait dans son action trop dépendante de l'esprit actuel dont le peuple serait animé. Je ne crois pas la forme que je préfère moins favorable aux individus du peuple ; mais je crois qu'elle a beaucoup plus rarement l'inconvénient d'être corrompue par le peuple en corps et de se prêter à ses impressions tumultueuses. Si la chose peut arriver, ce ne peut être que dans des cas infiniment rares, où le trouble et la division sont portés au point d'ôter toute force aux lois ; l'état de guerre est alors inévitable. C'est un malheur sans remède, du moins d'ici à bien longtemps ; car encore ne faut-il pas désespérer qu'un jour les progrès de la raison n'établissent partout des lois justes et qui, rendant les hommes aussi heureux qu'ils peuvent l'être, préviendront toutes les révolutions. Ainsi soit-il !

V. — (La justice criminelle.)

[Communiqué par M. le Colonel Du Pont de Nemours.]

Limoges, 16 juillet.

Vous voilà donc de retour à Paris, M., c'est pour moi une nouvelle raison de regretter de n'y pas être. Mais j'espère bien me dédommager cet hiver. Grâce aux retards multipliés de cette lettre tant promise et à son excessive longueur, elle n'a point été vous chercher à Ribémont et vous la trouverez dans ce paquet ; j'en suis fâché parce que j'imagine qu'à Paris vous n'aurez pas le temps d'y faire les observations dont elle est très susceptible et qui nous conduiraient à éclaircir encore plus cette question intéressante, qui est d'ailleurs assez compliquée par la multitude des questions auxquelles elle est liée et par la différence qu'on est tenté de supposer dans les résultats, suivant la différence de législation, la forme du gouvernement et les lumières actuelles d'une nation.

Je crois que l'observation que je vous ai faite sur la force du mot *preuve légale* est vraie, mais elle a dû se présenter à tout homme qui réfléchit. Quant à la signification que vous voudriez faire faire à l'accusé de *l'existence de cette preuve légale*, je ne la crois pas nécessaire ; il en est instruit, même dans notre forme actuelle par la confrontation des témoins et à plus forte raison dans la forme que je propose, puisqu'il a communication de toute la procédure et que l'instruction est publique et contradictoire avec lui. Je ne crois pas qu'on ait eu pour but de raccourcir les griffes du monstre dont Boileau parlait dans deux vers que vous m'avez cités ; on a seulement voulu les faire rentrer en dedans pour faire patte de velours.

J'ai fait mon compliment à Mlle de Lespinasse sur le retour de son secrétaire dont elle me paraît fort joyeuse. Je vous remercie de vos nouvelles. Je n'aurais pas cru que M. Le Jai, homme d'un nom connu et qui avait une route tracée, eût voulu se parer de la plume de greffier en chef.

Adieu, M., recevez les assurances de ma bien sincère amitié.

Comme je vois, par les excuses que vous me faites à la fin de votre grande lettre sur la procédure par jurés, à quel point vous êtes ennemi des ratures et que la mienne en contenait d'autant plus que mes retards m'ont donné le temps d'en relire le commencement, j'ai pris le parti de la faire copier et je garde l'original. Par ce moyen, je l'aurai sous les yeux et j'entendrai mieux vos nouvelles observations.

Réponse de Condorcet. — S. d. — Je suis persuadé qu'il est possible de combiner le système de jurisprudence criminelle que vous proposez ou de corriger la jurisprudence de manière que, dans l'une et l'autre forme, la sûreté publique et les droits des citoyens accusés ne soient point sacrifiés l'un à l'autre, et que les particuliers y aient très peu à craindre, soit de la violence, soit de l'ignorance ou de l'oppression. Je m'occuperai donc moins à défendre la jurisprudence par les jurés ou à attaquer la vôtre, qu'à faire quelques réflexions sur la jurisprudence, en général, et sur ces deux formes.

1° S'il faut un grand nombre de tribunaux et beaucoup de magistrats dans chacun, il faut supposer que les sots, les ignorants, les gens durs et personnels y seront le plus grand nombre. En raisonnant donc d'après cette supposition, je trouve que les juges, partagés entre la crainte de condamner un innocent et celle de laisser un crime impuni, seront plus frappés de la dernière. Plus les juges seront éloignés du rang des accusés, plus ce sentiment augmentera ; il faut donc les choisir dans un rang à peu près égal, parce qu'alors les deux craintes le seront aussi. Donc, si les accusés sont des gens du peuple, il faut que leurs juges ne soient pas fort au-dessus de cet état, et qu'ils puissent y retomber en cessant d'être juges. J'ai toujours peur du mot d'un conseiller de la Tournelle : *à la mort et allons dîner*. J'avouerai cependant que cet affreux sentiment n'est peut-être que le fruit de la perpétuité des tribunaux.

2° Si la jurisprudence anglaise n'était pas d'ailleurs singulièrement favorable aux accusés, je ne croirais pas que l'humanité y fût assez respectée dans la forme de l'instruction. Le seul juge qui la fait peut altérer la vérité malgré les réclamations des accusés et les raisons de son défenseur. Ainsi, non seulement je désirerais comme vous une *partie publique* favorable aux accusés, et qui ferait l'office de censeur du magistrat qui instruit, mais je voudrais encore qu'au lieu d'un seul magistrat, il y en eût plusieurs qui fussent chacun à leur tour chargés des premières procédures.

3° Le second degré de juridiction me paraît nécessaire quelque forme qu'on prenne, et il peut remédier aux défauts de toutes deux.

4° Je ne trouve pas suffisante la pluralité des trois quarts ou des quatre cinquièmes des voix. Voici, je crois, comme il faudrait examiner cette matière. D'abord, je demande que cette pluralité soit réglée de manière qu'en supposant les juges éclairés et impartiaux, et l'accusé bien entendu et bien défendu, je doive regarder son crime comme avéré, de cela seul qu'il a été décidé tel par le tribunal. Je remarque ensuite qu'il n'y a ici aucune certitude physique absolue, mais une certitude morale et que, par conséquent, il faut fixer une unité qu'on regardera comme une certitude absolue à laquelle on comparera celle qu'on acquiert dans les différentes hypothèses. Je crois devoir prendre pour cette unité l'unanimité libre d'un nombre donné de gens éclairés et impartiaux ; en sorte, par exemple, qu'un crime doit être regardé comme très avéré lorsque ce nombre d'hommes l'a trouvé tel unanimement. Maintenant, il faudrait fixer ce nombre d'hommes.

5° L'inconvénient de l'impunité des séditions me paraît beaucoup moindre qu'à vous. Dans celle dont vous me parlez, le peuple est beaucoup moins coupable que le gouvernement qui, au lieu de vouloir détruire les préjugés du peuple, semble chercher à les fortifier et à les consacrer.

VI. — (Météore du 7 juillet. — Le nouveau Parlement.)

[Correspondance de Turgot et de Condorcet, publiée par M. Henry, 54.]

Limoges, 26 juillet.

J'ai vu aussi, M. [a], ce phénomène du 17 et c'est parce que je l'avais trop mal vu que je n'ai pas daigné vous en faire mention. Cependant l'éclat qu'il a fait à Paris et la distance des lieux mérite qu'on en recueille jusqu'aux moindres circonstances [b]. J'étais à mon bureau à écrire ; le hasard m'ayant fait tourner les yeux vers la fenêtre, j'aperçus une clarté comme d'une étoile tombante, mais d'un éclat plus vif et occupant un peu plus d'espace ; elle me paraissait accompagnée, comme ces phénomènes le sont ordinairement, d'une espèce de traînée pareille à celle des fusées volantes, mais beaucoup plus faible. Malheureusement, je ne vis cette clarté qu'au moment même où elle se plongeait derrière un toit qui bornait de fort près mon horizon, en sorte que je ne pus porter aucun jugement sur la forme, ni sur le diamètre apparent du phénomène. Je jugeai seulement à son éclat qu'il était beaucoup plus considérable que ne le sont les étoiles tombantes, et qu'il devrait être du genre de ces globes de feu dont j'ai beaucoup entendu parler sans en avoir jamais vu. Mon valet de chambre était dans une chambre au second étage, dont la fenêtre était ouverte ; il m'a dit que, pendant près d'une minute, il fut frappé d'une clarté extraordinaire. Mais, comme il est peu curieux, il ne s'avisa que fort tard de regarder à la fenêtre,

---

[a] Condorcet était devenu le principal correspondant de Turgot, celui qui lui donnait le plus régulièrement des nouvelles de Paris, l'un des amis avec lesquels il aimait le plus à s'entretenir lorsqu'il venait à Paris. On lit dans la Correspondance de Mlle de Lespinasse à Condorcet en 1771 :

Samedi (avril). — Votre absence est un grand vide pour M. Turgot ; il s'en faut bien que je vous aie suppléé. À propos de M. Turgot, il n'a toujours point reçu le second et le troisième volumes de Robertson[*]. J'en ai écrit à votre libraire qui n'a pas daigné me répondre ; je suis persuadée qu'il n'a pas envoyé ces volumes et qu'ils sont encore chez lui. Je vous prierai de lui écrire pour lui en faire des reproches ; cela prive M. Turgot du plaisir de cette lecture.

Samedi, 28 septembre. — Je viens d'avoir des nouvelles de M. Turgot ; il ne souffre plus ; mais il ne peut pas marcher ; il avait reçu tous les paquets qui avaient été le chercher à Clermont.

Lundi, 18 novembre. — Vous savez qu'enfin M. Turgot arrive dimanche ou lundi.

[*] *The History of the reign of Charles V*, by Robertson, London, 1769, 3 in-4.

[b] Condorcet avait écrit à Turgot le 21 juillet :

« On a vu ici, le 17, à 10 heures et demie du soir, un météore remarquable. M. Bailly qui était alors à Chaillot occupé à observer Jupiter, a aperçu à peu près au zénith, mais du côté de l'orient, une lame de feu qui, au bout de quelques minutes, a éclaté en globules de feu blanc comme les étoiles brillantes des artifices : leur lumière était tellement grande, que M. Bailly a été ébloui et a cessé de voir les étoiles et même Jupiter, qui était alors très brillant. L'explosion n'a été entendue qu'environ deux minutes après la dissolution du météore et elle a semblé un bruit souterrain. Le phénomène a été vu sûrement à Senlis, à Versailles, à l'extrémité de la forêt de Saint-Germain, à la Chapelle, chez M. de Boulogne. On dit même en beaucoup d'endroits plus éloignés, mais cela est moins sûr. »

et il n'eut que le temps d'apercevoir une espèce d'éclair très vif qui se plongeait à l'horizon. Je n'ai pas connaissance que personne ici ait rien vu de mieux. L'on n'a point entendu de bruit, et cela n'est pas étonnant, vu l'éloignement où nous sommes de Paris ; mais cet éloignement prouve à quel point ce phénomène était élevé dans l'atmosphère. Pour aider à en porter un jugement plus sûr, j'ai fait prendre avec un graphomètre l'angle que fait avec la méridienne la direction dans laquelle j'ai vu de mon bureau cette lumière se plonger sous le toit qui me l'a dérobée, et j'ai fait prendre l'élévation du bord de ce toit. Il en résulte que lorsque ce phénomène s'est caché à mes yeux, je le voyais sous un angle de 5 à 6 degrés de hauteur, et du côté du nord, dans une direction qui déclinait de la méridienne de 1 à 16 degrés vers l'orient. Vous comprenez que je ne vous donne pas ces angles comme mesurés avec précision, puisque ce n'est que de mémoire que j'ai pu fixer le point où j'ai vu disparaître le phénomène. La position de Limoges est suffisamment connue. Il est à souhaiter qu'il parvienne à l'Académie des observations plus précises et de différents lieux éloignés, pour bien constater la hauteur du lieu de l'explosion. L'intervalle de deux minutes entre l'explosion et le bruit en annonce déjà une bien étonnante.

Le nouveau Parlement a dû être bien surpris de s'entendre applaudir ; les membres de l'ancien ont raison, à ce que je vois, de faire liquider leurs offices.

P. S. — Deux de mes secrétaires qui se promenaient le 17 à 10 heures et demie du soir, dans un chemin creux, ont cru voir une masse de feu assez considérable qui leur paraissait s'élever de terre à la hauteur, m'ont-ils dit, de 30 pieds. Un instant après, le phénomène s'est dissipé, toujours en paraissant monter, mais en se dissipant, il a répandu une clarté plus vive.

VII. — (Le météore.)

[Correspondance publiée par M. Henry, 57.]

Limoges, 2 août.

Je suis très persuadé comme vous, M., qu'il n'y a eu qu'un seul météore le 17 [a], mais je regrette que nous n'en ayons pas eu un second

---

[a] Condorcet avait écrit à Turgot le 28 juillet :
« On n'est pas sûr qu'il n'y ait eu qu'un météore le 17, et quelques personnes pensent qu'il faut en supposer plusieurs pour accorder toutes les observations. Mais, comme il n'y a aucun endroit où on en ait vu deux à la fois et ce phénomène ayant été éblouissant, on ne doit faire aucune attention au rapport de ceux qui ont cru voir du feu par terre ou autour d'eux ; je crois encore que le météore était unique. »

dont me parle Mlle de Lespinasse ; je parle de l'information contre les auteurs de ce phénomène. Ce second météore eût été du genre des parhélies et l'on eût dit à bon droit : *uno avulso non deficit alter plumbeus et simili frondescit virga metallo.*

J'indique à M. Desmarets l'occasion du chevalier de Tourdonnet qui part incessamment pour Limoges et qui demeure rue Traversière, à l'hôtel de Malte. Je serai bien aise qu'il joignît aux livres dont vous l'avez chargé, l'ouvrage de Baumé [a] sur *les Argiles*.

VIII. — (Le météore. — Le phlogistique. — La théorie de la combustion.)

[Même correspondance, 59.]

Limoges, 16 août.

Je vous ai trop fait attendre mes bavardages, M., pour pouvoir me plaindre du retard de vos observations ; c'est un plaisir différé, mais que je n'en sentirai que plus vivement en son temps. Vous ne m'avez pas marqué si vous aviez reçu ma lettre sur le météore du 17. Il y a dans le *Mercure* une relation datée de Champigny-sur-Marne qui semblerait indiquer que c'était le vrai lieu du météore ; mais cette relation contient des choses bien extraordinaires, et ne paraît pas faite par un bon physicien.

Il me semble que l'auteur de votre *Mémoire sur la calcination des métaux* [b] ne l'est guère non plus. Je n'ai pas connaissance de ses expériences, mais à vue de pays, il les a fort mal analysées puisqu'il en conclut une tendance du phlogistique dans une direction contraire à celle de l'explication donnée du même phénomène par ce charlatan ignorant, tant copié par nos mauvais physiciens et tant loué par les médecins ses confrères ; je parle de Boerhaave [c]. Cet homme veut que l'augmentation de poids des métaux calcinés au soleil soit formée par la matière même de la lumière incorporée au métal ; en multipliant cette masse par la vitesse de la lumière, on verrait beau jeu, et notre pauvre petit globe serait bientôt jeté par delà les régions des comètes. Mais ce Boerhaave qui conseillait de faire les *dorures* des fourneaux elliptiques, afin que la chaleur se réunît au foyer, ne connaissait pas mieux la théorie de

---

[a] Baumé (1728-1804), célèbre chimiste.

[b] Guyton de Morveau (1737-1816), conseiller au Parlement de Dijon, dont le mémoire était parvenu à l'Académie des Sciences et dans lequel il était expliqué que le phlogistique n'est pas attiré par chaque molécule de matière terrestre comme les autres corps et qu'au contraire, il est animé de forces qui lui donnent une direction contraire à celle de la pesanteur.

[c] (1668-1738) ; ses *Elementa chimiæ* datent de 1732.

la lumière que celle de la flamme. Je ne conçois pas comment les chimistes n'ont pas encore pensé à expliquer le phénomène en question par une cause qui se présente d'elle-même et que j'aurais publiée, il y a bien longtemps, si j'avais le loisir de faire des expériences. Cependant, je la crois prouvée par un assez grand nombre d'inductions pour être très persuadé que c'est la vraie. Cette augmentation de poids est excessive dans la calcination ou, pour parler plus correctement, dans la combustion du plomb, car le plomb se trouve augmenté d'un cinquième à peu près. Cependant, il s'est dissipé en l'air, pendant l'opération, une partie considérable de plomb, qui s'est évaporée ou vaporisée, car les métaux sont susceptibles d'évaporation ou de vaporisation, mais je crois plus de la seconde que de la première. Quoi qu'il en soit, ce plomb dissipé en l'air ne se trouve plus lorsqu'on réduit la cendre de plomb en métal en lui rendant le phlogistique qu'elle a perdu ; il fallait donc que le poids additionnel du plomb calciné remplaçât encore le plomb dissipé ; c'est donc au plomb qui reste après la réduction qu'il faut comparer le poids du plomb calciné pour juger du poids de la matière ajoutée.

Quelle est cette matière et d'où vient-elle ? Il est évident qu'elle ne vient pas du feu ordinaire qui passerait à travers les pores des vaisseaux puisque l'expérience réussit tout aussi bien au verre ardent. Ce n'est pas la matière de la lumière qui tombe pendant la durée de l'opération sur un ou deux pieds carrés de surface qu'a le verre ardent dont on se sert, puisque la terre n'en est pas jetée hors de son orbite. Votre Conseiller [a] veut qu'au lieu de l'addition d'une matière pesante, ce soit la soustraction d'une matière légère qui augmente le poids, mais cette prétendue légèreté du phlogistique serait une chose bien étrange en physique. J'ose bien, sans savoir quelles sont les expériences du Conseiller, répondre qu'elles ne prouvent pas cette légèreté ; il faudrait, avant d'adopter une pareille hypothèse, être bien sûr d'avoir épuisé toutes les autres hypothèses possibles et il s'en faut beaucoup qu'on en soit là, puisqu'on n'a pas parlé de la plus simple de toutes.

Puisque la lumière ne peut augmenter le poids du métal calciné, il faut donc voir s'il n'y a pas dans le voisinage du métal quelque autre matière qui puisse s'y unir pendant le cours de l'opération. Il y en a sans doute une et il n'y a que celle-là qui s'y trouve en assez grande abondance pour remplir l'effet qu'on désire. Cette matière est l'air. L'air, substance pesante, qui, pure ou n'étant unie qu'avec une petite quantité d'eau, se tient constamment à l'état de vapeur ou de fluide expansible à tous les degrés de chaleur connus sans jamais pouvoir être

---

[a] Guyton de Morveau.

réduit à l'état liquide, et encore moins à celui de corps solide, mais dont les éléments sont susceptibles de s'unir avec tous les autres principes des corps et font dans cet état partie de la combinaison des différents mixtes. Il est certain, par une foule d'expériences, et en particulier par celle de Stahl [a], que cet air combiné entre dans la composition des corps les plus durs et contribue à leur liaison et à leur dureté, ainsi que l'eau fait la liaison et la dureté des marbres, ainsi que le phlogistique fait la liaison des métaux. Cet air se combine ou se dégage dans les différentes opérations chimiques à raison de l'affinité plus ou moins grande qu'il a avec les principes auxquels il était uni ou avec ceux qu'on lui présente. Si l'on verse, dans la dissolution d'un métal par un acide, de l'alcali fixe, l'acide abandonne le métal qui tombe ou fond pour s'unir à l'alcali, parce qu'il a plus d'affinité avec l'alcali qu'avec le métal. De même, si l'on présente à un corps qui ait de l'air dans sa combinaison un autre corps qui ait plus d'affinité avec le principe combiné avec l'air que l'air lui-même n'en a, ce nouveau venu s'unira à l'autre principe qui abandonnera l'air. L'air, ainsi dégagé et mis à nu, reprendra l'état de fluide expansible qui lui est naturel à tous les degrés de chaleur connus et montera en forme de bulles dans la liqueur qu'il agitera de façon à y produire une apparence d'ébullition. C'est ce qu'on appelle effervescence et les effervescences chimiques sont pour la plus grande partie l'effet de l'air qui se dégage de quelque principe auquel il était uni. La mousse du vin de Champagne et des eaux acidulées n'est autre chose que de l'air uni par surabondance au vin ou à l'eau et qui se dégage par la simple secousse ; les vents du corps humain sont de l'air qui se dégage des aliments dans l'opération de la digestion.

Puisque l'air est susceptible de se combiner avec les principes de tous les corps et puisqu'il n'y a que de l'air à la portée du métal qui se calcine, il faut bien en conclure que l'augmentation de poids survenue à ce métal est due à l'air qui, dans l'opération de la combustion, s'est unie à la terre métallique et a pris la place du phlogistique qui s'est brûlé et qui, sans être léger d'une légèreté absolue, est incomparablement moins pesant que l'air, apparemment parce qu'il contient moins de matière [b].

Le magasin qui fournit à cette augmentation ne manquera pas puisque l'atmosphère fournit toujours de l'air à mesure que la terre métallique en absorbe. Cette absorption a ses limites ou son point de saturation, comme toutes les unions chimiques, et c'est cette saturation qui établit le rapport de l'augmentation du poids dans les différents métaux calcinés.

---

[a] Inventeur du phlogistique (1660-1734).
[b] Les travaux de Bayen, de Priestley, de Lavoisier sont postérieurs à la lettre de Turgot.

C'est, parce que la calcination exige cette union de l'air avec la terre abandonnée par le phlogistique, que le contact de l'air est indispensablement nécessaire à cette opération ; il n'y a que la surface du métal qui touche à l'air qui se calcine ou se met en cendre et il faut la retirer pour découvrir une nouvelle surface si l'on veut que la calcination continue ; on la hâte aussi avec des soufflets qui, renouvelant l'air avec plus de vitesse, en fournissent une plus grande abondance.

Au surplus, cette calcination des métaux devrait être appelée *combustion* ; ce n'est qu'une branche du grand phénomène de la combustion par lequel le phlogistique uni aux principes terreux s'en dégage à un degré de chaleur constant dans chaque corps, mais vraisemblablement variable dans les différents corps à raison de la force de l'union ; en se dégageant, il constitue le corps dans l'état igné ; il produit ce qu'on appelle le feu et fait naître la lumière, soit en s'élançant lui-même tout entier du corps auquel il était uni, soit en se décomposant et lançant en tous sens toutes ses parties avec une vitesse toujours constante et relative à la force qui les retenait unies. Le contact de l'air dans la combustion de la plupart des corps soumis à nos expériences est une condition nécessaire de la combustion et l'air en est l'agent le plus puissant. C'est pour cela qu'il faut souffler le feu pour l'entretenir et pour l'animer, et c'est pour cela que rien ne brûle dans les vaisseaux fermés ; c'est pour cela que l'eau versée sur le feu l'éteint ; c'est pour cela que les métaux qui, comme les charbons, ne sont qu'une terre unie à du phlogistique ne brûlent qu'à leur surface et avec le concours de l'air. Ces effets analogues ont la même cause ; je veux dire la nécessité de l'air pour aider le phlogistique à se dégager des corps en prenant sa place.

Il suit de là que le phénomène de l'augmentation du poids devrait être, en général, dans la combustion de tous les corps ; je voudrais constater cette conséquence par des expériences. Mais j'observe que ces expériences pourraient être sujettes à erreur ; il peut se dissiper dans la combustion une partie de la substance du corps brûlé ; le courant d'air qui entretient le feu peut en entraîner une partie et faire disparaître l'augmentation de poids. Il y a des corps qui se dissipent en entier en vapeur, comme l'esprit de vin et le soufre dont les vapeurs, lorsqu'elles se recueillent, attirent une très grande quantité de l'eau dissoute dans l'atmosphère.

Je voudrais encore examiner les cendres métalliques, les combiner avec des acides, comparer les phénomènes de leur dissolution lorsqu'elle est possible (ce qui n'arrive pas toujours) avec les phénomènes des dissolutions des métaux unis à leur phlogistique, pour voir si, dans le premier cas, la surabondance de l'air se ferait connaître. Ce serait peut-être le moyen de donner à mon explication l'évidence de la démonstration. Mais le temps me manque et j'avoue que, sans nouvelles expériences, les inductions tirées de celles qui sont déjà faites me paraissent donner à cette théorie une probabilité fort approchante de la certitude [a].

J'ai des remords de vous avoir tant ennuyé de ma physique ; mais votre Conseiller de Dijon [b] m'avait donné de l'humeur ; le temps que j'ai perdu m'empêchera d'écrire à Mlle de Lespinasse à qui je vous prie de dire mille choses, ainsi qu'à M. D'Alembert. Je vous demande toujours de l'exactitude pour les nouvelles de la santé de Mlle de Lespinasse. Ma goutte n'est pas tout à fait passée et j'ai un peu souffert cette nuit. Cependant, j'espère être bientôt en état de me mettre en chemin pour mes courses [c].

---

[a] Le 10 septembre, Condorcet répondit à ce sujet : « Il faudrait qu'un chimiste suivît votre explication et imaginât des expériences décisives pour ou contre. C'est une des questions les plus importantes qu'on puisse agiter dans cette science ».

[b] Guyton de Morveau.

[c] Aux Archives de la Haute-Vienne est une Ordonnance de Turgot, datée de 1771, sur la fermeture d'un chemin à Limoges (C. 365), sans intérêt.

1772.

123. — LE COMMERCE DES COLONIES.

[A. N., K. 908. — D. P., VI, 293.]

(Les ports de Rochefort et de la Rochelle. — La navigation de la Charente.)

I. — *Lettre au maire de Rochefort.*

Limoges, 7 juillet.

Je trouve ici, M., au retour d'une tournée fort longue que je viens de faire, la lettre que vous m'avez fait l'honneur de m'écrire le 21 juin et les nouvelles représentations que vous avez faites au Roi, au nom de la ville de Rochefort, pour obtenir la *liberté du commerce aux colonies*. Je regarde cette liberté comme très avantageuse à la province dont l'administration m'est confiée. Je dois m'y intéresser d'autant plus que je suis, depuis plusieurs années, occupé du projet de perfectionner la navigation de la Charente au-dessus d'Angoulême, et de rendre cette rivière navigable dans toute l'étendue de l'Angoumois, et jusqu'à Civray en Poitou. La possibilité de cette navigation a été bien reconnue, et tous les plans en sont dressés. Cette navigation et la liberté du port de Rochefort doubleront leur utilité réciproque. Vous pouvez donc juger combien j'ai dû me faire un plaisir de joindre mes sollicitations aux vôtres. Avant de quitter Paris, j'avais eu l'honneur d'en parler à M. de Boynes [a]. Il m'avait paru aussi bien disposé qu'on pouvait le désirer et persuadé, ainsi que moi, que cette demande ne pouvait souffrir aucune difficulté. Je vois, par votre lettre, qu'on vous oppose l'intérêt prétendu de la ville de La Rochelle et des fermiers généraux. Je crois cet intérêt très léger, s'il est réel. Mais, quand il serait beaucoup plus grand qu'il ne peut l'être, ce ne serait assurément pas une raison pour priver toutes les provinces, à portée de la Charente, de leur débouché naturel, pour les forcer d'en prendre un détourné et moins avantageux ; aurait-on pu

---

[a] Ministre de la marine, à qui Turgot succéda.

rejeter le projet du canal de Languedoc sur l'opposition des rouliers de Toulouse à Cette, ou admettre l'opposition des muletiers contre l'ouverture des routes praticables aux grandes voitures ? Je connais trop les principes de M. Trudaine pour douter qu'il n'apprécie à leur juste valeur les oppositions des habitants de La Rochelle et celles des fermiers généraux. Je lui écris, cependant, ainsi qu'à M. le Contrôleur général.

II. — *Lettre au Contrôleur général.*

Limoges, 7 juillet.

Les juges-consuls d'Angoulême m'ont communiqué, il y a quelque temps, un mémoire par lequel ils joignent leurs sollicitations à celles du corps municipal de Rochefort, pour demander que cette dernière ville obtienne la liberté de commercer directement aux colonies.

Cette demande intéresse trop essentiellement la province dont l'administration m'est confiée, pour ne pas me faire un devoir de l'appuyer auprès de vous. La Charente, dont les ports de Rochefort et de Charente forment l'abord, est le débouché naturel de toutes les denrées de la Saintonge et de l'Angoumois. Plusieurs parties du Périgord, du Poitou et du Limousin n'ont de communication avec la mer et avec l'étranger que par le moyen de cette rivière. C'est par elle que leurs habitants peuvent se procurer les moyens de pourvoir à leurs besoins et tirer un parti utile de leur superflu. Ils ont donc le plus grand intérêt à tout ce qui peut donner au commerce de cette province plus d'étendue et d'activité. Les vrais principes du commerce auraient dû sans doute assurer à tous les ports, à toutes les provinces, à tous les lieux, à tous les particuliers du Royaume, la libre jouissance des avantages que la nature leur a donnés ; car la liberté, la concurrence universelle, l'activité qui en résultent, peuvent seules établir entre toutes les parties et tous les membres d'un État la proportion la plus juste et l'équilibre le plus favorable à la plus grande richesse du tout. Un débouché plus facile diminue les frais, augmente le profit des exportations, et modère la dépense des importations ; un débouché qui communique avec l'intérieur par un plus grand nombre de routes et de canaux, multiplie au profit de l'État les objets et les bénéfices du commerce. À ces titres, les villes de Rochefort et de Charente, situées au débouché d'une grande rivière navigable et qui peut le devenir encore plus, devraient, s'il était nécessaire de limiter le nombre des villes autorisées à faire le commerce des colonies, obtenir la préférence sur beaucoup d'autres.

Jusqu'à présent, l'établissement d'un département de la marine à Rochefort avait été regardé comme un obstacle aux établissements de marine marchande dans le même port. Sans examiner si cette raison devait l'emporter sur l'utilité du commerce qu'on sacrifiait, du moins l'établissement auquel on faisait ce sacrifice offrait aux provinces riveraines de la Charente un dédommagement dans les consommations inséparables de la dépense que le Roi faisait à Rochefort. La suppression ou, du moins, la réduction de l'établissement de la marine royale dans ce port prive les provinces de leur dédommagement ; il est donc juste, il est donc nécessaire de leur rendre les avantages que la nature leur avait donnés, et dont il n'y a plus aucun motif de les priver. Il est nécessaire de remplacer le vide d'une consommation qui cesse, en ouvrant un nouveau champ à l'industrie, en lui permettant de chercher des consommateurs hors du Royaume, et de partager avec les autres sujets du Roi les bénéfices du commerce des colonies, et les bénéfices plus considérables encore dont ce commerce serait l'occasion par l'activité que cette branche nouvelle donnerait à toutes les autres.

Il faut, ou prendre ce moyen de suppléer au vide des consommations, ou se résoudre à voir dépérir le commerce et la culture, baisser les revenus des propriétaires, languir le recouvrement des revenus du Roi dans toutes les provinces que vivifiaient ces consommations. Il faut sacrifier les espérances fondées qu'on a, et qu'on doit avoir, d'étendre le commerce et les productions des provinces qu'arrose la Charente fort au delà de l'état actuel. Cette rivière n'est à présent navigable que jusqu'à Angoulême ; encore, depuis Cognac jusqu'à cette ville, la navigation est-elle difficile, embarrassée, interrompue pendant une partie de l'année. Il est possible et même aisé, non seulement de rendre cette navigation sûre et facile dans tous les temps, mais encore de la prolonger pendant un cours de près de cinquante lieues de rivière, depuis Angoulême jusqu'à Civray, petite ville assez peu éloignée de Poitiers. Les plans et les devis de ce travail ont été élevés et rédigés sous mes yeux par l'ingénieur de la Province, et j'ose dire que la dépense de l'exécution sera fort au-dessous des avantages qu'elle procurera. J'attends que l'ingénieur ait mis la dernière main à son travail pour avoir l'honneur de vous en rendre compte ; plus la navigation de la Charente se rapprochera de sa source, plus les communications qu'elle ouvre se ramifieront dans l'intérieur, plus il deviendra utile d'ouvrir et d'étendre ses débouchés à l'extérieur ; plus son commerce extérieur acquerra d'activité, plus aussi la navigation intérieure développera les richesses naturelles de cette partie du Royaume ; plus l'État trouvera d'intérêt, plus il aura de motifs pour donner aux habitants de Rochefort, et par eux à une partie considérable du Royaume, la faculté d'user de tous leurs avantages en commerçant directement avec les colonies.

Ces raisons me paraissent à la fois si puissantes et si palpables, que j'ai peine à comprendre comment la demande des habitants de Rochefort a pu souffrir à cet égard la plus légère difficulté. Je vois cependant, par un nouveau Mémoire que vient de m'adresser le maire de cette ville, qu'on a opposé à ses demandes l'intérêt des habitants de la Rochelle et celui des fermiers généraux.

Quant à ce dernier intérêt, je n'ignore pas que, lorsqu'en différentes occasions il a été question d'augmenter le nombre des villes auxquelles les lettres-patentes de 1717 avaient accordé la liberté de commercer directement aux colonies, les fermiers généraux ont opposé l'augmentation de frais qui en résulterait pour leur régie, par l'obligation où ils seraient d'établir de nouveaux bureaux dans ces ports ; mais je sais aussi qu'on a évalué la force de cette objection, et qu'on n'en a pas moins, avec grande raison, accordé, depuis quinze ans, la liberté du commerce des colonies à un grand nombre de ports qui n'en jouissaient pas. On a pensé avec raison que, si les frais de régie devenaient un peu plus forts, la perception des droits augmenterait dans une plus grande proportion encore, parce que les produits des droits augmentent avec le commerce, et que le commerce s'accroît en raison des facilités de le faire. Les fermiers généraux ont appris vraisemblablement, par l'expérience, que leur intérêt bien entendu s'accordait avec l'intérêt du commerce ; et le Gouvernement a dû apprendre mieux encore que, si l'intérêt du commerce et celui de la ferme pouvaient être contraires, l'intérêt de l'État serait toujours de favoriser le commerce par préférence ; un propriétaire éclairé sait bien qu'il ne doit pas sacrifier l'amélioration de sa terre à l'intérêt momentané de son fermier.

Quant à l'intérêt prétendu des habitants de La Rochelle, il mérite, s'il est possible, encore moins de considération. Qu'importe à l'État que le commerce soit fait par telle ou telle ville ? Ce qui lui importe, c'est que le commerce soit fait aux moindres frais possibles ; que les sujets de l'État aient le débit le plus avantageux de leurs denrées, et que, par conséquent, ils aient le plus grand choix entre les acheteurs ; qu'ils se procurent les objets de leurs jouissances au meilleur marché qu'il soit possible ; que, par conséquent, ils aient le plus grand choix entre les vendeurs ; que les marchandises dont ils ont besoin ne soient pas surchargées de frais intermédiaires au profit de tiers. C'est ce qui arrive naturellement et de soi-même quand les routes du commerce sont libres, parce que chaque vendeur et chaque acheteur choisissent celle qui leur convient le mieux. Si les marchandises du Royaume se débouchent mieux par La Rochelle, si celles des colonies y arrivent et en sortent à moins de frais que par la voie de Rochefort, la liberté sollicitée par Rochefort ne fera rien perdre à La Rochelle ; mais si, par la nature des choses, les avantages des acheteurs et des vendeurs les attiraient par préférence à Rochefort, il serait injuste de sacrifier à l'intérêt des habitants de La Rochelle, non seulement ceux de Rochefort, qui sont comme eux Français, enfants de l'État, et qui ont les mêmes droits à la protection du souverain, mais encore ceux de la Saintonge, de l'Angoumois, du Poitou, du Limousin, qui, par leur nombre, et par leurs richesses, sont d'un tout autre poids dans la balance. Ce ne serait pas seulement une injustice, ce serait une erreur politique très funeste, et qui tendrait à sacrifier à un très petit intérêt particulier les productions et les revenus de plusieurs provinces, et à diminuer la somme des richesses de l'État. Cette injustice et cette erreur seraient précisément du même genre que celles par lesquelles un administrateur se refuserait à l'ouverture d'un chemin commode, plus court et plus doux, et praticable à toutes sortes de voitures, dans la crainte de nuire à quelques aubergistes placés sur une route longue, escarpée, et où le commerce ne pourrait se faire qu'à dos de mulet. Il ne s'ouvre aucune route ; il ne se creuse aucun canal, aucun port ; il ne se fait aucune amélioration dans quelque genre que ce soit, sans qu'il en résulte quelque préjudice pour quelque particulier ; mais le bien général l'emporte et doit l'emporter. Quand ce bien général exige que le particulier perde sa propriété, l'État doit l'en indemniser, ou plutôt remplacer cette propriété par une propriété équivalente. Quand, en conservant sa propriété, le particulier ne perd qu'un avantage accidentel, étranger à sa propriété, qui ne tenait qu'à l'usage libre que d'autres faisaient de leur propriété, et qui ne cesse que par ce même usage libre de la propriété, l'État ne lui doit pas même de dédommagement ; à plus forte raison, ne lui doit-il pas de contraindre la liberté d'autrui pour lui conserver cet avantage accidentel et passager par sa nature.

Je vous avoue que l'évidence de ces principes me paraît telle qu'il est également difficile et superflu de les démontrer. Je dois croire que vous en êtes aussi convaincu que moi, et peut-être dois-je vous prier de me pardonner l'indiscrétion avec laquelle je vous présente des réflexions dont vous ne devez pas avoir besoin et que vous ne me demandez pas. L'importance de l'objet pour l'avantage de cette province me servira d'excuse.

124. — LA TAILLE.

I. — *Avis sur l'imposition pour l'année 1773.*

[D. P., VI, 377.]

Limoges, 14 octobre.

(Turgot observe que le brevet de la taille pour l'année 1773 est le même que pour l'année 1772, et que le Roi ayant accordé après l'expédition du brevet une diminution de 210 000 livres en moins-imposé, la perception du nouveau brevet, si elle devenait obligatoire, serait une augmentation réelle de 270 000 francs.

Il rend compte de l'état des récoltes puis il passe à son Avis qui est conçu dans le même sens que les précédents.)

II. — *Lettre à d'Ormesson.*

14 octobre.

M., j'ai l'honneur de vous adresser directement les états de récoltes de cette année, avec mon Avis sur les impositions.

Permettez-moi de recommander encore de nouveau cette province à vos bontés. M. le Contrôleur général trouvera peut-être que je ne cesse de me plaindre ; cependant, quelque fortes que soient les expressions par lesquelles je lui peins la situation de cette province, j'ose vous assurer qu'elles sont encore au-dessous de la réalité. Les espérances qu'on avait conçues par le succès des semailles de l'automne dernier ont été détruites par les gelées du 12 mai et par les brouillards qui ont accompagné la fleur des froments. Il est très vrai que la récolte des jardins n'est pas meilleure que l'année dernière et n'est guère différente de celle de 1769. Le peuple vivra cependant ; mais les propriétaires n'auront que très peu de revenu, à l'exception de ceux des pays de vignobles. Les autres parties auront besoin des plus grands soulagements.

J'insiste de nouveau dans mon Avis sur la surcharge ancienne de la Province et sur l'énormité des arrérages dont elle est débitrice envers le Roi. Ces arrérages augmentent chaque année, et il devient chaque année plus pressant d'en arrêter les progrès par le seul moyen qui puisse être efficace, c'est-à-dire par une forte, et très forte diminution sur la masse des impositions. J'ose vous répéter que, pour que cette diminution ait quelque effet sensible, il faut qu'elle soit pour ainsi dire hors de toute mesure. Le compte qu'a dû vous rendre le sieur de Rousey de sa mission doit vous en faire sentir la nécessité. À quoi sert-il de demander à des malheureux ce qu'ils sont dans l'impuissance absolue de payer ? Et, s'ils peuvent payer quelque chose, ne vaut-il pas mieux que ce soit sur les anciens arrérages dont ils sont accablés, plutôt que sur de nouvelles impositions ? Voilà, M., ce que je vous supplie de vouloir bien faire sentir à M. le Contrôleur général.

Je n'ai pu encore rendre à M. le Contrôleur général le compte détaillé de l'opération des ateliers de charité pour cette année ; je ne pourrai le lui adresser qu'au retour des départements de Tulle et de Brive, où je vais me rendre. On a fait à peu près autant d'ouvrages que l'année dernière ; ils ont été un soulagement très sensible pour les habitants de la Montagne. Quoique, en général, le peuple doive avoir cette année un peu plus de facilité pour subsister au moyen des blés noirs, il y aura encore des parties où la misère sera excessive, et je croirai nécessaire de conserver cinq ou six ateliers de charité dans la Montagne et un dans la partie de la basse Marche, où la grêle et l'ouragan du 27 juin ont fait le plus de ravages. Ainsi, je vous serai très obligé de vouloir bien destiner encore une somme considérable à cet objet : je puis vous répondre qu'elle sera employée utilement. Vous m'aviez donné 120 000 livres l'année dernière ; je présume que 80 000 suffiront pour celle-ci.

Quant au moins-imposé, mes demandes, si j'en formais, seraient sans bornes. J'espère de vos bontés tout ce que les circonstances rendront possible [a].

125. — LES OCTROIS.

Lettre au Contrôleur général [b].

[D. P., VI, 391.]

Limoges, 9 novembre.

M., j'ai reçu la lettre que vous m'avez fait l'honneur de m'écrire le 30 du mois dernier, par laquelle vous me marquez que plusieurs villes et hôpitaux se sont dispensés d'obtenir des lettres-patentes, sur les arrêts du Conseil qui lui permettent l'établissement de nouveaux octrois

---

[a] Turgot perdit sa peine. Il n'obtint qu'un moins-imposé de 200 000 l., et la Province, loin d'être soulagée, fut chargée de 70 000 l. de plus que l'année précédente (Du Pont).
[b] On trouve aux Archives de la Haute-Vienne un arrêt du Conseil du 28 février 1772 ordonnant que les registres des recettes d'octroi soient tenus sur papier timbré (C. 277).

On trouve aussi aux mêmes Archives (C. 84 et 99, p. 176) les pièces ci-après :

23 novembre. Ordonnance invitant les officiers municipaux des villes qui jouissent de privilèges à produire leurs titres.

9 février. Commission pour l'arpentement de la paroisse de Verneuil.

ou la prorogation de ceux dont ils jouissaient déjà ; que, cependant, ces octrois ne s'en perçoivent pas moins, et que cet abus vous paraît mériter d'être réformé. Vous me chargez, en conséquence, de me faire représenter, par les villes, bourgs et hôpitaux de ma généralité, les titres en vertu desquels ils perçoivent les droits d'octrois qui leur ont été accordés ; d'enjoindre à ceux qui n'ont que des arrêts du Conseil d'obtenir des lettres-patentes et de les faire enregistrer, et de les prévenir que, faute par eux de satisfaire à cet ordre avant le 1er avril prochain, la perception sera suspendue à compter de ce jour jusqu'à ce qu'ils se soient mis en règle. Vous désirez aussi que je défende à l'avenir aux villes et hôpitaux toutes perceptions pour lesquelles ils n'auraient pas obtenu de lettres-patentes.

C'est certainement une chose désirable que d'abolir toute perception qui ne serait pas appuyée sur des titres revêtus de la forme qu'exigent les lois, et de donner à la perception des droits destinés à subvenir à des dépenses même louables l'autorisation légale qui peut leur manquer. Je crois, cependant, M., que le travail nécessaire pour remédier à l'abus que vous avez remarqué pouvant être l'occasion d'une réforme plus considérable et plus utile, il convient de ne s'y pas borner. Je vais prendre la liberté de vous proposer sur la réforme des droits d'octrois quelques considérations qui me paraissent mériter votre attention, et qui tendent à suivre, dans le travail que vous me prescrivez, une marche un peu plus longue que celle qui serait nécessaire pour exécuter strictement les dispositions de votre lettre.

Rien de plus irrégulier, en général, que la perception des droits d'octrois. Une partie sont établis sur des titres qui, non seulement manquent des formes légales qu'il serait facile de suppléer, mais qui ont de plus le défaut d'être conçus en termes vagues et incertains, qu'on est presque toujours obligé d'interpréter par des usages qui varient suivant que les fermiers sont plus ou moins avides ou suivant que les officiers municipaux sont plus ou moins négligents. Il en résulte une foule de procès également désavantageux aux particuliers et aux communautés.

Un autre vice de presque tous ces tarifs est d'assujettir à des droits très légers une foule de marchandises différentes, ce qui en rend la perception très minutieuse et très facile à éluder, à moins de précautions rigoureuses qui deviennent fort gênantes pour le commerce. Il règne enfin, dans presque tous les tarifs des droits d'octrois, un troisième vice plus important à détruire : c'est l'injustice avec laquelle presque tous les bourgeois des villes auxquelles on a accordé des octrois ont trouvé le moyen de s'affranchir de la contribution aux dépenses communes, pour la faire supporter en entier aux plus pauvres habitants, aux petits marchands et au peuple des campagnes. Les droits d'octrois sont établis pour subvenir aux dépenses générales des villes ; c'est donc aux citoyens des villes, pour l'utilité desquels se font ces dépenses, à en payer les frais. Mais comme ces droits ont toujours été accordés sur la demande des corps municipaux et, comme le Gouvernement, occupé de tout autre chose, a presque toujours adopté sans examen les tarifs qui lui étaient proposés, il est arrivé presque partout qu'on a chargé par préférence les denrées que les pauvres consomment ; que si par exemple, l'on a mis des droits sur le vin, on a eu soin de ne les faire porter que sur celui qui se consomme dans les cabarets, et d'en exempter celui que les bourgeois font entrer pour leur consommation ; que pareillement on a exempté toutes les denrées que les bourgeois font venir du crû de leurs biens de campagne ; qu'ainsi ceux qui profitent le plus des dépenses communes des villes sont précisément ceux qui n'y contribuent en rien ou presque rien ; et que ces dépenses se trouvent payées, dans le fait, par ceux qui n'ont point de biens-fonds et que leur pauvreté met hors d'état de s'approvisionner en gros, ou par les habitants des campagnes, dont les denrées chargées de droits se vendent toujours moins avantageusement.

Il me semble, M., que le résultat de ces observations doit être, en cherchant à mettre en règle la perception des droits d'octrois, non seulement d'obliger les villes à faire revêtir des formes légales les titres de leur perception, mais encore d'en corriger les tarifs ; de fixer les droits d'une manière claire, précise, qui prévienne les interprétations arbitraires et les contestations qui en naîtraient ; de les simplifier, en ne les faisant porter que sur un petit nombre de denrées d'une consommation générale, assez précieuses pour que l'augmentation résultant du droit soit peu sensible et pour que la charge tombe principalement sur les plus aisés, et assez volumineuses pour qu'il ne puisse y avoir lieu à la fraude ; enfin, de supprimer les privilèges odieux que les principaux bourgeois se sont arrogés au préjudice des pauvres et des habitants des campagnes.

La lettre que vous m'avez fait l'honneur de m'écrire n'annonce de réforme que sur un seul de ces objets ; et je ne sais s'il n'en résulterait pas, par la suite, une difficulté plus grande de remédier aux deux autres. En effet, vous me chargez d'avertir les villes de se pourvoir pour obtenir des lettres-patentes. Ces lettres, vraisemblablement, seraient accordées sur les anciens tarifs, sans que personne songeât à les réformer. Il est encore très vraisemblable qu'elles seraient enregistrées dans les tribunaux sans aucune difficulté. Par là, les abus qu'il est le plus important de corriger acquerraient au contraire plus de force, puisque le vice de leur titre serait couvert par la nouvelle autorisation.

Je pense donc, M., qu'au lieu d'ordonner aux villes de se pourvoir directement pour obtenir des lettres-patentes, il serait à propos de leur ordonner, d'abord et simplement, de remettre entre les mains des intendants de chaque province, avant le terme qui leur serait fixé, et qui pourrait être celui du 1er avril proposé par votre lettre, tous les titres relatifs aux droits d'octrois et autres qui peuvent être perçus à leur profit, que cette perception soit ou non autorisée par lettres-patentes ; d'y joindre les tarifs de ces droits sur chaque espèce de marchandises qui s'y trouvent assujetties, avec les modifications que l'usage a pu introduire dans la perception, en y ajoutant encore le détail des exemptions ou privilèges, et les titres particuliers, s'il y en a, qui établissent ces privilèges ; enfin, l'état des charges et dépenses assignées sur le produit de ces droits.

Vous chargeriez les intendants de vous envoyer leur avis sur l'utilité plus ou moins grande de ces perceptions relativement aux besoins des villes ou communautés qui en jouissent ; sur les droits qu'il pourrait être avantageux de supprimer, et sur ceux par lesquels on pourrait les remplacer pour procurer aux villes le même revenu d'une manière plus simple et moins onéreuse au commerce ; enfin sur les différents privilèges qu'il peut être juste d'abroger ou de conserver. Vous les autoriseriez à vous proposer de nouveaux projets de tarifs et vous vous décideriez sur les éclaircissements qu'ils vous enverraient, à accorder ou à refuser la confirmation des droits d'octrois, et à autoriser par des lettres-patentes les anciens tarifs, ou ceux que vous jugeriez à propos d'y substituer.

Je ne vous dissimulerai pas que tous ces droits sur les consommations me paraissent un mal en eux-mêmes ; que, de quelque manière que ces droits soient imposés, ils me semblent toujours retomber sur les revenus des terres ; que, par conséquent, il vaudrait beaucoup mieux les supprimer entièrement que de les réformer ; que la dépense commune des villes devrait être payée par les propriétaires du sol de ces villes et de leur banlieue, puisque ce sont eux qui en profitent véritablement ; que, si l'on peut supposer que certaines dépenses utiles aux villes le sont aussi aux campagnes des environs, ce qui est effectivement vrai quelquefois, il vaudrait mieux assigner une portion de l'impôt levé sur ces campagnes, pour subvenir aux dépenses dont ces campagnes profitent suivant cette supposition, que de les leur faire payer par la voie indirecte d'un impôt sur les consommations. Mais les idées ne sont pas encore assez généralement fixées sur les principes à suivre dans l'établissement des impositions, pour que l'on puisse proposer dans ce moment un changement aussi considérable. En attendant, et puisqu'il faut qu'il y ait des droits d'octrois, il faut du moins que ces droits soient établis de la manière qui entraîne le moins d'inconvénients. Comme cette réforme ne me paraît pas difficile, je crois devoir vous la proposer.

Je sens que l'examen des différents tarifs, et les éclaircissements nécessaires pour en proposer de nouveaux en connaissance de cause, exigeront quelque temps, et qu'un an ne suffira peut-être pas pour compléter tout ce travail. Il en résultera que, s'il se lève plusieurs droits sans une autorisation légale, cet abus durera un peu plus longtemps, puisqu'il n'est pas possible de faire cesser par provision la perception, et de priver par là les villes et les communautés de leurs revenus. Mais ce mal me paraît beaucoup moins fâcheux que celui de perpétuer des tarifs vicieux en eux-mêmes, onéreux au commerce, sujets à mille contestations et remplis d'injustice, en les autorisant sans un examen préalable et sur la simple demande des villes. Je vous serais très obligé, M., de vouloir bien me marquer si vous adoptez le plan que j'ai l'honneur de vous proposer.

Comme le délai d'ici au 1er avril n'est pas fort long, j'ai cru devoir rendre dès à présent une Ordonnance pour obliger toutes les villes, bourgs et hôpitaux qui jouissent de droits d'octrois à me présenter leurs titres et leur tarifs avant le 15 mars prochain, sans m'expliquer sur les autres dispositions de votre lettre, et sans leur indiquer la voie de se pourvoir directement au Conseil pour obtenir des lettres-patentes : l'exécution de cette ordonnance préparatoire me fera toujours connaître cette partie plus en détail. Si vous adoptez mes idées, je pourrai travailler tout de suite à l'examen des tarifs actuels, et m'occuper des moyens de les réformer. Si vous ne jugez pas à propos d'entreprendre un si long travail, je me contenterai de mander aux villes et communautés de se pourvoir pour faire autoriser leurs tarifs par des lettres-patentes [a].

126. — ATELIERS DE CHARITÉ. — MENDICITÉ.

I. — *Lettre au Contrôleur général.*

[D'Hugues, *Essai* ; publié comme tiré des Archives de la Haute-Vienne.]

3 décembre.

---

[a] Cette ordonnance fut rendue le 23 novembre (A. H. V., C. 84).

... Les cantons où je fais travailler ne donnent pas lieu d'espérer beaucoup de ressources du côté de la générosité des seigneurs ou riches propriétaires. M. le Prince de Soubise est, jusqu'à présent, *le seul*, qui ait donné pour les travaux exécutés dans son duché de Ventadour. Il a bien voulu y consacrer 12 000 livres pendant les deux dernières années : j'ignore ce qu'il voudra bien faire en 1773... [a]

II. — *Note relative à la mendicité, au sujet d'instructions du Contrôleur général.*

[A. H. V., C. 366.]

(Turgot ouvrit en 1768 une maison de force ou dépôt de mendicité où l'on envoya les mendiants arrêtés et où on les contraignit à travailler. On les libérait quand ils avaient appris quelque métier.

En mars 1772, Turgot reçut du Contrôleur général Terray une lettre par laquelle ce ministre lui prescrivit de garder les mendiants valides dans la maison de force jusqu'à ce qu'on eût réalisé le projet de rendre les mendiants utiles à la société. Turgot écrivit en marge :

« On peut sans inconvénients, en attendant l'approbation de ce projet, faire tout comme auparavant ; il serait étrange de retenir en prison des gens, qui ne méritent pas d'y être, jusqu'à la réception d'instructions qui peuvent être retardées par mille raisons. »)

127. — LETTRES À DU PONT DE NEMOURS.

CX. — (Mme Du Pont. — Les *Éphémérides*.)

Jeudi, 7 mai.

Votre lettre, mon cher Du Pont, ne saurait être mieux et je l'envoie. Je me reproche de n'avoir pas été vous voir depuis que vous m'avez mandé la situation de Mme Du Pont. Divers contretemps m'en ont successivement empêché chaque jour ; mais j'irai certainement savoir de ses nouvelles et vous dire combien je prends part à vos inquiétudes. Je suis fort content de l'ordonnance générale du 12 ^{e} volume des *Éphémérides* [b] qui annonce plus de variété dans le ton et du morceau *sur la poésie en général* [c] qui est très bien écrit. Je vous embrasse.

---

[a] On trouve encore aux Archives de la Haute-Vienne (C. 334) la pièce ci-après :
Dépenses des ateliers pour 1772, compte rendu par Ardent.
Ce compte rendu donne les chiffres ci-après :
    Recettes   787 554 livres   2 s.
    Dépenses   843 144   7 s.   9 d.
[b] Visé par le censeur le 25 avril 1772.
[c] *Idées sur la poésie en général et la poésie dramatique en particulier* (article de Du Pont).

CXI. — (Du Pont. — La disette du Limousin.)

Treignac, 16 juin.

Vous ne m'avez pas donné signe de vie depuis mon départ, mon cher Du Pont ; je voudrais pouvoir penser que votre silence vînt de quelque occupation qui vous fût assez agréable ou assez utile pour vous distraire de tout autre objet ; mais je ne l'espère pas. De mon côté, je voudrais pouvoir vous apporter quelque secours dans les peines où vous vous trouvez ; mais je suis forcé d'attendre des circonstances meilleures. Je ne puis que vous exhorter à la patience et vous assurer qu'en tout état de cause, vous retrouverez toujours mon amitié et toutes les ressources qui dépendront de moi.

Me voici en tournée jusqu'à la fin du mois et plus peut-être. Cette malheureuse Montagne, au milieu de la prospérité universelle qui s'annonce, a encore perdu une partie notable de sa récolte par une gelée du 12 mai. Heureusement que le mal est borné.

Adieu, mon cher Du Pont, je vous embrasse de tout mon cœur. Bien des compliments à Mme Du Pont.

CXII. — (Le mariage. — Le margrave de Bade. — Les *Éphémérides*. — L'abbé Raynal.)

Limoges, 14 juillet.

Je réponds bien tard, mon cher Du Pont, à une lettre que j'ai reçue de vous datée du 7 juin et qui s'est croisée avec une que je vous écrivais de Treignac le 16. La vôtre est venue me trouver dans nos montagnes ; mais j'étais si peu sédentaire que j'avais peine à expédier l'indispensable nécessaire. À mon retour, j'ai eu de nouvelles courses à faire et beaucoup d'affaires arriérées. Voilà la cause de mes retards dont je suis d'autant plus fâché que vous m'avez écrit une lettre pleine de raison et d'amitié, et dont j'aurais voulu vous remercier sur-le-champ.

Je suis assurément bien loin de trouver vos réflexions folles et il n'y a aucun article de votre sermon qui ne soit un texte de mon évangile. Mais il est plus aisé de voir le bien dans la théorie que d'y conformer la pratique. Dans la théorie, on arrange les choses comme elles devraient être ; dans la pratique, on dépend de mille circonstances extérieures qui se compliquent à l'infini, qui font naître des difficultés et même des impossibilités relatives aux choses qu'on voudrait le plus. La raison combat la raison ; les devoirs mêmes combattent les devoirs. J'ai toujours désiré, j'ai quelquefois espéré le bien que je regarde comme étant le plus grand bien de la vie et le vrai complément de la carrière que nous avons à courir. Le temps s'est écoulé ; ma position, plus encore mon caractère, éloigné de la manière de vivre commune et, par conséquent, des occasions de recherche et de choix, m'ont mis hors de portée de trouver ; une plus grande retraite encore, des occupations forcées, l'habitude de ne point souper, l'impuissance de me prêter au désœuvrement du jeu, à présent mon âge, m'éloignent plus que jamais des sociétés où je pourrais chercher. Ce dernier obstacle rendrait encore le succès plus difficile ; car je pourrais trouver qui me conviendrait et à qui je ne conviendrais guère. J'en suis venu à n'envisager cette trouvaille que comme une chimère qu'il est trop tard de poursuivre. Je traite un sujet affligeant et ce n'est pas de quoi vous distraire de vos propres calamités ; c'en est une grande pour moi dans ce moment de ne pouvoir vous tendre la main pour vous aider à gagner le rivage. Si votre despote tutélaire [a] peut et veut faire mieux que moi, c'est une chose que je lui envie.

J'ai reçu le premier volume de vos *Éphémérides* [b]. Il y a peu de choses de vous et ce n'est pas tant mieux. J'aurais voulu que vous n'eussiez pas imprimé la partie complimenteuse de la grande lettre de Pétersbourg [c] ; car il vaut mieux déplaire à un correspondant qu'au public ; or, rien ne déplaît tant au public que les éloges qu'un journaliste fait imprimer de son propre ouvrage et les coups d'encensoir qu'un économiste donne à l'autre.

Vous avez acquis un correspondant bien auguste [d] mais un peu ennuyeux. Quant à votre préface, je l'ai trouvée meilleure que celle des années précédentes.

Il me semble qu'à présent vous ne manquez pas de matière. Indépendamment des ouvrages commencés depuis si longtemps, la *Félicité publique* [e], un *Essai de tactique* [f] dont j'entends parler et le grand ouvrage de l'abbé Raynal [g] ; voilà de quoi vous occuper longtemps. Celui-ci est une mine inépuisable et une ample matière à réflexions ; je viens de l'achever ; il suppose de grandes recherches, bien de la patience, une prodigieuse abondance d'idées, une facilité plus étonnante encore à les rendre, avec la plus grande éloquence et la plus brillante énergie, enfin le plus grand courage ou plutôt la plus grande audace à braver tout

---

[a] Le margrave de Bade.
[b] Le premier volume de 1772.
[c] Lettre à Du Pont (par Clerk, médecin du grand-duc de Russie) remplie d'éloges à l'adresse des économistes et des *Éphémérides*.
[d] *Abrégé des Principes de l'Économie politique*, par le margrave de Bade.
[e] Ouvrage du marquis de Chastellux (1734-1788), de l'Académie française (1775).
[f] Par De Guibert (1743-1790), ami de Mlle de Lespinasse, de l'Académie française (1786).
[g] *Histoire philosophique et politique des établissements et du commerce des Européens dans les deux Indes.*

préjugé et toute puissance. Mais combien d'inexactitudes, combien de précipitation dans l'examen des faits, dans leur arrangement, quel chaos indigeste de faits, de systèmes, de paradoxes, quelle incohérence dans les réflexions où l'auteur soutient successivement toutes les idées les plus contradictoires et toujours avec la même chaleur ! Il semble qu'il ait été de tous côtés à la chasse des paradoxes ; quakers, jésuites, Penn [a], Helvéltius, Rousseau, jusqu'à Linguet, Buffon, etc., Boulanger [b], etc., Du Buc ; horreur de l'esclavage, nécessité des esclaves ; haine du monopole, défense de la Compagnie des Indes : tout lui est bon ; tout est également revêtu des couleurs de sa brillante imagination. Il semble avoir cherché à étonner par tous les extrêmes ; aussi ne résulte-t-il pas la plus légère conclusion pratique de son ouvrage tel qu'il est ; car je ne veux pas dire qu'il n'y ait pas dans ses matériaux de quoi tirer d'excellents résultats très solidement fondés. Voilà quelle doit être votre tâche ; mais elle est difficile : 1° parce qu'il faut savoir mettre de l'ordre dans votre travail et partager cette immensité de matières avec plus d'art que l'auteur ne l'a fait ; 2° parce qu'en combattant l'auteur, il est juste de le traiter avec tous les égards que mérite son courage et son talent, sans cependant le trop louer de ce courage.

Voilà de la besogne pour longtemps, et au moins pour 12 journaux sans interruption.

Je pars demain pour aller chez Mme d'Enville ; mais je n'y serai pas fort longtemps. Adieu, mon cher Du Pont, je vous embrasse de tout mon cœur. Mille compliments à Mme Du Pont.

CXIII. — (La santé de Du Pont. — Un ouragan.)

Rochechouart, 16 juillet.

J'ai reçu votre lettre, mon cher Du Pont, hier en partant de Limoges. Je vous ai écrit par le dernier courrier ; mais je me hâte de vous dire combien je suis fâché de l'état où vous a laissé ce malheureux émétique. Je ne connais que le lait et les plus grands ménagements pour cet état, et je vous engage à ne rien négliger pour vous rétablir promptement. Ne faites rien dans aucun genre qui puisse affecter vos nerfs d'ici à quelque temps, car si vous laissiez les vapeurs prendre possession de vous, vous seriez malheureux toute votre vie. Ainsi, peu d'aliments, du lait, peu de travail de cabinet, des conversations amicales, de l'exercice du corps, mais modéré et seulement assez pour provoquer le sommeil

---

[a] William Penn (1644-1718), législateur de la Pennsylvanie.
[b] Boulanger (1722-1759), auteur de l'*Antiquité dévoilée*.

le soir ; voilà le régime qu'il vous faut. Malheureusement, cela ne s'accorde pas avec les besoins des *Éphémérides* ; il faut que l'abbé Baudeau vous aide.

Je n'étais pas à Limoges ; j'étais à Tulle lors de l'ouragan du 27 et l'on n'en a rien ressenti. D'ailleurs, il a été très faible à Limoges. Le Sr Marin [a] a renversé de son souffle et bouleversé toute la relation qu'on lui a envoyée. Le plus grand mal a été la grêle dont il ne dit pas un mot. Elle a ravagé plusieurs paroisses ; je m'y suis rendu pour juger moi-même du mal et, au bout de quatre jours, j'ai tenu moi-même et fait fondre dans ma main de la grêle conservée dans un fossé et qui avait encore 8 à 9 lignes de diamètre.

Je vous prie de remercier Mme Du Pont de son souvenir et de caresser Irénée à mon intention. Je suis bien aise qu'il soit joli et que sa douceur réponde à son nom. J'espère qu'avec le temps il méritera aussi son autre nom en vous servant de second.

Adieu, mon cher Du Pont, je vous embrasse avec une bien véritable amitié.

CXIV. — (Les *Éphémérides*. — La charité. — Problème économique. — Le mariage de H. de Mirabeau.)

Limoges, 18 août.

Il y a longtemps, mon cher Du Pont, que je n'ai eu de vos nouvelles et j'en suis aussi fâché, parce que votre dernière lettre était fort loin de me tranquilliser sur votre état. Votre second volume [b] que j'ai reçu me persuade que vous êtes mieux. Je l'ai trouvé bien en général, mais à moins que l'extrait de Muratori [c] ne soit en partie de vous, ce que j'ai soupçonné, il n'a pas dû vous donner beaucoup de peine. Je voudrais qu'il fût tout de l'abbé L'Écuy [d] ; vous auriez un coopérateur en état de vous soulager et vous pourriez rattraper le courant.

Vous parlez de moi [e] ; je ne vous fais point de remerciements. Il n'en faut point pour ce que l'amitié dicte. Vous avez parlé, je ne sais trop pourquoi, de la soupe au riz. Ce n'est pas cette préparation qui a le mieux réussi, mais celle du supplément appelée *pâte cuite* ; c'est une

---

[a] Directeur de la *Gazette de France*.
[b] De l'année 1772.
[c] Muratori (1672-1750), archéologue italien.
[d] L'Écuy (1740-1834), général de l'abbaye de Prémontré.
[e] Dans les *Éphémérides*, p. 195 : « Police établie pour les ateliers de charité dans la généralité de Limoges ».

bouillie solide qui se coupe au couteau et qui se transporte. On peut la faire sécher et en faire, si l'on veut, une espèce de poudre alimentaire.

Qui est-ce qui vous écrit de Montivilliers d'un ton ironique et dénigrant et auquel vous répondez si honnêtement [a] ? Si j'avais un moment à moi, je serais tenté de résoudre son problème. Il y a pourtant un quatrième article que je crois insoluble ou dont la solution exige au moins une voie longue et détournée ; mais je crois qu'il ne faut point le résoudre et qu'il faut répartir la somme nécessaire aux dépenses publiques et non pas prendre une part déterminée du produit net dont la somme soit indéterminée.

Notre lieutenant général qui a souscrit pour vos *Éphémérides* n'avait point reçu le premier volume. Je ne sais s'il a reçu le second ; je vous en donne avis afin que vous répariez votre oubli.

J'ai appris le mariage du fils de M. de Mirabeau, mais si longtemps après l'événement qu'il deviendrait ridicule d'écrire pour faire mon compliment. Si vous voyez le père et le fils, dites leur, je vous prie, combien j'y prends de part.

Adieu, mon cher Du Pont, je vous embrasse. Donnez-moi, je vous prie, des nouvelles de votre santé.

CXV. — (Les *Éphémérides*.)

Angoulême, 3 octobre.

Je ne sais, mon cher Du Pont, si j'ai répondu à votre lettre du 3 août ; mais je la retrouve dans mon portefeuille avec d'autres non répondues. Au reste, il est toujours temps de vous assurer de mon amitié et de la part que je prends à toutes vos peines de toute espèce. Dans tous les temps aussi, vous savez ces choses-là sans que je vous les dise. J'ai impatience que vous soyez totalement quitte des suites de votre maladie et en état de travailler, car il est très vrai que vous ne tirerez bon parti des *Éphémérides* que quand vous aurez rattrapé le courant.

Me voilà au commencement de mes courses ; je serai de retour à Limoges lundi. C'est toujours là qu'il faudra m'écrire, si vous m'écrivez. Vous êtes aussi paresseux et aussi accablé de besogne que moi. Adieu,

---

[a] *Lettre contenant quelques problèmes proposés à l'auteur des Éphémérides*, par M. A. P., relativement aux deux principes de l'*Ordre essentiel des sociétés politiques* de La Rivière : 1° Le souverain est copropriétaire du produit net des terres ; 2° tout impôt pris ailleurs que sur ce produit est manifestement un double emploi.

L'auteur de la lettre met en présence le propriétaire de terres, le propriétaire de rentes sur la ville, et le propriétaire d'écus en argent qui dépense peu à peu.

mon cher Du Pont, je vous embrasse de tout mon cœur. Mes compliments à Mme Du Pont.

CXVI. — (Les *Éphémérides*.)

Limoges, 9 octobre.

J'ai reçu, mon cher Du Pont, votre lettre du 29 qui a été retardée d'un courrier et qui m'a vivement affligé. Votre situation devient chaque jour plus cruelle. Je crains bien que les souscriptions d'Allemagne ne soient une vaine espérance. Il faut cependant se donner le temps de s'en assurer et pour cela finir l'année dont vous avez reçu l'argent. Il faut donc pourvoir au moment. Quoique je sois moi-même un peu dépourvu, je ferai pourtant mon possible pour vous sauver le moment présent. Je vous envoie un mandement de 25 louis sur M. Cornet. Je crains qu'il n'ait pas beaucoup d'argent, attendu qu'il a dû payer ou doit payer incessamment quatre mille francs à M. de Montmort en remplacement de pareille somme que j'ai reçue ici d'un de ses débiteurs. Je souhaite que cette somme vous mette en état d'attendre mon retour qui sera environ dans deux mois. Nous verrons alors ce qu'on pourra faire. À chaque jour suffit sa peine. Je vous plaindrais beaucoup si vous alliez faire des démarches vaines auprès des personnes que vous me nommez. Il est dur d'avoir d'obligations à d'autres qu'à ses amis. Tout cela suppose que vous abandonniez à votre imprimeur ce que vous doit La Combe et il n'y a pas à hésiter plutôt que d'arrêter l'impression de vos *Éphémérides*. Il faudrait plutôt forcer de voiles pour rattraper le courant afin d'encourager les souscripteurs si vous devez continuer. Si vous ne le pouvez pas, il faut, comme vous le dîtes, chercher un supplément d'état. M. Trudaine est bien intentionné ; mais il a besoin d'être échauffé et cela n'est pas aisé de loin. Quand je serai à Paris, je lui porterai des attaques vives.

Quant aux places auprès d'intendants, rien de plus difficile que d'entrer en chef de plein saut. Il n'y aurait peut-être pas d'impossibilité à vous faire entrer auprès de M. de Crosne avec un sort de mille écus ; mais il y a bien des inconvénients du côté personnel et de la position ; ces inconvénients sont tels qu'ils ne peuvent être compensés que par la perspective de la place en chef. Je ne sais aussi si la science économique ne serait pas un obstacle à ses yeux ; mais je pourrai le faire sonder. Voyez si le cœur vous en dit. Pourquoi vous y prenez-vous si tard et dans un temps où les places que je pouvais vous donner sont si remplies ?

Quoique du côté du talent vous n'ayez pas, en effet, toute la réputation que vous méritez, et cela à cause de l'affiche de secte, cependant celle d'homme de bien est une bonne base. Que sais-je ? Peut-être quand vous serez tout à fait vous, c'est-à-dire vous Du Pont, et non pas seulement le représentant des économistes, on vous rendra plus de justice et vous regagnerez le temps perdu.

Je suis pourtant toujours d'avis d'attendre s'il viendra des souscriptions d'Allemagne. Vous ai-je mandé que j'avais lu dernièrement dans les gazettes anglaises un éloge des *Éphémérides* ? Adieu, mon pauvre ami, je vous embrasse et partage bien vivement toutes vos peines. Mes compliments à Mme Du Pont.

CXVII. — (Une *Correspondance économique*.)

Limoges, 3 novembre.

J'ai reçu à Brive votre lettre du 13, mon cher Du Pont ; je n'ai pu y répondre sur-le-champ. Vous ne doutez pas que je ne fasse ce qui dépendra de moi pour vous servir dans vos trois projets. Celui de la *Correspondance économique* [a] serait le meilleur s'il réussissait, mais j'ai peur que le maître de philosophie n'ai pas autant de pratique que le maître à danser. Les petits vers et l'histoire des actrices intéressent plus ces messieurs-là que toute la science économique qu'on est obligé d'émietter à leur usage et qui devient quelquefois par là un peu nauséabonde pour le reste du public. Je ne vous conseillerais pas, au reste, de faire imprimer le prospectus. J'approuve fort ce que vous me dites sur les inconvénients de louer les princes. Vous savez que je n'ai pas varié là-dessus. Au reste, je suis bien plus fâché contre l'Empereur que contre le roi de Suède qui n'a fait que s'égarer dans les pensées communes des rois, comme dit l'évêque de Lavaur [b] dans son oraison funèbre de Stanislas. L'Empereur agit en vrai brigand. Vous l'avez pourtant encore loué dans votre dernier volume [c], dans lequel, par parenthèse, je suis fort content de l'extrait ou plutôt de l'annonce du livre des Deux-Indes [d].

Je vous suis obligé de l'avis que vous me donnez. Malgré les convenances apparentes, il y a des obstacles qui me rendent la chose impossible. Il est heureux que ma lettre soit arrivée si à propos et je m'ap-

---

[a] Elle fut adressée au roi de Suède, au margrave de Bade, au roi de Pologne, peut-être à l'empereur Joseph II. Une partie a été publiée par M. Knies dans la *Correspondance de Karl Friedich*, margrave de Bade.

[b] Boisgelin.

[c] Les *Éphémérides* de 1772, t. III. C'est le dernier de cette curieuse revue. Le privilège en fut brusquement retiré à Du Pont.

[d] L'*Histoire philosophique* de l'abbé Raynal.

plaudis de n'avoir pas différé comme j'aurais très bien pu le faire dans l'idée où j'étais que vous vous étiez arrangé avec Didot [a] en lui donnant votre créance sur La Combe. Adieu, mon cher Du Pont, je vous embrasse. Bien des compliments à Mme Du Pont.

CXVIII. — (Projet d'un nouveau journal. — Court de Gébelin.)

Limoges, 27 novembre.

J'approuve fort, mon cher Du Pont, votre projet de réunir tous les journaux qui ont quelque analogie avec le vôtre et de vous associer pour cela avec l'abbé Rozier et Pankoucke. Cependant la société des libraires est quelquefois pour les auteurs une société léonine ; mais quand on n'a point de fonds, il faut bien en passer par là. Si vous y joignez la *Gazette* [b] et que vous preniez l'abbé Roubaud pour aide, vous pouvez faire une besogne excellente. L'abbé Rozier fera merveilleusement la *Gazette* et la purgera de toutes les sottises dont l'ignorance de Roubaud la farcissait et dont son beau parlage ne faisait que rendre le ridicule plus saillant. Mais Roubaud est très bon pour le *Journal*. Cette entreprise ainsi arrangée vaudrait mieux que la *Correspondance économico-politique*. J'ai impatience d'apprendre que ce projet se soit réalisé.

Je suis fort aise de ce que vous me mandez d'Irénée ; il faut espérer que nous en ferons quelque chose.

Puisque vous le voulez, je souscrirai pour le livre de votre ami Gébelin [c] ; je vous avoue que ses idées me paraissent en général un tissu de rêveries et qu'il n'a ni la finesse de critique, ni la métaphysique nécessaire pour traiter son sujet. Malgré cela, il pourra, comme vous le dites, y avoir dans tout cela quelques idées heureuses et quelques faits vrais.

Adieu, mon cher Du Pont, je vous embrasse. Mille compliments à Mme Du Pont.

CXIX. — (Suppression du privilège des *Éphémérides*. — La *Correspondance économique*.)

Limoges, 8 décembre.

Il est vrai, mon cher Du Pont, que j'ai eu une légère atteinte de goutte, mais il y a plus d'un mois ; je n'ai souffert que pendant trois jours modérément, et j'ai fait diète pendant huit. Depuis ce temps, j'ai

---

[a] Didot, La Combe, Pankoucke, libraires.
[b] La *Gazette du commerce*.
[c] Court de Gébelin (1723-1784), auteur du *Monde primitif, analysé et comparé avec le monde moderne*.

parcouru les deux routes de Limoges et de Poitiers pour préparer les travaux de l'année prochaine. Je suis bien impatient de retourner à Paris et votre situation ajoute à mon impatience. Je ferai tout au monde pour y être à Noël, mais quelque chose qui arrive, à moins que la goutte ne me cloue, j'y serai les premiers jours de janvier.

Je suis indigné, mais non étonné de ce qui vous arrive [a], mais j'en suis encore plus affligé, car quand vous retrouveriez dans le succès de vos autres projets une ressource meilleure que votre privilège des *Éphémérides*, vos dettes et les volumes que vous devez à vos souscripteurs vous embarrasseront beaucoup. Vous ne vous expliquez pas sur la source d'où vient le coup, ni sur la manière précise dont on s'est expliqué. J'aurais voulu le savoir ; cependant, qu'importe au fond ? Ce qui importe beaucoup, c'est de savoir si le Margrave aura des imitateurs qui veuillent payer un maître de philosophie aussi cher que les maîtres de danse. Ce qui importe encore, c'est que vous receviez directement de lui la nouvelle que vous ne tenez que du petit-fils du Docteur [b] et de l'évêque de Vilna [c]. De la bonne volonté des princes à l'exécution, il y a loin bien souvent.

Adieu, mon cher Du Pont, il me tarde d'être à portée de vous aider et de vous consoler dans vos détresses. Vous avez bien raison de compter sur mon amitié. Je vous embrasse.

Bien des compliments à Mme Du Pont.

CXX. — (Le *Journal de l'agriculture*. — Les *Éphémérides*.)

Limoges, 18 décembre.

Je battrais volontiers M. Tr. Jamais on n'a rien fait de si gauche et de si mal à propos. Comme s'il importait à l'État ou aux sciences que l'abbé Rozier fit son journal seul ou séparément et comme s'il ne vous devait pas quelque chose, comme si vous n'étiez rien pour lui [d]. J'en suis indigné. Je ne le suis guère moins de son excuse.

Vous faites dans votre position tout ce qu'il est possible de faire. Le projet de l'assemblée [e] dont vous me parlez est dur et désagréable ; nous verrons à mon retour s'il est possible de l'éviter. Je vois avec peine qu'il se recule jusqu'aux premiers jours du mois prochain. J'ai craint

---

[a] La suppression du privilège des *Éphémérides*.

[b] Quesnay de Saint-Germain, petit-fils de Quesnay, était alors à Carlsrhue.

[c] Prince Mussalski.

[d] Trudaine de Montigny ; allusion aux services que Du Pont lui avait rendus lors des affaires des grains.

[e] Des souscripteurs des *Éphémérides* qui n'avaient pas reçu tous les volumes souscrits.

encore ces jours-ci d'être arrêté par la goutte, mais ce n'a rien été du tout.

Adieu, je vous embrasse de tout mon cœur. Mille compliments à Mme Du Pont.

128. — LETTRES À CONDORCET.

[Correspondance publiée par M. Henry, p. 80 et s.]

IX. — (Divers objets. — Le commerce des grains.)

6 avril [a].

Il est vrai, M., que j'étais triste en quittant Paris, et je le suis encore. Je n'ai point à craindre les chagrins de l'ambition : mais la sensibilité que j'aurais eue pour cet objet s'est trouvée au profit de l'amitié, et lorsque je quitte mes amis, je suis aussi triste qu'un ministre exilé. Je verrai avec bien du plaisir ce que vous voudrez m'écrire sur la physique ou sur l'économie politique. Je vous parlerai la première fois des raisons que je crois avoir de préférer à tout la manière de juger par jurés [b]. Au reste, il est bien sûr que ce ne sera pour nous qu'un objet de spéculation. Nous aurons, ou nos tribunaux ordinaires, ou des tribunaux composés de juges amovibles et pensionnés.

Le pays où je me trouve à présent ne souffre point de la cherté des vivres comme celui que vous habitez ; le blé y est cher ; mais il y en a, et plus qu'il n'en faut pour le nourrir. L'édit de 1764 a fait défricher beaucoup de terres, et l'usage de cendres minérales qu'on a découvertes dans les environs de La Fère a mis à portée d'avoir des prairies artificielles ; mais on craint beaucoup la nouvelle année ici.

En 1764, l'agriculture languissait, beaucoup de fermiers étaient ruinés ; ils se sont relevés depuis. Peut-être, dans peu d'années, tout sera-t-il pis encore qu'en 1764. Je vais constater, pour un petit canton, la différence de l'état actuel à celui de 1764 ; il est bon qu'il reste des preuves du changement qu'a produit l'exportation.

Adieu, M., je voudrais bien vous voir à Paris à mon premier voyage ; il y a longtemps, mais bien longtemps, que je ne vous ai vu [c].

---

[a] Cette lettre a dû être écrite à Clermont ; nous avons modifié légèrement la fin du 2[e] paragraphe pour le rendre compréhensible.

[b] Condorcet avait écrit à Turgot qu'il reprendrait ce sujet avec lui.

[c] On lit dans les Lettres de Mlle de Lespinasse à Condorcet :

14 juin. — M. Turgot m'a écrit, il vous croyait encore à Paris.

X. — (Divers objets. — Utilité sociale de l'étude. — La Bible).

Ussel, 21 juin.

J'ai reçu, M., votre lettre du 14 timbrée de Chauny. Quoi que vous en disiez, je crois la satisfaction résultante de l'étude supérieure à celle de tout autre satisfaction [a]. Je suis très convaincu qu'on peut être, par elle, mille fois plus utile aux hommes que dans toutes nos places subalternes, où l'on se tourmente, et souvent sans réussir, pour faire quelques petits biens, tandis qu'on est l'instrument forcé de très grands maux. Tous ces petits biens sont passagers, et la lumière qu'un homme de lettres peut répandre, doit tôt ou tard détruire tous les maux artificiels de l'espèce humaine et la faire jouir de tous les biens que la nature lui offre. Je sais bien qu'avec cela il restera encore des maux physiques et des chagrins moraux qu'il faudra supporter en pliant la tête sous la nécessité. Mais le genre humain gagnerait beaucoup à s'abonner à ceux-là. Je vous avoue que la goutte ne m'a point empêché de continuer à croire aux causes finales. Je savais bien qu'aucun individu ni même aucune espèce n'était le centre du système des causes finales et que l'ensemble de ce système n'est, ni ne peut être, connu de nous. Cracher du sang, tousser, avoir la goutte, pleurer ses amis, tout cela n'est que l'exécution en détail de l'arrêt de mort prononcé contre tout ce qui naît ; et si nous ne mourons que pour renaître, il sera vrai encore que la somme des biens sera supérieure à celle des maux, toujours en mettant à part les maux que les hommes se font à eux-mêmes, maux passagers, à ce que je crois, pour l'espèce et qui le seraient aussi pour l'individu, si l'individu pensant et sentant avait plusieurs carrières successives à parcourir.

Je me flatte que ceux qui pourront un jour naître Limousins ne seront pas privés de la commodité des hottes, grâce au soin que vous voulez bien prendre de nous envoyer un vannier [b]. Je vous remercie du madrigal de l'abbé Arnauld, dont la pensée est agréable, mais les vers un peu duriuscules.

Vendredi (juillet). — Vous manquez bien à M. Turgot qui est bien mal instruit de ce qui se passe depuis votre départ.

26 juillet. — M. Turgot vous envoie des graines de raves qu'il a adressées à M. Bertin ; on a écrit à M. Parent, premier commis de M. Bertin ; on ne reçoit ni réponses, ni raves.

23 août. — M. Turgot est dans une grande privation depuis votre départ.

[a] Condorcet avait écrit le 14 juin : « Vous êtes bien heureux d'avoir la passion du bien public et de pouvoir y satisfaire ; c'est une grande consolation et d'un ordre supérieur à celle de l'étude ».

[b] Turgot, en vue de répandre dans le Limousin l'art de la sparterie, avait demandé à Condorcet de lui envoyer un vannier picard.

J'ai reçu de Genève un morceau sur les probabilités [a], qui est une espèce de plaidoyer pour M. de Morangiès. Cela vaut mieux que de faire des vers au vieil Alcibiade [b]. J'avoue que je ne pardonne pas non plus aux Académiciens d'avoir été dîner chez ce fat suranné, devenu délateur de ses confrères. Je persiste à croire que le choix de M. de Bréquigny [c], en pareille circonstance, est un acte de timidité qui ne fera qu'enhardir et fortifier le parti des faux-frères.

Adieu, M., conservez-moi votre amitié.

J'ai vu un *Commentaire sur la Bible par Émilie* [d], mais il n'avait que 2 volumes in-4°. Il a pu faire la pelote de neige entre les mains de son jeune amant [e] et du vieux de la Montagne [f]. Ce serait une chose intéressante qu'un pareil commentaire ; mais je le voudrais fait sans passion, et de façon à tirer aussi du texte tout ce qu'on en peut tirer d'utile comme monument historique précieux à beaucoup d'égards. L'envie d'y trouver des absurdités et des ridicules qui, quelquefois n'y sont pas, diminue l'effet des absurdités qui y sont réellement, et en assez grand nombre, pour qu'on n'en cherche pas plus qu'il y en a.

XI. — (Détails divers. — La sparterie. — Aurore boréale. — L'abbé Raynal.)

Limoges, 14 juillet.

J'ai bien des reproches à me faire, M., car il y a bien longtemps que je ne vous ai écrit, et quoique, d'un côté, ce ne soit pas tout à fait ma faute et que, de l'autre, je vous connaisse indulgent, il est toujours fâcheux de ne pas répondre, comme on le voudrait, non pas à l'amitié, mais aux témoignages qu'on en reçoit.

J'attends votre vannier qui sans doute est parti, car je n'imagine pas que vous ayez suspendu son départ, et que vous ayez douté de l'acceptation de vos conditions. Je ferai mon possible pour qu'il soit content et pour tirer parti du talent de sa femme. S'il arrive pendant le petit séjour que je vais faire à Verteuil, il s'adressera à l'Ingénieur de la Province, M. Tresaguet. J'ai pris le parti, pour votre graine de raves, de l'envoyer sous une double enveloppe à M. Bertin, et j'ai prié Mlle de Lespinasse de lui demander la permission.

---

[a] *Essai sur les probabilités en fait de justice*, par Voltaire.
[b] Le maréchal de Richelieu pour qui Voltaire avait écrit *Les Cabales*.
[c] De Bréquigny (1716-1793) de l'Académie des Inscriptions (1759) qui venait d'être élu à l'Académie française.
[d] Mme du Châtelet (1706-1749), mathématicienne, amie de Voltaire.
[e] Saint-Lambert.
[f] Voltaire.

J'ai été fort content des *Cabales* et des *Systèmes*[a], à quelques bagatelles près. On a beau dire ; cet homme ne vieillit point, et donne le démenti à son extrait baptistaire pour mieux le donner à son baptême.

Avez-vous eu des orages comme nous et des grêles épouvantables ? Nous avons aussi eu des aurores boréales très fréquentes, mais je les ai peu observées, parce que pendant mes courses, je me couchais de très bonne heure. J'en ai pourtant remarqué une le 28 juin sur les dix heures du soir, à Limoges, d'autant plus remarquable qu'elle ressemblait très peu aux aurores boréales ordinaires. Ce n'était qu'une clarté blanchâtre qui tapissait le fond du ciel et qu'on apercevait à travers les nuages légers dont le ciel était parsemé, et qui rendaient, comme on dit, le temps pommelé. Mais les nuages semblaient être le fond, parce qu'ils étaient obscurs, et c'était le fond blanchâtre entrecoupé qui formait l'apparence d'un ciel pommelé. Une autre particularité de cette aurore boréale, c'est qu'elle était principalement répandue vers le Sud, quoiqu'il y eût dans la partie sereine du ciel quelques colonnes lumineuses qui rasaient la Grande Ourse.

J'ai souvent vu des nuages bordés de blanc, comme s'ils avaient été éclairés par la lune, quoiqu'elle ne fût pas sur l'horizon. J'ai vu aussi des nuages blanchâtres isolés dans des parties du ciel fort éloignées du Nord. Une fois, c'était, je crois, le 18 février 1764, j'ai vu une espèce de bande lumineuse qui s'étendait presque d'un bout à l'autre de l'horizon, et qui était d'une largeur à peu près égale partout. Elle suivait à peu près la direction du zodiaque, et n'était point la lumière zodiacale : 1° parce qu'elle était détachée de l'horizon ; 2° parce qu'elle était beaucoup plus étendue ; 3° parce que sa largeur était uniforme et qu'elle ne se terminait pas en pointe ; 4° parce qu'elle avait un mouvement parallèle à elle-même assez lent, mais très sensible. Je ne me souviens plus si c'était au Midi ou au Nord. Plus je vois ce phénomène et les différentes formes qu'il prend, plus je me convaincs que ce sont de véritables nuages qui n'appartiennent qu'aux parties les plus élevées de l'atmosphère, et que la matière qui les compose s'enflamme par une combustion réelle, tantôt lente et paisible comme celle du charbon, tantôt rapide et se communiquant au loin, comme dans la flamme et dans des traînées de matières combustibles. Je ne serais pas surpris que ces inflammations eussent quelques rapports avec le fluide électrique, fluide expansible qui doit s'étendre beaucoup plus haut que l'air, et qui, certainement, est chargé de beaucoup de phlogistique, qui, peut-être, est l'intermède par lequel le phlogistique que le soleil nous envoie se combine avec les corps solides et fluides où nous le trouvons. Peut-être est-il aussi l'in-

---

[a] Par Voltaire.

termède par lequel la chaleur écarte les parties mêmes de l'air et des autres corps devenus expansibles par la vaporisation. L'affectation des aurores boréales à occuper la partie septentrionale du ciel tiendrait à un mouvement que je soupçonne depuis longtemps dans la partie supérieure de l'atmosphère, de l'équateur au pôle, et qui me paraît une suite nécessaire de son expansibilité combinée avec la force centrifuge et la pesanteur. Il y a bien longtemps qu'il m'a passé par la tête d'expliquer par là le mouvement du fluide magnétique ; mais les faits relatifs à ce magnétisme sont encore trop peu connus et trop peu analysés. Pardon de vous faire part de mes rêveries ; j'oublie que les géomètres n'aiment pas les systèmes, et qu'il leur faut des calculs. Malheureusement, je n'en sais pas faire et mon imagination s'égare sans frein.

Mlle de Lespinasse m'apprend que vous travaillez sur quelque objet de littérature ; je ne crois pas qu'il y ait d'indiscrétion à vous demander sur quoi.

Je viens enfin d'achever l'*Histoire des Deux-Indes*. En admirant la facilité et la brillante énergie du style de l'auteur, je vous avoue que je suis un peu fatigué des excursions multipliées et des paradoxes incohérents qu'il rassemble de toutes les parties de l'horizon ; il entasse ceux de tous les auteurs les plus paradoxaux et les plus opposés, tous les systèmes moraux, immoraux, libertins, romanesques ; tout est également revêtu des couleurs de son éloquence et soutenu avec la même chaleur : aussi, ne résulte-t-il rien de son livre. Je voudrais aussi qu'il s'abstînt de déraisonner physique. Il aurait souvent besoin qu'on lui donnât le même avis que vous avez donné à La Harpe, lorsque celui-ci définissait l'octaèdre, une figure à huit angles.

Adieu, M., donnez-moi quelquefois de vos nouvelles et de celles des choses qui vous intéressent, sans user de représailles avec moi.

XII. — (Détails divers. — La sparterie. — Mathématiques. — La cristallisation.)

Limoges, 27 octobre.

Je me reproche, M., un bien long silence avec vous. Mes courses en ont été en partie la cause : m'en voilà revenu depuis samedi et fixé ici pour quelque temps et, d'ici à mon retour à Paris, quelque impatience que j'aie d'y arriver, j'imagine que vous y serez avant moi, ne fût-ce que pour terminer l'affaire du secrétariat [a] qui, ce me semble, devait l'être à

---

[a] De l'Académie des Sciences que sollicitait Condorcet.

la Saint-Martin. J'ai grand désir que ce soit une chose faite et non à faire.

J'ai traité hier à leur passage MM. du Régiment royal de Pologne, parmi lesquels était M. votre cousin orné d'une moustache qui le rend très vénérable et sur laquelle je lui ai promis de vous faire mon compliment.

Votre vannier commence à faire des hottes ; mais il ne sait point faire de vans. J'ai trouvé au reste ses demandes plus considérables que les conditions que vous m'aviez annoncées par votre lettre du 26 juin. Il demande un écu par jour au lieu de quarante sols et trois ou même quatre louis au lieu de deux pour son voyage. Sur ce que je lui ai fait observer cette différence, il m'a répondu que ce n'était pas avec lui que vous aviez traité, mais avec son jeune frère, lequel avait craint de s'éloigner si fort de sa patrie et d'aller vivre parmi des barbares, que lui, plus aguerri aux dangers des voyages, avait pris sur lui de faire honneur aux engagements de son frère, mais qu'il n'avait rien fixé sur le prix. Je suis convenu avec lui que je vous en écrirais et que je m'en rapporterais entièrement à ce que vous décideriez. Dans le vrai, les meilleurs ouvriers de ce pays-ci, ne gagnent pas quarante sols et le sieur Fondemant est très bien nourri pour vingt sols et d'ailleurs logé.

Je vous remercie bien de votre formule [a], quoiqu'elle soit arrivée lorsque je n'en avais plus besoin, m'étant procuré un moyen équivalent pour arriver au même but, par une règle arithmétique fondée sur les mêmes principes. De plus, je m'étais aperçu que je ne pouvais en tirer aucune utilité pour l'objet que je me proposais. Je supposais que l'on pouvait, par une division toujours poussée plus loin, augmenter indéfiniment l'espace occupé par une quantité de matière quelconque et je voulais rechercher suivant quelle loi et pour cela je supposais une boule inscrite dans un tétraèdre et occupant l'espace qu'il renferme.

Je la supposais divisée successivement en quatre, dix, vingt et autres nombres pyramidaux, mais je n'ai pas tardé à m'apercevoir de ce que j'aurais dû prévoir dès le premier moment, c'est que le tétraèdre renfermant les quatre boules était plus petit que celui qui n'avait qu'une seule sphère, et qu'ainsi, au lieu de gagner du terrain, j'en perdais. Je me souviens pourtant d'avoir lu autrefois dans Keill [b] ou Gravesande [c] un beau théorème de Newton, d'où il résulte qu'avec un pouce cube de

---

[a] Cette formule que, paraît-il, Turgot avait demandée, est $n'(n+1)(n+2) / 6 = (n^3+2n^2+2n) / 6$ que l'on trouve « en observant, disait Condorcet, que ces nombres doivent être exprimés par une fonction de n, telle qu'en y mettant $n+1$ au lieu de n, la différence soit $(n^2+2n+1)/2$, formule pour le nombre triangulaire, qui est le (n+1)^{ème}. »

[b] Mathématicien écossais (1671-1721).

[c] Mathématicien hollandais (1688-1742).

matière, on peut remplir toute la sphère qui a pour rayon celui de l'orbite de Saturne. S'il y a des vides tels que les corps ne se touchent pas les uns les autres, ou si l'on dispose la matière en figures creuses, il n'y a rien de bien merveilleux. M. de Morveau rappelle l'énoncé de ce théorème, mais il n'en donne d'ailleurs aucune idée, et je ne me souviens plus du tout de la manière dont Newton dispose la matière pour obtenir son résultat.

J'ai, à propos de boules, un beau problème à vous proposer ; mais cela demande quelque explication et je n'aurai pas le temps ce soir.

Je ne suis pas plus en droit que M. de Romé de faire les honneurs de la géométrie, mais j'ai bien peur qu'il n'ait trop raison quand il dit que la géométrie ne pourra jamais expliquer ce phénomène [a]. Ce n'est pas qu'il ne gise, comme toute la physique, *in pondere et mensura* ; mais les mouvements se passent trop hors de notre portée et nous n'en voyons que des résultats trop éloignés et trop compliqués pour que nous puissions remonter aux causes. La seule tendance des parties de l'eau qui se gèle à s'assembler sous des angles de 60°, qui peut-être est, de tous les phénomènes relatifs à la cristallisation, le plus simple, n'a-t-elle pas de quoi confondre toutes les recherches ? Quelle figure faudra-t-il supposer aux unités du fluide aqueux ? Il n'en existe aucune possible qui ait tous ses angles de 60° ; le tétraèdre, l'octaèdre, formés par des triangles équilatéraux n'ont aucune de leurs faces qui se joignent sous cet angle. Supposera-t-on de petits parallélépipèdes d'une hauteur presque nulle et ayant pour base un losange composé de deux triangles équilatéraux ? Comment concilier cette figure avec l'idée d'un fluide, avec le mouvement de fluidité, avec tous les phénomènes que présente l'eau. D'ailleurs, comment expliquer l'inclinaison dans tous les sens des lames qui s'enfoncent dans le fluide et de celles qui s'élèvent en s'inclinant sur la surface de l'eau ? La figure supposée n'expliquerait que la formation des filets sur la surface même de l'eau ; et les lames inclinées les unes aux autres, et aux parois du vase, sous l'angle de 60°, devraient d'ailleurs nager à plat sur la surface de l'eau. C'est ce qui n'arrive pas. Autre mystère : Supposerez-vous l'élément ou l'unité insensible semblable au cristal sensible ? Dans le fait, le plus petit cristal ressemble au plus grand. Mais comment l'assemblage de ces petits cristaux en formera-t-il un grand sensible à ses éléments ? Il y en a dont la figure est un tétraèdre ; d'autres, dont la figure est octaèdre ; d'autres, en très grand nombre, composés de prismes hexagonaux terminés par une pyramide

---

[a] Dans son ouvrage *sur la cristallisation*, De Romé de Lisle (1736-1790) avait protesté en tête qu'il ne prétendait pas que la géométrie put jamais expliquer ce phénomène. « Je ne sais, disait Condorcet, s'il a le droit de faire les honneurs de la géométrie, mais il a mis cette phrase pour contenter l'école de Rouelle ».

hexagonale. Aucune de ces figures ne peut, en s'assemblant, remplir un espace, ni former une figure semblable à la première. Il faudrait pour cela des cubes ou des prismes hexagonaux terminés par trois rhomboïdes comme les cellules des abeilles. Mais, même avec le cube, comment expliquer la formation du cristal de sel marin ? Comment, lorsque dans l'évaporation insensible, lorsque le petit cube élémentaire de Rouelle est devenu la pointe d'une pyramide renversée, cette pyramide retombée enfin dans la liqueur s'y reforme-t-elle en cube ? Comment tous les vides se remplissent-ils et pourquoi tous les cubes qui se déposent à la surface de la pyramide ne s'arrangent-ils pas en la couvrant couche par couche et en lui conservant sa figure primitive ? Comment la figure cubique se rétablit-elle après avoir été dérangée et même en laissant des vides qui ne sont point remplis ? Ces fluides et, bien plus encore, des interruptions des corps étrangers qui sont au milieu d'un cristal doivent déranger l'effet de l'attraction. Cependant la forme du cristal se retrouve. Les cristaux de nitre ont toujours six pans ; mais quelquefois, ces cristaux sont aplatis de façon à former une espèce de table de deux faces opposées, tandis que les quatre autres ne forment qu'une espèce de double biseau. Dans les cristaux de roche, on trouve souvent des quilles qui traversent d'autres quilles en se pénétrant et se confondant en partie et qui, cependant, sont toutes deux régulières. Tout cela confond le chimiste et le géomètre ; mais le chimiste se borne à observer. Le géomètre qui parviendrait à expliquer, serait, je crois, le véritable sorcier.

Adieu, M., j'aurais encore bien des choses à vous dire, mais ma lettre ne partirait pas. Vous savez combien vous devez compter sur mon amitié.

Mlle de Lespinasse m'a mandé l'extrémité de M. D'Ussé et je crains bien que vous ne l'ayez déjà perdu. Vous ne doutez pas de la part que je prends à ce que cet événement a de douloureux pour vous.

XIII. — (La cristallisation.)

Limoges, 6 novembre.

Voici, M., le problème dont je vous ai parlé dans ma dernière lettre.

Si l'on suppose un nombre indéfini de sphères d'un diamètre égal, parfaitement dures, parfaitement lisses, d'une densité égale, on convient, ce me semble, que leur assemblage a toutes les propriétés des fluides. Si l'on n'en convient pas, il est bon de rechercher avant tout si la chose est vraie et démontrable et si l'on pourrait dans ce cas démontrer *à priori* le principe de l'égalité de pression. Quoi qu'il en soit, si, en effet, il est démontré qu'un assemblage de sphères ainsi constitué formerait un fluide, bien entendu que cet assemblage soit assez vaste pour que ses dimensions n'aient qu'un rapport inassignable avec le diamètre des sphères, car sans cela, on conçoit aisément que leur jeu ne serait plus libre. Tout cela supposé, je dis que si, dans cet assemblage de sphères, on interpose d'autres sphères aussi en nombre indéfini dont le diamètre soit différent, le fluide cessera d'être aussi fluide que si l'on ne mêle deux, trois, quatre ordres de boules ; l'assemblage prendra une solidité toujours plus grande et qu'il y a tel assemblage de tel nombre d'ordres différents de boules, avec un tel rapport de nombre entre leurs différents diamètres, qui rendent l'assemblage capable de résister à une force donnée. C'est l'expérience de ce qui se passe dans la confection des routes qui m'a conduit à cette théorie. Il est certain que des cailloux ronds d'un ou deux pouces de diamètre répandus sur un chemin roulent les uns sur les autres et que le chemin n'a aucune solidité jusqu'à ce qu'une partie ait été broyée par le passage des voitures. Un chemin de sable pur n'est pas plus solide et les roues y font des ornières profondes. Mais si ce même sable et ces mêmes cailloux sont mêlés ensemble dans une certaine proportion que l'expérience fait connaître et qui varie suivant la finesse du sable et les dimensions des cailloux, il en résulte de toutes les espèces de chemins le plus solide et le plus inaltérable. Il me paraît que cet effet vient de ce que le caillou qui est immédiatement pressé par la roue d'une voiture a, par le moyen de l'interposition du sable, une plus grande masse de cailloux et de sable à déplacer que s'il était seulement environné de cailloux égaux et du même diamètre que lui. Il me semble que le sable, par sa plus grande division et par l'espèce de fluidité qui en résulte, distribue au loin l'action du fardeau et le partage entre un plus grand nombre de boules. Mais ce n'est là qu'une vue infiniment vague. Je doute fort que la solution du problème soit possible, surtout si on l'envisage dans sa généralité ; le nombre des ordres, les diamètres des boules, leur pesanteur spécifique sont trois éléments susceptibles chacun de varier à l'infini et de compliquer peut-être le problème au point de le rendre insoluble. Mais peut-être pourrait-on en examiner quelque cas particulier et en tirer des considérations utiles et applicables à quelques points de physique. Au pis aller, vous excuserez mon ignorance qui ne me permet pas de distinguer nettement les limites du possible et de l'impossible.

Adieu, M., vous connaissez toute mon amitié. Je vous adresse ma lettre à Paris, vous croyant bien près de votre retour. Je crois vous avoir fait mon compliment sur la perte de M. d'Ussé sur laquelle je partage vos regrets et ceux de Mlle de Lespinasse. Vous n'avez pas eu, comme elle, la douleur de le voir souffrir.

XIV. — (La cristallisation.)

Limoges, 13 novembre.

Je suis fort aise, M., que vous me donniez des armes contre les prétentions exorbitantes de votre vannier ; je ne veux pas lui tenir rigueur, mais ce qu'il aura de plus que vos premières conventions sera une grâce.

J'ai oublié dans la grande lettre que je vous ai écrite dernièrement la chose la plus essentielle et pour laquelle précisément je vous écrivais, c'est-à-dire l'énoncé de mon problème. Vous y aurez facilement suppléé. Quoi qu'il en soit, on peut l'envisager de deux manières ; l'une particulière et l'autre plus générale. On peut, étant donnés, un, deux ou trois ordres de boule, de différents diamètres et pesanteurs spécifiques donnés et mélangés dans une proportion donnée, examiner le rapport de la résistance de l'agrégat qui en résulterait avec celle de l'agrégat formé par un seul ordre de boules, ou bien l'on peut demander quel est le nombre d'ordres de boules, la proportion des diamètres et des mélanges qui donnera le maximum de résistance. Je crains fort que ces problèmes ne soient trop compliqués.

Ils le sont pourtant bien moins que ceux qu'il faudrait résoudre pour expliquer le phénomène de la cristallisation. Je ne suis pas du tout battu par votre comparaison de Thalès et de Pythagore auxquels on aurait proposé le problème de la précession des équinoxes à résoudre et qui auraient eu tort de conclure de leur impuissance à l'impossibilité de la chose. L'astronomie physique s'est prêtée au calcul parce qu'on y voit ce qu'il y a à calculer ; tous les mouvements et les distances des corps célestes, leurs figures mêmes, sont données par l'observation. Dans les phénomènes de la chimie, au contraire, tout se passe hors de la portée de nos sens et nous n'avons point de prise pour connaître ni les figures, ni les mouvements ; nous ne voyons que des résultats infiniment compliqués dont les causes sont non seulement trop éloignées de l'effet, non seulement en nombre presque infini, mais, ce qu'il y a de pis, en nombre inconnu, puisqu'il est démontré qu'il y a plusieurs fluides plus subtils que l'air qui sont absolument incoercibles et qui peuvent entrer comme principes dans les combinaisons des mixtes. Je n'ai pas assurément prétendu épuiser les hypothèses, même pour le cas de l'eau glacée, mais elle indique cependant la forme de triangle équilatéral, et comment arranger cette forme avec les propriétés d'un fluide. Je vous ai fait grâce de la manière dont les grands cristaux se forment par lames parallèles et cependant conservent la forme hexagone. Vous me dites que les corps qui se cristallisent sont composés ; oui, les unités du mixte. Mais c'est l'agrégat composé d'un nombre immense d'unités dont nous voyons la cristallisation, et la difficulté consiste à expliquer comment la même figure se retrouve dans l'agrégat, quel que soit le nombre d'unités dont il est composé. Adieu, M., le papier me manque. Recevez les assurances de mon amitié. Je suis charmé de vous savoir à Paris.

XV. — (Détails divers. — Le phlogistique ; l'éther. — L'air fixe.)

Limoges, 27 novembre.

L'*Histoire de l'Académie* ou des *Académiciens morts avant 1699* me paraît devoir être un morceau intéressant quoiqu'à quelques égards ce soit étaler notre pauvreté, car il faut avouer qu'à cette époque nous étions prodigieusement inférieurs dans les sciences aux Anglais, dont c'était le bon temps, et même aux Allemands. Il y avait pourtant quelques gens de mérite. Je ne me souviens plus si Fontenelle a fait l'éloge d'Huyghens ; il me semble que non. En ce cas, ce sera un éloge principal à traiter. Ce qui me fâche de cet ouvrage, c'est qu'il ne laisse pas de demander des recherches et des lectures de livres qu'on ne lit plus guère, qu'il exige, par conséquent, du temps pour être bien fait. Or, je voudrais que votre affaire fût décidée promptement.

Vous aurez à discuter s'il est vrai que Roberval et Frenicle aient eu, avant Newton, l'idée d'expliquer toute l'astronomie physique par la gravitation universelle. Quand cela serait vrai, cela n'ôterait guère à la gloire de Newton, car de cette première idée à l'exécution, il y a une bien prodigieuse distance ; il y a toute celle de Frenicle à Newton.

À propos de Newton, je viens de lire dans un journal anglais, un moyen fort ingénieux pour expliquer comment il a pu ne pas s'apercevoir de l'inégale dispersion des rayons dans la réfraction de l'eau et du *flintglass*, quoiqu'il ait fait l'expérience d'où on l'a conclue. C'est un moyen de sauver son infaillibilité, dont l'idée est due à un M. Mitchell. La voici : elle consiste à supposer, ce qui, je crois, est fondé sur quelques textes de l'optique, que pour augmenter la force réfractive de l'eau, Newton y mêlait des sels et en particulier du sel de Saturne. Or, a dit M. Mitchell, il est très probable que le plomb dissous dans l'eau sous la forme de sel aura le même effet d'augmenter la propriété dispersive des rayons qu'il a lorsqu'il est combiné avec le sable dans le *flintglass*. M. Mitchell a répété l'expérience de Newton avec de l'eau imprégnée de sel de Saturne et il a vu qu'effectivement la dispersion des rayons se compensait à peu près, en sorte que l'image, qui avait traversé les deux prismes disposés en sens contraire, n'était pas sensiblement troublée, ainsi que Newton l'avait remarqué. Dollond [a], ayant fait l'expérience avec de l'eau simple et du *flintglass,* a dû voir l'effet tout différemment. Cette explication m'a fait plaisir, car j'aime et vénère la mémoire de Newton.

Quand votre expérience ne réussirait pas, je n'en croirais pas davantage à la prétendue légèreté spécifique du phlogistique dans l'air. Encore, si M. de Morveau au lieu de parler de l'air, eût parlé de l'éther, de ce fluide ou de ces fluides plus subtils que l'air, qui passent à travers les pores des corps, comme le fluide électrique, le fluide magnétique, le fluide qu'il faut supposer pour expliquer comment la chaleur produit entre les éléments de l'air, de l'eau en vapeur, du mercure, du cuivre en vapeur — cette répulsion en raison inverse des distances, d'où résulte l'état de vaporisation ou de fluide expansible — on pourrait l'écouter, car il pourrait supposer que le volume du tissu spongieux que formeraient également dans un pareil fluide la litharge et le plomb revivifié, serait augmenté plus que sa pesanteur par l'introduction du phlogistique, à peu près comme si l'on empâtait avec de la cire fondue une masse de limaille de fer d'un pied cube ou, si vous voulez, une masse de plomb en grains, le volume total apparent serait le même, mais le volume réel, celui qui correspondrait à l'eau déplacée, serait augmenté, et, comme la cire nage sur l'eau, la pesanteur relative du tout serait diminuée. Mais si l'on veut recourir à ces fluides, je dirai encore qu'il est très possible que ces différents fluides ou leurs éléments soient susceptibles d'entrer, ainsi que l'air, dans la combinaison des mixtes, d'en devenir principes ou d'être principiés, comme nos chimistes le disaient quelquefois de l'air, avant que nous eussions adopté des Écossais cette fausse et impropre dénomination d'*air fixe* qui donnerait à entendre que l'on a découvert une espèce d'air différente de l'air commun, comme l'ont, à ce que je crois, imaginé quelques-uns des Écossais qui ont travaillé sur cette matière. Il paraît qu'ils ont ignoré les travaux de nos chimistes et la doctrine de l'air combiné dans les mixtes, tantôt au point de saturation, tantôt avec surabondance, comme dans les eaux de Selters, dans le vin mousseux, etc., telle que l'a développée Venel et que Macquer l'a expliquée aussi dans son *Dictionnaire de chimie*. Ces messieurs avaient rappelé à une meilleure théorie et ils avaient étendu les conséquences des premières expériences de Stahl, lequel est vraiment le premier qui ait aperçu le rôle que l'air joue dans la nature comme principe des mixtes ; mais toutes les idées spéculatives de Stahl, toutes les conséquences qu'il tire des faits qu'il a vus, sont infiniment embrouillées et manquent de cette dialectique, de cette précision d'idées et de

---

[a] Jean Dollond, opticien anglais.

langage dont jusqu'ici les physiciens se sont occupés beaucoup trop peu et dont le défaut remplit leurs écrits de paralogismes, de paradoxes, de suppositions tacites d'où naissent des conséquences absurdes, etc., etc. Ce sont nos chimistes qui ont fait disparaître les paradoxes de cette doctrine, qui ont montré que l'air dans les corps solides n'était pas comprimé, mais combiné, que ce n'était ni à l'air, ni à l'eau que les corps solides devaient leur solidité, mais à l'union de leurs différents principes, à l'équilibre des tendances en vertu desquelles ces principes, en telle ou telle proposition, s'unissent pour former tel ou tel mixte et à la force des tendances qui sont, les unes vers les autres, les unités de ces mixtes ainsi formés. Ils ont remarqué que la fluidité liquide dans l'eau, la fluidité expansible dans l'air et dans l'eau en vapeur, étaient des propriétés appartenantes à l'agrégat et non aux unités des mixtes plus ou moins composés, plus ou moins simples, ou de leurs éléments, que ces propriétés avaient pour cause l'application de la chaleur et la force par laquelle elle tend à écarter les molécules des corps qu'elle pénètre, d'où il suit que cet effet est nul lorsque la tendance des molécules de l'agrégat les unes vers les autres ou la tendance des principes vers les autres principes du mixte surpasse la force d'écartement de la chaleur actuelle. Voyez l'article *Chimie*, dans l'*Encyclopédie*, l'article *Effervescence* des *Mémoires* de Venel *sur les eaux de Selters* et l'article *Expansibilité* (avec l'errata qui est au VIIe volume, sans lequel vous ne l'entendriez pas) [a]. Dans cette doctrine, l'air, *combiné* avec les corps, y est fixé par la combinaison ; il en est *dégagé* lorsque le mixte se décompose et qu'il s'en forme de nouveaux ; souvent, il se recombine sur-le-champ comme dans la fermentation du vin. Mais la dénomination de *fixe* ne lui convient point. Cette fixité n'est qu'un état accidentel et passager et non une propriété constitutive d'une substance particulière de l'air, distinguée de l'air commun.

Mais les Écossais sont venus ; ils ont cru découvrir ce que nous savions il y a plus de vingt ans, ce qui n'a pas peu contribué à l'enthousiasme avec lequel ils ont annoncé leurs découvertes. Ils y ont ajouté beaucoup d'expériences ingénieuses et intéressantes sur les effets de cet air récemment dégagé des mixtes auxquels il était uni ; ils ont observé que cet air, ainsi récemment dégagé, se recombinait plus aisément et qu'il avait différents effets qu'on ne pouvait point obtenir de l'air qui était depuis longtemps dans l'état d'agrégation expansible. Cette partie de leur doctrine est ce qui leur appartient ; elle est nouvelle, intéressante, féconde en belles expériences chimiques et peut-être médicales. Mais, s'ils en ont conclu que cet air était une autre substance que l'air

---

[a] Voir tome I, p. 475.

commun, leur conclusion est plus étendue que les prémisses. L'air sur lequel ils opèrent n'est point de l'*air fixe*, mais bien de l'air *qui a été fixé* pendant quelque temps et qui ne l'est plus. C'est de l'air *dégagé* de la combinaison dans laquelle il avait été *fixé*. La dénomination d'*air fixe* est donc impropre et il faut la bannir. Au reste, les Anglais n'ont pas tant de torts que leurs traducteurs, car leur mot est : *fixe d'air*, ce qui peut se traduire par *air fixé*, aussi bien que par *air fixe*, mais encore ce mot d'*air fixé* ne donne-t-il pas une idée nette de la chose : cette chose est de l'air élémentaire considéré comme *élément* ou comme *principe* et non comme *agrégat*, lequel est tantôt *fixé*, tantôt *dégagé*, par la combinaison ou la décomposition des mixtes.

Pardon de cette digression occasionnée par l'humeur que m'a donnée : 1° l'introduction d'un langage impropre dans la physique déjà trop infectée de ce vice ; 2° l'emphase avec laquelle au moyen de cette dénomination impropre on a voulu nous persuader que quelques médecins d'Édimbourg avaient changé la face de la physique, lorsqu'ils n'ont fait qu'étendre des découvertes très connues, beaucoup plus intéressantes en elles-mêmes que la nouvelle extension qu'on leur a donnée et qui n'ont pas fait autant de bruit lorsqu'elles ont paru sous leur véritable nom, qu'elles en font aujourd'hui sous leur mauvais surnom.

Je reviens à votre projet d'expérience [a]. Elle me paraît très bien imaginée et devoir être concluante si, en effet, l'introduction dans l'eau de chaux d'un air qui se dégage d'autres substances fait précipiter par l'union de cet air avec l'eau la matière calcaire qu'elle tenait en dissolution.

Je ne connais ce fait que par le récit que vous m'en avez fait un jour et j'ai compris alors tout le contraire ; c'est-à-dire que l'eau ne pouvait dissoudre la chaux qu'autant que l'on rendait à cette chaux l'air qu'elle avait perdu avec son eau de cristallisation par l'opération de la calcination. Cela me paraissait se lier fort bien avec les expériences de Stahl qui, en calcinant la pierre sous son appareil, en a tiré beaucoup d'eau et beaucoup d'air ; c'était d'ailleurs une clef fort heureuse pour expliquer comment la dureté du mortier, n'étant due qu'à la régénération du spath calcaire qui, en se cristallisant, adhère aux parois que lui présentent les grains de sable ou de ciment avec lesquels la chaux est brassée ; comment ce spath calcaire régénéré, formant sous les voûtes en s'infiltrant à travers les joint des pierres, de véritables stalactites calcaires qu'on peut de nouveau réduire en chaux par le moyen du feu ; com-

---

[a] Lettre de Condorcet du 22 novembre : « Voilà une expérience que M. Sage fera ces jours-ci avec moi. Je mettrai de la chaux de plomb avec du charbon dans une cornue dont le bout luté sera garni d'un tube plongé dans l'eau de chaux. Si en réduisant la chaux de plomb, la chaux se précipite, ce sera un indice que la rephlogistication du plomb produit ce que nous appelons *air fixe*, etc. »

ment la chaux reprenant, lorsqu'on l'éteint, l'eau que le feu lui avait enlevée, il arrive cependant que la chaux qui se précipite conserve une onctuosité qui l'empêche de se sécher et de se mettre en une poudre friable, comme fait tout sel régénéré qui se cristallise au fond de l'eau ; comment cette onctuosité se conserve plusieurs années si la chaux est dans une fosse couverte, en sorte qu'elle n'en est que meilleure pour faire du mortier, tandis qu'on tenterait vainement d'en faire avec de la pierre calcaire réduite en poudre impalpable. Il faut donc qu'il y ait une grande différence entre la chaux éteinte et la pierre calcaire ou le spath calcaire recristallisé et servant de lien aux grains de sable dans le mortier. L'expérience que vous m'annonciez de la manière dont je la comprenais m'expliquait cette différence. Sans doute, disais-je, l'air n'est pas moins essentiel à la cristallisation du spath calcaire que l'eau. Il a perdu l'un et l'autre dans la calcination. L'extinction de la chaux n'a rendu à la terre calcaire que l'eau et peut-être seulement une partie de l'eau qu'elle avait perdue ; elle ne lui a point rendu cet air nécessaire à la constitution du spath calcaire et sans lequel il ne peut être ni dissous dans l'eau, ni cristallisé. Cet air ne peut lui être rendu que peu à peu, par le laps de temps, par la multiplication des surfaces exposées à l'air, par l'infiltration même successive des eaux qui contiennent toujours de l'air dans une certaine proportion et souvent avec surabondance. J'étais fort satisfait de cette théorie et vous venez la renverser par votre manière d'exposer l'effet de l'air dégagé appliqué à l'eau de chaux. Il me reste pourtant une ressource : c'est de supposer que l'eau chargée d'une surabondance d'air est moins propre à tenir le spath calcaire en dissolution, que par conséquent, celle à qui l'on fournit de nouvel air laisse précipiter une partie du spath qu'elle tenait dissous. Cette explication n'empêcherait pas que le défaut de solidité de la chaux récemment éteinte et son état d'onctuosité ne fussent dus au défaut de l'air qu'elle n'a point encore pu reprendre.

Il sera aisé de vérifier si c'est du spath calcaire régénéré ou simplement de la chaux, en état de chaux éteinte, que précipite l'air introduit surabondamment dans l'eau de chaux. Il n'y a qu'à examiner le précipité ; s'il est onctueux comme la chaux, s'il est propre à faire le bon mortier en le mêlant avec du sable ou de la terre cuite pilée, ma théorie ne vaut rien ; mais s'il se sèche, s'il est friable sous les doigts, s'il ne fait pas plus corps avec le sable que ne le ferait de la pierre calcaire réduite en poudre fine, ma théorie n'aura reçu aucune atteinte. Vous pourrez aisément faire cette expérience en même temps que la vôtre. Je serai charmé d'apprendre le résultat de toutes deux.

Je n'entends pas trop bien ce que vous me dites sur ces assemblages de sphères dont vous dites qu'il serait possible qu'aucun ne jouit de la propriété de l'égale résistance. Y comprenez-vous l'assemblage de sphères toutes égales ? J'en serais surpris, car il me semble que les physiciens conviennent assez, sans pourtant l'avoir rigoureusement démontré, qu'un pareil assemblage aurait toutes les propriétés d'un fluide. Il serait, ce me semble, également intéressant de démontrer que la chose est, ou de démontrer qu'elle n'est pas. Je vous dirai à ce sujet que les six hypothèses possibles à imaginer sur la composition des fluides sont en si petit nombre et si simples que j'ai toujours cru qu'on pourrait, si les difficultés analytiques ne s'y opposent pas, les examiner toutes et voir si l'on peut en déduire la propriété de l'égalité de pression. Si les six hypothèses donnent ce résultat, on aura démontré *a priori* le principe de l'égalité de pression et, par conséquent, toute la science du mouvement des fluides. Si quelques hypothèses s'y refusent et que les autres s'y prêtent, on aura restreint et fixé, par voie d'exclusion, le nombre des hypothèses qui peuvent avoir lieu dans la réalité.

Voilà tant de bavardage physique qu'il ne me reste guère de temps pour vous parler d'autre chose. Vous me donnez fort bonne idée de la *Réponse d'Horace* [a] ; il est mieux en secrétaire que Boileau, pas aussi bien cependant que Mlle de Lespinasse. Ce que tout le monde me mande de l'état où elle est m'inquiète véritablement. Je crains pour sa poitrine. J'espère être bientôt à portée de juger par moi-même de son état ; cependant, je ne puis encore fixer le temps de mon départ.

Adieu, M., chargez-vous, je vous prie, de tous mes compliments pour tous nos amis.

Cela ne vaut plus la peine de me rien envoyer que ce qui peut aller par la poste.

Je reçois votre lettre de mardi. M. Montagne [b] ajoutera toutes les démonstrations. Ce que vous me mandez de l'état de Mlle Lespinasse me désole.

XVI. — (Détails divers.)

Limoges, 4 décembre.

J'attends l'*Épître d'Horace* avec impatience, M. ; j'imagine qu'elle arrivera ce soir. Pour les livres, cela ne vaut plus la peine de m'en envoyer ; je vous prierai seulement de me faire souscrire pour Montagne. Je préfère l'in-quarto.

---

[a] *Réponse d'Horace à Voltaire*, par La Harpe.
[b] D'Alembert et Condorcet avaient été désignés par l'Académie des Sciences pour examiner un ouvrage de Montagne. Condorcet pensait que si cet ouvrage devait être imprimé, il fallait y ajouter une démonstration de sa méthode d'approximation.

Je n'ai point reçu les hardes du vannier, mais je les lui ferai remettre quand elles arriveront.

La toux de Mlle de Lespinasse m'inquiète beaucoup. Je voudrais qu'elle prît du lait, soit que sa toux soit de poitrine, soit qu'elle appartienne aux nerfs ; cela lui vaudrait mieux que de se bourrer de drogues.

Si les *Lois de Minos* [a] sont bien écrites, et la pièce intéressante, je leur pardonnerai le reste, attendu que, si la pièce est intéressante, les portraits seront d'imagination.

Adieu, M., j'ai encore plus d'impatience de savoir le résultat de votre expérience que d'avoir l'*Épître d'Horace*.

Recevez les assurances de ma bien sincère amitié.

XVII. — (Les logarithmes. — Détails divers.)

Limoges, 13 décembre.

Je ne vous laisse pas tranquille, M., voici encore un nouveau problème qui serait utile pour un homme qui voudrait pousser les tables de logarithmes plus loin qu'elles ne le sont. Un homme qui habite Limoges y a pensé et a resserré l'espace en se bornant aux nombres premiers qui, comme on sait, sont les seuls nécessaires, les autres étant très faciles à suppléer. Il voudrait se servir de quelques calculateurs que j'ai dans mes bureaux qui calculent avec une facilité prodigieuse et dont il dirigerait et surveillerait les opérations.

Le travail qu'il faut faire, pour trouver le logarithme d'un seul nombre, rend cette entreprise épouvantable pour l'homme le plus patient et le plus intrépide et je ne conçois pas comment on en est venu à bout. Je me suis demandé s'il n'y aurait pas moyen d'abréger cet immense travail en le réduisant aux seuls calculs nécessaires pour trouver les moyens arithmétiques sans être obligé de faire les multiplications et les extractions de racines qui donnent les moyens géométriques correspondants.

Voici mon idée : il n'est pas nécessaire de trouver ces moyens géométriques pour connaître l'ordre dans lequel on doit procéder pour chercher les moyens arithmétiques. Si l'on pouvait, par une formule, un nombre E étant donné, entre les deux extrêmes A et B, et la distance de ce nombre à ces deux extrêmes étant connue et exprimée en unités, trouver combien il faut chercher de moyens proportionnels géométriques pour arriver à un moyen qui soit le nombre E lui-même, suivi d'autant de zéros qu'on veut mettre de décimales au logarithme et

---

[a] Les *Lois de Minos*, tragédie de Voltaire, non représentée.

trouver en même temps dans quel ordre ces moyens, successivement cherchés, passeraient alternativement au-dessus ou au-dessous du nombre E, on aurait tout ce qu'il faut pour chercher tous les moyens arithmétiques disposés dans le même ordre et dont le dernier serait le logarithme du nombre E. J'ai marqué dans la figure ci-après l'ordre que suivent les moyens géométriques qu'il faut trouver pour arriver au logarithme de 3 dans les tables ordinaires. Cette figure suffirait pour trouver ce logarithme en cherchant les moyens arithmétiques dans le même ordre, sans savoir quels sont ces moyens géométriques. Mais il faut former cette figure, et je crois qu'il doit être possible de donner pour cela une formule ; mais ce que je crains fort, c'est que le calcul et l'application n'en soient plus compliqués encore que l'opération même de la recherche des moyens géométriques ; c'est ce que je vous propose de chercher, si vous croyez que la chose en vaille la peine.

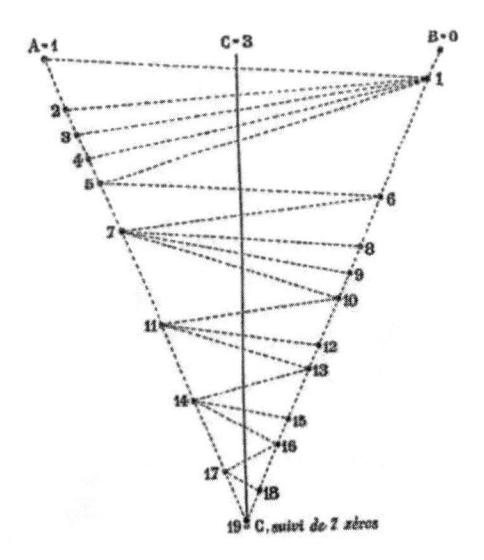

À propos de logarithmes, si vous êtes à la portée de voir les grandes tables de Wlac, je vous prie de m'envoyer : 1° le logarithme de 240 ; 2° le logarithme de 241 ; 3° les nombres qui répondent aux logarithmes de ces deux nombres multipliés par 84 ; bien entendu que la caractéristique sera réduite pour trouver les nombres dans les tables ; 4° les logarithmes des tables pour ces deux derniers nombres, avec les logarithmes des deux nombres suivants étant en tout six logarithmes et deux nombres, le tout écrit lisiblement. Je demande les logarithmes des tables de Wlac. J'ai celles de Rivard, mais je voudrais plus de chiffres pour plus d'exactitude.

Si à tout cela vous pouvez joindre l'*Éloge de Racine*, je vous en serai encore plus obligé. Vous me demandez quand donc je reviens ; je vous réponds que ce ne sera que les premiers jours de janvier, ce dont je suis bien fâché. Je viens d'avoir un petit ressentiment de goutte, mais c'est si peu de chose que je n'en serai point retardé.

Adieu, M., recevez les assurances de mon amitié. Mille respects à Mlle de Lespinasse et donnez-m'en des nouvelles.

XVIII. — (Détails divers. — La calcination des métaux.)

Limoges, 21 décembre.

J'ai reçu, M., l'*Épitre d'Horace*, et je vous en fais d'autant plus de remerciements qu'elle m'a fait grand plaisir. Il y a une foule de vers très heureux, de la facilité, un ton fort et bon ; l'ouvrage marche bien. Je suis pourtant fâché que l'auteur ait justifié Horace de ses flatteries.

Je ne savais pas que les travaux du chimiste Duclos [a] vous donnassent l'occasion de parler de l'augmentation du poids des métaux calcinés. Je ne crois pas que cela vaille beaucoup la peine de parler de mes conjectures : 1° parce que, quoique Stahl et Lewis n'aient sur cela que des idées assez vagues, je vois cependant, par l'ouvrage de M. de Morveau, qu'ils ont l'un et l'autre eu l'idée d'attribuer cette augmentation à l'absorption de l'air ; 2° parce qu'une des inductions dont je me servais pour appuyer ma conjecture se trouve détruite par des expériences de M. de Morveau qui sont dans les *Mémoires de l'Académie de Dijon*. Je parle de celles que je fondais sur la nécessité du contact de l'air pour la combustion. M. de Morveau a fort bien prouvé que ce n'était pas l'air comme agent chimique qui était nécessaire à la combustion, mais l'air comme agent mécanique et doué d'une élasticité dont les vibrations alternatives, en comprimant plus ou moins le fluide igné, entretient le mouvement de l'ignition. Cela ne me fait pas renoncer à mes idées, mais me fait désirer de les confirmer par des expériences. J'ai imaginé un appareil pour calciner les métaux dans les vaisseaux fermés et pour mesurer l'absorption de l'air. Nous en causerons à Paris. Il faudrait malheureusement du loisir et un local commode pour exécuter ces expériences, dont l'appareil serait d'ailleurs un peu coûteux.

Vous êtes difficile en certitude, si vous doutez que l'expansibilité de l'air soit une propriété de l'agrégat. Vous voyez que je traduis votre phrase et que je ne regarde point l'*élasticité* comme synonyme d'*expan-*

---

[a] Cottereau Duclos, médecin de Louis XIV, mort en 1715.

sibilité, ni le mot de *masse*, comme synonyme de celui d'*agrégat*. Au reste, cela me paraît démontré autant que les choses physiques le sont.

Vous allez donc choisir un chimiste. Dans ce genre, l'Académie a quelquefois, en choisissant, pris le pire. Depuis la sottise qu'elle a faite de rejeter Rouelle et d'Arcet pour prendre Sage [a], elle n'avait rien de mieux à faire que de les élire malgré le parti qu'ils avaient pris de ne plus se présenter ; cette réparation leur était due et l'Académie aurait eu des hommes qui lui auraient fait honneur. Baumé, au reste, est homme de mérite.

Adieu, M., recevez les assurances de mon amitié.

XIX. — (Détails divers. — Le marquis de Paulmy.)

Limoges, 29 décembre.

Ma goutte, M., ne vaut pas la peine de murmurer contre la Providence et il y a dans ce monde beaucoup de choses auxquelles j'ai bien plus de peine à me résigner. J'espère qu'elle m'a quitté tout à fait. Je lui demande du moins quartier jusqu'à Paris où je trouve ses inconvénients beaucoup moins sensibles.

Mlle de Lespinasse m'a mandé l'aventure de Voltaire ; il me semble que l'évanouissement gâte un peu le miracle. J'ai peur que les tragédies ne ressemblent un peu aux bonnes fortunes. Ces *Pélopides* ont bien de l'analogie, mais il faut avouer que les pièces fugitives ont encore toute la vigueur de la jeunesse. Ces trois siècles dont vous me parlez pourront nous valoir quelque morceau d'indignation.

Je ne suis point étonné que vous ayez contre vous à l'Académie le Paulmy [b]. Mais ces gens-là ont tant de moyens de nuire et tant d'activité à les employer que je suis fâché qu'il se soit avisé d'être votre ennemi.

Adieu, M., vous pourrez encore m'écrire dimanche ; mais ce sera la dernière fois. Mille choses à nos amis. Je vois avec peine que vos inquiétudes sur Mlle de Lespinasse reviennent.

XX. — (Détails divers.)

Limoges.

Hélas, M., mon départ était fixé à aujourd'hui et me voilà encore réduit à ne partir que la semaine prochaine, tandis que les chemins sem-

---

[a] Sage (1740-1824), qui fut adversaire de Lavoisier.
[b] Marquis de Paulmy d'Argenson, académicien honoraire.

blaient s'être aplanis pour mon voyage. Le retard ne sera pourtant pas long ; car tout mon monde est parti et même la plus grande partie de mes papiers. J'ai d'ailleurs grande envie de ne pas attendre le dégel.

J'ai lu avec un vrai plaisir l'*Éloge de Racine*. Voici ma lettre de remerciement à l'auteur dont je ne sais pas l'adresse. Je suis enchanté que vous ayez fait connaissance avec Mlle d'Enville : ce sera une occasion de plus pour vous voir souvent.

Je vous remercie de vos nombres : mais quoique vous vous soyez on ne peut mieux adressé, il y a pourtant erreur dans le logarithme de 241 multiplié par 84. Mais cela ne fait rien parce qu'il n'y en a point dans le chiffre correspondant. Mais ce qui me fâche, c'est que je n'ai précisément que ce que j'avais par Rivard. Je croyais que les tables de Wlac contenaient beaucoup plus de décimales et me donneraient au moins un chiffre de plus pour chacun des nombres correspondants aux 84es puissances de 240 et de 241, ce qui m'aurait suffi pour mon objet.

Je ne sais trop si les éloges du roi de Prusse doivent consoler les philosophes des injures des cuistres et des fripons. Ne pourrait-on pas dire, au contraire, que ces injures peuvent consoler des éloges ?

Je vous remercie des bonnes nouvelles que vous me donnez de Mlle de Lespinasse. Vous savez combien vous devez compter sur mon amitié.

129. — LETTRES À CAILLARD.

XVII. — (Détails divers. — La musique française.)

[D. D., II, 817.]

Limoges, 12 juin.

Vous avez donc vu Jean-Jacques [a] ; la musique est un excellent passe-port auprès de lui. Quant à l'impossibilité de faire de la musique française, je ne puis y croire, et votre raison ne me paraît pas bonne ; car il n'est point vrai que l'essence de la langue française est d'être sans accent. Point de conversation animée sans beaucoup d'accent ; mais l'accent est libre et déterminé seulement par l'affection de celui qui parle, sans être fixé par des conventions sur certaines syllabes, quoique nous ayons aussi dans plusieurs mots des syllabes dominantes qui, seules, peuvent être accentuées.

---

[a] Rousseau.

Je vous fais mille remerciements de vos soins pour ma bibliothèque ; quant aux livres à relier, je ne sais si Derome vaut mieux que la Ferté ; avant de me décider, je voudrais que vous m'envoyassiez l'état des brochures que vous voulez faire relier ; je me déciderais sur le degré de magnificence.

Quant aux livres au rabais, je ne crois pas avoir le *Traité de Westphalie*, du P. Bougeant [a] et, si je l'ai, il ne faut pas l'acheter, non plus que les ouvrages de Gatti sur l'inoculation dont il me semble n'avoir que la moitié. Pour M. Messance [b], je sais que je l'ai, mais je suis bien aise d'en avoir un pour Limoges et un pour Paris.

Adieu, mon cher Caillard ; vous connaissez tous mes sentiments pour vous [c].

---

[a] Bougeant (1690-1743) jésuite.
[b] Pseudonyme de La Michodière ; *Recherches sur la population des généralités d'Auvergne, de Lyon, de Rouen*, etc., 1766, in-4°.
[c] Il existe d'autres lettres de Turgot à Caillard, dont une en ma possession, mais elle est sans intérêt.

On trouve aux Archives Nationales (O^1 587) la pièce ci-après :

Avis sur une contestation entre des maîtres teinturiers et des fabricants d'étoffes qui teignaient chez eux (Affaire Gourniaud).

30 décembre.

(L'affaire avait été renvoyée pour avis à Turgot par arrêt du Conseil. Il s'agissait de savoir si Gourniaud, fabricant, qui avait teint des étoffes lui appartenant, avait agi comme fabricant, ou s'il devait être considéré comme un garçon teinturier qui aurait teint, sans être maître, des étoffes ne lui appartenant pas et si, dès lors, atteinte n'avait pas été portée aux privilèges des maîtres teinturiers. Turgot donna raison à Gourniaud. Quelque temps auparavant, il avait proposé d'accorder à un sieur Mareujanne l'autorisation de teindre lui-même ses étoffes malgré l'opposition des maîtres-teinturiers ; l'autorisation avait été donnée par décision du 9 juin du Contrôleur général, abbé Terray.)

1773.

130. — LA MILICE [a].

Lettre au ministre de la Guerre (de Monteynard).

[A. L., minute. — D. P., VI, 400, avec modifications.]

(Répartition de la milice. — Tirage au sort et remplacement.)

Limoges, 8 janvier.

M., j'ai reçu dans son temps la lettre que vous m'avez fait l'honneur de m'écrire le 30 octobre dernier à l'occasion des observations que j'avais faites, lors des tirages précédents de la milice sur les divers para-

---

[a] « Lorsque Turgot arriva dans le Limousin, il y trouva une sorte de guerre établie relativement au tirage des milices ; la moitié des garçons se sauvait dans les bois ; l'autre moitié, pour ramener les fuyards et les faire déclarer miliciens, les poursuivaient à main armée. On combattait à coups de fusils et de haches. Tous les travaux étaient interrompus et le sang coulait tous les jours.

« Turgot commença par défendre aux paysans de poursuivre les fuyards, en donnant les ordres les plus sévères pour faire arrêter ceux-ci par la maréchaussée.

« Avant le tirage suivant, il écrivit aux Curés de bien avertir leurs Paroissiens que les fuyards ne pourraient échapper, parce qu'on en faisait la recherche dans tous les villages et dans toutes les villes de la Province le même jour et qu'ils seraient désignés et pareillement poursuivis dans toutes les provinces voisines ; … mais que si les garçons se présentaient d'eux-mêmes et de bonne grâce, il se prêterait à tous les moyens de leur adoucir l'obligation de fournir des soldats provinciaux.

« Il prit sur lui de déroger à l'ordonnance qui défendait à ceux qui doivent tirer, de former entre eux une bourse pour celui qui tomberait au sort. Il toléra cette contribution volontaire de la part des concurrents et l'attrait de l'argent diminua beaucoup la crainte qu'inspirait le billet noir.

« Il arriva même assez souvent qu'un ou plusieurs garçons se proposèrent pour servir volontairement et recevoir la bourse. Turgot toléra encore cette nouvelle dérogation à l'ordonnance. Quand deux garçons se présentaient, on choisissait celui qui annonçait le plus de dispositions ou l'on tirait entre eux.

« La paix fut rétablie et les bataillons provinciaux formés des meilleurs sujets, sans trouble et sans querelle.

« L'indulgence de Turgot pour une convention licite en elle-même, sa fermeté contre les fuyards, sa douceur pour les autres, ramenèrent les esprits au point de faire rechercher cette qualité de milicien qui avait d'abord inspiré tant d'effroi.

« Il exposa ses principes sur cette forme de recrutement dans plusieurs lettres aux ministres de la Guerre… On n'a retrouvé qu'une de ces lettres. » (Du Pont, *Mémoires*).

« Des Intendants, sur l'ordre de D'Aiguillon, s'assemblèrent ensuite, pour préparer un Règlement ; leur avis, auquel La Galaizière et Turgot eurent la principale part, fut présenté au ministre de la Guerre le jour de sa disgrâce ». (Véri, *Journal*)

graphes de l'article 24 de l'Ordonnance du 27 novembre 1765. Si je n'avais pas cru que vous étiez très pressé de recevoir les détails que vous m'aviez demandés sur cette matière des exemptions, j'aurais attendu à vous répondre à mon retour des départements, et je me serais livré au long travail dont j'avais besoin pour développer cette matière, qui, j'ose dire, n'avait point encore été envisagée sous son vrai point de vue.

Je vois avec regret que, puisque l'ordonnance pour le tirage prochain n'est point encore publiée, j'aurais eu tout le temps nécessaire.

Il n'est pas possible d'imaginer que vous retardiez plus longtemps la publication de cette ordonnance ; mais la discussion de la matière des exemptions me paraît assez difficile et assez importante pour me faire penser qu'il serait peut-être utile que vous vous bornassiez pour le présent à ne faire que de légers changements à l'ancienne ordonnance, en continuant de vous en rapporter aux intendants pour les interprétations que les circonstances locales peuvent rendre nécessaires, et que vous remissiez à l'année prochaine une réforme plus entière. Si vous croyez pouvoir adopter ce parti, je vous prierais de me le faire savoir, afin que je pusse mettre par écrit toutes mes idées, et vous les présenter avant le temps où vous pourriez en faire usage.

Je crois devoir saisir cette occasion pour vous supplier de ne pas différer plus longtemps à nous faire passer les ordres du Roi pour le tirage prochain. L'incertitude du plan que vous proposez de suivre, des changements que vous pourrez faire à l'ordonnance, et du nombre d'hommes que vous demanderez, ne permet pas d'arrêter aucun plan pour la répartition, ni de préparer aucune des instructions aux commissaires qui seront chargés de l'opération. Il faudra donc, entre la réception des ordres du Roi et leur exécution, prendre un intervalle assez considérable pour faire la répartition, rédiger toutes les instructions et les faire passer aux commissaires. Cependant, les circonstances dans cette province exigent que le tirage soit fait dans l'intervalle du commencement de janvier au 10 mars à peu près, afin de prévenir le temps où les habitants, qui, dans une partie du Limousin, sont presque tous maçons, se dispersent pour aller travailler de leur métier dans les différentes provinces du Royaume. J'ose donc insister, M., sur la nécessité du prompt envoi de l'ordonnance.

En attendant que je la reçoive, je vais prendre la liberté de vous proposer quelques observations que j'avais suspendues pour vous les présenter avec celles que me suggérerait la lecture de votre nouvelle ordonnance.

La première a pour objet l'extrême difficulté qu'on trouve toujours à faire, entre les différentes, communautés la répartition du nombre d'hommes demandés. Si la quantité d'hommes qu'il faut lever était toujours la même chaque année, connaissant le rapport de la population des différentes communautés, ce qui n'est point difficile lorsqu'on se contente dans cette recherche d'une exactitude morale, rien ne serait plus simple que de répartir entre elles, à proportion de cette population, le nombre d'hommes demandé à toute la Province. Si les communautés étaient trop petites pour qu'on ne pût pas leur demander un homme sans excéder leur proportion, l'on en réunirait plusieurs ensemble qui ne formeraient pour la milice qu'une seule communauté, et cette réunion serait constante comme la charge qui l'aurait occasionnée. Mais la variation dans le nombre des hommes dérange toute proportion. Si, la seconde année, le Roi ne demande que la moitié de ce qu'il a demandé la première, que fera-t-on relativement aux communautés qui n'avaient qu'un homme à fournir ? Que fera-t-on, si ces communautés sont en grand nombre ? Formera-t-on de nouvelles réunions, et changera-t-on chaque année l'association des communautés, suivant que la levée sera plus ou moins nombreuse, ou bien laissera-t-on une partie des paroisses sans leur rien demander, en se réservant de revenir à elles l'année suivante, et de laisser reposer alors celles qui auraient fourni pour la levée actuelle ? Les deux partis ont des inconvénients presque égaux, et tous les deux sont mauvais.

Le dernier, qui consiste à faire alternativement la levée dans les communautés différentes, offre des difficultés fâcheuses si, la troisième année, la proportion devient, ou plus forte, ou plus faible. Si elle redevient plus forte, il faut donc encore demander des hommes à ces communautés qui avaient seules fourni la seconde année ; elles supportent donc une charge double. Si elle est plus faible, vous ne pourrez demander des hommes qu'à une partie des communautés laissées en réserve. Il vous en restera quelques-uns pour la quatrième année ; et si, comme il y a toute apparence, cette réserve ne répond pas au nombre d'hommes qui sera demandé, vous vous trouverez jeté dans de nouveaux embarras.

En un mot, n'étant pas possible de prévoir chaque année la demande de l'année suivante, et ces demandes variant nécessairement d'une année à l'autre dans toutes sortes de proportions, il est absolument impraticable de distribuer les communautés en plusieurs échelles, dont chacune soit chargée de fournir seule à la levée d'une année. Ces échelles, si on avait voulu une fois les former, empiéteraient continuellement les unes sur les autres, et la confusion qui en résulterait entraînerait dans mille injustices, et rejetterait nécessairement dans l'arbitraire qu'on aurait voulu éviter.

Ce système a encore un autre inconvénient. Le Roi veut, et il est juste en effet, qu'une charge aussi dure que celle de la milice soit répartie du moins également sur tous ceux qui y sont sujets ; mais rien ne sera plus difficile si, entre les différentes communautés dont une province est composée, les unes sont obligées de fournir des miliciens, tandis qu'on n'en demande point aux autres ; car il résultera de là une facilité très grande d'éluder le tirage de la milice. On verra chaque année une émigration continuelle des paroisses assujetties au tirage dans celles qui en seront affranchies. Il arrivera de là que les fuyards de milice se multiplieront par la facilité de se dérober aux recherches ; et c'est un très grand malheur, d'abord pour le grand nombre d'hommes que cette qualité de fuyards condamne à mener, loin de leurs familles et de leur patrie, une vie toujours inquiète, toujours agitée, qui les jette bientôt dans le vagabondage, et de là dans le crime ; en second lieu, pour l'État, par la dispersion des agriculteurs, par l'augmentation du nombre des mauvais sujets et des coureurs de pays aux dépens du nombre des hommes laborieux et domiciliés. L'expérience fait voir qu'une grande partie des fuyards échappe toujours à la poursuite, et c'est une augmentation de charge pour ceux qui restent, et qui sont précisément les meilleurs sujets et les plus précieux à conserver pour les travaux de la culture.

Je ne parle pas des difficultés auxquelles donne lieu, dans l'opération du tirage, cet affranchissement d'une partie des communautés. Lorsque toutes sont à peu près également chargées, comme dans les tirages que j'ai faits depuis l'Ordonnance du 27 novembre 1765, il est fort simple de faire tirer dans chaque paroisse ceux qui s'y trouvent à l'époque du tirage. On ne leur fait aucun tort, puisqu'ils tireraient également chez eux ; mais, dans le cas où plusieurs paroisses sont affranchies, tous prétendront devoir être exempts, et il faudra que les commissaires jugent une foule de questions de domicile, quelquefois très épineuses, et qui sont une source continuelle de surprises, d'injustices ou de prédilections. Si l'on veut alors assujettir au tirage les étrangers qui se trouveront dans chaque paroisse, on doit s'attendre que tous les étrangers quitteront la paroisse, et que les ouvrages auxquels ils étaient occupés seront interrompus au préjudice des propriétaires et de l'agriculture en général.

Le système de charger tous les ans toutes les communautés d'une province n'est pas sujet à moins d'embarras. Il faudra, comme on l'a déjà observé, associer ensemble chaque année plusieurs communautés, en nombre tantôt plus grand, tantôt plus petit. Une communauté associée une année avec une autre sera quelquefois, l'année suivante, associée avec une troisième, et ces combinaisons changeront sans cesse, si l'on veut mettre quelque égalité dans la répartition. Il y a d'ailleurs une si prodigieuse inégalité dans les différentes levées, il y a des levées si peu nombreuses, qu'il devient impossible d'en faire la répartition, à moins de faire tirer, pour ainsi dire, ensemble tous les habitants d'un canton.

Ce n'est pas tout : il y a mille circonstances où une communauté doit répondre de l'homme qu'elle a fourni et le remplacer lorsqu'il vient à manquer. Mais si cette communauté, lorsqu'elle a fourni l'homme, était unie avec une seconde, et qu'au moment du remplacement les deux communautés, au lieu d'être ensemble se trouvassent séparées et faire partie de nouvelles associations avec d'autres communautés, à qui s'adressera-t-on pour ce remplacement ?

Toutes les ordonnances rendues jusqu'à présent sur la milice n'ont décidé aucune de ces difficultés, et semblent même ne les avoir pas prévues. Chaque intendant, dans sa généralité, a suivi le parti que les circonstances lui ont paru exiger. Ce serait en vain que, pour éviter ces embarras, on proposerait de s'assujettir à lever tous les ans dans chaque paroisse le même nombre d'hommes. Cette égalité dans les différentes levées est une chose évidemment impossible puisqu'il faut nécessairement proportionner les remplacements au nombre d'hommes qui manquent, soit par les congés, soit autrement, et que ce nombre n'est jamais égal. Il est encore impossible d'obvier aux augmentations que les circonstances d'une guerre ou les projets du ministère peuvent occasionner. La manière même dont les régiments provinciaux ont été formés fait naître une difficulté de plus, puisque le service des hommes devant être de six ans et la première formation ayant été complétée en quatre tirages et même dans cette généralité-ci en trois, il en résulte que la totalité des soldats provinciaux doit être congédiée en trois ans et qu'en remplaçant par le tirage de chacune de ces quatre, ou de ces trois années, le nombre des hommes congédiés, on sera ensuite deux ou trois ans sans avoir besoin d'autres remplacements que celui des hommes qui manqueront par mort, par désertion, par congé de réforme ou autrement. Or, ce nombre étant toujours très petit, on ne peut en demander le remplacement qu'à un très petit nombre de communautés. Au surplus, quand même on pourrait parvenir à rendre tous les tirages égaux, en remplaçant chaque année le sixième des hommes qui composent les régiments provinciaux, on éprouverait toujours l'inconvénient d'être obligé de rassembler pour ces tirages un trop grand nombre de paroisses. Enfin, l'ordre établi serait nécessairement dérangé toutes les fois que le ministre, à l'approche d'une guerre ou pour tout autre motif, voudrait faire une augmentation dans la composition des régiments provinciaux.

Je n'imagine qu'un seul moyen d'éviter tous ces inconvénients et ce moyen assurerait en même temps aux régiments provinciaux la meilleure composition possible en hommes et qui serait même préférable à celle des troupes réglées. Il consisterait à substituer au tirage annuel de la milice l'obligation à chaque communauté ou à deux communautés réunies lorsqu'une seule serait trop faible, de fournir constamment un homme au régiment provincial et de le remplacer toutes les fois qu'il viendrait à manquer. Cet homme serait en quelque sorte son représentant. Dans ce système, l'on pourrait sans aucun inconvénient tolérer que les paroisses engageassent des miliciens volontaires ; elles seraient intéressées à n'en choisir que de bons, propres au service, à ne point engager des aventuriers sans résidence connue ; il serait même possible d'essayer de laisser aux soldats provinciaux la liberté de quitter après chaque assemblée pourvu qu'ils fussent remplacés. Avec cette liberté, il est vraisemblable que les régiments provinciaux seraient remplis d'hommes de bonne volonté et qu'au lieu de s'empresser, comme aujourd'hui, de quitter à l'échéance de leur congé, un grand nombre continuerait de servir, ce qui tendrait à conserver très longtemps au corps les mêmes hommes. La milice cesserait d'être un objet de terreur et d'effaroucher à chaque tirage les habitants des campagnes. On ne les verrait plus se disperser et mener une vie errante pour fuir le sort, puisque la charge de la milice serait volontaire pour les uns et se résoudrait pour les autres en une légère contribution pécuniaire. Au lieu de courir après les fuyards pour en faire malgré eux de mauvais soldats, les paroisses chercheraient au contraire à s'attacher des hommes connus et des hommes de bonne volonté. Il ne faudrait que retenir chez eux par une demi-solde ces miliciens pour en faire des troupes réglées et peut-être les meilleures de toutes.

Ce plan semble réunir tous les avantages : un meilleur choix d'hommes, une composition toujours complète, un adoucissement dans la levée qui rendrait presque insensible une des charges les plus dures qui soient actuellement imposées sur les habitants des campagnes et, pour l'administration, la plus grande simplification dans le travail et l'aplanissement d'un labyrinthe de détails où elle s'égare laborieusement sans pouvoir éviter les erreurs et les injustices.

Je n'y vois qu'une objection, c'est l'impossibilité de concilier ce système avec l'usage que la cour s'est permis de faire des hommes de milice pour les incorporer dans d'autres corps. S'il n'est pas possible de rendre inviolable la promesse de ne jamais tirer les soldats provinciaux de leurs corps, il faut renoncer au plan de former ces corps des représentants des paroisses de chaque canton. Car, comment proposer à une communauté de remplacer un homme existant au service, un homme qui remplit actuellement pour elle l'obligation qu'on lui a imposée de contribuer à la formation du régiment provincial ? Ce serait doubler sa charge. Il faudrait donc, si l'on voulait adopter le système que je propose, promettre solennellement aux communautés de ne jamais incorporer les soldats qu'elles fourniraient dans d'autres corps ; il faudrait que les régiments provinciaux devinssent des corps permanents, et que la composition en fût invariable.

Je suis persuadé que ces corps rendraient plus de service qu'on ne peut tirer en temps de guerre de la faible ressource des incorporations, et je crois pouvoir assurer que ces corps ainsi rendus permanents, assemblés assez longtemps chaque année pour façonner les soldats aux exercices militaires, consolidés en tout temps par une demi-solde qui retiendrait le soldat dans sa paroisse, et employés en temps de guerre comme les troupes réglées, ne formeraient pas à beaucoup près une charge aussi onéreuse aux campagnes que la milice telle qu'elle se lève aujourd'hui par le sort.

Je désirerais beaucoup que vous approuvassiez ce plan ; il en serait encore temps, et le remplacement des hommes du régiment provincial pourrait se faire par ce moyen avec autant de simplicité qu'il y a de complication par la méthode du tirage. C'est à vous, M., d'apprécier la valeur des idées que je vous présente. Si vous ne les adoptez pas, il faudra bien suivre la méthode ancienne et se tirer, comme on pourra, des embarras qu'elle entraîne.

Ma seconde observation a pour objet les défenses faites, par les articles 16 et 19 de l'Ordonnance du 27 novembre 1765, de substituer en aucun cas un milicien à la place d'un autre, et de faire aucune contribution ou cotisation en faveur des miliciens. L'exécution rigoureuse de ces articles tend à proscrire entièrement l'admission d'aucun milicien volontaire engagé, soit par la communauté pour servir à la décharge de tous les autres garçons sujets au tirage, soit par le milicien même tombé au sort pour mettre à sa place. Cependant, quoique ces deux articles aient toujours été insérés dans les ordonnances que l'on a rendues en différents temps sur la milice, on a toujours toléré, et les engagements volontaires, et ce qu'on appelle la *mise au chapeau* au profit de celui qui tombera. Il faut même avouer que, pour ce dernier article, il paraîtrait bien dur d'arrêter le mouvement naturel qui porte chacun des garçons assemblés pour tirer à consacrer, de concert, une petite somme pour consoler celui d'entre eux sur qui tombera le sort, dont tous sont également menacés. On n'imagine même pas trop quelle raison a pu déterminer le législateur à défendre une chose qui semble si conforme à la justice et à l'intérêt commun de tous ceux qui contribuent à former cette petite masse. Aussi, malgré cette disposition de l'ordonnance, l'usage de *mettre au chapeau* s'est-il toujours maintenu, et les personnes chargées de suivre les détails de l'opération des milices n'ont jamais eu le courage de s'y opposer.

La *mise au chapeau* conduit aisément à l'admission des miliciens volontaires ; car si parmi les garçons appelés au tirage, il s'en trouve un qui, se sentant moins de répugnance que les autres pour le service, offre de se charger du billet noir pour le seul appât de la somme fournie par les autres au chapeau, comment se refuser à cette offre et forcer vingt malheureux, qui n'ont pas les mêmes dispositions et seront moins bons militaires, à s'exposer à un sort dont la seule idée les met au désespoir, lorsqu'un autre veut bien le subir de son plein gré, et se trouvera heureux de ce qui fait leur malheur ? Aussi, quoique la tolérance sur cette admission de miliciens volontaires ait été moins générale que celle de la *mise au chapeau*, elle est cependant encore très commune. La substitution d'un homme à la place du milicien du sort, en faveur duquel s'opère la substitution, répond du service au défaut du substitué, ce qui fait, pour assurer le service, deux hommes au lieu d'un. L'Ordonnance autorise cette substitution dans le cas où un frère se présente pour remplacer son frère, et encore lorsque le milicien du sort est un homme marié et ayant des enfants. Mais, quoiqu'un homme ne soit pas marié, mille raisons que l'Ordonnance n'a point prévues peuvent le rendre nécessaire à sa famille, et il y aurait de la dureté à le contraindre de servir lorsqu'il offre de mettre à sa place un homme qu'on est toujours le maître de refuser lorsqu'il est moins propre au service que celui qu'il remplace.

Malgré la rigueur qu'annoncent les dispositions de l'Ordonnance dans cet article 16, elle suggère elle-même, au paragraphe 65 de l'article 24, un moyen facile d'éluder la défense portée en l'article 16.

En effet, elle autorise les garçons sujets au tirage à se faire, en cas d'absence ou de maladie, représenter par un homme qui tire le billet pour eux. Elle statue en même temps que ceux qui tireront ainsi par représentation répondront de ceux pour lesquels ils ont tiré, et seront miliciens à leur défaut ; à l'effet de quoi, on ne doit admettre à tirer par représentation que des garçons ou hommes veufs et mariés en état de servir, desquels on prendra le signalement. Au moyen de ce tirage par représentation, il est bien facile à un homme de se faire remplacer par un autre ; car, puisque celui qui tire est obligé à marcher au défaut de celui pour lequel il a tiré, il ne paraît pas qu'on puisse empêcher ces deux hommes de s'arranger ensemble, en convenant que celui qui a tiré pour l'autre marchera effectivement à sa place.

Quelques-uns des officiers généraux qui, en dernier lieu, ont été chargés de l'inspection des régiments provinciaux, ont paru scandalisés de la tolérance qu'on accorde à ces sortes d'engagements ou de substitutions volontaires. Comme les représentations à cet égard pourraient se renouveler, et comme elles paraîtraient fondées sur la lettre de l'Ordonnance, je crois utile de développer les raisons qui m'ont toujours fait regarder comme indispensable de fermer les yeux sur cette espèce de contravention.

Les unes sont générales ; d'autres sont relatives à cette province en particulier.

Quant aux raisons générales, la première est sans doute le sentiment, si naturel et si juste, qui porte à préférer toujours les voies les plus douces pour parvenir au but qu'on se propose.

Il n'est pas possible de se dissimuler combien l'obligation de tirer à la milice est par elle-même dure et accablante ; de toutes celles que les divers gouvernements ont imposées aux peuples, il n'y en a point qui attaque plus directement tous les droits et la personne même du citoyen. Il n'y en a point qui fasse sentir plus fortement au peuple son abaissement et sa servitude. Tout ce que l'homme a de plus cher, son attachement aux lieux qui l'ont vu naître, les liens du sang, de l'amitié, la tendresse paternelle et filiale, la liberté de l'homme, sa vie, tout est mis aux hasards du sort ; les exceptions que l'excessive dureté de cette charge a forcé d'y mettre et d'étendre en faveur de presque tous ceux dont le murmure pourrait être entendu, depuis le gentilhomme jusqu'à son valet, ne font que rendre le fardeau doublement cruel en le rendant ignominieux, en faisant sentir qu'il est réservé aux dernière classes de la société ; et cependant ces exceptions sont d'une nécessité absolue ; elles sont même en quelque sorte justes, car, puisque le milicien est destiné à l'état de simple soldat, puisqu'un simple soldat, par une suite de la constitution des troupes et de l'espèce d'hommes dont elles sont composées, par la modicité de sa paye, par la manière dont il est nourri, vêtu, couché, par son extrême dépendance, enfin, par le genre des sociétés avec lesquelles il peut vivre, est nécessairement placé dans la classe de ce qu'on appelle le peuple. Il est évidemment impraticable et il serait de l'injustice la plus barbare de réduire à cet état un homme né dans un état plus élevé, accoutumé à toutes les douceurs attachées à la jouissance d'une fortune aisée, et à qui une éducation libérale a donné des mœurs, des sentiments, des idées inalliables avec les mœurs, les sentiments, les idées de la classe d'hommes dans laquelle on le ferait descendre.

Je sais tout ce qu'on peut dire sur l'obligation dans laquelle est tout citoyen de s'armer contre un ennemi commun et sur la considération due à l'état des défenseurs de la patrie, mais je sais aussi les réponses qu'il y aurait à y faire et que fourniraient la constitution des sociétés et des gouvernements modernes, la composition de leurs armées, l'objet et la nature de leurs guerres. On peut sur cela dire beaucoup de choses éloquentes pour et contre. Ces phrases n'en imposent à personne ; le peuple même sait depuis longtemps les apprécier, et il faut toujours en revenir à la réalité. On ne peut nier qu'il ne soit cruel d'être forcé à abandonner son pays, sa famille, les occupations de son choix, ses habitudes, ses projets, ses espérances, pour prendre un état contraire à son inclination, assujetti à la plus rigoureuse dépendance, et où l'on court souvent risque de la vie. Le Royaume a besoin de défenseurs sans doute ; mais s'il y un moyen d'en avoir le même nombre sans forcer personne, pourquoi s'y refuser ? N'est-il pas préférable par cela seul qu'il est plus doux et qu'il ne fait le malheur de personne ? Pourquoi défendre aux garçons d'une paroisse de se délivrer de toutes les inquiétudes du sort par le sacrifice d'une somme modique pour chacun, mais qui, par la réunion de toutes les contributions, devient assez forte pour engager un d'entre eux à remplir librement ce qu'on exige d'eux ? Pourquoi s'opposer à ce qu'un homme nécessaire à sa famille, ou qui a trop de répugnance pour le service, mette à sa place un homme qui fera ce même service avec plaisir. Je ne doute pas qu'on n'ait été déterminé par des motifs qu'on a cru solides à exiger absolument que le sort soit tiré effectivement dans toutes les paroisses et à proscrire tout engagement volontaire ; qu'il me soit permis pourtant d'examiner ces motifs.

Aurait-on craint que la cotisation en argent pour fournir à l'engagement du milicien volontaire n'entraînât des abus, et qu'elle en devînt trop onéreuse aux habitants de la campagne ? Cette crainte me paraît peu fondée. La contribution ne saurait jamais être trop onéreuse, quand elle sera parfaitement libre et volontaire. Il s'agit ici de choisir entre deux charges, ou si l'on veut entre deux maux ; il semble qu'on peut s'en rapporter à ceux qui doivent supporter ces charges sur le choix de la moins onéreuse. À l'égard des abus dans la répartition de ces contributions en argent, rien ne sera si aisé que de les prévenir, lorsque les commissaires ou les subdélégués chargés du tirage seront autorisés à présider eux-mêmes à cette répartition.

J'ai quelquefois entendu dire que, si l'on tolérait les engagements, les milices pourraient être composées d'hommes errants et sans domicile, qu'on ne pourrait rassembler au besoin, et que les paroisses seraient obligées de remplacer par la voie du sort, après avoir inutilement dépensé beaucoup d'argent pour s'en exempter. Cette raison ne me paraît pas encore fort solide ; car on est le maître, en tolérant les engagements, de n'accepter que des hommes connus, domiciliés et d'ailleurs propres au service ; on pourra même se rendre plus difficile sur la taille et la figure, que lorsqu'il s'agit d'admettre à tirer le sort. Ainsi, bien loin que la voie des engagements volontaires tende à rendre la composition des milices moins bonne et moins solide, il y a tout lieu de croire qu'on aurait, par cette voie, des hommes plus propres au service, et au moins aussi sûrs.

On a peut-être encore supposé qu'en tolérant les engagements, les habitants de la campagne se refuseraient toujours à la voie du sort qu'on a regardée comme devant être le vrai fondement de la milice.

Je pourrais, en premier lieu, répondre qu'il n'y aurait pas grand mal à cela ; mais je dirai de plus que, bien loin que la facilité qu'on aurait à cet égard produisit l'effet qu'on craint, ce serait au contraire le meilleur moyen, et peut-être le seul, qui pût diminuer la répugnance que le peuple a, dans certaines provinces, pour le tirage de la milice. En effet, quand on laisse la liberté de se rédimer d'une charge par une contribution en argent, elle paraît dès lors moins onéreuse ; on s'accoutume à l'évaluer, et il n'est pas rare que l'amour de l'argent d'un côté, et de l'autre l'incertitude du sort de la milice, déterminent à s'y exposer volontairement plutôt que de dépenser la somme nécessaire pour s'y soustraire.

Il reste une dernière raison, que j'ai entendu quelquefois alléguer comme le vrai motif des dispositions de l'Ordonnance à cet égard. On veut que le ministère ait en vue de ne pas rendre plus difficiles et plus chers les engagements dans les troupes réglées, en laissant aux paroisses la liberté d'entrer en concurrence avec les recruteurs des régiments. J'avoue qu'il ne paraît guère vraisemblable que le législateur ait pu être frappé d'un motif aussi peu digne de déterminer la disposition d'une loi. Ce serait assurément une bien petite considération à opposer à des motifs fondés sur la justice et sur l'humanité. Au reste, je ne pense point du tout que la liberté laissée aux paroisses de faire remplir leur service par des miliciens volontaires nuisît à la facilité de recruter les troupes réglées. On admet, dans ces derniers corps, beaucoup de sujets qui doivent être exclus de la milice, dont la composition exige qu'on n'y admette que des hommes de la province et qui aient un domicile connu. Plusieurs de ceux-ci pourront s'engager dans la milice, quoiqu'ils ne fussent nullement disposés à entrer dans les troupes réglées, et réciproquement la plus grande partie de ceux qui s'engagent dans les troupes réglées ne voudraient pas servir dans la milice, puisque n'ayant pas habituellement de solde à toucher, ils n'auraient pas une subsistance assurée.

S'il y a d'autres raisons qui aient décidé à défendre les engagements volontaires, je les ignore entièrement, et je crois avoir répondu solidement à celles qui me sont connues.

La nouvelle composition des régiments provinciaux fournit un nouveau motif très puissant pour permettre les engagements. Si l'on veut donner à ces nouveaux corps une constitution permanente, il est essentiel à leur bonne composition qu'on y conserve le plus qu'on pourra d'anciens soldats : or, la voie du sort ne fournira jamais que des hommes entièrement neufs pour le service, puisque tout homme qui est tombé une fois au sort est exempt à perpétuité de la milice. Sans la ressource des hommes renvoyés des grenadiers de France et de quelques anciens soldats des bataillons de l'ancienne milice ou du régiment des recrues provinciales que j'avais autorisé à engager, on n'aurait pas pu remplir le nombre des sergents et des hautes payes. Toutes les hautes payes actuelles auront leur congé à la prochaine assemblée ; une grande partie même l'a reçu à l'assemblée de 1772. Il m'a paru que M. le comte de Montbarey, qui a inspecté le régiment, et M. le comte de Brassac, qui en est le colonel, ont senti la nécessité de conserver ces hommes précieux et qu'on ne pourrait remplacer par des paysans pris au hasard ; or, il est impossible de les conserver autrement qu'en tolérant qu'ils s'engagent pour différentes communautés.

Il faut donc renoncer à l'exécution rigoureuse des deux articles de l'Ordonnance, et fermer les yeux comme on l'a fait par le passé. M. le duc de Choiseul lui-même avait approuvé qu'on eût cette indulgence dans les villes de commerce, où il aurait paru trop dur d'obliger des jeunes gens élevés dans l'aisance à se voir réduits par le sort à l'état de simples soldats, tandis que tous les jours leurs égaux entrent dans le service avec l'état d'officier. Vous penserez sans doute comme M. le duc de Choiseul à cet égard.

Outre ces motifs généraux, j'ai eu, pour adopter la même tolérance dont mes prédécesseurs avaient usé, des raisons particulières à cette province, et relatives aux idées que j'ai trouvées enracinées dans le peuple. J'ai déjà eu l'occasion de vous en parler, dans une lettre que j'ai eu l'honneur de vous écrire le 1er octobre 1771, en vous rendant compte de la première assemblée du régiment provincial de Limoges, lors de sa formation. Je vous disais alors que la répugnance pour la milice était tellement répandue autrefois dans le peuple de cette province, que chaque tirage était le signal des plus grands désordres dans les campagnes, et d'une espèce de guerre civile entre les paysans, dont les uns se réfugiaient dans les bois, où les autres allaient les poursuivre à main armée pour enlever les fuyards, et se soustraire au sort que les premiers avaient cherché à éviter. Les meurtres, les procédures criminelles se multipliaient ; la dépopulation des paroisses et l'abandon de la culture en étaient la suite. Lorsqu'il était question d'assembler les bataillons, il fallait que les syndics des paroisses fissent amener leurs miliciens escortés par la maréchaussée, et quelquefois garrottés. Lors du rétablissement des milices, j'ai cru que le point principal dont je devais m'occuper était de changer peu à peu cet esprit, et de familiariser les peuples avec une opération que jusque-là ils n'avaient envisagée qu'avec horreur. Un des principaux moyens que j'ai employés a été d'autoriser les commissaires à se prêter aux engagements volontaires. Cette liberté, jointe à d'autres précautions que j'ai prises, a eu l'effet que j'en attendais. Un très grand nombre de paroisses ont contribué à la milice par la voie du sort, et ni les tirages ni les fuyards n'ont occasionné aucun désordre. J'ai eu la satisfaction de voir que les miliciens se sont rendus seuls volontairement aux assemblées, que le secours de la maréchaussée autrefois si nécessaire, a été entièrement inutile et que le plus grand nombre de ces nouveaux soldats a montré la plus grande émulation pour entrer dans les grenadiers. Je crois, M., que cette confiance de la part du peuple qui, dans cette province, est une chose nouvelle, ne peut se conserver que par les moyens qui l'ont établie ; et comme la tolérance des engagements a été un des principaux de ces moyens, c'est une raison pour moi d'insister très fortement contre l'idée que j'ai vue à quelques personnes de ramener à une exécution littérale les deux articles 16 et 19 de l'Ordonnance du 27 novembre 1765.

J'aurais peut-être encore, M., quelques autres observations à vous proposer sur cette matière, mais comme elles sont moins importantes que les deux qui font l'objet de cette lettre déjà trop longue, je les réserverai pour un autre temps. Je vous serai très obligé de me faire savoir si vous approuvez en tout ou en partie mes deux propositions.

Permettez-moi, M., en finissant d'insister encore pour que vous veuillez bien nous faire parvenir promptement les ordres relatifs au tirage ; comme cette opération exige de la part des intendants et de leurs bureaux un assez long travail, je crains que, si les ordres sont encore retardés d'un mois, il ne devienne impossible de faire tirer la milice avant le temps où les habitants du Limousin se dispersent dans les autres provinces.

131. — LA TAILLE.

I. *Avis sur l'imposition pour l'année 1774.*

[D. P., VI, 427.]

8 octobre.

(Cet Avis commence, comme tous les autres, par l'observation que, le brevet de la taille restant invariable pendant plusieurs années, quoique la Province eût chaque année obtenu un moins-imposé, on ne pourrait répartir le montant du brevet sans qu'il y eût une augmentation de charge de toute la valeur du moins-imposé.

Il avait été l'année précédente de 200 000 francs, la demande de Turgot pour une diminution constante de 700 000 francs étant toujours demeurée sans réponse.

Cette observation préliminaire était, comme les années précédentes, suivie d'un compte de l'état des récoltes, en parcourant les différents genres de productions. Ensuite venait l'Avis. — *Du Pont*)

II. *Lettre à l'Intendant des finances (d'Ormesson.)*

Limoges, 26 novembre.

M., j'ai reçu la lettre par laquelle M. le Contrôleur général m'a annoncé que le moins-imposé effectif de cette généralité avait été fixé pour 1774 à la somme de 150 000 l., c'est à-dire à 50 000 l. de moins que l'année précédente, indépendamment d'une diminution de 20 000 l. sur les fonds destinés aux ateliers de charité ; diminution que j'aurais cru devoir tourner en augmentation du moins-imposé effectif. Je vous avoue que j'ai été étonné, et encore plus affligé, de cette diminution dans le traitement que j'avais lieu d'espérer pour la Province.

Vous aviez eu la bonté de vous occuper l'hiver dernier des représentations tant de fois réitérées de ma part, et portées, j'ose le dire, à la démonstration la plus complète sur la surcharge qu'essuie depuis si longtemps cette province dans ses impositions. Vous m'aviez paru touché de mes raisons ; M. le Contrôleur général n'en avait pas été moins frappé. En me faisant part des motifs qui vous ont empêché jusqu'à présent de changer la proportion des impositions du Limousin dans la répartition générale entre les provinces du Royaume, motifs que je crois très susceptibles de réplique, vous m'aviez du moins fait espérer de dédommager la Province sur le moins-imposé. Je comptais sur cette espérance que vous m'aviez donnée ; je me flattais que le moins-imposé serait plutôt augmenté que diminué relativement à celui de l'année dernière.

Vous pouvez juger combien il a été cruel pour moi de trouver au contraire que la Province était moins favorablement traitée cette année. Je ne puis m'empêcher de vous faire à ce sujet les plus vives représentations, et de vous conjurer de les mettre sous les yeux de M. le Contrôleur général.

Il sait que la Province essuie encore cette année une augmentation pour le remboursement de la finance des charges du Parlement de Bordeaux et de celle de la Cour des Aides de Clermont. Cette augmentation tombe précisément sur la partie du Limousin qui, comme vous le savez, est la plus pauvre et celle qui a le plus souffert des disettes de ces dernières années. Elle a, de plus, été affligée par une mortalité assez considérable ; au reste, ces motifs particuliers ne sont rien en comparaison de la surcharge démontrée que la Province éprouve, et de l'énormité des arrérages accumulés sur les impositions anciennes, qui ont leur source dans l'impossibilité de payer. Ce sont des choses que j'ai tant répétées, que j'ai présentées sous tant de faces, que j'avoue sans peine mon impuissance à rien dire de nouveau sur cette matière. Je serais le plus éloquent des hommes que toutes mes ressources seraient épuisées ; mais puisque vous, M., et M. le Contrôleur général, avez été pleinement convaincus de la justice et de la vérité de mes représentations, je n'ai besoin que de vous les rappeler, et j'ose espérer que vous vous joindrez à moi pour faire sentir à ce ministre la nécessité d'accorder un supplément au faible soulagement qui m'a été annoncé. Ce n'est pas trop que de réclamer un traitement au moins égal à celui de l'année dernière. Il était de 280 000 l., y compris les fonds destinés aux ateliers de charité. Cette année, il n'est que de 210 000 l. : la différence est de 10 000 l. Il s'en faut beaucoup que ce soit une justice complète, puisque j'ai prouvé que, pour remettre la Province dans sa véritable proportion avec les autres, il lui faudrait une diminution de 700 000 l. Il y aurait de l'indiscrétion à en demander une aussi forte sur le moins-imposé, mais j'ose du moins supplier M. le Contrôleur général de ne pas traiter le Limousin plus défavorablement que l'année dernière [a].

132. — LE COMMERCE DES GRAINS.

Lettre au Docteur Tucker.

(La liberté indéfinie. — Les statistiques des prix.)

[A. L., minute. — D. P., IX, 369, reproduction assez exacte.]

10 décembre.

J'ai, M., bien des excuses à vous faire d'avoir été si longtemps à vous adresser les remerciements que je vous dois pour tous les détails que vous avez bien voulu m'envoyer à la prière de mon ami M. Bos-

---

[a] On trouve, aux archives de la Haute-Vienne, une Ordonnance de Turgot au sujet d'un maître d'école qui demande à être déchargé de la collecte.

tock [a], relativement à la production et au commerce des grains. Je me proposais de vous répondre en anglais, mais je me trouvais alors dans la convalescence d'une attaque de goutte et, comme c'est pour moi un assez grand travail que d'écrire dans votre langue, j'avais remis ma réponse à un autre temps. Depuis que je suis revenu dans la Province, j'ai eu une foule d'occupations, et je profite de mon premier moment de liberté ; mais comme M. Bostock est présentement à Londres, il pourra vous traduire ma lettre, et par cette raison je vous l'écrirai en français.

Je commence par vous remercier des différentes brochures de votre composition que vous m'avez adressées sur cette matière intéressante. Je suis tout à fait de votre avis sur l'inutilité de la gratification que votre gouvernement a si longtemps accordée en faveur de l'*exportation des grains*. Mes principes sur cette matière sont, *liberté indéfinie* d'importer, sans distinction de bâtiments de telle ou telle nation et sans aucuns droits d'entrée ; liberté pareillement indéfinie d'exporter sur toute sorte de bâtiments, sans aucuns droits de sortie et sans aucune limitation, même dans les temps de disette ; liberté dans l'intérieur de vendre à qui l'on veut, quand et où l'on veut, sans être assujetti à porter au marché public, et sans que qui que ce soit se mêle de fixer les prix des grains ou du pain. J'étendrais même ces principes au commerce de toute espèce de marchandises, ce qui, comme vous le voyez, est fort éloigné de la pratique de votre gouvernement et du nôtre.

Je sens, M., toute la justesse de vos observations sur la difficulté de tirer des conséquences des tables qu'on se procurerait du *prix des grains*, quelque exactes qu'elles pussent être ; une grande partie de ces observations trouveraient leur application en France comme en Angleterre ; car moins le commerce des grains est libre, et plus les variations des prix sont grandes et irrégulières. Malgré cela, je n'en suis pas moins curieux de connaître la marche de ces variations ; ainsi je regarderai toujours des tables exactes comme très précieuses. Je suis étonné de la difficulté que vous trouvez à m'en procurer dans lesquelles les prix soient exprimés marché par marché, sans être réduits au prix commun. En France, où cet objet est encore plus négligé qu'en Angleterre, et où, dans la plus grande partie des provinces, les archives publiques sont dans le plus mauvais ordre, j'ai trouvé un assez grand nombre de villes où l'on avait conservé l'*état des prix* de semaine en semaine depuis cent ans et plus. Je n'en demanderais que trois ou quatre de cette espèce pris dans différentes provinces de l'Angleterre, et de préférence dans celles qui sont les plus fertiles en grains.

---

[a] Négociant anglais, ancien condisciple de Turgot et avec qui entretint une correspondance assez suivie, mais sans intérêt.

Je vous avais demandé si les états qu'on insère tous les quinze jours dans le *London Chronicle*, sous le titre d'*Average Price*, sont exacts et formés avec soin. Je vous avais demandé en second lieu depuis combien d'années on les rédige sous cette forme, et si l'on pourrait en avoir la collection complète, qui remplirait parfaitement mon objet. Vous ne m'avez pas répondu sur cette question, et je vous serai très obligé de vouloir bien y répondre. Je vous serai aussi infiniment obligé de chercher encore à me procurer, au défaut de cet *Average Price*, quelques états des prix des grains, marché par marché, dans trois ou quatre villes, et cela depuis le plus grand nombre d'années qu'il sera possible. On en trouve en France qui remontent jusqu'à plus de deux cents ans, pourquoi n'en trouverait-on pas en Angleterre ? Je payerai la dépense nécessaire pour les faire transcrire. J'attends avec impatience la réponse que devait vous faire sur cet article l'ecclésiastique dont vous me parlez dans votre lettre.

À l'égard des *dîmes*, j'éprouve en France à peu près les mêmes difficultés que vous avez en Angleterre. Cependant j'en trouve assez fréquemment des états qui remontent à trente ou quarante ans, et je m'en contenterai fort, si votre ami l'ecclésiastique n'en trouve pas qui remontent plus haut. Je sens qu'il doit encore être plus difficile de rencontrer des cultivateurs qui aient, pendant un très grand nombre d'années, conservé la note exacte de ce qu'ils ont semé et de ce qu'ils ont recueilli dans le même terrain : je ne demande sur cela que ce qui est possible. Je conviens avec vous que, quand M. Tull voudrait donner l'état exact de ce qu'il a semé et recueilli pendant vingt ans, on n'en pourrait tirer aucune conséquence pour mon objet, puisque ses récoltes ont augmenté toutes les années. Je vous avoue pourtant que je doute un peu de ce dernier fait. Je crains que M. Tull n'ait été entraîné par une sorte d'esprit de prosélytisme en faveur de son système, et qu'il ne se soit permis de mentir pour l'intérêt de ce qu'il a cru la vérité. S'il avait vraiment trouvé un moyen de garantir ses récoltes de l'inclémence des saisons, sa méthode aurait certainement eu plus d'imitateurs et serait actuellement pratiquée dans une grande partie de l'Angleterre et peut-être de l'Europe.

M. Bostock, ou peut-être vous, m'avez envoyé dernièrement une *table* qui contient le prix du froment mois par mois, depuis quarante ans, au marché de Londres. Au défaut des tables rédigées marché par marché, je me servirais de celles-là, mais je voudrais en avoir qui remontassent aux années antérieures, et j'en désirerais aussi de quelques villes de l'intérieur de l'Angleterre.

J'ai l'ouvrage du docteur Price dont vous me parlez [a] ; sans cela, je vous prierais de me l'envoyer.

J'ai fait plusieurs recherches relatives à la question que vous me faites sur la facilité que trouverait un cultivateur anglais à s'établir dans quelqu'une de nos provinces. Pour trouver une ferme, il faut un certain capital pour le mettre en valeur, et je doute que ce capital rapportât autant, employé dans une ferme française, que dans une ferme anglaise. La raison en est que notre gouvernement est encore très flottant sur les principes de la liberté du commerce des grains. Il est même encore extrêmement prévenu contre l'exportation, et s'il ne change pas d'opinion de manière à établir solidement la liberté, il y a lieu de craindre que notre agriculture ne devienne très peu profitable. D'ailleurs, dans la plus grande partie de nos provinces, la taxe des terres est imposée sur le fermier, et non sur le propriétaire, ce qui rend la condition du fermier bien moins avantageuse. J'ajoute qu'un protestant aurait souvent, dans certaines provinces, beaucoup de désagréments à essuyer. Il serait plus avantageux à la personne dont vous me parlez, et peut-être plus facile, de trouver quelque seigneur qui, ayant de grandes terres, voudrait les faire cultiver à la manière anglaise, et avoir à cet effet un régisseur anglais ; mais cela même ne serait point encore aisé, la plus grande partie des seigneurs aimant mieux avoir des fermiers que des régisseurs. De plus, ceux à qui l'arrangement dont je vous parle conviendrait, exigeraient certainement que des personnes bien connues leur répondissent des talents, de la probité et de l'habileté dans la culture de la personne qui se proposerait. Si votre ami est toujours dans les mêmes idées, il est nécessaire que vous me mandiez son nom, et que vous entriez dans les détails de ce qu'il a fait jusqu'à présent, des biens qu'il a cultivés ou régis, et des personnes qui le connaissent et qui peuvent répondre de lui.

133. — LA MARQUE DES FERS [b].

[a] Probablement ses *Observations on reversionary payments, annuities*, etc., parues en 1769.

[b] « Le droit de marque des fers a eu, pour prétexte le progrès de la fabrication et, pour véritable cause, l'intérêt d'une absurde fiscalité.

En 1608, des commissaires nommés par Henri IV pour le rétablissement des manufactures, ayant attribué l'état déplorable de l'industrie métallurgique à l'emploi du fer aigre de préférence au fer doux, proposèrent, comme remède, de frapper d'un nouveau droit les fers aigres venus de l'étranger, et d'appliquer aux deux espèces une marque distincte, tant à l'entrée du Royaume que dans tous les lieux de fabrication.

Ce projet toutefois n'eut pas de suite jusqu'en 1626, époque où le cardinal de Richelieu, qui méditait le siège de La Rochelle et qui était pressé d'argent, songea à en tirer parti pour accroître le revenu de l'État. L'on créa alors, par un Édit royal, des agents spéciaux qui eurent la mission de surveiller, dans chaque district de forges, la fabrication des ouvrages de fer, de s'opposer à l'emp-

552   ŒUVRES DE TURGOT

Lettre au Contrôleur général.

(États des forges et usines. — Les droits intérieurs sur les fers. — Les droits de douane en général et sur les fers en particulier.)

[D. P., VI, 438.]

Limoges, 24 décembre.

J'ai l'honneur de vous adresser l'*état des forges et usines* de la généralité de Limoges, employées à la fabrication des ouvrages en fer.

Vous m'avez demandé cet état plusieurs fois ; j'aurais voulu pouvoir vous l'envoyer plus promptement, et surtout plus complet, mais malgré

---

loi du fer aigre pour les objets de quincaillerie, coutellerie, serrurerie, etc., et de ne le permettre que dans les gros ouvrages dont la rupture n'offrait pas d'inconvénients dangereux. Ils devaient, en conséquence, faire marquer les fers indigènes au sortir des forges, pendant que d'autres agents, placés à la frontière, exécutaient la même opération sur les fers étrangers. Et tout cela se résumait en droits fiscaux dont voici le tarif :

Sur les fers nationaux doux ou aigres, 10 s. par quintal ; sur l'acier, 20 s. ; — sur le fer doux et l'acier venant de l'étranger, mêmes taxes ; — sur le fer aigre, de même provenance, 12 s.

En 1628, on s'aperçut que l'Édit n'assujettissait aux droits d'importation que les fers et aciers en barres et en billes, et un Arrêt du conseil, du 18 avril, y comprit ces mêmes matières à l'état ouvragé.

On découvrit plus tard que l'Édit ne parlait ni des gueuses, ni des fontes, et deux Arrêts du conseil, en date des 20 juin 1631 et 16 mai 1635, les frappèrent d'un droit de 6 sous 8 d.

Plus tard, encore, on remarqua qu'il n'avait été rien statué sur le minerai. La sortie en fut prohibée, ou ne fut permise qu'avec un droit sur le taux duquel on n'a pas de renseignements.

Enfin la fameuse Ordonnance des *aides*, de 1680, qui codifia les règlements antérieurs sur la matière, soumit complètement les usines au régime de l'exercice, et détermina les droits ainsi qu'il suit :

13 s. 6 d. par quintal de fer ;
18 s. par quintal de quincaillerie, grosse ou menue ;
20 s. par quintal d'acier ;
3 s. 4 d. par quintal de mine de fer, lavée et préparée.

Ces taxes étaient le *principal* de l'impôt et, par conséquent, indépendantes d'un certain nombre de sous *additionnels* ; mais il est à remarquer qu'elles ne s'élevaient pas à l'*importation*.

Comme elles n'étaient point uniformes dans tout le Royaume, qu'elles variaient suivant les privilèges des provinces, et que plusieurs même en étaient exemptes, la perception du droit de marque conviait à une fraude très active, dont témoignent les Arrêts du conseil des 15 novembre 1707, 9 janvier 1712 et 12 septembre 1724, qui eurent pour but d'en arrêter le cours.

Mais il est constaté encore, par un autre Arrêt du conseil du 7 mars 1747, ainsi que par un Arrêt de la Cour des aides de Paris, du 25 février 1781, que ces diverses mesures luttaient contre la nature des choses, avec fort peu de succès.

Quant à l'intérêt que le Trésor avait dans cette guerre faite à la liberté de l'industrie, les droits de marque perçus à la fabrication ne dépassaient pas 8 à 900 000 l. et ceux perçus à l'entrée ou à la sortie du Royaume 100 000 l. » (*Daire*)

Le projet que Terray avait conçu vers 1771 pour augmenter les anciens droits sur la marque des fers donna lieu à l'enquête dont il est question au début de la lettre de Turgot. Trace de cette enquête n'a pas été retrouvée dans les archives de la Haute-Vienne. (*Leroux*, Introduction à l'Inventaire.)

les soins que j'ai pris pour me procurer sur chaque forge des notices aussi détaillées que vous paraissiez les désirer, vous verrez qu'il reste encore une assez grande incertitude sur la quantité des fers qui sortent de ces différentes forges. Vous verrez aussi que cette incertitude vient en grande partie de causes purement physiques, qui font varier la production, telles que la disette ou l'abondance des eaux dans les différentes usines. Les variations dans le débit et dans la fortune des entrepreneurs influent aussi, et au moins autant que les causes physiques, sur la fabrication plus ou moins abondante.

Quant aux observations que vous paraissez désirer sur les moyens de donner à cette branche de commerce plus d'activité, ou de lui rendre celle qu'on prétend qu'elle a perdue, j'en ai peu à vous faire. Je ne connais de moyen d'animer un commerce quelconque, que la plus grande liberté et l'affranchissement de tous les droits, que l'intérêt mal entendu du fisc a multipliés à l'excès sur toutes les espèces de marchandises, et en particulier sur la fabrication des fers.

Je ne puis vous déguiser qu'une des principales causes de la lenteur que j'ai mise à vous satisfaire sur l'objet de ces recherches, a été le bruit qui s'était répandu qu'elles avaient pour objet l'établissement de nouveaux droits ou l'extension des anciens. L'opinion fondée sur trop d'exemples, que toutes les recherches du gouvernement n'ont pour objet que de trouver les moyens de tirer des peuples plus d'argent, a fait naître une défiance universelle ; et la plus grande partie de ceux à qui l'on fait des questions, ou ne répondent point, ou cherchent à induire en erreur par des réponses tantôt fausses, tantôt incomplètes. Je ne puis croire, M., que votre intention soit d'imposer de nouvelles charges sur un commerce que vous annoncez, au contraire, vouloir favoriser. Si je le pensais, je vous avoue que je m'applaudirais du retard involontaire que j'ai mis à l'envoi des éclaircissements que vous m'avez demandés, et que je regretterais de n'avoir pu en prolonger davantage le délai.

Après l'entière liberté et l'affranchissement de toutes taxes sur la fabrication, le transport, la vente et la consommation des denrées, s'il reste quelque chose à faire au gouvernement pour favoriser un commerce, ce ne peut être que par la voie de l'instruction, c'est-à-dire en encourageant les recherches des savants et des artistes qui tendent à perfectionner l'art, et surtout en étendant la connaissance des procédés dont la cupidité cherche à faire autant de secrets. Il est utile que le Gouvernement fasse quelques dépenses pour envoyer des jeunes gens s'instruire, dans les pays étrangers, des procédés ignorés en France, et qu'il fasse publier le résultat de leurs recherches. Ces moyens sont bons ; mais la liberté et l'affranchissement des taxes sont bien plus efficaces et bien plus nécessaires.

Vous paraissez, M., dans les lettres que vous m'avez fait l'honneur de m'écrire sur cette matière, avoir envisagé comme un encouragement pour le commerce national les entraves que l'on pourrait mettre à l'entrée des fers étrangers. Vous annoncez même que vous avez reçu de différentes provinces des représentations multipliées sur la faveur que ces fers étrangers obtiennent, au préjudice du commerce et de la fabrication des fers nationaux ; je conçois, en effet, que des maîtres de forges, qui ne connaissent que leurs fers, imaginent qu'ils gagneraient davantage s'ils avaient moins de concurrents. Il n'est point de marchand qui ne voulût être seul vendeur de sa denrée ; il n'est point de commerce dans lequel ceux qui l'exercent ne cherchent à écarter la concurrence, et ne trouvent quelques sophismes pour faire accroire que l'État est intéressé à écarter du moins la concurrence des étrangers, qu'ils réussissent plus aisément à représenter comme les ennemis du commerce national. Si on les écoute, et on ne les a que trop écoutés, toutes les branches de commerce seront infectées de ce genre de monopole. Ces imbéciles ne voient pas que ce même monopole qu'ils exercent, non pas comme ils le font accroire au Gouvernement contre les étrangers, mais contre leurs concitoyens, consommateurs de la denrée, leur est rendu par ces mêmes concitoyens, vendeurs à leur tour dans toutes les autres branches de commerce, où les premiers deviennent à leur tour acheteurs. Ils ne voient pas que toutes ces associations de gens du même métier ne manquent pas de s'autoriser des mêmes prétextes pour obtenir du gouvernement séduit la même exclusion des étrangers ; ils ne voient pas que, dans cet équilibre de vexation et d'injustice entre tous les genres d'industrie, où les artisans et les marchands de chaque espèce oppriment comme vendeurs, et sont opprimés comme acheteurs, il n'y a de profit pour aucune partie ; mais qu'il y a une perte réelle pour la totalité du commerce national, ou plutôt pour l'État qui, achetant moins à l'étranger, lui vend moins aussi. Cette augmentation forcée des prix pour tous les acheteurs diminue nécessairement la somme des jouissances, la somme des revenus disponibles, la richesse des propriétaires et du souverain, et la somme des salaires à distribuer au peuple. Cette perte est doublée encore, parce que, dans cette guerre d'oppression réciproque, où le Gouvernement prête sa force à tous contre tous, on n'a excepté que la seule branche du labourage, que toutes oppriment de concert par ces monopoles sur les nationaux, et qui, bien loin de pouvoir opprimer personne, ne peut même jouir du droit naturel de vendre sa denrée, ni aux étrangers, ni même à ceux de ses concitoyens qui voudraient l'acheter ; en sorte que, de toutes les classes de citoyens laborieux, il n'y a que le laboureur qui souffre du monopole comme acheteur, et qui en souffre en même temps comme vendeur. Il n'y a que lui qui ne puisse acheter librement des étrangers aucune des choses dont il a besoin ; il n'y a que lui qui ne puisse vendre aux étrangers librement la denrée qu'il produit, tandis que le marchand de drap ou tout autre achète tant qu'il veut le blé des étrangers, et vend autant qu'il veut son drap aux Étrangers. Quelques sophismes que puisse accumuler l'intérêt particulier de quelques commerçants, la vérité est que toutes les branches de commerce doivent être libres, également libres, entièrement libres ; que le système de quelques politiques modernes, qui s'imaginent favoriser le commerce national en interdisant l'entrée des marchandises étrangères, est une pure illusion ; que ce système n'aboutit qu'à rendre toutes les branches de commerce ennemies les unes des autres, à nourrir entre les nations un germe de haines et de guerres dont les plus faibles effets sont mille fois plus coûteux aux peuples, plus destructifs de la richesse, de la population, du bonheur, que tous les petits profits mercantiles qu'on imagine s'assurer ne peuvent être avantageux aux nations qui s'en laissent séduire. La vérité est qu'en voulant nuire aux autres on se nuit à soi-même, non seulement parce que la représaille de ces prohibitions est si facile à imaginer que les autres nations ne manquent pas de s'en aviser à leur tour, mais encore parce qu'on s'ôte à soi-même les avantages inappréciables d'un commerce libre ; avantages tels que, si un grand État comme la France voulait en faire l'expérience, les progrès rapides de son commerce et de son industrie forceraient bientôt les autres nations de l'imiter pour n'être pas appauvries par la perte totale de leur commerce.

Mais, quand tous ces principes ne seraient pas, comme j'en suis entièrement convaincu, démontrés avec évidence ; quand le système des prohibitions pourrait être admis dans quelque branche de commerce, j'ose dire que celui des fers devrait être excepté par une raison décisive, et qui lui est particulière.

Cette raison est que le fer n'est pas seulement une denrée de consommation utile aux différents usages de la vie : le fer qui s'emploie en meubles, en ornements, en armes, n'est pas la partie la plus considérable des fers qui se fabriquent et se vendent. C'est surtout comme instrument nécessaire à la pratique de tous les arts, sans exception, que ce métal est si précieux, si important dans le commerce : à ce titre, il est matière première de tous les arts, de toutes les manufactures, de l'agriculture même, à laquelle il fournit la plus grande partie de ses instruments ; à ce titre, il est denrée de première nécessité ; à ce titre quand même on adopterait l'idée de favoriser les manufactures par des prohibitions, le fer ne devrait jamais y être assujetti, puisque ces prohibitions, dans l'opinion même de leurs partisans, ne doivent tomber que sur les marchandises fabriquées pour la consommation, et non sur les marchandises qui sont des moyens de fabrication, telles que les matières premières et les instruments nécessaires pour fabriquer ; puisque l'acheteur des instruments de fer servant à sa manufacture ou à sa culture doit, suivant ce système, jouir de tous les privilèges que les principes de ce système donnent au vendeur sur le simple consommateur.

Défendre l'entrée du fer étranger, c'est donc favoriser les maîtres de forges, non pas seulement, comme dans les cas ordinaires de prohibitions, aux dépens des consommateurs nationaux ; c'est les favoriser aux dépens de toutes les manufactures, de toutes les branches d'industrie, aux dépens de l'agriculture et de la production des subsistances, d'une manière spéciale et encore plus directe que l'effet de toutes les autres prohibitions dont il faut avouer qu'elle se ressent toujours.

Je suis persuadé que cette réflexion, qui, sans doute, s'est aussi présentée à vous, vous empêchera de condescendre aux sollicitations indiscrètes des maîtres de forges et de tous ceux qui n'envisageront cette branche de commerce qu'en elle-même, et isolée de toutes les autres branches avec lesquelles elle a des rapports de nécessité première.

J'ajouterai encore ici deux considérations qui me paraissent mériter votre attention.

L'une est qu'un grand nombre d'arts n'ont pas besoin seulement de fer, mais de fer de qualités différentes et adaptées à la nature de chaque ouvrage. Pour les uns, il faut du fer plus ou moins doux ; d'autres exigent un fer plus aigre ; les plus importantes manufactures emploient de l'acier, et cet acier varie encore de qualité ; celui d'Allemagne est propre à certains usages ; celui d'Angleterre, qui est plus précieux, à d'autres. Or, il y a certaines qualités de fer que le Royaume ne fournit pas, et qu'on est obligé de tirer de l'étranger. À l'égard de l'acier, il est notoire qu'il s'en fabrique très peu en France ; qu'à peine ce genre de fabrication en est-il à ses premiers essais ; et, quelque heureux qu'ils aient pu être, il se passera peut-être un demi-siècle avant qu'on fasse assez d'acier en France pour subvenir à une partie un peu considérable des usages auxquels l'emploient les manufactures, où l'on est obligé de tirer de l'étranger les outils tout faits, parce qu'on ne sait point en fabriquer en France qui aient la perfection nécessaire, et parce que l'ouvrage perdrait trop de sa qualité et de son prix s'il était fait avec des outils imparfaits. Ce serait perdre ces manufactures, ce serait anéantir toutes celles où l'on emploie l'acier, toutes celles où l'on a besoin de qualités particulières de fer, que d'interdire l'entrée des fers étrangers ; ce serait les conduire à une décadence inévitable que de charger ces fers de droits excessifs ; ce serait sacrifier une grande partie du commerce national à un intérêt très mal entendu des maîtres de forges. Cette première considération prouve, ce me semble, que, dans l'état actuel du commerce des manufactures et de celui des fers nationaux, il y aurait de l'imprudence à gêner l'importation des fers étrangers.

Celle qui me reste à développer prouvera que jamais cette importation ne cessera d'être nécessaire, et qu'au contraire le besoin ne cessera vraisemblablement d'en augmenter avec le temps.

En effet, il suffit de réfléchir sur l'immense quantité de charbon de bois que consomme la fonte de la mine et sa réduction en métal, sur la quantité non moins immense que consomment les forges et usines où l'on affine le fer, pour se convaincre que, quelque abondant que puisse être le minerai, il ne peut être mis en valeur qu'autant qu'il se trouvera à portée d'une très grande quantité de bois, et que ces bois auront peu de valeur. Quelque abondante que puisse être une forêt située à portée d'une rivière affluant à Paris, certainement on ne s'avisera jamais d'y établir une forge, parce que le bois y a une valeur qu'on ne retrouvera jamais sur la vente des fers qui en seraient fabriqués. Aussi, le principal intérêt qu'on envisage dans l'établissement d'une forge est celui de donner une valeur et un débouché à des bois qui n'en avaient point. Il suit de là qu'à mesure que les bois deviennent rares, à mesure qu'ils acquièrent de la valeur par de nouveaux débouchés, par l'ouverture des chemins, des canaux navigables, par l'augmentation de la culture, de la population, la fonte et la fabrication des fers doivent être moins lucratives et diminuer peu à peu. Il suit de là qu'à proportion de ce que les nations sont plus anciennement policées, à proportion des progrès qu'elles ont faits vers la richesse et la prospérité, elles doivent fabriquer moins de fer et en tirer davantage des étrangers. C'est pour cela que l'Angleterre qui, de toutes les nations de l'Europe, est la plus avancée à cet égard, ne tire d'elle-même que très peu de fer brut, et qu'elle en achète beaucoup en Allemagne et dans le Nord, auquel elle donne une plus grande valeur en le convertissant en acier et en ouvrages de quincaillerie. Le commerce des fers est assigné par la nature aux peuples nouveaux, aux peuples qui possèdent de vastes forêts incultes, éloignées de tout débouché, où l'on trouve un avantage à brûler une immense quantité de bois pour la seule valeur des sels qu'on retire en lessivant leurs cendres. Ce commerce, faible en Angleterre, encore assez florissant en France, beaucoup plus en Allemagne et dans les pays du Nord, doit, suivant le cours naturel des choses, se porter en Russie, en Sibérie et dans les colonies américaines, jusqu'à ce que, ces pays se peuplant à leur tour, et toutes les nations se trouvant à peu près en équilibre à cet égard, l'augmentation du prix des fers devienne assez forte pour qu'on retrouve de l'intérêt à en fabriquer dans le pays même où l'on en avait abandonné la production, faute de pouvoir soutenir la concurrence des nations pauvres. Si cette décadence du commerce des forges, suite de l'augmentation des richesses, des accroissements de la population, de la multiplication des débouchés du commerce général, était un malheur, ce serait un malheur inévitable qu'il serait inutile de chercher à prévenir. Mais ce n'est point un malheur, si ce commerce ne tombe que parce qu'il est remplacé par d'autres productions plus lucratives. Il faut raisonner de la France par rapport aux autres nations, comme on doit raisonner des provinces à portée de la consommation de Paris, par rapport aux provinces de l'intérieur ; certainement, les propriétaires voisins de la Seine ne regrettent pas que leurs bois aient une valeur trop grande pour pouvoir y établir des forges, et ils se résignent sans peine à acheter avec le revenu de leurs bois les fers que leur vendent les autres provinces.

S'obstiner, par les vues d'une politique étroite qui croit pouvoir tout tirer de son cru, à contrarier cet effet nécessaire, ce serait faire comme les propriétaires de Brie, qui croient économiser en buvant de mauvais vin de leur cru, qu'ils payent beaucoup plus cher par le sacrifice d'un terrain susceptible de produire de bon froment, que ne leur coûterait le vin de Bourgogne, qu'ils achèteraient de la vente de ce froment ; ce serait sacrifier un profit plus grand pour conserver un profit plus faible.

Ce que doit faire la politique est donc de s'abandonner au cours de la nature et au cours du commerce, non moins nécessaire, non moins irrésistible que le cours de la nature, sans prétendre le diriger ; parce que, pour le diriger sans le déranger et sans se nuire à soi-même, il faudrait pouvoir suivre toutes les variations des besoins, des intérêts, de l'industrie des hommes ; il faudrait les connaître dans un détail qu'il est physiquement impossible de se procurer, et sur lequel le gouvernement le plus habile, le plus actif, le plus détailleur, risquera toujours de se tromper au moins de la moitié, comme l'observe ou l'avoue l'abbé Galiani dans un ouvrage où cependant il défend avec le plus grand zèle le système des prohibitions précisément sur le genre de commerce où elles sont le plus funestes, je veux dire sur le commerce des grains. J'ajoute que, si l'on avait sur tous ces détails cette multitude de connaissances qu'il est impossible de rassembler, le résultat en serait de laisser aller les choses précisément comme elles vont toutes seules, par la seule action des intérêts des hommes qu'anime la balance d'une concurrence libre.

Mais, de ce qu'on ne doit pas repousser les fers étrangers dont on a besoin, il ne s'ensuit point qu'on doive accabler les fers nationaux par des droits, ou plutôt des taxes sur leur fabrication ou leur transport.

Bien au contraire, il faut laisser la fabrication et le transport des fers nationaux entièrement libres en France, afin qu'ils puissent tirer le meilleur parti possible de nos mines et de nos bois tant que les entrepreneurs y trouveront de l'avantage, et qu'ils contribuent par leur concurrence à fournir à notre agriculture et à nos arts, au meilleur marché qu'il sera possible, les instruments qui leur sont nécessaires.

J'ai cru, M., devoir, pour l'acquit de ma conscience, vous communiquer toutes les réflexions que m'a suggérées la crainte de vous voir céder à des propositions que je crois dangereuses, et qui nuiraient au commerce que vous voulez favoriser. Je sais que vous ne désapprouvez pas la liberté avec laquelle je vous expose sans déguisement ce que je crois être la vérité.

134. — LETTRES À DU PONT DE NEMOURS.

CXXI. — (Arrivée de Turgot à Paris.)

Limoges, 11 janvier.

Vous devez, mon cher Du Pont, être impatienté de ne me point voir arriver. Je n'arriverai que dimanche prochain 17 au soir. Il serait inutile que vous vinssiez parce que probablement vous ne me trouveriez pas. J'aime mieux que vous veniez le lundi matin de bonne heure au risque de me trouver au lit, si je suis trop las du voyage. J'ai grande impatience de causer avec vous et de connaître en détail votre position pour en chercher ensemble les remèdes. Adieu, je vous embrasse. Je profite d'une occasion pour vous écrire et je n'ai que le temps de vous assurer de mon amitié. Mille compliments à Mme Du Pont.

CXXII. — (Chaire de droit des gens.)

S. d.

Comment ne m'avez-vous pas dit, mon cher Du Pont, que vous alliez à Versailles. Je vous aurais mené, ramené et parlé, comme on dit en Normandie. Je suis bien fâché que nous nous y soyons pris trop tard pour la chaire de Droit des gens. Est-ce que je ne vous verrai point avant votre départ ? Je sors ce matin, mais je dîne chez moi. Voyez si vous voulez y venir. Je vous embrasse.

CXXIII. — (La goutte.)

S. d.

J'ai en effet souffert un peu hier, mon cher Du Pont, mais je ne dormais pas et j'aurais été fort aise de vous voir. Aujourd'hui, je suis mieux grâce à la suppression de la viande et à ma persévérance à transpirer dans mon lit. Je vous embrasse et vous renvoie vos quatre volumes.

CXXIV. — (Dîners.)

Dimanche matin.

Je crains, mon cher Du Pont, que vous n'ayez fait le projet de me venir demander à dîner ; je vous avertis que vous ne me trouveriez pas. M. le Duc de La Rochefoucauld part demain pour son régiment et je vais dîner avec lui chez sa mère. Demain je vais dîner chez Mme de Courteille qui part après-demain. Mardi, c'est le jour de M. de Mirabeau, et mercredi, je suis invité chez M. de La Michodière que j'ai déjà refusé deux fois.

J'ai pourtant bien envie de vous voir. Adieu mon pauvre ami.

CXXV. — (Mme Blondel. — Necker.)

Samedi.

Venez demain dîner chez moi, mon cher Du Pont, j'ai à vous parler sur un très léger service que Mme Blondel vous demande [a]. J'ai achevé l'ouvrage de M. Necker [b] qui m'a donné une bien mauvaise idée de son auteur.

CXXVI. — (Morceau sur Colbert.)

Samedi.

Je vous remercie, mon cher Du Pont, de toutes vos peines et Mme Blondel me charge de vous en témoigner sa reconnaissance. À l'égard

---

[a] Voir les lettres ci-après.
[b] L'*Éloge de Colbert*.

du morceau sur Colbert, je vous demande en grâce de ne rien envoyer à Mlle de Lespinasse que je ne vous aie vu.

CXXVII. — (Départ de Du Pont pour le duché de Bade.)

Samedi.

Voici, mon cher Du Pont, ma lettre pour Caillard que vous mettrez à la poste à Strasbourg. Je vous enverrai lundi les vers de Thouvalow, la chanson des rois, et la lettre de Mme Blondel à Mme Bush [a], elle ne peut pas l'écrire aujourd'hui.

Je vous embrasse du fond de mon cœur.

CXXVIII. — (Mme Blondel. — Du Pont et le Margrave de Bade. — La goutte.)

Limoges, 24 octobre.

J'ai reçu, mon cher Du Pont, vos deux lettres de Strasbourg, et votre relation de la visite que vous avez faite chez Annmaïl [b]. J'écris à Mme Blondel pour qu'elle emploie à nouveau son crédit auprès de M. le Prêteur afin de procurer, s'il est possible, à l'honnête Bush un emploi plus digne de lui que celui de geôlier. Votre petit mensonge, ou plutôt l'ignorance qui vous a mis dans l'impossibilité de le soutenir, a épargné à ces bonnes gens un sentiment douloureux, car vous leur auriez appris que la bonne Mme Francès [c] est morte il y a seize mois. Toutes les personnes d'ailleurs dont on vous a demandé des nouvelles, se portent bien.

Savez-vous que vous faites injure à Mme Blondel, en la comparant à cette pédante de Julie [d]. Savez-vous que pour s'en former une idée exacte, il faut réunir l'honnêteté profonde de Clarisse [e], la sensibilité pénétrante de la Fanny de Cleveland ; la bonté de tous les bergers de Gessner et un naturel dans l'esprit et le caractère dont elle seule peut donner l'idée. Julie est bien loin de là.

Je vous écris à tout hasard à Strasbourg. Je souhaite que votre opiniâtreté à achever l'ouvrage commencé pour votre Margrave ne vous y retienne pas trop longtemps. Il est bien vrai que la nature a fait une

---

[a] Femme du pêcheur Bush que Mme Blondel protégeait.
[b] Idem.
[c] Mère de Mme Blondel.
[d] Dans la *Nouvelle Héloïse* de Rousseau.
[e] *Clarisse Barlowe*, du roman de Robertson.

chaîne, mais elle fait tant de circonvolutions que nul mortel à ce que je crois ne peut la dévider d'un bout à l'autre. Il faut saisir les anneaux qui sont à notre portée et renoncer le plus souvent à voir leur liaison, sans s'obstiner à mettre des liaisons artificielles pour arranger des tableaux qui sont toujours plus ou moins arbitraires. Vous mettrez dans votre ouvrage bien de l'esprit qui sera en pure perte ; mais pourvu que vous en voyez le bout et que cela plaise à votre Margrave, je serai content.

Je me mettrai en marche après-demain pour le bas Limousin. J'ai heureusement le plus beau temps possible. J'espère que le mouvement joint au régime du pain et du fruit auquel je me suis mis feront du bien à ma santé. Je ne me portais pas trop bien en partant de Paris, mais je me trouve maintenant beaucoup mieux. Adieu, mon cher Du Pont, je vous embrasse en attendant le plaisir de vous revoir à Paris.

Vous dites que Bush a six francs par semaine et vous dites que cela fait 304 écus par an. Six livres par semaine ne font que 104 écus par an, ce qui fait un traitement bien mesquin. D'un autre côté, six écus par semaine feraient 312 écus par an.

CXXIX. — (Mme Blondel. — *Table des principes de l'économie politique.* — *Éloge de Colbert.*)

Limoges, 12 novembre.

Je veux du mal, mon cher Du Pont, à vos princesses de ne rien faire pour la jeune Annmaïl parce qu'elle est jeune et jolie. C'est précisément par cette raison qu'il fallait faire davantage pour elle. Ce n'est pas assurément l'ordre naturel qui fait regarder ces deux qualités comme un inconvénient. Je vous veux du mal aussi à vous d'un jugement très téméraire que vous portez à la fin de votre lettre. Ce n'est réellement pas bien à vous.

Au reste, je suis fort aise que votre tableau [a] soit fini à votre satisfaction, fort aise qu'on l'imprime, fort aise que vous soyez arrivé à la cour de Bade, qu'on y soit content de vous, qu'on vous y traite bien, qu'on y assure votre sort et celui de votre femme et fort aise que vous nous reveniez. J'espère que, pendant votre voyage, vos correspondances n'auront pas été interrompues.

J'ai fini mon département et je reste ici jusqu'à ce que les affaires de la succession de mon frère me rappellent à Paris. Cela me conduira vraisemblablement jusqu'au milieu de décembre, et sans doute, vous serez alors à Paris.

---

[a] *Table des principes de l'économie politique* par Du Pont.

Mme Blondel est réellement pleine de reconnaissance de la visite que vous avez rendue à la famille Bush. Vous avez exalté la tête d'Annmaïl qui a envoyé son fils aîné offrir ses services à Mme Blondel, laquelle précisément ne sait qu'en faire et sera obligée de le renvoyer à sa mère, ce qui la fâche beaucoup. Elle est bien fâchée aussi qu'on ait fait de son ami Bush un geôlier ; elle en fera faire de vifs reproches à M. le Prêteur qui sera persécuté jusqu'à ce qu'il ait réparé sa faute. J'ai été content de l'extrait que l'abbé Roubaud a fait de l'*Éloge de Colbert*.

Adieu, mon cher Du Pont, je vous embrasse de tout mon coeur.

CXXX. — (Arrivée de Du Pont à Paris. — Les princes allemands. — Leurs persécutions contre les protestants. — Livre de philosophie et de morale élémentaires. — Les expositions d'enfants. — Mme Blondel.)

Limoges, 10 décembre.

Comme je ne veux pas, mon cher Du Pont, que vous vous donniez inutilement la peine de courir chez moi, je me hâte de vous écrire afin que vous trouviez ma lettre à votre arrivée. Je souhaite qu'elle soit aussi heureuse que votre voyage. Il me paraît que vous n'avez pas perdu votre temps, et j'en partage bien la joie avec vous ; avec deux correspondances de plus que vous n'aviez, vous pourrez vivre aisément, et si vous n'étiez ainsi que moi un peu paresseux, vous pourriez trouver du temps pour faire des ouvrages pour votre compte.

Je n'aime pas les électeurs palatins, qui, ayant le bonheur d'avoir des sujets protestants se sont avisés d'être de tous les princes d'Allemagne les plus bêtement catholiques, qui ont été superstitieux sans être religieux, qui se sont livrés aux conseils des Jésuites, qui ont forcé par leurs persécutions une partie de leurs sujets à émigrer et à se transporter dans l'Amérique anglaise et qui font aujourd'hui les beaux esprits et les petits philosophes.

Je méprise surtout le duc des Deux-Ponts qui, appelé par les lois de la succession à réparer ces maux et, étant né protestant, a eu la platitude de se faire catholique et fait de son petit État le refuge de l'athéisme, où l'on imprime les ouvrages d'Helvétius, le *Système de la nature* [a], etc. ; digne association !

Pour les ducs de Saxe-Gotha, la race en vaut mieux. Il y en avait un, il y a quelque temps, qui a eu le bon esprit de faire faire un livre de philosophie et de morale élémentaires à l'usage des paysans qui, depuis ce temps-là, sont beaucoup plus instruits et raisonnables qu'en aucun

---

[a] Par le Baron d'Holbach.

pays. J'ai grande curiosité depuis longtemps de connaître ce livre dont j'ai appris l'existence par des discours politiques d'un certain M. Schmidt que vous avez vu chez M. de Mirabeau. Jamais je n'ai pu me le procurer. Puisque vous apprenez l'allemand vous ferez très bien de vous le procurer. L'instruction du peuple peut être une fort bonne matière à votre *Correspondance*.

Il y a aussi une horrible loi dont l'exécution est très fréquente en Allemagne : c'est celle qui condamne à mort les filles qui ont exposé leur fruit ; ce qui rend les exécutions très fréquentes, c'est qu'il n'y a point d'établissement pour les enfants trouvés ; autre sujet de lettre.

Je compte rester à Limoges tout le mois encore occupé à de fort ennuyeuses et fort sottes besognes, entre autres à préparer le tirage des milices. On m'a mandé que mes affaires ne me rappelleraient à Paris qu'au commencement de janvier.

J'imagine que vous aurez, en repassant par Strasbourg, pris les commissions de la famille Bush pour Mme Blondel, mais vous ne la trouverez pas chez elle. Je la crois à Malesherbes pour une partie de ce mois-ci. Vous ferez bien, au reste, de lui écrire pour lui demander quand vous pourrez la voir, car elle est fort souvent renfermée sans voir personne que sa famille et ses intimes amis. Vous avez raison de penser que je lui ai gardé le secret de vos sottises.

Adieu, mon cher Du Pont, je vous embrasse bien tendrement en attendant le plaisir de vous revoir. Bien des compliments à Mme Du Pont.

Vous ne me mandez pas si vous êtes aussi bien avec le jeune Margrave qu'avec son père.

135. — LETTRES À CONDORCET.

[Henry, 128 et s.]

XXI. — (Détails divers.)

Paris, lundi 19 avril.

Puisque vous ne partez que jeudi, M., j'espère que vous recevrez encore cette lettre, la vôtre du vendredi m'étant arrivée hier. Le pis aller c'est qu'elle soit perdue.

Le sieur Fondemant [a] a écrit à l'Ingénieur qu'il demandait cent écus d'avance pour acheter un cheval et une petite voiture. Cela est exorbitant pour un homme dont la conduite n'est pas, d'ailleurs, infiniment propre à donner de la confiance. C'est déjà mauvaise marque qu'il ne vous ait pas été trouver, car je lui avais déclaré que je m'en rapporterais entièrement à vous. Si ma lettre arrive à temps, je vous serai très obligé de l'envoyer chercher et de tout régler avec lui, et de laisser à quelqu'un en partant la commission de lui donner, lorsqu'il en sera temps, l'argent dont vous serez convenu. Ce Monsieur demande encore qu'on lui paye son apprentissage pour apprendre à faire des vans. En effet, c'est une chose nécessaire et je n'imaginais pas qu'il l'ignorât. Naturellement, je ne devrais entrer sur cela dans aucune dépense. Cependant, je m'en rapporte encore à ce que vous réglerez sur cela.

Je vois que votre jugement sur l'ouvrage de Deluc [b] se rapporte assez au mien, mais ce qui me confond, c'est la liaison qu'il établit entre plusieurs points de sa mauvaise physique et ses corrections du baromètre ; mais il est assez inutile de causer physique dans cette lettre, puisqu'il est incertain qu'elle vous parvienne. Je n'ai point vu Mlle de Lespinasse depuis jeudi.

XXII. — (La procédure criminelle. — Détails divers.)

Paris, 8 juin.

J'ai été dans votre pays, M., pendant que vous étiez à Paris, et en arrivant à Paris, je vous ai trouvé parti pour votre pays. C'est ressembler à Castor et Pollux qui s'aimaient beaucoup et ne se voyaient guère. J'espère que vous ne serez pas longtemps sans revenir voir vos amis, et je me console de votre absence en pensant que vous aurez un peu reposé votre santé qui en avait besoin, si tant est que ce soit vous reposer que de ne faire que de la géométrie au lieu de partager votre temps entre la géométrie et la botanique. Vous y gagnerez toujours le temps du voyage de chez vous au Jardin du Roi, et j'imagine que vous serez assez raisonnable pour l'employer à dormir.

M. Du Pont veut faire usage de ce que je vous avais envoyé il y a deux ans sur la *procédure criminelle*. J'ai la seconde lettre, qui est la principale ; mais je vous en avais envoyé une première, que je serais bien aise de ravoir, et que je vous prie de me rapporter ou de chercher dans vos papiers à Paris.

---

[a] Le vannier que Condorcet avait envoyé à Turgot.
[b] Deluc (1727-1817) physicien, auteur d'une *Théorie des baromètres*.

Adieu, M., vous connaissez l'amitié que je vous ai vouée. Mme d'Enville me charge de bien des choses pour vous. Revenez vite si vous voulez la trouver encore à Paris. La santé de Mlle de Lespinasse me paraît passable.

XXIII. — (Détails divers. — Observations astronomiques de Montagne.)

Limoges, 23 octobre.

Mlle de Lespinasse ne vous appelle plus, M., que le ci-devant bon Condorcet. Je ne sais si c'est parce que vous n'écrivez plus à vos amis. Je dois être par intérêt très tolérant pour toute espèce de paresse et j'ai rarement droit de me plaindre ; cependant, je trouve votre silence bien long. Je suis arrivé ici en bonne santé et j'en repars demain pour mes courses, pendant lesquelles je serai dispensé d'écrire, faute de poste, du moins d'ici à la Toussaint. J'ai heureusement un très beau temps, car je serai une grande partie du temps à cheval. J'espérais recevoir ici de vos nouvelles, mais je sais que vous ne perdez pas votre temps et je fais le sacrifice de mon plaisir.

L'évêque de Rodez [a] m'a dit qu'un M. de Montbaron, astronome d'Auxerre, avait des instruments que l'Académie lui aurait prêtés. J'ignorais qu'elle eût des fonds pour cet emploi. Mais rien ne peut être plus avantageux que les progrès de l'astronomie qui souffrent de ce que presque tous les observateurs sont concentrés dans les brouillards de Paris et autres grandes villes. S'ils étaient dispersés, il échapperait beaucoup moins de phénomènes.

M. Montagne a beaucoup de zèle, d'assiduité, d'intelligence, et tout cela est perdu faute d'instruments. Je lui ai fourni un très bon quart de cercle, une lunette achromatique, mais d'une force médiocre, une pendule à secondes. Il lui faudrait encore une bonne lunette garnie d'un micromètre. Faute de ce dernier instrument, il est réduit à comparer les comètes à des étoiles souvent mal déterminées et à ne juger leur situation que par leur configuration avec ces étoiles. Un micromètre le mettrait à portée de donner des observations précises et de profiter de la beauté du ciel de ce pays-ci. Informez-vous, je vous prie, s'il serait possible de lui en faire procurer un par le même moyen que M. de Montbaron a eu ses instruments. Si la chose n'est pas possible, je voudrais savoir du moins ce qu'il en coûterait. Il aurait aussi besoin du catalogue de Flamstead, ou de ce qu'il y a de mieux en ce genre depuis Flamstead.

[a] Champion de Cicé (Jérôme-Marie).

Je serais bien aise de savoir ce qu'il en coûterait pour cela, ou si l'on pourrait en avoir gratuitement. Je crois qu'il y a un catalogue d'étoiles zodiacales que le Roi a fait graver. Je vous serai obligé de vous occuper de ces objets quand vous serez revenu à Paris et de me mander le résultat de vos recherches.

Adieu, M., conservez-moi votre amitié et comptez sur la mienne comme sur les démonstrations de la géométrie.

XXIV. — (Détails divers.)

Limoges, 12 novembre.

Ce n'est pas votre lettre, M., qui s'est perdue par les chemins, c'était moi qui courais le monde comme la princesse de Babylone, lorsqu'elle est venue à Limoges, où je suis à présent sédentaire jusqu'au moment où mes affaires de famille me rappelleront à Paris. Il faut que les moutons bêlent et que les ânes braient et ruent ; il n'eût tenu qu'à moi de braire et l'on m'avait tout aussi bien sifflé que les ânes de vos cantons ; apparemment que mon gosier s'est trouvé moins propre à cette musique et je l'ai gardée toute notée dans mon portefeuille, ainsi que j'ai fait dans mainte occasion toute semblable.

J'imagine comme vous que M. de Rodez [a] s'est trompé sur les richesses et sur les générosités de l'Académie, en fait d'instruments, mais c'est une tentative dont le mauvais succès laisse comme on était.

Votre évêque de Laon [b] est bien digne de son origine limousine. Il a conservé pieusement l'ignorance des vicomtes de Limoges du X[e] siècle.

Vous aurez trouvé Mlle de Lespinasse dans une bien mauvaise santé ; suivant mes dernières nouvelles elle était toujours dans la douleur ou dans la langueur. J'espère bien que vous m'instruirez exactement de son état.

N'est-ce pas demain que vous devez lire l'*Éloge de Fontaine* [c] ? Je vous fais d'avance mon compliment sur son succès.

Adieu, M., comptez sur toute mon amitié. Mille choses à tous nos amis.

XXV. — (Détails divers.)

Limoges, 23 novembre.

---

[a] Il avait prétendu trouver des mines d'or et d'argent, notamment dans les Pyrénées.
[b] J.-F.-J. de Rochechouart.
[c] Fontaine, géomètre (1705-1771).

Le temps a tout l'air, M., depuis quelques semaines, de s'arranger pour mettre MM. les astronomes dans l'impossibilité de vider leurs querelles sur l'anneau de Saturne. Nous n'avons pas vu ici une étoile qui ait montré le bout de son nez. Ce M. de Lalande [a] me paraît un peu hargneux, car il vient de mettre dans Fréron [b] une lettre qu'il a faite ou fait faire contre Voltaire, dont il a cru que les plaisanteries étaient dirigées contre lui, auquel je crois que Voltaire n'avait guère pensé. Cela n'est ni adroit ni prudent. M. Cassini devrait laisser faire Voltaire, qui le vengera mieux que l'Académie. À propos d'astronome, M. Montagne est à Paris. Il doit prier M. Desmarets de vous le présenter, et je vous prie de le recevoir avec bonté.

Je ne dis pas que je vous souhaite beaucoup de plaisir dans le voyage que vous devez faire à La Roche [c] avec M. de Caraccioli ; mais je vous envie le plaisir que vous aurez l'un et l'autre.

Je ne suis point surpris que l'opéra de Marmontel et de Grétry [d] soit tombé à la répétition ; c'est peut-être de peur qu'il ne réussît trop à la représentation.

Adieu, M., vous savez combien vous devez compter sur mon amitié. Ne m'oubliez pas auprès de Mlle de Lespinasse et de nos autres amis.

Il vient précisément de s'élever un vent froid qui vient d'éclaircir l'horizon. Nos astronomes pourront s'amuser cette nuit, et je me hâte de me rétracter, parce que j'aime l'exactitude, quoiqu'elle soit le sublime des sots.

XXVI. — (*De l'Esprit*, par Helvétius. — J.-J. Rousseau. — Necker. — Détails divers.)

Décembre.

Comme je ne crains pas, M., que vous fassiez jamais un livre de philosophie sans logique, de littérature sans goût, et de morale sans honnêteté, je ne vois pas que la sévérité de mon jugement sur le livre *De l'Esprit* [e] puisse vous effrayer…

Il fait consister tout l'art des législateurs à exalter les passions, à présenter surtout le tableau de la volupté comme le prix de la vertu, des

---

[a] Le Français de Lalande (1732-1807).
[b] *L'Année littéraire*, de Fréron.
[c] La Roche-Guyon, chez Mme d'Enville.
[d] *Céphale et Procris*.
[e] Dans une lettre non retrouvée.

talents et surtout de la bravoure, car on dirait qu'il ne voit de beau que les conquêtes.

Je conviens avec vous que ce livre est le portrait de l'auteur. Mais ôtez ce mérite et celui de quelques morceaux écrits avec une sorte d'éloquence poétique assez brillante, quoique ordinairement mal menée, et le plus souvent gâtée par quelques traits de mauvais goût, j'avoue que je ne lui en vois guère d'autres. Il me paraît écrit et fait avec la même incohérence qui était dans la tête d'Helvétius. Malgré un appareil affecté de définitions et de divisions, on n'y trouve pas une idée analysée avec justesse, pas un mot défini avec précision. Même dans les bons mots dont il a farci son ouvrage, il est rare que le trait ne soit manqué ou gâté par de fausses applications et des paraphrases qui en émoussent toute la finesse ou l'énergie. On prétend qu'il a dit le secret de bien des gens. Je suis fâché qu'il ait dit celui de Mme de B... [a]. J'avais toujours cru que ce mot était de Mme du Deffand, à laquelle il paraissait appartenir de droit.

Je sais qu'il y a beaucoup de passablement honnêtes gens qui ne le sont qu'à la manière ou d'après les principes du livre de l'*Esprit*, c'est-à-dire d'après un calcul d'intérêt. J'ai sur cela plusieurs choses à remarquer. Pour que ce fût un mérite dans ce livre, il faudrait que l'auteur se fût attaché à prouver que les hommes ont un intérêt véritable à être honnêtes gens, ce qui était facile. Mais il semble continuellement occupé à prouver le contraire. Il répand à grands flots le mépris et le ridicule sur tous les sentiments honnêtes et sur toutes les vertus privées ; par la plus lourde et la plus absurde des erreurs en morale, et même en politique, il veut faire regarder ces vertus comme nulles, pour ne vanter que de prétendues vertus publiques beaucoup plus funestes aux hommes qu'elles ne peuvent leur être utiles. Partout, il cherche à exclure l'idée de justice et de morale. Il confond avec les cagots et les moralistes hypocrites ceux qui s'occupent de ces minuties ; jamais du moins, on ne le voit fonder sa morale sur la justice et il n'a pas un mot qui tende à prouver que la justice envers tous est l'intérêt de tous, qu'elle est l'intérêt de chaque individu comme celui des sociétés. D'après cette fausse marche et ces très faux principes, il établit qu'il n'y a pas lieu à la probité entre les nations, d'où il suivrait que le monde doit être éternellement un *coupe-gorge*, en quoi il est bien d'accord avec les panégyristes de Colbert. Nulle part, il ne voit que l'intérêt des nations n'est autre que l'intérêt même des individus qui les composent. Nulle part, il ne s'appuie sur une connaissance approfondie du cœur humain ; nulle part, il n'analyse les vrais besoins de l'homme qu'il semble ne faire consister

---

[a] Mme de Beauvau.

que dans celui d'avoir des femmes ; il ne se doute nulle part que l'homme ait besoin d'*aimer*. Mais un homme qui aurait senti ce besoin n'aurait pas dit que *l'intérêt est l'unique principe qui fait agir les hommes*. Il eût compris que, dans le sens où cette proposition est vraie, elle est une puérilité et une abstraction métaphysique d'où il n'y a aucun résultat pratique à tirer, puisqu'alors, elle équivaut à dire que l'homme ne désire que ce qu'il désire. S'il parle de l'intérêt réfléchi, calculé, par lequel l'homme se compare aux autres et se préfère, il est faux que les hommes, même les plus corrompus, se conduisent toujours par ce principe. Il est faux que les sentiments moraux n'influent pas sur leurs jugements, sur leurs actions, sur leurs affections. La preuve en est qu'ils ont besoin d'effort pour vaincre leur sentiment lorsqu'il est en opposition avec leur intérêt. La preuve en est qu'ils ont des remords. La preuve en est que cet intérêt, qu'ils poursuivent aux dépens de l'honnêteté, est souvent fondé sur un sentiment honnête en lui-même et seulement mal réglé. La preuve en est qu'ils sont touchés des romans et des tragédies, et qu'un roman dont le héros agirait conformément aux principes d'Helvétius, je dis, à ceux qu'ils suivent, leur déplairait beaucoup. Ni nos idées, ni nos sentiments ne sont innés ; mais ils sont *naturels*, fondés sur la constitution de notre esprit et de notre âme et sur nos rapports avec tout ce qui nous environne.

Je sais qu'il y a des hommes très peu sensibles qui sont en même temps honnêtes, tels que Hume, Fontenelle, etc. ; mais tous ont pour base de leur honnêteté la *justice* et même un certain degré de *bonté*. Aussi reprochè-je bien moins à Helvétius d'avoir eu peu de sensibilité que d'avoir cherché à la représenter comme une bêtise ridicule, ou comme un masque d'hypocrite, de n'avoir parlé que d'exalter les passions, sans fixer la notion d'aucun devoir et sans établir aucun principe de justice.

Les honnêtes gens qui ne sont honnêtes que suivant les principes qu'il étale dans son livre sont certainement très communs. Ce sont ceux que M. le Chancelier appelle *des gens d'esprit*.

J'oubliais encore l'affectation avec laquelle il vous raconte les plus grandes horreurs de toute espèce, les plus horribles barbaries et toutes les infamies de la plus vile crapule, pour déclamer contre les moralistes hypocrites ou imbéciles qui en font, dit-il, l'objet de leurs prédications, sans voir que ce sont des effets nécessaires de telle ou telle législation donnée. À propos de tous leurs vices relatifs à la débauche, il s'étend avec complaisance sur les débauches des grands hommes, comme si ces grands hommes devaient l'être pour un philosophe. Qui a jamais douté que leur espèce de grandeur ne fût compatible avec tous les vices imaginables ? Sans doute un débauché, un escroc, un meurtrier, peut-être un Schah Nadir ᵃ, un Cromwell, un Cardinal de Richelieu ; mais est-ce la destination de l'homme ? Est-il désirable qu'il y ait de pareils hommes ? Partout Helvétius ne trouve de grand que les actions éclatantes ; ce n'est assurément point par cette façon de voir qu'on arrive à de justes idées sur la morale et le bonheur.

Je ne peux lui savoir gré de ses déclamations contre l'intolérance du clergé, ni contre le despotisme : 1° parce que je n'aime pas les déclamations ; 2° parce que je ne vois nulle part dans son livre que la question de l'intolérance soit traitée de manière à adoucir, ni le clergé, ni les princes, mais seulement de manière à les irriter ; 3° parce que, dans ses déclamations contre le despotisme, il confond toutes les idées, il a l'air d'être ennemi de tout gouvernement, et que partout encore, il affecte de désigner la France : ce qui est la chose du monde la plus gauche, la plus propre à attirer sur soi l'éclat de la persécution qui ne fait pas grand mal à un homme riche, et à en faire tomber le poids réel sur beaucoup d'honnêtes gens de lettres qui reçoivent le fouet qu'Helvétius avait mérité ; tandis qu'après la comédie des *Philosophes* ᵇ, à laquelle il avait presque seul fourni matière, il faisait sa cour à M. de Choiseul, protecteur de la pièce et de Palissot, et l'engageait à lui faire l'honneur d'être parrain de son enfant.

Quand on veut attaquer l'intolérance et le despotisme, il faut d'abord se fonder sur des idées justes, car les inquisiteurs ont *intérêt* d'être intolérants, et les vizirs et sous-vizirs ont *intérêt* de maintenir tous les abus du gouvernement. Comme ils sont les plus forts, c'est leur donner raison que de se réduire à sonner le tocsin contre eux à tort et à travers. Je hais le despotisme autant qu'un autre ; mais ce n'est point par des déclamations qu'il faut l'attaquer ; c'est en établissant d'une manière démonstrative les droits des hommes. Et puis, il faut distinguer dans le despotisme des degrés ; il y a une foule d'abus du despotisme auxquels les princes n'ont point d'intérêt ; il y en a d'autres qu'ils ne se permettent que parce que l'opinion publique n'est pas fixée sur leur injustice et sur leurs mauvais effets.

On méritera bien mieux des nations en attaquant ces abus avec clarté, avec courage et surtout en intéressant l'humanité, qu'en disant des injures éloquentes. Quand on n'insulte pas, il est rare qu'on offense. Les hommes en place sont justement choqués des expressions violentes que tout le monde comprend, et n'attachent qu'une médiocre importance aux conséquences incertaines ou éloignées des vérités phi-

---

ᵃ (1688-1747) conquérant persan.
ᵇ Par Palissot.

losophiques souvent contestées, et regardées par le plus grand nombre comme des problèmes.

Il n'y a pas une forme de gouvernement qui n'ait des inconvénients auxquels les gouvernements eux-mêmes voudraient pouvoir apporter remède, ou des abus qu'ils se proposent presque tous de réformer au moins dans un autre temps. On peut donc les servir tous en traitant des questions de bien public, solidement, tranquillement, non pas froidement, non pas avec emportement non plus, mais avec cette chaleur intéressante qui naît d'un sentiment profond de justice et de l'amour de l'ordre. Il ne faut pas croire que persécuter soit un plaisir. Voyez combien J.-J. Rousseau a inspiré d'intérêt, malgré ses folies, et combien il serait respecté si son amour-propre avait été raisonnable. Il a été décrété, il est vrai, par le Parlement, mais : 1° c'est parce qu'il avait eu la manie de mettre son nom à *Émile* ; 2° le Parlement aurait été bien fâché de le prendre et, si Rousseau eût voulu, il eût facilement évité cet orage en se cachant deux ou trois mois. Il n'a été vraiment persécuté que par les Genevois ; mais c'est parce qu'il était, en effet, l'occasion de leurs troubles intérieurs, et parce qu'ils avaient peur de lui.

Avec le ton d'honnêteté, on peut tout dire, et encore plus quand on y joint le poids de la raison et quelques légères précautions peu difficiles à prendre. Je sais gré à Rousseau de presque tous ses ouvrages ; mais quel cas puis-je faire d'un déclamateur tel qu'Helvétius, qui dit des injures véhémentes, qui répand des sarcasmes amers sur les gouvernements en général, et qui se charge d'envoyer à Frédéric une colonie de travailleurs en finance ; et qui, en déplorant les malheurs de sa patrie où le despotisme est, dit-il, parvenu au dernier degré d'oppression et de bassesse, ce qui n'est pas du tout vrai, va prendre pour ses héros, le roi de Prusse et la Czarine ? Je ne vois dans tout cela que de la vanité, de l'esprit de parti, une tête exaltée ; je n'y vois ni amour de l'humanité, ni philosophie.

En voilà plus long sur Helvétius que je ne croyais vous en écrire en commençant ; mais je ne suis pas fâché d'avoir fait ma profession de foi à son égard. Je suis, je vous l'avoue, indigné de l'entendre louer avec une sorte de fureur qui me paraît une énigme que le seul esprit de parti peut expliquer. On loue aujourd'hui les livres d'un certain genre comme on louait autrefois les livres jansénistes et comme d'autres gens louent la *Correspondance* et les *Œufs Rouges*. Cela me donne de l'humeur et peut-être exprimerais-je moins fortement ma pensée si je n'étais animé par la contradiction. Je vois que les éloges outrés donnés à M. N. [a] ont fait sur vous le même effet.

---

[a] Necker, pour son *Éloge de Colbert*.

Je ne vous promets pas beaucoup de bonne fortune si vous écrivez sur la hauteur la plus avantageuse des roues pour le tirage ; mais peut-être trouverez-vous quelque satisfaction à travailler pour la facilité du transport des marchandises, et même pour le soulagement des chevaux. Au reste, il y a sûrement quelque chose dans les *Mémoires de l'Académie* sur cette question. Peut-être aussi, cet Euler, à qui rien n'échappe, en aura traité dans sa *Mécanique* ou ailleurs.

J'ai reçu des nouvelles par lesquelles on me marque que mon retour n'est pas pressé. Je resterai donc ici tout le mois. Ce n'est pas pour mon plaisir, ni même pour mon *intérêt*, car j'aimerais mieux aller vous rejoindre, mes amis. Je trouve qu'il y a plus de substance dans ce vers de La Fontaine :

Qu'un véritable ami est une douce chose !

que dans tout le livre de *l'Esprit.* J'espère que cela m'obtiendra de vous mon pardon de tout le mal que j'ai dit du héros dont j'ai osé attaquer la gloire. Vous savez bien que c'est vouloir obscurcir le soleil en jetant de la poussière en l'air.

XXVII. — (Détails divers. — Les dévots. — Du Muy.)

Limoges, 17 décembre.

Mon orteil, est, M., très innocent de votre perversion, si vous ne voulez pas croire aux causes finales ; il me laisse très tranquille et n'aurait mis aucun obstacle à mon retour à Paris si ma présence y avait été nécessaire ou inutile à Limoges.

Je croyais Desmarets à Paris : je suis de moitié avec vous pour gourmander sa paresse et sa négligence impardonnables.

Les vers de M. de Guibert ne sont pas tournés d'une manière facile ; mais l'idée est très jolie, et cela, fait sur-le-champ, écrit à table, est certainement très bon et a dû être trouvé tel.

Il me semble que, dans la proscription assez générale de la nation dévote, l'on fait ordinairement une exception en faveur de M. Du Muy qui s'est montré d'une manière très franche dans le refus qu'il a fait du ministère, qui est estimé de beaucoup d'honnêtes gens qui ne sont points dévots, considéré des militaires comme un homme instruit dans son métier, exact et honnête et adoré des soldats comme un homme humain.

Le résultat de tout cela est de suspendre mon jugement entre vous et Mme d'Enville. Ma proscription contre les dévots n'est pas aussi générale que la vôtre parce que j'en ai vu qui étaient de très honnêtes gens. Le fanatisme même qui conduit à des actions fort mauvaises sur quelques points n'exclut pas toujours la probité sur les autres. Il y a des gens qui ont un coin de malhonnêteté comme il y en a qui ont un coin de folie. Je ne veux pourtant pas dire que M. du M. [a] soit dans ce cas. Il faudrait savoir les faits et les circonstances pour en juger.

Ni vous, ni Mlle de Lespinasse, ne me parlez de sa santé, je voudrais pouvoir croire que c'est un bon signe. Je l'ai un peu contrariée sur le livre de M. H. [b]. Je lui mande que c'est votre exemple et son indulgence pour nos sarcasmes contre les éloges de Colbert qui m'ont gâté.

Adieu, M., soyez bien persuadé de toute l'amitié que je vous ai vouée. Mille choses à tous nos amis.

XXVIII. — (Détails divers. — Beaumarchais. — Du Muy. — Helvétius.)

Limoges, 28 décembre.

Ce que vous me mandez, M., de l'état de Mlle de Lespinasse m'afflige beaucoup, et d'autant plus que l'hiver ne fait que commencer.

Je lui dois d'autant plus de reconnaissance de ce que dans cet état elle pense à moi, et de ce que, non contente de me pardonner mes sorties contre Helvétius, elle me rend le bien pour le mal en m'envoyant le *Mémoire* [c] de Beaumarchais et en me chargeant de vous faire part de la nouvelle aventure de M. Goëzman. Ce Beaumarchais est bien méchant d'aller ainsi envenimer le respect d'un de ces Messieurs pour la décence publique ! Je trouve cependant comme vous que la défense qu'on lui fait de publier son *Mémoire* [d] contre Marin est très tyrannique, et d'autant plus tyrannique que son *Supplément* m'a paru plus amusant.

Je ne sais point l'histoire des professeurs d'Auxerre [e]. Je serais fâché que l'évêque [f] eût eu part dans une pareille affaire. C'est pis que d'admirer Frédéric [g] et de baiser les mains de Catherine seconde [h].

Je ne connais point M. Du Muy par moi-même ; mais des gens que j'estime, et qui ne sont point dévots, l'aiment et l'estiment. Il est sûr

---

[a] Du Muy.
[b] Helvétius.
[c] *Mémoire à consulter.*
[d] *Addition au Supplément du Mémoire à consulter.*
[e] Savez-vous, avait demandé Condorcet, que les professeurs d'Auxerre ont été condamnés aux galères par le bailliage ?
[f] Champion de Cicé (J.-B. Marie).
[g] Allusion à De Crillon.
[h] Allusion à Diderot.

que s'il est persécuteur et délateur, il mérite toute votre colère, quelque terrible qu'elle soit. On dit que l'affaire du P. Boscowich [a] l'a aussi allumée ; je n'ai jamais su de quoi il s'agissait que d'une manière générale par Mlle de Lespinasse. Cet homme méritait un sort, mais non pas d'être mieux traité que des gens qui valent mieux que lui.

Je voulais vous écrire sur Helvétius. Nous sommes presque d'accord. Cependant, il y a encore un article sur lequel nous aurions à disputer et peut-être beaucoup, et sur lequel j'imagine encore que malgré la différence de nos énoncés, nous pourrions bien finir par nous accorder presque tout à fait ; mais la dispute demande du temps et je n'en ai point. Je vous dirai seulement que je ne crois pas que la morale en elle-même puisse être jamais locale. Ses principes sont partout fondés sur la nature de l'homme et sur ses rapports avec ses semblables, qui ne varient point, si ce n'est dans des circonstances très extraordinaires. Mais le jugement à porter des actions des individus est un problème beaucoup plus compliqué et infiniment variable, à raison des opinions locales et des préjugés d'éducation. Je suis, en morale, grand ennemi de l'indifférence et grand ami de l'indulgence dont j'ai souvent autant besoin qu'un autre. C'est, je crois, faute d'avoir bien distingué ces deux points de vue si différents sur la manière de juger la moralité des actions, que les uns donnent dans un rigorisme excessif en jugeant les actions individuelles d'après les idées générales de la morale, sans égard aux circonstances qui excusent l'individu ; et que les autres regardent toute action comme indifférente, et n'y voient que des faits de physique parce qu'il en est peu qui ne puissent être excusés dans quelque circonstance donnée.

Adieu, M., recevez les assurances de toute mon amitié. J'ignore encore le moment où je partirai.

XXIX. — (Détails divers. — Necker.)

Limoges, 30 décembre.

Je crois. M., que ma lettre vous trouvera revenu de La Roche [b]. Je vous remercie bien de vous être occupé de M. Montagne. Je suis médiocrement tenté de l'instrument dont M. de Lalande veut se défaire, parce que j'imagine qu'il le garderait s'il était fort bon. Comme M. Montagne est à Paris, et moi assez près d'y aller, sans savoir précisément quand, je remets à ce temps à me décider.

[a] Jésuite, appelé en France pour occuper la place de directeur de l'optique de la marine qu'il dut quitter bientôt.
[b] La Roche-Guyon.

L'abbé Morellet fait bien de me rappeler le livre de l'abbé Galiani sur la monnaie, car je l'aurais peut-être encore oublié.

Je ne vous trahirai pas sur M. Necker. Nous sommes complices sur ce point et j'ai aussi mon franc parler. J'en use même aujourd'hui à l'occasion de M. Helvétius.

Adieu, M., vous connaissez tout mon attachement.

Savez-vous si le problème de la hauteur la plus avantageuse des roues, pour la facilité du tirage, a été résolu bien complètement et en ayant égard à toutes les circonstances ? Il serait très intéressant pour la pratique qu'on eût levé sur cela tous les doutes. Si la chose n'était pas faite, elle mériterait qu'on s'en occupât.

136. — LETTRES À CAILLARD.

XIX. — (Détails divers. — Desmarets. — Rapports de la musique et de la poésie. — Les vers métriques. — La goutte. — Voltaire. — La mesure des angles.)

Limoges, 20 avril.

J'ai reçu votre lettre du 24 mars, M., et je vous remercie de la suite des *Mémoires de Pétersbourg* que vous m'annoncez. Si vous les envoyez par mer, il faut souhaiter qu'ils ne deviennent point la proie de quelque armateur anglais. Il est vrai que la lenteur des deux cours à se décider, ou plutôt leur répugnance à faire les premières hostilités, pourra laisser au vaisseau le temps d'arriver. Désormais, il ne faudra plus vous occuper de cet objet : les libraires de Paris font venir la suite de ces *Mémoires* à mesure qu'ils paraissent. J'ai fait remettre chez M. de Vérac les 121 livres 10 sous que vous avez déboursés.

Nous avons raisonné ensemble, et avec M. Desmarets, sur l'impression du *Voyage d'Islande*. Les libraires, aujourd'hui, ont tant d'humeur de la petite modification qu'on a mise à la prétendue propriété de leurs privilèges, qu'ils sont devenus dix fois plus difficiles sur l'acquisition des manuscrits ; d'ailleurs celui dont il s'agit n'est pas dans un genre piquant dont ils prévoient un prompt débit ; quant au parti de faire les frais de l'impression, il est assez risquable ; il faudrait au moins vendre 400 exemplaires pour retirer les frais, et il est difficile de compter sur un tel débit, quand on n'a pas les ressources que les libraires trouvent dans leurs échanges entre eux pour se défaire des livres peu courus. Or, il serait imprudent de risquer de perdre. Nous avons donc pensé qu'il fallait, pour éviter ce danger, renoncer à tout profit, et chercher un libraire qui se charge de tous les frais, et de vendre à son profit en vous donnant seulement un certain nombre d'exemplaires. Si vous adoptez cette idée, M. Desmarets agira en conséquence ; il suivra aussi tous les détails de l'édition avec le zèle qu'il a pour la matière et la reconnaissance qu'il doit au soin que vous avez de multiplier les preuves de son système. Je lui ai communiqué les passages de Niebuhr [a] que vous avez transcrits ; il ignorait que l'Arabie fût remplie de prismes. Les îles de la mer du Sud, Otahiti, la Nouvelle-Zélande, que Cook a visitées, sont aussi des pays volcanisés remplis de basalte.

Je voudrais fort que vous eussiez le temps de mettre par écrit vos idées sur la *Métaphysique de la musique et sur son union avec la poésie*. J'en ai moi-même, sur cet objet, de fort différentes de celles que je vois régner dans les écrits des disputants : ceux-ci me paraissent raisonner sur des notions bien vagues et bien peu analysées ; mais mon ignorance en musique me rend mes propres idées suspectes, et je suis fort curieux de savoir si elles seront confirmées par celles des gens qui, sachant la musique, ont plus droit que moi d'avoir un avis. Les affaires que vous avez à traiter doivent vous laisser assez de loisir pour que vous puissiez satisfaire ma curiosité.

Quant à *Didon*, il est absolument impossible de la publier avant que le traité de la prosodie soit fait, et même alors je ne voudrais pas trop paraître aux yeux du public sous cette espèce de travestissement. Je lui dois d'autres choses, et j'ai grande envie de payer cette dette. Ce que je pourrai faire, ce sera de faire imprimer en secret quelques exemplaires pour n'avoir pas la peine d'en faire faire des copies.

Je connais le *remède pour la goutte*, appelé le *remède caraïbe*. Mais j'ai pensé que l'usage du gaïac, dans l'eau-de-vie, pourrait avoir les mêmes avantages, avec moins d'inconvénients. Je prends, en conséquence, tous les matins une tasse d'infusion théiforme de bois de gaïac râpé, et par-dessus un demi-setier de petit lait. Ce remède est fort agréable, il m'occasionne une légère moiteur aux pieds, que je crois fort saine.

Vous savez par les papiers publics les *honneurs qu'a reçus Voltaire* à la représentation d'*Irène*. Il n'y a point de souverain qui ne fût flatté d'en avoir de pareils. Le peuple est aussi curieux de le voir qu'on l'était de voir l'Empereur. Il se prépare à retourner à Ferney ; mais il compte revenir l'hiver, et a acheté une maison dans la rue de Richelieu.

Je vous remercie de la *Traduction d'Orphée*. Cela m'a fait rechercher mon allemand que j'ai bien oublié. L'exactitude de cette traduction est vraiment incroyable, et serait pour nous autres Français une chose phy-

---

[a] Niebuhr (1733-1815), danois ; son voyage en Arabie date de 1772.

siquement impossible, même en prose. Reste à savoir si les Allemands n'y trouvent rien qui blesse le caractère de leur langue.

Ces vers me paraissent plus agréables que ceux de Klopstock. Je ne puis cependant m'empêcher de regretter les spondées et la coupe virgilienne. Les spondées et l'emploi des longues sont un des secrets de l'harmonie de Virgile ; et le vers, qui n'est point coupé au milieu des pieds, manque absolument de grâce à mon oreille : il n'est tolérable que quand ce défaut de coupe devient utile à l'harmonie pittoresque ; c'est alors une dissonance placée à propos.

Je suppose que les Allemands ne peuvent pas mieux faire ; en ce cas, notre prosodie a de grands avantages sur la leur, puisque notre vers métrique peut revêtir toutes les formes virgiliennes…

L'abbé Rochon, de l'Académie des sciences, a trouvé un moyen très ingénieux de faire servir la double réfraction du cristal d'Islande à la mesure des plus petits angles. Il a déterminé par ce moyen les diamètres des planètes à un dixième de seconde près, tandis que, par les méthodes ordinaires, on peut à peine répondre d'un angle à cinq secondes près. Ce moyen est si précis, qu'on peut, sans triangles, et en pointant directement sa lunette sur une base connue de quelques pieds, mesurer à terre des distances de 3 000 toises, avec beaucoup plus de précision qu'il n'est possible de mesurer aucune base sur le terrain ; en sorte qu'on peut lever toute carte sans quart de cercle et sans base, mesurée sur le terrain. On n'a pas même besoin, pour mesurer les distances médiocres avec une précision suffisante pour l'usage, de connaître la base à laquelle on pointe : en répétant l'opération, en s'éloignant de la base d'une quantité connue, on trouve, par un calcul très facile, et la mesure de la base, et la distance où l'on est. Je vous enverrai l'ouvrage qu'il va publier à ce sujet, aussitôt que l'impression en sera terminée.

Pour multiplier les instruments de ce genre, il faut avoir du cristal d'Islande, et autant les morceaux, petits, irréguliers d'une transparence louche ou interrompue, sont communs, autant est-il rare d'avoir des morceaux d'une belle transparence, et assez considérables pour qu'on puisse y tailler des prismes d'une étendue suffisante pour remplir le champ des plus grandes lunettes.

Vous êtes à la source du cristal d'Islande, et vous ne pouvez nous en envoyer en trop grande quantité, ni des morceaux trop gros, et trop choisis pour la transparence. Il ne faut pas même que des défauts considérables vous arrêtent ; c'est l'affaire de l'ouvrier de diriger sa coupe de façon à ne pas renfermer ces défauts entre les faces de son prisme. Vous ferez vraiment une chose utile au progrès des sciences de vous occuper de cet objet avec ardeur, et de nous envoyer successivement ce que vous pourrez rassembler de ce cristal. Si, comme il y a grande apparence, la guerre se déclare entre la France et l'Angleterre, je vous prie de prendre des voies sûres, et de préférer la voie de terre, bien entendu que le cristal ne sera point exposé aux cahots qui le feraient éclater. Les morceaux particuliers peuvent se confier à des voyageurs qui les apportent dans leur chaise de poste, et c'est la meilleure manière.

Sans le cabinet de M. de La Rochefoucauld, l'abbé Rochon aurait été fort embarrassé pour ses premiers essais.

M. de Vérac m'a parlé d'un morceau de près d'un pied cube qu'il a vu. Cela m'a donné de grandes espérances. J'ai vu avec grand plaisir qu'il avait beaucoup d'amitié pour vous, et qu'ainsi vous pouvez jouir d'un sort agréable, qui peut un jour devenir plus solide, et vous conduire à une retraite tranquille. Vous savez combien je prendrai toujours part à votre bonheur, et combien vous devez compter sur mon amitié.

XX. — (*Nouvelles idylles* de Gessner. — Les *Contes* de Diderot. — Les *Éloges* de Thomas. — Détails divers.)

9 juin.

J'ai reçu, mon cher Caillard, dans son temps, votre lettre du 21 avril et les *Nouvelles Idylles* de Gessner, en allemand. J'ai reçu aussi votre lettre du 28 mai, datée de Wawron, où vous me paraissez craindre que votre première lettre ne me soit pas parvenue ; mais vous savez qu'il n'y a quelquefois d'autre conséquence à tirer de mon silence, sinon que j'ai été paresseux ou entraîné par un courant d'occupations. Vous êtes indulgent sur ce genre d'inexactitude ; mais j'avoue que j'ai eu tort de vous laisser dans l'incertitude. J'ai, dans cet intervalle, fait un voyage en Picardie et en Flandre pour visiter les ouvrages entrepris pour la navigation ; j'ai vu un très beau pays que je ne connaissais point, et beaucoup de choses intéressantes. Ce voyage m'a empêché de voir M. Simonin que j'ai cependant fait prévenir sur votre compte et à qui je me propose de demander la permission de faire passer par lui notre correspondance.

La traduction des *Nouvelles Idylles* est élégante, mais il s'en faut bien qu'elle soit faite avec la scrupuleuse exactitude qu'on s'était prescrite dans la traduction des premières. Gessner a traduit Diderot bien plus exactement.

Si vous pouvez me procurer les quatre premières parties des œuvres de l'auteur, du même format que les *Idylles allemandes*, et les *Idylles françaises* du même format, vous me ferez toujours grand plaisir.

À propos d'allemand, j'avais un *Dictionnaire allemand* en 2 vol. in-8° imprimé à Strasbourg. Il est même dans le catalogue que vous avez fait en petites cartes, et je ne le trouve point parmi mes livres ; c'est le seul que j'aie. Je ne puis concevoir ce qu'il est devenu, à moins que vous ne l'ayez confondu avec vos livres, ce qui est très possible, si vous avez eu besoin de le consulter.

J'ai fait dernièrement l'emplette des quatorze premiers volumes des *Mémoires de l'Académie de Berlin*. Il en reste huit, et si vous prévoyez pouvoir me les faire parvenir tôt ou tard, je ferai écrire à M. de Lagrange [a] de vous les faire passer à Cassel. J'attendrai votre réponse avant de faire écrire. Si vous avez occasion de trouver les *Lettres d'Euler à une princesse d'Allemagne*, 2 vol. in-8° imprimés à Pétersbourg, je ne serais pas fâché de les avoir.

M. Desmarets n'est pas assez déraisonnable pour exiger que vous l'imitiez dans ses cours lithologiques ; il sait bien que vous avez autre chose à faire ; mais tout ce que vous pourrez recueillir chemin faisant lui sera bon. Ainsi, les pierres noires de Weissenstein et qui donnent un si beau démenti à leur nom, seront très bien reçues.

Je suis enchanté de ce que vous me dites de votre santé et du bonheur dont vous jouissez auprès de M. de Vérac, à qui je vous prie de dire de ma part combien je suis flatté de son souvenir et combien je désire que les circonstances me mettent à portée de cultiver sa connaissance et de mériter son amitié.

Mme d'Enville vous fait ses compliments, et MM. Delacroix, Tresaguet, Desmarets, etc., vous disent mille choses.

Mme de Boisgelin et l'archevêque d'Aix me dirent, il y a quelque temps, qu'ils n'avaient pas entendu parler de vous. Peut-être ont-ils eu depuis de vos nouvelles.

L'abbé Venini vit assez solitaire ; MM. de Cond... et de Ker... [b] lui ont fermé la maison de Mlle de Lespinasse.

Les *Contes* de Diderot n'ont pas eu grand succès ; quelques traits de mauvais goût en ont effacé tout le mérite. On a réimprimé les *Éloges* de M. Thomas, avec une préface ou *Traité des Éloges* en 38 chapitres faisant 2 volumes in-8°, où chaque ligne contient au moins une pensée fine, profonde ou brillante. Jugez du plaisir qu'on trouve à cette lecture. C'est dommage, car il y a réellement beaucoup de choses intéressantes dans cet ouvrage, et surtout une honnêteté courageuse qui fait aimer et estimer l'auteur.

---

[a] Lagrange (1736-1813) établi à Berlin de 1766 à 1787.
[b] Peut-être Condorcet et de Keralio.

Adieu, mon cher Caillard ; vous savez combien vous devez compter sur mon amitié.

XXI. — (Détails divers. — Les *Éloges* de Colbert. — Necker.)

6 septembre.

... Je suis enchanté de ce que vous me marquez de vos occupations et du bonheur dont vous jouissez auprès de M. de Vérac, que je vous prie de remercier pour moi de son souvenir.

Dès qu'il y a des pierres ponces à Weissenstein, c'est une preuve que ce pays a brûlé. Quant à la reconnaissance des courants de lave et de leur direction, cela demande des yeux exercés et un examen détaillé, car ces courants ne sont sensibles que par la nature des pierres répandues sur le terrain et qui, le plus souvent, sont mêlées et recouvertes en partie de terre végétale.

Je vous envoie une épître charmante de Voltaire à Marmontel, avec la réponse qui ne coule pas d'une verve aussi facile. Nous avons des *Éloges* de Colbert, qui excitent assez de fermentation et qui révoltent, comme de raison, non seulement les économistes, mais tous les partisans de la liberté. Celui de M. Necker, qui a remporté le prix, n'a pas assez d'éloquence, à beaucoup près, pour compenser l'absurdité du fond des choses ; mais il a enchéri sur le boursouflage de M. Thomas, et ce bruit est apparemment très propre à réveiller les oreilles accoutumées à reposer sur le fauteuil académique.

Je compte m'en retourner incessamment à Limoges. M. Delacroix vous fait mille compliments. Desmarets est à courir l'Auvergne.

Adieu, mon cher Caillard, portez-vous bien, comptez toujours sur mon amitié, et donnez-moi quelquefois de vos nouvelles.

137. — QUESTIONS DIVERSES.

I. — *Incendie à Tulle.*

1. *Lettre au Contrôleur général.*

[A. L., minute.]

26 novembre.

Je crois M., devoir vous rendre compte d'un incendie très considérable arrivé à Tulle et qui a enveloppé 12 maisons dont trois ont été entièrement consumées. Ce qu'il y a de plus fâcheux c'est que ces maisons appartiennent à des artisans ou à de petits marchands qui n'avaient d'autres biens que quelques meubles et les effets de leur commerce qui ont été consumés ou dissipés dans cet incendie, en sorte que ces malheureux sont pour la plupart entièrement ruinés et réduits à la mendicité. La perte totale est évaluée suivant le procès-verbal à 16 000 l. et sans la circonstance du misérable état de ceux qui essuient cette perte, je ne penserais pas à vous proposer de venir à leur secours.

Mais comme presque tous sont sans ressource, je crois qu'il serait digne de la bonté du Roi de leur accorder quelque soulagement. Ces particuliers n'ayant point de biens-fonds, il ne saurait être question de les secourir par une réduction sur leurs impositions.

Comme j'ai prié M. d'Ormesson de mettre sous vos yeux mes représentations sur la modicité du moins-imposé accordé cette année à la Province et de vous proposer d'y joindre un supplément, si vous avez la bonté d'avoir égard à cette demande, vous pourrez m'autoriser à prendre sur ce supplément les secours que vous croirez convenable d'accorder à ces malheureux incendiés.

2. *Lettre au subdélégué de Tulle (De la Combe)* [a].

[A. L., minute.]

Limoges, 30 novembre.

J'ai reçu, M., avec le procès-verbal que vous avez fait faire des pertes occasionnées à plusieurs particuliers de la ville de Tulle, par l'incendie du 12 de ce mois, la lettre que vous avez pris la peine de m'écrire sur les mesures que vous avez prises pour en arrêter les progrès. Je ne puis qu'approuver toutes les précautions que vous avez fait exécuter dans cette occasion et le parti que vous avez pris de faire donner une gratification aux soldats qui ont été employés sur vos ordres.

Comme il paraît, par votre lettre, que la situation de la plupart des particuliers qui ont éprouvé les effets de l'incendie est très fâcheuse, je me suis déterminé à faire distribuer une somme de 1 200 l. Je vous envoie en conséquence l'ordonnance que j'ai rendue. La distribution de cette somme doit être faite, non pas en proportion de l'estimation de la

---

[a] Note de Turgot sur cet agent :
Excellent sujet, parent des Salaberry, s'appelle Denis, riche, honorable, honnête, sûr et de beaucoup d'esprit, mais paresseux et pensant à se retirer.

perte, mais eu égard au degré de pauvreté de chaque famille. Ainsi, ceux qui ont tout perdu doivent être plus abondamment secourus que ceux à qui il reste quelques biens. Au surplus, je m'en rapporte à ce sujet à vos connaissances et à votre sagesse.

Ceux des particuliers qui sont imposés au rôle de la taille seront compris sur le mandement de la ville de Tulle pour une diminution proportionnée à la perte qu'ils ont essuyée. Je vois par le relevé que j'en ai fait faire qu'ils seront presque tous dans le cas de n'être imposés qu'à un denier pendant plusieurs années.

II. — *La Mairie de Brive.*

Lettres à Dubois de Saint-Hilaire, secrétaire du Roi, à Brive.

[Bull. de la Société historique de la Corrèze, t. III, 457 et s. [a]]

Limoges, 14 décembre.

Vous allez vous fâcher contre moi, M., mais je vous propose pour maire de Brive. J'ai réfléchi sur les motifs de votre répugnance, mais j'ai pensé que M. de La Vergne n'est plus. M. Nerval qui est à sa place est un très galant homme que je connais et qui certainement ne mettra pas dans les affaires le même esprit d'empire et de tracasserie que son prédécesseur y mettait. Je ne vois donc pas pourquoi vous vous refuseriez à vous prêter à rendre service à vos concitoyens en profitant d'un moment favorable pour mettre un ordre fixe dans les affaires de votre ville. Vous serez libre après de quitter. J'espère que vous ne me refuserez pas. Je propose pour échevins :

MM. Montet [b] ;
Malepeyre [c] ; je ne sais si celui que vous avez désigné par la qualité d'aîné est M. Malepeyre de Corrèze ;
La Porte, celui qui fait le rôle ;
Et La Combe du Mas, que je ne connais point, mais que vous m'avez proposé et que je vois avoir été élu plusieurs fois.

Vous connaissez, M., l'attachement avec lequel j'ai l'honneur d'être…

---

[a] On lit dans ce Bulletin : — note de M. Lacoste, du Bouig : — « Ces lettres (celle du 14 décembre et deux autres du 21 décembre et du 4 janvier 1774) appartiennent à notre compatriote M. Boni de Borral et ont fait l'objet d'une communication à Tulle à la séance du 14 mai 1881, par M. Mayjuron-Lagorsse. »

[b] Montet, avocat au Parlement et procureur général de la juridiction du maréchal de Noailles.

[c] Malepeyre, négociant en droguets du pays.

Limoges, 21 décembre.

Puisque vous n'êtes pas assez bon citoyen, M. [a], pour sacrifier votre repos au bien public, je cède malgré moi à votre répugnance, mais c'est avec beaucoup de regret. Je propose M. de Vielbans uniquement sur votre parole, car je ne le connais que de vue. J'aurais fort aimé à choisir M. de La Porte, mais je crains la vivacité de son zèle, et je suis fort loin de regarder, comme un motif, l'idée où vous êtes que peut-être ce serait un moyen d'engager quelques personnes à lever ces offices. Personne n'a moins de zèle que moi pour la vente de cette marchandise. Vous connaissez tous les sentiments…

III. — *La mendicité.*

[A. H. V., C. 360.]

Lettre au lieutenant général à Limoges.

Paris, 4 mai.

M. le duc de la Vrillière, M., vient de me marquer qu'il est instruit que, dans plusieurs villes de la généralité de Limoges, on est dans l'usage de donner à des étrangers ou autres des permissions pour mendier, non seulement dans l'enceinte de ces villes, mais dans les provinces. Comme ces permissions ne peuvent émaner que de MM. les officiers municipaux ou de MM. les lieutenants de police, je vous préviens, M., que l'intention du ministre est qu'il ne soit donné à l'avenir aucune permission de cette espèce, attendu qu'elles entraînent une multitude d'abus et que d'ailleurs elles sont absolument contraires à l'esprit de l'Édit contre la mendicité. J'espère que vous voudrez bien vous y conformer [b].

---

[a] « Dubois, baron de St-Hilaire, repoussa l'offre de Turgot, n'ayant jamais voulu et ne voulant pas accepter de charge publique. Comme membre de la Société d'agriculture de Limoges, section de Brive, il avait prêté à l'Intendant un concours utile pendant la disette du Limousin : « Vos efforts, dit-il à cette société le 11 juillet 1771, qui ont amené l'importation de grains arrivant du Nord de l'Europe, permirent d'annihiler les suites fâcheuses du dérangement des saisons, augmentées par l'absurdité et le danger de certains remèdes violents et plutôt palliatifs que spécifiques, employés par l'autorité tutélaire. » (Bulletin de la Société historique de la Corrèze, 1879, communication de M. E. Taillebois.)

[b] On trouve encore aux archives de la Haute-Vienne les pièces ci-après :
12 mai. Lettre à d'Ormesson sur les dépenses des enfants trouvés (C. 373).
21 juillet. Décision sur la requête d'une demoiselle Sardin (C. 99, p. 206).

1774.

138. — LA MILICE.

Lettre au Chancelier sur une demande en rémission (affaire La Saigne).

(L'affaire avait été envoyée pour avis à Turgot par arrêt du Conseil. Sur la minute conservée aux Archives nationales, 0¹587, est cette note :
N. *Est conservé pour les vues de justice, d'humanité et les principes d'administration dont il est rempli.*)

Limoges, 30 janvier.

J'ai l'honneur de vous adresser l'extrait de la procédure instruite en 1756 en la juridiction de Ségur contre le nommé Pierre La Saigne pour raison de meurtre commis en la personne de Martin Joubertie. J'y ai joint mon avis sur les lettres de rémission demandées par Pierre La Saigne que vous m'avez demandé par lettre du 3 décembre 1772.

D'après les éclaircissements que j'ai pris sur la fortune de cet accusé, il paraît qu'il est chargé d'une femme et de trois enfants. Sa fortune consiste dans le quart d'un bien-fonds estimé 6 000 l. et partageable entre trois frères, ce qui réduit sa portion à 1 500 l. Il fait d'ailleurs un commerce de bœufs qu'il achète à crédit et qu'il ne paye qu'à son retour des marchés.

J'ai l'honneur de vous envoyer le placet accompagné d'un certificat qui vous a été présenté au nom du nommé La Saigne...

Avis. — ... Dans l'hiver de 1755 à 1756, il fut donné des ordres pour lever la milice ; Pierre La Saigne qui sollicite aujourd'hui la clémence du Roi était syndic de la paroisse de Saint-Éloy.

Pour se former une juste idée des faits qui ont donné lieu à la condamnation de Pierre La Saigne et de ses coaccusés et surtout pour les apprécier, il faut savoir quels désordres accompagnaient alors toutes les levées de milice en Limousin, et combien ces désordres tenaient à la forme vicieuse de ces levées, jointe à des circonstances particulières à la Province.

Les paysans du Limousin, quoique peut-être plus aguerris que ceux de plusieurs autres provinces par l'habitude où ils sont malheureusement de se battre entre eux avec leurs hachereaux, avaient pour le service de la milice une horreur portée beaucoup plus loin qu'ailleurs. C'est dans cette province qu'on a vu des paysans se couper les doigts avec lesquels on fait aller la batterie du fusil, pour se soustraire au tirage. Il résultait de là que l'on avait toutes les peines imaginables à engager les paysans à se présenter au sort. Dès que la milice était annoncée, une grande partie des garçons se dispersaient, se cachaient chez leurs parents ou amis, et quelquefois se retiraient en troupes dans les bois.

Les ordonnances condamnant ceux qui fuient à faire le service à la décharge de ceux qui ont subi le sort, ces derniers étaient autorisés à arrêter les fuyards.

En conséquence, les garçons qui avaient tiré rassemblaient leurs parents et leurs amis, et le syndic à leur tête, ils allaient pour ainsi dire à la chasse des fuyards qu'ils cherchaient, soit dans les bois où ceux-ci s'étaient retirés, soit dans les villages qu'on soupçonnait de leur avoir donné retraite. Quelquefois les garçons d'une paroisse disputaient cette conquête à ceux d'une autre ; de là, des rixes, des combats, des meurtres multipliés. La première procédure criminelle sur laquelle j'ai eu à donner mon avis en arrivant dans cette généralité présentait deux paroisses dépeuplées par des décrets qui enveloppaient toute la jeunesse de ces deux paroisses et qui avaient forcé plus de 40 personnes à se réfugier en Espagne. Les désordres n'ont pas eu lieu dans les tirages de milice qui ont été ordonnés depuis la guerre, parce que j'ai ôté aux garçons la liberté qu'on leur donnait d'arrêter eux-mêmes de force les fuyards et que j'ai défendu qu'ils fussent poursuivis, si ce n'est par la maréchaussée et sur des ordres signés de moi ; mais, lors des dernières milices tirées avant et en 1758, l'abus était dans toute sa force.

Il ne faut pas omettre d'observer que, quand il ne se présentait aucun garçon pour tirer le sort, on s'en prenait au syndic qui était obligé d'en fournir et de faire à cet effet la recherche des fuyards qu'on amenait quelquefois aux assemblées garottés sur des charrettes, le tout aux frais des syndics : et comme cette commission était excessivement onéreuse à ceux-ci, on leur donnait un certain nombre d'adjoints proportionné à la force de la paroisse, et ces adjoints partageaient avec lui ce fardeau triste, dispendieux, et quelquefois périlleux.

Après ce préambule, nous allons suivre le détail des faits que présente la procédure.

Pierre La Saigne avait eu le malheur de se trouver ou d'être nommé syndic de sa paroisse pour la levée de la milice en 1756.

Soit que le milicien du sort eût déserté ou qu'il n'eût pas les qualités requises pour être admis, le syndic se trouva dans le cas de chercher un fuyard.

La nuit du 18 au 19 février, après avoir assemblé ses quatre adjoints dans un cabaret, ils parcoururent ensemble une partie de la paroisse, sans trouver aucun fuyard. Sur le bruit vague qu'il y en avait un caché dans la maison d'Antoine Gourbat et de son frère, métayers au village de la Côte bouille, ils s'y transportèrent. Les quatre adjoints étaient munis d'armes à feu, par une précaution funeste, mais trop en usage dans ces sortes de courses.

L'adjoint Gabriel Durand avait un fusil appartenant au syndic ; mais celui-ci n'était armé que d'une fourche de fer, et suivant d'autres témoins d'un simple bâton ; arrivés dans cette maison, ils ouvrirent la porte.

Pierre La Saigne alluma une chandelle qu'il avait apportée et accompagné de l'un de ses adjoints, fut au lit de Martin Joubertie, neveu de Gourbat, et lui dit de se lever, attendu qu'il recelait un fuyard ; comme ce prétendu fuyard ne se trouva point, tous lui déclarèrent qu'ils feraient leur affaire de lui, c'est-à-dire qu'ils l'arrêtèrent pour milicien.

Joubertie se leva en effet ; alors, ils commencèrent de le prendre. Les autres se levèrent pour aller à son secours en s'armant de leurs pelles et de leurs hachereaux. Gabriel Durand, dans le débat qui s'éleva, était tombé par terre et en se relevant de cette chute il tira un coup de fusil. Il fut répondu par un autre coup. Joubertie fut tué.

Après ce malheur, l'épouvante saisit le syndic et les quatre adjoints qui prirent la fuite avec tant de précipitation qu'ils laissèrent sur la place un chapeau et trois sabots.

Le cadavre de Martin Joubertie fut visité après sa mort par un chirurgien et ce chirurgien a mis dans son rapport qu'il avait trouvé seize balles dans son ventre ; or il n'y eut que deux coups tirés, dont l'un même a fait peu de mal ; le chirurgien voulait parler de la grenaille de fer dont on se sert communément dans la Province pour charger les fusils de chasse…

Toutes les circonstances du fait établissent avec la plus grande évidence que la course de La Saigne et de ses quatre adjoints n'avait d'autre objet que d'arrêter un milicien, qu'ils n'avaient aucune querelle particulière avec Joubertie, qu'ils ne lui en voulaient pas même personnellement. Le motif de cette course, la qualité du syndic et de ses quatre adjoints, la publicité de leur démarche, l'invitation qu'ils firent à plusieurs particuliers de les accompagner, la tournée qu'ils firent dans quelques autres villages de la paroisse avant d'aller chez les Gourbat, la manière pacifique dont ils se comportèrent d'abord, après être entrés dans la maison, le soin qu'ils eurent d'allumer une chandelle, de se nommer, de déclarer l'objet de leur venue, tout prouve plus clair que le jour qu'ils n'avaient ni ne pouvaient avoir des intentions criminelles, et si les juges ont vu dans leur action le caractère d'un assassinat et la plus légère ombre de préméditation, c'est de la part de ces juges le comble de l'absurdité.

Le meurtre de Joubertie n'est en aucune manière le fait de Pierre La Saigne qui n'était armé que d'une fourche ou d'un bâton. Et de la part de Gabriel Durand et de Jean Meigie qui tirèrent chacun un coup d'arme à feu, il est évident que ce meurtre non seulement n'était pas prémédité, mais qu'il ne fut pas même l'effet d'un dessein formé de tuer, conçu sur-le-champ et dans la chaleur d'une querelle. Il est évident que ce malheur a été le pur effet d'une rixe qui s'est élevée par l'imprudence qu'ont eue les Gourbat de vouloir enlever de force leur neveu Joubertie des mains du syndic et de ses adjoints. Joubertie avait pris d'abord le seul bon parti, celui de se lever et de céder à la force. Il ne pouvait lui en arriver d'autre mal, que d'être conduit à Limoges, où on lui aurait rendu justice, puisqu'étant marié il n'était pas dans le cas d'être reçu comme milicien : vraisemblablement même, le syndic et les adjoints reconnaissant leur erreur l'auraient relâché dès le lendemain. Mais il eut le tort de crier à ses deux oncles de le secourir, et ceux-ci dans la chaleur de leur ressentiment sortirent armés de leurs pelles et de leurs hachereaux pour enlever de vive force cette proie à des hommes qui étaient en plus grand nombre qu'eux et qui malheureusement avaient des armes à feu. L'on ne peut douter que les Gourbat ne fussent fort animés, puisqu'ils dirent au cinquième témoin que s'ils avaient eu un homme de plus avec eux ils les auraient tous tués. Il est certain que la rixe fut vive, et que Gabriel Durand fut renversé avant d'avoir tiré aucun coup. Ce n'est qu'en se relevant qu'il tira, dans un moment où il était poursuivi à coups de hachereau, et il est même très possible que, comme il l'a dit dans un de ses interrogatoires, ce soit le hachereau de Joubertie qui en s'embarrassant dans son fusil ait fait partir le coup... Il n'est pas même constant que ce coup de fusil ait été la cause de la mort de Joubertie puisque Jean Meigie, après ce premier coup de feu, en tira un second et que Joubertie a déclaré en mourant que c'était ce second coup qui lui avait fait le plus de mal. Ce second coup, au reste, ne porte pas plus le caractère de préméditation que le premier...

Cette discussion sur l'appréciation de l'action de Durand et de Meigie qui ont tiré les deux coups de fusil peut paraître superflue ; elle est du moins trop tardive puisque l'un et l'autre sont morts et qu'il y a près de dix-huit ans que Gabriel Durand a subi le supplice infamant auquel il avait été condamné. Mais nous ne pouvons nous refuser aux réflexions que présente cette condamnation à mort exécutée contre un homme qui, s'il n'était pas innocent, du moins n'aurait pu manquer d'obtenir sa grâce, si quelqu'un l'eût sollicitée. Nous ne pouvons résister à l'indignation qu'excite en nous la stupide et barbare indifférence des juges, dont il ne s'est trouvé aucun qui ait daigné faire attention aux circonstances du fait qui démontraient qu'il n'y avait eu de la part de l'accusé aucune préméditation et que son action pouvait même être excusée par le motif d'une légitime défense.

Faut-il donc que le sort d'un accusé, condamné par la lettre de la loi, mais dont l'action, par ses circonstances, est susceptible de pardon dépende uniquement du hasard qui lui procure un protecteur ? N'est-ce donc pas un devoir sacré des juges, et comme juges, et comme hommes, de peser, d'épier toutes les circonstances favorables à l'accusé et, lorsqu'ils voient que l'action ne mérite pas la mort, de présenter eux-mêmes à la clémence du Roi après le jugement celui que la loi les a forcés de condamner ? Il paraît que le plus grand nombre des magistrats connaissent bien peu ce devoir, puisqu'ils négligent d'une façon si cruelle de le remplir. Il y aurait un moyen fort simple de prévenir les malheurs qu'entraîne cette négligence ; ce serait de charger dans chaque tribunal souverain un ancien magistrat d'examiner tous les procès criminels à mort dans la vue de reconnaître si le fait a été accompagné de circonstances qui le rendent susceptible de clémence et, dans ce cas, de l'autoriser à requérir la suspension provisoire de l'exécution, jusqu'à ce qu'il en ait été référé à M. le Chancelier [a]. Ce serait une espèce de Procureur général des grâces et dont le ministère serait tout de faveur. Un homme pour qui cette fonction honorable serait un devoir spécial le remplirait certainement avec une satisfaction qui garantirait son exactitude. Un pareil établissement ne paraît susceptible d'aucuns inconvénients et il sauverait la vie à des malheureux qui n'ont pas mérité de la perdre.

Il serait digne des sentiments paternels du Roi pour ses sujets, et ferait la gloire du ministre qui l'aurait conseillé...

Revenons à Pierre La Saigne, le seul des accusés dont il s'agisse aujourd'hui de régler le sort.

Il n'est point complice d'un assassinat. Il n'est point auteur d'un meurtre, puisque la mort de Joubertie n'a été occasionnée que par les deux coups de fusil tirés dans la chaleur de la rixe par Gabriel Durand et Jean Meigie, puisque La Saigne n'a contribué en aucune manière à ces deux coups, et puisque lui-même n'était armé que d'un simple bâton ou d'une fourche. On ne peut pas même présumer que les juges

---

[a] Voir la lettre à Condorcet du 16 juillet 1773.

l'aient regardé comme meurtrier ou comme complice d'un meurtre. Il paraît plutôt que la condamnation aux galères a eu pour objet de punir La Saigne comme coupable d'attroupement à main armée. Et il est vrai qu'à cet égard La Saigne n'est point sans un tort réel, puisqu'il a été chez les Gourbat chercher un prétendu fuyard de la milice à la tête de ses quatre adjoints qui tous quatre avaient des armes à feu, tandis qu'à la vérité lui-même était sans armes ; mais quoique cet attroupement fût en lui-même irrégulier, il faut considérer qu'à cette époque il était malheureusement autorisé par l'usage général de la Province, que la même chose se pratiquait dans toutes les paroisses du Limousin et peut-être de plusieurs provinces circonvoisines, que ces recherches tumultueuses étaient regardées comme une partie des devoirs de ces malheureux syndics et adjoints de milice, qu'on nommait malgré eux à ces places et qu'on rendait responsables du défaut de milicien lorsque la paroisse n'en présentait point. C'était, s'il faut le dire, le tort de l'administration qui, en imposant sur les campagnes une charge aussi cruelle que celle de la milice, en effarouchant les cultivateurs, en les réduisant à se disperser dans les bois, autorisait, obligeait même une troupe de paysans à courir sus aux fuyards, à les arrêter eux-mêmes. Et comment arrêter des gens pour les forcer à un service qu'ils ont en horreur sans employer la force ? Comment employer la force sans exciter la résistance, sans faire naître des rixes, des combats à main armée, sans occasionner des meurtres ? Tels ont été les effets de cette erreur de l'administration, tant qu'elle a duré. Il fallait la réformer sans doute, mais il ne fallait pas condamner et faire périr comme criminels ceux qui ne faisaient que suivre l'impulsion qu'on leur avait donnée et qui étaient eux-mêmes les victimes de l'erreur qui les entraînait.

Ces considérations qui sont de toute justice doivent sans doute faire envisager d'un œil d'indulgence l'irrégularité de l'attroupement pour lequel Pierre La Saigne a été condamné aux galères. Sa conduite irréprochable avant et depuis ce malheur l'en rendent encore plus digne. D'ailleurs, il n'est point à craindre que cette indulgence puisse autoriser de pareils attroupements. Les mesures qui ont été prises pour couper la racine à ces désordres doivent rassurer pour l'avenir.

Dans ces circonstances, nous estimons qu'il n'y a aucune difficulté à accorder à Pierre La Saigne les lettres de rémission qu'il sollicite.

139. — LETTRES À DU PONT DE NEMOURS.

CXXXI. — (Arrivée de Turgot à Paris.)

Lundi.

Je suis arrivé hier, mon cher Du Pont, je désire bien vous voir ; si vous êtes encore malade, mandez-le-moi, afin que si la montagne ne peut venir vers Mahomet, Mahomet aille vers la montagne. Je sors dans l'instant. Je reviens pour dîner ou plutôt pour ne point dîner, mais M. Delacroix dîne et je m'arrangerai ainsi presque tous les jours, non pas demain pourtant, parce j'aurai à sortir après le courrier. Aujourd'hui, j'ai beaucoup à travailler pour le courrier de demain. Ainsi, si vous venez, je n'aurai que le temps de vous embrasser, mais ce sera toujours avec grand plaisir.

CXXXII. — (Dîners.)

Dimanche.

Je suis aussi affligé que vous, mon cher Du Pont, de l'espèce de libertinage que vous me reprochez et qui n'est ni volontaire ni aussi continu que vous semblez le croire. Vous-même m'aviez trouvé dînant chez moi le mardi et j'y avais dîné les deux jours précédents. J'y ai dîné hier ; j'y dîne aujourd'hui ; j'y dîne demain ; j'y dîne vendredi ; mais tous ces jours-là je ne pourrai pas causer à mon aise avec vous comme je voudrais et vous faire mes observations sur vos *Correspondances* que j'ai toutes lues avec intérêt et dont j'ai été comme de raison tantôt content, tantôt mécontent. Je serai bien aise de relire quelque jour le tout avec vous, y compris la première que je vous ai rendue et qui roulait sur les fêtes.

Demain, j'aurai M. Tresaguet et à travailler pour le courrier de mardi.

Vendredi, j'aurai encore M. Tresaguet et un architecte pour examiner des plans. Ainsi, si vous venez, cela ne vous dispensera pas d'une autre séance qu'il faudra tâcher de trouver dans l'autre semaine.

Adieu, mon pauvre ami, je vous embrasse.

CXXXIII. — (Départ de Du Pont. — Les protégés de Mme Blondel. — La *Table* de Du Pont. — L'autorité tutélaire.)

Paris, 14 mars.

J'ai reçu, mon cher Du Pont, votre petit billet avec votre manuscrit sur les prix. Je ressens une vive peine de ce commencement de séparation qui doit être si longue et je fais des vœux pour que votre Margrave vous empêche d'aller si loin. J'espère que cette lettre vous trouvera encore à Strasbourg. Je vous adresse une lettre pour Mme Bush que Mme Blondel lui écrit en français et qu'elle sera obligée de se faire traduire. M. Le Prêteur a donné des espérances de bien traiter les Bush ; il ne s'explique point sur ce qu'il leur destine. Vous sentez que mes propositions sont subordonnées aux avantages que pourrait trouver le jeune Bush en restant à Strasbourg auprès de ses parents [a]... Elle croit que pendant le temps de votre séjour à Bade, M. le Prêteur s'expliquera, et qu'ainsi vous pourrez amener le jeune Bush s'il se détermine à venir à Paris. Je vous envoie l'*Épître à Ninon* qui doit un peu faire froncer les sourcils à Mme la Margrave, et la *Chanson des trois rois*.

J'insiste toujours sur la suppression du mot *tutélaire* dans votre *Table*. Ce mot, indépendamment de ce qu'on peut dire sur la justesse de l'expression, est le cachet économistique et il caractérise précisément la partie honteuse des économistes ; mais je ne voudrais pas que le mot d'*autorité* restât sans épithète et je mettrais *autorité publique*, ce qui ne préjuge ni pour ni contre aucun système. Je voudrais aussi qu'à l'article de l'*industrie*, au lieu de dire en trois mots : *liberté, immunité, concurrence*, vous dissiez en deux mots *liberté, immunité* (qui comprend la *concurrence*). Vous avez entendu mon autre critique qui n'est qu'une bagatelle. Avec ces corrections, vous pourrez dire *ce que j'ai fait est bien*. Mais pour que ce bien pût être répandu, il faudrait que cette *Table* fût gravée ou bien qu'on pût la disposer en livret, mais ce serait encore un grand travail.

Adieu, mon pauvre ami, je vous embrasse bien tendrement.

CXXXIV. — (Divers. — La *Table* de Du Pont. — L'autorité tutélaire.)

Paris, 25 mars.

J'ai reçu votre lettre avec bien du plaisir, mon cher Du Pont, mais j'en aurai bien plus à recevoir de vos nouvelles de Bade, si vous m'annoncez qu'on vous retient pour voyager à Paris l'hiver et l'été sur les

---

[a] Turgot songeait à le prendre comme laquais.

bords du Rhin. Je m'en rapporte aux réflexions des Bush et à la Providence sur le voyage du jeune Bush.

Quoique vous en disiez, *autorité publique* est le seul mot propre, le seul qui soit également juste dans tous les systèmes et surtout dans le vrai système. Les mots *tutélaire* et *protectrice* sont impropres, tendant à hérésie, offensifs aux oreilles libres qui ne veulent ni tuteurs ni protecteurs, mais bien des gens d'affaires : receveurs, garde-bois, baillis, procureurs fiscaux, etc. ; qui dit tuteur dit mineur, qui dit protecteur dit protégé, ce qui fait deux corrélatifs distincts, dont l'un est subordonné à l'autre, comme l'inférieur au supérieur, comme le troupeau au berger, au lieu que le vrai rapport est celui du mandat au mandataire, ou au fondé de procuration, qu'il a choisi parce que cela lui convenait. Donc, il faut proscrire ce mot *tutélaire*, cachet de la secte économiste, en tant qu'elle est secte, c'est-à-dire en tant qu'elle a tort, car on ne fait jamais secte par ce qu'on dit de vrai, mais par ce qu'on dit de faux.

Si une opinion vraie est susceptible d'être distinguée par un nom en *isme* ce n'est que quand la vérité est encore nouvelle, quand elle ne fait que poindre sous des broussailles qui empêchent qu'elle ne frappe tous les yeux. Il y a eu des newtoniens ; il n'y a plus que des physiciens.

Adieu, mon cher Du Pont, je vous embrasse de tout mon cœur.

CXXXV. — (Les protégés de Mme Blondel.)

Paris, 30 mars.

En attendant, mon cher Du Pont, votre retour avec grande impatience et inquiétude, je vous adresse encore une lettre de Mme Blondel pour son Annmaïl. Elle craint toujours que cette famille ne se détermine par complaisance à envoyer le jeune Bush et cette lettre est pour les prémunir contre les illusions de l'ambition. Elle observe avec raison que si le jeune Bush n'a pas assez d'activité et d'intelligence pour apprendre bien l'office et pouvoir devenir un jour maître d'hôtel ou valet de chambre de confiance, cela ne vaut pas la peine de se déplacer pour n'être que laquais et qu'il vaut mieux être garde-forêt à 36 livres par mois qu'il mangerait avec ses parents. Tout dépend donc de savoir s'il a vraiment de l'intelligence et de l'activité, et il faut avouer que, sans cela, je ne dois pas désirer de l'avoir plutôt que le premier venu. Voyez, M. le Conseiller aulique [a], à peser le pour et le contre avec votre sagesse profonde.

---

[a] Du Pont avait ce titre à la Cour de Bade.

Adieu, mon pauvre sage, je n'ai rien à vous dire de ce pays-ci qui est comme vous l'avez laissé, mais tel qu'il est il vaut encore mieux l'habiter que la Pologne. Je vous embrasse avec ma plus tendre amitié.

140. — LETTRES À CONDORCET.

[Henry, 159 et s.].

XXX. — (La goutte. — La morale. — Détails divers.)

Limoges, 14 janvier.

J'avais mandé, M., à Mlle de Lespinasse par le dernier courrier qu'il ne fallait plus m'écrire. Je suis obligé, à mon grand regret, de me rétracter. Une colique d'estomac assez vive, que j'ai eue avant-hier, et dont il me reste encore quelques ressentiments très légers m'a décidé à retarder mon départ, en partie parce que je veux avoir le temps de m'assurer entièrement contre le retour de cet accident, en partie parce qu'il m'a fait perdre quatre jours de travail sur lesquels j'avais compté, et qu'il faut remplacer. J'écrirai mardi et je manderai si l'on peut encore m'écrire le dimanche.

Je ne suis pas trop d'avis que les vertus soient opposées les unes aux autres, si ce n'est lorsqu'on entend par vertus certaines qualités actives, qui sont peut-être autant des talents que des vertus. Au surplus, tous ces mots ont été pris dans tant d'acceptions différentes et ont presque toujours été si mal définis qu'on peut aisément disputer des siècles sur ces matières sans s'accorder.

La morale roule encore plus sur les devoirs que sur ces vertus actives qui, tenant aux caractères et aux passions, sont en effet rarement réunies dans un haut degré, dans le même individu, mais tous les devoirs sont d'accord entre eux. Aucune vertu, dans quelque sens qu'on prenne ce mot, ne dispense de la justice, et je ne fais pas plus de cas des gens qui font de grandes choses aux dépens de la justice que des poètes qui s'imaginent produire de grandes beautés d'imagination sans justesse. Je sais bien que l'exactitude excessive amortit un peu le feu de la composition et celui de l'action, mais il y a un milieu à tout. Il ne s'est jamais agi, dans nos disputes, d'un capucin qui perd son temps à dompter les aiguillons de la chair (quoique, par parenthèse, dans la somme du temps perdu, le terme qui exprime le temps perdu pour les satisfaire, soit vraisemblablement beaucoup plus grand) ; il ne s'agit pas non plus d'un sot qui craint de s'élever contre les tyrans, de peur de faire un jugement téméraire.

À propos de jugement téméraire, on ne juge donc point l'affaire de Beaumarchais ? Messieurs craignent apparemment de juger témérairement [a].

Voltaire s'est mieux tiré que je l'aurais espéré de la proposition de travailler à l'éloge du maréchal de Richelieu dans la *Galerie des hommes illustres*.

Adieu, M., recevez les assurances de mon amitié. Est-il vrai qu'on ait découvert un complot pour assassiner le comte Du Muy ? Ce sont les *Nouvelles* de Marin qui parlent de ce fait [b].

XXXI. — (*Sophonisbe*, de la Harpe. — Détails divers.)

Limoges, 21 janvier.

Je suis fâché et vraiment surpris, M., du mauvais succès de *Sophonisbe* [c]. La pièce est en général très bien écrite, et je n'y vois point ces familiarités qui ont fait rire le parterre et que M. de la Harpe doit, dites-vous, retrancher. Je n'y vois point non plus de longueurs sensibles, et le cinquième acte me paraît terrible et de la plus grande beauté. Je l'avais même vu représenter à Limoges par des acteurs très médiocres, à l'exception de celui qui jouait Massinissa, et le cinquième acte faisait sur moi un grand effet. Il faut, ou que je ne me connaisse point du tout en effet théâtral, ce qui est très possible, ou que la cabale des Clément et consorts dominât dans le parterre.

J'espère que cette fois, c'est tout de bon que je vous demande de ne plus m'écrire. Ce n'est pas que je n'aie encore un peu souffert de ma colique d'estomac ; mais je me ménagerai tant que je me flatte de pouvoir partir la semaine prochaine.

Adieu, M., chargez-vous, je vous prie, d'être mon interprète auprès de Mlle de Lespinasse et de tous nos amis.

---

[a] Le jugement, condamnant les *Mémoires* de Beaumarchais, fut rendu le 26 février.

[b] On lit dans les *Lettres de Mlle de Lespinasse* à Condorcet en 1774 :

Dimanche, 8 mai. — Je sais que Mme la duchesse d'Enville et M. Turgot vous écrivent tous les jours ; ainsi, je ne vous dirai aucune nouvelle.

Juin. — Si vous voyez M. Turgot, dites-lui que notre plaisir n'est pas refroidi, mais que nous en renfermons l'expression *dans nos cœurs*, non pas *royaux*, mais dans nos cœurs sensibles et bien remplis de lui et de tout ce qui peut intéresser son bonheur.

Samedi, 25 juin. — Votre absence de Paris a dû faire un grand vide à M. Turgot ; il est bien peu informé depuis votre départ.

[c] La pièce avait été imprimée en 1770. Elle fut jouée au Théâtre français le 15 janvier 1774.

XXXII. — (Détails divers. — *Iphigénie*, de Glück.)

Paris, 26 avril.

Je suis tout honteux, M., que vous m'ayez prévenu. Mais chaque jour, je suis de plus en plus gagné par le temps.

Je ne sais comment vous faites pour faire tant de choses et être encore autant à vos amis et à la société. Je souhaite que votre santé n'en souffre pas et vous exhorte à profiter de votre séjour à la campagne pour ménager surtout vos yeux.

Vous avez vu le cheval *Pégase* [a] ? N'en êtes-vous pas enchanté ? Pour moi, j'ai vu enfin cet opéra de Glück [b]. Il y a des morceaux qui m'ont fait le plus grand plaisir ; tels sont le chœur de l'arrivée d'Iphigénie, les adieux d'Achille et d'Iphigénie des deux parts, les morceaux que chante Clytemnestre à la fin du troisième acte et le quatuor de la fin. Ces morceaux m'ont paru de la plus grande beauté. Il y en a d'autres qui m'ont fait plaisir ; mais je n'y ai pas trouvé, en général, assez de morceaux de chant ; et tant de récitatifs parlés ou obligés, ou d'airs qui se rapprochent beaucoup du récitatif, m'ont laissé désirer quelque chose. C'est peut-être la faute du poète, qui n'a point donné au musicien des paroles bien coupées, liées à l'action et propres au chant. Peut-être aussi le musicien a-t-il sur cela un faux système. Je trouve, comme l'abbé Arnaud, que les chœurs gagnent plus à être en action qu'ils ne perdent à être moins compliqués que ceux de Rameau. L'ouverture m'a plu comme chant, mais je n'y ai rien vu de tout ce que l'enthousiasme de l'abbé Arnaud lui a fait voir. J'ai été très flatté, dans mon ignorance, de voir que mon impression était assez conforme au jugement de l'ambassadeur de Naples [c]. Le pauvre ambassadeur nous quitte sans rémission à la fin de la semaine.

Il n'y a d'ailleurs aucune nouvelle ; les politiques prétendent que les co-brigands de la Pologne vont se diviser et que M. de Lascy fait sa cour à Mme et même à M. Du Barry, pour tâcher de nous entraîner dans cette querelle. Pour moi, j'espère beaucoup de notre sagesse et un peu de notre impuissance. Adieu, M., je voulais vous parler de vos affaires et de physique, mais je n'ai que le temps de vous embrasser avec la plus véritable amitié. Mlle de Lespinasse a souffert depuis votre départ ; mais elle est mieux. Mme d'Enville est arrivée, et vous fait mille compliments.

---

[a] *Dialogue de Pégase et du Vieillard*, par Voltaire.
[b] *Iphigénie en Aulide*, représentée le 19 avril.
[c] Caraccioli.

XXXIII. — (Maladie de Louis XV. — Détails divers.)

Paris, 2 mai.

Quand vous seriez, M., dix fois plus actif que vous n'êtes, c'est-à-dire quarante fois plus que moi, je vous défierais de vous agiter autant que le font en ce moment tous les habitants de la fourmilière de Versailles. Vous savez ou vous apprendrez par tout le monde que le Roi a la petite vérole. Elle est confluente. Il est fort affaissé et si peu à lui qu'il n'a pas demandé les sacrements. Mme Du Barry l'a vu avant-hier et hier pendant le souper de Mesdames ; mais il ne lui a point parlé. L'archevêque [a] qui lui-même est très mal, a été, malgré les chirurgiens, à Versailles ; il a vu le Roi. Mais les douleurs de sa néphrétique l'ont pris ; il a pissé du sang, a rendu une pierre, et n'a point parlé au Roi de sacrements. On dit que le grand aumônier [b] s'en est chargé. L'archevêque est revenu à Paris. À minuit et demi, le Roi était très mal ; on prétend que les boutons s'aplatissaient ; on en augure très mal. Cependant, il n'avait point encore été question de sacrements. Mesdames qui n'ont point eu la petite vérole le voient toutes trois [c].

Vous aurez par moi ou par vos amis des nouvelles tous les jours. Mme d'Enville a été hier à Versailles ; mais elle n'a pu que remettre à M. de Beauvau le mémoire que nous avons fait pour une pension. M. de Maurepas en donnera une de son côté. Mais vous jugez bien que dans ce moment-ci tout est en l'air.

Le roi de Prusse a fait une chute, et on le dit dans un véritable danger.

Dieu veuille que les changements qui peuvent résulter des événements ne nous amènent pas la guerre.

J'écrirai demain à M. de Rodez [d]. Je vous embrasse. L'ambassadeur de Naples a, comme de raison, retardé son départ.

XXXIV. — (Les ministres. — La gravitation ; les causes finales. — L'avènement de Louis XVI.)

Paris, 18 mai.

Je n'entends rien du tout à votre algèbre [a] et je soupçonne que les données du problème vous ont été mal présentées. Car certainement la

---

[a] Christophe de Beaumont du Repaire.
[b] Charles-Antoine de La Roche-Aymon, archevêque de Narbonne.
[c] Louis XV mourut le 11 mai.
[d] Champion de Cicé.

proportion : GA/B = PA/C dont vous semblez partir n'a jamais eu lieu et je ne vois même aucune apparence qui ait pu conduire à la supposer. Il est certain que les conditions réelles du problème sont totalement différentes de ce que vous avez cru qu'elles étaient. B est une quantité évanouissante et GA devient par là une quantité qu'on peut négliger et C. B., A. P. doit être aussi entièrement éliminé de l'équation, ce qui peut conduire à une solution plus élégante qu'on ne l'aurait espéré. Quant à A. T. il n'entrera point dans la nouvelle équation ; il ne peut être ni = CG, ni = CB, ni — C, mais je ne pense pas pour cela que l'équation en donne un meilleur résultat. J'ai peur qu'on ne puisse parvenir à se débarrasser de ce mélange de quantités positives et négatives qui compliquaient la première équation et dont il n'a jamais été possible de tirer aucun résultat avantageux. Il faut du temps pour calculer ce que produira le nouveau facteur [b] substitué à celui que le coefficient s. m. l. p. x. a fait disparaître.

Le problème dont vous vous occupez sur la possibilité d'une force de projection résultante de la gravitation universelle me paraît beaucoup plus intéressant. J'aime à vous voir méditer ce sujet, parce que je compte que vos réflexions vous conduiront à un résultat sur lequel nous ne sommes pas d'accord, mais qui me paraît indiqué par la physique, qui repose et satisfait l'esprit en métaphysique, et qui donne à la morale un appui solide et doux. Ce résultat n'est combattu que par une seule objection et cette objection me paraît prise *ab ignoto*. Voici ce que je pense du fond du problème : je ne crois pas impossible d'expliquer par la seule gravitation universelle telle force de projection déterminée, pour un mobile déterminé circulant autour d'un foyer déterminé, mais cette explication n'aboutira et ne peut aboutir à rien parce qu'elle-même suppose une situation déterminée de chacun des corps dont l'attraction du centre concourt au mouvement de projection qu'il s'agit d'expliquer. Je veux que telle comète puisse être placée dans l'espace, de façon que l'attraction du centre des forces d'un système se combinant avec celle des autres corps placés dans ce même système, cette comète, au lieu de tomber au centre décrive une parabole ou une hyperbole, qu'elle puisse voyager ainsi de système en système, jusqu'à ce

---

[a] Condorcet avait écrit le 10 mai :
« Le G. A. sera donc un menteur et un fripon dans toutes les actions de sa vie... J'espère que ces jours-ci M. B. fera traiter ce G. A. comme M. C. fit traiter le P. A. dans une semblable occasion. »
G. A. cachait le grand aumônier ; C. B., A. P. ou M. B., l'archevêque de Paris Christophe de Beaumont qui avait été malade chez le Roi ; A. T. l'abbé Terray ; G. C. ou C. G., le grand chancelier.
[b] Louis XVI.

qu'une autre combinaison des attractions qu'elle éprouvera en chemin avec son mouvement acquis, la fixe dans un système en changeant sa parabole en ellipse, que cette ellipse, par l'action combinée du soleil et des planètes du système et par la résistance insensible soit de la lumière, soit de la matière raréfiée de l'atmosphère solaire qu'elle rencontre dans son périhélie, devienne de moins en moins allongée et se rapproche peu à peu d'un orbite circulaire. Cette comète aura pu, après des millions de millions de siècles, devenir une planète : Mars, si vous voulez, ou la Terre. Mais tout cela ne lève aucune difficulté ; elle n'est que reculée et reste tout entière à résoudre. Car, pourquoi cette comète, au point où vous l'avez prise pour commencer à calculer son cours, était-elle dans tel point déterminé, avec telle ou telle vitesse, telle ou telle direction ; pourquoi tous les autres corps vers lesquels elle gravite et qui gravitent sur elle sont-ils dans tel moment, dans telle position respective, avec tel degré de vitesse dirigé suivant telle ligne ? Il est évident que c'est par la suite de tous les mouvements antérieurs, mouvements qui sont eux-mêmes le résultat de la combinaison de toutes les tendances de chaque corps vers tous et de tous vers chacun avec un mouvement de projection propre à chacun. Or, tous ces mouvements de projection ne peuvent être dans leur ensemble l'effet des tendances seules. La tendance n'agit que pour ramener au point d'équilibre le corps qui en est écarté. Une fois l'équilibre rompu, chaque corps arrivant par un mouvement accéléré s'en écarte de nouveau par un mouvement retardé jusqu'à un point d'où il recommence la même marche, ce qui explique très bien la conservation du mouvement, mais jamais sa production. L'univers tout entier n'est qu'un pendule compliqué ou, si vous voulez, un pendule qui représente tous les systèmes de l'univers et l'univers entier, comme la formule $a^2+2ab+b^2$ représente tous les carrés possibles. Jamais la pesanteur ne tirera seule le pendule de son point de repos. Jamais une tendance quelconque sans cause extérieure ne tirera les corps de leur point d'équilibre et jamais aucune tendance ne produira le mouvement si les corps à mouvoir ne sont actuellement placés hors de leur point d'équilibre. Il n'y a point de mouvement si une cause quelconque n'a placé tous les corps dans une situation hors de leurs points d'équilibre. L'impulsion des autres corps suppose le mouvement déjà produit. L'attraction ou toute autre tendance ne peut produire par elle-même qu'un repos éternel. Il faut donc que tous les corps soient placés hors de leur point d'équilibre par un ordre de causes agissant indépendamment des principes mécaniques connus. L'expérience nous montre une cause vraiment productive du mouvement et ne nous en montre qu'une : c'est la volonté arbitraire des êtres sensibles et intelligents. Je dis arbitraire, en ce sens qu'elle exerce un choix qui n'est point déterminé par des causes mécaniques extérieures et matérielles. Je ne veux point anticiper sur la grande question métaphysique de la liberté. Je ne veux point discuter les raisonnements par lesquels les philosophes irréligieux prétendent en démontrer l'impossibilité et qui ne me paraissent nullement démonstratifs. Je ne veux point rechercher comment le plaisir et la douleur, le désir et l'aversion, influent sur la détermination de la volonté. Je dis seulement que le seul principe productif de mouvement indiqué par l'expérience est la volonté des êtres intelligents qui n'est point déterminée primitivement, mais qui se détermine, non par des moteurs, mais par des motifs, non par des causes mécaniques, mais d'après des *causes finales*. Je dis que ces êtres sentant, pensant et voulant, se proposant des fins et choisissant des moyens, constituent un ordre de choses au moins aussi réel et aussi certain que celui des êtres supposés purement matériels agités par des causes purement mécaniques. Je dis que cet ordre de choses n'est pas plus incompréhensible que le système des êtres matériels et qu'il n'est pas moins constaté par l'expérience et par nos sensations, qu'il est même le seul dont l'existence nous soit immédiatement connue, puisque l'existence des corps n'est prouvée que par des inductions dont le résultat est certain, mais n'est pas démontré.

Voilà bien assez de métaphysique ; vous pourrez trouver qu'après avoir passé de la physique à la métaphysique, je passe de la métaphysique à la théologie, comme les corps qui passent de l'état solide à celui de liquide, et enfin à celui de fluide expansible ou de vapeur.

Je reviens sur la terre pour vous apprendre que Mme Du Barry a reçu une lettre de cachet pour se rendre à l'abbaye du Pontaux-Dames, près de Meaux, avec défense d'y parler à personne, même à sa famille, et assurance d'ailleurs qu'on aura soin de son sort et qu'on respectera la mémoire de son aïeul. Les avis sont partagés sur ce traitement ; mais tous les avis abandonneraient volontiers à la vindicte que demande l'honnêteté publique, les Du Barry et toute leur séquelle. On dit La Borde chassé. Le Roi verra les ministres le neuvième jour ; mais ils voient la reine. On dit que M. de Maurepas a été mandé à Choisy ; cela n'est pas encore sûr ; on raisonne à perte de vue, mais l'on ne peut rien prévoir, même avec vraisemblance. Le Roi a écrit au Parlement de continuer ses fonctions, sur quoi le Parlement a arrêté la grande députation et que le Roi sera invité à se montrer à ses peuples dans son lit de justice. Cette cérémonie insolite pour un roi majeur est provoquée vraisemblablement par le Chancelier pour consolider sa besogne et forcer les princes à se déclarer.

Je ne sais pas qui est le généalogiste de l'ordre de Saint-Lazare. Il n'y en a point sur l'almanach. Je m'en informerai.

Mme d'Enville vous fait mille compliments. Je vous embrasse.

XXXV. — (Les ministres. — Détails divers.)

Paris, samedi.

Oh ! pour cette fois, le bon Condorcet est devenu un mouton enragé. Je ne saurais adopter vos craintes sur le compte de M. [a] et encore moins les préférences que vous donnez sur lui aux D. B. [b]. Il est impossible que des gens comme Mme d'Enville, l'abbé de V. [c] et beaucoup d'autres qui le connaissent depuis longtemps et qui le regardent comme honnête, se soient trompés au point où vous le supposez. Et quant aux préjugés qu'il a, il me semble qu'on pourrait être tolérant avec lui. D'ailleurs le ministère, pour lequel on le nomme, est précisément celui où ses préjugés sont le moins dangereux.

On ne sait point encore ce que la conférence de M. de Maurepas avec le Roi aura produit. On dit qu'il y en aura une seconde demain. En attendant, le Roi a confirmé les anciens ministres et leur a écrit à tous, dit-on, des lettres dont ils sont fort contents.

Je vous prie de me marquer ce que l'on paye dans votre pays pour l'apprentissage du métier de vannier. Je suis jusqu'à présent très peu content du travail du sieur Picard, votre protégé, qui jusqu'à présent a coûté beaucoup et n'a fait ni ouvrages, ni élèves. Mon projet actuel est de le laisser travailler pour son compte et de lui payer tant par élève qu'il formera. Il demande 120 francs pour les instruire pendant deux ans, terme au bout duquel ils doivent savoir parfaitement le métier. Il dit que c'est le prix d'usage en Picardie pour cet apprentissage. Mais comme je n'ai pas une grande confiance dans sa sincérité picarde, je vous serai obligé de me mander ce qui en est.

Adieu, M., recevez les assurances de mon attachement.

XXXVI. — (Les ministres. — Détails divers.)

Paris, 24 mai.

Je ne saurais me rendre, M., à votre solution sur la *jauge du tonneau* parabolique dont vous me parlez. Et malgré les inconvénients que vous trouvez avec raison dans sa forme, je la trouve encore préférable à toutes les autres qu'on peut proposer. Il ne s'agit pas ici d'un maximum

---

[a] Comte du Muy, nommé ministre de la guerre.
[b] Du Barry.
[c] Véri.

absolu, mais d'un maximum relatif et dans lequel il faut avoir égard aux gênes du local et au peu de choix entre les matériaux qu'on a sous la main [a].

Pour votre autre problème sur l'action de la gravitation universelle, il me semble que mes conclusions métaphysiques se lient assez bien avec les réflexions physiques et je ne puis convenir de la qualification de mythologiques que vous leur donnez.

Il n'y a rien de nouveau et beaucoup de gens croient que le ministère restera tel qu'il est. Je ne sais point de nouvelles aujourd'hui de la santé de nos trois dames [b] ; mais je sais bien que Mme d'Enville vous en donne régulièrement des nouvelles. Mme de Beauvilliers, dame d'honneur de Madame Adélaïde, a aussi gagné la petite vérole.

Ces coquins de médecins avaient fait donner aux Sutton un ordre de sortir du Royaume comme exerçant la médecine sans qualité. Le Roi, sur les représentations qu'on lui a faites, a fait révoquer l'ordre.

Adieu, M., vous connaissez mon inviolable attachement.

141. — LETTRES À CAILLARD.

XXII. — (Détails divers.)

[D. D., II, 831.]

Paris, 12 mars.

Je souhaite fort d'apprendre par vous que vous continuez de vous trouver heureux avec M. de Vérac, et surtout que votre santé ne souffre pas du séjour de la Hesse. Vous devez, à présent, être profond dans la littérature allemande et dans la politique. J'ai vu M. Simonin, chargé du dépôt, qui est très bien disposé pour vous, et avec qui vous ferez fort bien de vous lier, si vous venez à Paris passer quelque temps. Vous pourrez quelquefois lui adresser des paquets médiocres pour moi sous l'enveloppe du ministre. Je ne vous écris pas assez souvent pour vous mander des nouvelles ; il n'y en a pas d'ailleurs de fort intéressantes. L'abbé Delille sera élu jeudi à l'Académie française. Il me reste encore 86 vers de *Didon* à traduire ; je n'en ai traduit que 50 depuis votre départ. Adieu, mon cher Caillard ; tous vos amis de Limoges et de Paris

---

[a] Condorcet avait écrit fin mai : « Quoi ! vous êtes la dupe de frère Félix (le frère Felix, comte du Muy). Vous consentez à boire de ce tonneau jusqu'à la lie ! ... Si le tonneau est ministre, nous serons brûlés avec des fagots verts... »

[b] Mlle de Lespinasse, Mme d'Enville et Mme Blondel.

se portent bien. L'archevêque d'Aix et Mme de Boisgelin sont encore à Aix.

XXIII. — (Maladie du Roi. — Les corvées seigneuriales. — Détails divers.)

Paris, 5 mai.

J'ai reçu, mon cher Caillard, vos deux lettres du 27 mars et du 1er avril, cette dernière par M. de Veltheim, que je n'ai encore vu que deux fois, quoique nous nous soyons cherchés plusieurs fois. Il me paraît doux et honnête, mais nous n'avons point assez causé pour que je puisse juger de l'étendue de ses connaissances. Il a dîné une fois chez Mme d'Enville, mais je n'y étais pas. J'espère que nous ferons plus ample connaissance par la suite. Ce moment-ci n'est pas favorable ; la maladie du Roi tient tous les ministres étrangers à Versailles. Hier l'état du Roi a été assez critique ; il est dans le temps le plus fâcheux, celui de la fièvre de suppuration. Il sait qu'il a la petite vérole. On croit qu'il recevra les sacrements ce matin. Mme Du Barry est à Ruelle, chez M. le duc d'Aiguillon, depuis hier à 4 heures. Le Roi le lui avait proposé lui-même.

Je ne vous envoie pas les *Mémoires de l'Académie* de Turin, que vous m'avez demandés pour le général Schlieffen. Je ne sais si le 4e volume est arrivé et M. de Condorcet est actuellement en Picardie ; à son retour, je ferai votre commission. Je ne me rappelle pas si votre observation de la lumière zodiacale a été dans la *Gazette de France*, mais la circonstance d'avoir été vu le même jour en deux lieux très éloignés, la rendrait bien plus intéressante si, dans chaque lieu, on avait observé avec attention ses limites et les étoiles qui en dessinaient le contour aux différentes heures de l'observation.

J'ai remis vos observations sur les pierres de Weissenstein à M. Desmarets, lequel a été, ainsi que moi, très content. Il vous fait, ainsi que M. Delacroix, mille compliments.

On m'a dit qu'il était décidé que M. de Vérac allait à Naples : c'est un compliment à lui faire, et à vous encore plus qu'à lui, car vous aurez un bien grand plaisir à voir ce que vous n'avez pas vu de l'Italie, et à habiter le plus beau des climats. J'espère que vous n'y vivrez pas moins heureux qu'en Allemagne, et que vous n'irez pas du nord au midi sans passer par Paris.

Ce voyage fera peut-être tort à votre projet d'écrire sur les corvées de la Hesse. J'imagine que ces corvées sont des *corvées seigneuriales* et sont, par conséquent, censées tirer leur origine d'une convention libre, c'est-à-dire de la condition sous laquelle, ou la terre, ou certaines franchises, ont été concédées aux vassaux, ce qui rend la question plus susceptible de doute, en ce que l'intérêt du corvéable n'entre plus dans la solution comme élément direct, mais seulement en tant qu'il est inséparablement lié avec l'intérêt de celui qui exige la corvée. S'il s'agissait, au contraire, de corvée pour le service de l'État, la question deviendrait la même qu'en France.

Il se pourrait aussi que la proximité de votre retour mît obstacle à l'arrangement que j'avais pris pour me procurer la suite des *Mémoires de Berlin* que M. de Lagrange devait vous adresser à Cassel pour moi. Mais peut-être ces livres vous sont déjà parvenus, auquel cas, il n'y a aucune difficulté ; s'ils ne l'étaient pas, je vous prierais de charger quelqu'un de les retirer pour vous et de me les faire passer.

M. Du Pont va en Pologne élever les enfants du prince Czartoriwski ; on lui fait un sort très avantageux, mais il faut qu'il s'expatrie pendant douze ans.

L'homme de lettres qui a le dessein de traduire la *Formation des richesses* me fait plus d'honneur que je n'en mérite. Mais, s'il veut prendre cette peine, je ne puis qu'en être très flatté. En ce cas, je le prierai de faire, dans le corps de l'ouvrage, un retranchement nécessaire, et qui forme double emploi avec mon *Mémoire sur l'usure*. J'avais prié M. Du Pont de le retrancher, mais il n'a pas voulu perdre trois pages d'impression. Ce qu'il faut retrancher, c'est le paragraphe 75, p. 117 [a], qu'il faut retrancher en entier, en changeant les chiffres des paragraphes suivants. Cette discussion théologique interrompt le fil des idées ; elle était bonne pour ceux à qui je l'avais adressée. Si le traducteur veut conserver ce paragraphe, il faut le mettre en note en bas des pages, avec un renvoi au dernier mot du paragraphe 74, en retranchant le titre du paragraphe 75. Il y a beaucoup de fautes d'impression qu'il faut avoir soin de corriger avant de traduire. Il n'y aurait pas de mal non plus à le faire précéder d'un Avertissement pour dire que ce morceau n'a point été écrit pour le public, que ce n'était qu'une simple lettre servant de préambule à des questions sur la constitution économique de la Chine, adressées à deux Chinois, auxquels on se proposait de donner des notions générales pour les mettre en état de répondre à ces questions et que cette lettre ayant été confiée par l'auteur à M. Du Pont, auteur des *Éphémérides du Citoyen*, il l'a fait imprimer dans son journal.

Quant au morceau sur la *versification allemande* [b], il a réellement besoin de plusieurs changements considérables, et si votre ami persiste à

---

[a] Du tirage à part des *Réflexions sur les Richesses*.
[b] Voir tome I, p. 554.

me faire l'honneur de le traduire, il faut absolument que je fasse ces changements.

La réception de l'abbé Delille à l'Académie française est retardée par la maladie du Roi. Le sujet de son discours est l'*Éloge de La Condamine*. Je crois qu'il aura du succès, mais il en aura difficilement autant que M. de Condorcet, qui a traité le même sujet à l'Académie des Sciences...

Tout ce que vous me dites de la vie heureuse que vous menez me fait le plus grand plaisir. Vous aurez les mêmes agréments à Naples, et peut-être plus grands encore par la beauté du climat.

Adieu, mon cher Caillard, comptez toujours sur mon amitié. M. Desmarets et M. Delacroix vous font mille compliments. Je vous prie de me rappeler au souvenir de M. de Vérac, de lui faire tous mes compliments sur sa destination nouvelle si elle se réalise. Le bonheur qu'il vous procure me fait prendre intérêt au sien.

Je ne finis ma lettre que le 10 mai. Le Roi était hier et ce matin à la dernière extrémité. À onze heures et demie, je n'ai point encore nouvelle de sa mort. On ne peut former aucune conjecture sur l'avenir.

142. — QUESTIONS DIVERSES.

I. — *Incendie à Tulle.*

Lettre à d'Ormesson.

[A. L., minute.]

(Les pertes causées par l'incendie. — Le chevalier d'Arc et le receveur De Poissac.)

Limoges, 4 janvier.

M., vous m'avez fait l'honneur de m'adresser une lettre et un mémoire signé des maire et échevins de la ville de Tulle dont M. le duc de la Vrillière a fait le renvoi à M. le Contrôleur général et par lequel ils sollicitent des secours en faveur des habitants qui ont éprouvé un incendie le 12 novembre dernier, dans lequel huit maisons ont été réduites en cendres et dont les pertes sont, disent-ils, évaluées à 40 000 l. Vous me priez de vérifier l'exposé de ce mémoire et de procurer par moi-même ou de vous mettre en état de proposer à M. le Contrôleur général les secours qu'il convient de donner à ces malheureux.

J'ai, M., rendu compte à M. le Contrôleur général par ma lettre du 26 novembre [a] de l'événement de cet incendie et j'ai eu l'honneur de lui proposer un moyen fort simple de procurer du soulagement à ces malheureux. Comme je vous avais adressé dans le même temps des représentations sur la modicité du moins-imposé accordé à la Province et que j'espérais que vous voudriez bien obtenir pour elle un supplément de moins imposé, ma proposition consistait à m'autoriser à prendre sur ce supplément quelques centaines de pistoles pour soulager ceux des incendiés qui ont le plus perdu et qui ont d'ailleurs le moins de ressources. Cette proposition me paraît encore ce qu'il y a de mieux à faire.

Comme je conjecture, d'après votre lettre, que M. le Contrôleur général ne vous avait point fait le renvoi de ma lettre du 26 novembre, j'ai l'honneur de vous en envoyer copie.

Vous pourrez être surpris de ce que je n'annonce qu'une perte d'environ 16 000 l., tandis que le mémoire donné sous le nom des maire et échevins de Tulle présente la perte comme montant à plus de 40 000 l. J'ai écrit ma lettre d'après un procès-verbal fait avec beaucoup d'exactitude par mon subdélégué qui n'a cherché ni à exagérer, ni à diminuer la perte, et qui a employé pour les évaluations l'expert le plus estimé de la ville.

Les auteurs, ou plutôt l'auteur du mémoire envoyé à M. le duc de la Vrillière, a cherché à pallier cette différence d'évaluation. On y lit à la page 3, ces mots : « un procès-verbal fait dans les meilleures intentions, mais dans le sein du trouble qui suit nécessairement les adversités accablantes ne fait monter nos pertes qu'à 17 ou 18 000 l. ; mais plus instruits, depuis ce procès-verbal, par les recherches, les soins, les estimations des dommages qui nous ont été rapportés, nous osons assurer V. G. que nos pertes montent à plus de 40 000 l. et que 60 000 ne les répareraient pas. »

Si cette différence d'évaluation ne venait que du premier mouvement d'une compassion louable, qui est portée à s'exagérer les malheurs dont on est témoin, ou même d'une sorte d'exagération officieuse, dans la vue de procurer à des malheureux des secours plus abondants, cet article du placet des officiers municipaux mériterait fort peu d'attention. Peut-être même trouverez-vous qu'il n'en mérite guère, quand je vous aurai développé le détail et le but de toutes les petites manœuvres qui ont été employées dans cette occasion ? Je crois pourtant, sans y attacher plus d'importance qu'elles n'en ont, devoir vous en instruire, parce qu'il est toujours bon d'empêcher que les intrigants

---

[a] Voir ci-dessus, p. 581.

n'aient à s'applaudir de petits succès qui deviennent entre leurs mains des moyens pour tramer de nouvelles intrigues.

Vous savez, M., que M. le chevalier d'Arc [a] est exilé à Tulle. Il y est arrivé à la fin d'août. Je ne le connaissais que par la réputation qu'il a à Paris et que vous connaissez aussi bien que moi. À en juger par sa conduite depuis qu'il est à Tulle, il faut que ce soit une bien mauvaise tête, puisqu'il ne paraît occupé que de jouer sur ce petit théâtre le rôle d'un prince de comédie. Il a débuté, en arrivant, à faire dire une messe pour le Roi, le jour de saint Louis, où il a invité les magistrats, la noblesse et tous les corps de la ville qui se rendirent à son invitation. La noblesse le reconduisit même chez lui au retour de la messe. Je suis loin de le blâmer des libéralités et des aumônes abondantes qu'il a répandues dans le peuple et encore moins d'avoir cherché à se faire aimer par ses manières obligeantes et affables. Quand les offres multipliées de son crédit auraient eu pour principe la vanité, cette vanité serait très pardonnable.

L'incendie arrivé le 12 novembre était une occasion de signaler sa bienfaisance et son humanité. Il s'est empressé de se porter sur les lieux avec tous ses gens, de les faire travailler avec ardeur à donner les secours nécessaires en pareil cas, d'exciter par ses libéralités les travailleurs, de consoler les malheureux de leurs pertes ; le lendemain, il fit une quête pour eux qui produisit une cinquantaine de louis dont il fournit une partie. En même temps, il se disposa à mettre en œuvre tout son crédit, à intéresser les ministres, les princes, la famille royale en faveur des incendiés afin de leur obtenir les secours les plus puissants. Il écrivit, en effet, des lettres pathétiques où dans la première chaleur du zèle qui l'animait, il annonça que la perte montait à plus de 50 000 l. Comme la poste ne partait pas ce jour-là de Tulle, il envoya un exprès à Limoges pour y faire mettre ses lettres à la boîte. Jusque-là, il n'y a certainement rien à blâmer à la conduite de M. le chevalier d'Arc.

De son côté, le sieur de La Combe, mon subdélégué, après s'être occupé pendant la nuit avec les magistrats de Tulle à arrêter l'incendie, s'occupa le lendemain de m'en rendre un compte exact... Il attendit le départ de la poste pour me faire passer son procès-verbal. C'est d'après sa relation que j'ai eu l'honneur d'écrire à M. le Contrôleur général pour lui demander des secours et en attendant que j'eusse reçu la réponse à ma lettre, j'envoyai à mon subdélégué une somme de 1 200 l. pour être distribuée à ceux des incendiés dont la misère était le plus pressante.

M. le chevalier d'Arc, apprenant que l'évaluation du procès-verbal de mon subdélégué était fort au-dessous de celle qu'il avait annoncée

---

[a] Fils naturel du comte de Toulouse, mort à Tulle en 1779.

dans ses lettres, s'imagina que sa véracité se trouverait compromise par cette contrariété. Il fit parler à mon subdélégué par diverses personnes pour l'engager à changer ou du moins à supprimer son procès-verbal et à se conformer, dans le compte qu'il me rendrait, à l'évaluation annoncée par M. le chevalier d'Arc. Mon subdélégué s'étant refusé au mensonge qu'on exigeait de lui, M. le chevalier d'Arc s'en est apparemment senti offensé et c'est alors que, de concert avec quelques esprits brouillons, il a employé toutes sortes de manœuvres pour se procurer par d'autres moyens un procès-verbal plus conforme à ses vues et pour rendre mon subdélégué odieux comme un homme qui mettrait obstacle aux services que M. le chevalier d'Arc voulait rendre à la ville de Tulle et aux malheureuses victimes de l'incendie.

Il existe à Tulle un M. de Poissac, autrefois receveur des tailles de cette élection et qui, après avoir quelque temps rempli la place de Président du Présidial, s'était fait Conseiller au Parlement de Bordeaux. Cet homme d'un caractère ardent et qui, pendant qu'il était au Parlement, affectait d'être un des plus emportés dans les affaires publiques, s'était souvent occupé alors de faire naître des occasions pour me compromettre avec le Parlement ; j'ai même eu les raisons les plus fortes d'être convaincu qu'un commencement de sédition arrivé à Tulle [a] en 1770 dans les temps de la cherté des grains et qui heureusement n'eut aucune suite fâcheuse, avait été excité uniquement par ses menées. J'ai eu le bonheur d'éviter les pièges qu'il a cherché à me tendre. Lors de la nouvelle composition du Parlement de Bordeaux, j'ai lieu de croire qu'il aurait fort désiré d'être conservé ; mais, ayant déplu à M. le maréchal de Richelieu dans quelques occasions, il a été au contraire exilé à Tulle où il continue à intriguer sans autre objet apparent que celui de remplir le vide de son inaction forcée. M. le chevalier d'Arc et lui se sont liés et, comme M. de Poissac a conservé assez d'influence sur quelques membres du Présidial, ils ont entrepris de faire faire par les officiers de ce corps un nouveau procès-verbal qui contredirait celui de mon subdélégué ; mais, après s'être donné bien des peines pour recueillir des plaintes et pour échauffer les esprits, je crois qu'ils ont, à la fin, été obligés de renoncer à leur projet faute de matière et de moyens d'attaquer le procès-verbal de mon subdélégué.

Il a fallu s'en tenir à l'envoi des mémoires que M. le duc de la Vrillière a reçus et qu'il a recommandés à M. le Contrôleur général. Il est aisé de voir que les belles phrases de ce mémoire sont l'ouvrage de M. le chevalier d'Arc qui les a fait signer par les quatre échevins seulement, soit que le maire fût absent, soit qu'il n'ait pas voulu signer.

---

[a] Voir p. 129.

Je sens, M., combien ces détails doivent paraître ennuyeux par leur peu d'importance. L'objet de cette lettre doit être de mettre sous vos yeux les besoins des malheureux incendiés et de vous proposer les moyens de les soulager ; qu'importe que ces besoins aient été exagérés et que, pour masquer cette exagération, l'on ait employé de petites manœuvres qui n'ont point réussi ? Ne doit-on pas s'en tenir au vrai, agir en conséquence, et mépriser ces manœuvres ? Je le pense ; mais en même temps, je crois qu'en les méprisant, il ne faut pas les regarder entièrement comme non avenues.

Si M. le chevalier d'Arc en était le seul artisan, on pourrait les négliger : il est vraisemblable que son séjour à Tulle ne sera que passager ; et quand il en sera parti, les airs d'importance qu'il a cherché à s'y donner deviendront une chose bien indifférente même pour lui. J'avoue que j'aurais désiré qu'on eût fixé son exil dans tout autre lieu que dans une ville qui, comme Tulle, est un foyer continuel de divisions, de petites haines, d'intrigues et de cabales. Mais après tout, si je m'apercevais que son séjour dans cette ville y devînt trop dangereux, je demanderais à M. de Duc de La Vrillière qu'on le changeât de demeure et j'imagine que le ministre ne se refuserait pas à ma demande. Je fais un peu plus d'attention aux personnes qui composent la cabale qui s'est associée à lui dans ces manœuvres et à la tête de laquelle est M. de Poissac. Je ne puis ignorer que le but perpétuel de cette cabale est de croiser dans toutes les occasions mon administration et de la rendre odieuse. Le moyen qu'ils ont choisi, dans cette occasion, est très propre à servir leurs fins. En se joignant à M. le chevalier d'Arc pour lui faire jouer le rôle de protecteur de la ville, en vantant son crédit et la chaleur avec laquelle il a sollicité les bontés du Gouvernement, on a le plaisir de mettre en opposition cette activité et ce zèle avec le peu d'intérêt que l'Intendant a pris aux maux publics. Si les bienfaits du Roi sont proportionnés au tableau exagéré qu'a fait M. le chevalier d'Arc, on donne la plus haute idée de son crédit et de l'appui que doivent en attendre tous ceux qui se livreront à la cabale de ses associés. Si le Roi n'accorde que des grâces modiques, on en imputera la faute aux comptes qu'ont rendu le subdélégué et l'intendant d'après lui ; on dira que ce sont eux qui ont arrêté les effets de la bienfaisance du Roi prêts à se répandre sur la ville et, de quelque manière que les choses tournent, on sera sûr de parvenir ou à rendre ceux qui sont chargés de l'administration odieux au peuple ou du moins à diminuer beaucoup leur considération.

Je vous avoue, M., que dans une pareille circonstance, je mets quelque intérêt à ce que la manière dont M. le Contrôleur général répondra au mémoire des officiers municipaux de Tulle ne remplisse point les vues que s'est proposées cette association. Je crois que, pour cela, il est nécessaire d'accorder un secours qui, sans être au-dessus de ce que comporte la véritable évaluation de la perte, soit pourtant assez fort pour procurer un soulagement effectif du moins à ceux des incendiés à qui leur indigence a laissé le moins de ressources. Une somme de 4 000 l., y compris les 1 200 que j'ai déjà envoyés, me paraît à peu près suffisante pour cela. Mais j'insiste pour que le secours paraisse accordé en conséquence du premier compte que j'ai rendu à M. le Contrôleur général de cet événement. Cet objet sera parfaitement rempli si, en répondant à M. le Duc de La Vrillière, M. le Contrôleur général veut bien lui mander, sans autre détail que, sur le compte que j'ai rendu dans le temps de l'incendie arrivé à Tulle et des premiers secours que je me proposais de faire passer aux incendiés, il m'a autorisé à porter ces secours jusqu'à une somme de 4 000 l. sur l'augmentation de moins-imposé que j'avais sollicitée en faveur de la généralité de Limoges et que, les mémoires des officiers municipaux n'ajoutant aucun nouveau motif à ceux que j'avais exposés, il ne croit pas qu'il y ait lieu de rien changer à ses premières dispositions.

II. — *La Mairie de Brive.*

Lettre à Dubois de Saint-Hilaire.

[Bulletin de la Société historique de la Corrèze, t. III, 457 et s., avec fac-similé de la lettre de Turgot.]

Limoges, 4 janvier.

Je reçois, M., avec reconnaissance tous les souhaits que vous formez pour moi dans ce renouvellement d'année, mais je ne puis recevoir avec plaisir vos remerciements de ma complaisance pour vos répugnances.

Je compte au reste sur votre zèle pour les intérêts de Brive comme si vous aviez accepté la Mairie.

Recevez, M., l'assurance de tous mes souhaits pour vous et du sincère attachement avec lequel…

III. — *Don de joyeux avènement.*

Lettre à l'abbé Terray.

[A. H. V., C. 433.]

Paris, 3 juin.

M., j'ai reçu les exemplaires que vous m'avez adressés de l'Édit par lequel le Roi annonce la remise qu'il fait à ses sujets du droit de joyeux avènement et les ordres qu'il a donnés pour continuer les payements des rentes et les remboursements indiqués par le feu Roi. Vous me marquez en même temps que l'intention de S. M. est que cet édit soit publié et affiché dans toute la province qui m'est confiée, le plus promptement qu'il sera possible. Vous pouvez bien imaginer, M., que je n'y perdrai pas un moment. Qui pourrait ne pas s'empresser de faire connaître aux peuples ce premier gage de la générosité et de la justice d'un roi qui se montre à la France sous de si heureux auspices.

J'ai reçu en même temps la Déclaration concernant la nouvelle empreinte des monnaies et j'ai pareillement donné les ordres nécessaires pour la faire publier et afficher [a].

IV. — *Catalogue des livres imaginaires dont les dos figuraient dans une fausse bibliothèque du cabinet de Turgot.*

[« Ce document en bois, fer et carton est connu à Limoges sous le nom de *Porte du cabinet de Turgot*. C'est un battant de porte dans le panneau duquel Turgot fit encastrer en trompe-l'œil des dos de livres imitant dans leur ensemble une travée de bibliothèque. Chacun de ces livres simulés porte un titre fantaisiste. Cette curieuse porte est conservée aux Archives de la Haute-Vienne (A. Leroux, *Inventaire des Archives de la Haute-Vienne*, Introduction, p. x). Le catalogue a été reproduit : 1° par M. E. Castaigne, dans le *Bulletin du Bibliophile* (1855) et dans le *Bulletin de la Société archéologique et historique de la Charente* (1858) ; 2° par M. Tenant de la Tour, dans les *Mémoires d'un Bibliophile* (1861) ; 3° par M. Nourrisson, dans son livre *Trois Révolutionnaires*.

Dans la présente reproduction, les livres imaginaires ont été groupés autant que possible par ordre de matières, afin d'éviter des répétitions dans les notes explicatives.]

H. Malatestœ j. c. de Regibus, eorum natura et affectibus. [b]
Doutes modestes sur l'Excellence du Despotisme. [c]
Apologie de l'esclavage des nègres, contre les Économistes.
Aul. Tigellin. hustricis de Legum abrogatione. [d]
Histoire naturelle des bœufs-tigres, avec figures. [e]
Traité du droit de conquête, ouvrage posthume de Cartouche.

---

[a] On trouve encore aux Archives de la Haute-Vienne (C. 373) les pièces ci-après :
26 février. Lettre à d'Ormesson sur les enfants trouvés.
1er mai. Ordonnance sur la comptabilité des enfants trouvés.
[b] « Des Rois, etc., par une mauvaise tête. »
[c] Le duc de Saint-Megrin, dans les *Doutes modestes*, s'était prononcé pour le Despotisme légal.
[d] « Hustricis », pour hystricis, porc-épic. — Tigellin était favori de Néron.
[e] Les *bœufs-tigres*, surnom des conseillers au Parlement.

Leges omnium gentium inter se et cum jure naturali comparatæ, auct. Burlamaqui, tom. 1, 2 et 3.
Code complet d'une nation raisonnable.
Traité de la dévotion politique.
Utilité des bonzes, appréciée par un lettré chinois.
Farnabius, de Augurum Veracitate.
M. Agrippœ, de Digitorum nominibus et virtutibus. [a]
S. N. H. Linguet in. tit. Digest. de Verb. signifie, notæ successivæ, tom. 1 et 2. [b]
Hobb. Leviathan novo Comment. illustratum a S. N. H. Linguet, tom. 1 et 2. [c]
Délices du gouvernement turc, dédiées au Kislar-Aga, par S. N. H. Linguet, tom. 1 et 2.
S. N. H. Linguet, de Suppliciorum ingeniosa diversitate Diatriba.
Draconis Leges notis perpet. illustratœ a S. N. B. Linguet.
Morale fondée sur la force, par S. N. H. Linguet, tom. 1 et 2.
Dangers du Pain, par S. N. H. Linguet. [d]
Dict. portatif des métaphores et des comparaisons, par S. N. H. Linguet, tom. 1, 2 et 3.
Dialogue entre 3 gueules de Cerbère, jeu d'esprit de S. N. H. Linguet.
Cacomonade expérimentale de S. N. H. Linguet, tom. 1 et 2.
L'art de faire des glaces, par un buvetier de l'Inquisition.
R. P. Grillani. ord. Prædicat., jurisprud. Inquisitionis. [e]
Traité de la charité chrétienne, par le Dr Caveyrac. [f]
Conduite des Espagnols dans les Indes, justifiée par le Dr Caveyrac.
Histoire naturelle du Griffon et de l'Ixion, par M. Riballier. [g]
Traité complet des bâillons, de P...er. [h]
Galilœi retractatio.
Jugement d'Érasme sur les disputes de son temps. [a]

---

[a] « Des noms et des vertus des doigts, par Agrippa », allusion aux mains crochues de l'abbé Terray.

[b] Linguet avait fait l'éloge du Despotisme oriental dans la *Théorie des Lois civiles* ; il avait fait dialoguer deux maladies similaires de noms dans la *Cacomonade* (1766) ; il avait prétendu que le pain est un poison dans le *Pain et le bled* (1774) ; il avait abusé dans tous ses ouvrages des métaphores, des paradoxes, des violences de langage.

[c] Le *Leviathan* de Hobbes que Linguet avait imité dans son apologie du despotisme.

[d] L'ouvrage de Linguet sur le *Pain et le bled* étant daté de 1774, on voit que la fausse bibliothèque date des derniers mois du séjour de Turgot à Limoges, ou qu'elle fut achevée à cette époque.

[e] « De la jurisprudence de l'inquisition, par le révérend Père Grilleur. »

[f] L'abbé Caveyrac avait écrit en faveur de la Révocation de l'Édit de Nantes (1758).

[g] L'abbé Riballier avait écrit contre le *Bélisaire* de Marmontel (1768).

[h] Le Conseiller Pasquier, qui fit mettre un bâillon à Lally Tollendal allant à l'échafaud. On suppose que le nom de Pasquier fut effacé sur le Catalogue par un préfet de la Haute-Vienne que protégeait un membre de la famille Pasquier.

De libris faciendis et non factis, G. Leibnitii opus posthumum.

Véritable usage des faits dans les matières de raisonnement.

Morale pratique du chancelier Bacon [b], traduction nouvelle, tom. 1 et 2.

Human. opiniomum Series et genealogia. Bacon, opus posthumum, tom. 1, 2 et 3.

Nouveau système sur l'origine des Cloches.

Histoire des pénitents, avec la chronologie de leurs prieurs.

Dissertation sur la propriété de la soupe des Cordeliers.

Th. Rainaldi, de formà cavearum pullorum sacrorum. [c]

Catalogue des confesseurs des princes chrétiens, jusqu'à l'an M. C.

Hornius, de Cinctus Gabini latitudine. [d]

Histoire complète des Néréides, ouvrage posthume de Poinsinet [e], tomes 1 et 2.

Traité des ornements de la poésie moderne, par M. Eisen.

De l'emploi des images en poésie par M. Dorat. [f]

Du pouvoir de la musique, par M. Sedaine. [g]

Dictionnaire de caractères, à l'usage des Poètes comiques.

Esprit des discours prononcés à l'Académie française, depuis son établissement.

Waspii tractatus de Scorpione cœlesti. [h]

Cours complet de morale, extrait des Romans, tom. 1 et 2.

Grammaire de la langue limousine.

Amœnitates Lemovicenses.

Histoire littéraire du Limousin, tom. 1 et 2.

Joachim Le Camus, S. R. E. Cardinalis Apocalypsis monacho. rum, tom. 1 et 2. [i]

Histoire naturelle et morale des Araignées, avec la description de leurs amours, par M. le duc de... [j]

Choix de friponneries les plus ingénieuses, publiées en faveur des dupes, tom. 1 et 2.

---

[a] Érasme était resté dans l'expectative.

[b] La conduite privée de Bacon cadrait mal avec sa morale théorique.

[c] « De la forme de l'estomac des poulets sacrés, par Th. Rainal ».

[d] « De la largeur de la ceinture gabienne » par Hornius, savant allemand du XVIII[e] siècle. La ceinture gabienne est un nœud servant à relever les pans de la robe (*Énéide*, VII, vers 612).

[e] Poirisinet se noya en 1769 dans le Guadalquivir.

[f] Le succès des poésies de Dorat et de Pezay provenait des gravures d'Eisen qui les ornaient.

[g] Sedaine faisait surtout des livrets d'opéra-comique.

[h] Voltaire avait donné à Fréron le surnom anglais de *wasp* (frélon)

[i] M. Castaigne a vu là une pointe contre François-Joachim de Bernis ; on ne saisit pas bien pourquoi.

[j] Allusion au Duc de Lauraguais et à la maigre Sophie Arnould.

Véritable utilité de la guerre, ouvrage posthume des fr. Paris [a].
Corps complet des découvertes des 31 Sociétés d'agriculture [b].
Art de compliquer les questions simples par l'ab. Gagliano. [c]

143. — DIDON.

Traduction en Vers métriques du 4e livre de l'Énéide et de trois Églogue de Virgile.

[Un vol., Stoupe, 1774, in-4°. — D. P., IX, 63, moins les *Églogues*.]

(Turgot comptait faire imprimer aussi la traduction des autres *Églogues* de Virgile et placer à la tête du Recueil, comme pour lui servir d'Introduction, l'*Invocation à la muse d'Homère*.

Il serait sans intérêt de reproduire le travail de Turgot.)

---

[a] Les frères Paris s'étaient enrichis comme fournisseurs de l'armée.
[b] Turgot avait eu quelques difficultés avec la Société d'agriculture de Limoges.
[c] L'abbé Galiani.

TABLE DES MATIÈRES

DU TROISIÈME VOLUME

ŒUVRES DE TURGOT
ET DOCUMENTS LE CONCERNANT

TROISIÈME PARTIE (*Suite*)
TURGOT INTENDANT DE LIMOGES (1761-1774) [a]

1768

95. LA TAILLE.

    I. *Avis sur l'imposition pour l'année 1769.* (Situation de la Province. — Augmentation générale des impôts en 1768. — Nécessité d'un soulagement.)   7

    II. *Supplément à l'avis précédent.*   12

    III. *Lettre à l'intendant d'Auvergne, de Monthyon.* (La taille de propriété et la taille d'exploitation.)   12

96. LETTRES À DU PONT DE NEMOURS.

    XXVIII. (L'abbé Baudeau. — La goutte. — Mme Geoffrin)   15

    XXIX. — (Les *Éphémérides du citoyen.* — Franklin. — L'*Avis au peuple*, de Baudeau. — La Rivière. — Abeille.)   16

    XXX. (Voyage de Du Pont avec le duc de Saint-Mégin. — Les Discours de Poivre. — De Butré.)   17

    XXXI. (Voyage de Du Pont.)   18

    XXXII. (Voyage de Du Pont. — Le contrôleur général Maynon d'Invau.)   19

    XXXIII. (Voyage de Du Pont.)   20

    XXXIV. (Retour de Du Pont à Paris. — Sa situation personnelle.)   20

    XXXV. (Retour de Du Pont à Paris. — Brochures de l'abbé Baudeau. — *Lettre de M. de... Conseiller au Parlement de Rouen*, par

---

[a] Le présent volume s'étend de 1768 à 1774.

Du Pont.) 21

XXXVI. (Les *Éphémérides du Citoyen*. — Le commerce des grains. — Placards contre Choiseul.) 22

XXXVII. (La *Lettre du Conseiller*.) 23

XXXVIII. (La poste. — Baudeau. — La *Lettre du Conseiller*.) 24

XXXIX. (La *Lettre du Conseiller*. — Indiscrétion de Montigny. — Faiblesse du gouvernement. — Épigramme sur Joly de Fleury. — Vers métriques.) 25

XL. (La *Lettre du Conseiller*. — Projet de réponse du Roi au Parlement. — Les pommes de terre.) 28

XLI. (La liberté du commerce des grains. — Réponse du Roi au Parlement. — Bruits de changement de ministère. — Barbou. — Saint-Mégrin. — Morellet.) 29

97. SUR LES PARLEMENTS.

Fragments. 30

98. QUESTIONS DIVERSES.

I. *Lettre à Saint-Florentin*, pour demander la place de prévôt des Marchands. 34

II. *Lettre au Contrôleur général, Maynon d'Invau*, pour demander un changement de situation. 35

Réponse de Maynon d'Invau. 36

1769

99. LE TRANSPORT DES ÉQUIPAGES ET LE LOGEMENT DES TROUPES.

I. *Lettre au contrôleur général.* (Le transport des équipages.) 37

II. *Circulaire aux Officiers municipaux.* (Le logement des troupes.) 41

100. LA TAILLE.

I. *Ordonnance sur la nomination des collecteurs.* 42

II. *Circulaire aux Commissaires des Tailles* sur la répartition du moins imposé. 43

III. *Lettre à l'Intendant des Finances d'Ormesson* au sujet d'un arrêt du Parlement. (Contrainte solidaire en cas de condamnation d'une communauté non autorisée à plaider.) 45

IV. *Avis sur l'imposition pour l'année 1770.* (Menaces de disettes.) 47

101. LETTRES À DU PONT DE NEMOURS.

 XLII. (La *Lettre du Conseiller.*)   50

 XLIII. (La *Lettre du Conseiller*. — Le Parlement. — La réponse du Roi. — Les conseillerus Saint-Vincent et Michaud de Monblin. — L'*Avis aux honnêtes gens*. — Phénomènes à Paris. — Les pommes de terre. — Joly de Fleury.)   50

 XLIV. (Voyage de Turgot.)   53

 XLV. (L'imprimeur Barbou. — Situation de Du Pont. — Les *Éphémérides*. — *L'examen de l'examen*. — Le marquis de Mirabeau. — *Chinski*, par l'abbé Coyer. — D'Angivillier. — Le Dauphin.)   53

 XLVI. (L'*Amabed*, de Voltaire.)   55

 XLVII. (La *Lettre du Conseiller*. — Le Trosne.)   55

 XLVIII. (Les *Remontrances des États du Languedoc*.)   56

 XLIX. (Sartine, lieutenant de police.)   56

 L. (Les *Éphémérides*.)   56

 LI. (Situation de Du Pont. — Trudaine. — Paresse de Turgot.)   57

 LII. (Situation de Du Pont.)   58

 LIII. (Les *Éphémérides*. — La Compagnie des Indes. — L'abbé Morellet. — Mme Du Pont. — Le duc de Lauraguais.)   59

 LIV. (L'abbé Baudeau. — Les *Éphémérides*. — Quesnay.)   61

 LV. (La poste. — Baudeau. — Lauraguais.)   62

 LVI. (Les *Éphémérides*. — La caisse de Poissy. — Le commerce des Indes. — La corvée. — Les faits. — Lauraguais.)   63

 LVII. (Accident. — Les *Éphémérides*. — L'abbé Baudeau.)   64

 LVIII. (Les *Éphémérides*. — Le commerce des Indes. — Les Mirabeau. — La guerre entre la Russie et la Turquie. — Maladie de Trudaine.)   65

 LIX. (Le fils de Du Pont. — La goutte. — Le *Journal du Commerce*. — Les *Éphémérides*. — La *Gazette du commerce*. — Maladie de Trudaine.)   67

 LX. (La goutte. — Les *Éphémérides*. — Écrits de Turgot : les *Collecteurs*, les *Richesses*, les *Foires et marchés*. — L'Épine, Desmarets, le Trosne, Trudaine.)   68

 LXI. (*Réflexions sur les richesses*.)   69

 LXII. (Le fils de Du Pont. — Le cérat. — Bruits d'exil de Baudeau. — Les *Éphémérides*. — Desmarets. — La *Défense du Siècle de Louis XIV*, par Voltaire.) 70

LXIII. (Le fils de Du Pont. — D'Invau et Terray. — L'abbé Baudeau et le Parlement. — Les *Éphémérides* ; la *Gazette du Commerce*. — D'Auxiron.) 71

LXIV. (La mouture économique. — Les *Éphémérides*. — La Compagnie des Indes. — Gournay. — L'esprit de secte. — D'Auxiron, De Parcieux. — Quesnay et sa géométrie. — Le *Siècle de Louis XIV*.) 72

102. VALEURS ET MONNAIES.

Projet d'article. (Les diverses espèces de monnaies. — La valeur : pour l'homme isolé ; dans l'échange.) 74

103. LA CORVÉE DES CHEMINS.

Extrait d'un article des *Éphémérides du citoyen*, sur la différence entre le système de Fontette et celui de Turgot. 91

104. QUESTIONS DIVERSES.

I. *Mémoire sur la gomme élastique.* 95

II. *La carte du Limousin.* — Lettres à Cornuau, ingénieur géographe. 99

III. *La Compagnie des Indes.* — Lettre à l'abbé Morellet. 100

IV. *La Comète de 1769.* — Lettre à Blostron, maître des requêtes. 101

105. LES GÉORGIQUES.

Essai de traduction en vers du premier livre des Géorgiques. 102

106. LA DISETTE DU LIMOUSIN.

Lettres au contrôleur général 103

Première lettre. (Le commerce des grains. — Émeute à Saint-Léonard. — La disette de 1739 et celle de 1769. — Bureaux et ateliers de charité.) 103

1770

107. LA DISETTE DU LIMOUSIN.

Lettres au contrôleur général 120

Deuxième lettre. (Le commerce des grains. — Secours aux pauvres.) 120

Troisième lettre. (Le défaut d'approvisionnement. — La détresse de la Province.) 122

Quatrième lettre. (Le Parlement de Bordeaux. — Craintes à Tulle et ailleurs.) 125

Cinquième lettre. (Attroupements et obstacles au commerce des grains.) 127

Sixième lettre. (Sédition à Tulle.) 129

Septième lettre. (Les ressources possibles. — Situation de l'Europe. — Demande d'un dépôt de seigle.) 130

108. L'INTÉRÊT DE L'ARGENT.

  I. *Mémoire sur les prêts d'argent.* 141

  II. *Arrêt du Conseil* évoquant l'affaire des banquiers d'Angoulême. 181

109. BUREAUX ET ATELIERS DE CHARITÉ.

  I. *Instruction lue à l'assemblée de charité de Limoges.* (Précaution qu'exige la charité. — Sa nécessité. — Contributions volontaires et taxations. — Assemblées et bureaux de charité. — État des familles indigentes. — Étrangers ; pauvres honteux. — Travaux, ateliers, filatures. — Fondations. — Distibutions d'aliments.) 184

  II. *Circulaire aux curés* sur les assemblées de charité. 199

  III. *Circulaire aux subdélégués* sur les assemblées de charité et sur la mendicité. 201

  IV. *Délibération de l'assemblée de charité* de la ville de Limoges. 205

  V. *Instructions générales pour les assemblées de charité.* 208

  VI. *Ordonnance sur la subsistance des pauvres jusqu'à la récolte.* (Assemblées de charité. — Dénombrement des pauvres. — Étrangers. — Contributions volontaires et contributions d'office. — Pauvres à la charge des propriétaires. — Réclamations possibles.) 211

  VII. *Circulaire aux subdélégués* envoyant l'ordonnance ci-dessus. 217

  VIII. *Ordonnance suspendant les droits de timbre et autres* pour les opérations des bureaux de charité. 220

  IX. *Ordonnance imposant aux propriétaires de nourrir leurs métayers jusqu'à la récolte.* 222

  X. *Lettre au chancelier* en vue d'obtenir que le paiement des rentes stipulé en grains ne puisse être exigé en argent, à des prix de disette. 223

110. LA MENDICITÉ.

  I. *Supplément à des instructions précédentes.* 228

II. *Lettre à l'intendant de Paris, Bertier de Sauvigny.* (Approvisionnement des dépôts.) 230

III. *Lettres au contrôleur général.* (Approvisionnement des dépôts.) 231

111. LE COMMERCE DES GRAINS.

I. *Arrêts de cassation et décisions en faveur de la liberté.* 234

    1. Arrêt du Conseil cassant un arrêt du Parlement de Bordeaux. 234

    2. Ordonnance de Turgot au sujet d'actes de violence. 236

    3. Ordonnance annulant un arrêté des échevins de Turenne. 237

    4. Ordonnance annulant un arrêté du lieutenant de police d'Angoulême. 238

    5. Arrêt du Conseil cassant un arrêté du lieutenant de police d'Angoulême. 240

II. *Lettres au contrôleur général, abbé Terray,* sur le commerce des grains. 242

    Première lettre (Généralités. — Opinion de Terray. — Importance de la question. — Les prétendus monopoles. — Un édit est-il urgent et nécessaire ?) 242

    Deuxième lettre ; analyse. (L'intérêt des cultivateurs.) 249

    Troisième lettre ; analyse. (Les magasins.) 250

    Quatrième lettre ; analyse. (Les prix moyens du blé.) 252

    Cinquième lettre. (Les propriétaires, les salaires, le commerce extérieur, les impôts. — La situation en Angleterre ; la disette en 1740 ; la cherté de 1768 à 1770.) 259

    Sixième lettre. (Les cultivateurs, fermiers et métayers.) 273

    Septième lettre. (Les consommateurs ; les compagnies de blé ; les greniers d'abondance ; les salaires, les prix.) 284

    Arrêt du Conseil provoqué par l'abbé Terray. 319

112. LA TAILLE.

I. *Avis sur l'imposition pour l'année 1771.* (Situation lamentable de la Province. — La statistique des récoltes.) 321

II. *Lettre à de Beaulieu,* subdélégué. (État des récoltes et détails divers.) 333

113. LETTRES À DU PONT DE NEMOURS.

LXV. (Le fils de Du Pont. — Les *Éphémérides*. — Les *Réflexions sur les richesses*. — Le Trosne. — Du Pont. — Sédition à Saint-Léonard. — Terray.) 335

LXVI. (Situation de Du Pont. — Les *Réflexions sur les richesses*. — *Mémoire sur l'usure*. — Arrêt du Parlement de Bordeaux sur le commerce des grains. — Lettre de l'abbé Terray sur les règlements. — Les *Dialogues* de Galiani.) 336

LXVII. (Les *Éphémérides*. — Leur censeur. — Les *Dialogues* de Galiani. — Les *Réflexions sur les richesses* ; les avances foncières ; les droits de l'humanité ; l'esclavage.) 337

LXVIII. (Les *Réflexions sur les richesses* ; l'esclavage. — Le commerce des Indes. — Un prieuré en Limousin.) 338

LXIX. (Arrêt du Parlement de Bordeaux sur le commerce des grains. — Le procureur général Dudon.) 340

LXX. (Du Pont. — Le censeur des *Éphémérides*. — Les *Réflexions sur les richesses* ; l'esclavage ; l'injustice ; les avances foncières ; les valeurs. — L'*Intérêt général de l'État*, de la Rivière. — Les *Économiques*, du marquis de Mirabeau. — Divers.) 341

LXXI. (Les *Éphémérides*. — La mouture économique. — Les *Dialogues* de Galiani et leur réfutation par Baudeau et Roubaud. — Les *Réflexions sur les richesses*. — L'abbé Terray et ses opérations financières. — Le commerce des grains et la sénéchaussée de Tulle. — L'*Intérêt général de l'État*, de la Rivière.) 343

LXXII. (La disette du Limousin. — Les *Réflexions sur les richesses*.) 345

LXXIII. (La disette du Limousin. — La liberté du commerce des grains. — Les *Réflexions sur les richesses*. — Les *Éphémérides*.) 346

LXXIV. (La liberté du commerce des grains. — La disette du Limousin. — Les *Éphémérides*.) 348

LXXV. (Les *Réflexions sur les richesses*. — Les *Éphémérides*.) 349

LXXVI. (Divers objets.) 349

LXXVII. (Arrivée de Turgot à Paris. — Les *Éphémérides*.) 350

LXXVIII. (Le président Dupaty. — Les *Éphémérides*.) 350

LXXIX. (Situation de Du Pont. — Les *Lettres du curé de Mondreville*. — Les *Éphémérides*.) 351

LXXX. (Dupaty. — Les *Lettres sur le commerce des grains*. — Les Œuvres limousines. — Les *Éphémérides*. — La disette du Limousin.) 352

LXXXI. (Les *Éphémérides*.) 353

LXXXII. (La disette du Limousin. — Les *Éphémérides*. — *Observations de Du Pont sur le commerce des grains*, sous le nom de Fréval. — Critique de l'ouvrage de Linguet. — Les *Lettres sur le commerce des grains*. — Le *Mémoire sur l'usure*.) 353

LXXXIII. (Les *Lettres sur le commerce des grains*. — Les *Éphémérides*. — Le *Mémoire sur l'usure*.) 354

LXXXIV. (Les *Lettres sur le commerce des grains*. — Les *Observations* de Du Pont. — Les Arrêts des Parlements de Bordeaux et de Paris. — Bruits de changement de ministres. — Corruption des Parlementaires ; de Fréval. — Craintes pour les *Éphémérides*. — L'abbé Aubert. — La *Gazette d'agriculture*. — *Mémoire sur la Caisse de Poissy*. — Chute de Choiseul.) 355

LXXXV. (Pamphlet sur le commerce des grains. — Les *Lettres* de Turgot à l'abbé Terray. — Les *Éphémérides*. — L'autorité tutélaire. — Béranger. — Linguet.) 359

LXXXVI. (Les supplications des États du Languedoc.) 360

114. LETTRES À CAILLARD.

I. Envoi à Caillard d'une lettre pour Voltaire, signée l'abbé de l'Aage des Bournais. (Traduction de Virgile en vers métriques.) 361

II. (Les vers métriques. — Détails divers.) 367

III. (Affaires personnelles à Caillard. — Mme Blondel.) 368

IV. (Les vers métriques.) 369

V. (Les vers métriques. — Caillard.) 371

Lettre de l'abbé de l'Aage à Voltaire. 372

VI. (Les vers métriques.) 372

Réponse de Voltaire à l'abbé de l'Aage et réplique de l'abbé. 373

VII. (Les vers métriques.) 375

VIII. (D'Alembert. — Les vers métriques. — *Discours en Sorbonne*. — Disette du Limousin. — De Boisgelin. — La poste. — Le P. Jacquier. — L'abbé Millot.) 375

115. LETTRES À CONDORCET.

I. (Détails divers. — Disette du Limousin. — L'intendant Fargès.) 377

116. QUESTIONS DIVERSES.

I. *Lettre à l'abbé Morellet*. (Les *Dialogues* de Galiani.) 378

II. *Lettre à Mlle de Lespinasse.* (Les *Dialogues* de Galiani.) 379

III. *Lettre au docteur Tucker.* (Les *Réflexions sur les richesses.* — La liberté du commerce des colonies.) 380

IV. *Circulaire aux subdélégués.* (L'ergot du seigle.) 381

V. *Lettre à l'évêque de Limoges, d'Argentré,* au sujet d'une indemnité aux habitants d'une paroisse privée d'une abbaye. 382

1771

117. LA DISETTE DU LIMOUSIN.

I. *Lettre au Contrôleur général* sur la situation de la Généralité. 384

II. *Prêt de grains* destiné à mettre les pauvres habitants de la Montagne, en état d'ensemencer leurs terres. 390

III. *Compte-rendu au Contrôleur général* des opérations relatives à la disette de 1770. 391

118. LA TAILLE.

I. *Avis sur l'imposition pour l'année 1772.* 413

II. *Circulaire aux subdélégués,* au sujet des ateliers de charité. 415

119. LA STATISTIQUE DES RÉCOLTES.

Circulaire aux subdélégués. 416

120. LETTRES À DU PONT DE NEMOURS.

LXXXVII. (Béranger. — Albert. — La liberté de la presse. — Les *Éphémérides.*) 421

LXXXVIII. (Le coup d'état Maupeou. — Réglementation du commerce des grains. — La liberté de la presse. — Les *Éphémérides.* — L'abbé Roubaud. — Le *Mémoire sur l'usure.* — Les gens de bien.) 422

LXXXIX. (Le second fils de Du Pont. — Le coup d'état Maupeou. — Les *Éphémérides.* — L'archevêque d'Aix. — La petite poste.) 424

XC. (Honoré de Mirabeau. — La richesse. — Comédie de Du Pont.) 425

XCI. (Les *Éphémérides.* — Le luxe. — Les économistes. — *Lettre d'un fermier des droits de halle.*) 426

XCII. (La poste. — Mirabeau. — *Correspondance de J.-J. Rousseau avec Buttafuoco.* — Les *Éphémérides.* — L'abbé Roubaud. — Melon. — Le coup d'état Maupeou.) 427

XCIII. (Du Pont. — Épigramme sur Séguier. — Comédie de Du

Pont. — La Corse. — L'*Esprit des lois*. — L'abbé Roubaud. — Le renvoi des Parlements. — Les *Éphémérides*.)   428

XCIV. (Lettre de Mme Blondel. — Mort du marquis de Sousmont. — Divers. — *Idylles*, de Gessner.)   430

XCV. (L'historien Gaillard. — Mme Geoffrin.)   431

XCVI. (*Joseph II*. — Les princes et le public. — La Corse. — L'abbé Roubaud. — Le coup d'état Maupeou.)   432

XCVII. (*Joseph II*. — La sincérité dans la critique. — Les Économistes. — Les *Éphémérides*. — Linguet. — La disette du Limousin. — Le second fils de Du Pont. — Le despotisme légal. — Étymologies.)   435

XCVIII. (Le despotisme légal.)   437

XCIX. (Le second fils de Du Pont. — Les *Éphémérides*.)   438

C. (Le second fils de Du Pont. — La poste. — Les *Éphémérides*. — Le censeur Moreau. — Les constitutions. — H. de Mirabeau. — Saint Mégrin. — Linguet.)   438

CI. (La Rochefoulcauld. — Linguet.)   440

CII. (Le second fils de Du Pont. — Dégoûts de Turgot. — Linguet.)   440

CIII. (La Rochefoucauld. — Le margrave de Bade. — Linguet. — Voltaire.)   441

CIV. (Le second fils de Du Pont. — Linguet. — Dégoûts de Turgot. — Sa timidité. — Son nouveau secrétaire. — La gabelle. — Monthyon. — La Rochefoucauld. — Les *Éphémérides*. — La procédure criminelle.)   441

CV. (La goutte. — Le nouveau secrétaire de Turgot. — Ses déoûts. — Les livres utiles. — Le baptême d'Irénée Du Pont.)   443

CVI. (La population. — Linguet. — Les *Éphémérides*. — La disette du Limousin.)   444

CVII. (Projet d'un *Dictionnaire du commerce*. — L'*Encyclopédie*. — Le *Mémoire sur l'usure*. — La procédure criminelle. — La goutte. — La poste.)   445

CVIII. (Les *Éphémérides*. — La poésie. — Greuze. — L'esclavage. — La corvée. — La goutte. — H. de Mirabeau.)   446

CIX. (La goutte. — La sévérité de Turgot. — Les *Éphémérides*.)   447

121. LETTRES À CAILLARD.

IX. (Disette du Limousin. — Melon et Du Pont de Nemours. — Le luxe. — Les *lettres sur le commerce des grains*. — Les vers métriques.) 448

X. (Détails divers. — Le despotisme. — Le P. Venini. — La quadrature du cercle. — Les vers métriques. — La dissolution du Parlement.) 451

XI. (Vers métriques et vers senaires. — Du Pont. — Le Parlement.) 453

XII. (Les vers métriques. — Détails divers.) 455

Lettre de l'abbé de l'Aage à Voltaire. 455

XIII. (Les vers métriques. — Lettre de Voltaire à l'abbé de L'Aage.) 457

XIV. (Le P. Venini. — Les ouvrages de morale en dialogues.) 458

XV. (Tournées de Turgot. — Les vers métriques.) 459

XVI. (Le gypse de Turgot. — Détails divers.) 460

XVII. (Détails divers.) 461

122. LETTRES À CONDORCET.

II. (La justice criminelle.) 462

III. (La justice criminelle.) 464

IV. (La justice criminelle — Les jurés ; les pairs ; les juges permanents. — L'instruction ; la défense ; le jugement. — Double tribunal ; publicité ; comité des grâces.) 467

V. (La justice criminelle.) 482

VI. (Météore du 7 juillet. — Le nouveau Parlement.) 484

VII. (Le météore.) 485

VIII. (Le météore. — Le phlogistique. — La théorie de la combustion.) 486

1772

123. LE COMMERCE DES COLONIES.

(Les ports de Rochefort et de la Rochelle. — La navigation de la Charente.) 491

I. *Lettre au Maire de Rochefort.* 491

II. *Lettre au Contrôleur général.* 492

124. LA TAILLE.

    I. *Avis sur l'imposition pour l'année 1773.*   496

    II. *Lettre à d'Ormesson.*   496

125. LES OCTROIS.

    Lettre au Contrôleur général.   497

126. ATELIERS DE CHARITÉ ET MENDICITÉ.

    I. *Lettre au Contrôleur général.*   501

    II. *Note relative à la mendicité* au sujet d'instruction du Contrôleur général.   502

127. LETTRES À DU PONT DE NEMOURS.

    CX. (Mme Du Pont. — Les *Éphémérides.*)   502

    CXI. (Du Pont. — La disette du Limousin.)   503

    CXII. (Le mariage. — Le margrave de Bade. — Les *Éphémérides.* — L'abbé Raynal.)   503

    CXIII. (La santé de Du Pont. — Un ouragan.)   505

    CXIV. (Les *Éphémérides.* — La charité. — Problème économique. — Mariage de H. de Mirabeau.)   506

    CXV. (Les *Éphémérides.*)   507

    CXVI. (Les *Éphémérides.*)   508

    CXVII. (Une correspondance économique.)   509

    CXVIII. (Projet d'un nouveau journal. — Court de Gébelin.)   510

    CXIX. (Suppression du privilège des *Éphémérides.* — La *Correspondance économique.*)   510

    CXX. (Le *Journal de l'Agriculture.* — Les *Éphémérides.*)   511

128. LETTRES À CONDORCET.

    IX. (Divers objets. — Le commerce des grains.)   512

    X. (Divers objets. — Utilité sociale de l'étude. — La Bible.)   513

    XI. (Détails divers. — La sparterie. — Aurores boréales. — L'abbé Raynal.)   514

    XII. (Détails divers. — La sparterie. — Mathématiques. — La cristallisation.)   516

    XIII. (La cristallisation.)   519

XIV. (La cristallisation.) 521

XV. (Détails divers. — Le phlogistique. — L'éther. — L'air fixe.) 522

XVI. (Détails divers.) 527

XVII. (Les logarithmes. — Détails divers.) 528

XVIII. (Détails divers. — La calcination des métaux.) 530

XIX. (Détails divers. — Le marquis de Paulmy.) 531

XX. (Détails divers.) 531

129. LETTRES À CAILLARD.

XVIII. (Détails divers. — La musique française.) 532

1773

130. LA MILICE.

Lettre au Ministre de la Guerre, de Monteynrad. (Répartition de la milice. — Tirage au sort et remplacement.) 534

131. LA TAILLE.

I. *Avis sur l'imposition pour l'année 1774.* 546

II. *Lettre à l'Intendant des finances, d'Ormesson.* 547

132. LE COMMERCE DES GRAINS.

Lettre au Dr Tucker. (La liberté indéfinie. — Les statistiques des prix.) 548

133. LA MARQUE DES FERS.

Lettre au Contrôleur général. (État des forges et usines. — Les droits intérieurs sur les fers. — Les droits de douane en général, et sur les fers en particulier.) 552

134. LETTRES À DU PONT DE NEMOURS.

CXXI. (Arrivée de Turgot à Paris.) 559

CXXII. (Chaire de droit des gens.) 559

CXXIII. (La goutte.) 560

CXXIV. (Dîners.) 560

CXXV. (Mme Blondel. — Necker.) 560

CXXVI. (Morceau sur Colbert.) 560

CXXVII. (Départ de Du Pont pour le duché de Bade.) 561

CXXVIII. (Mme Blondel. — Du Pont et le Margrave de Bade. —

La goutte.) 561

CXXIX. (Mme Blondel. — *Table des Principes de l'économie politique.* — *Éloge de Colbert.*) 562

CXXX. (Arrivée de Du Pont à Paris. — Les princes allemands. — Leurs persécutions contre les protestants. — Livre de philosophie et de morale élémentaire. — Les expositions d'enfants. — Mme Blondel.) 563

135. LETTRES À CONDORCET.

    XXI. (Détails divers.) 564

    XXII. (La procédure criminelle. — Détails divers.) 565

    XXIII. (Détails divers. — Observations astronomiques de Montagne.) 566

    XXIV. (Détails divers.) 567

    XXV. (Détails divers.) 567

    XXVI. (*De l'Esprit*, par Helvétius. — J.-J. Rousseau. — Necker. — Détails divers.) 568

    XXVII. (Détails divers. — Les dévôts. — Du Muy.) 573

    XXVIII. (Détails divers. — Beaumarchais. — Du Muy. — Helvétius.) 574

    XXIX. (Détails divers. — Necker.) 575

136. LETTRES À CAILLARD.

    XIX. (Détails divers. — Desmarets. — Rapports de la musique et de la poésie. — Les vers métriques. — La goutte. — Voltaire. — La mesure des angles.) 576

    XX. (*Nouvelles Idylles*, de Gessner. — Les *Contes*, de Diderot. — Les *Éloges*, de Thomas. — Détails divers.) 579

    XXI. (Détails divers. — Les *Éloges* de Colbert. — Necker.) 581

137. QUESTIONS DIVERSES.

    I. *Incendie à Tulle.* — 1. Lettre au Contrôleur général. 581

    2. Lettre au subdélégué de Tulle, de La Combe. 582

    II. *La Mairie de Brive.* — Lettres à Dubois de Saint-Hilaire. 583

    III. *La mendicité.* — Lettre au lieutenant-général à Limoges. 584

1774

138. LA MILICE.

    Lettre au chancelier sur une demande en rémission (affaire La Saigne.)   585

139. LETTRES À DU PONT DE NEMOURS.

    CXXXI. (Arrivée de Turgot à Paris.)   591

    CXXXII. (Dîners.)   591

    CXXXIII. (Départ de Du Pont. — Les protégés de Mme Blondel. — La *Table* de Du Pont. — L'autorité tutélaire.)   592

    CXXXIV. (Divers. — La *Table* de Du Pont. — L'autorité tutélaire.)   592

    CXXXV. (Les protégés de Mme Blondel.)   593

140. LETTRES À CONDORCET.

    XXX. (La goutte. — La morale. — Détails divers.)   594

    XXXI. (*Sophonisbe*, de La Harpe. — Détails divers.)   595

    XXXII. (Détails divers. — *Iphigénie*, de Glück.)   596

    XXXIII. (Maladie de Louis XV. — Détails divers.)   597

    XXXIV. (Les ministres. — La gravitation ; les causes finales. — L'avènement de Louis XVI.)   597

    XXXV. (Les ministres. — Détails divers.)   601

    XXXVI. (Les ministres. — Détails divers.)   601

141. LETTRES À CAILLARD.

    XXII. (Détails divers.)   602

    XXIII. (Maladie du Roi. — Les corvées seigneuriales. — Détails divers.)   603

142. QUESTIONS DIVERSES.

    I. *Incendie à Tulle.* — Lettre à d'Ormesson. (Les pertes causées par l'incendie. — Le Chevalier d'Arc et le receveur De Poissac.)   605

    II. *La Mairie de Brive.* — Lettre à Dubois de Saint-Hilaire.   610

    III. *Le don de joyeux avènement.*   610

    IV. *Catalogue des livres imaginaires*, dont les dos figuraient dans une fausse bibliothèque du cabinet de Turgot.   611

143. DIDON.

Traduction en vers métriques, du 4ᵉ livre de l'Énéide, et de trois églogues de Virgile. 614

Voir au 5ᵉ volume un certain nombre de pièces concernant l'Intendance de Limoges, qui ont été retrouvées après l'impression des 2ᵉ et 3ᵉ volumes.

Printed in Great Britain
by Amazon